David Pryce-Jones

Der Untergang
des sowjetischen Reichs

Aus dem Englischen von Friederike Börner,
Christine Neugebauer und Ursel Schäfer

Rowohlt

1. Auflage Juni 1995
Copyright © 1995 by Rowohlt Verlag GmbH,
Reinbek bei Hamburg
«THE WAR THAT NEVER WAS» Copyright © 1995
by David Pryce Jones
Eine englische Ausgabe erschien 1995 unter dem Titel
«THE WAR THAT NEVER WAS. THE FALL OF THE SOVIET
EMPIRE 1985 – 1991» bei Weidenfeld and Nicolson & The Orion
Publishing Group
Alle Rechte vorbehalten
Umschlaggestaltung Susanne Müller
Satz aus der Sabon (Linotype Library, Berthold
Type Collection)
Druck und Bindung Clausen & Bosse, Leck
Printed in Germany
ISBN 3 498 05285 3

Inhalt

	Vorwort	7
	Einleitung	9
1	«Niemand war glücklich»	50
2	«Ich würde lieber nicht»	60
3	«Kindliche Listen»	69
4	Der Griff nach der Beute	74
5	Der Mann, der gehen durfte	96
6	Morgen die ganze Welt	100
7	«So kann es einfach nicht weitergehen»	119
8	Wahlen	132
9	Der Hitler-Stalin-Pakt	143
10	Erste Reformschritte	148
11	Krieg als Klassenkampf	161
12	Ein Mann, mit dem wir ins Geschäft kommen könnten	179
13	«National in der Form»	192
14	Das moslemische Erbe	205
15	Die baltischen Republiken	218
16	Der Wunsch der estnischen Mehrheit	230
17	«Sie haben das sowjetische Lettland getötet»	245
18	«Der Kommunismus verfaulte von innen heraus»	269

19	Solidarność und der General	293
20	Der Runde Tisch	301
21	Der Eiserne Vorhang öffnet sich	330
22	«Wer zu spät kommt, den bestraft das Leben»	351
23	Brennpunkte	368
24	Kleine Brüder	384
25	Götterdämmerung	396
26	Der letzte Botschafter	409
27	Die Wiedervereinigung Deutschlands	418
28	Es gab keine Staatsmänner	431
29	«Die Panzer sollen kommen»	440
30	Das Bürgerforum	470
31	«Wir hatten uns durchgesetzt»	503
32	Ein Mangel an politischem Willen	543
33	Die führende Rolle	550
34	Mafiaorganisationen aller Länder, vereinigt euch!	566
35	Initiativen	582
36	«Wer lügt, weiß ich nicht»	588
37	«In die Falle geraten»	597
38	Das Notstandskomitee und der Putsch	607
39	«Eine nette kleine Unterhaltung»	623
40	Der Vorsitzende	629
41	«Was machen Sie denn hier?»	641
	Nachwirkungen	645
	Personenregister	659

Vorwort

Als die Krise des Kommunismus 1991 ihren Höhepunkt erreichte, rechnete ich mit harten Repressionsmaßnahmen. Vor dem Hintergrund der marxistisch-leninistischen Ideologie und der bisherigen sowjetischen Praxis dieser Doktrin war nichts anderes zu erwarten. Warum kam es anders? Ich begann diejenigen zu interviewen, die als Insider eine Antwort auf diese Frage geben konnten. Und so danke ich an erster Stelle all denen, die bereit waren, ein Gespräch mit mir zu führen.

Bei jedem Interview baut sich eine Beziehung auf. Zunächst tastet man sich aneinander heran, dann tauchen unerwartete Informationen auf und lösen überraschende Reaktionen aus. Ich habe alle Interviews auf Band aufgenommen. Um den Erzählfluß zu erhalten, habe ich bei der schriftlichen Wiedergabe oft die Abfolge eines Gesprächs verändert. Die Passagen zwischen Anführungszeichen sind wörtliche Zitate.

An der Spitze der kommunistischen Parteien in den einzelnen Ländern stand ein Erster Sekretär oder manchmal ein Generalsekretär. Aus Gründen der Übersichtlichkeit bezeichne ich alle Parteiführer als Erste Sekretäre und nur Gorbatschow als Generalsekretär.

Für Unterstützung und Hilfe danke ich insbesondere Mark Almond, Shlomo Avineri, George Bailey, Natalie Benckendorff, Janósz Bugajski, Jessica Douglas-Home, Ian Elliott von *Radio Free Europe* in München, Beth Elon, Leonid Finkelstein, Gerald Frost, Paul Goble, Vartan Gregorian, Philip Hanson, Rikke Helms vom Dänischen Institut in Riga, Alexandra Henderson, Tanya Illingworth, Taras Kuzio, Walter Laqueur, Richard Layard, Nikita Lobanow, Katja Mitowa, Bohdan Nayahlo, Herbert Pundik, Alexander Rahr, James Sherr, Nils Taube, Françoise Thom, Vera Tolz, George Urban, Philip Uzzielli, Sonia Westerholt, Dieter Wild und Frank Wisner.

Mein herzlicher Dank gilt außerdem Ben Barkow und Chris Charlesworth, die die Tonbänder mit den deutschen Interviews transkribierten, Steven Daley, der die Übersetzungen aus dem Tschechischen besorgte, Helen Szamuely, die aus dem Ungarischen übersetzte, sowie Judy Mooney, Emma Rogers und Katie Sutton, die professionelle Arbeit am Computer leisteten.

In Bulgarien haben mich vor allem Filip Dimitrow, Aglika Markowa, Miroslaw Nankow, Elena Poptodorowa, Miroslaw Sewliewski und Iwan Stancioff unterstützt, in der Tschechoslowakei James de Candole und Martin Weiss, in Estland Endel Lippmaa, Hagi Sein und Hennig von Wistinghausen, in Deutschland Brigitta Leitner und Michael Naumann, in Ungarn Miklós Németh und Johnathan Sunley, in Lettland Imants Bersins, Dace Bula und Alexei Grigorjews, in Litauen Luba Tschornay, Vilius Kavaliauskas, Audra Sabaliuskiene und Regina Stadalnikaite, in Polen Jakub Borowski und seine Frau Tessa Capponi, Marek Matraszek und Piotr Mrozowsky, in Rumänien Sergiu Celac, Virginia Gheorghiu, André Pippidi und Christina Trepța, in Rußland Lucy Ash, Mark Frankland, Mischa Smetnik, Arkadij Waksberg und ganz besonders Rachel Osorio, die unschätzbare Führerin und Vermittlerin.

Einleitung

Der Staat, den die ganze Welt als die Sowjetunion kannte, ist im Jahre 1991 untergegangen, und damit haben sich auch die Ängste und Hoffnungen der Menschheit verändert. Die Sowjetunion war ein Staat unter russischer Vormacht, das letzte Großreich, das mehrere hundert Nationalitäten und ein Dutzend einst unabhängiger Länder beherrschte. Sie war auch eine Diktatur, ein von der Geheimpolizei beherrschter Staat, und schließlich ein ideologisches Konstrukt, so überzeugt von seiner Wahrheit wie jede Religion. In den Augen derjenigen, die den Kommunismus propagierten, war er von nichts Geringerem als der Geschichte dazu bestimmt, die menschliche Gesellschaft überall auf der Welt nach seinem Bild neu zu formen.

Ethische Absolutheitsansprüche prallten hier aufeinander. Zwischen denjenigen, die an dieses ideologische Konstrukt glaubten, und denen, die es ablehnten, konnte es keine Versöhnung geben. Wie konnte man die bedrohliche Realität des sowjetischen Vorgehens im eigenen Land und im Ausland im Lichte ihrer messianischen Lehre erklären? Dies war eine Frage nach der menschlichen Natur, nach ihren Idealen und Grenzen. Und die Geschichte unseres Jahrhunderts besteht zu einem großen Teil aus den Antworten, die Regierungen und einzelne Menschen überall auf der Welt darauf gegeben haben.

Wille und Macht hatten sich in einer beispiellosen Weise verbunden. Noch auf ihrem Totenbett war die Sowjetunion eine Supermacht mit mehr als vier Millionen Soldaten unter Waffen, riesigen Garnisonen von Ostdeutschland bis zur chinesischen Grenze, tausend einsatzbereiten Kriegsschiffen und dem größten jemals angesammelten Waffenarsenal, das ausgereicht hätte, um die gesamte Welt mehrfach zu zerstören. Im entscheidenden Augenblick aber war eine solche Militärmacht nicht in der Lage, das ideologische Gebilde des Kommunismus zu stützen oder auch nur historisch folgenreiche Veränderungen abzuwenden – Veränderungen, wie sie sonst fast immer nur durch Kriege ausgelöst wurden. Die Ereignisse in der Sowjetunion von 1985 bis 1991 kommen einem Krieg gleich, der nie stattfand.

Rußland entdeckte seine nationale Identität wieder, ebenso wie jedes der eroberten Länder in Osteuropa. Die baltischen Republiken gewannen die Unabhängigkeit zurück, die ihnen infolge des Zweiten Weltkriegs geraubt worden war. Eine weitere Anomalie der Nachkriegszeit, die Existenz zweier deutscher Staaten, verschwand, und Menschen, die am Prozeß der Wiedervereinigung beteiligt waren, sprachen von einem «Wunder». Die russisch-deutschen Beziehungen sind seither wieder der Angelpunkt der Politik in Europa und vielleicht in der gesamten Welt.

Georgien und Armenien, die zuerst im Namen des zaristischen Imperialismus und dann noch einmal durch Lenin unterworfen worden waren, sind aus den Trümmern des Sowjetreichs als eigenständige Staaten wiederauferstanden, ebenso die Ukraine, die den zweifelhaften Ruhm für sich in Anspruch nehmen konnte, mit einer Bevölkerung von über fünfzig Millionen die größte Nation der Welt ohne eigenen Staat zu sein. Eine jahrhundertelange Unterdrückung mußte überwunden werden, um die Unabhängigkeit zu erreichen. Die allgemein als rückständig betrachteten Weißrussen haben ebenso wie die Moldawier im Laufe ihrer Geschichte niemals Unabhängigkeit oder Eigenstaatlichkeit kennengelernt. Die moslemischen Bevölkerungsgruppen in Zentralasien haben sich kaum als Nationalstaaten konstituiert, aber dennoch sind Aserbaidschan, Usbekistan, Tadschikistan, Kasachstan, Kirgisien und Turkmenistan innerhalb kürzester Zeit vollwertige Mitglieder der Vereinten Nationen geworden. Und wie es zu einer solchen Explosion kriegerischen Ausmaßes gehört, gibt es auch eine Region, von der niemand so recht weiß, was daraus werden soll: das Gebiet um Kaliningrad, der russische Teil des einstigen Ostpreußen, eine vom russischen Kernland abgeschnittene Exklave.

Es ist außergewöhnlich, um nicht zu sagen unvorstellbar, daß Ereignisse von derart historischer Tragweite sich so friedlich abgespielt haben – als hätte die Menschheit schließlich doch noch eingesehen, daß Ziele besser mit politischen als mit militärischen Mitteln verfolgt werden. Die in älteste Zeiten zurückreichende Kette der Gewalt wurde damit unterbrochen. Dies war keineswegs selbstverständlich. Denn obwohl die sowjetische Kommunistische Partei und der von ihr beherrschte diktatorische Polizeistaat durch die politische Entwicklung zerstört wurden, kam die Gewalttätigkeit, die das alte Regime geprägt hatte, immer wieder zum Vorschein. Ihre Folgen wurden bald sichtbar. Nachdem die Kommunistische Partei das alte Sowjetreich mit sich in den Abgrund gerissen hatte, meldeten sich die entstehenden Teilstaaten, Republiken und die bisher unterdrückten ethnischen Gruppen zu Wort. Im typisch herablassenden sowjetischen Sprachgebrauch waren die Tschuwaschen, Udmurten, Ostjaken, Ingern, Mordwiner, Burjaten und Dutzende anderer Völker, die jeden Ethnologen in Entzücken versetzen, früher als «kleine Völker» bezeichnet worden. Innerhalb der Russischen Föderation wurden jetzt mehr als dreihundert Unabhängigkeitserklärungen abgegeben, einige im Namen von Völkern, andere im Namen von Bezirken oder sogar Städten – ob der Wunsch nach Unabhängigkeit nun politisch berechtigt ist oder auch nicht. Möglicherweise erhalten die Vereinten Nationen die nächsten Aufnahmeanträge von Tatarstan, Baschkirien, Tschetschenien und Jakutien (das fünfmal so groß wie Frankreich ist, aber nur zweihunderttausend Einwohner hat). Unterdessen streiten sich Aserbaidschan und Armenien um die Region Nagornyj-Karabach; christliche Georgier versuchen die Oberhand über die moslemische Minderheit der Abchasier zu gewinnen; tadschikische Clans bekämpfen sich untereinander. Der in Moldawien kommandierende russische General griff nach alter russischer Methode mit harter Hand durch, um wieder Ruhe unter der rumänischen Minderheit zu schaffen. Und wie sich das Verhältnis zwischen Rußland und der Ukraine entwickeln wird, ist nicht vorhersehbar.

Gemessen an der Zahl der Opfer und der charakteristischen Mischung aus Brutalität und subtiler Grausamkeit auf der einen und Sentimentalität und Heuchelei auf der anderen Seite war das Sowjetreich eine Tyrannei, wie es sie nie zuvor gegeben hatte. Sie wirft einen langen Schatten. Die Übergänge zwischen Befreiung und Gefahr, zwischen Hoffnung und Chaos sind fließend.

Die Sowjetunion hätte ihrer Bevölkerung ein Leben in einmaligem Wohlstand sichern können. Neben dem berühmten «schwarzen Gürtel», mit fruchtbarem Ackerland und reichlich Wasser, besaß sie Diamanten, Gold und andere Metalle im Überfluß, ausgedehnte Nutzholzwälder und ein Viertel der Weltenergiereserven einschließlich fast der Hälfte der weltweiten Vorräte an Erdgas. Doch schon in den siebziger Jahren sanken Wirtschaftswachstum und Lebensstandard, die breite Masse der Bevölkerung verarmte.

Zentrale Planung, das Herzstück der kommunistischen Wirtschaft, sollte die rationale Produktion und Verteilung von Gütern steuern. Der Verlust der Freiheit, so argumentierte man, sei ein geringer Preis dafür, daß man das Grundbedürfnis nach einem menschenwürdigen Leben befriedigen konnte. Tatsächlich aber führte die zentrale Planung zu einem Monopol der Produzenten mit der Folge, daß Güter knapp wurden und die Menschen Schlange stehen mußten. Die Widerstände gegen jede Neuerung waren praktisch unüberwindlich. Es gab keinerlei Anreiz, die Anlagen instand zu halten. Am verhängnisvollsten war, daß der gesamte Produktionsprozeß vom Rohstoff bis zum Fertigprodukt der Willkür eines jeden ausgeliefert war, der sich in einer entsprechenden Position befand. Die zentrale Planung war alles andere als rational, sie war subjektiv und unberechenbar, Spielball der Ambitionen und der Habgier all jener, die Einfluß und Entscheidungsgewalt hatten. Inkompetenz, Verschwendung und Eigennutz wurden die hervorstechendsten Merkmale der Wirtschaft und des gesamten Staates.

Da Statistiken entweder gefälscht oder geheimgehalten wurden, gibt es keine genauen Zahlen. Offiziell hatte sich das Volkseinkommen in der Zeit von 1928 bis 1985, der Periode der vielgepriesenen Fünfjahrespläne, auf das Neunzigfache erhöht. Tatsächlich aber war es nur um das Sechs- bis Siebenfache gestiegen. Auf die Sowjetunion entfielen lediglich zwei Prozent des Welthandels, weniger als der russische Anteil vor 1914. Nur sieben bis acht Prozent der sowjetischen Industrieproduktion erfüllten die Standards des Weltmarktes. Man hat errechnet, daß die Sowjetunion für jeden Rubel, den sie in der Grundstoffindustrie, der Basis des Volkseinkommens, erlöste, in den sechziger Jahren zwei Rubel investieren mußte, in den achtziger Jahren sogar sieben Rubel. Hinter den scheinbar beeindruckenden Produktionsziffern verbarg sich schlichtweg eine Verschwendung von Reichtum. Im Januar 1989 räumte Ministerpräsident Nikolaj Ryschkow ein, daß 24000 Betriebe, 15 Prozent aller Unternehmen, Verluste erwirtschafteten, und das war sicher noch eine Untertreibung. Niemand kannte das Ausmaß des tatsächlichen Defizits.

In den achtziger Jahren lag der Wert des Pro-Kopf-Verbrauchs in der Sowjetunion bei knapp der Hälfte des Durchschnittswertes in Westeuropa. Ende des Jahrzehnts war Zucker im ganzen Land rationiert. Fleisch, Wurst und tierische Fette waren etwa in jeder fünften der 445 von den Planungsbehörden kontrollierten Städte rationiert. Dreihundert große Städte besaßen kein funktionierendes Abwassersystem, und selbst in einer Stadt wie Odessa wurde zwischen Mitternacht und fünf Uhr morgens das Wasser abgestellt, so daß man die Toilettenspülung nicht benutzen konnte. Man hätte rund doppelt so viele Schienenfahrzeuge gebraucht, wie tatsächlich vorhanden waren. Nur 20 Prozent der Straßen waren bei jedem Wetter befahrbar, und durch die schwierigen klimatischen Bedingungen erodierten die Asphaltbeläge schneller, als sie erneuert werden konnten. Das öffentliche Gesundheitswesen war so weit zusammengebrochen, daß der russische Gesundheitsminister I. A. Potopow im September 1989 ohne jede Ironie den allgemeinen Rat gab: «Wer länger leben will, muß weniger atmen.» In den asiatischen Sowjetrepubliken war es den Müttern aufgrund der Pestizide in der Muttermilch verboten, ihre Kinder zu stillen. 1988 lebten noch mehr als fünfzig Millionen Menschen in kommunalen Wohnungen, weiteren hundert Millionen standen weniger als neun Quadratmeter Wohnfläche pro Person zur Verfügung.

Am Ende bot die Sowjetunion das ungewöhnliche Bild eines Landes, das ein ungeheures Wohlstandspotential besitzt, dessen Wirtschaft aber absichtlich so organisiert war, daß davon wenig oder nichts zu sehen war. Das war der Kommunismus.

In den frühen achtziger Jahren begannen einige Beobachter der Sowjetunion, über einen aufstrebenden Mann zu berichten: Michail Sergejewitsch Gorbatschow. Mit ungewöhnlichem Selbstvertrauen ausgestattet, beschritt er zielstrebig den Weg zur Spitze der Macht. Er ließ sich an der Seite des amtierenden Generalsekretärs fotografieren, hielt wichtige Reden, unternahm häufig Reisen ins Ausland und galt schon bald als gewandt und weltoffen.

Aus der Sicht der Partei hatte er einen makellosen Lebenslauf vorzuweisen. Als Kind einer Bauernfamilie wurde er 1931 im Dorf Priwolnoje bei Stawropol, etwa 800 Kilometer von Moskau entfernt, geboren. Als gewissenhafter Student arbeitete er sich auf dem üblichen Weg durch die Ränge der Jugendorganisation Komsomol nach oben. 1952 trat er in die Partei ein, stieg weiter in deren Hierarchie auf und wurde Erster Sekretär des Bezirks Stawropol. Seit der Kollektivierung der Landwirtschaft war die Sowjetunion nicht mehr in der Lage, ihre Bevölkerung zu ernähren. Gorbatschow, der sich auf sozialistische Landwirtschaft spezialisiert hatte, kannte diesen Problembereich aus erster Hand. Als er ins Politbüro gewählt wurde, war er von allen der jüngste. Das vorgerückte Alter der dort versammelten politischen Führer wurde immer wieder als Beleg für die Starrheit des Systems angeführt, aber es war auch eine Absicherung gegen einen unerfahrenen und allzu selbstbewußten Mann, der versucht sein könnte, nach der Macht zu greifen.

Als im März 1985 der damalige Generalsekretär Tschernenko starb, stand sein Nachfolger Gorbatschow bereits fest. Er war gesund, voller Tatendrang, fleißig und vorzeigbar, mit einer attraktiven Frau an seiner Seite, und er war erst 55 Jahre alt. Die Parteiführung war hochzufrieden mit der Wahl eines Mannes, der das

Zeug zum Star hatte. Gorbatschows wichtigster Förderer war der langjährige Außenminister Andrej Gromyko, ein eingefleischter Stalinist. Er soll über seinen Schützling gesagt haben: «Der Mann hat ein hübsches Lächeln, aber er hat eiserne Zähne.» Niemand zweifelte daran, daß Gorbatschow genau wie seine sechs Vorgänger im Amt des Generalsekretärs gewaltsam durchgreifen werde, wenn mahnende Worte nicht ausreichen sollten. Daß der siebte Generalsekretär auch der letzte sein würde, war unvorstellbar.

In den sechs Jahren seiner Amtszeit betonte Gorbatschow stets, daß er Kommunist sei und die Sowjetunion ihrem ideologischen Erbe treu bleiben werde. Für ihn war Lenin nach wie vor der verehrte Gründervater, dem er nacheifern wollte. Die Partei hatte die Aufgabe, die «neue Gesellschaft» aufzubauen. Privateigentum war unannehmbar: «Macht mit mir, was ihr wollt. Privateigentum werde ich nicht zulassen.» Der Kommunismus war darüber hinaus eine weltweite Realität, und wer versuchen sollte, ihn «von außen zu unterhöhlen und ein Land aus der sozialistischen Gemeinschaft herauszubrechen, verstößt nicht nur gegen den Willen des Volkes, sondern greift die gesamte Nachkriegsordnung und damit letztlich den Frieden an». Bei der Rückkehr nach Moskau am Tag nach dem Putschversuch im August 1991, der das Ende von Gorbatschows Herrschaft einläutete, sagte er auf einer Pressekonferenz: «Ich werde bis zuletzt für die Erneuerung der Partei kämpfen. In der Tiefe meines Herzens bin und bleibe ich überzeugter Sozialist.»

«Perestrojka» und «Glasnost», wie siamesische Zwillinge verbunden, sollten Erneuerung bringen und bedeuteten Umbau und Transparenz in öffentlichen Angelegenheiten. Kein Tag seiner Amtszeit verging, ohne daß Gorbatschow diese beiden Prinzipien beschwor, und die gesamte Sowjethierarchie von den Marschällen bis hinab zu den örtlichen Parteisekretären und Journalisten der Lokalzeitungen wiederholte und feierte sie mit der Einmütigkeit, die man von ihnen erwartete. Tatsächlich stellten die beiden Begriffe jedoch die Basis der Parteiherrschaft in Frage. Gorbatschow destabilisierte mit seiner Erneuerung letztlich die Partei, das Land, den Block der Satellitenstaaten und schließlich das gesamte Gebäude der Sowjetherrschaft.

Wenn man auf die Ereignisse zurückblickt und die Fehler betrachtet, die Gorbatschow selbst heute einräumt, dann wird ersichtlich, daß die Rolle des Staatsmanns, die er einnahm, nicht in Einklang zu bringen war mit dem orthodoxen Kommunisten, der er bis zum bitteren Ende blieb. Sein damaliges Handeln stimmt nicht mit seinen heutigen Erklärungen überein. Ein Jahr nach seinem erzwungenen Rücktritt schrieb er über die Ernennung zum Generalsekretär: «Ich wußte, daß eine ungeheure Umgestaltungsarbeit vor mir lag. Es war offensichtlich, daß das Land durch den erschöpfenden Rüstungswettlauf am Ende seiner Kräfte war. Die Wirtschaft funktionierte immer schlechter. Die Produktionszahlen gingen immer weiter zurück. Wissenschaftliche und technische Erkenntnisse wurden von der alles beherrschenden Bürokratie unterdrückt. Der Lebensstandard der Bevölkerung sank unübersehbar. Korruption breitete sich aus ... Die Auflösungserscheinungen wirkten sich auch auf die geistige Verfassung aus: Die monolithische Ideologie, die die Gesellschaft scheinbar fest im Griff hatte, konnte immer schwerer die Entlarvung von amtlich verbreiteten Lügen, Heuchelei und Zynismus verhindern.»

Auf die Frage, ob er zu irgendeinem Zeitpunkt geahnt habe, wohin seine Entscheidungen ihn und die Partei führen würden, gab Gorbatschow folgende Antwort, die ich mitgeschrieben habe, als er redete: «Wir wollten einen demokratischen Prozeß anstoßen und dadurch das Land reformieren. Ähnliche Reformversuche hatte es auch früher schon gegeben. 1988 erkannten wir, daß man das System nicht reformieren konnte, und wir mußten eingestehen, daß die 1917 eingeführte Wirtschaftsordnung, die auf dem Parteimonopol beruhte und notfalls mit Gewalt aufrechterhalten wurde, die Prüfung der Geschichte nicht bestanden hatte. Wir sahen, daß ein Land und eine Nation mit unseren Möglichkeiten in einer historischen Sackgasse steckte.»

Wenn er die Möglichkeit hätte, noch einmal von vorn anzufangen, würde er, wie er sagte, «denselben Weg einschlagen und dieselbe Strategie wählen. Aber vieles würde ich in einer anderen Reihenfolge machen.»

Es ist nur zu natürlich, sich zu rechtfertigen. Niemand kommt gern zu dem Schluß, daß er durch sein Handeln genau das Gegenteil dessen bewirkte, was er beabsichtigt hatte. Und in Gorbatschows Fall wurde zudem ein treuer Anhänger des Kommunismus sehr schmerzhaft desillusioniert. Im Dezember 1990, als die Partei sich bereits im Todeskampf wand, zitierte die *Prawda* ihn mit folgenden Worten an seine «lieben Genossen»: «Wenn es Gorbatschow nach der höchsten Macht gelüstete, warum hat er sie dann aufgegeben, als er sie besaß? Ich hatte sie – der Generalsekretär war damals ein Diktator mit einer Machtfülle, die auf der ganzen Welt ihresgleichen sucht. Keiner war mächtiger. Versteht ihr? Keiner.» Aus Gorbatschows Worten sprechen Ärger und Verwirrung. Es klingt fast so, als könne er selbst nicht recht glauben, daß seine Entscheidungen und Taten alles, woran er geglaubt und wofür er gestanden hatte, auf den Kopf gestellt haben sollten.

Wenn Perestrojka und Glasnost tatsächlich so wichtig waren, wie Gorbatschow immer sagte, dann konnte man daraus doch nur schließen, daß die siebzigjährige Geschichte der Sowjetunion ein Irrweg der Verwüstung und der sinnlosen Opfer gewesen war. Wem anders als der Partei und ihren Führern konnte man einen Vorwurf machen? Wenn solche Kritik erst einmal öffentlich geäußert wurde, konnte sie kaum mit den alten repressiven Mitteln unterdrückt werden.

Ein tragischer Held ist nach der klassischen Definition ein Mann, der in dem Augenblick, da ihm alle Möglichkeiten offenstehen, sein Verderben selbst herbeiführt. Ungenügende Informationen, mangelndes Realitätsbewußtsein und falsche Vorannahmen können einen Beinahe-Helden in einen Narren verwandeln. Gorbatschow begriff nicht, was er in Gang gesetzt hatte. War das hübsche Lächeln fehl am Platz, oder waren es die eisernen Zähne?

In einer Rede zum 70. Jahrestag der Revolution im Oktober 1987 ging Michail Gorbatschow – im Zuge seiner damaligen Kampagne für Glasnost – sehr viel weiter als Chruschtschow 1956 und klagte Stalin öffentlich an: «Durch die Unterdrückung der Massen und gesetzloses Handeln haben sich Stalin und seine Leute an der Partei und der Nation versündigt. Ihre Schuld ist unermeßlich groß und nicht zu vergeben.» Doch in einer Weise, die bald zum Markenzeichen seiner Äußerungen werden sollte, nahm er seinen Worten wieder einen großen Teil der Schärfe, indem er fortfuhr: «Unter dem Gesichtspunkt der historischen Wahrheit ist es jedoch unbestreitbar, daß Stalin einen Beitrag im Kampf für den Sozialismus und zu seiner Verteidigung in der ideologischen Auseinandersetzung geleistet hat.» Wenige Wochen nach dieser Rede bildete sich eine Gruppe, aus der die 1989 offiziell gegründete «Memorial»-Gesellschaft hervorging. Ihre Aufgabe sollte es sein, Informationen über den Stalinismus und seine Opfer zusammenzutragen, Listen aufzustellen und auf diese Weise die entsetzlichen Ereignisse aus dem durch Furcht und Mystifizierung geschaffenen Dunkel ans Tageslicht zu holen. Büros der «Memorial»-Gesellschaft wurden in Karaganda, Potma, Workuta, Kolyma und anderswo errichtet. Auch heute weiß niemand, wie viele Menschen Opfer des Kommunismus wurden. «Niemand hat Buch geführt», wie Chruschtschow sagte. Zehn Millionen wurden im Bürgerkrieg getötet, fünf Millionen kamen während der Hungersnot 1921 und 1922 ums Leben. Während der Zeit des Großen Terrors wurden wahrscheinlich drei Millionen hingerichtet, weitere drei Millionen starben in den Lagern. Im Jahre 1939 war fast ein Zehntel der Bevölkerung in Konzentrationslagern interniert. Sowjetischen Quellen zufolge starben zehn Millionen Soldaten und weitere zehn Millionen Zivilisten im Zweiten Weltkrieg. 1990 errechnete die Zeitung *Iswestija*, daß unter Stalin fünfzig Millionen Russen ums Leben gekommen seien. Diese Angabe entspricht den – als vorsichtig anerkannten – Zahlen von Robert Conquest, einem der wichtigsten Experten für die Sowjetzeit: Er spricht von 20 bis 30 Millionen Toten allein in den dreißiger Jahren. Es gibt aber auch Schätzungen, denen zufolge von 1917 bis heute nicht weniger als 100 Millionen getötet wurden.

Jeder war betroffen. Auch Gorbatschows eigener Großvater wurde verhaftet. Boris Jelzin schreibt in seinem ersten Buch: «Ich erinnere mich nur zu gut daran, wie mein Vater mitten in der Nacht abgeholt wurde, obwohl ich damals erst sechs Jahre alt war.» Jegor Ligatschow, Gorbatschows unsicherer Verbündeter und Jelzins Gegner, war ein typischer Vertreter des Sowjetsystems. Aber auch sein Schwiegervater, ein General, wurde erschossen. Eduard Schewardnadse schreibt in seinen Memoiren: «Eines Tages verschwand mein Vater. Meine Mutter zog sich ganz in sich zurück, sie gab auf unsere ängstlichen Fragen keine Antwort ... Ich fühlte mich, als trüge ich bereits den Stempel ‹Sohn eines Volksfeindes›.» Der Vater von Andrej Sacharows Ehefrau Jelena Bonner wurde ebenfalls ein Opfer der Säuberungen. Einer der herausragendsten russischen Intellektuellen, das Akademiemitglied Dmitrij Lichatschow, sollte eines Nachts zusammen mit dreihundert anderen in Solowki, einem berüchtigten Lager am Polarkreis, erschossen werden. Er beschreibt, wie er sich zwischen Stapeln von Feuerholz versteckte, während die Exekution in vollem Gange war. «Sie fanden mich nicht ... also nahmen sie jemand anderen an meiner Stelle, und als ich am nächsten Morgen aus meinem Versteck hervorkam, war ich ein anderer Mensch. So viele Jahre sind seither vergangen, ... aber ich kann es nicht vergessen.» Der Mann, der damals die Exekution durchführte, lebt immer noch, wie Lichatschow hinzufügt.

Der Deutsche Dieter Knötzsch lebte während der Amtszeit Gorbatschows als Lehrer in Moskau. In seinem Tagebuch hat er seine Eindrücke von der «Woche des Gewissens» festgehalten, die von der «Memorial»-Gesellschaft am 25. November 1988 im Dom Kultury, dem Kulturhaus, ausgerufen wurde. Knötzsch begleitete eine Freundin namens Walja dorthin. Sie hatte soeben von einem Journalisten, der im Archiv des KGB Nachforschungen angestellt hatte, erfahren, daß ihr Vater vom KGB erschossen worden war. Die Schlange vor dem Kulturhaus war zweihundert Meter lang. Die Wartenden unterhielten sich über Lager, über tote oder vermißte Verwandte und Bekannte und über die Aussicht auf Rehabilitierung. Jeder konnte bei diesem Thema mitreden. Nach einer knappen Stunde wurden Knötzsch und Walja hereingelassen. Ihre Blicke fielen zuerst auf eine riesige Karte der Sowjetunion, auf der die großen Lager und Gefängnisse eingezeichnet waren. Ausgestellt waren Fotos und andere Dokumente: Gegenstände aus Lagern und Gefängnissen, Verhörprotokolle, Namenlisten und

Nachforschungsgesuche. Der Raum war gedrängt voll, aber es war kaum ein Laut zu hören, es herrschte eine unheimliche Stille.

Die Journalistin Olga Nemirowskaja berichtete in der bekannten Zeitschrift *Ogonjok* über die Ausstellung und griff einige Beispiele heraus. «Iwan Michajlowitsch Martemjanow, ein armer Bauer mit neun Kindern aus dem Dorf Blagoweschtschensk. Verhaftet 1937. Weiteres Schicksal unbekannt.» In der Ausstellung hing ein Foto von diesem Mann und seiner Familie. Neben ein anderes Foto hatte eine K. A. Dudinskaja geschrieben: «Kein einziger von meiner Familie kam zurück.» Olga Nemirowskaja schrieb in ihrem Artikel, daß damals ganze Familien ausgelöscht wurden.

Das ganze Land ist buchstäblich auf Leichen gebaut. Alexander Miltschakow ist Vorsitzender einer Abteilung der «Memorial»-Gesellschaft, der Stiftung für die Suche nach geheimen Grabstätten von Opfern der stalinistischen Säuberungen. Er hat Massengräber in Butowo in der Nähe von Moskau und im Kolchosdorf Kommunarka ausfindig gemacht. Dort liegen zwischen zwei- und dreihunderttausend Menschen begraben. «Sie mußten sich mit dem Gesicht zu den Gräben aufstellen und wurden von hinten erschossen», wie Miltschakow in Interviews mit Mitgliedern der damaligen Erschießungskommandos erfuhr. Beide Grabstätten wurden in den fünfziger Jahren dem Erdboden gleichgemacht, auf ihnen wurden Häuser für die Mitglieder der Erschießungskommandos und deren Angehörige gebaut. 24 KGB-Generäle besitzen dort Datschen, 140 Personen haben Wohnungen als Belohnung erhalten, weil sie oder ihre Eltern an den Erschießungen beteiligt waren. Allein im Gebiet um Moskau wurden bislang fünf Massengräber entdeckt. Zehn Opfer fand man auf dem Gelände des Moskauer Zoos.

Alexander Miltschakow begleitete den amerikanischen Journalisten David Remnick zu einem solchen Massengrab im Donskoj-Kloster. Dort gibt es eine Gruft für das «Grab der nicht identifizierten Leichen». An einer anderen schrecklichen Begräbnisstätte, dem Kalitnikowskij-Friedhof, erzählte Miltschakow, daß während der Säuberungen «alle Hunde der Stadt dorthin kamen. Damals stank es dreimal so schlimm wie heute. Es lag buchstäblich Blut in der Luft. Die Leute haben sich aus den Fenstern gelehnt und die ganze Nacht gekotzt, und die Hunde haben bis zum Morgengrauen gejault. Manchmal sah man, wie ein Hund mit einem Arm oder einem Bein in der Schnauze über den Friedhof lief.»

In Sibirien wurden an einem Ort namens Butugytschag Sträflinge beim Uranabbau eingesetzt. Ihre Gebeine bedecken heute ein ganzes Tal. Nach einem Bericht der Nachrichtenagentur Reuter «starben in solchen Lagern so viele Sträflinge, daß es aussieht, als würden Skelette aus dem Boden hervorbrechen ... Niemand kommt dorthin ... Einige Leichen wurden einfach in ungenutzte Grubenschächte geworfen, andere wurden nur mit einer dünnen Erdschicht bedeckt und inzwischen durch die Schneestürme freigelegt ... Wir kletterten aus dem Hubschrauber und traten sofort auf menschliche Gebeine, die zu einem blendenden Weiß ausgeblichen waren.» Wie kann jemals Gerechtigkeit geschaffen werden, wenn das ganze Land ein einziges Konzentrationslager, ein einziger Friedhof ist? Wo soll man anfangen, um wieder einen Sinn für Menschlichkeit entstehen zu lassen? Der Schrecken ist förmlich in die Landschaft eingeschrieben. Eines Tages ging der Dramatiker Leonid Tanjuk im Wald vor den Toren Kiews spazieren und sah, wie Kinder mit einem menschlichen Schädel Fußball spielten. Dadurch wurden die Massengräber im Wald von Bikiwnja entdeckt, wo wahrscheinlich weitere zweihunderttausend Leichen liegen. In jedem der fünfundzwanzig Bezirke der Ukraine vermutet man mindestens ein Massengrab. Drei weißrussische Intellektuelle veröffentlichten in der weißrussischen Zeitschrift *Literatur und Kunst* einen Artikel unter der Überschrift «Kurapaty, die Straße des Todes». Den Autoren zufolge wurden bei Ausgrabungen im Mai 1988 Hunderte von Massengräbern mit Tausenden von Leichen entdeckt, die über verschiedene Teile des Waldes verteilt sind. Die Gräber waren durch Senkungen und Hebungen der Erde freigelegt worden.

Allmählich kommt heraus, daß die Bevölkerung überall in der Sowjetunion von den Massentötungen wußte und diese Gräber häufig ausgeraubt wurden. In Provinzzeitungen erschienen Berichte über Gruppen, darunter Zahnärzte, die sich nachts auf den Weg machten, um den Leichen die Goldzähne herauszubrechen.

Pilar Bolet, eine spanische Korrespondentin in Moskau, berichtete darüber, wie im Frühjahr 1979 in Kolpaschewo in der sibirischen Provinz Tomsk Leichen entdeckt wurden. Das Schmelzwasser des Ob hatte ein Stück Ufer weggeschwemmt und dadurch ein Massengrab offengelegt, so daß die Leichen flußabwärts trieben. Dem Kapitän einer kleinen Barke wurde befohlen, mit der Schiffsschraube die Leichen zu zerhacken und mit niemandem über die Sache zu sprechen. Erster Parteisekretär in Tomsk war damals kein anderer als Jegor Ligatschow. Er schildert das furchtbare Geschehen in seinen Memoiren: «Zwei Schwimmbagger fuhren eilends den Ob hinauf, beseitigten die Spuren des Grauens und schoben das Geheimnis, die greifbaren Überreste von Stalins Opfern, in den Fluß.» Die Entscheidung, den Vorfall zu vertuschen, habe «der Stimmung in der Gesellschaft entsprochen». Dieser beiläufige Satz enthält vielleicht den wahren Grund für das Scheitern der Kommunistischen Partei.

Die Erniedrigungen, die diesem unglücklichen Volk aufgezwungen wurden, haben sich tief ins kollektive Gedächtnis eingegraben. Die bekannte Sängerin Galina Wischnewskaja, Ehefrau des Cellisten Mstislaw Rostropowitsch, erzählte, daß ein Mädchen aus ihrer Schulklasse während der Belagerung von Leningrad ihre Lebensmittelkarte stahl: «Der animalische Hunger siegte über die Vernunft.» Das Mädchen überlebte, weil es «Menschenfleisch aß». Nikita Chruschtschow zitiert in seinen Erinnerungen einen Brief, den ihm sein Untergebener A. I. Kiritschenko, der Erste Parteisekretär in der Region Odessa, nach einem Besuch auf einer Kolchose im Winter 1946 geschrieben hatte: «Mir bot sich ein grauenhafter Anblick. Die Frau stand vor einem Tisch und zerlegte darauf die Leiche ihres eigenen Kindes. Und während sie so beschäftigt war, schwatzte sie munter drauflos: ‹Manetschka haben wir schon gegessen; jetzt pökeln wir Vanetschka ein. Der wird eine Weile vorhalten.› Ist das nicht unvorstellbar? Die Frau war vor Hunger verrückt geworden und hatte ihre eigenen Kinder geschlachtet!»

Eine der vielen Millionen Menschen, deren Leben zerstört wurde, war Jewgenija Ginsburg. Ihr Buch *Gratwanderung* ist nicht nur ein literarischer Klassiker, sondern auch ein Dokument der Unmenschlichkeit der Sowjets. In einem Lager in Belitschje in der Nähe der Burchala-Goldmine in Kolyma wurde sie eines Morgens Zeugin eines «Begräbniszuges»: «Auf einem langen Jakutenschlitten zogen drei Kriminelle die zerhackten Überreste eines Menschen. Schamlos ragten die bläulichen, erfrorenen Hinterbakken hervor. Die abgetrennten Arme schleiften im Schnee. Gedärm fiel zu Boden. Die Säcke, in denen die Leichen offiziell begraben werden sollten, dienten den Kriminellen als Handels- und Tauschobjekte. So bot sich mir das Begräbnisritual von Belitschje in seiner ganzen nackten Scheußlichkeit dar.» Jewgenija Ginsburg erinnert sich auch daran, wie eine Freundin, die Sinologin und Übersetzerin Polina Melikowa, sich im Lager erhängte und einen Zettel hinterließ, auf dem in übergroßen Buchstaben zu lesen stand: «Mir reicht es.»

Die wahllosen und anscheinend endlosen Verfolgungen und das kalte Grauen werden letztlich das einzige Vermächtnis des Kommunismus sein. Im Gedächtnis der Völker werden die Kommunisten wie die alten Vandalen und die Mongolen überleben, als grausamste Zerstörer. Es war, als ob die Russen – wie politische Kannibalen – sich selbst verschlungen hätten. Keine andere Nation hat sich jemals soviel Schaden zugefügt, so viele Landsleute getötet und zugleich so viele andere Länder verwüstet.

Und doch hatte der Terror seine eigenen Gesetze und seine innere Logik, die der Theorie und Praxis des Kommunismus entsprach. Seine Doktrin behauptete, den Schlüssel zur Geschichte gefunden zu haben und die Mittel zu kennen, durch die die menschliche Gesellschaft zu ihrem vorbestimmten Endziel vollkommener Gerechtigkeit und Gleichheit geführt werde. Die Doktrin war zwar weltlich, trat aber mit dem Anspruch eines religiösen Glaubens auf, für den sich die Menschen bereitwillig opfern sollten. Und zweifellos taten das viele – in ihrem Kampf für die Revolution, die das Neue Jerusalem einläuten sollte. Die Mittel, mit denen man Gleichheit und Gerechtigkeit verwirklichen wollte, waren einfach. Die Massen, die Armen oder, nach kommunistischem Sprachgebrauch, das «Proletariat» mußten nur die Produktionsmittel übernehmen, die sich in der Hand der Reichen oder «Kapitalisten» befanden: Boden, Fabriken, Banken. Da die Kapitalisten ihre Interessen verteidigen mußten, war der Klassenkampf unvermeidlich und in Erwartung des sicheren Sieges zu führen. Und da die Kommunisten zu wissen glaubten, was für die Menschen gut sei, sahen sie Enteignung und Gewaltherrschaft als Mittel vorausschauender und liebender Fürsorge. Unermüdlich damit beschäftigt, den Himmel auf Erden zu schaffen, schwadronierte die Partei erhaben über die Mittel der Enteignung und Gewaltanwendung. Seit der Revolution von 1917 beauftragte die Partei die Geheimpolizei mit den häßlichen sogenannten «Verwaltungsaufgaben». Euphemistisch bezeichnete man die Geheimpolizei als «das rächende Schwert des Proletariats» oder als «den Schild der Revolution», obwohl niemand an ihren wirklichen Aufgaben zweifelte. Das Streben nach Gerechtigkeit und Gleichheit, so wie es von der Partei definiert wurde, machte rechtsstaatliche Garantien überflüssig. Für die Partei waren Gesetze jedenfalls kein allgemeingültiges Recht oder eine Vereinbarung zwischen Regierenden und Regierten, sondern Ausdruck des Willens des jeweiligen Machthabers. Dies war die einfache Schlußfolgerung derjenigen, die daran glaubten, daß der Besitz der Produktionsmittel auch die ganze Gesellschaftsordnung bestimme. So war der Geheimpolizei ideologisch aufgegeben und praktisch erlaubt, ihre eigenen Gesetze zu schaffen. Von Anfang an arbeiteten die Partei und die Geheimpolizei Hand in Hand. Gelegentliche Interessenkonflikte traten angesichts des gemeinsamen obersten Ziels zurück, jeden dem Diktat der kommunistischen Lehre zu unterwerfen.

Ein kürzlich zur Veröffentlichung freigegebener Aufruf Lenins vom August 1918 lautet: «Genossen! Der Kulakenaufstand in fünf Bezirken muß mit aller Härte niedergeschlagen werden. Wir müssen ihnen eine Lektion erteilen. 1. Hängt hundert unverbesserliche Kulaken öffentlich auf. 2. Macht ihre Namen bekannt. 3. Nehmt ihnen ihr ganzes Brot weg. 4. Nehmt Geiseln. Sorgt dafür, daß die Leute im ganzen Umkreis das sehen, so daß sie zittern, Bescheid wissen und schreien.» Der Philosoph Bertrand Russell sagte nach einem Gespräch mit Lenin: «Sein schallendes Gelächter beim Gedanken an die Massaker ließ mir das Blut in den Adern gefrieren.»

Unter Stalin wurden Terror und Kommunismus zu Synonymen. Stalin machte in Worten und Taten deutlich, daß ihn keinerlei Zweifel und Skrupel daran hindern würden, den Kommunismus mit Hilfe des Terrors durchzusetzen. Mit der Pfeife im Mund schrieb er mit roter Tinte «erschießen» oder «sofort erschießen» an den Rand der unzähligen Namenlisten, die über seinen Schreibtisch gingen. Wie zum Spaß verfuhr er manchmal härter mit denen, die er kannte, manchmal verschonte er auch den einen oder anderen. Die instrumentelle Sicht des Terrors ist nie unmenschlicher zum Ausdruck gekommen.

Im Rückblick ist es ein Rätsel, wie irgend jemand überhaupt daran glauben konnte, daß die Welt nur aus «Proletariern» und «Kapitalisten» bestehe. Heilslehren brauchen die Unterscheidung von Gut und Böse, Freund und Feind, Auserwählten und Verdammten. Natürlich sind die Menschen viel zu verschieden, als daß man sie in so grobe Raster pressen könnte. «Klasse» ist ein viel zu vager Begriff, den man bestenfalls noch in soziologischen Seminaren oder als Schlagwort gebrauchen kann; er ist vollkommen nichtssagend. Seine Verwendung ermöglichte es der Geheimpolizei und der Partei, mit beliebigen Mitteln ihre vielen, willkürlich ernannten «Feinde» zu beseitigen, die «Bourgeoisie», die Kulaken oder andere mißliebige Bauern, Abweichler, Trotzkisten, Faschisten, Grundbesitzer, Imperialisten und die nicht weniger lange und willkürliche Liste ihrer Anhänger, die aus irgendeinem Grund versagt hatten, die «Räuber», «Saboteure», «Volksfeinde», «Titoisten», «Schädlinge», Zionisten, Propagandisten des «Persönlichkeitskults» und alle anderen.

Der KGB, um die Abkürzung zu verwenden, unter der die Geheimpolizei in ihrer Spätzeit bekannt wurde, beschäftigte etwa vierhunderttausend Offiziere und Mitarbeiter, dazu kamen noch einmal zweihunderttausend Angehörige der Grenzschutztruppen. Der

KGB war für die innere Sicherheit zuständig, organisierte aber auch geheimdienstliche Operationen im eigenen Land und die Auslandsaufklärung. Er hatte Abteilungen in allen russischen Städten, eigene örtliche Organisationen, und kontrollierte Netzwerke in fast allen Ländern der Erde. Seinen Einfluß hat man selbst dort aufgedeckt, wo ganz gewiß keine sowjetischen Interessen auf dem Spiel standen, so zum Beispiel auf den Fidschi-Inseln, auf Vanuatu und Grenada. Dem KGB-Experten John Barron zufolge waren über 250 000 KGB-Agenten im Ausland im Einsatz. Keiner weiß, wie viele Informanten, ob freiwillig oder durch irgendeine Form von Druck rekrutiert, beschäftigt wurden, vermutlich handelt es sich um einige Millionen. Der KGB konnte sich auch auf bewaffnete Streitkräfte stützen, die nominell dem Innenministerium unterstanden. Er verfügte über eine eigene Spezialeinheit, das Regiment Dserschinskij, zum Schutz der kommunistischen Elite, und über zahlreiche Einheiten wie OMON und Alpha für Sonderaufgaben. Armee und Partei unterstützten die Offiziere des KGB.

Entscheidend war immer die Beziehung zwischen dem Generalsekretär der Partei und dem KGB-Chef. Angeblich sprachen die beiden mindestens ein halbes Dutzend Mal am Tag miteinander. Wenn sie sich nicht gegenseitig stützten, machte sich die daraus resultierende Unsicherheit auf allen Ebenen der Gesellschaft bemerkbar. Wenn sie nicht einer Meinung waren, zeichnete sich ein Machtkampf am Horizont ab. Jurij Andropow war von 1967 bis zu seiner Wahl zum Generalsekretär im Jahre 1982 KGB-Chef. Dieser Wechsel an der Spitze war das offene Eingeständnis der Tatsache, daß der KGB wirklich das Land beherrschte. Ob Gorbatschow bei seiner Wahl zum Generalsekretär im Jahre 1985 heimlich vom KGB unterstützt wurde, ist nicht bekannt. Man kann nur soviel feststellen, daß er zwar das gesamte politische und ökonomische System der Sowjetunion reformierte, aber den KGB unangetastet ließ. Möglicherweise sah er – wie alle anderen – im KGB den letzten Garanten der Stabilität, unangreifbar und mächtig genug, alles unter Kontrolle zu halten: die Straßen, Bergwerke, Fabriken und Kollektive – unabhängig davon, was die Menschen in der Sowjetunion sagten oder taten. Sibirien war so kalt wie eh und je, die Lager existierten weiterhin, die Züge dorthin verkehrten noch, und der Unterdrückungsapparat konnte jederzeit wieder in Gang gesetzt werden.

Zeigte sich hier die Arroganz der Macht? So lange Zeit hatte der KGB alles unter Kontrolle, hatte manipuliert, hatte die Menschen im eigenen Land und im Ausland in Angst und Schrecken versetzt, so daß die KGB-Führung sich nicht mehr vorstellen konnte, daß der KGB verwundbar oder vielmehr verhaßt sein könnte. Oder war ein Reformprozeß im Gang, der nicht auf wirkliche Änderungen abzielte, sondern der Geheimpolizei und der Partei nur zu einer neuen Legitimität verhelfen sollte?

Gorbatschows Reformen zielten auf die Einhaltung von Gesetzen und die Schaffung von Verantwortlichkeit. Das Anlegen dieser Meßlatte aber hätte den KGB als kriminelle Organisation enthüllt, und zwar nicht nur wegen seiner Terrorherrschaft in der Vergangenheit, sondern weil er sich auch heute noch über das Gesetz stellte. Der letzte KGB-Chef Krjutschkow schloß sich folgerichtig bei dem Putsch im August 1991 den Verschwörern an, die die absolute Macht der Partei und der Geheimpolizei wiederherstellen wollten.

Der Nationalsozialismus, das zweite totalitäre System unseres Jahrhunderts, konnte nur durch einen Weltkrieg zerstört werden. Bei den Nürnberger Prozessen wurden die überlebenden Naziführer verurteilt und die schuldig gesprochenen gehängt. Zwölf weitere Prozesse mit zahlreichen weiteren Verfahren vor Militär- und anderen Sondergerichten folgten. Nur wenige der «Hauptschuldigen» entkamen der gerechten Strafe. Alle Parteimitglieder wurden überprüft, im Rahmen der Entnazifizierung wurden rund 13 Millionen Fragebogen ausgefüllt. Bis zum 1. Januar 1947 hatte man in der britischen Besatzungszone 64 500 Nazis verhaftet, in der amerikanischen Besatzungszone 92 250, in der französischen 18 963 und in der sowjetischen 67 179. Nach den Forschungsergebnissen des deutschen Historikers Wolfgang Benz wurden in den drei westlichen Besatzungszonen 5 025 Nazis angeklagt und wegen Völkermordes verurteilt. 806 von ihnen wurden zum Tode verurteilt, 406 dieser Todesurteile vollstreckt. Wer vor Mai 1937 Mitglied der NSDAP gewesen war, durfte im öffentlichen Leben keine Aufgaben mehr übernehmen. In der sowjetischen Besatzungszone wurden bis 1948 über eine halbe Million Menschen aus der Politik und dem Arbeitsleben ausgeschlossen. Allerdings gab es sowohl in Ost- als auch in Westdeutschland Ausnahmen, so daß einige ehemalige Nazis durch das Netz schlüpften oder auch gerade wegen ihrer Vergangenheit befördert wurden. Die DDR enthüllte mit größter Genugtuung die Nazivergangenheit eines Beamten aus dem Stab Adenauers. Gleichzeitig nutzte sie selbst jedoch einen ehemaligen NS-«Rasseforscher» wie Professor Hans Günther für ihre Zwecke und ließ ihn antizionistische Pamphlete verfassen. Otto John, der Spion, der in einer spektakulären Aktion in die DDR entführt wurde, hat berichtet, daß man den drei ehemaligen SS-Offizieren Heinz Felfe, Hans Clemens und Erwin Tiebel eine Amnestie für ihre Verbrechen aus der Nazizeit versprach, wenn sie für den KGB arbeiten würden.

Es gab keine Versuche, Kommunisten vor Gericht zu bringen. Zehntausende von KGB-Kriminellen – Lagerkommandanten, Folterknechte, Wärter, Verhörbeamte und ausgebildete Killer – leben heute als zurückgezogene Pensionäre. Bis heute gab es in Rußland kein einziges Verfahren gegen einen Mitarbeiter der Geheimpolizei, kein KGB-Angehöriger muß den Zugriff des Gesetzes fürchten. Eines der kaltblütigsten Massaker der Geschichte war die Ermordung von mindestens 15 000 Polen (die Zahl der Vermißten ist weit höher) im Wald von Katyń im Jahre 1940. Durch den Massenmord sollte die potentielle Nachkriegselite Polens ausgelöscht werden. Der Leiter des Mordkommandos, Dmitrij Tokarjew, trat im Fernsehen auf, um seine Tat damit zu rechtfertigen, daß die getöteten Polen Klassenfeinde gewesen seien. In einem anderen Land wäre er beim Verlassen des Fernsehstudios verhaftet worden. Er sagte dem Publizisten Nicholas Bethell: «Ich bin stolz auf das, was ich zur Verteidigung unserer Revolution getan habe. Es tut mir nur leid, daß unser Land offensichtlich vor die Hunde gegangen ist.» Als weiteres Beispiel für einen Täter, der ungeschoren davonkam, führt Bethell den Richter Subiez an, der einst die Dissidentin Irina Ratuschinskaja wegen ihrer Gedichte und ihrer religiösen Überzeugung ins Gefängnis gesteckt hatte: «Es waren andere Zeiten damals», erklärte Subiez, «ich habe nur meine Pflicht getan.» Er ist heute Präsident des Obersten Gerichtshofs in Kiew.

Krjutschkow wurde vor Gericht gestellt, aber nur wegen seiner Rolle beim August-Putsch. Nach der Aussetzung des Verfahrens wurde er freigelassen und rechtfertigte in Interviews seinen mangelnden Respekt vor dem Gesetz. In Deutschland endete der Prozeß gegen Erich Honecker ohne Urteil, und das Verfahren gegen Stasi-Chef Erich Mielke war eine Farce. Einige andere wurden verhört – wie Hans Modrow, der letzte kommunistische Ministerpräsident der DDR, Spionagechef General Markus Wolf, Willi Stoph, Harry Tisch und Werner Krolikowski –, aber nur einer oder zwei von ihnen wurden inhaftiert. In Rumänien wurden die kommunistischen Führer Emil Bobu, Iulian Vlad, Tudor Postelnicu, Manea Manescu und Stefan Andrei wegen ihrer Verbrechen ebenso zu Gefängnisstrafen verurteilt wie der Sohn des letzten Diktators, Nicu Ceaușescu, ein Playboy, der wegen seines schlechten Gesundheitszustands wieder auf freien Fuß gesetzt wurde. In Lettland saß Alfrēdis Rubiks, der letzte Erste Sekretär der Partei, während seines Prozesses in Untersuchungshaft. Die Witwe des albanischen Parteiführers Enver Hodscha verbüßt gegenwärtig eine neunjährige Haftstrafe wegen Unterschlagung. In Bulgarien wurde Todor Schiwkow nur zu Hausarrest verurteilt. Gerechtigkeit steht hier offensichtlich nicht auf der Tagesordnung, von Vergeltung ganz zu schweigen. In der ehemaligen Tschechoslowakei wurde ein Prozeß gegen aktenkundige Angehörige der Geheimpolizei und belastete Parteifunktionäre verschleppt. Die kommunistischen Verbrechen sind scheinbar Greueltaten, die man nicht wie die Naziverbrechen vor Gericht bringen kann.

Heute besteht in den Ländern der ehemaligen Sowjetunion ein politisches Vakuum. Die Macht liegt wie 1917 auf der Straße, und jeder, der will, kann versuchen, sie an sich zu reißen. Der Zusammenbruch des von einer Partei beherrschten Staates hat nicht zu einer Herrschaft des Gesetzes geführt. 1917 schrieb W. W. Rosanow, ein ebenso aufmerksamer wie bestürzter Augenzeuge der Revolution, daß das alte Rußland innerhalb von zwei, höchstens drei Tagen zusammengebrochen sei: «Es war erstaunlich, wie es auf einmal auseinanderfiel, restlos, in Stücke, in winzige Teilchen.» Und was blieb übrig? «Es klingt seltsam: Nichts, nur das einfache Volk blieb übrig.» Rosanow schrieb, daß sich «ein eiserner Vorhang auf die russische Geschichte gesenkt hat. Die Vorstellung ist zu Ende. Die Zuschauer haben sich erhoben, es ist Zeit, daß sie ihre Mäntel anziehen und nach Hause gehen. Sie schauen sich um. Es sind keine Mäntel mehr da und auch keine Häuser.»

Nun gibt es wieder eine Stunde Null, und es ist erstaunlich, daß man auch jetzt niemanden verantwortlich machen kann, obwohl man mit der Partei und dem KGB offensichtlich nicht mehr rechnen muß. Wer trägt die Schuld daran? Wer hat den Nutzen davon? Wurde das Gesetz von Ursache und Wirkung außer Kraft gesetzt? Ist Gorbatschow dafür verantwortlich? Oder die amerikanischen Präsidenten Reagan und Bush, Star Wars, die NATO, der CIA?

Es ist die alte Frage, wer Einfluß hat und ob einzelne den Lauf der Geschichte bestimmen. Vielleicht haben das Fernsehen und westliche Radiosendungen Unzufriedenheit ins Land gebracht und Erwartungen geweckt, und vielleicht gab es irgendwann genug Computer, um das Informationsmonopol der Partei zu brechen. Oder das Land konnte seine Politik einfach nicht mehr bezahlen, ging bankrott und implodierte. Oder vielleicht zeigte Papst Johannes Paul II. den Menschen, zumindest in seinem Heimatland Polen, die traditionellen Wertvorstellungen der Religion, und der KGB versuchte sich möglicherweise durch den – gescheiterten – Mordanschlag an ihm zu rächen. Vielleicht war die Weigerung der baltischen Staaten, sich völlig vereinnahmen zu lassen, letztlich der Knochen im Hals, an dem die Sowjetunion erstickte. Oder sorgten die Israelis im Kreml für Bestürzung, als sie 1982 über Syrien bewiesen, daß man die sowjetische Flugabwehr überwinden und zerstören kann und daß die Sowjets damit einen Weltkrieg verlieren würden? Oder haben sich die Russen mit ihren Invasionen in Afghanistan 1979, in der Tschechoslowakei 1968, in Ungarn 1956, den jährlichen Zahlungen in Höhe von 500 Millionen Dollar an Nicaragua, den vier oder fünf Milliarden Dollar an Kuba und der gleichen Summe an Vietnam übernommen? Sollte die westliche Demokratie dem Kommunismus doch überlegen sein, auch wenn die Überlegenheit sich nur in so schlichten Symbolen wie Bluejeans und Popmusik ausdrückt? Hatte der Zusammenbruch des Systems etwas mit dem «Zeitgeist» zu tun, daß es keine moralische Überzeugung oder höhere Autorität mehr gebe? So daß selbst ein Geheimpolizist, der Gehorsam fordert, sich lächerlich macht und durch seine Weltanschauung und seine Sprache plötzlich eher Mitleid als Furcht einflößt?

Aus den verfallenen Straßen und Städten Rußlands, aus dem ganzen blutgetränkten Jahrhundert erhebt sich eine gespenstische Prozession: Lenin, der geistige Vater und Lehrer, kahlköpfig und bärtig, Stalin, für den jeder Mord ein Genuß war, wie Mandelstam in den Versen schrieb, die ihm das Leben kosteten, Jagoda und Jeschow, Berija, Bucharin, Lunatscharskij, Castro und Che Guevara, Ulbricht, Thorez, Gramsci, der unförmige Chruschtschow und der phlegmatische Breschnew, Kim Philby und Guy Burgess, der Ankläger Wyschinskij, Schdanow – so viele Händler des Todes, Schöpfer der Alpträume, Illusionen und Schrecken unserer Zeit. Und alles war vergebens.

Früher war es nicht möglich, inoffiziell mit Russen in Kontakt zu treten. Der KGB zwang jeden einzelnen Menschen hinter dem Eisernen Vorhang, in einer abgeschlossenen, erstarrten, öden Welt zu leben. Wenn ein Ausländer einen Tag mit Russen verbringen, mit ihnen essen, trinken und vielleicht sogar ein paar harmlose Witze erzählen durfte, dann konnte er sicher sein, daß er mit Mitgliedern oder Informanten der Geheimpolizei zusammensaß und daß jedes Wort, das an diesem Tag fiel, aufgezeichnet wurde. Selbst eine flüchtige Bekanntschaft mit einem Ausländer war für einen Russen deshalb eine gefährliche Sache, Freundschaft war undenkbar. Ein Lächeln mochte dazu führen, daß man Informationen austauschte, das mochte dazu führen, daß Fragen gestellt wurden, so daß sich Zweifel regten, und am Ende hatte man die Dinge nicht mehr unter Kontrolle. Zu den bestürzendsten Erfahrungen in der Sowjetunion gehörte es, daß die Fußgänger auf den Straßen es nicht wagten, einem in die Augen zu sehen. Scham und Angst waren auf ihren Gesichtern zu lesen. Es erinnerte mich an die Bemerkung des polnischen Dichters Mickiewicz über die Brutalität der Russen zu seiner Zeit: «Jedes Gesicht ist ein Mahnmal für die Nation.» Ich weiß noch genau, wie ich am Ende der Breschnew-Ära meinen ersten Abend in der Gesellschaft von Russen erlebte. Ich war als Journalist unterwegs, drei oder vier «Führer», angeblich von Intourist, begleiteten mich zu einer «typisch russischen Familie», die in einem Hochhaus lebte. Direkt hinter der Wohnzimmerwand verliefen die Abwasserrohre. Den ganzen Abend über wurde das quälende Schweigen nur durch den Austausch von Belanglosigkeiten und Lügen und durch den ohrenbetäubenden Lärm der Abwasserleitung unterbrochen.

Ein kompliziertes, umständliches System von Visa und vorausbezahlten Hotel- und Restaurantgutscheinen garantierte, daß die Behörden einen Ausländer keine Minute aus dem Blick verloren. Die Reisen waren reglementiert. Der KGB zog bei allen denkbaren Kontakten im Hintergrund die Fäden, ob es sich um Taxifahrer, Schwarzhändler oder halbseidene Damen in den Hotelhallen handelte, kurzum um jeden, der etwas kaufen oder verkaufen wollte. Es gab keine Stadtpläne, keine Telefonbücher, keine Branchenverzeichnisse, keine Amtsblätter der Behörden, keine Möglichkeit, eine Adresse herauszufinden, keinerlei Angebote für harmlose Freizeitvergnügen wie etwa Besichtigungstouren und keine Möglichkeit, Menschen kennenzulernen. Jeder Schritt, den die Behörden nicht im voraus geplant hatten, kam sofort in den Geruch des Illegalen, als verlasse man den vorgeschriebenen Weg mit keinen anderen Gedanken im Kopf als Umsturz und Spionage.

Manche technischen Hindernisse bestehen nach wie vor – es gibt immer noch keine Telefonbücher, und etwas erreichen kann man meist nur, wenn man weiß, unter welchen Nummern in Büros oder anderswo einflußreiche Personen zu sprechen sind. Der Wunsch nach einem Interview mit einem westlichen Journalisten wird häufig als unwillkommene Aufdringlichkeit empfunden und abgewiesen. Man muß sich auf die landesüblichen Gepflogenheiten einstellen und kann die Leute nur über eine ganze Reihe von Vermittlern erreichen, die entweder zu ihrem Gefolge gehören oder ihnen einen Gefallen getan haben und nun ihrerseits um einen Gefallen bitten können. Dann wird verhandelt. «Und nun kommen wir zur heiklen Frage des Honorars», sagte ein solcher Vermittler einmal zu mir. Selbst die Großen im Land haben keine Skrupel, für ein Interview Geld zu verlangen. Bei den Vorarbeiten zu diesem Buch blieb mir in vielen Fällen nichts anderes übrig als zu zahlen, meistens einen Betrag um die hundert Dollar. Ich habe das Geld als Transitgebühr beim Übergang vom Kommunismus zur Marktwirtschaft abgeschrieben. Man kann aber auch an den Gebräuchen des Landes scheitern. Jegor Ligatschow beispielsweise erklärte sich zu einem Gespräch mit mir bereit und verschwand dann in den Urlaub, ohne zu hinterlassen, wann er wieder zurückkehren werde. Wir verabredeten uns ein zweites Mal; er sagte, ich solle ihn anrufen, sobald ich in Moskau sei. Ich flog nach Moskau, und dort erfuhr ich, die Dinge lägen inzwischen anders und er sei nicht mehr zu sprechen.

Zu den Vermittlern gehören auch die Chauffeure. Meist fahren sie einen zerbeulten Moskwitsch mit einer von tausend Rissen durchzogenen Windschutzscheibe, unauffällig und gewiß keine Verlockung für Diebe. Oft sind die Fahrer erschöpft, weil sie die halbe Nacht gebraucht haben, um Benzin aufzutreiben, das manchmal nur durch Tauschgeschäfte oder Sonderzahlungen zu erhalten ist. Am Morgen macht man sich dann auf den Weg zu den charakteristischen Gebäuden aus Ziegelsteinen, in denen die Privilegierten wohnen. Sie haben trotz des Zusammenbruchs der Partei, von der sie alles außer Dankbarkeit erhielten, ihre Wohnungen behalten. Man kommt in Räume, die sich fast aufs Haar gleichen, sitzt auf mehr oder weniger identischen, in einem unbestimmten Braun gepolsterten Sofas, dahinter ein Schrank für das gute Porzellan und die Gläser, Bücherregale vollgestopft mit sowjetischen Klassikern, vielleicht eine afrikanische Maske oder ein afghanischer Teppich, Erinnerungen an den Dienst für die Partei. Das höchste Statussymbol dieser Leute ist ein Labrador oder ein Terrier. In ihren Büros ist der auffallendste Einrichtungsgegenstand ein riesiger, altmodischer Safe mit einem Zahlenschloß. Er enthält geheime Unterlagen und Beutestücke.

Die einstigen Würdenträger des kommunistischen Systems sehen sich überraschend ähnlich. Sie sind alle breitschultrig, kräftig, um nicht zu sagen fett, der Hemdkragen spannt über dem fleischigen Nacken. Sie sehen aus, als sei es für sie selbstverständlich, daß sich ihnen niemand in den Weg stellt. Ihre Gesichter sind rund wie Suppenteller. Ihre unbewegte Höflichkeit hat etwas Bedrohliches, kaum einmal heben sie die Stimme. Manchmal geht es in ihren Geschichten um Niedertracht und Betrug, und bei der Pointe kommt Stimmung auf, ein grimmig zufriedenes Lachen darüber, daß sie die Hinterlist durchschaut haben. Alle haben sie die Angewohnheit, mit dem Zeigefinger wie mit einem Stock herumzufuchteln, mit der Hand wie mit einer Axt die Luft zu zerhacken und, wie man es auch bei Gorbatschow beobachten kann, die Schultern energisch hochzuziehen und nach vorne zu schieben, wenn ihnen jemand zu widersprechen wagt. Jahrelang waren sie gewohnt zu befehlen, und das hinterläßt Spuren.

Und es geht weiter zu den wissenschaftlichen Einrichtungen, diesen Denkfabriken, die die Sowjets so liebten, trostlose, zugige Treppenhäuser hinauf, verlassen wirkende Korridore entlang, in denen vielleicht ein Anschlagbrett oder ein zerknittertes Plakat hängt, um landesweit oder sogar international anerkannte Experten in kalten, kahlen Räumen zu treffen. Vor der Schreibkraft oder Empfangsdame steht meist eine vor sich hin welkende Topfpflanze anstelle einer Schreibmaschine, von einem Computer ganz zu schweigen.

In diesen Instituten findet man die wenigen hundert Menschen, die anscheinend die öffentliche Meinung des Landes repräsentieren und die offenbar durch eine Art Sondererlaubnis, ausgestellt von der Gesellschaft oder durch eine Abmachung untereinander, Redefreiheit haben: Jurij Afanasjew, das Akademiemitglied Bogomolow, Abalkin, Aganbegjan, Schmeljow, Galina Starowojtowa, Sergej Stankewitsch, Schachnasarow und die anderen. Sie sind die Eingeweihten vom Gartenring in der Stadtmitte Moskaus, ihre Namen tauchen in fast allen westlichen Büchern und Artikeln über die Sowjetunion auf, sie bilden eine ebenso feste Einheit wie einst ihre Vorgänger in der Partei. Niemand kontrolliert sie. Sie geben privat Interviews, freundlich und mit einer Gefühlsskala von Idealismus bis Zynismus. Nur noch ein Interview, denkt man, und dann muß doch die Wahrheit darüber herauskommen, warum der Kommunismus zusammengebrochen ist.

Und man macht sich auf die Suche nach den Außenseitern, die nicht die Binsenweisheiten vom Gartenring wiederholen. Nur wenige Kilometer vom Moskauer Zentrum entfernt sind die Straßen kaum noch befahrbar. Der Moskwitsch rumpelt wie eine kleine Straßenbahn über tiefe Schlaglöcher und Furchen, über herausgerissene Asphaltstücke und Pflastersteine, durch Müll und Unrat und bleibt stehen, wo die Straße in Schlamm, Pfützen und zwischen Autowracks endet. Betrunkene schwanken einsam umher oder werden von einem fürsorglichen Freund nach Hause begleitet. Adressenangaben helfen hier nicht viel weiter. In einem Haus, einem «Dom», kann es eine Untereinheit, ein «Korpus» geben, manchmal sogar ein Dutzend Untereinheiten. Jede Einheit hat ein Gewirr von Eingängen, manche sind unpassierbar, manche wirken in jeder Hinsicht wie Bedürfnisanstalten. Wenn man den Knopf eines russischen Aufzugs drückt, hält er mit einem Knall wie ein Revolverschuß. Wie, fragt man sich zum x-ten Mal, haben die Menschen das Leben unter solchen Bedingungen ausgehalten? Doch auf dem Rückweg von einem solchen Interview ist man jedesmal wieder beeindruckt von der unbeirrbaren Entschlossenheit dieser Menschen, die Welt zu entdecken, die ihnen versperrt war, und die Fülle von Ideen kennenzulernen, die sie offiziell nie erkunden durften. Woher nahmen sie den Mut, sich zu bilden, und wie schafften sie es, durchzuhalten?

«Man kann über alles verhandeln», sagt der Fahrer. Zum Beweis braust er ohne zu bezahlen vom Parkplatz, und der Wächter zuckt nur mit den Schultern. Wie jeder hier hat er irgendwo in seinen Kleidern Dollarnoten versteckt und Bündel von inflationären Rubelscheinen, verpackt in ein Stück Zeitung, das sorgfältig in Form einer Brieftasche gefaltet ist.

In diesem Land erwartet man vom Käufer, daß er das Verpackungsmaterial selbst mitbringt. Man kann Zeitungsseiten auch zu einer Tüte falten, die dann von Straßenhändlern mit Heidelbeeren, Preiselbeeren und ähnlichem gefüllt wird. Im Bazar von Kairo habe ich Leute gesehen, die gebrauchte Plastiklöffel verkauften; für mich war das damals der Inbegriff der Armut. In Moskau gibt es Menschen, die vom Verkauf gebrauchter Plastiktüten leben. Andere stehen in einer Reihe am Straßenrand, zu Hunderten in einer langgezogenen Schlange, und bieten ein getragenes Kleidungsstück, ein einzelnes Ei, einen Schreibblock oder Haushaltsgegenstände, zum Beispiel einen Wasserhahn, zum Verkauf an. Vor den Kirchen betteln ältere Männer und Frauen geduldig, aber mit unterschwelliger Wut. Ich fühlte mich in einen russischen Roman aus lange vergangener Zeit versetzt, als ich vor dem Danilewskij-Kloster einer blinden Frau ein bißchen Kleingeld gab, nur um zu beobachten, daß kräftigere Bettler auf sie zustürzten und ihr das Geld aus der Hand rissen, sobald ich mich so weit entfernt hatte, daß ich nicht mehr eingreifen konnte – was ich im übrigen auch gar nicht gewagt hätte.

In diesem Land entfernen Autofahrer sofort die Scheibenwischer und klemmen die Batterie ab, wenn sie ihr Auto irgendwo abstellen. Solange ich in dem stalinistischen Turm gegenüber der als *barrikadnaja* bekannten Metrostation wohnte, mußte ich immer an einem Graben vorbeigehen, den irgendwelche städtischen Arbeiter einmal gegraben hatten und um den sich seither niemand mehr kümmerte. Es gab keinerlei Sicherheitsvorkehrungen, keine Markierung, keine Absperrung. Alte und junge Menschen, Fahrradfahrer, Träger vom nahegelegenen Straßenmarkt konnten in diesen Graben hineinstolpern. Genauso ist es mit den langen Rosten in den U-Bahn-Schächten und Unterführungen; die auf den ersten Blick soliden Metallgitter sind oft verbogen oder gebrochen, und so reiht sich eine Stolperfalle an die andere.

In diesem Land verlangt die Aufsicht im Schwimmbad einen Identitätsnachweis, zum Beispiel den Paß. Den gibt sie erst nach dem Schwimmen zurück, wenn man gegen keine Regel verstoßen hat. Sie gibt einem einen Zettel und schreibt eine Nummer darauf. Das Schwimmbad wurde anläßlich der Olympischen Spiele im Jahre 1980 gebaut, aber auch hier sind viele jener eisernen Roste kaputt, Kacheln sind von den Wänden gefallen, der Beton ist fleckig und feucht, die elektrischen Leitungen hängen in einem Kabelgewirr in der Luft. Irgendwie ist ein Vogel durch das Dach hereingekommen und flattert in Panik wild mit den Flügeln schlagend herum, bis er schließlich tot zu Boden fällt. Man gibt das Papier zurück und bittet um seinen Paß. Es ist dieselbe Aufsicht, aber jetzt schreit sie mit hochrotem Gesicht «Straf». «Straf» ist ein Lehnwort aus dem Deutschen wie «Lager», das zum russischen «Gulag» geworden ist. Und die «Straf» bestätigen zwei Kolleginnen, die plötzlich aus der Kabine neben ihr auftauchen. Zettel gelten nicht, und sie bestreitet schlichtweg, diesen Zettel ausgegeben zu haben. Nein, das ist nicht ihre Handschrift. Wo ist das runde Blechschild mit einer Nummer darauf, das man abgeben muß, wenn man einen Ausweis, Paß oder sonstige amtliche Papiere zurückhaben will? Wenn man kein solches Blechschild hat, dann eben «Straf», und sie wird die Polizei rufen. Sie greift nach dem Telefonhörer. Ach ja, man kann eine Geldstrafe für das verlorene Blechschild zahlen, das man nie bekam. Und so gibt man ihr einen kleinen Betrag, ihren beiden Kolleginnen ebenfalls. Man kann über alles verhandeln. Das Theater hat eine Viertelstunde gedauert, und unterdessen hat sich eine verärgerte Warteschlange gebildet. Man macht Bemerkungen über die westlichen Ausländer, die andere betrügen und ausnutzen, denen man nicht über den Weg trauen kann und die zu Hause bleiben und uns nicht den Platz in unserem schönen Schwimmbad wegnehmen sollen.

Immer wieder gab es Kritiker, die behaupteten, daß der Kommunismus auf Dauer nicht überleben könne, doch das waren nur einige wenige, die in der Regel als unverbesserliche Optimisten oder Illusionisten abgetan wurden. Nach seiner Arbeit als Korrespondent in Moskau auf dem Höhepunkt des Stalinismus vertrat Malcolm Muggeridge eine damals unübliche Position. Er schrieb, daß «die dem Bolschewismus innewohnende zerstörerische Kraft nicht bis zum Ende durchgehalten werden» könne. Und er fuhr fort: «Eine ganze Gesellschaft kann nicht so lange hassen, bis sie sich selbst zerstört hat, und Selbstzerstörung ist das einzig vorstellbare Ende des Bolschewismus.» So kam es auch tatsächlich, aber die Welt hatte sich lange mit dem vertrauteren Pessimismus George Orwells eingerichtet.

Unter der Herrschaft Breschnews kämpfte die Sowjetunion um ein atomares Gleichgewicht mit den Vereinigten Staaten und um eine weite Überlegenheit bei den konventionellen Waffen. Aggressive Übergriffe in der Zeit vor dem Zweiten Weltkrieg, wie eine von Moskau geschürte Revolution in Brasilien oder die Angriffe auf Finnland und die baltischen Republiken, wirkten noch amateurhaft im Vergleich zu den modernen sowjetischen Techniken, einer Mischung aus äußerster Brutalität und raffinierter Täuschung, die bei Gewalttaten wie dem Einmarsch in der Tschechoslowakei im Jahre 1968 perfektioniert wurde. In Osteuropa wurden die «internationalen Beziehungen neuen Typs», von denen der langjährige sowjetische Außenminister Gromyko so gerne sprach, ein für allemal durchgesetzt. Zu Breschnews Zeiten bedrohte die Annäherung Portugals und Chiles an das kommunistische Lager das Gleichgewicht. Die Sandinisten in Nicaragua destabilisierten nach 1979 Zentralamerika. Im selben Jahr schickte Breschnew, offensichtlich in einem Wutanfall, Truppen nach Afghanistan. Dort hatte der kommunistische Führer des Landes, Hafisullah Amin, kurz zuvor seinen Vorgänger ermordet, in Breschnews Augen eine Anmaßung. Man erklärte daraufhin, Hafisullah Amin habe die Russen gerufen (was natürlich nicht der Fall war). Nur Stunden nach dem Einmarsch wurde er von denjenigen ermordet, die ihn angeblich retten wollten, und durch Babrak Karmal ersetzt, eine Marionette Breschnews. Die jahrhundertealte Fehde im Stil des «Great Game» wurde im Handstreich entschieden. Präsident Carter klagte, er habe plötzlich mehr über das Wesen des Kommunismus gelernt als in seinem ganzen bisherigen

Leben. In Afrika wurde der historische Prozeß der Befreiung von der Kolonialherrschaft in sein Gegenteil verkehrt, als die Volksrepublik Kongo, Benin, Äthiopien, Moçambique und Angola von der Sowjetunion abhängig wurden. Laos, das Kambodscha der Roten Khmer und Vietnam erklärten sich zu «Diktaturen des Proletariats».

Weltweit gab es dreißig bis vierzig marxistisch-leninistische Regime, mit anderen Worten: Tributpflichtige der Sowjetunion. Etwa zwanzig nationale Befreiungsbewegungen, die von Moskau finanziell unterstützt wurden, bildeten die Keime der nächsten, noch größeren Generation marxistisch-leninistischer Regime. Dazu zählten der Afrikanische Nationalkongreß ANC und auch die Palästinensische Befreiungsorganisation PLO. Dokumente, die man der PLO entwendete, geben einen Eindruck von dieser Art der Unterstützung. Sie zeigt sich in einer Zusammenfassung von Gesprächen zwischen Yassir Arafat, Außenminister Gromyko und seinem Stellvertreter Ponomarjow im November 1979 in Moskau. «Vor kurzem haben wir ein Komitee für Freundschaft und Solidarität mit dem palästinensischen Volk gegründet. Als das vietnamesische Volk gegen die Vereinigten Staaten kämpfte, haben wir ein ähnliches Komitee eingerichtet», sagte Ponomarjow, und er fügte hinzu: «Vietnam hat, wie wir wissen, schließlich gesiegt, und wir hoffen, daß auch hier ein Sieg errungen wird.» Arafats Antwort war typisch für ihn: «Wir gründen unsererseits ein Solidaritätskomitee für euch.» Die PLO war bereit, alles zu tun, was man von ihr verlangte. Das Herz des «sozialistischen Lagers» bildeten Organisationen wie der RGW (Rat für Gegenseitige Wirtschaftshilfe) und der Warschauer Pakt, der 1955 zum Schutz der Sowjetunion und ihrer Satelliten einschließlich der Mongolei, Kubas und sogar Vietnams geschlossen wurde. Zudem unterstützte man ein Netzwerk von einigen hundert kommunistischen Parteien mit insgesamt 80 Millionen Mitgliedern im feindlichen «kapitalistischen» Lager. Diese Parteien und ihre Mitglieder zogen auch die nächste marxistisch-leninistische Generation heran, die in einer Zukunft des permanenten Fortschritts immer stärker anwachsen sollte.

Alexander Solschenizyn wagte 1973 einen Schritt ins Ungewisse, als er seinen *Offenen Brief an die sowjetische Regierung* veröffentlichte. Die Partei werde ihr Monopol behalten, nahm er an, aber ihre totalitäre Ideologie sei schon bankrott, und daher werde sie sich möglicherweise dem Nationalismus zuwenden, um sich auf irgendeine Legitimität berufen zu können. Vier Jahre später veröffentlichte der Dissident Andrej Amalrik ein Buch mit dem erstaunlichen Titel *Kann die Sowjetunion das Jahr 1984 erleben?* Der französische Historiker Alain Besançon stellte in einer Besprechung von Amalriks Buch fest, daß das Sowjetsystem in seiner leninistischen Form nicht entwicklungsfähig sei: «Wenn es nur einen Schritt über sich selbst hinausgeht, wird es zusammenbrechen, sich auflösen und verschwinden». Und so geschah es auch tatsächlich. Ein anderer französischer Autor, Emmanuel Todd, kam damals zu den gleichen ungewöhnlichen Schlüssen: «Die Spannungen innerhalb des Sowjetsystems nähern sich dem Zerreißpunkt. In zehn, zwanzig oder dreißig Jahren wird die Welt verblüfft das Verschwinden oder den Zusammenbruch des ersten kommunistischen Systems erleben. Das Sowjetsystem ist entsetzlich, aber nicht stabil.» In der Londoner *Times* schrieb der Journalist Bernard Levin im August 1976, daß eine neue russische Revolution unausweichlich sei. Der Hunger nach Freiheit und Würde könne nicht mehr länger ungestillt bleiben. Einigermaßen zutreffend sagte er voraus: «Es wird keine Schießereien in den Straßen geben, keine Barrikaden, keinen Generalstreik. Man wird die Unterdrücker nicht an Laternenpfählen aufhängen, die Regierungsbüros nicht plündern und in Schutt und Asche legen, keine Radiostationen besetzen, und die Soldaten werden nicht massenweise desertieren.» Statt dessen würden im Politbüro neue Gesichter auftauchen, und er vermutete, in Anspielung auf eine frühere Revolution, daß dies am 14. Juli 1989 geschehen werde.

Solche Gedanken sickerten auch in akademischen Kreisen ein. So schrieb der Wirtschaftswissenschaftler Peter Wiles 1982, daß sich in den osteuropäischen Ländern eine «Fin-de-Siècle»-Stimmung ausbreite. Die Enttäuschung greife immer stärker um sich. «Nicht nur die Wirtschaft, sondern das ganze theokratische System taugt nichts. Es besteht nur dank seiner eigenen Trägheit fort.» Es müßten ernsthafte Reformen durchgeführt werden, folgerte er, in Richtung auf Marktwirtschaft und Dezentralisierung. Der Doyen der Rußland-Historiker, Richard Pipes, schrieb 1984: «Eine genauere Betrachtung der inneren Lage der kommunistischen Staaten einschließlich der Sowjetunion zeigt, daß sie gegenwärtig in eine ernste Systemkrise geraten, die früher oder später ein entschiedenes Handeln erfordern wird.»

Solche Stimmen hatten wenig Einfluß auf die öffentliche Meinung. Überall glaubten Staatschefs und Politiker, Akademiker, Journalisten und fast alle, die sich für Meinungsmacher hielten, daß die Sowjetunion bestehen bleiben werde, notfalls unter Einsatz von Gewalt. An den Gegebenheiten, der «Realpolitik», wie sie sagten, ließe sich nichts ändern. Allenfalls konnte man erwarten, so die allgemeine Meinung, daß die Rivalität zwischen den USA und der Sowjetunion durch vertragliche Vereinbarungen, etwa über Rüstungskontrolle und Abrüstung, eingedämmt werde. Daß man kein Druckmittel hatte, um die Einhaltung der Abkommen mit den Sowjets durchzusetzen, war offenbar kein Hindernis. Europa würde geteilt bleiben, es würde weiterhin zwei deutsche und zwei koreanische Staaten geben, und jeder neue Sieg einer nationalen Befreiungsbewegung würde das «sozialistische Lager» vergrößern. Möglicherweise würden der Welt die Länder ausgehen, wie Solschenizyn sagte, aber die Sowjetunion würde ihren Weg fortsetzen, solange sie wolle.

Weder die Sowjetrussen noch die Menschen im Westen waren auf die Ereignisse eingestellt, die das Ende des Kommunismus einläuteten. Am 1. Mai 1989 zog die alljährliche kommunistische Parade am Kreml vorbei. Auf der Haupttribüne wurde sie von den Würdenträgern mit Gorbatschow in der Mitte abgenommen. Genau ein Jahr später wurde er auf derselben Bühne ausgebuht und zog sich schmachvoll zurück. Noch ein Jahr später, und es gab keine Parade mehr und keinen Präsidenten Gorbatschow, keine Kommunistische Partei und keine Sowjetunion. Hammer und Sichel waren verschwunden. Man schlug vor, Lenin aus seinem Mausoleum herauszuholen und ihn neben seiner Mutter in

Sankt Petersburg zu begraben. Der Zar dagegen sollte als ein Märtyrer geweiht und der unter Stalin zerstörte Moskauer Dom wiederaufgebaut werden. Innerhalb kurzer Zeit veränderte sich die vertraute kommunistische Welt von Grund auf. Und plötzlich verwandelte sich die so gefürchtete Armee in eine Bezugsquelle für Berge von Abzeichen, Pelzmützen und Orden, die von Reihen mürrischer Straßenhändler zum Kauf angeboten wurden. Plötzlich wurden die zahllosen Bücher des Sozialistischen Realismus, die das Proletariat zu Höchstleistungen an der Produktionsfront bewegen sollten, als Kitsch entlarvt. Plötzlich entpuppte sich die scheinbar absolute Macht als jämmerlich, ganz und gar nicht schreckenerregend, sondern kläglich und hoffnungslos illusionär. Daß man im ganzen Land wieder zu den alten Ortsnamen zurückkehrte, war hochsymbolisch. Aus den nach Kirow, Kuibyschew, Sagorsk und dem unsäglichen italienischen Kommunisten Togliatti benannten Städten wurden wieder Gjandscha, Samara, Sergijew Posad, Stawropol und Wolga. Der Berg Stalin verschwand von der tadschikischen Landkarte. Das ungarische Leninváros wurde wieder umbenannt zu Tiszapalkonya und Tiszaszederkény, und das tschechische Gottwaldov wurde wieder zu Zlín. In Montenegro wurde aus Titograd Podgorica. Kommunistische Helden wie Gheorghiu-Dej, Ulbricht, Schdanow, Suslow und Kalinin verloren ihre Erwähnung in der Geographie des ehemals sozialistischen Lagers. Sogar die Gorkij-Straße im Zentrum Moskaus bekam wieder ihren alten Namen Twerskaja. Zu Tausenden wurden Denkmäler von Marx und Lenin beseitigt. Auf Plätzen im ganzen Land, von Estland bis zum Pamir, zeugen nur noch Löcher und vielleicht ein paar Verankerungen im Boden davon, wo sich einst überlebensgroß die Heroenstandbilder der Gründerväter des Marxismus-Leninismus erhoben. Im Zentrum von Moskau diente ein riesiger, vermutlich einige hundert Tonnen schwerer steinerner Marx-Kopf als Verankerung für den Werbeballon eines Kreditkartenunternehmens. In Warschau wurde der einstige Hauptsitz der Kommunistischen Partei einer Bank aus dem Westen übergeben, die dort Geschäftsräume einrichtete. Das *Scînteia*-Gebäude in Bukarest, eine stalinistische Monstrosität, beherbergt heute die rumänische Börse. Am auffälligsten ist wohl, daß vor der Lubjanka, dem berüchtigtesten Gefängnis, das Standbild von Felix Dserschinskij, dem Gründer der Geheimpolizei, entfernt wurde. Auf dem leeren Podest steht heute ein Kreuz mit der Inschrift «Damit haben wir den Sieg davongetragen» in Altkirchenslawisch.

Der «Homo Sovieticus» war ein schreckenerregendes Konzept, das aus der Breschnew-Ära stammte. Seine Grundvoraussetzung war der Anspruch des Kommunismus, er habe die Natur des Menschen verändert und zwar gerade in Rußland und möglicherweise auch in den sowjetischen Satellitenstaaten. Man war der Überzeugung, daß alles nur eine Frage der Konditionierung sei. Wie die Pawlowschen Hunde könne man die Menschen mittels sorgfältig dosierter Strafen und Belohnungen passend zu einem ideologischen System formen, bis sie keine Individuen mehr sind, sondern Teile einer großen Maschine. Irgendein allwissender Mechaniker müsse nur an ein paar Rädchen drehen, und schon funktionierten diese Teile nach Belieben. Das Konzept beruht letztlich auf Furcht, auf der primitivsten animalischen Furcht, daß jeder von uns, wenn er seinem totalitären Kerkermeister oder Folterknecht gegenübersteht, seine Werte und moralischen Prinzipien opfern wird, um das nackte Leben zu retten. Diese Lektion lehrt uns die Literatur des 20. Jahrhunderts, am klarsten und erschütterndsten wohl George Orwells *1984*. Die berühmte archetypische Hauptfigur des Romans, Winston Smith, wird terrorisiert, bis er sein wahres Selbst aufgibt. Der Große Bruder stiehlt ihm einfach seine Persönlichkeit, und danach erkennt Winston Smith unter Tränen: «Er liebte den Großen Bruder.»

Ist das möglich? Ist das Wesen des Menschen so formbar? In den sechziger Jahren, als Breschnew und die Partei erfolgreich ihr eigenes Volk mundtot gemacht hatten und den Kommunismus in anderen Ländern vorantrieben, stellten sich einige Russen diese Fragen. Die Dissidenten, wie sie bald genannt wurden, lieferten die nächsten zwanzig Jahre lang immer wieder Schlagzeilen. Bis heute wird ihnen kein Buch wirklich gerecht, und ihre Verdienste können nicht angemessen gewürdigt werden. Damals konnte man noch nicht entscheiden, ob sie die letzten Vertreter der aussterbenden Gattung der Individuen waren oder im Gegenteil die ersten Wortführer, die darauf bestanden, daß die menschliche Natur gleichgeblieben sei und immer gleichbleiben werde.

Ende der sechziger Jahre schrieb der heute im Westen lebende russische Historiker Alexander Janew: «Es war, als drängten unter dem Schutt der moosbedeckten offiziellen Ideologie frische junge Stimmen hervor und erklärten, eine ‹nationale Wiedergeburt› sei notwendig. Der neue Geist erhob sich und fegte wie ein Wirbelwind über das Land.» Janew meinte, daß Solschenizyn (der damals noch am *Archipel Gulag* arbeitete) die herrschende Stimmung traf, als er die Russen nicht als die herrschende Klasse, sondern als Sklaven des Staates bezeichnete. Sie seien im Begriff, unterzugehen: «Die russischen Menschen sind abgezehrt und biologisch degeneriert, ihr Nationalstolz wurde gedemütigt und unterdrückt.»

Die Dissidenten stimmten Solschenizyns Urteil im allgemeinen zu. Unter ihnen ragten Alexander Sinowjew und Wladimir Bukowskij heraus, weil sie intelligente und mutige Meinungen vertraten. Es dauerte nicht lange, bis beide aus der Sowjetunion hinausgeworfen wurden und in den Westen gingen.

Obgleich Sinowjew viele Ziele im Visier hatte, hat er wohl mehr als jeder andere für die Verbreitung der Erkenntnis getan, daß der Homo Sovieticus tatsächlich das Licht der Welt erblickt hatte und langsam erwachsen wurde. Zumindest mit einem Teil seines Herzen glaubte Sinowjew offensichtlich, daß die russischen Menschen intellektuell rettungslos degeneriert seien. Die Wahrheit wurde so geschickt vor ihnen verborgen, daß sie einfach keinen Zugang zu ihr hatten und darum ihre eigene Erbärmlichkeit nicht erkennen konnten. «Zu unserer Norm», schrieb Sinowjew, «gehören die abstoßendsten Eigenschaften der menschlichen Natur, ohne die man unter den Bedingungen der sowjetischen Gesellschaft nicht überleben kann. Und dieser ganze Dreck wird von der großartigsten und verlogensten Ideologie verschleiert.» Das Leben an der Grenze des sozial Möglichen bringe «soziale Käfer, soziale Würmer, soziale Ratten, soziale Schlangen, Eidechsen,

Skorpione» hervor, und diese Arten hätten «hier eine bessere Überlebenschance als die unter den günstigen sozialen Bedingungen der westlichen Kultur entstandenen Arten». Das Gesellschaftssystem des Landes sei auf diese Weise «im Kern unerschütterlich» geworden, schloß Sinowjew. Der Homo Sovieticus sei auf dem Vormarsch. «Die Sowjetunion als Ganzes verhält sich wie der durchschnittliche Sowjetbürger: Sie ist unzuverlässig, verlogen, heuchlerisch, benimmt sich rüpelhaft, wenn sie in einer starken Position ist, kriecht vor dem Stärkeren und ist im übrigen vollkommen aufrichtig.»

Bukowskij stellte mit Bestürzung fest, daß andere seine großartige Kampfbereitschaft nicht teilten. «Es gibt eine Geschichte, daß ein exzentrischer Engländer zwanzig Jahre lang Ratten die Schwänze abschnitt in der Erwartung, sie würden schwanzlose Nachkommen produzieren. Doch es kam nichts dabei heraus, und er gab auf. Was kann man von einem Engländer schon erwarten? Nein, so läßt sich der Sozialismus nicht aufbauen. Ihm fehlte die rechte Leidenschaft, das gesunde Vertrauen in eine strahlende Zukunft. In unserem Land war das ganz anders. Jahrzehntelang schnitt man den Menschen die Köpfe ab, und schließlich erlebte man die Geburt eines neuen Menschentyps ohne Kopf.» In seinem vernichtenden Urteil ging er noch weiter: «Unser sowjetisches Leben war nichts anderes als eine schizophrene Phantasiewelt, bevölkert von erfundenen Sowjetmenschen, die an einem mythischen Kommunismus bauten. Lebten wir nicht alle ein Doppel- oder gar Dreifachleben?»

Auch andere Kommentatoren und Beobachter betonten oft, daß das gespaltene Wesen das zentrale Merkmal der kommunistischen Gesellschaft gewesen sei. Ein weiterer früher Dissident, Konstantin Simis (der ebenfalls in den Westen geflohen ist), formulierte das treffend in einem 1982 erschienenen Buch, in dem er schrieb: «Der Homo Sovieticus hat ganz einfach zwei getrennte Moralsysteme.» Auch wenn er das Gesetz breche, halte er sich nicht für unmoralisch. Es sei durchaus miteinander vereinbar gewesen, Vertreter der Staatsmacht oder der Partei zu belügen und ehrlich zu Freunden zu sein.

So gesehen war der Typus des Homo Sovieticus nicht so beunruhigend, wie es zunächst den Anschein gehabt haben mochte. Man war vorsichtig nach außen, behielt seine Vorbehalte für sich und setzte sich eigene Verhaltensmaßstäbe in Bereichen, in denen sie wichtig waren. Das Doppel- oder Dreifachleben war eher ein Schutz als eine moralische Verfallserscheinung.

Menschen aus dem Westen hatten kaum Zugang zu den wirklichen Fakten, und man darf es ihnen wohl nicht zum Vorwurf machen, daß sie das, was die Russen ihnen erzählten, für bare Münze nahmen. Kaum ein Buch eines westlichen Autors hat die Einstellung gegenüber Sowjetrußland so nachhaltig geprägt wie Hedrick Smith' *Die Russen* aus dem Jahre 1976. Smith war Korrespondent der *New York Times*. Er entdeckte auf einer Seite «ideologische Trockenfäule», nur um ein paar Seiten weiter damit fortzufahren, daß «die Russen ein unerschütterliches Grundvertrauen in ihre Lebensweise haben» – ein Urteil, das jeder Grundlage entbehrte, wie wir heute wissen.

David Satter von der *Financial Times* brachte wohl die allgemeine Überzeugung der Korrespondenten zum Ausdruck, die aus erster Hand aus Moskau berichteten, als er 1982 schrieb: «Die Sowjetunion behauptet, sie habe einen neuen Menschen geschaffen, und ich glaube leider, daß diese Behauptung stimmt.» Dieser neue Mensch glaube an seine geistige Unzulänglichkeit und gleichzeitig an sein Durchhaltevermögen, damit verbinde sich sowohl ein instinktiver Respekt vor der Autorität als auch eine tiefverwurzelte Furcht. Solche Reporter und Korrespondenten gaben nur weiter, was sie von den Russen gehört hatten. So erklärte Anatolij Korjagin, ein Arzt, der dagegen protestiert hatte, daß Dissidenten in psychiatrischen Kliniken eingesperrt wurden, und deshalb selbst verhaftet wurde, im Mai 1987: «O ja, ohne Zweifel gibt es den psychologischen Typus, den wir Homo Sovieticus nennen. Als ich im Gulag war, sagte der Lagerkommandant eines Tages zu mir: ‹Na komm, Korjagin, schließlich sind wir beide Menschen. Du bist ein Mann, und ich bin ein Mann, komm schon, versuchen wir, eine gemeinsame Basis zu finden, schließen wir Kompromisse.› Er stellte sich vor, daß ich seinen Forderungen auf halbem

Weg entgegenkommen sollte. Also antwortete ich: ‹Ja, wir sind beide Menschen, aber ich bin ein Homo sapiens, und du bist ein Homo Sovieticus. Wir können keine gemeinsame Sprache finden.›» Korjagin zufolge hatte dieser neue Mensch die Stereotype verinnerlicht, die ihm von oben eingetrichtert wurden, und ließ sich mehr oder weniger bereitwillig von oben kontrollieren. «Er ist ein programmiertes Wesen, ein psychologischer Roboter, Wachs in den Händen der Sowjetideologen.»

Solche harten Urteile trafen bis zu einem gewissen Punkt zu, aber sie waren nur ein Teil der Wahrheit. Die Abwehrkräfte der menschlichen Natur waren zu stark, um diesen Urteilen eine ausreichende Plausibilität zu verschaffen. Nach dem Zusammenbruch wurde offenkundig, daß selbst Dissidenten und informierte westliche Ausländer das kommunistische Selbstbild verinnerlicht hatten. Mit dieser Vorstellung vom Homo Sovieticus waren sie nahe daran, das zu glauben, was sie nach dem Willen der Kommunisten glauben sollten. Ihr in düsteren Farben gemaltes Bild war schon an sich eine Verherrlichung und Schmeichelei für den Kommunismus und seine Folgen. Sie mußten Ausweichmanöver vollziehen, weil sie fürchteten, ansonsten in den Bann oder die Reichweite jener Meister zu geraten; sie mußten aber auch mit ihren Familien und ihren Nachbarn leben. Offensichtlich waren unzählige Strategien möglich, offensive und defensive gleichermaßen.

Die russische Geschichte mit ihrer ununterbrochenen Folge von despotischen Herrschern hatte viele solcher Mechanismen entwickelt und sie regelrecht kultiviert. Jurij Afanasjew beschrieb einen uralten Charakterzug der Masse jener Menschen, die seiner Ansicht nach weder als kommunistisch noch als antikommunistisch bezeichnet werden konnten: «Es ist ihnen einfach gleichgültig, was passiert. In den Dörfern und entlegenen Kleinstädten trinken die Menschen und schauen zu, wie die Welt sich dreht. Von Zeit zu Zeit arbeiten sie pro forma ein bißchen, und regelmäßig stehlen sie etwas vom Volkseigentum», aber nicht übermäßig und nicht genug, um dabei erwischt zu werden. Und Afanasjew bestätigt die Auffassung, daß man über alles verhandeln kann, daß niemand bestraft wird: «Man fährt mit staatseigenen Transportmitteln oder mit dem Traktor der Kolchose ins nächste Dorf und kauft Wodka.»

Ein «Hang zu dramatischer Selbstdarstellung» ist nach Ronald Hingley ein russischer Charakterzug. Seine Studie *The Russian Mind* untersucht gründlich den russischen Nationalcharakter, ein Phänomen, das kaum zu fassen und daher kaum genau zu bestimmen ist. Hingley zitiert den vorrevolutionären Schriftsteller Leonid Andrejew mit dem Ergebnis, daß «der Russe nicht in der Lage ist, glatte Lügen zu erzählen; aber er scheint auch nicht in der Lage zu sein, die Wahrheit zu sagen. Der Mittelweg, den er geradezu innig liebt ..., ist *wranjo*».

Wranjo ist nach Hingleys Definition ein Schlüsselbegriff, eine spezifisch russische «Art zu bluffen, zu spotten oder zu schmeicheln». Es ist keine regelrechte Verfälschung der Wahrheit, sondern eher ein Ausstreuen von Unwahrheiten zum Zweck des Selbstschutzes und der Verschleierung. Das sei, wie Hingley ausführt, seit dem Tod Stalins das zentrale Merkmal des Verhaltens in der Öffentlichkeit unter dem sowjetischen Totalitarismus. Es ist gleichgültig, ob derjenige, der *wranjo* verbreitet, auch selbst glaubt, was er sagt. Es geht nur darum, die Gesprächspartner davon zu überzeugen, daß man grundsätzlich das richtige Verhalten und die korrekte Gesinnung an den Tag legt. Als Folge davon wird man für seine Handlungen nicht bestraft. Chruschtschow, der bei seiner Rede vor den Vereinten Nationen mit dem Schuh aufs Rednerpult schlug, die mehreren tausend Mitglieder des Obersten Sowjets der UdSSR, die ihre Hand zu einem einstimmigen Votum hoben, die Paraden zum 1. Mai mit ihren Hunderten und Tausenden von Uniformträgern und den Panzern und Raketen, die «Demokratisierung», wie sie Gorbatschow einführte – all dies sind Beispiele für dramatische Selbstdarstellung durch *wranjo*, die der Kommunismus hervorgerufen hat. In seinen heutigen Trümmern wirkt der Kommunismus langsam selbst wie ein einziges großes Beispiel von *wranjo*, das die Russen der ganzen nichtsahnenden Welt vorgespielt haben.

Solomon Wolkow schildert in den von ihm herausgegebenen

Memoirs of Dmitri Shostakovich ein weiteres Beispiel der eingeübten Strategien, die Forderungen der kommunistischen Ideologie zu umgehen und abzuwehren. Wie fast jeder andere auch wollte der Komponist Schostakowitsch keinen offenen Konflikt mit den Behörden riskieren. Er entschied sich dafür, ein *jurodiwyj* zu werden, ein unübersetzbarer Begriff, mit dem man jemanden bezeichnet, der den Narren spielt und unter dieser Maske die Aufmerksamkeit auf die Ungerechtigkeiten und Mißstände lenkt, die ihn zu seinem Narrenspiel zwingen. Der *jurodiwyj* bewegt sich innerhalb der ihm gesetzten Grenzen – aber sein Verhalten ist nur ein Schutzschild, der aus Spott, Sarkasmus und scheinbarer Dummheit besteht. Er kennt seine Grenzen und sorgt dafür, daß die anderen sich über ihn wundern. Die riesige apathische und unterdrückte Masse, die so verachtungsvoll unter dem Schlagwort Homo Sovieticus zusammengefaßt wird, bestand in Wahrheit aus Millionen von Individuen, *jurodiwyje* und Meistern des *wranjo*, die sich wie einst ihre Vorfahren mit einer unendlichen Vielzahl von taktischen Manövern, Tricks und Ausflüchten durchs Leben schlugen. Mit Hilfe dieser Stategien aus dem kollektiven Gedächtnis überlebten sie die Sowjetkommissare, wie ihre Vorfahren einst die Khane, Zaren und anderen Despoten überlebt hatten.

1 «Niemand war glücklich»

«Wenn dir die Sowjetunion so gut gefällt, warum ziehst du dann nicht hin?» Alltägliche Unterhaltungen über Kommunismus und Kapitalismus endeten oft mit dieser Entgegnung, die sich nicht gerade auf einem hohen intellektuellen Niveau bewegte, aber dennoch einiges an Wahrheit enthielt. Der Kommunismus hatte die Erledigung der einfachsten und gewöhnlichsten Dinge des Alltagslebens in einen Parcours von Schwierigkeiten und Hindernissen verwandelt. Der Mangel wurde bewußt erzeugt, er war das Produkt eines bürokratischen Sadismus, der die gesamte Bevölkerung in Schach halten sollte. Natalja Perowa hat ein sicheres literarisches Gespür und wurde Verlegerin. Die Mietswohnung in Moskau, in der sie aufwuchs, teilten sich viele Menschen. Der Flur stand allen zur Verfügung, und was einst ein offener Raum gewesen war, war jetzt aufgeteilt oder in Zimmer abgetrennt, mit dem Ergebnis, daß der ganze Flur laut knarrte, wenn jemand in diesen Zimmern umherging. Für alle gab es nur eine Küche und einen einzigen Waschraum. Ein Bewohner war Exhibitionist und stellte sich bevorzugt mit heruntergelassener Hose in den Waschraum. Ein anderer brachte oft mehrere Prostituierte gleichzeitig mit nach Hause. Eine alte Frau fand Spaß daran, den anderen das Leben schwerzumachen, indem sie an der Wäscheleine herumpfuschte, das Kerosin höher drehte oder auch einmal eine Ratte in die Suppe warf. Wenn man mit der Herdbenutzung an der Reihe war, kochte man immer für zwei oder drei Tage im voraus. Einmal in der Woche ging man ins Badehaus. Ihre Heirat brachte Natalja schließlich in den unschätzbaren Genuß einer Gemeinschaftswohnung, die das Paar nur mit einem Nachbarn teilen mußte.

«Niemand war glücklich» 51

Sie sagt, es habe eine bestimmte gesellschaftliche Atmosphäre geherrscht, an die man sich allmählich gewöhnt habe. Es war schwierig, ohne Bestechungsgeld an der Universität angenommen zu werden, also schrieb sie sich für Abendkurse ein und ging zu den Veranstaltungen am Tag. Sie konnte sich zwar nur die Abendkurse leisten, in denen die Studenten erkennbar weniger motiviert waren, aber verständnisvolle Lehrer bemerkten ihren Ehrgeiz und erlaubten ihr, tagsüber an den Veranstaltungen teilzunehmen. In ihrem ersten Jahr an der Universität kam eine Gruppe Amerikaner von der Russisch-Fakultät in Yale, und man durfte sich mit ihnen treffen, um sein Englisch zu üben. Die Amerikaner sangen russische Lieder und sagten, sie wollten in den Süden nach Jalta fahren. Sie schlugen vor, daß die russischen Studenten sie begleiten sollten, und die Russen fuhren mit. Es war ein vollkommen harmloses Unternehmen. Ein Boot brachte sie von der Krim zur Küste am Kaukasus. Es war schon aufregend, mit Amerikanern zusammen zu sein. Als sie wieder in Moskau waren, bestellte der KGB Natalja ein und eröffnete ihr, daß man die Gruppe unter Beobachtung gehalten habe. Am Ende des zweiten Verhörtags sagte ein KGB-Mann: «Wie konnten Sie als Mitglied des Komsomol so freundlich zu Staatsfeinden sein?»

Da sie einen Abschluß in Englisch hatte, bekam Natalja eine Stelle bei einer Übersetzungsagentur namens Progress. Noch einmal wurde sie zum KGB bestellt, und man erklärte ihr, sie habe eine Begabung für die Arbeit mit Ausländern und werde über deren Aktivitäten zu berichten haben. Ihr war klar, daß irgend jemand ihnen einen Tip gegeben haben mußte. Sie hatte einen Kollegen in Verdacht und warnte die anderen im Büro vor ihm. Später wechselte sie zu Intourist, der Agentur, die alle Reisenden in der Sowjetunion betreute. Dort mußte sie regelmäßig über die Ausländer und insbesondere über alle antisowjetischen Äußerungen Bericht erstatten. Als ihre Tochter erwachsen war, arbeitete sie genauso mit denselben Leuten im selben Büro – ein eindrucksvolles Beispiel für die Schicksalsergebenheit, die die Partei den Menschen einimpfte. Sie konnten nichts tun, um ihr Leben selbst in die Hand zu nehmen.

Die Erforschung der Gesellschaft, in der er leben sollte, und die darauffolgende Enttäuschung waren für Jurij Mitjunow nicht weniger schmerzlich. Er wurde in eine stalinistische Familie hineingeboren. Sein Vater war Angehöriger der Grenztruppen und seine Mutter seit 35 Jahren Parteimitglied. Sie lebten in Archangelsk, in der Region der Konzentrationslager. Gefangene waren Teil der Landschaft, sie wurden kaum als menschliche Wesen wahrgenommen. Als Kind war es Jurijs Lebensziel, eines Tages Marxismus-Leninismus zu studieren und die Theorie überall zu verbreiten, so daß die ganze Welt sie verstehen würde. Während seines Studiums der lateinamerikanischen Sprachen an einem Spezialinstitut kam er in Kontakt mit Ausländern. Im Jahre 1974 bestellte ihn der Dekan seiner Fakultät eines Tages in sein Büro. Dort zeigte ein fremder Mann Jurij seinen Ausweis und schlug ihm vor, für den KGB zu arbeiten. Für Jurij wurde ein Traum wahr, er sah sich schon als geheimen Streiter für die Partei. Er hatte gehört, daß die Angehörigen des KGB besondere Privilegien und Zugang zu Waren und Dienstleistungen hätten, die den anderen verwehrt waren, aber er hatte das immer für westliche Verleumdung gehalten. Nun erlebte er, daß KGB-Agenten ihm teure Mahlzeiten in Restaurants bezahlten. Das war ein erster Schlag für seine Überzeugungen. Der KGB verschaffte ihm Arbeit beim Rat für religiöse Angelegenheiten, in der Abteilung Analyse und Statistik. Der nächste Schlag kam, als er sah, wie nicht die Gläubigen, sondern die staatlichen Behörden das Gesetz brachen. Ihm wurde klar, daß die Einrichtung eine KGB-Organisation war mit der Aufgabe, jeden Ansatz von religiöser Meinungsfreiheit unter Kontrolle zu halten.

Beim letztlich ausschlaggebenden Zwischenfall ging es um seine Wohnung. Wichtige Leute aus dem Umkreis des Bolschoi-Balletts wollten dort einziehen und begannen ihn zu schikanieren. Als er sich beim Moskauer Stadtrat beklagte, schlug ihm dort einer der Funktionäre ins Gesicht. Das war selbst in der Breschnew-Ära ungewöhnlich, und so brachte Jurij Mitjunow den Mann vor Gericht. Freunde erklärten ihm, daß er den Vorwurf des Dissidententums riskiere. Die Sache zog sich lange hin und brachte Drangsalierungen aller Art mit sich. Seine Gönner im KGB ließen ihn zwar nicht fallen, aber er merkte, daß er beschattet wurde. Man stellte ihn für unbestimmte Zeit von der Arbeit frei und drohte ihm mit der Einweisung in eine psychiatrische Klinik. Zusammen mit einigen Freunden besetzte er das Büro des Rates für religiöse Angelegenheiten und verlangte eine Anhörung. Der für die Überwachung des Rates zuständige KGB-Offizier war ein Oberst namens Walentin Timoschew, und er versprach Jurij, man werde eine Untersuchung durchführen, die Sache mit der Wohnung in Ordnung bringen, und die Besetzung des Büros werde kein Nachspiel haben. Drei Tage später bekam er seine Wohnung zugesprochen. Nichtsdestotrotz war der Mann, der ihm ins Gesicht geschlagen hatte, befördert worden. Jurij ist fest davon überzeugt, daß Andropow persönlich von der ganzen Angelegenheit erfahren hatte und 1982 dafür sorgte, daß er als Übersetzer bei *Gosteleradio*, dem offiziellen Radiosender, arbeiten konnte.

Für Jurij und seine Freunde war die Wahl Gorbatschows im Jahre 1985 ohne Bedeutung. Sie wußten nichts über den Mann. In seinen ersten Parolen ging es um eine höhere Produktivität und die Bekämpfung der Korruption; das klang genauso wie ähnliche Kampagnen für Disziplin unter Andropow. Der Zeitpunkt des offenen Bruchs kam im März 1986, als Jurij krank wurde. Anstelle eines Arztes erschienen einige Psychiater, die ihn für unzurechnungsfähig erklären wollten. Er beschloß, daß es besser sei, antisowjetisch als verrückt zu sein. Also trat er aus der Partei aus, seine Mutter ebenfalls. Sofort wurde er bei *Gosteleradio* hinausgeworfen. Daraufhin schloß er sich der Helsinki-Gruppe zur Verteidigung der Menschenrechte an und wurde bald Korrespondent für *Radio Liberty* in Moskau. Aus der Sicht der Behörden war *Radio Liberty* die Stimme des Feindes. Das war offene Konfrontation. So wurden auch gläubigen Kommunisten die Augen geöffnet.

«Im Jahre 1987 konnten wir noch nicht sehen, was kommen würde», sagt Mitjunow. Erst zwei Jahre später hätten die Menschen allmählich Vertrauen zu Gorbatschows Reformen gefaßt. Die Perestrojka, wie Gorbatschow seine Umstrukturierung nannte, habe als ein weiteres Stadium der wirtschaftlichen Stagnation begonnen. Der Kommunismus habe sich als Parasit entpuppt, und jeder habe gewußt, daß es nichts mehr zu stehlen gab. Der Zusammenbruch des Kommunismus sei ein Prozeß mit eigener Dynamik gewesen, meint Mitjunow, und nicht das Werk eines einzelnen. Der Prozeß habe jeden erfaßt, einen nach dem anderen, von ganz oben bis ganz unten. Es sei nicht der Mühe wert, die Leistungen von Jelzin, Sacharow, Afanasjew oder anderen gegeneinander abzuwägen. Mitjunow besuchte als Journalist die Sitzungen des Volksdeputiertenkongresses, des von Gorbatschow im Jahre 1989 geschaffenen Parlaments. Gorbatschow wie Jelzin hätten den Wunsch der breiten Masse der Bevölkerung nach Rechtsstaatlichkeit und mehr Gerechtigkeit ausgenutzt, meint Mitjunow. Beide seien «psychisch überraschend ähnlich strukturiert» gewesen. «Jelzin versteht wirklich nicht, was Demokratie eigentlich bedeutet. Ihm geht es nur um die Macht. Das Vergnügen, mit dem er Gorbatschow öffentlich demütigt, ist vollkommen geschmacklos. In diesem Land stehen Menschenrechte ganz am Schluß der Prioritätenliste. Es ist aussichtslos, bei uns in der Politik nach aufrichtigen Menschen zu suchen. Selbst diejenigen, die vielleicht einmal mit aufrichtigen Idealen in die Politik gegangen sind, erwischt man mehrmals am Tag bei einer Lüge. Rußland ist heute der kranke Mann der Weltpolitik, es kann sich nicht selbst helfen.»

Nur wenige Moskauer Intellektuelle genießen ein höheres Ansehen als Alla Latynina. Ihr erscheint es wie ein Triumph des menschlichen Willens, daß jemand wie sie, mit ihren offenen Worten und ihrer geistigen Unabhängigkeit, überhaupt überlebt hat. Sie erinnert sich daran, wie einmal zu Zeiten von Andropow ein paar Leute in ihrer Moskauer Wohnung saßen und über verschiedene mögliche Zukunftsszenarien diskutierten. Sie kamen zu dem Schluß, daß es keinen Ausweg gab: Ein totalitäres System wie der Kommunismus könne nicht von innen heraus zerstört werden. Kräfte von außen müßten ihn überwältigen, aber die Sowjetunion war zu stark, zu mächtig dafür. Es blieb nur die Aussicht, daß es immer so weitergehen würde, ohne Hoffnung. Die Geschichte fand tatsächlich einen Ausweg aus der Sackgasse.

Der Kommunismus an sich war nicht reformierbar. Allein der Versuch einer Reform mußte zerstörerisch wirken. Wenn man einen einzelnen Ziegelstein herausbricht, stürzt das ganze Gebäude ein. Westliche Politologen und Historiker hatten mit dieser Erkenntnis besondere Schwierigkeiten. «Die kommunistische Partei hatte lange Zeit nichts oder nur wenig mit Ideologie zu tun gehabt, sie war die Partei geworden, die den Staat verwaltete. Die große Mehrheit derjenigen, die in die Partei eingetreten waren, wollte in diesem Staat Karriere machen. In einem anderen Land wären sie ganz einfach Verwaltungsbeamte geworden. Wenn diese Bürokraten die Machtstruktur ohne ideologisches Fundament hätten erhalten können, dann hätten sie das sicher gern getan. Eigentlich wissen wir sehr wenig über das Leben, Denken und Verhalten dieser herrschenden Klasse, aber immer, wenn etwas darüber nach außen dringt, wird deutlich, daß das ideologische Brimborium einfach nur der Rechtfertigung der Macht diente.» In der Breschnew-Ära war es überall, auch unter Parteifunktionären, üblich und galt als *bon ton*, antisowjetische und antikommunistische Witze zu erzählen. «Ich hatte einigen Kontakt zu solchen Leuten, und es war klar, daß sie trotz ihres heuchlerischen Verhaltens untereinander ziemlich offen über alles diskutieren konnten. Sie erinnerten einen immer an Dostojewskijs Großinquisitor, denn sie glaubten an das Reich, aber man konnte nicht sagen, daß sie an den Kommunismus glaubten.»

Was bewirkte, rückblickend betrachtet, die Dissidentenbewegung?

«Die Dissidenten genossen die schweigende, aber tiefe Sympathie fast der gesamten Intelligenzija des Landes.» Ein ganzes Netzwerk unterstützte sie, und auch Menschen, die nicht aktiv in der Bewegung mitarbeiten wollten, fühlten sich verpflichtet, Geld und Hilfe zu geben. Viele Intellektuelle wollten nicht selbst Dissidenten werden – nicht aus Feigheit, sondern weil sie glaubten, es sei nützlicher, ihre Kraft für etwas Positiveres einzusetzen und die Gesellschaft schrittweise zu verändern, anstatt sie zu zerstören. «Ich gehörte zu denen, die es für nützlicher hielten, kein Dissident zu sein, sondern möglichst aufrichtig und politisch wirksam Veränderungen zu unterstützen. Es war absolut notwendig, legale Formen für akzeptables Handeln zu finden, Artikel in der offiziellen Presse unterzubringen, wo Millionen von Menschen sie lesen konnten. Es war notwendig, Wege zu suchen, wie wir die offizielle Ideologie täuschen und austricksen konnten.»

In dieser Richtung wurden alle Hebel in Bewegung gesetzt, und Alla Latynina ist überzeugt, daß die legale Arbeit seit den sechziger Jahren mehr dazu beigetragen hat, die Gesellschaft zu verändern, als der Konfrontationskurs der Dissidenten. Das Regime sei beträchtlich milder geworden. Darüber hinaus sei von innen, von den Tausenden von Intellektuellen und Millionen einfacher Menschen, die den Glauben an die kommunistische Ideologie restlos verloren hatten, ein gewaltiger Druck ausgegangen. Dies erkläre, warum das System so rasch zusammengebrochen sei und warum die Bevölkerung das so gleichgültig hingenommen habe.

Das Leben in der Sowjetunion war damals ein Abgrund grenzenloser Demütigungen und erzeugte bei jedem Menschen ein Gefühl der Hilflosigkeit. Daß in anderen Ländern solche Erfahrungen aus erster Hand fehlten, erklärt zu einem großen Teil das Erstaunen über den abrupten Zusammenbruch des Systems. Das Kennzeichen aller Nichtrussen, allen voran der Sowjetologen, im Umgang mit der Realität in der Sowjetunion war der völlige Mangel an Vorstellungsvermögen. Sie konnten nicht glauben, daß es unter der Oberfläche der Ideologie tatsächlich eine Lebensart und Lebensqualität gab, die ganz anders war als alles, was man im Westen kannte. In Gemeinschaftswohnungen, schrieb Wladimir Bukowskij, führte man einen täglichen Kampf um die Luft zum Atmen. Das Leben erforderte Aggressivität. «Zivilisierte Umgangsformen und Höflichkeit werden unmöglich, wenn man sich Unflätigkeiten, Gemeinheit und roher Gewalt gegenübersieht. Wie soll man sich dem widersetzen? Soll man die gleichen Methoden anwenden? Das führt zu geistigem Verfall, und bald sind beide Seiten nicht mehr zu unterscheiden. Soll man bei seinen Prinzipien bleiben? Das kann einen das Leben kosten.»

Anatolij Martschenko ist bekannt geworden als ein Dissident, der sich vom Kommunismus so abgestoßen fühlte, daß er sich aus Protest gegen das, was er zu erleiden hatte, selbst verstümmelte. Seine Heimatstadt war Barabinsk in der fernen Provinz. «Unsere zweistöckige Holzbaracke hatte vierundzwanzig Zimmer, bewohnt von vierundzwanzig Familien. Jeweils drei Familien teilten sich eine Küche. Glücklicherweise waren wir nur vier Personen. Einige Nachbarn lebten mit sieben oder acht Personen auf sechzehn Quadratmetern. Wenn Vater von einer Reise zurückkehrte und wir Besuch hatten, etwa einen Nachbarn oder einen Verwandten aus dem Dorf, mußte er sich mitten im Zimmer neben dem Ofen waschen. Wenn er sich etwas anderes anziehen wollte, nahm Mutter die Bettdecke und stellte sich damit vor ihn, so daß ihn der Besucher nicht sehen konnte.» Martschenko zog schließlich von zu Hause aus, weil er Arbeit in einer Ziegelei in Kursk fand. Er schätzte sich glücklich, als er sich ein Bett in einem Zimmer mit etlichen anderen organisierte. Viele Arbeiter lebten anscheinend in der Ziegelei und schliefen oben auf den Brennöfen. Zuerst hielt Martschenko das für einen Witz, aber während einer Zigarettenpause kletterte er einmal auf die Öfen hinauf und sah regelrechte Schlafplätze, leere Dosen, Essensreste und überall Wodka- und Weinflaschen. Martschenkos Leben endete tragisch, er starb in einem Konzentrationslager. Zuvor aber war er noch einmal nach Barabinsk zurückgekehrt, und so beschreibt er die Schicksale seiner Jugendfreunde: «Nikolaj, Wassilijs älterer Bruder, war wieder im Lager. Auch Romka Wodopjanow, Nikolaj Katjuschin, Petro Perwuchin, Schurka Zygankow, Witka Tschernow, Schenka Glinskij und unser ‹Häuptling› Jurka Akimow waren im Lager. Iwan Sorokin, den man wegen Diebstahl ins Lager geschickt hatte, war dort an Tuberkulose gestorben.»

Barabinsk war eine ganz gewöhnliche Kleinstadt. In Tschuna, der sibirischen Siedlung, in der Martschenko anschließend lebte, sah er sich einer haarsträubenden Kriminalität gegenüber. «Es gab Morde: Ein Mann erschoß seinen erwachsenen Sohn mit einem Jagdgewehr, und die Mutter des Toten sagte zugunsten der Verteidigung aus. In einer anderen Familie erschoß ein halbwüchsiger

Junge seinen betrunkenen Vater. Eine Frau stach auf ihren Ehemann ein, ihre Mutter und ihr Schwager halfen ihr dabei. Den Schwerverletzten ließen sie am Zaun des Nachbarn liegen, und er erfror. Ein Ehepaar tötete seine kleine zweijährige Tochter, weil sie ihnen im Weg gewesen war. Eine alleinstehende Mutter übergoß ihr neugeborenes Kind mit Methylalkohol und verbrannte die Leiche – oder vielleicht das noch lebende Kind – im Ofen. Ein Mann aus Odessa wurde ausgeraubt und umgebracht. Ein Soldat aus einer Baueinheit vergewaltigte eine alte Frau und tötete sie, ein anderer Soldat vergewaltigte ein sechsjähriges Mädchen.» All dies spiegelte für Martschenko nicht nur «die Eigentümlichkeiten unseres Zeitalters», sondern auch die allgemeine Entwicklungsstufe der Menschheit wider. Kein Wunder, daß die Behörden nicht wagten, amtliche Kriminalitätsstatistiken zu veröffentlichen.

Marat Aktscharin ist ein empfindsamer Schriftsteller, der im Mai und Juni 1990 die Sowjetunion im Endstadium der Auflösung bereiste. Seinen Bericht über die Reise veröffentlichte er unter dem Titel *Rote Odyssee*. Aktscharin stammt aus Tatarstan und ist Moslem. Eine der ersten Stationen seiner Reise war Tschebokssary. Im dortigen Kulturpalast traf er auf eine Bande, deren Anführer Witjok und Ljocha es als ihre Aufgabe betrachteten, dafür zu sorgen, daß alle Mädchen, die in das Gebäude kamen, ihre Unterhosen auszogen. Voller Abscheu schlug Aktscharin Ljocha mit einem bleiernen Schlagring. Dann bot ihm ein Mann namens Igorjoscha «ein dünnes, mondgesichtiges Mädchen mit tiefen Aknenarben im Gesicht» an. Das Mädchen wollte gehorsam mitgehen, aber Marat schlug auch Igorjoscha nieder. Daraufhin betrachtete das Mädchen den am Boden liegenden Igorjoscha, stellte sich breitbeinig über ihn und urinierte auf ihn. Dann gabelte Aktscharin bei der Überfahrt über die Wolga einen Betrunkenen auf, der seine Frau beim Kartenspiel verloren hatte. Im Zug zum Aralsee waren vier betrunkene Kasachen gerade dabei, einen Studenten zusammenzuschlagen. Im Taxi von Tschimkent nach Alma Ata erzählte der Fahrer Aktscharin, Fahrgäste hätten ein Gewehr auf ihn gerichtet und zweimal geschossen, hätten seinen Wagen gestohlen und seien beim Zusammenstoß mit einem Lastwagen ums

Leben gekommen. In der kirgisischen Hauptstadt Bischkek (dem einstigen Frunse, benannt nach einem sowjetischen General) wurde Aktscharin von Kirgisen angegriffen, die auf der Suche nach Usbeken waren, um sie zu töten. Eine Woche lang lief Aktscharin in Duschanbe herum, sprach mit den Menschen und befragte sie über ihr Leben im Zeitalter von Glasnost und Perestrojka. «Ich habe niemanden getroffen, der glücklich war.» Alles, was er in Aserbaidschan sah, hörte und erlebte, lag ihm wie ein Stein auf der Seele. «Ich denke, daß die Hauptschuld für den Ausbruch der nationalen Intoleranz bei der alten Kremlpolitik liegt.» Ein Bild der Verzweiflung, das er auf dem Moskauer Markt sah, läßt ihn seither nicht mehr los: «Ich erblickte einen betrunkenen Mann, der keine Arme mehr hatte und versuchte, sich mit den Stümpfen gegen den Wind eine Zigarette anzuzünden.» Schließlich konnte Aktscharin nur noch auf dem Bett sitzen «und über mein elendes Land und seine gedemütigten Bürger weinen». Er ist weder ein Neurotiker noch ein Außenseiter, sondern ein tatkräftiger, kreativer Mann, der sich nicht mit dem abfinden will, was der Kommunismus aus den Menschen gemacht hat. Sein Buch, so sagt er, war eine Totenmaske der ehemaligen Sowjetunion. Offensichtlich gab es auch einen Todeswunsch.

2 «Ich würde lieber nicht»

In gefährlichen Zeiten suchen die Menschen nach Sicherheit. Millionen Menschen sind aus der Sowjetunion geflohen oder ins Exil gegangen. Das kommunistische Regime hat das Land wissentlich um außerordentlich viele kluge Männer und Frauen aus allen Bereichen des Lebens gebracht. Strawinskij, Schaljapin, Diaghilew und allen Stars des russischen Balletts, Berdjajew, Bunin und Vladimir Nabokov folgten im Laufe der Jahre Rudolf Nurejew, Joseph Brodsky, Solschenizyn, Wladimir Bukowskij, Wladimir Wojnowitsch und Mstislaw Rostropowitsch. Der Beitrag dieser und vieler tausend anderer Menschen zur westlichen Kultur ist unschätzbar. Hat jemals ein anderes Land vergleichbare Techniken entwickelt, um die eigene Bevölkerung auszubürgern und sie aus dem Land zu treiben?

Hinter der Jagd auf begabte Menschen stand schlicht das Ziel, eine Einheitlichkeit vorzutäuschen, wie die kommunistische Lehre sie verordnete. In der Erzählung *Bartleby* von Herman Melville sagt die Hauptfigur, ein Schreiber, zu seinem Vorgesetzten: «Ich würde lieber nicht.» Weil solcher Trotz das Monopol der Partei in Frage stellte, mußte er unterdrückt werden. Niemand durfte lieber sein eigener Herr sein wollen. Die monolithische Fassade, die sie nach außen zeigte, war ein besonders erschreckendes Charakteristikum der Sowjetunion.

Diese Fassade war durch und durch trügerisch. Eine ununterbrochene Geschichte der Meinungsverschiedenheiten, Streiks, Aufstände und bewaffneten Erhebungen wurde rigoros vor den Augen der übrigen Welt verborgen, um den Schein der kommunistischen Einigkeit und Solidarität zu wahren. In den zwanziger

Jahren und nach der Zwangskollektivierung im Jahre 1929 wehrten sich Bauern in Rußland, Weißrußland und der Ukraine mit Gewalt gegen die Deportation und die Zerstörung ihrer hergebrachten Lebensweise. In den moslemischen Republiken kämpften Rebellen, *Basmachis*, für Unabhängigkeit. In Georgien wurden 1924 nach einem Aufstand breiter Bevölkerungsschichten 4000 Menschen exekutiert. 1928 erhoben sich die Jakuten, ein Jahr später die Burjaten, Solschenizyn zufolge gab es 35000 Tote. 1930 wurde ein kasachischer Aufstand niedergeschlagen. Die deutsche Invasion im Jahre 1941 begrüßten die Ukrainer, die Einwohner der baltischen Republiken, die Georgier, Kosaken und viele einfache Russen als vermeintliche Befreiung: eine Fehleinschätzung der Absichten der Nazis, für die sie später teuer bezahlen mußten. Nach 1945 leisteten die Ukrainer viele Jahre lang bewaffneten Widerstand gegen ihre weitere Unterjochung durch die Russen und hielten den Kontakt zu ukrainischen Exilorganisationen in Deutschland und Kanada aufrecht. In den baltischen Republiken entstanden gegen Ende des Krieges die sogenannten «Waldbruderschaften». Ihnen gehörten unter einem gemeinsamen Kommando etwa 30000 Bewaffnete in Litauen und noch einmal 10000 Bewaffnete in Lettland und Estland an. Der Guerillakrieg in den baltischen Republiken dauerte bis 1952 oder 1953. Im Jahre 1956 brachen in Tbilissi Unruhen aus, 1959 in der kasachischen Stadt Temirtau, 1962 in der südrussischen Stadt Nowotscherkask. Die Unruhen in Danzig im Dezember 1970 markierten den Zeitpunkt, von dem an die Zugehörigkeit Polens zum Sowjetreich nicht mehr fraglos gewährleistet war. Niemand kennt das Ausmaß des Widerstandes und der Aufstände in den Konzentrationslagern.

Solschenizyns *Archipel Gulag* und die Memoiren von Überlebenden dokumentieren unzählige solche Vorfälle. In seinem Buch *Meine Aussagen* beschreibt Anatolij Martschenko eine typische Ausbruchszene. Martschenko war damals als freier Arbeiter dem Kraftwerk Buchtarma zugewiesen worden und lebte neben einem Lager mit dem üblichen Stacheldrahtzaun und den Wachtürmen. «Anfang August hörten wir plötzlich, wie vom Wachturm aus hinüber auf das andere Ufer des Irtysch geschossen wurde.» Im

Wasser sah Martschenko einen Schwimmer, der den Fluß bereits mehr als zur Hälfte durchquert hatte. Ein Patrouillenboot verfolgte ihn, darin saß ein Offizier mit einer Pistole in der Hand. Als der Schwimmer das andere Ufer erreicht hatte, sprang der Offizier aus dem Boot und erschoß ihn vor aller Augen. Der Nobelpreisträger Andrej Sacharow erzählt von einem Ort mit dem schlichten Namen «Die Einrichtung», wo er 1949 arbeiten mußte. Im Lager dort war eine kleine Gruppe teils politischer, teils krimineller Häftlinge untergebracht, die eine Grube gegraben hatten. Diese Gefangenen nahmen einem Aufseher die Machinenpistole ab, kaperten einen LKW und feuerten von dort auf andere Wächter. Etwa fünfzig Häftlinge entkamen aus dem Lager. Die Geheimpolizei umstellte das Gebiet und belegte es so lange mit Artillerie- und Mörserfeuer, bis der letzte Flüchtling niedergemetzelt war. Sacharow fügt noch hinzu, daß wohl auch viele von denen, die sich den Flüchtlingen nicht angeschlossen hatten, exekutiert wurden.

Warlam Schalamows *Kolyma* ist eines der bedeutendsten Bücher über die Sowjetzeit. Schalamow schreibt, daß diese Geschichten über das Leben im Konzentrationslager auf seinen eigenen Erfahrungen beruhen. Eine der dramatischsten Erzählungen, *Hauptmann Pugatschows letzte Schlacht*, handelt davon, daß ein Dutzend Männer aus ihrem Lager ausbrechen, in einer Höhle Unterschlupf finden und sich ein Feuergefecht mit der Geheimpolizei liefern. «Diese Männer, die im Kampf starben, waren die besten, die er in seinem Leben kennengelernt hatte.» Das war Hauptmann Pugatschows letzter Gedanke, bevor er sich erschoß, um nicht wieder gefangengenommen zu werden.

Als General Grigorenko die Regierung Breschnew wegen ihrer Mißachtung der Menschenrechte öffentlich kritisierte, wußte er, daß die Geheimpolizei ein Exempel an ihm statuieren würde. Daß ein sowjetischer General mit hohen Kriegsauszeichnungen sich zum Dissident wandelte, war eine unerhörte Herausforderung an die Partei. Er wurde in einer psychiatrischen Klinik eingesperrt und dort mißhandelt, indem man ihm gefährliche Drogen injizierte. In seinen Aufzeichnungen zeigte er sich in keiner Weise kompromißbereit. Einer der Gleichgesinnten, die er erwähnte, war Sergej Pissarjew, ein Idealist wie Grigorenko selbst. Dieser Mann war achtmal aus der Partei ausgeschlossen worden, jedesmal unter dem Vorwurf des «fehlenden Vertrauens in die herrschenden Parteiorgane». Während seiner ersten Gefangenschaft wurde Pissarjew dreiundvierzig Verhören unterzogen, achtunddreißig davon mit Folter. Die Bänder seiner Wirbelsäule wurden zerstört, und immer noch fand er die Kraft, 1953 an Stalin zu schreiben, daß die damals gerade Aufsehen erregende «Ärzteverschwörung» eine offenkundige Absurdität sei.

Der ukrainische Dissident Leonid Pljuschtsch gab ein Beispiel für etwas, was man zivilen Ungehorsam nennen könnte. 1967 rebellierten anscheinend die Arbeiter in Pryluka, einer Industriestadt mit etwa 60000 Einwohnern in der Nähe von Kiew. Bei einer Tanzveranstaltung hatte ein junger Mann ein paar Mädchen zu schützen versucht, die von betrunkenen Jugendlichen belästigt wurden. Die Miliz nahm den jungen Mann fest, brachte ihn in einem Auto zur Polizeiwache und prügelte ihn dort zu Tode. Der Arzt der Miliz gab als Todesursache Herzinfarkt an. Zur Beerdigung des jungen Mannes erschien die gesamte Fabrikbelegschaft. Als der Trauerzug die Stelle passierte, wo der junge Mann totgeprügelt worden war, tauchte der Hauptmann der Miliz auf. Eine Frau schrie: «Nieder mit der Sowjet-SS!» Daraufhin stürmte die Menge die Milizstation, und sämtliche Arbeiter traten in einen Streik. Um die Ordnung wiederherzustellen, mußte ein General aus Moskau eingeflogen werden.

In den Augen der ganzen Welt war Alexander Solschenizyn das herausragende Beispiel eines Mannes, der «lieber nicht wollte». Vielleicht hat kein anderes literarisches Dokument jemals eine solche Wirkung gehabt wie sein *Archipel Gulag*. Seine Veröffentlichung zertrümmerte die kommunistische Fassade der Einigkeit. Selbst die naivsten Menschen aus dem Westen mußten seine sorgfältigen Untersuchungen über die während der gesamten Sowjetzeit verübten Greueltaten zur Kenntnis nehmen. In einer für die Sowjets typischen Reaktion wurde er 1974 in den Westen abgeschoben, wie man mehr als dreißig Jahre zuvor Trotzkij abgeschoben hatte. Drei Jahre später wurde Wladimir Bukowskij unter nicht minder bizarren Umständen gegen den Anführer der Chilenischen Kommunistischen Partei ausgetauscht. Während Solschenizyn in erster Linie Schriftsteller war, war Bukowskij Politiker, ein potentielles Mitglied eines russischen sozialdemokratischen Kabinetts – für den Tag, an dem ein solches zustande kommen sollte. Zufällig traf ich ihn bald nach seiner Ankunft in England. Was er damals voraussagte, schien zu schön, um wahr werden zu können. Es gebe jetzt eine Möglichkeit, die Sowjetunion mittels ihrer eigenen Gesetze, wie unvollkommen und falsch angewendet sie auch sein mögen, in Frage zu stellen. Dieses gesetzestreue und gewaltlose Dissidententum würde das Ende der Sowjetunion herbeiführen. Bukowskij war davon überzeugt, daß spätestens 1990 der ganze Repressionsmechanismus nicht mehr funktionieren und eine Demokratie seinen Platz einnehmen würde. Seit dieser Zeit war er einer der bestinformierten und beharrlichsten Vertreter dieser Sichtweise, gewissermaßen eine Ein-Mann-Opposition in Cambridge, England, wo er jetzt wohnt. Ich habe ihn dort interviewt.

«Das Regime steckte in den frühen achtziger Jahren offenkundig in einer Krise. Sie können sich denken, daß man das im Politbüro sehr wohl wußte, denn dort erhielt man ja all die Berichte über die wirtschaftliche und politische Lage. Die Mitglieder des Politbüros wußten, daß das ganze Land sie verachtete, und sie wußten, daß sie in Schwierigkeiten steckten. Sie bekamen die Berichte, egal wie entstellt sie auch waren durch das, was wir im Russischen *pripiska* nennen, herumdoktern, das Manipulieren der Zahlen. Aus der Sicht der Kybernetik betrachtet, war das System sehr dumm organisiert, es hatte kein Feedback. Es gab nur ein Instrument, die Partei, und sie legte die Anforderungen fest und kontrollierte die Ergebnisse. Weil sie ungenaue Informationen zurückbekamen, warteten sie zu lange, und dann war nichts mehr zu machen.» Nach Bukowskijs Meinung wurde die Krankheit nicht früh genug diagnostiziert. Wenn man sie früher erkannt hätte, hätte Gorbatschow vielleicht Mittel finden können, um die Produktivität bei Öl, Gas und anderen Grundstoffen wiederherzustellen. Aber so war das ganze Unternehmen sinnlos, zum Scheitern verurteilt durch den systemimmanenten Mangel an Produktivität. Kein Betrieb erwirtschaftete Gewinne. Statt eines Haushaltsplans existierte lediglich die organisierte Verteilung von gestohlenen Ressourcen, so daß die Arbeit selbst eher eine Form des Diebstahls als des Produzierens annahm. Bukowskij meinte, falls Dissidenten wie er oder Solschenizyn eine spürbare Wirkung gehabt hätten, dann die, den Legitimitätsanspruch der Partei zu untergraben und den Glanz zu zerstören, der die kommunistische Ideologie im Westen immer noch umgab. Den letzten Schimmer dieses Glanzes hatte man 1983 gesehen, bei den Demonstrationen von einer Viertelmillion Menschen in Westdeutschland und Großbritannien gegen die Stationierung von Pershing-II-Raketen und Cruise Missiles auf NATO-Gebiet. Damals hatte Bukowskij aufgedeckt, wie diese Demonstrationen von Moskau aus initiiert wurden. Aus heutiger Sicht haben sie weniger Schaden angerichtet, als zu erwarten gewesen war, nicht zuletzt deshalb, weil sie jeden Tag im sowjetischen Fernsehen gezeigt wurden – mit der unerwünschten Folge, daß auch in Rußland eine unabhängige Friedensbewegung entstand.

Das Vorgehen der Sowjetunion nach außen war brillant, «einzigartig in der Geschichte». Bukowskij zufolge gab es nie zuvor eine kraftvollere Eroberungsmaschine. Im Innern jedoch gehorchte sie bereits den Naturgesetzen, wurde alt und senil und näherte sich dem Tode. Die Grundidee des Kommunismus war Aggression. Der Kommunismus ging von der falschen Voraussetzung aus, daß die Menschen im Kollektiv besser als einzeln arbeiten würden und daß entsprechende gesellschaftliche Umstände den Menschen vollkommener machen könnten. All das ist biologisch falsch und unwissenschaftlich. Der Kommunismus zerstörte die Nation, und zurück blieb ein Rußland ohne jegliche geistige Ressourcen. Deshalb ist der Übergang zu einer modernen Staats- und Gesellschaftsform so schwer.

«Gorbatschow und die damaligen Mitglieder des Politbüros waren keine Denker, keine Philosophen, sondern Apparatschiks der Partei, die die Spitze der Karriereleiter erreicht hatten.» Anfang der zwanziger Jahre hatte Lenin schon einmal das Versagen des Kommunismus erlebt und daraufhin die sogenannte Neue Ökonomische Politik (NEP) eingeführt. Gorbatschow wollte diesem Beispiel folgen. Das hatte den zusätzlichen Vorteil, daß er Stalin und den Stalinismus als Irrweg, als historischen Fehler bezeichnen und behaupten konnte, das Regime kehre jetzt auf den Weg zurück, den es niemals hätte verlassen dürfen. Reformen in Richtung der NEP hatte man in Ungarn versucht, in Jugoslawien und sogar in China. Da sie dort anscheinend funktionierten, sagte Gorbatschow sich, daß Rußland denselben Weg einschlagen sollte. Dabei übersah er einen wesentlichen Unterschied, daß nämlich diese Länder sehr viel später als Rußland kommunistisch geworden waren und sich die ältere Generation dort deshalb noch daran erinnerte, wie man erfolgreich wirtschaftet. In Rußland war diese Generation längst tot. Geblieben war das Trauma der Kollektivierung, alle produktiven Wirtschaftsformen aus der Vergangenheit waren ausgelöscht. Sobald ein Mensch auf seine eigenen Fähigkeiten und seine eigene Produktivität angewiesen ist und nicht mehr auf seine Beziehungen zur Partei, verliert die Partei unvermeidlich ihr Ansehen und ihre Macht. Und wenn die Partei zerfällt, zerfällt mit ihr der ganze Kommunismus.

«Gorbatschows Problem bestand darin, daß er sein eigenes System schwächte. Die Kommunistische Partei war sein einziges Machtinstrument, aber seine Reformen schwächten genau dieses Instrument. Er handelte wie der Mann im Sprichwort, der den Ast absägt, auf dem er sitzt. Die Dinge konnten nur so ausgehen, wie sie ausgegangen sind. Ich kannte Ligatschow persönlich, und bei ihm ist interessant, daß er es wenigstens ehrlich meint. Er glaubt wirklich an den Sozialismus. Gorbatschow hingegen spielte mit dem Vertrauen, er wußte, wie man Leute hinters Licht führt, das ist alles. Ligatschow war nicht gegen eine Reform, aber er wollte auf keinen Fall die Partei gefährden. Da er nicht sehr klug war, verstand er nicht, daß diese beiden Dinge unvereinbar waren. Einerseits war er immer dafür, wenn über Reformen gesprochen oder im Politbüro beraten wurde, aber andererseits warnte er zugleich immer davor, nur nicht zu weit zu gehen, weil das die Partei untergraben würde. Er hatte ganz recht, mit einer Einschränkung:

Er hätte nicht für Reformen sein sollen. Das war das Dilemma, sehr dialektisch, und es gab keinen Ausweg aus dieser logischen oder theoretischen Zwickmühle.» In dem Augenblick, da eine neue Reform nach dem Vorbild der NEP eingeleitet wurde, begann die Partei die Kontrolle zu verlieren und zu zerfallen.

Damit kam die bohrende Frage nach dem sogenannten «inneren Reich» auf. Leninistischen Vorstellungen folgend, schuf Gorbatschow in zahlreichen Republiken Volksfrontregierungen. Er war sich im klaren darüber, daß er damit die gesellschaftliche Führungsschicht des Landes verbreiterte, und er wollte die neuen Kräfte durch den KGB kontrollieren. Doch vergaß er dabei, daß man manchmal die Kontrolle über das verliert, was man selbst geschaffen hat. In dieser schwierigen Situation versuchte Gorbatschow, ethnische Minderheiten zur Bekämpfung der Mehrheit zu bewegen, die er selbst von der Leine gelassen hatte, und so entstanden die Brennpunkte der ethnischen Konflikte. Er war dafür verantwortlich, wie sehr er es auch bestreiten mag. Die Ironie liegt darin, daß das Spiel «Teile und herrsche» ihn nicht rettete, sondern zu Fall brachte. Dieser Geist läßt sich nicht wieder in die Flasche zurückzwingen. Das gleiche geschah, wo immer Gorbatschow versuchte, die Rolle der Partei zu legitimieren, indem er die direkte Ernennung von Funktionären auf allen Ebenen durch Wahlmechanismen ersetzte. Als er den neuen Kongreß der Volksdeputierten gründete, glaubte er ebenfalls, er werde die Lage unter Kontrolle halten können. Dabei pflegte er die Beziehungen sehr geschickt und sorgte dafür, daß 80 Prozent der Deputierten Mitglieder der Kommunistischen Partei waren; im alten Sowjet waren es nur 75 Prozent gewesen. Aber die Zeiten hatten sich gewandelt, die Menschen waren andere, und es war ein weiterer Fehler, daß man die Sitzungen des neugewählten Kongresses im Fernsehen übertragen ließ. Obwohl Gorbatschow eine Vorahnung von der zerstörerischen Macht des Fernsehens hatte, mußte er die Erfahrung machen, daß er die Deputierten nicht daran hindern konnte, ihre Machtspiele über das Fernsehen vor den Augen der Öffentlichkeit auszutragen. Einige Wochen lang war das Land wie gelähmt, und je länger die Menschen fernsahen, desto tiefer prägte sich dieses Bild ihrer politischen Führer ein, ihrer Inkompetenz und Unehrlichkeit. Zum erstenmal in der Geschichte der Kommunistischen Partei konnten die Menschen ihre Führer so sehen, wie sie wirklich waren. Sobald sie merkten, daß die zentrale Macht schwächer geworden war, wurde ihnen auch klar, daß sie kein sehr großes Risiko mehr eingingen, wenn sie höhere Ansprüche an Vertrauenswürdigkeit und Ehrlichkeit stellten. Das war Gorbatschows erster Schritt. Wenn er das Gefühl hatte, die Kontrolle über das Land zu verlieren, zog er immer neue Register. Glasnost wurde erfunden, um die Partei gefügig zu halten, indem man sie der Kritik von außen aussetzte. In ähnlicher Weise sollte der Volksdeputiertenkongreß eine Art Gegengewicht zur Partei sein. Gorbatschow kämpfte beständig für die Schaffung solcher Einrichtungen, doch seine Versuche zeigten nur die Grenzen seines Denkens: Es gab keinen Mittelweg. Entweder hat man ein von der Partei kontrolliertes zentralistisches Regime oder eine Demokratie.

Rechnen Sie ihm das, was er getan hat, irgendwie als persönliches Verdienst an?

«Alles, was Gorbatschow tat, diente nicht der Reform, sondern der Machterhaltung und der Rettung des Sozialismus und der Kommunistischen Partei. Er war der kluge Befehlshaber einer Armee auf dem Rückzug. Er wußte von Anfang an, daß er einen Weg für einen geordneten Rückzug finden mußte. Man muß einräumen, daß er einfallsreich war, aber auch zutiefst unehrlich. Sie brauchten westliche Kredite, auf die sie aber nicht hoffen konnten, solange sie das Wettrüsten nicht stoppten. Eine neue Phase der Entspannung war daher unausweichlich. Es genügte, den Anschein zu erwecken, das Land sei auf dem Weg zur Demokratie, und schon ließ der Westen sich täuschen und glaubte, daß es sich um mehr als um eine bloße Wiederholung der NEP handle. Gorbatschow war im Ausland viel erfolgreicher als im eigenen Land. Er verfolgte ganz andere Absichten als die Menschen in Rußland.»

3 «Kindliche Listen»

Lügen und Korruption gibt es in allen Gesellschaften. Ob eine Gesellschaftsform erfolgreich ist, hängt davon ab, ob sie diesen natürlichen Erscheinungsformen des menschlichen Eigennutzes erträgliche Schranken setzen kann. Despotische Regime sind dabei immer im Nachteil. Wenn der Despot behauptet, daß seine Herrschaft auch ohne Zustimmung des Volkes legitim sei, klingt das hohl und gekünstelt.

Wissenschaftler neigen zu Haarspaltereien, wenn sie jene einzigartigen kollektiven Verwaltungs- und Eigentumsformen untersuchen, die in Rußland traditionell eine große Rolle spielten. Es bleibt die ernüchternde Tatsache, daß die Ein-Mann-Herrschaft in Rußland jahrhundertelang die Regel war. Echte Formen der Repräsentation hat es nie gegeben. Die Zaren rechtfertigen ihre Herrschaft mit der Berufung auf religiöse Legitimation und göttliches Recht oder aber dadurch, daß sie Macht und Glanz des Reiches und der Nation mehrten. Wenn das fehlschlug, dann griffen sie bedenkenlos auf Knute, Exekutionskommando und sibirisches Exil zurück. Bis in unser Jahrhundert ist Rußland eine außergewöhnliche Erscheinung in Europa geblieben: als das einzige Land, in dem die Herrscher keinem Parlament und keiner anderen Volksvertretung verantwortlich sind. Versuche, solche Institutionen zu errichten, wurden schließlich aus Furcht vor einer Revolution von seiten der Thronfolger unternommen. Aber die Zaren waren alles andere als überzeugte Reformer und zögerten so lange, bis es zu spät war, Untertanen durch freiwillige Zugeständnisse und Vereinbarungen über Wahlen und Repräsentativorgane in Bürger zu verwandeln. Es gehört naturgemäß nicht zum Wesen des Despoten, Maßnahmen zur Beschränkung seiner absoluten Macht zu treffen.

Die Tatsache, daß der Despot das gesamte nationale Eigentum besitzt oder kontrolliert, öffnet der Korruption Tür und Tor. Nach dem Zustand seines Landes gefragt, antwortete der große Historiker Nikolaj Karamsin Anfang des 19. Jahrhunderts, daß er ihn mit einem Wort zusammenfassen könne: «Stehlen». Die Russen hatten keineswegs einen angeborenen moralischen Defekt; sie reagierten auf die Ordnung, unter der sie leben mußten. J. A. MacGahern, der als einer der ersten amerikanischen Journalisten Mitte des 19. Jahrhunderts Rußland bereiste, sprach für nahezu alle ausländischen Beobachter, als er sagte, die «unteren Schichten des russischen Volkes» seien vielleicht unwissend und im höchsten Maße abergläubisch, doch «von Natur aus weder grausam noch brutal». Korruption war für sie ein Weg, um irgendwie genug Besitz zusammenzubekommen, um sich und ihre Familien versorgen zu können. Karamsins «Stehlen» war ein Ergebnis der Umstände.

Ähnlich ist es mit dem Lügen. In einer Situation, in der ein Individuum beim Umgang mit anderen, insbesondere Vorgesetzten, nicht auf den Schutz des Gesetzes zählen kann, ist es nur klug, keine wahren Antworten zu geben, aus Angst, eine machtvollere Reaktion zu provozieren, gegen die man sich nicht mehr wehren könnte. Zum Lügen mit Worten kommen zahlreiche körperliche Täuschungsmanöver hinzu, ein ausdrucksloses Gesicht, Gesten, die Ironie oder Resignation zurückhalten, unterwürfige Haltungen und so weiter. Schon bald wird jeder, der sich nicht dieser vorsichtigen Lügen und Verhaltensregeln bedient, in Verlegenheit kommen und im Nachteil gegenüber denjenigen sein, die diese subtilen Handlungsweisen von klein auf gelernt haben.

Das «Potemkinsche Dorf» ist die vielleicht eindrücklichste Metapher für die vom russischen Despotismus geerbte Mischung aus Lug und Trug – ganz sicher hat sie die Phantasie der Welt am stärksten beschäftigt. Als Katharina die Große die Wolga hinabsegelte, ließ Graf Potemkin am Ufer des Flusses Häuserfassaden errichten, um ihr den Eindruck zu vermitteln, daß sie durch ein blühendes und wohlhabendes Land reise. Über den wahren Zustand des Landes informiert, erkannte Katharina die Große, daß ein Rechtsstaat notwendig war, wenn Rußland den ihm gebührenden Platz in der Welt einnehmen wollte. Zu diesem Zweck wandte sie sich ratsuchend an französische Philososphen wie Voltaire und Diderot, ähnlich wie Gorbatschow und Jelzin später Harvard-Professoren aufsuchten. Dabei kam nichts heraus. In den dreißiger Jahren des 19. Jahrhunderts kodifizierte Michail Speranskij, der weitsichtigste unter den russischen Reformern, das Gesetz, definierte die damals existierenden Rechte und Pflichten und führte die Idee des Vertrags und des Privateigentums ein. Speranskijs Streben nach einer auf das Gesetz gegründeten Gesellschaftsordnung bot einen Ausweg aus dem hergebrachten Despotismus, und wenn man seine Vorschläge in die Praxis umgesetzt hätte, wären Rußland möglicherweise die nachfolgenden Schrekken erspart geblieben.

Im Jahre 1839 bereiste der Marquis de Custine Rußland. Einige wenige Wochen waren ihm genug, um Beobachtungen und Urteile zu sammeln, die noch heute gültig sind. Custine erkannte, daß Rußland eine eigenständige, in vielem bewunderungswürdige Kultur besaß, aber von der verhängnisvollen Bürde des Despotismus niedergedrückt wurde. Der vorherrschende Charakterzug der Menschen sei die Hinterlist. Die Russen «besitzen eine Fertigkeit in der Lüge und eine natürliche Anlage zur Verstellung». Das Verhalten im Alltag bestehe aus nichts als «kindlichen Listen». Er war entsetzt, daß Menschen einfach so, ohne Zorn, getötet wurden. «Der berechnete Mord wird hier gleichsam im Takte vollbracht; Menschen geben andern Menschen den Tod militärisch ... ohne Zorn ...» Die Polizei konnte abstreiten, daß sie etwas über eine verschwundene Frau wisse, nachdem sie selbst den Leichnam an die Anatomie verkauft hatte. Die Meldung, daß ein Boot voller Menschen in der Bucht von Sankt Petersburg untergegangen sei, wurde zurückgehalten, weil man eine Feierlichkeit der Zarenfamilie nicht stören wollte. Custine war seiner Zeit weit voraus mit der Erkenntnis, daß derartige Vorfälle in erster Linie mit der despotischen Herrschaft zusammenhingen. Darüber hinaus erfaßte er noch etwas ganz Wesentliches: «Alle hier denken, was niemand sagt.» Allerdings warf er den Russen zu Unrecht vor, sie ließen sich zu «Komplizen und Opfern» machen. Was blieb ihnen denn anderes übrig? Es gab kein Mittel, Protest zu artikulieren. Allein der Versuch, zu protestieren, war undenkbar, weil er einem Selbstmord gleichgekommen wäre. Also konnte es nur immer schlimmer werden.

Custine hatte die Französische Revolution miterlebt, und das erleichterte es ihm wohl, die schrecklichen Konsequenzen vorauszusehen. Die despotische Herrschaft mußte sich entweder immer weiter ausbreiten oder zerfallen. Der «Eroberungsgedanke» war «das geheime Leben Rußlands». Er wagte sogar zu prophezeien: «In den nächsten fünfzig Jahren wird die zivilisierte Welt entweder ein weiteres Mal unter das Joch der Barbaren kommen, oder Rußland wird eine Revolution erleben, die schlimmer sein wird als das.» Im Verlauf jener Revolution «wird man erleben, wie sich die Dörfer in Barrikaden verwandeln und organisierter Mord in voller Bewaffnung aus den Hütten hervorkommt».

Custines Prophezeiung wurde zum Gemeingut. Das ganze 19. Jahrhundert hindurch war der russische Absolutismus für jeden, der mit ihm in Berührung kam, ein Objekt des Abscheus, genau wie in unserem Jahrhundert der Kommunismus. Fast jeder, der sich Gedanken über Politik machte, rechnete mit einer Revolution, aber der rasche und vollkommene Zusammenbruch des Despotismus war dann doch eine Überraschung. Nach einem berühmten Ausspruch haben Lenin und die Bolschewiken die Macht 1917 von der Straße aufgehoben. Ein Ereignis von solcher historischer Tragweite kann man natürlich aus verschiedenen Blickwinkeln betrachten. Handelte es sich um einen Staatsstreich oder um eine Revolution? War es die Reaktion eines Landes, das sich hinter der industriellen Revolution zurückgeblieben fühlte und dem westlichen Erfindungsgeist nacheifern und sich modernisieren wollte? All diese Fragen wurden ein zweites Mal gestellt und in einer gigantischen Literaturfülle behandelt, als die Geschichte sich in der Ära Gorbatschow scheinbar wiederholte.

Die im Februar 1917 geschaffene konstitutionelle Regierung

hatte, auch wenn sie schwach und unvollkommen war, bis zum 5. Januar 1918 Bestand, als die Bolschewiken Maschinenpistolen auf die Menge richteten, die zum Taurischen Palast, dem Tagungsort der Duma, strömte. In den frühen Morgenstunden des nächsten Tages stießen stumpfsinnige Soldaten die Abgeordneten hinaus auf die Straße und sagten ihnen, sie sollten nach Hause gehen. Die Bolschewiken sollten Lenin zufolge «eine Partei neuen Typs» sein. Davon kann keine Rede sein, sie verkörperten vielmehr die älteste bekannte Form eines politischen Zusammenschlusses: eine Räuberbande, die auszieht, um Beute zu machen. Vom ersten Moment an setzte Lenin den Terror ein, um seine Ziele zu erreichen. Wer nicht für ihn war, war gegen ihn und wurde folglich beseitigt. Wie vor ihnen die Zaren konnten sich auch Lenin und seine Nachfolger nicht vorstellen, die Macht zu teilen, denn das hätte ihrer despotischen Herrschaft Grenzen gesetzt. Die Despoten hatten gewechselt, aber an der entscheidenden Tatsache des Despotismus hatte sich nichts geändert.

4 Der Griff nach der Beute

Artikel sechs der sowjetischen Verfassung erklärte, die Partei sei die «führende und lenkende Kraft der sowjetischen Gesellschaft, der Kern ihres politischen Systems, der staatlichen Organe und gesellschaftlichen Organisationen». Die Partei hatte mit viel Geschick begonnen, diesen Führungsanspruch durchzusetzen. Ein riesiger Apparat wurde geschaffen, um einen Staat zu kontrollieren, der nach China der zweitgrößte der Welt war und sich durch ungeheure klimatische, geographische, ethnische und kulturelle Unterschiede auszeichnete. Wie Jelzin feststellte, bestand die Partei am Ende aus 1 115 000 Organisationen, von der Ebene des Staates Sowjetunion über Zentralrußland und die vierzehn anderen Unionsrepubliken, autonomen Republiken, Provinzen und Städte bis hin zu den Kreisen. Das Ganze war ein Förderband, konstruiert, um Befehle und Beschlüsse von oben nach unten zu übermitteln und auf umgekehrtem Wege Informationen über Leistung und Moral der Basis nach oben zu melden.

Der Generalsekretär der Partei stand an der Spitze; er und die etwa zwölf Mitglieder des Politbüros versammelten sich jeden Donnerstag in einem Sitzungssaal im Kreml, um getroffene Entscheidungen bekanntzugeben; dann die mehreren hundert Mitglieder des Zentralkomitees, aus denen der Generalsekretär und die Mitglieder des Politbüros ausgewählt worden waren; die tausend Mitglieder des Ständigen Sekretariats des Zentralkomitees mit den Abteilungen für internationale Beziehungen, Parteiangelegenheiten, Personal und Ideologie, die zusammenarbeiteten, um Entscheidungen in die Tat umzusetzen; die hundert Ministerien der gesamten Union und die achthundert Ministerien der Republiken;

der Oberste Sowjet, in dem 2250 nominierte Abgeordnete fünf Tage im Jahr tagten, um in unvergeßlichen Zurschaustellungen ihrer Disziplin ihre rechte Hand zu heben; der Generalstaatsanwalt und seine Mitarbeiter, der KGB und die Armee und schließlich die Verbände der Künstler und Intellektuellen. Sie alle waren zusammengefaßt in einem Parteistaat, jenem obskuren Gebilde, das durch und für den von Marx und Lenin definierten Kommunismus ins Leben gerufen worden war.

«Dem Sieger die Beute». Nie zuvor war dieser altehrwürdige Schlachtruf in einem solchen Ausmaß umgesetzt worden. Mit ihrer verwirrenden Vielzahl und ihren Verzweigungen wirkten die bürokratischen Institutionen des Parteistaates, als seien sie für jeweils spezifische Zwecke eingerichtet worden, aber das waren Potemkinsche Fassaden. Der Parteistaat hatte das Monopol auf Macht und Organisation, Geld und Finanzen, Land und Landwirtschaft und nicht zuletzt auf Information. Er bildete eine gewaltige administrative Maschinerie, in der sich Legislative, Exekutive und Jurisdiktion vermischten. Das Konzept der Gewaltenteilung blieb auf der Strecke. Bürger- oder Menschenrechte stellten für die Partei unakzeptable Einschränkungen dar. «Wer ist der Boß? Wir oder das Gesetz?» brüllte Chruschtschow eines Tages einen Generalstaatsanwalt an, der Einwände gegen die Erschießung einiger überführter Spekulanten erhob. Spekulanten waren alle, die versuchten, auf eigene Faust Geld zu verdienen. «Wir sind die Herren über das Gesetz; wir müssen dafür sorgen, daß es möglich *ist*, diese Spekulanten zu exekutieren!» Was blieb dem Generalstaatsanwalt anderes übrig, als seine Pflicht gegenüber der Partei zu erfüllen?

Indem sich der Parteistaat die gesamte Verantwortung für das Wohlergehen und das Verhalten der Bevölkerung anmaßte, wurden der Wettbewerb und vor allem die mit dem Markt verbundenen Werte und Abläufe ausgeschaltet. Die «Kommandowirtschaft» beinhaltete übergreifende Kontrolle und Planung, die zu einem wirtschaftlichen Wohlstand führen sollte, von dem die rückständigen Kapitalisten, die auf das chaotische freie Unternehmertum angewiesen waren, nur träumen konnten. Um seine Ziele durchzusetzen, bediente sich der Parteistaat des KGB und des Terrors. Für die Definition dieser Ziele war Gosplan, das staatliche Planungskomitee, zuständig. Ihm fiel die Herkulesaufgabe zu, Jahr für Jahr Produktionsnormen und Quoten für alle Sparten der Industrie zu entwickeln und den gefeierten Fünfjahresplan zu entwerfen. Von Interkontinentalraketen und MiG-Jagdflugzeugen bis hin zu Nadeln und Nägeln hatte Gosplan jedes Detail der Fertigstellung von mindestens 25 Millionen Produkten zu spezifizieren, wobei die Beschaffung der Rohstoffe, Lieferung und Verteilung, Kapazität der Fabriken und Verfügbarkeit von Arbeitskräften miteinbezogen werden mußten. Jede Form der Kosten- und Gewinnrechnung war notwendigerweise ebenso ausgeschlossen wie die Gewaltenteilung in der Politik. Wenn es in der Sowjetunion so etwas wie ein Gesetz gab, dann war es Gosplans Jahresplanung für alles, was abgebaut, weiterverarbeitet und fertiggestellt wurde. Was in diesem Plan nicht vorgesehen war, konnte theoretisch nicht existieren. Bei allem, was die Menschen produzierten und konsumierten, wurden sie von dieser Planungsinstanz reguliert, auf die sie ebensowenig Einfluß hatten wie beispielsweise auf den KGB.

Es gab keine Clearingbanken, Privatkonten oder Scheckbücher, kein Steuersystem, keine Versicherungspolicen, Kredite oder Hypotheken, keine Immobilienmakler, keine Stellenvermittlung, Steuerberater oder Studiengänge für Betriebswirtschaft, keine Meinungsumfragen und nichts, was als öffentliche Meinung gelten konnte, keine Gewinn- und Verlustrechnung, keine klare Definition von Besitz und keine gesetzlich geschützten Verträge, keinen Groß- oder Einzelhandelsvertrieb, keine kleinen, privat geführten Läden, keine Werbung, Schaufenster, Sonderangebote und bunten Verpackungen, keine Wohngebiete, sondern nur «Arbeitskraftlagerstätten» (ein Wort von Jill Becker), keine Wohltätigkeitsveranstaltungen oder Clubs, keine Tierheime, keine Boulevardzeitungen oder Schönheitswettbewerbe, weder Golf noch Polo noch andere Sportarten, die als unproletarisch betrachtet wurden, und keine Philosophie oder Geschichtswissenschaft, die nicht vom Parteistaat diktiert gewesen wäre.

Im Gegensatz dazu gab es Parteikongresse, Konferenzen, Präsidien, Vollversammlungen und alle möglichen Aktivitäten des Kollektivs und seiner Kommandowirtschaft, wie zum Beispiel angeordnete Demonstrationen und Paraden; Zwangsmitgliedschaft in den Jugendorganisationen, vor allem dem Komsomol; Produktionsvorgaben, die Monat um Monat erfüllt werden mußten, wofür es dann Prämien gab, Titel wie «Held der sowjetischen Arbeit» oder Auszeichnungen wie den Lenin- oder Stalin-Orden; billige Wohnungen und billige Heizung; Geld, doch wenig, wofür man es ausgeben konnte; Konsumgüter, die dank Subventionen weit unter dem Selbstkostenpreis verkauft wurden, aber auch Konsumgütermangel aus eben diesen Gründen oder auch wegen der Launen des Gosplan; keine Waren, die außerhalb des Horizonts der Planer lagen; genehmigte Bücher in riesigen Auflagen für ein paar Kopeken; freie Ortsgespräche (wenn das Telefon funktionierte); Hunderte von Pressepublikationen, die sich nicht voneinander unterschieden.

Es war absurd und nutzlos, sich eine Alternative zu dieser Situation auszumalen. Also mußte man das tägliche Verhalten den Ansprüchen des Parteistaates und der Kommandowirtschaft zumindest nach außen hin anpassen. Einer der Dissidenten, die aus Breschnews Rußland ausgewiesen wurden, war Alexander Ginsburg. Bei seiner Ankunft in New York sagte er entmutigt, daß das Monopol des Parteistaates niemals Demokratie und Demokraten zulassen werde. «Keiner von uns ist in der Lage, ein Land zu regieren oder auch nur an einer Regierung mitzuwirken. Es gibt niemanden, den man wählen könnte.»

Wie alle Gesellschaften brauchte auch der Parteistaat Manager. Viele Leute bemerkten schnell, daß das Machtmonopol der Partei und die Kommandowirtschaft Menschen mit entsprechendem Charakter gute Aussichten auf ein Weiterkommen eröffneten. Der Weg an die Spitze war frei. In den Anfängen der Revolution bildeten diejenigen die Elite, die sich durch ihre Treue zu den kommunistischen Idealen auszeichneten. Doch schon 1931 entschied Stalin, daß Gleichheit an sich nicht wünschenswert sei. Da Terror das wichtigste Instrument der Verwaltung war, sollten die Terroristen für ihre «Leistungen» entsprechend belohnt werden.

Milovan Djilas, einst Titos Wortführer und eine Zeitlang sogar sein designierter Nachfolger, hatte selbst an den Terror und seine Institutionalisierung geglaubt, bis er die Konsequenzen in seinem Heimatland Jugoslawien sah. In den frühen fünfziger Jahren veröffentlichte er ein vielbeachtetes Buch, *Die neue Klasse*, in dem beschrieben wurde, wie sich die Funktionäre des Parteistaats als neue herrschende Klasse etabliert hatten. Macht und Privilegien standen dem offen, der sich des Monopols zu bedienen wußte.

Aus diesem darwinschen Selektionsprozeß, in dem nur der Stärkste überlebte, ging eine große Gruppe solcher hohen Funktionäre hervor, die in einer lateinisch-slawischen Wortverbindung als Nomenklatura bezeichnet wurde. Michail Wolenskij, ein weiterer Dissident, der in den Westen ausreisen konnte, veröffentlichte 1984 unter ebendiesem Titel ein bahnbrechendes Buch, in dem er die Nomenklatura auf ungefähr 750 000 Personen schätzte. Später bezifferte der westliche Experte Gordon B. Smith die Positionen, die vom Zentralkomitee aus besetzt wurden, in Moskau auf 300 000, in den anderen Republiken auf 260 000 und die auf regionaler Ebene auf weitere 76 000. Die Nomenklatura war der kollektive Besitzer des «Staatseigentums». Ihr einziger Zweck bestand darin, unter ihren Mitgliedern Eigentum zu verteilen, das sie nicht produziert hatten: die Beute sozusagen. Öffentlicher Besitz bedeutete in der Praxis private Nutzung durch die Funktionäre. In den Augen von Arkadij Waksberg, einem angesehenen Autor und Kommentator der *Literaturnaja Gaseta*, war die Nomenklatura mit der Mafia vergleichbar. Ihre Intrigen auf der Jagd nach immer mehr Macht und Wohlstand wurden durch den ideologischen Deckmantel nicht wirklich kaschiert. Nach Ansicht Waksbergs bestand die Nomenklatura fast vollständig aus «wenig gebildeten, völlig unkultivierten und vor allem ignoranten Menschen, engstirnig und beschränkt, den sprichwörtlichen nouveaux riches».

Arkadij Schewtschenko war ein sowjetischer Diplomat, der zu den Vereinten Nationen entsandt wurde, sich in den Westen absetzte und seine Memoiren veröffentlichte. In der Sowjetunion war er bis zum Berater des damaligen Außenministers Andrej Gromyko aufgestiegen, eine Stellung, durch die er Mitglied der Nomenklatura wurde. Diese Gruppe bestand, wie er schrieb, aus einem Kastensystem mit verschiedenen Rängen und abgestuften Privilegien. Für die Politbüromitglieder an der Spitze gab es überhaupt keine Beschränkungen. Das Zentralkomitee legte die Hierarchie für die neu Aufgenommenen fest. Anders als gewöhnliche Sterbliche erhielten die Mitglieder der Nomenklatura, wie Schewtschenko weiter erklärte, «hohe Gehälter, schöne Wohnungen, Datschen, Dienstwagen mit Chauffeur, besondere Eisenbahnabteile, VIP-Behandlung auf den Flugplätzen, Urlaubsorte und Krankenhäuser, zu denen nur sie Zutritt hatten, besondere Schulen für ihre Kinder, Zutritt zu Geschäften, in denen Waren zu Niedrigpreisen und in beliebig großen Mengen verkauft wurden». Als «Rückgrat des Status quo» war diese Elite ganz klar gegen alles, was ihre Privilegien in Frage stellen konnte.

Beispiele für diese Privilegien waren überall zu finden. Vor den Augen der ganzen Gesellschaft wurden besondere Geschäfte eingerichtet, die den Mitgliedern der Nomenklatura vorbehalten waren. Dort konnte man nur mit Fremdwährung bezahlen, die den Normalbürgern nicht zugänglich war. Vor den Schaufenstern standen ständig Menschenmengen, die Waren bestaunten, die sie niemals kaufen konnten. Die Entschlossenheit, jeden Preis für solche Privilegien zu zahlen, war eine pervertierte Version von Freiheit und Unternehmertum. Georgij Markow, der brillante bulgarische Schriftsteller, der später in London vom KGB ermordet wurde, gab eine charakteristische Schilderung seiner Zeit als Fabrikarbeiter und beschrieb unter anderem, wie eines Tages ein Elektriker verkündete, er sei in die Partei eingetreten und wolle nun eine andere Aufgabe zugewiesen bekommen. «Ich bin nicht Parteimitglied geworden, um zu arbeiten. Geben Sie mir einen Verwaltungsjob. Ich will auch in der Fabrik herumlaufen und mit meiner Uhrkette spielen ... Wenn du in der Partei bist, hast du Macht. Wenn du Macht hast, brauchst du nicht so hart zu arbeiten! Laß die anderen die Arbeit machen!»

Galina Wischnewskaja beschrieb, wie ihr die Auszeichnung «Künstlerin des Volkes der UdSSR» eine schöne, mietfreie Wohnung und die Erlaubnis für Auslandsreisen und Ferien in staatlichen Erholungsstätten einbrachte. Im Krankheitsfall wurde sie in einem Einzelzimmer des Kreml-Krankenhauses behandelt, dem gegenüber sich eine unauffällige Apotheke befand, in der alle möglichen Westmedikamente für die wenigen Privilegierten zu haben waren. Besondere Einrichtungen kümmerten sich um die Ausbildung der Kinder der Nomenklatura oder potentielle Rekruten: die Hochschule der Partei, die Diplomatische Akademie, die Diplomatenschule des Auswärtigen Amtes, die KGB-Schulen, das Institut für Internationale Beziehungen und das Institut für Außenhandel. Jeder mit genügend Ehrgeiz und Talent wurde aufgefordert, sich einzuschreiben. Eine Weigerung setzte moralische Größe voraus, da man sich damit selbst schadete und niemandem half.

Praktisch jeder, der einmal unter einer kommunistischen Regierung leben mußte, beklagte sich über die alles erstickende Wirkung der Nomenklatura und ihr ungehobeltes, niederträchtiges Verhalten. Die polnische Historikerin Krystyna Kirsten faßte ihre durchdachte Kritik in treffende Worte, als sie schrieb, die Nomenklatura habe Initiative und Unternehmungsgeist erstickt durch die «übergeordnete Rolle, die sie der Mittelmäßigkeit, dem Konformismus und einer erbärmlichen Inkompetenz einräumte». Initiative zu zeigen, eine kreative, originelle Idee zu äußern, lohnte sich nur, wenn man auch in der Lage war, alle Hindernisse aus dem Weg zu räumen. Letztlich jedoch wurden solche Ideen meist von anderen für ihren eigenen Aufstieg genutzt. So war es besser, nichts zu sagen.

Es ist bezeichnend für die menschliche Natur, daß das Individuum im Kommunismus mit erbittertem Egoismus nur für sich selbst kämpfte – genau im Gegensatz zu der Selbstaufopferung, die theoretisch der kollektivistischen Doktrin entsprochen hätte. Nur ein großer Schriftsteller war in der Lage, die berechnenden Intrigen, auf denen die Beziehungen der sowjetischen Bürger bis hin zu den flüchtigsten Begegnungen oder Wortwechseln beruhten, angemessen zu beschreiben. Bukowskij beschrieb die Situation einmal anschaulich mit einer Beobachtung: «Wenn du einem Menschen zum erstenmal begegnest, betrachtest du ihn unweigerlich als Zeugen in deiner zukünftigen Verhandlung.» Aus diesem Grund hütete man sich davor, einen Nachbarn so viel wissen zu lassen, daß er zu einer Gefahr werden konnte. Es war, als ob jeder seinen eigenen Weg durch einen Sumpf finden mußte, in dem es keinen festen Boden gab – man stand vor der Wahl, zu ertrinken oder die anderen zuerst hineinzustoßen.

Um voranzukommen, durfte man nie etwas sagen oder tun, das später gegen einen verwendet werden konnte; man mußte an den unzähligen Parteiversammlungen und Komitees teilnehmen, die Parolen und Einstellungen der jeweiligen Führer bejahen und übernehmen und gleichzeitig darauf achten, daß diese Führer nicht selbst gerade einer Säuberung zum Opfer fielen; man mußte Freundschaften mit einflußreichen Leuten knüpfen, aber auch immer damit rechnen, daß sie selbst plötzlich in Ungnade fielen; also mußte man auch darauf achten, wer dies veranlassen oder jene Leute ersetzen konnte; man schätzte ab, ob einflußreiche Freunde besser in der Reserve gehalten wurden, um einen im Notfall vor anderen zu schützen, oder ob sie besser für das eigene Vorwärtskommen eingesetzt wurden; man verbarg seine Absichten sogar oder vielleicht gerade vor den besten Freunden und Kollegen; man wehrte unbemerkt mögliche Rivalen ab und fand Wege, Hindernisse zu umgehen, die von solchen Rivalen aufgestellt wurden; man wagte kaum, sich seinem Ehepartner oder seinen Kindern anzuvertrauen – «kindliche Listen», bei denen man durch den winzigsten Ausrutscher oder Unfall in einem KGB-Verhör landen konnte, was den Ruin oder noch Schlimmeres bedeutete.

Für alle, die die Nerven dafür hatten, war «Provokation» die wohl lohnendste Strategie. Im sowjetischen Sprachgebrauch bedeutete eine «Provokation», einen Gegner zu einem Schritt zu bewegen, den er für richtig hielt, den man selbst jedoch bereits erwartet hatte und nun zu seiner Vernichtung verwendete. Chruschtschow erklärte es so: «Es war einer von Stalins Lieblingstricks, jemanden zu einer Stellungnahme – oder auch nur zu einer Zustimmung zu einer Position – zu bewegen, die seine wahre Einstellung einer anderen Person gegenüber offenbarte.» So stellte man Fangfragen, erzählte wohlüberlegte Lügen, in denen man

Feinde lobte oder Verbündete verdammte, um eine Meinung ans Licht zu bringen, die zum Verhängnis werden konnte. Wenn die Einsätze höher wurden, sich die Interessenkonflikte zu einem Kampf um Leben und Tod entwickelten, konnte man hoffen, den Feind zu einem voreiligen Griff nach der Macht zu bewegen, um ihn schachmatt setzen und ihm am besten selbst die Schuld an seinem Ruin zuschieben zu können.

Nach Sinowjew, einem gelernten Ingenieur, war die Durchführung eines Projekts mit anstrengenden Monaten und Jahren verbunden, «Sitzungen der Unterabteilungen, der Abteilung, der Funktionäre, der Gruppen, Untergruppen, Teams, der Parteibüros der Unterabteilungen, der Abteilung und des Instituts ... so viele Versammlungen, Ansprachen, Notizen, Berichte, Berechnungen, Pläne, Verpflichtungen der einzelnen Mitarbeiter und des Kollektivs, Denunzierungen, anonyme Briefe ... und dazu kamen noch Veränderungen in der Außen- und Innenpolitik oder in der Führung, Sitzungen des Sekretariats und des Politbüros, Vollversammlungen des Zentralkomitees, Versammlungen innerhalb des Zentralkomitees, in den Stadtkomitees, in der Abteilung, im Präsidium ...»

Die unzähligen und verwickelten persönlichen Vorstöße und Rückzüge waren nur ein erbärmlicher Ersatz für die Gewaltenteilung einer rechtsstaatlichen Gesellschaft. Es gab kein Eigentumsrecht, das Verpflichtungen oder Verantwortlichkeiten definiert hätte, und so wußte niemand, wie weit er gehen konnte, ohne es auszuprobieren. Jeder war immer und überall in Machtkämpfe mit anderen verwickelt. Ob und wie man in die Machtkämpfe anderer hineingezogen werden konnte, war nicht kalkulierbar oder vorhersehbar. Wenn man in einer solchen permanenten Unsicherheit überleben wollte, mußte man in der Lage sein, genau abzuschätzen, wo man überlegen war und seinen Willen durchsetzen konnte oder wo man sich als Unterlegener mit möglichst geringem Schaden zurückziehen sollte. Rücksichtslosigkeit, zumindest gegenüber Schwächeren, war genauso notwendig wie Unterwürfigkeit gegenüber Stärkeren. Vertrauen war unmöglich. Der Kommunismus zerstörte die Bindungen, die Umgangsformen und die gemeinsamen Grundvoraussetzungen menschlichen Zusammenlebens. Im Namen des Kollektivs wurden die Menschen der Sowjetunion entsozialisiert.

Wer Waren und Dienstleistungen anbieten konnte, war im Vorteil bei Geschäften mit jenen, die sie brauchten. Eine einfache Geschäftssache wie das Kaufen von Würsten, das Installieren eines Telefons, das Organisieren einer medizinischen Behandlung, der Kauf von anständigen Kinderschuhen oder eine Reparatur am Haus entwickelte sich zum Machtkampf. Selbst in Läden, die von den Inspektoren kontrolliert wurden, hielt man sich nicht an die Preisvorgaben, und verfügbare Waren wurden für privilegierte Kunden zurückgehalten, um für beide Seiten vorteilhafte Geschäfte damit zu machen. Je seltener eine Ware oder eine Dienstleistung war, desto höher fielen die Bestechungsgelder aus. Der Interessent mußte entweder das Geld dafür auftreiben oder etwas anderes zum Handel anbieten. Das tägliche Leben in der Sowjetunion war ein Strudel von Bestechung und Tauschhandel, in den jeder ständig hineingetrieben wurde. Die praktischen Notwendigkeiten des Einkaufens und Arbeitens löschten alle eigentlich angebrachten moralischen Bedenken gegenüber diesem zweifelhaften Verhalten aus.

Wer autorisiert war, Genehmigungen oder Lizenzen auszustellen, konnte den Preis dafür festsetzen. Zu den persönlichen Dokumenten gehörte ein obligatorischer inländischer Reisepaß, ohne den das Reisen innerhalb des Landes verboten war, außerdem eine Reihe von Papieren, in denen der Wohnort registriert war, und ein Arbeitsbuch mit einem lückenlosen Beschäftigungsnachweis. Der Beleg über die Quadratmeterzahl einer Wohnung, die Teilnahme an Parteiversammlungen oder die zufriedenstellende Leistung auf dem einen oder anderen Gebiet entschied darüber, wer welchen Anteil an der Beute erhielt. *Sprawka*, der Begriff, unter dem all diese Zertifikate und Referenzen zusammengefaßt wurden, war ein ständiges Problem. Unzählige Menschen waren nicht in der Lage, die *sprawka*-Forderungen zu erfüllen. Um dem endlosen Schlangestehen und dem Bürokratismus zu entgehen, fälschten sie ihre Papiere und bestachen Beamte. Auf einer Liste ganz oben zu stehen, war eine Frage des Geldes. Die Beamten wiederum legten einem so viele Hindernisse wie möglich in den Weg, um die Bestechungsgelder in die Höhe zu treiben. Extreme Regulierung fand ihre Vollendung in einer bösen Parodie auf die freie Marktwirtschaft, in der jene, die Geld hatten, die Mittellosen zur Seite schoben.

Von Zeit zu Zeit wurde eine besonders korrupte Person verhaftet, oder der KGB führte auf Befehl von oben Kampagnen gegen «Gauner» oder «Spekulanten» durch und vollstreckte einige Todesurteile, um ein Exempel zu statuieren. In Wirklichkeit jedoch gab es wenig, was der Parteistaat gegen die systemimmanenten Mängel tun konnte. Korruption an sich mochte zwar schädlich sein, aber sie machte die Machtkämpfe, die anders nicht reguliert werden konnten, wahrscheinlich erträglicher und humaner.

Während seiner Zeit als Korrespondent der *Washington Post* in Moskau hatte David Remnick ein Kindermädchen namens Irina angestellt. Als Irinas Mutter starb, mußte sie ihr Begräbnis arrangieren. Das Personal der Leichenhalle, der Sargschreiner und die Totengräber wurden zwar vom Staat bezahlt, aber sie alle fanden Gründe, warum sie ihre Aufgaben nicht erfüllen konnten. Weil sie unentbehrliche Dienstleistungen anboten, gewannen sie diese Kraftprobe auf jeden Fall. Sie wußten, daß Irina keine andere Wahl blieb, als sie zu bestechen.

Ein Bergwerksingenieur beschrieb in Maurice Friedbergs Buch *How Things Were Done in Odessa*, wie Vetternwirtschaft und Korruption in Odessa funktionierten. Um Zugang zum Institut für Metallurgie zu erlangen, war es allgemein üblich, das Schulzeugnis eines anderen zu kaufen und den eigenen Namen einzusetzen. Solche manipulierten Zeugnisse wurden von den Funktionären der Zulassungsstelle selbst verkauft. Mitglieder der Aufnahmekommission akzeptierten zahlungsfähige Studenten nach einer mündlichen Prüfung. Die Kommissionsmitglieder rotierten turnusgemäß und mußten in der Zeit ihrer Nichtmitgliedschaft mit Hilfe eines Kollegen ihren Schützlingen die Aufnahme sichern – womit die Korruption weitere Kreise zog. Ein Student konnte in einem mündlichen Examen von einem einzigen Lehrer ohne Zeugen geprüft werden. «Die Korruption bei der Zulassung zur Universität blüht nach wie vor.»

Erpressung, falsche Anklagen, erfundene Beschuldigungen und Fälschung waren Routineverfahren bei der Etablierung der Hierarchie der Stärkeren. Ein anderes typisches Beispiel hierfür findet man in Jeffrey Klugmanns Buch *The New Soviet Elite*. Die Geschäftsführerin eines Nachtklubs unterhielt seit langem gute Beziehungen zum Ersten Parteisekretär, stand aber mit dem Ersten Sekretär des Komsomol auf Kriegsfuß. Es war unsicher, wer der Stärkere war. Der Komsomolsekretär probierte es aus, indem er sich beim Parteisekretär darüber beschwerte, daß die Frau keine Mitarbeiter einstellen wolle, die er empfohlen habe. Außerdem habe sie einem Mitglied des Komsomolkomitees den Zutritt zu ihrem Nachtklub verwehrt, der angeblich bereits voll gewesen sei. Die Geschäftsführerin wurde gerügt und mußte einsehen, daß der Komsomolsekretär der Einflußreichere war. Sie sah sich gezwungen, ihm und seinen Freunden in Zukunft freien Zutritt zu gewähren. Der Parteisekretär hatte sich einfach geweigert, sich hinter sie zu stellen.

Die sowjetische Literatur enthält eine erschütternde Zahl solcher Beispiele. Nichts und niemand war sicher, wenn die Sieger ihre Beute beanspruchten. Während eines Aufenthalts im Militärsanatorium von Archangelsk hörte General Grigorenko von einem anderen General, daß der Oberst, mit dem er das Zimmer teilte, der Sohn eines hohen Funktionärs sei. Dieser Oberst hatte ein neunjähriges Mädchen vergewaltigt, ein Verbrechen, auf das normalerweise die Todesstrafe stand. Statt bestraft zu werden, wurde er in einer besonderen psychiatrischen Klinik innerhalb einiger Monate «geheilt».

Nach seinen Erfahrungen als politischer Gefangener erforschte Bukowskij eine tragikomische Realität. Er beschrieb die «phantastischen Fälle», wie er sie nannte, darunter auch die Geschichte von einer gesamten Fabrikbelegschaft, die wegen Diamantendiebstahls verhaftet wurde. In einem anderen Fall ging es um Jossif Lwowitsch Klempert, den Direktor einer Färberei, der seine Taschen lange unbehelligt durch Korruption gefüllt hatte. In einem

Anfall von Selbstlosigkeit faßte er den Entschluß, ein Wohnhaus für seine Arbeiter zu bauen. Dies führte zu einer Untersuchung, und am Ende wurde er dafür erschossen, daß er etwas für seine Arbeiter getan hatte. Bukowskij schrieb: «Ganze Unternehmen arbeiteten auf Hochtouren – unterstützt durch Parteikomitees und sozialistischen Wettbewerb –, und die Gewinne flossen in die Taschen von irgendwelchen stellvertretenden Ministern oder leitenden Funktionären. Und auch das Gegenteil kam vor. Ganze Industriekomplexe existierten nur auf dem Papier, erschienen in den Planungen und wurden vom Staat unterstützt – selbst die Abteilung für die Verhinderung der Veruntreuung sozialistischen Eigentums stand auf ihrer Lohnliste –, während sich dort, wo die Fabriken stehen sollten, nur unberührter russischer Wald oder weite Steppe erstreckte.» Und er schloß daraus: «Chruschtschow war nicht weit von der Wahrheit entfernt, als er in einer Rede sagte: ‹Wenn die Menschen in unserem Land auch nur einen Tag aufhören würden zu stehlen, wäre der Kommunismus schon längst aufgebaut worden.›» Das erinnert an Karamsins Beschreibung Rußlands. Doch ohne den täglichen Diebstahl konnte die Wirtschaft überhaupt nicht mehr funktionieren.

«Sie haben keine Ahnung, keiner lebt allein von seinem Gehalt», sagte Breschnew. «In meiner Jugend verdienten wir unser Geld mit dem Entladen von Güterwaggons. Na, und was taten wir? Drei Kisten oder Säcke luden wir ab, eine behielten wir für uns. So machen es alle.» Jelzin stellte die Situation genauso dar: «Jede Verkäuferin mußte den Kunden zuviel berechnen und ihrem Vorgesetzten jeden Tag eine bestimmte Summe aushändigen. Der behielt einen Teil für sich selbst, den anderen gab er dem Geschäftsführer. Das Geld wurde dann unter der gesamten Verwaltung verteilt, von der Spitze bis hin zu den unteren Rängen.»

Die Gaunereien zogen sich auf einer horizontalen Linie quer durch eine Republik und auf einer vertikalen Linie durch die Ministerien und die Partei. In moslemischen Republiken lagen die Städte relativ isoliert, die Infrastruktur war armselig. Deshalb befaßten sich die Funktionäre dort vor allem mit der ergiebigen Pfründe der Busfahrscheine. Sie verlangten von den Fahrgästen überhöhte Preise, während sie gleichzeitig Subventionen für Reisende forderten, die es nie gegeben hatte. In Aserbaidschan gab es große Betrügereien mit Kaviar, in Georgien mit Wein und Edelsteinen, in den baltischen Republiken mit Fischfang. Das Fischereiministerium verkaufte manchmal den Fang in Geschäften, manchmal duldeten die Minister stillschweigend, daß das gesamte Angebot auf dem Schwarzmarkt verschwand. Die Militärindustrie verkaufte über ein Institut, das sich Avtomatika-Nauka-Technicka nannte, ganze Güterwaggons mit sowjetischer Militärausrüstung gegen Dollars an NATO-Staaten. Kirgisien hatte sich auf den Betrug im Fleischhandel spezialisiert.

Kunajew, der frühere Erste Sekretär von Kasachstan, sandte Breschnew regelmäßig «ganze Wagenladungen von Geschenken» zu, wie General Liatschenko beobachtete. Breschnews Sohn und Schwiegersohn machten mit illegalen Geschäften ein so großes Vermögen, daß eine Untersuchung nicht ausbleiben konnte. Als Breschnew starb, waren die Ersten Sekretäre in Kasachstan, Usbekistan, Tadschikistan und Kirgisien bereits mehr als zwanzig Jahre im Amt, die meisten anderen Ersten Sekretäre mehr als zehn Jahre. Alle unterschlugen Gelder aus Moskau. Da keine Rechenschaft darüber abgelegt werden mußte, weiß niemand genau, wohin das Geld ging. Scharif Raschidow, der Erste Sekretär von Usbekistan, wurde berühmt für sein Versprechen, fünf Millionen Tonnen Baumwolle aus seiner Republik zu liefern. «Machen Sie sechs daraus, mein kleiner Scharif!» rief Breschnew aus, worauf Raschidow antwortete: «Wie Sie wünschen, Leonid Iljitsch.» Keiner der beiden kann ein solches *wranjo* geglaubt haben. Staatliche Prämien, Investitionen in die Landwirtschaft und die Bewässerung, Subventionen und Gehälter gingen nach Usbekistan, doch Baumwolle in dieser Menge existierte einfach nicht, und die Arbeiter waren bloße Namen auf dem Papier. Das Geld floß in die Taschen Raschidows und seiner Freunde. Als er 1983 plötzlich starb, wurde er mit großem Zeremoniell in einem Mausoleum mit goldener Kuppel in Taschkent beigesetzt.

Der Minister des Inneren, Nikolaj Schtschelokow, stahl 700 000 Rubel aus der Staatskasse und die kostspieligsten Dinge, die er in die Finger bekam, für sich und seine Familie. Als sein Ministerium neun deutsche Wagen in Empfang nahm, beanspruchte er fünf davon für sich, seine Frau, seinen Sohn, seine Tochter und seine Schwiegertochter. In Georgien versteigerte der Erste Sekretär Wasilij Mschawanadse Posten an die Meistbietenden und steckte die einkassierten Gebote in die eigene Tasche. Der Name seiner Frau Tamara wurde zum Inbegriff für Schmuck und Antiquitäten.

Schlamperei und Korruption mögen Zeichen eines schlechten Charakters sein, aber sie entstehen normalerweise aus der Unsicherheit gegenüber allem – mit Ausnahme der stumpfsinnigen Machtkämpfe. Einer der Beteiligten mochte ein KGB-Agent sein oder Hintermänner haben, gegen die man nichts machen konnte, aber er mochte auch so gierig und arrogant sein, daß er sich selbst ins Verderben stürzte, wenn er durch Denunziation oder einen Verweis seiner Vorgesetzten bloßgestellt wurde. Dann konnten Degradierungen folgen, verbunden mit Fehden und Rachefeldzügen, die unvorhersehbare Konsequenzen nach sich zogen.

Konstantin Simis zum Beispiel mußte einmal nach Salechard am Polarkreis reisen, um den Fall des Direktors des dortigen Fernmeldeamtes, eines Herrn namens Berlin, zu untersuchen. Der Staatsanwalt am Ort hatte Berlin wegen angeblichen Amtsmißbrauchs verhaften lassen. In Wirklichkeit hatte der Erste Sekretär der lokalen Parteiorganisation Berlin befohlen, ihm Arbeiter und Material für den Bau seines Privathauses zur Verfügung zu stellen. Berlin steckte in einem Dilemma. Er konnte gehorchen, sich so zum Mittäter beim Diebstahl von Staatseigentum und dessen Verwendung für private Zwecke machen und vielleicht noch ein angemessenes Bestechungsgeld für sich selbst herausschlagen, oder er konnte sich weigern. In diesem Falle mußte er sicherstellen, daß diejenigen, an die er sich um Hilfe wandte, mächtiger waren als der Erste Sekretär und dessen Gönner. Ob aus einer Fehleinschätzung heraus, ob aus Stolz oder Starrköpfigkeit, Berlin weigerte sich. Als Vergeltungsmaßnahme erstattete der Erste Sekretär Anzeige gegen ihn. Der Richter, der Staatsanwalt und die Sachverständigen waren ängstlich darum bemüht, den Ersten Sekretär nicht zu verärgern, und so logen sie. Berlin wurde nach einer unfairen Verhandlung inhaftiert.

An der Spitze konnte ein Machtkampf über Karriere und Schicksal entscheiden. Als Ligatschow Erster Sekretär des Parteikomitees der Provinz Tomsk war, wurde, wie er in seiner Autobiographie erzählt, in die Region ein Major versetzt, der für eine militärische Baueinheit des Ministeriums für Mittleren Maschinenbau verantwortlich war. Ligatschow bat den Vorgesetzten des Majors, einen General, ihn beim Straßenbau zu unterstützen. Der General erwiderte: «Das Vaterland hat uns andere Aufgaben zugewiesen.» Ligatschow drohte mit der Einberufung einer Parteiversammlung, die die Macht hatte, den Parteiausweis des Generals einzuziehen, wodurch er auch sein Kommando verloren hätte. Der General, sagt Ligatschow, «erwies sich als zäher Gegner. Er sprang auf und bellte: ‹Sie haben mir den Parteiausweis nicht gegeben, und Sie haben kein Recht, ihn mir wegzunehmen!›» Der General wußte nicht, daß dieser Schuß nach hinten losgehen konnte, und er war nicht in der Lage, den nächsten Angriff seines Gegners abzuwehren. Ligatschow wandte sich an eine höhere Instanz, in diesem Fall an Jefim Slawskij, den Minister des Amtes für Mittleren Maschinenbau. «Slawskij wog alle Umstände ab», schreibt Ligatschow listig und meint damit, daß Slawskij der Ansicht war, Ligatschow sei der Stärkere und werde diesen Machtkampf gewinnen. Der General wurde durch jemanden ersetzt, der damit einverstanden war, alles zu bauen, was Ligatschow wollte, von Geflügelfarmen bis zu einem Forschungszentrum. «Sie investierten ein Kapital von mehreren hundert Millionen Rubel», prahlte Ligatschow. Ob diese Arbeiten an sich nun sinnvoll waren oder nicht, die Episode macht auf jeden Fall die negativen Folgen einer Administration deutlich, die durch Machtkämpfe geprägt war: vor allem Amtsmißbrauch, verantwortungsloses Handeln, Abzweigung von Ressourcen und Geldern und die unfaire Behandlung eines pflichtbewußten Generals.

Als Verkörperung des Despotismus war der Generalsekretär der oberste Gebieter über alles und jeden. Und in Erfüllung dieser Rolle war nichts zu unbedeutend, um seiner Aufmerksamkeit zu entgehen. Deshalb der allgegenwärtige KGB; deshalb auch die allgemeine Aufforderung, ihm zu schreiben. Die kleinen Leute sandten ihre demütigen Bittschriften und baten ihn, geschehenes Unrecht wiedergutzumachen. In Parteikreisen hingegen zählten seine persönliche Intervention und der direkte Zugang zu ihm. Hatte Ligatschow beschrieben, wie er mit Hilfe eines Ministers die Oberhand gewann, so klopften auch die Mitglieder des Politbüros und des Zentralkomitees, Mittelsmänner und Geschäftemacher an die Tür des Generalsekretärs, baten über die geheimen Telefone des Kremls um private Termine, selbst nach Mitternacht und bis in die frühen Morgenstunden. Dickfelligkeit war in dieser Umgebung unerläßlich.

Ein Generalsekretär, der sich auf die eine oder andere Seite stellte, machte sich gleichzeitig Freunde und Feinde. Günstig waren dagegen Verzögerungstaktiken, Ausweichmanöver, unklare Entscheidungen, die weitere Machtkämpfe nach sich ziehen mußten. Was wie Inkompetenz aussah, eine Art ererbter russischer Hilflosigkeit, war normalerweise ein absichtliches Umgehen gefährlicher Machtkämpfe, indem man alle Züge, die die Gegner machen konnten, von vornherein blockierte. Es erforderte präzises und vorsichtiges Abwägen, um den richtigen Mann für die richtige Aufgabe im Parteistaat auszuwählen. Ein ehrgeiziger Karrierist konnte durch ein schwieriges Projekt ausgebremst werden, während eine leichte Aufgabe einem Dummkopf zugeteilt wurde, dessen Stümperei Grund genug war, ihn loszuwerden. Die Kunst bestand darin, die Ausgewogenheit zu erhalten. Hier gab es tatsächlich eine Art Gewaltenteilung, aber sie war nur inoffiziell und der Laune des Schicksals überlassen.

Bei wichtigeren Angelegenheiten verlor Korruption ab einem unbestimmbaren Punkt ihre Wirkung. Die Mitglieder des Politbüros und des Zentralkomitees besaßen bereits genug Privilegien, um sich alle Wünsche zu erfüllen. Gewalt wurde im Prinzip nicht anders eingesetzt als Bestechungsgelder, doch sie machte deutlich, daß es um sehr viel wichtigere Dinge ging und daß die Beteiligten alles tun würden, um sich durchzusetzen.

Kein Beispiel ist so extrem wie die Ermordung Trotzkijs und

seiner tatsächlichen oder vermuteten Anhänger durch Stalin. Millionen mußten sterben, bevor sich Stalin seines Sieges sicher war und Ruhe gab. Nach seinem Tod standen sich Berija und Chruschtschow, die beiden potentiellen Nachfolger, in einem ähnlichen Machtkampf gegenüber. Die Schilderung in Chruschtschows Memoiren, wie er sich dabei durchsetzte, zählt zu den Klassikern dieses Genres. Als erfahrener Leiter des KGB konnte Berija mit Hilfe fingierter Vorwürfe jeden verhaften lassen, sogar Chruschtschow. Chruschtschow hingegen mußte versuchen, Berija zu isolieren, und gleichzeitig verhindern, daß dieser mißtrauisch wurde. Er mußte seine Kollegen im Politbüro in eine Verschwörung hineinziehen, aber nur einen nach dem anderen, so vorsichtig, daß keiner von ihnen einen Vorteil darin sah, zu Berija überzulaufen. Nur wenn Berija mit der vollendeten Tatsache konfrontiert wurde, daß er das gesamte Politbüro gegen sich hatte, konnte man ihn daran hindern, zuerst zuzuschlagen. Chruschtschow machte sich rechtzeitig daran, die Kollegen auf seine Seite zu bringen, aber es gab Rückschläge. Der etwas dümmliche Woroschilow verstand zuerst nicht, worum es ging, und lobte Berija, den er beim Vornamen nannte: «Ein bemerkenswerter Mann, dieser Lawrentij Pawlowitsch, nicht wahr, Genosse Chruschtschow?» Darauf konnte Chruschtschow nur erwidern: «Vielleicht auch nicht. Möglicherweise überschätzen Sie ihn.» Der kaltblütigere Molotow fragte ganz richtig: «Wohin führt das alles?» und beantwortete seine eigene Frage mit der ebenso richtigen Feststellung: «Wir müssen extremere Maßnahmen ergreifen, wie man so sagt.»

Als Lasar Kaganowitsch angesprochen wurde, fragte er listig zurück, wen Chruschtschow denn mit «wir» gemeint habe, versicherte aber sofort: «Natürlich bin ich dabei. Ich wollte nur mal fragen.» Chruschtschow gesteht in seinem Bericht: «Aber ich wußte, was er dachte, und er wußte, was ich dachte.» Indem er elf Marschälle und Generäle auf seine Seite brachte, verschaffte sich Chruschtschow das nötige Gegengewicht zum KGB. Diese Rivalitäten nach dem Motto «Fressen oder gefressen werden» waren der Keim eines Bürgerkriegs. Ein verhängnisvoll selbstsicherer

Berija nahm an einer Sitzung des Politbüros teil, in die plötzlich Marschall Schukow, der berühmteste sowjetische Heerführer des Zweiten Weltkriegs, hereinstürmte und ihn anbrüllte: «Hände hoch!» Verhaftung und Exekution waren nur noch eine Formsache.

Persönlichkeiten des öffentlichen Lebens wurden Opfer von arrangierten Unfällen und «Selbstmorden», angefangen bei Stalins Freund und potentiellem Rivalen Kirow bis zu Jan Masaryk, dem Außenminister der Tschechoslowakei vor der Machtübernahme durch die Kommunisten im Jahre 1948. Aber auch jene Millionen Menschen, die in den Gulags ermordet wurden, waren unglückliche Opfer der Machtkämpfe, die über ihren Köpfen ausgefochten wurden. Für sie führte der Parteistaat im nachhinein eine «Rehabilitation» ein, eine der seltsamsten Verwaltungsmaßnahmen, die je erdacht wurden. Die Toten konnten dadurch natürlich nicht wieder zum Leben erweckt werden, und eine Entschädigung für die überlebenden Familienmitglieder stand nie zur Debatte. Aus der Bescheinigung ging nur hervor, daß Herr oder Frau Soundso grundlos ermordet worden war. Dies bedeutete die offene Anerkennung der Folgen jener Machtkämpfe, aus denen die ganze turbulente Geschichte der Sowjetunion bestand.

In keinem anderen Staat, schrieb Speranskij, der enttäuschte Reformer des zaristischen Despotismus, stehen die politischen Aussagen in so krassem Gegensatz zur Realität wie in Rußland. Solschenizyn erklärte mit zeitgemäßer Direktheit: «Es ist immer unmöglich gewesen, die Wahrheit über irgendetwas in diesem Lande zu erfahren – jetzt und immer und von Anfang an.»

Die Bevölkerung bekam die Auswirkungen der Entscheidungen, wie die Kollektivierung und Industrialisierung mit Hilfe des Terrors, sehr schnell zu spüren, aber die Entscheidungsprozesse selbst blieben im allgemeinen irrational und undurchschaubar. Niemand hat je genau beschrieben, wie die erfolgreichen Parteikarrieristen für das Politbüro und das Zentralkomitee ausgewählt wurden. Niemand weiß wirklich, warum die Machtkämpfe, die innerhalb der Partei und ihrer Organe stattfanden, so oder so entschieden wurden. Ligatschow enthüllt in seinen Memoiren einiges über diese Prozesse: «Es gab Zeiten, in denen man manche Dinge nicht laut aussprechen durfte, sondern einander kleine Zettel schrieb.» Die Sitzungen des Politbüros verliefen seiner Schilderung nach ruhig und in höflichem Ton, da nur noch das verabschiedet wurde, was hinter verschlossenen Türen in unzähligen konspirativen Treffen längst entschieden worden war.

Ein Führer, der seine Bereitschaft zur Gewaltanwendung deutlich zeigte, wurde nicht nur gefürchtet, sondern auch für seine Willenskraft bewundert. Der Drang, sich gewaltsam durchzusetzen, wurde am besten durch die Drohung mit noch größerer Gegengewalt gebremst. Kaganowitsch sagte über die Klassenfeinde: «Wir werden ihnen die Schädel einschlagen.» Ähnlich erklärte Bucharin: «In einer Revolution gehört der Sieg dem, der seinem Gegner den Schädel spaltet.» Schewtschenko erzählt von Chruschtschows Wutausbruch über Dag Hammarskjöld, den Generalsekretär der Vereinten Nationen: «Er hat sich Autorität angemaßt, die ihm nicht zusteht. Dafür wird er bezahlen. Wir müssen ihn mit allen Mitteln loswerden; wir werden ihm die Hölle heiß machen.» Hammarskjöld wurde Opfer eines mysteriösen Flugzeugabsturzes. Sacharow berichtet von einem typischen Streit zwischen zwei erbitterten und mehr oder weniger ebenbürtigen Rivalen, den Marschallen Schukow und Malyschew. «Gawrilow erzählte mir, er habe an einer Sitzung teilgenommen, auf der sie offen aneinandergerieten: Sie fluchten laut und drohten, sich gegenseitig zu erschießen. Während dieser Szene saßen ihre Untergebenen wie erstarrt daneben.»

Der Parteistaat gab sich große Mühe, die Informationen über diese häufigen und unvermeidlichen Interessenkonflikte, Meinungsverschiedenheiten und Kämpfe um persönlichen Machtgewinn nicht nach außen dringen zu lassen. Es gab eine absolute Zensur. Die Liste der Themen, über die die Journalisten nicht berichten durften, war fünf Druckseiten lang. Informationen über die Nomenklatura waren ein Staatsgeheimnis. Statistiken waren nie objektiv, sondern immer ein Instrument in den Händen jener, die ihr eigenes Vorwärtskommen im Auge hatten; folglich wurden Zahlen unterdrückt oder frei erfunden. Jahr für Jahr ging der sowjetische Haushaltsplan bis auf den Rubel auf. Schon das allein hätte Zweifel wecken müssen. Niemand wußte, woher das Geld kam. Da der Rubel nicht konvertibel war, kannte niemand seinen wahren Wert. Und niemand wußte Bescheid über die Summen, die für den KGB oder die Verteidigung ausgegeben wurden.

Nach den Worten von Tatjana Saslawskaja, einer bekannten Intellektuellen, wurden «Kriminalitätsstatistiken ebensowenig veröffentlicht wie Selbstmordraten, Daten über Drogen- und Alkoholmißbrauch oder über die ökologische Situation in verschiedenen Städten und Regionen». Es gab keine Zahlen über die Migration der Bevölkerung oder die Ausbreitung von Krankheiten. Sie folgerte daraus, daß es wohl kaum eine einzige Entscheidung der Administration über lebenswichtige Belange der Bevölkerung gab, die auf verläßlichen Zahlen basierte.

Das ganze Land wurde zur Arena der vielfältigen Machtkämpfe, die unter völliger Mißachtung der Konsequenzen ausgefochten wurden. Im Laufe der Jahre hatte die Armee ungefähr 2 500 Orte übernommen, die nun den Kern des militärisch-industriellen Komplexes bildeten. Diese Städte und ihr Umland, fast die Hälfte des Landes, waren für Ausländer nicht zugänglich, denn Ausländer betrachtete man als potentielle Spione, die die Rüstungsfabriken auskundschaften sollten. Diese Fabriken hatten ebenso wie die anderen Betriebe bei ihrem Streben nach höherer Produktivität keinerlei Auflagen einzuhalten, sie «produzierten um der Produktion willen». So wie Raschidow mit seiner Baumwolle schreckten auch die Fabrikdirektoren vor nichts zurück. Die Luft- und Wasserverschmutzung war in der Sowjetunion schlimmer als in irgendeinem anderen Land der Welt und überstieg die erlaubten Grenzwerte um das Zehn- bis Fünfundzwanzigfache. Nach Georgij Golizyn, Vizepräsident der Russischen Akademie der Wissenschaften und Spezialist für Ökologie, hatte die Technik der Bodenbewirtschaftung zu Entwaldung, Versteppung, Erosion und Bodenvergiftung geführt. Von den 600 Millionen Hektar Anbaufläche war ungefähr die Hälfte stark geschädigt. Die größte ökologische Katastrophe der Welt ist die Austrocknung des Aralsees, der ebenso für die Bewässerung der Baumwollfelder angezapft wurde wie die Flüsse Amudarja und Syrdarja, deren Trockenlegung sich bedrohlich auf das Klima Zentralasiens auswirkt. Der amerikanische Experte Murray Feshbach wies als erster auf die Umweltzerstörung in den ländlichen Gebieten der Sowjetunion hin, und in einem Buch, das er unter dem Titel *Ecocide in the USSR* gemeinsam mit Alfred Friendly schrieb, kommt er zu dem Schluß: «Kein anderes großes Industrieland hat Boden, Luft, Wasser und Menschen so systematisch und über einen so langen Zeitraum hinweg vergiftet. Kein anderes Land hat sich so gerühmt, alles für die Gesundheit der Menschen und den Schutz der Umwelt zu tun, und gleichzeitig diese beiden Werte mit Füßen getreten ... sie trieb Raubbau an sich selbst, indem sie die Gesundheit der Bevölkerung gefährdete.»

Anders gesagt: Der Mangel an gesetzlich geregelter Verantwortlichkeit auf allen Ebenen führte dazu, daß der Kommunismus in der Realität der ungehinderten Plünderung und Zerstörung diente. Der Parteistaat ermutigte die Profiteure. Hätte sich dieser Vorwurf in der Öffentlichkeit erhärten lassen, wären Lügen, Betrug und Korruption eingestanden worden, dann hätte die Partei ihren Führungsanspruch in der sowjetischen Gesellschaft verloren. Seit Lenins Tagen hatte jeder Parteiführer betont, daß die Einheit der Partei mit allen Mitteln verteidigt werden müsse, ohne Rücksicht darauf, wieviel Verschleierung und Verfälschung dafür nötig war. Andernfalls wäre es zum Fraktionismus gekommen, dem kommunistischen Begriff für Machtkämpfe, die so unerbittlich geführt wurden, daß die beteiligten Parteien vor nichts mehr zurückschreckten. Das war, wie die politischen Führer wußten, der einzige Weg, das Monopol des Parteistaates zu brechen.

5 Der Mann, der gehen durfte

In der Gorbatschow-Ära wurde Gennadij Sotajew zum leitenden Wirtschaftsberater bei der Europäischen Wirtschaftskommission ernannt. «Wir trafen uns einmal im Jahr eine Woche lang, um zu klären, was in den jeweiligen Ländern geschah», sagt er. «Ich hatte die Erlaubnis zu gehen – ein typisch sowjetischer Ausdruck –, das heißt, daß das System mir traute.» Damals kam er, ohne vorher je darüber nachgedacht zu haben, auf den, wie er es nennt, «teuflischen Gedanken», mit Frau und Töchtern für immer aus der Sowjetunion zu verschwinden. Er hatte endlich erkannt, wie das System funktionierte. Er hatte aus nächster Nähe gesehen, wer die Männer waren, die es verkörperten, wie zynisch sie waren, und er wollte nichts mehr davon wissen.

In den fünfziger Jahren war die Sowjetunion auf dem Niveau, das China heute erreicht hat. Damals hätten strukturelle Reformen stattfinden müssen. Der Aufbau des riesigen militärisch-industriellen Komplexes hinderte den Parteistaat daran, den chinesischen Kurs einzuschlagen. Im Grunde schloß das Wettrüsten eine Entwicklung aus, die vielleicht schrittweise zur Normalität geführt hätte. Früher oder später mußte das System, das Stalin errichtet hatte, zusammenbrechen, doch man konnte den Zusammenbruch hinauszögern. «Wir haben ungeheure Ressourcen, das Volk ist gehorsam. Und das System hatte eine innere Logik, die uns alle zu Spielern im selben Spiel machte.»

Sotajew kam 1981 zu Gosplan, einen Tag vor Breschnews Begräbnis. Im Rückblick zeigt er sich erstaunt darüber, daß viele Beamte des Gosplan, des Zentralkomitees und der Ministerien nicht wußten, wie die Realität der Sowjetunion und der Kommandowirtschaft aussah. Einige Funktionäre des Gosplan sahen, daß die Wirtschaft der Sowjetunion nicht mit den anderen Industrienationen Schritt halten konnte und verändert werden mußte. «Aber gleichzeitig hatten wir keine Ahnung, wie wir vorgehen sollten.» Zynismus – der kommunistische Typus des Zynismus – kam zum Vorschein, wenn der stellvertretende Vorsitzende von Gosplan in bezug auf den Westen gewöhnlich von «verrottetem Kapitalismus» sprach.

«Ich möchte betonen, daß die Menschen in diesem eingespielten Mechanismus nur kleine, unbedeutende Rädchen waren. Ich handelte nur, wenn mir etwas befohlen wurde. Ich machte mir nur dann Gedanken um etwas, wenn ich dazu beauftragt wurde oder wenn mein persönliches Wohlergehen oder meine Position bedroht waren. Man konnte eine Meinung haben und genau das Gegenteil tun. Das erklärt den allgemeinen Zynismus.»

Durch seine Arbeit bei Gosplan hatte Sotajew Zugang zu einem besonderen Laden in der Granowskij-Straße, der die «Wiege» genannt wurde und Qualitätsartikel wie Kaviar und gutes Fleisch anbot. «Wir konnten eine ganze Reihe schöner Dinge auftischen. Meine Familie gewöhnte sich schnell daran.» Auch wenn seine Familie wegen dieser Privilegien nicht unbedingt verhaßt war, hatte er gemischte Gefühle. Als er an der Kasse hinter einem Marschall der sowjetischen Armee stand, der mit drei Sternen und dem Titel «Held der Sowjetunion» ausgezeichnet worden war, beobachtete er, wie er die Einkaufstaschen füllte. «Ich schämte mich für ihn. Ich verstand nicht, warum so ein ausgezeichneter Soldat in einem Hinterhof Schlange stehen und all die Sachen heimlich zu seiner Familie bringen mußte.» Langsam wurde ihm klar, daß dieses Verteilungssystem feudale Züge aufwies und daß er sozusagen in den Adel aufgestiegen war, der dem König oder Herrscher diente. In diesem Sinne stand er auf derselben Stufe wie der Marschall – ein Gedanke, der ihm half, die Privilegien richtig einzuschätzen.

Die mächtigsten Abteilungen des Gosplan waren die Sektionen für die einzelnen «Industriezweige», die jeweils ihr Pendant in ähnlichen Abteilungen des Zentralkomitees und des Ministerrats hatten. Der Parteistaat setzte seine Prioritäten: Der militärisch-industrielle Komplex stand ganz oben, dann folgten die Energieproduktion, die Landwirtschaft und so weiter. Es kam immer wieder zu Machtkämpfen. In einem Konflikt mit dem Ministerpräsidenten appellierte der Vorsitzende des Gosplan an den Generalsekretär der Partei. Aber Gosplan folgte grundsätzlich dem System der Prioritäten, das zuvor von anderen festgelegt worden war. Das Zentralkomitee und der Ministerrat gingen in ihrer Planung von eigenen Statistiken aus. Produktionszahlen, allgemeine Wachstumsraten und volkswirtschaftliche Ergebnisse wurden aufgebauscht. Aufgrund der von vornherein festgelegten politischen Prioritäten, der unzuverlässigen Zahlen und der Machtkämpfe, die aus der streng hierarchischen Organisation resultierten, hatte die Gesamtplanung nichts Rationales oder Wissenschaftliches mehr an sich. Daß die Sowjetunion überhaupt so lange überlebte, hatte sie ihren Bodenschätzen und anderen Ressourcen zu verdanken.

Das Zentralkomitee und der engere Zirkel lebten in Moskau in einer fiktiven Welt, in der Pläne geschmiedet, Berichte verteilt, Zahlen abgestimmt und Machtkämpfe beigelegt wurden. Ein aufstrebendes Mitglied der Nomenklatura wie Sotajew hatte verlockende Aussichten auf einen weiteren Aufstieg im Parteistaat und einträgliche Posten. Dieselbe Kombination von bestimmten Charakterzügen und geschickten politischen Manövern konnte überall in der Sowjetunion eingesetzt werden. Die verwirrende Vielzahl ziviler und militärischer Einrichtungen, Gouverneursposten und Kolonialministerien, mit denen die Franzosen oder Engländer ihre Kolonialreiche beherrschten, fehlte hier völlig. Die Zentralisierung im Parteistaat sorgte dafür, daß die einzelnen Teile der Maschinerie austauschbar waren. Anders als England oder Frankreich nahm die sowjetische Regierung keine Rücksicht auf regionale oder kulturelle Unterschiede.

Offizielle Aufträge, die Sotajew ins Ausland führten, öffneten ihm die Augen. Drei Monate lang gehörte er zu einer kleinen Gruppe, die vom Vorsitzenden des Gosplan nach Äthiopien geschickt wurde, um einen Zehnjahresplan auszuarbeiten. Äthiopien war 1974 durch den Putsch des kommunistischen Obersten Mengistu Teil des sowjetischen Einflußbereichs geworden. Das äthiopische Regime hatte um Unterstützung bei dem Versuch gebeten, die wirtschaftliche Wachstumsrate von 3 Prozent auf 6,5 Prozent zu steigern. Es war klar, daß die Sowjetunion nicht das Geld hatte, den äthiopischen Forderungen nachzukommen. Sotajews Kollegen gelangten nach einigen Flaschen Wodka zu dem Entschluß, es sei nicht ihre Sache, die Äthiopier davon zu überzeugen, daß die Planwirtschaft nichts tauge. Sie entschieden, daß es das beste sei, einige Geschenke für die Familien auf den Märkten zu kaufen, nach Hause zu fahren und den Dingen ihren Lauf zu lassen. Als Propagandist und Berater reiste Sotajew auch nach Polen, Ostdeutschland und Tadschikistan. «Erst im nachhinein wurde uns klar, daß der eigentliche Zweck unserer Reise nach Tadschikistan darin bestand, einen Bericht anzufertigen, aus dem hervorging, daß der Erste Sekretär dort untragbar sei.» Irgendein Vorgesetzter hatte die Gosplan-Delegation zu einem Instrument in einem schwer durchschaubaren Machtkampf gemacht.

Spätestens 1988 erkannte Sotajew, daß der Zusammenbruch nicht mehr aufzuhalten war. Zu Beginn war er ein begeisterter Anhänger Gorbatschows gewesen, aber dann «bekam Gorbatschow allmählich große Angst vor dem, was er selbst getan hatte», so daß man ihm nicht länger vertrauen und ihn nicht mehr unterstützen konnte.

Verstand Gorbatschow etwas von Wirtschaft?

«Absolut nicht», aber Gorbatschow hätte weiterhin «kommunistisch denken» können. Statt dessen beseitigte er das Element der Furcht, das die Leute bei der Stange hielt. Es gab keinen Gesetzesvollzug, keine Steuererhebungen oder irgend etwas, um die Bevölkerung in Schach zu halten. Zu Stalins Zeiten waren Entscheidungen so «konkret» gewesen, daß Unfähigkeit schnell aufgedeckt wurde. In der Chruschtschow-Ära war die Furcht und mit ihr die Zuverlässigkeit langsam geschwunden. Die Alternative zur Angst waren – aus dieser Sicht – Anarchie und Chaos.

6 Morgen die ganze Welt

Die europäischen Kolonialreiche hatten für ihre Expansionspolitik abstrakte Begründungen wie «the white man's burden» oder «la mission civilisatrice» heraufbeschworen. In unserem Jahrhundert führten realistische Kosten-Nutzen-Rechnungen zur Entkolonialisierung und zum Ende der Weltreiche. Ob irgendein Land durch den Imperialismus materielle, strategische oder sonstige Vorteile erlangt hat, bleibt offen.

Hätte die Revolution von 1917 nicht stattgefunden, wäre das imperialistische Rußland zweifellos gezwungen gewesen, ähnliche Kosten-Nutzen-Rechnungen anzustellen. So jedoch erhielt der imperialistische Gedanke neue Nahrung durch die grundlegende kommunistische Doktrin der «Weltrevolution», ein Konzept, das ebenso abstrakt und überzeugend war wie das der Briten oder Franzosen. Auch das ist ein Beispiel für *wranjo*, da selbst diejenigen, die sich gegen eine Eroberung durch die russische Armee gewehrt hätten, ihre «Befreiung» durch eine sowjetische Armee bejubeln mußten. Jeder, der Einwände erhob, war ein Konterrevolutionär. Staatsmänner, politische Parteien, ganze Länder wurden als konterrevolutionär und klassenfeindlich eingestuft und deshalb für eine berechtigte Vernichtung vorgemerkt.

Das Fehlen jeglicher institutioneller Beschränkungen der Macht sicherte der Sowjetunion ihren großen Vorteil in der Außenpolitik. Der Prozeß, durch den die Starken ihre Überlegenheit auf Kosten aller anderen ausbauten, führte zu kriminellen und sinnlosen Rivalitäten innerhalb der Sowjetunion, doch sobald er außerhalb der Landesgrenzen wirksam wurde, führte derselbe Prozeß zu einer umfassenden und zielgerichteten Expansion und zum Ausbau des Reiches. Diese Art von Absolutismus ist in sich vollkommen konsistent.

In dem Augenblick, in dem der Sowjetunion ein außenpolitisches Ziel ins Visier kam, wurde es mit allen Mitteln verfolgt, ohne Rücksicht auf Moral, diplomatische Konventionen oder Gesetze. Für die Sowjetunion waren außenpolitische Beziehungen gleichzusetzen mit Machtkämpfen auf internationaler Ebene, an sich primitiv, aber hellsichtig in der Einschätzung der Kräfteverhältnisse. Ob Terror eingesetzt wurde, mußte aus Furcht vor Entdeckung und Gegenschlägen minutiös abgewogen werden. Die angewandten Techniken waren durch die Erfahrung in parteiinternen Auseinandersetzungen bereits verfeinert, und nun wurden sie weltweit praktiziert: Bestechung und Spionage, Denunziation und Drohungen, Unterwanderung durch Geheimagenten und kommunistische Parteien, fingierte Hilferufe im Namen der «internationalen» oder der «proletarischen» Solidarität und schließlich offene Gewaltanwendung, Invasion und Besetzung.

«Wir sind am Wohl eures kapitalistischen Staates nicht interessiert, und wir würden uns schämen, wenn wir es wären ... Wir sind die Partei des tschechischen Proletariats, und die oberste Schaltzentrale unserer Revolution befindet sich in Moskau. Wir reisen nach Moskau, um zu lernen, und wißt ihr, was? Wir lernen von den russischen Bolschewiki, wie wir euch den Hals umdrehen. Und wie ihr wißt, sind die russischen Bolschewiki Meister darin.» Klement Gottwalds Rhetorik vor dem tschechischen Parlament im Jahre 1929 fand sich im selben höhnisch-brutalen Tonfall bei den sowjetischen Gesandten auf internationalen Foren und bei den Kommunisten in allen westlichen Ländern wieder. Chruschtschow brachte es wie so oft auf die einfachste Formel mit seiner widerhallenden Drohung gegen den gesamten Westen: «Wir werden euch begraben.» Breschnew machte aus seiner Überzeugung, daß der Kommunismus in den Ländern, in denen er gesiegt habe, nicht mehr rückgängig zu machen sei, eine Doktrin. In Gorbatschows Ansprachen spiegelte sich die schematische Weltsicht, die er übernommen hatte. Auf einem Parteikongreß im Jahre 1986 beschrieb er die «Verstärkung der sozialen Probleme des Kapitalismus» und den

Militarismus, der nach seinen Worten diese Probleme verschleiern sollte. Den Stalinismus dagegen schob er als einen «Begriff» beiseite, der von den «Feinden des Kommunismus erdacht und verwendet wurde, um die Sowjetunion zu diskreditieren».

Als die Demokratien endlich erkannten, daß die Sowjetunion den Zweiten Weltkrieg als gigantische Kraftprobe betrachtet hatte, aus der sie als Sieger hervorgegangen war, war es zu spät, um noch etwas dagegen zu tun. Die westlichen Alliierten waren entweder zu gleichgültig, oder sie hatten sich in der Dynamik des Kommunismus getäuscht. Die sowjetischen Bemühungen auf den Gipfelkonferenzen von Teheran, Jalta und Potsdam, die Welt in Einflußzonen aufzuteilen und diese gegenseitig zu respektieren, wurden ignoriert oder mit Hinweis auf die *force majeure* vom Tisch gewischt. Die Rote Armee blieb in den Stellungen, die sie 1945 eingenommen hatte, während die Alliierten demobilisierten.

Bulgarien und Rumänien waren im vorigen Jahrhundert entstandene Monarchien. In den baltischen Republiken und in Polen machten die Sowjets wieder ihre imperiale militärische Macht geltend, die es dort schon in zaristischen Tagen gegeben hatte. Die Tschechoslowakei, Ungarn, Jugoslawien und Albanien waren ebenfalls durch nach dem Ersten Weltkrieg geschlossene Verträge entstanden. Ihre Bevölkerung, einschließlich der dort lebenden Minderheiten, zeigte sich entschieden nationalistisch in Kultur, Sprache und Religion. Mit der Begründung, daß die kommunistische Doktrin all diese rückständigen Empfindungen überwunden habe, machten sich die neu installierten sowjetischen Truppen und Behörden daran, die ganze Macht zu übernehmen und so ihren Herrschaftsbereich unglaublich auszudehnen. Wie immer gingen Machtübernahme und Plünderungen Hand in Hand. Nach verläßlichen Schätzungen transferierte die Sowjetunion aus den besetzten Ländern ein Vermögen von ungefähr 14 Milliarden Dollar, etwa die gleiche Summe, die die Vereinigten Staaten nach dem Marshallplan Westeuropa zukommen ließen.

Damals konnte die Sowjetunion nur auf die Unterstützung der Tschechoslowakei rechnen. Im September 1945 hatte die Kommunistische Partei dort 700 000 Mitglieder und war damit die einzige

Massenbewegung dieser Größenordnung in der Region. In allen anderen Ländern gab es zusammengenommen kaum 50 000 Kommunisten. Die polnische Partei war unter Stalin praktisch ausgelöscht worden, da sie von Spionen und Agenten unterwandert war. In Bulgarien gab es ungefähr 15 000 Kommunisten, in Ungarn 3000, in Rumänien 800 und in Ostdeutschland sogar noch weniger. Während des Krieges warteten kommunistische Führer aus den einzelnen Ländern in Moskau auf den Tag, an dem die Rote Armee sie in ihren eigenen Ländern einsetzen würde – so zum Beispiel Rákosi und Imre Nagy in Ungarn, Vasile Luca, Valter Roman und die später berüchtigte Ana Pauker in Rumänien, Ulbricht, Pieck und Grotewohl in Ostdeutschland. Jahre der Verfolgung in ihren Heimatländern und die Erfahrung des Terrors im russischen Exil in den dreißiger Jahren hatten bei diesen Leuten eine Ergebenheit gegenüber der Partei und ihren Forderungen entstehen lassen, die bis zur Selbstverleugnung ging. Lenin war 1917 von den Deutschen in einem versiegelten Zug nach Osten geschickt worden, um Rußland durch eine Revolution zu zersetzen, und nun schickten die Russen ihre Verschwörer mit dem gleichen Auftrag in den Westen.

Gegen die bewaffneten Verschwörer hatten demokratische Parteien keine Chance. Demokratische Führer wie Mikołajczyk in Polen, Iuliu Maniu in Rumänien, Nikola Petkow in Bulgarien, der tschechische Präsident Beneš oder der jugoslawische Oberst Mihailović hatten Unterstützung durch den Westen erwartet, doch statt dessen wurden sie ihrem Schicksal, dem Tod oder dem Exil, überlassen. Auch in Griechenland drohte eine kommunistische Machtübernahme, aber hier machte der Westen eine Ausnahme und intervenierte militärisch. Eine charakteristische Ungeheuerlichkeit war die Entführung von etwa 40 000 griechischen Kindern, die in Gewaltmärschen über die Berge nach Bulgarien und weiter in die Sowjetunion gebracht wurden, um dort indoktriniert zu werden. Geheime Sektionen der örtlichen kommunistischen Parteien bereiteten Revolutionen in Italien und Frankreich vor. Stalins wahre Einstellung zu diesen Plänen muß noch mit Hilfe sowjetischer Archive geklärt werden.

In Ungarn wurden zwischen 1948 und 1954 mehr als 300 000 Familien von Geschäftsleuten, Bauern und Akademikern ihres Besitzes und ihrer Arbeitsplätze beraubt. Der Historiker Rudolf Tökes schreibt, daß «das Regime die Lebensaussichten von mindestens 750 000 Ungarn der Mittelklasse mit voller Absicht zerstörte». Bis zu 200 000 Tschechen wurden als politische Gefangene in Uran- oder Kohlebergwerke geschickt, und ungefähr 500 fielen Justizmorden zum Opfer, darunter die sozialistische Abgeordnete Milada Horáková und sogar Parteiführer wie Rudolf Slánský. In Bulgarien forderte das Blutbad, das die kommunistische Säuberung nach dem Krieg anrichtete, nach den Worten R. J. Cramptons, eines westlichen Experten, «gemessen an der Bevölkerungszahl mehr Opfer als in jedem anderen osteuropäischen Land». Nach offiziellen Zahlen gab es nach dem Einrücken der Roten Armee 11 667 Gerichtsverhandlungen, nach inoffiziellen Schätzungen waren es vielleicht bis zu 100 000. In dem Land mit einer Bevölkerung von acht Millionen gab es 100 Konzentrationslager. 1952 wurden allein im Lager Belene auf einer Donauinsel 7 000 Menschen gefangengehalten. Martyn Rady schreibt in seinem Buch *Romania in Turmoil*, daß 1946 und 1947 60 000 Rumänen exekutiert wurden. Der Verband ehemaliger politischer Gefangener in Rumänien schätzt, daß unter dem Regime von Gheorghiu-Dej weitere 300 000 Menschen in Arbeitslagern starben. Neben den Lagern wie Lugoj, Dumbraveni und Vaslui entstand ein riesiger Lagerkomplex am Donau-Kanal, der in wahrhaft stalinistischer Manier von Sklaven gegraben wurde. 1992 fand man bei Căciulați, 40 Kilometer von Bukarest entfernt, 300 Leichen, vermutlich frühe Opfer der kommunistischen Machtübernahme.

Die gewaltsame Umwandlung vom nationalsozialistischen Feind zum kommunistischen Satellitenstaat machte Ostdeutschland zu einem besonderen Fall. Der Historiker Hermann Weber zitierte aus einem sowjetischen Dokument des Innenministeriums über die zehn Lager, die in der sowjetisch besetzten Zone existierten. Einige von ihnen waren direkt von den Nazis übernommen worden. Buchenwald, Sachsenhausen und Bautzen beispielsweise wurden bis 1950 genutzt. Aus dem sowjetischen Dokument geht hervor, daß zwischen 1945 und 1950 122 671 Deutsche gefangengehalten wurden, von denen 45 262 schließlich freigelassen, 14 202 den ostdeutschen Behörden übergeben und 12 770 in die Sowjetunion deportiert wurden (dies ist höchstwahrscheinlich eine Untertreibung). 6 680 erhielten den Status von Kriegsgefangenen, 212 entflohen, 42 889 starben an verschiedenen Ursachen, und 756 wurden durch ein Militärgericht zum Tode verurteilt. Massengräber der Opfer des Kommunismus und des Nationalsozialismus sind nahe beieinander gefunden worden.

Einer der deutschen Kommunisten, die aus Moskau zurückkehrten, war Fritz Löwenthal, der 1946 in der sowjetischen Zone die Leitung einer Abteilung der Justizverwaltung erhielt. Ihm wurde sofort klar, wie er durch seinen Glauben an den Kommunismus betrogen worden war. Sein einige Jahre später erschienenes Buch *Der neue Geist von Potsdam* war ein leidenschaftlicher «Protest gegen Unterdrückung und Unrecht, von der gleichen Seite begangen, die, wo sie nicht selbst an der Macht ist, überströmt von völker- und menschheitsbeglückenden Lösungen». Er beschrieb die Plünderung ganzer Straßenzüge und Städte, Erpressungen, Druck auf ehrliche Beamte, all die hinterhältigen und brutalen Tricks des Despotismus: Von Zeit zu Zeit, vor allem, wenn Truppen abgezogen und durch andere ersetzt wurden, stieg die Zahl der Gewalttaten, Raubzüge, Morde und Vergewaltigungen wieder dramatisch an. Eine Welle von Selbstmorden war Ausdruck der Verzweiflung und Hoffnungslosigkeit der Einwohner. Allein in Rostock gab es 400 Selbstmorde, sogar in einer Kleinstadt wie Waren 300.

Das Buch von Lali Horstmann *Unendlich viel ist uns geblieben* ist ein kleines Meisterwerk aus jener schrecklichen Zeit. Ihr Ehemann Freddy, ein Zeitungsmagnat und Landbesitzer, hatte darauf bestanden, in seinem Haus in Kerzendorf bei Berlin zu bleiben. «Frauen schilderten sehr eindringlich und immer wieder die Geschichte ihrer Vergewaltigung, das Wann, Wie, Wie oft und Wo», schrieb sie. Das letzte furchtbare Erlebnis Lali Horstmanns war die Verhaftung ihres Mannes durch die Geheimpolizei. Nur achtzehn Monate später fand sie heraus, daß er verhungert und mit anderen Opfern in einem Konzentrationslager begraben worden war. Wolfgang Leonhard war ein weiterer Heimkehrer aus Moskau, wo er für eine führende Position in der Nomenklatura ausgebildet worden war. Auch er konnte das, was er sah, nicht mit seinem Gewissen vereinbaren und floh. Zuvor hatte er noch eine Anweisung Walter Ulbrichts, des Ersten Sekretärs der SED, gehört: «Es ist ganz klar – es muß demokratisch aussehen, aber wir müssen alles unter Kontrolle haben.» Potemkin selbst hätte es nicht besser ausdrücken können.

Die Volksdemokratien, wie diese besetzten Gebiete irreführend genannt wurden, standen unter der Kontrolle der Sowjetunion. Die aufgezwungene Struktur – Generalsekretär, Politbüro, Zentralkomitee und Sekretariat, Ministerrat, nicht repräsentatives Parlament, Komsomol oder Jugendorganisation – diente sowohl der Zentralisierung der Macht in jedem Land als auch der festen Anbindung an die Sowjetunion. In der Politik wurde das sowjetische Modell der Konfliktlösung durch das Recht des Stärkeren übernommen. Die Schlüsselfiguren in diesen Satellitenstaaten hatten sowjetische Ansprechpartner auf der gleichen Ebene der Parteihierarchie, die sie konsultierten und regelmäßig aufsuchten, um Anweisungen und Unterstützung zu erhalten. Der mächtigste Mann in jeder Volksdemokratie war der Repräsentant des KGB, der nur seinen Vorgesetzten in Moskau Rechenschaft abzulegen hatte. Dort hatte sein Wort mehr Gewicht als das aller anderen. In Notfällen konnte man sich auch an die Kommandeure der sowjetischen Kasernen, an die Botschafter und Handelsvertreter oder an gerade zu Besuch weilende Würdenträger und Delegationen wenden. Kam es zu ernsthaften Machtkämpfen, vor allem wenn es um die Beförderung oder Herabstufung höherer Beamter ging, flogen die beteiligten Parteien mitsamt ihren jeweiligen Fürsprechern nach Moskau, wo die Entscheidungen hinter geschlossenen Türen getroffen wurden.

Ökonomische und militärische Planung, Spionage im Westen, Propaganda und Repressionen gegen Dissidenten waren Aktivitäten, die zunächst in Moskau geplant und dann nach außen weitergegeben wurden. Was aussah wie eine lokalpolitische Entscheidung, örtliche Ansprachen und Zeitungsartikel, Bücher und Filme, Architektur, selbst Nahrungsmittelvorräte – alles war in Moskau geplant worden. Den sowjetischen Behörden auch nur die geringste Überraschung zu bereiten, konnte unvorhersehbare und daher gefährliche Folgen haben. Die Geheimpolizei in den einzelnen Volksdemokratien hatte die Aufgabe, so etwas vorauszusehen und im Keim zu ersticken. Alle menschlichen und materiellen Ressourcen standen ihr zur Verfügung. Die Stasi in Ostdeutschland und die Securitate in Rumänien hatten in ihren Ländern den gleichen Status wie der KGB, sie hatten nur dem Generalsekretär Rechenschaft abzulegen. In späteren Jahren wurden die Kräfte der Geheimpolizei in den einzelnen Ländern dem Innenministerium unterstellt. Dies geschah nicht, um die Bevölkerung vor totalitären Maßnahmen zu schützen, sondern um die Kontrolle durch die KGB-Zentrale in Moskau zu perfektionieren.

Die unmittelbare Folge der sowjetischen Kolonialisierung war eine Reihe von Schauprozessen in allen Volksdemokratien. Ungefähr 1000 führende Persönlichkeiten wurden ausgeschaltet, eine Reihe von ihnen fiel Justizmorden zum Opfer. Alle waren altgediente Kommunisten. Der Bulgare Trajtscho Kostow, vor dem Krieg von König Boris III. begnadigt, wurde nun gehängt. Władysław Gomułka, der Generalsekretär der polnischen Partei, kam ins Gefängnis. Der ungarische Innenminister Laszlo Rajk sagte Mitarbeitern gegenüber, daß man «einen Kompaß haben müsse» und daß sein Kompaß die Sowjetunion sei. Nach Folterungen gestand er «Abweichlertum» und wurde gehängt. In der Tschechoslowakei wurden der Parteisekretär Rudolf Slánský und zehn andere Parteiführer exekutiert. Wie auch in der Sowjetunion sollte Terror dieser Art eine abschreckende Wirkung haben.

Damals waren die Gesellschaften dieser Länder noch weitgehend bäuerlich geprägt. Nur die Tschechoslowakei besaß eine entwickelte Industrie. Wie in der Sowjetunion wurde die Kollektivierung der Landwirtschaft durchgeführt, um der Doktrin der zentralen Kontrolle zu entsprechen, aber sie erfüllte auch den Zweck, die alte Tradition des standhaften bäuerlichen Selbstbewußtseins zu zerstören. Nur Polen verweigerte die Kollektivierung. Im Bewußtsein des polnischen Widerstands gegen die jahrhundertelange russische Unterdrückung gab Moskau nach, ein Zugeständnis an die Bauern, das die Russen später bereuen sollten. Ein anderer ungewöhnlicher Umstand war, daß die meisten polnischen Großgrundbesitzer im Lande blieben, obwohl sie enteignet und wegen ihrer Herkunft gewissen Repressionen ausgesetzt waren. Die tschechischen, ungarischen und rumänischen Aristokraten zogen das Exil vor, was man ihnen nicht verübeln konnte. Auch die wohlhabenden Bulgaren verließen ihr Land. Die massenhafte Emigration gefährdete Ostdeutschland. Vom August 1949 bis zum August 1961, als die Mauer gebaut wurde, flohen 2,7 Millionen, also 15 Prozent der Bevölkerung, in den Westen. Tausende von Landhäusern, mittelalterliche, barocke oder neoklassizistische Gebäude, standen leer oder wurden in Volkseigentum verwandelt. Überall in Ostdeutschland erinnerten diese Relikte mit ihren verwilderten Park- und Gartenanlagen an ein Erbe, das willkürlich verschleudert wurde.

Als potentieller Hort des Antikommunismus und des Nationalismus mußte die Religion ausgerottet werden. Nach dem Einmarsch der Roten Armee 1944 begann eine Verfolgung aller religiösen Konfessionen. Die unierte oder katholische Kirche der Ukraine wurde zwangsweise mit der russisch-orthodoxen Kirche zusammengeführt, ihr Oberhaupt, Kardinal Slipyi, ging nach siebzehn Jahren Haft ins Exil nach Rom. Der litauische Bischof Vincentas Borisevičius wurde exekutiert. Bischof Stepanovičius aus Vilnius und Kardinal Sladkevičius mußten für mehr als zwanzig Jahre ins Exil, ein Drittel des Klerus wurde deportiert. Pater Tiso, während des Krieges Führer der Slowakei und Nazikollaborateur, wurde gehängt, slowakische Priester wurden *en masse* deportiert. Hunderte kroatischer Priester wurden in Titos Jugoslawien als angebliche Kollaborateure getötet. Kardinal Stepinac wurde ebenfalls der Kollaboration angeklagt und zu schwerer Zwangsarbeit verurteilt. In Ungarn wurde Kardinal Mindszenty als angeblicher Spion gefangengehalten, und der Prager Kardinal Beran verbrachte sechzehn Jahre im Gefängnis. Zwei albanische Erzbischöfe wurden im Gefängnis ermordet, vier Bischöfe erschossen. Polnische Bischöfe wurden inhaftiert. Kardinal Wyszyński, der Primas von Polen, wurde ins Gefängnis geworfen. Die Bücherliste, die er seinen Wachen gab, zeugt von seinem Format: *Gib mir deine Sorgen. Die Briefe des Nikodemus* von Dobraczyński, *Die Verlobten* von Manzoni, *Krieg und Frieden* auf russisch, *Die Nachfolge Christi* des heiligen Thomas von Kempen.

Ein Teil des Klerus war nicht willens, die Verfolgung auf sich zu nehmen, geschweige denn sich zum Märtyrer machen zu lassen. «Wir wollen Kirche nicht neben, nicht gegen, sondern Kirche im Sozialismus sein.» Diese Worte des evangelischen Bischofs von Berlin, Albrecht Schönherr aus dem Jahre 1971 verraten, wie erfolgreich die Partei bei der Unterdrückung einer moralischen oder religiösen Opposition war. Neben den verfallenden Landsitzen standen verschlossene Kirchen, die mit ihren gotischen Spitzbögen und vergoldeten Zwiebeltürmen ebenso dem Verfall preisgegeben waren.

Jan Šejna, ein Mitglied des tschechischen Zentralkomitees und Stabschef des Verteidigungsministeriums bis 1968, war einer der hochrangigsten kommunistischen Überläufer. In seinem Buch *We Will Bury You* beschreibt er, wie in einer Nacht im Jahre 1949 zwei Polizisten Oberst Wasek, einen Offizier des Generalstabs, aufsuchten. Sie beschuldigten ihn der Spionage, schlugen ihn bewußtlos, warfen ihn einen Luftschacht hinunter und brachten die Leiche zur Einäscherung. Anschließend informierten sie seine Frau darüber, daß ihr Mann übergelaufen sei. Alles, was sie in ihrer verzweifelten Lage aussagte, wurde in einer nachträglichen Verhandlung, die noch am gleichen Nachmittag einberufen wurde, gegen Wasek als belastendes Material verwendet. Wasek wurde des Verrats für schuldig befunden und zum Tode verurteilt – obwohl er bereits tot war. Šejna schloß: «Der Mord war innerhalb von achtzehn Stunden legalisiert worden». Waseks Schicksal ist nur eines von zahllosen anderen in der Zeit der «Sowjetisierung».

Als die Sowjets die Besatzungszone 1949 der SED übergaben, die jetzt die neue Deutsche Demokratische Republik beherrschte, warteten immer noch ungefähr 3500 Menschen auf ihre Verhandlung. Weniger als die Hälfte von ihnen waren Nazis oder Kriegsverbrecher, obwohl alle unter dieser Anklage standen. Sie wurden in ein Lager bei Waldheim gebracht und in Gruppen abgeurteilt. Nach Hans Eisert, dem Chronisten dieser Prozesse, waren unter den Angeklagten 90 Herausgeber und Verleger, 130 Richter und Rechtsanwälte und 160 Menschen, denen man Sabotage wie beispielsweise das Herunterreißen von Plakaten vorwarf. Unter ihnen war auch Margaret Bechler, deren bloße Anwesenheit bei diesen Prozessen für ihren Ehemann, den Innenminister von Brandenburg, der gute Aussichten auf weiteren Aufstieg in der Nomenklatura hatte, überaus peinlich war. Er erklärte, sie sei im September 1946 gestorben. Um sie aus dem Blickfeld der Öffentlichkeit zu entfernen, wurde Margaret Bechler zu lebenslanger Haft verurteilt. Doktor H. Brandt vom Justizministerium inspizierte Waldheim im Jahre 1950 und beschwerte sich über diese Tribunale. Daraufhin wurde er selbst verhaftet und saß bis 1964 im Gefängnis.

Nachdem die SED die Macht übernommen hatte, hielt sie wie die Parteien in den anderen Volksdemokratien Schauprozesse ab. Die Säuberung der Führung erwies sich als langwieriger Prozeß: Paul Merker und seine Gruppe im Jahre 1949; die Mitglieder des Politbüros Wilhelm Zaisser und Rudolf Herrnstadt 1953; Franz Dahlem, der aussichtsreichste Herausforderer Ulbrichts, im Jahre 1953; Georg Dertinger und Max Fechner, der Justizminister, 1954; Ernst Wollweber und andere 1956; Wolfgang Harich und andere 1957; Karl Schirdewan 1958. 1958 war ein Drittel der führenden Parteifunktionäre in den örtlichen Büros ersetzt. Keine andere Partei reproduzierte so treu die sowjetische Gesetzlosigkeit. Die Effizienz und Selbstgerechtigkeit war allerdings ein eigener Beitrag.

Von der Ostsee ausgehend, verlief entlang der westlichen Grenze des sowjetischen Herrschaftsbereichs ein Eiserner Vorhang aus Stacheldrahtzäunen und Wachtürmen mit Suchscheinwerfern, schußbereiten Maschinengewehren und Minenfeldern. Das einzige Schlupfloch in diesem Vorhang, Berlin, wurde durch den Bau der Mauer geschlossen. Ulbricht, ein Musterschüler der Kunst des *wranjo*, bezeichnete sie als «antifaschistischen Schutzwall». Von

1961 bis 1989 versuchten verzweifelte Menschen immer wieder, auf jede nur denkbare Weise über die Mauer zu fliehen. Ungefähr 600 von ihnen wurden dabei erschossen. Jeder Grenzsoldat, der einen Flüchtling erschoß, erhielt eine Gratifikation und eine Auszeichnung.

Das Sowjetreich wirkte wie ein einziges riesiges Konzentrationslager, in dem der Terror jeden, auch die Bewacher, erniedrigte und alles gleichmachte, so daß nichts, was der einzelne schuf, wirklich von Bedeutung war. Der Eiserne Vorhang und die Mauer symbolisierten eine grundlegende Trennung zwischen absolutem Despotismus und einer rechtsstaatlichen Gesellschaft. Die Unvereinbarkeit dieser Systeme ist so alt wie die Zivilisation. Die demokratischen Verfassungsstaaten leiden unter dem Nachteil, daß sie nur mit Zustimmung der Mehrheit für die Verteidigung mobil machen können und daß diese Zustimmung häufig erst in der letzten Minute angesichts unmittelbar drohender Gefahr gegeben wird. Falls Stalin oder seine Nachfolger eine Invasion über den Eisernen Vorhang hinweg planten, konnten sie logistisch davon ausgehen, das restliche Europa innerhalb weniger Tage besetzen zu können.

Eines Tages könnte mit Hilfe von Archivdokumenten enthüllt werden, wie weit die Pläne der Sowjetführer für Präventivschläge zur Erweiterung ihres Reiches gingen. Der übliche sowjetische Diskurs über Fronten, Schützengräben, Blöcke und Hegemonie, über «führende NATO-Kreise» und «finstere Boten aus dem Lager des Krieges und des Todes» offenbarte Anzeichen von Kriegshetzerei und Paranoia. Noch 1983 redete sich der Kreml ein, daß in naher Zukunft ein atomarer Schlag gegen die Sowjetunion geplant sei. Agenten sammelten angestrengt verräterische Indizien dafür, etwa die Anzahl der Lichter, die spät nachts in den westlichen Verteidigungsministerien brannten. Die ostdeutsche Armee sollte die Aufgabe übernehmen, in Richtung Brest und französische Atlantikküste vorzurücken. Nach 1989 wurden in Ostdeutschland Lagerhäuser voll mit Straßenschildern gefunden, die die Kolonnen durch Frankreich leiten sollten, außerdem Stapel einer neuen Besatzungswährung.

Die Entwicklung der Atomwaffen nach 1945 fror die Konfrontation ein und ließ ein Patt entstehen, den vierzig Jahre dauernden Kalten Krieg. Für die Kommunisten hatte der Kalte Krieg nichts mit russischer Expansion oder der Herausforderung der rechtsstaatlichen durch absolutistische Gesellschaften zu tun. Die Ideologie besagte, daß der Kalte Krieg eine entscheidende Kraftprobe zwischen Kommunismus und Kapitalismus sei. Die Entwicklung und Aufstellung von Atomwaffen stabilisierte einen bewaffneten Frieden. Seitdem ein Panzerangriff über den Eisernen Vorhang hinweg glatter Selbstmord gewesen wäre, entwickelte die Sowjetunion eine andere Strategie. Die Loslösung Westdeutschlands vom westlichen Bündnis wurde zu einer dauernden, fast schon obsessiven Zielsetzung der Außenpolitik, ob sie nun offen oder im verborgenen verfolgt wurde. Die Bedingung für die Wiedervereinigung war Neutralität, wodurch Deutschland wie zuvor schon Österreich ungefährlich für die Sowjetunion geworden wäre. In diesem Fall wären die amerikanischen Militärstützpunkte mit ihren Atomwaffen in Westdeutschland geschlossen worden, die NATO wäre auseinandergefallen. Die Reaktionen der deutschen Staatsmänner wie Adenauer, Brandt und Kohl auf diesen sowjetischen Köder wurden der Maßstab, an dem man ihre Charakterstärke und ihre politische Befähigung ablas. Hätte ein deutscher Kanzler der Versuchung nachgegeben, die Wiedervereinigung zu sowjetischen Bedingungen herbeizuführen, wäre das restliche Europa mit Sicherheit zu gegebener Zeit neutralisiert und sowjetisiert worden. Umgekehrt betonte die Sowjetunion, daß eine Einverleibung Ostdeutschlands durch Westdeutschland zu NATO-Bedingungen zu einem atomaren Krieg führen würde. «*Ce n'est que le provisoire qui dure.*» Man könnte denken, Voltaire habe bei diesem Satz die seltsame Situation Deutschlands im Sinn gehabt.

Nach den Worten des Dramatikers Julius Hay, der ebenfalls 1945 aus Moskau zurückkehrte, um dann in seiner Heimatstadt Budapest seine Illusionen über den Kommunismus zu verlieren, war der Kalte Krieg «dieses furchtbare und endlose Kasperletheater in internationalen Dimensionen». Paul Warnke, der Abrüstungsberater von Präsident Carter, sprach von «zwei Affen auf dem Schleifstein». Es war ein Gemeinplatz, von den Entsprechungen beider Seiten zu reden, doch das war irreführend. Die Annahme, daß sich hier zwei gleichartige Systeme gegenüberstanden, zeigt schon, wie weit man die kommunistische Weltsicht übernommen hatte.

Das in den dreißiger Jahren auftretende Phänomen der kommunistischen «Gesinnungsgenossen» war eine komplexe psychologische Reaktion auf den sowjetischen Aufstieg zur Macht. Einige dieser kommunistischen Mitläufer wurden getäuscht, weitaus mehr täuschten sich selbst. Alle versuchten, sich mit einem absoluten Despotismus gutzustellen, dessen Macht sie selbst und die rechtsstaatliche Gesellschaft, in der sie lebten, bedrohte. In dieser Hinsicht ähnelten sie denjenigen, die zur gleichen Zeit versuchten, sich mit der Nazidespotie gutzustellen.

Der militärische Erfolg der Nazis in den Anfangsjahren des Krieges setzte den kurzzeitigen Aussichten auf Widerstand ein Ende. Diejenigen, die bis dahin bereit gewesen waren, sich mit dem Regime zu arrangieren, gingen nun zur Kollaboration über. Überall rechtfertigten sich Kollaborateure damit, daß sie nur das Beste aus einer schlimmen Lage gemacht hätten. Ihr schlechtes Gewissen beruhigten sie mit dem Argument, daß ihr Handeln dem Wohle der Nation diene. In jedem Land, das die Nazis einnahmen, setzten sie «Quislinge» ein, die alle Befehle möglichst korrekt und bereitwillig ausführen sollten, um allen anderen ein Beispiel zu geben. In Italien und Frankreich gab es ausgesprochen viele Kollaborateure. Das von Mussolini beherrschte Italien war ein besonderer Fall. Nach der Niederlage Frankreichs erklärte Marschall Pétain Hitler im Oktober 1940: «Von heute an werde ich den Weg der Kollaboration gehen.» Eine Welle der Erleichterung war in Frankreich spürbar. «Zu einer Einigung mit dem Feind von gestern zu kommen ist kein Akt der Feigheit, sondern der Klugheit.» Mit diesem Urteil sprach André Gide fast allen Franzosen aus dem Herzen. Gide hatte als einer der bekanntesten Gesinnungsgenossen 1936 die Sowjetunion besucht. Seine unerwartete Verurteilung dessen, was er selbst gesehen hatte, war damals eine

Sensation in intellektuellen Kreisen. Aber hier trat er als redegewandter Repräsentant der großen Menge derer auf, die für einige Jahre der Meinung waren, Kollaboration mit dem Despotismus, ob sowjetischer oder nationalsozialistischer Spielart, sei klug. Die militärischen Erfolge der Sowjets nach 1945 stellten die Menschen wiederum vor die Wahl, zu kollaborieren oder Widerstand zu leisten, also zu entscheiden, was feige und was klug war. Die neuen kommunistischen Regime hingen bedingungslos von der Unterstützung durch die sowjetischen Streitkräfte ab und waren so jetzt ihrerseits «Quislinge». Genau so, wie viele französische, italienische und andere Intellektuelle die Okkupation durch die Nazis als Beginn einer neuen Ordnung gerechtfertigt hatten, erklärte die nächste Generation – und manchmal sogar dieselben Leute – nun die sowjetische Besatzung zu einer begrüßenswerten neuen Ordnung. Die Kunst des Mitläufertums erreichte das Endstadium der Verdrehung, die Realität wurde auf den Kopf gestellt. Es ist immer noch schwer zu sagen, ob dies die Ursache oder die Auswirkung moralischer und intellektueller Degeneration war.

Auf einige Menschen übte die Macht der Sowjetunion offensichtlich große Anziehungskraft aus. Der Meisterspion Kim Philby beispielsweise sagte über die Aufforderung der Sowjets, seine Talente in ihren Dienst zu stellen: «Ich zögerte nicht. Man überlegt sich nicht lange, ob man für eine Elitetruppe arbeiten soll.» Ihm schien der Wechsel von einem Lager ins andere ganz natürlich. In der Dämmerung des britischen Empire gab es wenig Verwendung für Elitetruppen. Andere wie Bertolt Brecht, Pablo Neruda, Jean-Paul Sartre oder Graham Greene wollten auf der Seite der Gewinner sein und das daraus resultierende gewachsene Selbstwertgefühl genießen. Louis Aragon, Paul Éluard, Sean O'Casey, der Historiker Alan J. P. Taylor, der meinte, daß «Stalin letztlich doch ein recht liebenswerter Charakter gewesen» sei, Louis Althusser, Michel Foucault, Ernst Bloch, Georg Lukács, Herbert Marcuse und Tausende weiterer Gelehrter, Akademiker und Meinungsführer hatten ungehobelte und fanatische Charakterzüge, die ihr Gegenstück in der Kollaboration mit ähnlichen Leuten fanden. Der Haß auf das eigene Land und der oft damit verbundene Haß auf

Amerika waren ebenfalls starke Impulse. In Frankreich wurde eine zwar nicht existente, aber dennoch verhaßte Größe, «*les Anglo-Saxons*», herangezogen, um die Illusion zu nähren, daß die Sowjetunion stets im Recht sei. Nach 1966 ging die französische Regierung auf Distanz zur NATO. Wenn die Amerikaner ihre militärischen Stützpunkte aufgegeben hätten, wäre eine Kollaboration der Franzosen mit der siegreichen Sowjetunion eine Neuauflage der Kollaboration Marschall Pétains mit den Nazis gewesen. Schlagworte wie «Ami go home!» oder «Nixon» (mit dem mittleren Buchstaben in Form eines Hakenkreuzes) entstellten die Realität noch stärker und entsprangen einer zunehmenden Entfremdung. Ein Feind, der das Ende dieser Entfremdung versprach, erschien bewundernswert. Es wurden absurde Parolen geprägt, die den Feind rechtfertigen sollten, so zum Beispiel Susan Sontags Ausspruch «Amerika ist ein krebsüberwuchertes Land», Mary McCarthys Meinung, die kapitalistischen Alternativen zum Kommunismus seien sämtlich «widerwärtig in ihrer Art, und sie werden immer widerwärtiger», oder die Verteidigung von Castros Morden durch den einflußreichen Soziologen C. Wright Mill, der sie als «gerecht und notwendig» bezeichnete.

Der polnische Intellektuelle Alexander Wat schrieb nach seinen persönlichen Erfahrungen mit dem Kommunismus, man könne «die Bedeutung des Dandytums als Motiv der Begeisterung für den Kommunismus gar nicht überschätzen». Für den eher mittelmäßigen Schriftsteller, Künstler, Journalisten und Filmemacher war die Identifikation mit der sowjetischen Sache und die Rechtfertigung der Herrschaft über die Volksdemokratien nicht nur einfach schick, sondern auch eine Möglichkeit, endlich selbst im Mittelpunkt zu stehen.

Dem «Sozialistischen Realismus» und der «Volksverbundenheit» in den Künsten entsprach die Politik der westlichen Regierungen, sich mit der Bedrohung durch den Kalten Krieg mittels einer eigenen zentralen Planung zu arrangieren. Obwohl der Wohlfahrtsstaat entworfen wurde, um den Kommunismus abzuwenden, entstammten doch große Teile der Konzeption und Ausführung aus der marxistisch-leninistischen Theorie, wie sie von –

keineswegs nur sozialistischen – westlichen Regierungen interpretiert und rezipiert wurde. Für die Demokratien und Demokraten war es unangenehm und verwirrend, in diesen alles umfassenden Machtkampf, den die Sowjetmacht ihnen aufzwang, verwickelt zu sein. Also wurden Vorgehensweisen und Wertvorstellungen, die gegen die Sowjetunion gerichtet zu sein schienen, entsprechend abgeschwächt oder sogar fallengelassen. Jene, die sie verteidigten, wie Raymond Aron, Arthur Koestler und George Orwell, wurden als «Kalte Krieger» verspottet.

Je unnachgiebiger sich die Sowjetunion zeigte, desto erfindungsreicher wurden die Versuche, sich diesem Machtkampf zu entziehen und wie der Vogel Strauß den Kopf in den Sand zu stecken. Es gab viele Meilensteine auf dem Weg zur freiwilligen Kollaboration: die Entspannungspolitik, den «Geist von Camp David» (wo Präsident Eisenhower mit Chruschtschow zusammentraf), die Kampagne für atomare Abrüstung unter dem kindischen, grob vereinfachenden Slogan «Lieber rot als tot», die friedliche Koexistenz, die Befreiungstheologie mancher Priester, den Eurokommunismus, die Ostpolitik, SALT I, die sogenannte Sonnenfeldt-Doktrin, die besagte, daß die Vereinigten Staaten der sowjetischen Vorherrschaft in Ost- und Zentraleuropa zustimmen müßten. Am Ende des Weges sollte «Konvergenz» stehen, was bedeutete, daß rechtsstaatliche Gesellschaftsordnung und absoluter Despotismus irgendwie eins geworden und moralisch tatsächlich gleichwertig gewesen wären.

In der letzten Phase der Expansion unter Breschnew konnte die Sowjetunion die Kollaboration in einem Ausmaß nutzen, das ihre eigenen Erwartungen übertraf. Im August 1975 unterzeichneten Vertreter der Sowjetunion, der USA und 33 europäischer Staaten in Helsinki ein Dokument, das mit ziemlich unheilvollem Unterton die Schlußakte genannt wurde. Sie garantierte die europäischen Grenzen und «die territoriale Integrität der Staaten». Die Besetzung Ost- und Mitteleuropas durch die Sowjetunion wurde durch einen internationalen Vertrag offiziell anerkannt. Für die Sowjetunion war die Helsinki-Schlußakte das, was das Münchner Abkommen von 1938 für Hitlerdeutschland gewesen war. Sie hatte diesen Abschnitt des Kalten Krieges gewonnen und bereitete sich darauf vor, ihre Vormachtstellung in den verbleibenden europäischen Demokratien durchzusetzen.

General Grigorenko war einer derjenigen, die erkannten, wohin die Kollaboration führen würde. Er glaubte, daß er wie alle Russen einem absolutistischen Staat ausgeliefert sei, den die westlichen Staaten inzwischen als nicht mehr veränderbar akzeptierten. Dies sei einerseits ein großer Sieg für die sowjetische Diplomatie gewesen und andererseits «das beschämendste Kapitel in der Geschichte der westlichen Diplomatie». Im sogenannten «Korb 3» der Helsinki-Schlußakte erklärte sich die Sowjetunion bereit, die Menschenrechte zu wahren. Das war kaum von Bedeutung. Der Westen verfügte nicht über die Mittel, die Sowjets dazu zu bewegen, zwischen kriminellen und politischen Verbrechen zu unterscheiden – für die Partei galt beides gleichermaßen als Straftat, die durch den KGB geahndet wurde.

Die «Quislinge» der Satellitenstaaten, die dem sowjetischen Reich nun auf ewig zugeordnet waren, sahen sich am Ziel ihrer Wünsche. Für Erich Honecker, den Generalsekretär der SED, war nach Ansicht von Egon Krenz, der ihm vierzehn Jahre später im Amt folgen sollte, die Helsinki-Schlußakte der Höhepunkt seiner Karriere. In den Augen Honeckers war Ostdeutschland jetzt nicht mehr die Sowjetzone, die sich als unabhängig ausgab, sondern ein offiziell anerkannter Staat. Es stand nun außer Frage, daß die Wiedervereinigung mit Westdeutschland, sollte sie je erreicht werden, zu sowjetischen Bedingungen erfolgen würde. Der polnische General Jaruzelski, der sich einem geschwächten Westen gegenübersah, pflichtete ihm bei. In seinen Memoiren schrieb er später, daß «die sozialistische Gemeinschaft nun auf dem Gipfel ihrer Macht und ihres Zusammenhalts» stand. Die Anerkennung der «Unverletzlichkeit der Grenzen in Europa» bedeutete, daß Leute wie er sich richtig entschieden hatten, als sie mit der Sowjetunion kollaborierten.

Die Helsinki-Schlußakte ließ bei vielen, wenn nicht den meisten Westeuropäern eine Haltung entstehen, die kaum noch als Kollaboration oder Appeasement-Politik erkannt wurde. Wieder einmal betrogen sie sich selbst, andere wurden betrogen. Der bekannte Ökonom Paul Samuelson schrieb 1976, es sei «ein weitverbreiteter Irrtum, daß es den meisten Menschen in Osteuropa schlecht gehe». John Kenneth Galbraith, ebenfalls ein bekannter Nationalökonom und anerkannter Experte, konnte 1984 sagen, die Sowjetunion habe in den letzten Jahren große materielle Fortschritte gemacht, was sich sowohl aus den Statistiken als auch aus dem allgemeinen Erscheinungsbild der Städte ablesen lasse. «Den Menschen auf den Straßen sieht man an, daß es ihnen gut geht ... dazu der Anblick der Restaurants, Theater und Geschäfte ... Das russische System funktioniert teilweise deswegen so gut, weil es im Gegensatz zur westlichen und industriellen Wirtschaft die menschliche Arbeitskraft voll nutzt.»

Es ist Aufgabe der Psychologen, diesen Mangel an Kritikfähigkeit zu erklären. Hirngespinste solcher Art hätten allein schon mit Hilfe der normalen Beobachtungsgabe vertrieben werden können. In den westlichen intellektuellen und politischen Zirkeln war man jedoch zu dem Schluß gekommen, die sowjetischen Errungenschaften seien real und somit zu respektieren. Gorbatschow wurde 1981 in das Politbüro gewählt. Er und seine Kollegen lebten in einer Art doppelter Scheinwelt, da das, was sie sagten, vom Westen für bare Münze genommen wurde, so wie sie die westliche Appeasement-Politik und Kollaboration für bare Münze nahmen. Als Präsident Reagan 1983 in einem unbesonnenen Moment verkündete, daß die Sowjetunion «das Reich des Bösen» sei, durfte der Kreml ihn als rückwärtsgewandten politischen Spinner, als amerikanischen Wahrheitsverdreher beschimpfen. Im Westen bezeichnete man ihn als Kalten Krieger, Cowboy oder, schlimmer noch, als Schauspieler. Doch er hatte die Wahrheit gesagt, und die Opfer jenes Reiches wußten es.

7 «So kann es einfach nicht weitergehen»

Am 10. März 1985 kam das Politbüro um 10 Uhr abends zu einer Sondersitzung zusammen. Gorbatschow kehrte von dieser Sitzung erst sehr spät zurück und führte Raissa in den Garten hinaus. Sogar sie mußten sich vor den Abhöranlagen des KGB in acht nehmen. Raissas Memoiren zufolge erklärte Gorbatschow ihr, daß sich die Frage gestellt habe, ob er die Führung der Partei übernehmen solle. Am nächsten Morgen sollte er als Generalsekretär bestätigt werden. «Aber es ist unmöglich, etwas Bedeutendes zu leisten, irgend etwas im größeren Maßstab zu bewegen, worauf das Land wartet.» Sie zitiert seine bedrückten Worte: «So kann es einfach nicht weitergehen.» Sie waren zu einem Refrain geworden. Worauf wartete das Land wirklich? Die freimütigen Worte waren mehrdeutig: Sie konnten als Rückkehr zum orthodoxen Kommunismus oder aber als Beginn eines Reformprozesses verstanden werden.

Einem neu eingesetzten Generalsekretär ging es vor allem darum, seine unumschränkte Macht zu sichern. Alles andere konnte warten. Die Säuberung unter den Rivalen und deren Strohmännern und Günstlingen ähnelte einem Regierungswechsel durch Wahlen in den Demokratien. Gorbatschow schaltete sofort alle Politbüromitglieder aus, die sich ihm entgegengestellt hatten oder von denen er nichts erwarten konnte – sie waren, wie es der Zufall wollte, absolute Nullen und notorisch korrupt. Gromyko hatte wahrscheinlich mit einer Belohnung für seine Unterstützung gerechnet, doch er wurde durch Beförderung kaltgestellt. Ein Fünftel der Mitglieder der Parteiorganisation wurde entlassen: 500 allein in Kasachstan, 50 in Moldawien wegen «unmäßigen Lebensstils, verschwenderischer Ausgaben und Machtmißbrauchs für eigene Interessen». Anfang 1986 hatte Gorbatschow die Hälfte der Nomenklatura-Funktionäre entlassen. Zu diesem Zeitpunkt waren von den 307 ZK-Mitgliedern nur noch 172 seit fünf oder mehr Jahren im Amt. Er versuchte, die Partei nach seinen Vorstellungen zu formen.

Ein Generalsekretär mußte in jedem Fall zuverlässige Leute ausfindig machen und auswählen können. Er mußte die Charaktere richtig einschätzen, konnte aber nie sicher sein, was sich weiter unten in der Hierarchie, innerhalb der Parteikader, wirklich abspielte. Er vertraute auf Ratschläge und KGB-Akten und war jedem ausgeliefert, der Zutritt zu ihm hatte und sich für sich selbst oder für irgend jemand anderen überzeugend einsetzte, der von Fall zu Fall ein Verwandter, Gefolgsmann oder Schwindler oder auch alles auf einmal sein konnte.

Eduard Schewardnadse war Erster Sekretär der KP Georgiens, Boris Jelzin Erster Gebietssekretär von Swerdlowsk und Jegor Ligatschow ZK-Sekretär für Parteifragen. Wie Gorbatschow standen alle drei in dem Ruf, Leuteschinder zu sein, sie anzutreiben und aufzurütteln. Jelzin, der zunächst zum Parteichef Moskaus und später zum Kandidaten des Politbüros ernannt wurde, setzte wie jeder, der in eine Machtposition gelangt, alles daran, seine absolute Autorität in diesem Bereich zu festigen. Zuerst einmal ging er in einer Säuberungsaktion gegen 20 000 Parteimitglieder und 30 000 «Untersuchungshelfer» vor, 800 von ihnen ließ er wegen Korruption verhaften. «Wir graben immer tiefer und tiefer», sagte Jelzin, «aber wir kommen nicht auf den Grund dieser Jauchegrube.» Gorbatschow ernannte auch den Vorsitzenden des KGB, Wiktor Tschebrikow, und Nikolaj Ryschkow zu Mitgliedern des Politbüros. Anfang 1986 wurde Alexander Jakowlew ZK-Sekretär für Parteiarbeit und etwas später Kandidat des Politbüros. Anatolij Lukjanow übernahm die Allgemeine Abteilung des Zentralkomitees, wodurch er zum ranghöchsten Bürokraten des Parteistaates wurde. Persönliche Berater Gorbatschows, die mehr oder weniger freien Zutritt zu ihm hatten, waren unter anderem Anatolij Tschernjajew, Georgij Schachnasarow, Nikolaj

Petrakow, Wadim Sagladin und der Leiter seines Büros, Walerij Boldin. In einer Despotie gibt es Loyalität nur von seiten der Menschen, deren Unterwürfigkeit sie wertlos macht. In Demokratien vertreten Politiker Parteien, und die Parteien vertreten bestimmte Interessen. Wähler und Presse achten darauf, daß Taten und Worte von Politikern nicht so weit auseinanderklaffen. Ryschkow war Direktor in der Schwerindustrie gewesen, hinter Tschebrikow stand der KGB. In gewissem Sinne konnten sie sich also auf eine Art Gefolge stützen, aber immer nur in eigener Sache. Auch Schewardnadse, Jelzin und Ligatschow verfügten in ähnlicher Weise über ein Gefolge in ihrer Heimat. Aber jeder von ihnen vertrat letztlich nur die eigenen Interessen. Sie würden – nur das war sicher – immer zu ihrem Vorteil handeln, sobald sie ihn erkannten. Wie sollte Gorbatschow also eine vernünftige Auswahl an Mitarbeitern und Beratern treffen? Wie konnte er sichergehen, daß die von ihm Unterstützten sich nicht an Machtkämpfen gegen ihn beteiligen würden? Solche Männer hatten ihr Leben lang dafür gesorgt, daß ihre KGB-Akten einwandfrei blieben. Sie alle waren gefürchtet. Alle erwiesen der Parteidoktrin einen Lippendienst. Jakowlew und Lukjanow galten als überzeugte Feinde des Westens und des Kapitalismus. Im Laufe seiner Tätigkeit für den Parteistaat war Gorbatschow allen diesen Männern schon einmal über den Weg gelaufen, und jetzt unterstützte er sie aufgrund von Empfehlungen und aus dem Gefühl heraus, daß sie vertrauenswürdig seien. Man kann über alles verhandeln. Aber daß er gerade die Männer fördern mußte, die vom System gedrängt wurden, ihn zu zerstören, erinnert an eine klassische Tragödie.

Bei seinem Machtantritt brauchte ein Generalsekretär ein Schlagwort, das leicht zu verstehen war und in Politik umgesetzt werden konnte. Unter Parolen wie «Proletarier aller Länder vereinigt euch!» und «Sozialismus ist Ordnung!» waren sowjetische Armeen in andere Länder einmarschiert und Gefangenenlager errichtet worden. Glasnost und Perestrojka waren *wranjo*-ähnliche Begriffe, die schon lange auf ihren Einsatz warteten. Ersterer ging auf das Jahr 1861 zurück, als ihn der Zar im Zusammenhang mit seinen Plänen zur Abschaffung der Leibeigenschaft verwendete. Das Ziel war auf jeden Fall die Wiederherstellung der Parteidisziplin, egal ob das Land das wollte oder nicht. Eine typische Unterdrückungskampagne begann. Fast jeder, der einen Flecken Erde oder einen Garten, manchmal auch nur einen Blumenkasten hatte, pflanzte frisches Obst und Gemüse an, das sonst nicht zu bekommen war. Die Erträge wurden auf dem Schwarzmarkt verkauft und betrugen nach manchen Schätzungen ein Fünftel bis ein Viertel der gesamten Lebensmittelversorgung. Im Mai 1986 wurde ein «Gesetz gegen unverdiente Einkommen» erlassen, das diese unternehmerischen Aktivitäten beenden sollte. Der Name des Gesetzes verdrehte natürlich die Wahrheit, denn gerade dieses Einkommen war schwer verdient. Überall machte sich die Polizei daran, Gewächshäuser, Gartenzäune und ähnliches abzureißen und Blumen und Gemüse zu konfiszieren. «Die kriminelle Tomate» lautete die Überschrift eines Artikels in der *Literaturnaja Gaseta* vom 12. August 1987, in dem die Zerstörung von Gewächshäusern in der Nähe von Wolgograd beschrieben wurde. Sie wurde von einer «Kommission für den Kampf gegen negative Erscheinungen» geleitet, die sich aus Staatsanwälten und Milizionären zusammensetzte. Die grobe Arbeit machten angeheuerte Jugendbanden und Studenten. Ein Autor der Zeitschrift *Nowyj Mir* faßte die Kampagne so zusammen: «Das Land wurde überrollt von einer Verfolgungslawine gegen Menschen, die versuchten, nach dem Ertönen der Fabriksirene nicht am Dominotisch zu sitzen, sondern auf eigene Verantwortung und eigenes Risiko etwas mehr zu arbeiten.»

Ähnliche Kampagnen wurden im Kampf gegen die schlechte Qualität von Industriegütern durchgeführt. Inspektoren erhielten das Recht, solche Waren an die Fabriken zurückzugeben, wodurch den Arbeitern der Bonus entzogen wurde. Die Wissenschaftlerin Françoise Thom beziffert die Anzahl der sogenannten «Volkskontrolleure» auf zehn Millionen. Auch die Korruption wurde bekämpft. Zehntausende wurden wegen Veruntreuung von Staatseigentum verurteilt. Die Staatsanwaltschaft erklärte, im Bereich des Handels und der Lebensmittelversorgung seien Diebstahl und Bestechung, schlechte Organisation und falsche Berichterstattung, Erpressung und Unterschlagung von Waren noch genauso weit verbreitet wie zuvor. Besonders Diebstähle in großem Maßstab nähmen zu. Das angewandte Heilmittel verstärkte die Krankheit also noch.

Hitler war der Ansicht, Wodka sei in den Augen der Russen die wichtigste Stütze der Zivilisation. Sein Scherz beschönigt noch die Rolle des Alkohols bei der Flucht vor dem Elend. Für die meisten Menschen gab es keine andere Zuflucht. Raissa Gorbatschowa gibt in ihren Memoiren an, daß Gorbatschow 1985 412 500 an ihn persönlich adressierte Briefe erhalten habe, wobei die über das Zentralkomitee an ihn gerichteten nicht eingerechnet sind. 1986 waren es sogar 60 000 pro Monat. Diese ungelesenen und unbeantworteten demütigen Bittschreiben waren ein Ausdruck der Enttäuschung des Volkes, ebenso wie der Massenalkoholismus, der eine Art Kompensation war. Im Land gab es offiziell 40 Millionen Alkoholiker. In den ersten hundert Tagen seiner Amtszeit erhöhte Gorbatschow den Preis für Wodka um 200 Prozent und drosselte die Produktion um 60 Prozent. Innerhalb von 18 Monaten konfiszierte die Miliz 900 000 Branntweinbrennereien. In Georgien wurden berühmte Weinberge gerodet.

Während im Land diese Unterdrückungsmaßnahmen durchgesetzt wurden, konnten die Nomenklatura und die Partei auf Gorbatschows öffentliche Erklärungen so reagieren, wie sie es aus der Vergangenheit gewohnt waren. Während die Gewächshäuser und Brennereien zerstört wurden, rühmte Gorbatschow sich, daß «nationale Unterdrückung und Ungleichheit jeder Art und Form für immer verschwunden sind. Die unauflösbare Freundschaft zwischen den Nationen und der Respekt gegenüber nationalen Kulturen und der Würde aller Völker haben sich durchgesetzt und haben im Bewußtsein von Millionen Menschen ihren festen Platz. Das sowjetische Volk ist eine qualitativ neue soziale und internationale Gemeinschaft, die durch die gemeinsamen wirtschaftlichen, ideologischen und politischen Ziele gefestigt wird.» Gorbatschow sah keinen Widerspruch zwischen seinen Worten und Taten. Offenbar glaubte er an das Märchen vom Homo Sovieticus.

Die disziplinarischen Maßnahmen drangen von oben durch die

gesamten Parteistaatsorganisationen nach unten und entwickelten sich dabei zu ebenjenen Macht- und Privilegienansprüchen, die sie doch eigentlich verhindern sollten. Parteimitglieder, Miliz und KGB sahen sich ermächtigt, willkürlich Macht auszuüben. Sie stahlen Obst und Gemüse, konfiszierten Wodka, um ihn entweder selbst zu trinken oder auf dem Schwarzmarkt zu verkaufen, und ließen sich bestechen, wenn sie bei Waren, deren Qualität nicht den Ansprüchen von Gosplan entsprach, ein Auge zudrückten.

Gorbatschow und all jene, die durch ihn gerade an die Macht gekommen waren, hätten ihren Verstand und ihre Vorstellungskraft gewaltig anstrengen müssen, um bei diesem Ergebnis Ursache und Wirkung zu unterscheiden. Ihre ganze Erziehung und ihre praktischen Erfahrungen brachten sie zu der Überzeugung, daß die unerwünschten Folgen auf menschliche Schwächen, jedoch nicht auf die Struktur des Parteistaates zurückzuführen seien. Die Suche nach Menschen ohne Schwächen heizte die ständigen Säuberungen an.

Hinterlist war eine Alternative zur Gewalt. Korruption und Kungelei mußten öffentlich angeprangert werden. Glasnost wurde deshalb zu Kontrollzwecken erweitert, Zeitungen und Journalisten für diese Aufgabe eingespannt. Ende 1986 ließ Gorbatschow ausgewählte Gruppen von Redakteuren und Schriftstellern zu sich kommen und sprach mit ihnen, als seien sie natürliche Verbündete in einem großen Unternehmen. Sie sollten frei über Machtmißbrauch schreiben dürfen. Angst vor Bloßstellung und Schande sollte die Disziplin wiederherstellen. Solche Anweisungen von oben waren zwar nicht gerade ungewöhnlich, denn jeder veröffentlichte Text war eine Form von Propaganda. Doch diesmal forderte der Generalsekretär dazu auf, über bisherige Tabuthemen zu schreiben und sie nicht länger zu verschweigen. Verschiedene Punkte sollten von der fünf Druckseiten langen Zensurliste gestrichen werden. Gorbatschow sagte, es solle in der sowjetischen Geschichte keine «weißen Flecken» mehr geben. Die Journalisten wurden aufgefordert, eine besondere Aufgabe zu übernehmen und sich wie Inspektoren, Kontrolleure und Milizionäre zu verhalten. Sie fühlten sich geschmeichelt.

Gorbatschow und seine Berater ahnten scheinbar nicht, daß diese Aktion genau entgegengesetzte Auswirkungen haben könnte. Eine gedruckte Enthüllung kann das kollektive Gedächtnis stärker verändern als alle Gerüchte. Zudem konnten die Journalisten nur herausfinden, wie weit sie gehen durften, indem sie es ausprobierten – so mußten sie sich zwangsläufig gegen die Machthaber zusammenschließen. In seinem Buch *Katastroika* bezeichnete Alexander Sinowjew Glasnost als «konjunkturelles Mittel zur Irreführung und Manipulation des öffentlichen Bewußtseins», angewandt von einem durchschnittlichen Karrieristen als Generalsekretär. James Billington, Bibliothekar der Kongreßbibliothek in Washington und Rußlandhistoriker, sah in Gorbatschow das Kind der Parteielite, «das russische Pendant zu einem Rettungsschwimmer in Palm Springs». Bei einem Staatsbankett im Jahre 1987 fragte er Gorbatschow, welches Wort er sich als Grabinschrift wünsche. «Dynamik», antwortete Gorbatschow. Dies war der höchste Wert in der Partei. Dynamik bedeutete, daß Glasnost einfach sofort beendet werden würde, wenn sie als Instrument der Unterdrückung nicht funktionierte. Sie sollte nicht mehr Spuren hinterlassen als jedes andere mobilisierende Schlagwort der Vergangenheit.

Argumenty i Fakty startete in der Breschnew-Ära als Fachzeitschrift für Planer und Statistiker. Die Anfangsauflage betrug 10 000. Bis 1990 konnte der Herausgeber Wladimir Starkow die Auflage auf 33 Millionen steigern. Die Zeitschrift war eine Art Glasnost-Denkmal. In Starkows Augen funktionierte die Partei wie ein militärischer Apparat mit äußerst strenger Disziplin. Doch allmählich zeigte die Geschichte, daß die Schlagworte, die den Parteivertretern so leicht von den Lippen gingen, nicht in die Praxis umgesetzt werden konnten. Ein Prozeß des inneren Zusammenbruchs hatte bereits begonnen. Die Bedeutung Gorbatschows sollte nach Starkows Meinung nicht überschätzt werden: Er war «in allem ein Produkt der Partei». Die Partei wollte an der Macht bleiben und setzte ihre letzte Hoffnung auf Gorbatschow. Gromyko, Ligatschow und andere hatten ihn unterstützt, um eine fortschrittliche Entwicklung einzuleiten, die aber immer im Rahmen des Kommunismus bleiben sollte. «Als ich ihn traf, fragte ich ihn: ‹Michail Sergejewitsch, warum verbünden Sie sich nicht enger mit den Demokraten und demokratischen Kräften?› Aber er konnte es einfach nicht.»

Die sowjetische Presse hatte sich nicht um die Interessen der Leser gekümmert. Alle lebten in der realen Welt, nur die Journalisten hatten sich eine Traumwelt geschaffen. Das Fernsehen war in der Sowjetunion weitaus beliebter, weil wenigstens die Bilder in einer gewissen Weise objektiv waren.

«Disziplin und Gewalt hatten sich schon als nutzlos erwiesen» – daher Glasnost. Im vergangenen Jahrzehnt waren die Machthaber gegen erklärte Dissidenten vorgegangen, nicht jedoch gegen Untergrundliteratur des *Samisdat*. Die Journalisten, die sich nach freier Berichterstattung sehnten, stellten sich auf die Seite von Gorbatschows Glasnost-Kampagne. Innerhalb von sechs Monaten hatte sich die Zahl der Leser von *Argumenty i Fakty* verzehnfacht: Innerhalb eines Jahres stieg sie auf 1,3 Millionen, in zwei Jahren auf 3 Millionen und in vier Jahren auf 10 Millionen.

«Wir hatten keinen einflußreichen Patron. Unsere Entwicklung wurde von den Politikern nicht bemerkt. Ich werde immer wieder gefragt, wer mich diesen oder jenen Artikel schreiben ließ. Jakowlew oder wer? Aber davon kann nicht die Rede sein.» Das Layout war schlicht und altmodisch. Die Zeitschrift wurde unbeschreiblich populär, weil sie Artikel druckte, die über die alltäglichen Probleme wahrheitsgemäß berichteten. Das hatte es in der sowjetischen Geschichte noch nie gegeben.

«Ich bin kein Heilsbringer. *Argumenty i Fakty* wurde von Leuten mit gesundem Menschenverstand publiziert. Wir haben nie unter dem Schlagwort ‹Nieder mit dem Kommunismus› gearbeitet, sondern einen anderen Weg gewählt. Wir haben Tabellen mit statistischen Informationen veröffentlicht und zum Beispiel Vergleiche zwischen der Sowjetunion und anderen Ländern angestellt. Wenn die sowjetische Propaganda behauptete, daß die Sowjetunion im internationalen Vergleich an der Spitze stehe, zeigten wir, daß sie in Wirklichkeit an 33. Stelle stand. Natürlich brachte

«So kann es einfach nicht weitergehen» 127

uns das in Schwierigkeiten mit den Machthabern. Wir haben auch die Geschichte von Stalin, Trotzkij und Bucharin recherchiert und so die öffentliche Meinung beeinflußt, die es am Anfang unserer Arbeit praktisch noch gar nicht gab. Als ich bei *Argumenty i Fakty* anfing, war ich zwar nicht völlig unwissend, aber ich hatte keine Ahnung von dem, was im Lande vor sich ging. Es gab viele Leute wie Sacharow oder Bukowskij, die erkannten, daß das Land von inkompetenten alten Männern beherrscht und ausgebeutet wurde, aber eine Öffentlichkeit, in der man das laut sagen konnte, ist erst in den letzten Jahren entstanden. Es herrschte immer vollkommene Einmütigkeit. Beispielsweise wurde verbreitet, Gorbatschow und Ligatschow seien die besten Freunde. Erst vor kurzem führten wir mit Ligatschow ein Interview, in dem er von seinen persönlichen Konflikten mit Gorbatschow sprach. Ich fragte, warum er denn ihre Beziehung immer als so wundervoll dargestellt habe, und er antwortete, das sei Parteidisziplin gewesen, er habe sich nicht anders verhalten können.» Gorbatschow erschien Starkow als ein Mann, dem es gefiel, Generalsekretär zu sein und das Leben zu genießen. «Sie lebten im Wolkenkuckucksheim und waren sich der Härte des Systems, zu dem sie gehörten, überhaupt nicht bewußt. Sie wurden falsch informiert. Ich glaube nicht, daß Gorbatschow sich über die Konsequenzen seines Verhaltens wirklich im klaren war. Ansonsten hätte er die Notbremse gezogen.»

Vom Parteigeist erfüllt, sagten die Delegierten bei kommunistischen Massenveranstaltungen alle das gleiche – als nähmen sie an einem priesterlichen Ritual teil. Wenn die Partei mit mehr als einer Stimme sprach, konnte sie offensichtlich nicht der Hort der Wahrheit sein. In privaten Gesprächen mußten alle Meinungsunterschiede ausgeräumt worden sein, bevor ein Sprecher an das Rednerpult treten konnte, vor Hunderte und Tausende von Menschen, deren einzige Aufgabe darin bestand, im richtigen Augenblick zu applaudieren. Nach außen hin schwerfällig, innen aber um so rigoroser, war die Organisation tadellos. Chruschtschow enthüllte einige Verbrechen Stalins auf dem XX. Parteitag in einer geheimen Sitzung. Das war außergewöhnlich. Er wollte wahrscheinlich die

Welt über seine neue Linie informieren, indem er über die furchtbaren Ereignisse etwas durchsickern ließ.

Gorbatschow führte bei drei dieser rituellen oder beinahe druidischen Treffen den Vorsitz: dem XXVII. Parteitag im Februar 1986, einer außerplanmäßig einberufenen XIX. Parteikonferenz (im Gegensatz zum Parteitag) im Juni 1988 und dem XXVIII. Parteitag im Juli 1990. Er machte der Partei immer nachdrücklicher deutlich, daß er mit ihrer Leistung nicht zufrieden sei. Generalsekretäre beklagten sich gewöhnlich in dieser Form über die Schwächen der Partei. Der Mann am Mikrofon hatte es nicht nötig, die Stimme zu erheben, doch auch dies war ein Teil der Täuschung. Daß die Sprache der Partei durch pompöse Wortgebilde und Jargonwendungen bis zur Bedeutungslosigkeit entstellt war, verschleierte die Tatsache, daß über Leben und Tod entschieden wurde.

Gorbatschow erklärte auf dem XXVII. Parteitag, man brauche ein wirksameres politisches System und die Perestrojka werde es liefern. Niemand sollte sich seinen Parteipflichten entziehen. Gorbatschow sagte, einige Jahre lang seien «die Taten der Partei- und Staatsbehörden hinter den Anforderungen der Zeit und den Lebensansprüchen selbst zurückgeblieben. Die Probleme in der Entwicklung des Landes wuchsen schneller, als sie gelöst wurden. Trägheit, Verknöcherung der Führung, zurückgehende Dynamik der Arbeitsabläufe, Anwachsen der Bürokratie – all dies fügte der Sache großen Schaden zu.» Tschebrikow bestätigte, daß der KGB die Perestrojka unterstützen werde, da sie das Ziel habe, die Gesellschaft von all ihren negativen Phänomenen zu säubern.

Alle im Großen Saal des Kreml hatten solche Redeschwälle schon ihr Leben lang über sich ergehen lassen. Jeder hörte teilnahmslos zu und wog ab, ob seine Chancen bei den Machtkämpfen und Interessenkonflikten jetzt stiegen oder sanken. Die Vorgehensweise und die Schlagworte klangen wie gewohnt: «Vorwärts im Takt des Fortschritts!» oder «An die Arbeit – auf eine neue Art!» Am 26. April 1986 explodierte der Reaktor von Tschernobyl aufgrund einer Verkettung technischen und menschlichen Versagens. Trotz Glasnost ordnete der Zensor an, daß die

«So kann es einfach nicht weitergehen» 129

Berichterstattung über die Katastrophe einzuschränken sei: «Es ist verboten, etwas anderes als diesen TASS-Bericht zu veröffentlichen.» (TASS war die offizielle Nachrichtenagentur der Partei.) Die Feiern zum 1. Mai im nahegelegenen Kiew wurden trotz des nuklearen Fallouts erlaubt, die Bewohner der Ukraine und Weißrußlands der Strahlung ausgesetzt. Erst am 14. Mai trat Gorbatschow vor die Fernsehkameras. Seine Erklärung war sehr zurückhaltend, und wahrscheinlich hätte er sich überhaupt nicht öffentlich geäußert, wenn im Westen nicht erhöhte Strahlenwerte gemessen worden wären.

In Reykjavik auf Island versuchte Gorbatschow mit allen Mitteln, das militärische Gleichgewicht zwischen der Sowjetunion und den Vereinigten Staaten zu behaupten, indem er Reagan drängte, Star Wars aufzugeben. In Afghanistan wurde das sowjetische Militär für großangelegte Offensiven verstärkt. Ein amerikanischer Journalist wurde in Moskau auf offener Straße vom KGB verschleppt. Der Dissident Anatolij Martschenko starb nach einem Hungerstreik in der Zelle eines Gefangenenlagers.

Dennoch war die Perestrojka, wie Gorbatschow bei jeder Gelegenheit in immer deutlicheren Worten wiederholte, «wichtig, sie betrifft alles und jeden». Sie müsse bei allen Überlegungen im Mittelpunkt stehen. 1987 definierte er sie als «endgültige Überwindung der Stagnation und Zerstörung der bremsenden Mechanismen». 1988 war ein kritisches Jahr für die Perestrojka. Die Arbeit, die wir uns vorgenommen haben, erklärte Gorbatschow bei der Sonderkonferenz im Juni, werde nicht die Disziplin und Ordnung untergraben, sondern im Gegenteil auf der Bewußtseinsebene stattfinden. So werde man die Fehler berichtigen. Anders gesagt: Die Menschen würden gehorchen, ohne daß man es ihnen befohlen hätte. Das war auch das Ideal der Gründungsväter des Kommunismus gewesen.

Richard Kosolapow gehörte zu den Opfern der Perestrojka. Seit 1978 war er Redaktionsmitglied, dann Herausgeber der Zeitschrift *Kommunist,* des wichtigsten Theorie-Organs der Partei und des nach der Tageszeitung *Prawda* einflußreichsten Blattes.

Das Zentralkomitee kontrollierte alle Massenmedien, und der *Kommunist* war sein bevorzugtes Sprachrohr. Nur wenige Beiträge konnten nach Auskunft Kosolapows ohne vorherige Beratung gedruckt werden, nämlich wichtige Reden des Generalsekretärs und Artikel der Parteispitze. Dokumente dieser Art durften nicht redigiert werden.

In den siebziger Jahren, sagt er, erschienen viele Texte von ihm. Nach 1985 wurde die Veröffentlichung seiner Arbeiten in Zeitschriften mit hoher Auflage unterbunden. Im Vorfeld des XXVII. Parteitags wurde er beim *Kommunist* entlassen und erhielt eine Professur an der Moskauer Universität. Solche Säuberungen wurden «in sehr subtiler Weise» durchgeführt. Orthodoxe Kommunisten wie er fühlen sich dennoch als Opfer und nehmen Gorbatschow sein Vorgehen übel.

«Ich fühle mich für das, was man unter Perestrojka versteht, nicht verantwortlich, und ich bin sehr froh darüber. Das ist eine euphemistische Bezeichnung für die Ereignisse, eigentlich sollte man das Zerstörung nennen. Schauen Sie sich die Schlagworte an, die Gorbatschow propagierte. Alles Gemeinplätze und aphoristische Worthülsen, deren Bedeutung selbst Gorbatschow und seine engsten Berater nicht erklären konnten. Als Wissenschaftler wußte ich genau, in welchem Zustand sich unsere Wirtschaft befand und daß keine der vorgeschlagenen Maßnahmen auch nur irgend etwas beschleunigen würde. In den ersten Jahren vermutete ich, daß Gorbatschows Weg ins Nichts führte. All diese Schlagworte zeigten, daß er politische Spielchen spielte, zum Beispiel seine Idee, zu den wahren leninistischen Formen des Sozialismus zurückzukehren. Ein Schlagwort lautete ‹Mehr Demokratie, mehr Sozialismus›. Als ob man diese Dinge in Kilogramm abmessen könnte.»

Die Führung kümmerte sich nie um den Marxismus-Leninismus. «Es ist vollkommen lächerlich, Breschnew oder einen dieser Berater wie Arbatow oder Petrakow als Marxisten zu bezeichnen. Die Bürokratie war das Krebsgeschwür, das das System tötete. Wenn die Nomenklatura sich einmal etabliert hatte, arbeitete sie nur noch zu ihrem eigenen Nutzen.»

Im Januar 1986 schrieb Kosolapow einen Brief an Gorbatschow. «Ich sagte den weiteren Gang der Ereignisse voraus. Ich erklärte in einer annehmbaren Form, daß Gorbatschow in meinen Augen ein schlecht erzogener Kommunist sei. Ich konnte ihn nicht als antikommunistisch bezeichnen, da ich nicht annahm, daß er seinen eigenen Staat demontieren würde. Ich hatte eine klare Vorstellung davon, welche größeren Eingriffe die sozialen Probleme beseitigen könnten. Es ist falsch, wenn heute immer wieder gesagt wird, daß es keine wirkliche Alternative gab. Nachdem Gorbatschow Leute wie mich aus den einflußreichen Positionen entfernt hatte, konnte er natürlich leicht behaupten, es habe keine Alternative gegeben.»

Warum gab es so riesige Demonstrationen für die Perestrojka?

«Die großen sogenannten Volksdemonstrationen wurden von der Partei organisiert. Sie dürfen nicht glauben, daß Jurij Afanasjew oder irgendein anderer Reformer, der auf dem Manegeplatz herumbrüllte und schwadronierte, wirklich vom Volk unterstützt wurde. Die Leute kennen diese Typen gar nicht richtig. Gorbatschow nutzte als offizieller Parteiführer die Strukturen der Partei, um seine eigene Position zu stärken.»

8 Wahlen

Boris Jelzins Memoiren *Aufzeichnungen eines Unbequemen* wurden wie die meisten Bücher politischer Führer von Beratern abgefaßt, die kurzfristige Ziele verfolgten. Dennoch scheinen sie weitgehend glaubwürdig zu sein. Jelzin, 1931 geboren und damit genauso alt wie Gorbatschow, beschreibt seine Kindheit als eine ziemlich trostlose Zeit. Die Familie lebte zusammen mit mehreren anderen in einer einfachen Mietskaserne und hatte ums tägliche Überleben zu kämpfen. «Das Haupterziehungsmittel meines Vaters war der Riemen.» Als sein Vater eines Tages wieder einmal zum Riemen griff, packte der halbwüchsige Jelzin ihn am Arm und sagte: «Schluß! Von jetzt ab erziehe ich mich selbst.» Er beschreibt sich selbst als optimistisch und ziemlich extrovertiert, aber auch als schwierig, linkisch, starrsinnig und reizbar. Er sagt, er kämpfe immer gegen irgend jemanden.

«Ich bin in diesem System groß geworden, es hat mich geprägt. Alles war von autoritär-bürokratischen Führungsmethoden durchdrungen, und auch ich verhielt mich entsprechend.» In seiner zwanglosen, schroffen Art fügt er hinzu, daß ihm nie jemand die Funktionsweise des Systems erklärt habe. Lebensart, Kleidung, Sprache und sogar physische Erscheinung kennzeichneten ihn als einen erfolgreichen Führer des administrativen Kommandosystems. Einem Interviewer erklärte er 1990: «Ich bin zunächst ein Mann aus dem Produktionssektor. Ich verstehe das Volk, den Mann auf der Straße.» Es gibt keine Anzeichen dafür, daß er sich jemals über ideologische, intellektuelle oder gar soziale Aspekte des Systems Gedanken machte.

In ihren Tagen als Erste Sekretäre der Partei, so sagt er, halfen er und Gorbatschow sich gegenseitig. Eine Hand wusch die andere. Obwohl Jelzin sich immer wieder wunderte, warum Gorbatschow gerade ihn auswählte, wußte er, daß weiterhin gegenseitige Gefälligkeiten erwartet wurden. Im Namen von Perestrojka und Glasnost sollte Jelzin den starken Mann spielen, um, wie er es nennt, «die alten Trümmer wegzuräumen und die Mafia zu bekämpfen». Gorbatschow sollte an Ansehen gewinnen. Als sie im Februar 1986 erste Erfolgsnachrichten hörten, lobte Gorbatschow Jelzin: «Sie haben einen starken und willkommenen frischen Wind hineingebracht.» Wie ein Kalif oder Zar inspizierte Jelzin Fabriken und Geschäfte, teilte Lob und Tadel aus. Er fuhr mit der Moskauer Metro. Im Oktober desselben Jahres beobachtete der deutsche Lehrer Dieter Knötzsch, wie Jelzin einen Laden verließ und in ein Auto ohne jegliche Statussymbole einstieg. «Eine eindrucksvolle Erscheinung, groß und breit, weißhaarig und vital.» In seinen Augen war Jelzin ein Volkstribun.

Ein Jahr später sah sich Gorbatschow gezwungen, Jelzin die Position als Moskauer Parteichef zu nehmen und ihn aus dem Politbüro zu entlassen. Es war ein persönlicher Konflikt. Jelzin hat beschrieben, wie er in einer Sitzung des Politbüros Vorschläge zu einem Redeentwurf Gorbatschows machte. Ein wütender Gorbatschow stürmte aus dem Raum. Dreißig Minuten lang saßen die Mitglieder des Politbüros und die Sekretäre da und wußten nicht, wie sie reagieren sollten. Als Gorbatschow zurückkehrte, stürzte er sich auf Jelzin und überschüttete ihn mit all den Vorwürfen und der ganzen Wut, die sich in ihm aufgestaut hatten.

Kurze Zeit später wandte Jelzin diese Taktik mit Rückendekkung seiner Kollegen aus dem Politbüro und dem ZK ein zweites Mal an, indem er erklärte, die Perestrojka funktioniere nicht. Die Partei, und vor allem Ligatschow, behindere sie. Normalerweise warnte man sich beim geringsten Anzeichen von Kritik, um Meinungsverschiedenheiten möglichst klein zu halten, die sonst vielleicht außer Kontrolle geraten und Kampfabstimmungen, Distanzierungen oder Fraktionsbildungen provozieren konnten. Wahrscheinlich sah Gorbatschow seine Chance, einen aufsässigen Volkstribun zu unterdrücken. Möglicherweise glaubte Jelzin aber auch, das zu sagen, was Gorbatschow hören wollte, oder er wurde durch eine klassische Provokation hereingelegt. Nach Jelzins Worten war es eine «mysteriöse Angelegenheit», und die Hintergründe dieses Machtkampfes sind bisher größtenteils ungeklärt.

Die brutal inszenierte Entlassung aus beiden Ämtern ängstigte Jelzin. Die demütigende Erfahrung weckte Rachegefühle. Obwohl er mit Fieber im Krankenhaus lag, war er in den Kreml zitiert worden, als ob ihm Stalin selbst sein Schicksal verkünden würde. Kaum bei Bewußtsein, mußte er vor dem Politbüro und dem Moskauer Stadtkomitee der KPdSU erscheinen, deren Mitglieder wie eine Reihe von Wachsfiguren dasaßen. Es war unmenschlich und unmoralisch, eine staatliche Hinrichtung – «wie ein Mord ... In meinem Herzen steckt ein rostiger Nagel, ich habe ihn immer noch nicht herausgezogen.» Nach russischen Quellen sagte Gorbatschow zu Jelzin: «Aber denk dran, in die Politik lass' ich dich nicht rein!» Womöglich sind diese Worte übertrieben, aber sie folgten der Logik des Systems.

Für jemanden in Gorbatschows Position war es das klügste, Jelzin ein für allemal loszuwerden. Seine Vorgänger hätten einen Schauprozeß oder einen tödlichen Unfall inszeniert. Die raffiniertere Alternative bestand darin, den Rivalen zu bestechen: mit irgendeinem Nomenklatura-Posten, der ihm das Leben erleichtern, aber keine Möglichkeit eines Comeback bieten würde. Es spricht für Gorbatschow, daß er Jelzin zum Ersten Stellvertretenden Vorsitzenden des Staatskomitees für das Bauwesen ernannte. Er schickte ihn nicht einmal in das Exil in der Provinz. Entweder war Gorbatschow sich seiner Sache vollkommen sicher, oder er unterschätzte Jelzin, der ab jetzt nur noch ein unerbittlicher Feind sein konnte. Seine milde Reaktion gab Jelzin die Möglichkeit, den Kampf seines Lebens zu suchen. Zielstrebig baute er seine Stellung aus, wo er die Möglichkeit dazu sah, und pokerte hoch, wenn es keine andere Wahl gab. Er nutzte jeden Zug Gorbatschows zu seinem Vorteil und zwang ihn dazu, Fehler zu machen, er drängte seinen Rivalen unerbittlich und brutal an die Wand.

Fünfzig Jahre zuvor waren Stalin und Trotzkij bei ihrer Entscheidung, sich bis aufs Blut zu bekämpfen, ungleiche Gegner, und doch hätten sie das Land in zwei bewaffnete Lager spalten können. Auch die Neuauflage dieser Rivalität zwischen Gorbatschow und Jelzin enthielt den Keim eines Bürgerkriegs. Die politische Entwicklung war schon so weit fortgeschritten, daß ein Bürgerkrieg knapp verhindert wurde, aber allein die Fraktionsbildung war, wie schon Lenin vorausgesehen hatte, tödlich. Sie mußte mit der Zerstörung der Partei und der Sowjetunion bezahlt werden.

Mit der Ankündigung einer Politik der Erneuerung schmiedete Gorbatschow gedankenlos Waffen, die ihm entwendet und gegen ihn gerichtet wurden. Stillschweigend, und später bei jedem öffentlichen Auftritt, räumte er ein, daß die Vergangenheit unheilvoll gewesen war. Damit erklärte er die Partei zur Urheberin von Lüge und Korruption. Doch die Partei hatte ihn als Führer ausgewählt. Er war nie in der Lage, zwischen den offen eingestandenen Mängeln der Partei und seinen eigenen Qualitäten als Führer überzeugend eine Grenze zu ziehen.

Aufmerksame Menschen in der Sowjetunion hatten schon lange erkannt, daß Gorbatschows Kritik im allgemeinen berechtigt war, obwohl seine mahnenden Formulierungen zu schwammig waren, um praktische Wirkung zu haben. Die Reformen, für die sich diese Menschen einsetzten, betrafen Bürger- und Menschenrechte. Doch als Gorbatschow an die Macht kam, waren Diskussionen zu diesen Themen unterdrückt oder als Dissidententum kriminalisiert worden. Andrej Sacharow war der Sprecher all jener, die hofften, daß die Perestrojka mit der Festschreibung garantierter Rechte beginnen werde. Sacharow war ein vielfach ausgezeichnetes Mitglied der Akademie und geachtet wegen seiner Beiträge zur Entwicklung der sowjetischen Wasserstoffbombe. Seit den sechziger Jahren dachte er über das Wesen jenes totalitären Staates nach, zu dessen Unverwundbarkeit er so viel beigetragen hatte. Nach seiner eigenen Darstellung hatte er den Einsatz von Zwangsarbeit toleriert, um seine eigenen Bombenpläne zu realisieren, und sich entschlossen, die Verbrechen der Stalinzeit zu ignorieren. Zunächst ging er den üblichen Weg und schrieb Briefe an die Führung, später veröffentlichte er seine Gedanken im Westen, wodurch er als Dissident ebenso berühmt wurde wie Solschenizyn. Daraufhin nahm man ihm alle Privilegien, er wurde für fast sieben Jahre in die Verbannung geschickt. Zweimal trat er in Hungerstreik und weigerte sich hartnäckig, zu widerrufen. Niemand hat soviel wie er dazu beigetragen, in die sowjetische Debatte das Konzept des Rechtsstaats einzubringen, in dem sich die Partei für ihr Handeln verantworten muß.

Im Februar 1986 hatte Gorbatschow in einem Interview der französischen kommunistischen Zeitung *L'Humanité* Sacharow als einen Verbrecher bezeichnet. Zehn Monate später wurde in Sacharows Verbannungsort ein Telefon angeschlossen, und Gorbatschow selbst teilte Sacharow telefonisch mit, er könne nach Moskau zurückkehren. Durch diese traditionelle Gnadengeste eines Despoten gewann Gorbatschow eine Person von Weltruf für seine Sache. Er hoffte, so die ganze Intelligenzija auf seine Seite zu bringen. Das sollte sich als nicht besonders schwierig erweisen.

Im Laufe des Jahres 1987 wurde die gesamte Presselandschaft durch sorgfältige Säuberungen unter den Opponenten und Förderung von treuen Anhängern nach Gorbatschows Vorstellungen umgestaltet. Die nächste Stufe von Glasnost wurde eingeläutet. Die Presse unterstützte die Bildung von informellen Gruppen oder Diskussionsrunden zu den Themenkreisen Kultur, Bildung und Ökologie. Aus einigen hundert Gruppen waren im September einige tausend und bis Mitte 1988 etwa 30 000 geworden. Die Menschen trafen sich in öffentlichen Versammlungsräumen oder Kinos, um sich zu Themen zu äußern, die sie persönlich betrafen, und entgingen so der Kontrolle durch die Partei. Offensichtlich war Gorbatschow damit einverstanden. Um sich selbst und die Perestrojka gut zu verkaufen, mischte er sich auch gern für das Fernsehen unters Volk. Bei einer Rundreise durch Sibirien im Sommer 1988 traten ihm Zuschauer mit einer Flut von Vorwürfen entgegen. Er antwortete nur: «Ihr solltet eure Führer mal richtig aufrütteln!» Hier sprach der gütige Zar, er selbst zählte sich nicht zu jenen Führern. Jemand unterbrach ihn: «Es ist sinnlos! Schauen Sie sich diese neuen Häuser an, Michail Sergejewitsch, es ist unmöglich, dort zu leben. Nach einem Monat sind große Risse im

Boden, und die Türen schließen nicht ... und das ist noch nicht alles.»

Vielleicht hätte Gorbatschow mit seinen Zauberkräften alle Bälle gleichzeitig in der Luft halten können: den bedrohlichen und rachedürstigen Jelzin, Ligatschow und das ZK, die wegen der angeblich ungerechtfertigten Kritik von oben beleidigt waren, den aufrichtigen und einflußreichen Wissenschaftler Sacharow und die informellen Diskussionsgruppen. Das erste sowjetische Meinungsforschungsinstitut, das Zentralinstitut für Meinungsforschung, wurde 1988 geschaffen. 90 Prozent der 120 befragten Betriebe befürworteten damals die Perestrojka.

Statt dessen berief Gorbatschow die XIX. Parteikonferenz ein, an sich eine Notmaßnahme. Dort sprach er mit Sacharows Worten über die Notwendigkeit einer Verantwortlichkeit, die durch geheime Abstimmungen, Auswahl unter mehreren Kandidaten und begrenzte Amtszeiten zu gewährleisten sei. Der Parteiapparat um Ligatschow und seine Leute zeigten sich zwar nach außen gehorsam, schlossen jedoch aus Gorbatschows Rede, daß der Generalsekretär trotz der vielen Säuberungen immer noch nicht mit der Partei zufrieden sei. Jelzin hatte es geschafft, an der Konferenz als Delegierter teilzunehmen. Als er sprach, zitterte seine Stimme vor Erregung. Er wiederholte die Aussage, die ihm schon so viele Schwierigkeiten bereitet hatte: daß die Perestrojka ohne die Obstruktionen Ligatschows und anderer schneller und besser vorankommen werde. Er schloß jedoch mit der öffentlichen und unterwürfigen Bitte um Rehabilitation. Ihr wurde nicht stattgegeben. Arrogant schloß Gorbatschow die Konferenz mit dem Aufruf, einen neuen Kongreß der Volksdeputierten einzurichten. Der abgedroschene Begriff des «Sowjet» sollte durch diesen Kongreß erneuert werden, um Gorbatschow eine Partei nach seinen Wünschen zu schaffen, indem man der Perestrojka ihren angemessenen Platz einräumte und den Parteistaat für das kommende Jahrhundert neu belebte.

Keiner weiß, wie die Idee zum Kongreß der Volksdeputierten entstanden ist. Man sagt, Gorbatschow selbst habe sie entwickelt, oder Lukjanow, der im früheren Obersten Sowjet aktiv gewesen war. Oder war es Alexander Jakowlew? Von den wichtigen Männern aus Gorbatschows Umgebung ist er der unergründlichste. Sein wahrer Charakter kann aus seinen Worten und Taten nicht erschlossen werden. So undurchschaubar wie sein Handeln sind auch seine Motive. Er ist älter als seine Kollegen, wurde im Krieg verletzt und hinkt deshalb stark. Als streng orthodoxer Vertreter der Nomenklatura verlor er einen Machtkampf in den siebziger Jahren und wurde als Botschafter in Kanada aus dem Weg geschafft. Sein Gebiet war die Parteipropaganda. Er ist ein hervorragender Polemiker. Von Gorbatschow ins Politbüro geholt, war er zuerst für die Bereiche Agitation und Presse zuständig. Sofort geriet er mit Ligatschow in Konflikt, der im ZK-Sekretariat eine ähnliche Funktion hatte. Da die Aufgabenfelder nie definiert worden waren, mußten die beiden Männer automatisch aneinandergeraten. Der berühmteste Zusammenstoß ereignete sich im März 1988: Ligatschow plazierte in der Presse einen längeren Artikel der Dozentin Nina Andrejewa. Sie forderte scharf, Perestrojka und Glasnost zu beenden und zu kommunistischen Werten zurückzukehren. Diese besondere Kraftprobe dauerte drei angespannte Wochen und endete zugunsten Jakowlews. Er setzte die Veröffentlichung eines Artikels durch, den er unter Pseudonym geschrieben hatte und in dem er Nina Andrejewas Forderungen schroff zurückwies.

Immer wieder trieb Jakowlew trotz seiner kommunistischen Vergangenheit die Reformen heimlich und auf Umwegen um ein paar Schritte voran. Als Mann der privaten Zusammenkünfte, der seinen Einfluß in den Vorzimmern der Macht spielen ließ, zog er es vor, im Hintergrund zu bleiben. Er bereiste geschäftig die Republiken und Satellitenstaaten in Ost- und Mitteleuropa, führte regelmäßig Vier-Augen-Gespräche mit Parteisekretären, um ihnen vertraulich die neuesten Anweisungen mitzuteilen, obwohl keiner genau wußte, ob sie wirklich von Gorbatschow oder von ihm selbst kamen. Das System der Satellitenstaaten bezeichnete er als «Parasitensozialismus». Das politische System der Sowjetunion war jedoch keinen Deut besser, und wer es ändern wollte, konnte sichergehen, daß ein Appell an Jakowlew bei diesem auf offene

Ohren stieß. Ab 1987 wiederholte er Sacharows Themen der Notwendigkeit von Moral und Verantwortlichkeit. Dabei erhöhte er den Einsatz, indem er für die Idee des Marktes eintrat und keine Gelegenheit ausließ, die Gesetzlosigkeit und den KGB anzuprangern. Er übernahm die Rolle des Totengräbers. Jelzin bezeichnete Jakowlew als «äußerst intelligenten, vernünftigen und weitsichtigen Politiker», dessen größter Fehler es war, gegenüber Ligatschow, ihrem gemeinsamen Feind, zu nachgiebig zu sein. Nach Sacharow war Jakowlew intelligent und kannte sich in Innen- und Außenpolitik gut aus. Doch er verspürte bei diesem rätselhaften Mann immer «einen unauslöschlichen Rest des leninistischen Dogmas». Als schließlich nach dem Zusammenbruch von 1991 ein Verfassungsgericht gebildet wurde, um die Kommunistische Partei und ihre Aktivitäten zu untersuchen, begann der Anwalt, der die Verteidigung des Kommunismus übernommen hatte, das Kreuzverhör Jakowlews mit der Bemerkung: «Bitte erklären Sie, wie Sie zur Zerstörung der Sowjetunion beigetragen haben.» Der Pfeil traf ins Schwarze.

Wiederum spricht für Gorbatschow, daß er die neue Partei mit Hilfe von Strukturen wie dem Volksdeputiertenkongreß aufbauen wollte und Repräsentanten der früheren Partei und ihrer Strukturen nicht in der Art Stalins oder Mao Zedongs einfach umbringen ließ. Mittels des Kongresses sollten korrupte und hinderliche Nomenklatura-Veteranen umgangen und den offenen Unterstützern Gorbatschows ein weiteres Machtinstrument in die Hand gegeben werden.

Das Geheimnis lag bei der Aufstellung der Deputierten. Ein Drittel der 2 250 Deputierten sollte direkt von Parteiorganisationen gewählt werden, die übrigen zwei Drittel auf territorialer Basis, entsprechend der Bevölkerungszahl der Wahlkreise und der Nationalitäten. Minderheiten wie die Balten würden mit Sicherheit überrepräsentiert sein, doch zu diesem Zeitpunkt schien das vernünftig und ausgleichend. Die Vorauswahl der Kandidaten beruhte auf einem komplizierten Verfahren, bei dem auf allen Ebenen die Ersten Parteisekretäre das letzte Wort behielten. Theoretisch konnte durch dieses Verfahren nur zwischen Kommunisten vom alten Schlag und den neuen Leuten Gorbatschows ein Wettstreit entstehen. Wiederum theoretisch konnte keiner ohne die Zustimmung der Partei in den Kongreß gewählt werden. Überdies waren die Deputierten, waren sie einmal im Kongreß, nicht für die Gesetzgebung an sich verantwortlich, sondern mußten immer noch nur die von oben vorgelegten Programme bestätigen. Nach außen, jedoch nicht wirklich, hatte der Kongreß die von Sacharow geforderte Verantwortlichkeit. Aber es wurden keine gesetzgebenden Körperschaften gewählt, keine Verfassungsrechtler zu Rate gezogen, keine Debatten über Gewaltenteilung und die Grenzen des Parteistaates geführt. Dieses potemkinsche Provisorium ermöglichte den gleichen Absolutismus wie zuvor, nur unter anderer Leitung.

Wahlen sind für einen Despoten genauso schreckenerregend wie Knoblauch für einen Vampir. Jede Art von Volksvertretung kann die monolithische Front bröckeln lassen. Gorbatschow kündigte auf der XIX. Parteikonferenz im Juni 1988 an, daß die Wahlen am 25. März 1989 stattfinden würden. Noch Ende 1988 konnte sich weder er noch irgend jemand sonst vorstellen, daß Jelzin durch geschickte Manipulation seine Wahl zum Deputierten durchsetzen würde, ebenso wie Sacharow und 250 bis 400 weitere Oppositionelle, die sich mit ihnen zu einem Block zusammenschließen wollten. Unerwarteterweise erhielt Jelzin ein Forum, mit dessen Hilfe er zu jenem rostigen Nagel in seinem Herzen vordringen konnte. Völlig unbeabsichtigt – und selbstmörderisch, wie sich zeigen sollte – ließ Gorbatschow ihn in die Politik zurückkehren.

Es gibt keine angemessene Sprache, die dem Karrierismus in dieser Politik gerecht wird. Westliche Kommentatoren und vor allem professionelle Sowjetologen pflegten die endlosen Sitzungen bei Konferenzen und Parteitagen anzuhören und genau zu analysieren, in welcher Reihenfolge die einzelnen Redner zu Wort kamen und welche vernichtenden Artikel in der Presse erschienen. Große Arbeiten darüber wurden oft dadurch verfälscht, daß sie den karrieristischen Charakter dieser Sitzungen und der vielschichtigen Kraftproben, die sie beeinflußten, nicht erkannten.

Statt dessen betrachtete man die sowjetische Politik, als ob sie nach den Organisationsprinzipien der Demokratie funktioniere, so daß in den Augen des Westens Reaktionäre Reformern gegenüberstanden oder, um es mit kindlicher Einfalt auszudrücken, Falken gegen Tauben kämpften. Auf die Sowjetunion ließen sich aber keine politischen Kategorien wie links und rechts, konservativ oder radikal anwenden. Es ist schwierig, hohle Phrasen wie «bestimmte Kräfte», «Elemente in der Partei», «führende Kreise», «notwendige Maßnahmen ergreifen» und «auftretende Kader» zu vermeiden, doch wenn man diese Sprache übernahm, akzeptierte man das System und verschleierte die Existenz der offenen und persönlichen Rivalitäten. Die übliche westliche Einteilung geriet lächerlich durcheinander, als man die Machtkämpfe im Volksdeputiertenkongreß in der Öffentlichkeit verfolgen konnte. Die Deputierten, die um ihre Privilegien kämpften, setzten dieselben Mittel ein wie diejenigen, die sich für ihre Abschaffung einsetzten. Sogenannte Konservative und Reformer standen sich als Zerstörer in nichts nach.

Gorbatschow, Jelzin, Jakowlew, Ligatschow und Lukjanow waren alle aus dem gleichen Holz geschnitzt und wollten ihre eigene Macht stärken, indem sie andere Bewerber ausschalteten. Ihre Schachzüge gegeneinander ähnelten sich verblüffend; immer stießen sie auf ein Gebiet vor, auf dem sie Unterstützung für sich zu gewinnen hofften, und immer ließen sie sich einen Fluchtweg für eventuell notwendige Rückzüge offen. Theoretisch hatte Gorbatschow durch das Militär und den KGB die höchste Gewalt. Wann immer er wollte, konnte er hartes Durchgreifen, Masseninhaftierungen und die Rückkehr zu Stalinismus und Barbarei befehlen. Tief im Innersten rechnete jeder mit dieser Wahrscheinlichkeit. Doch in diesem Fall mußte er mit der Unterstützung der Partei rechnen können. Er entfremdete sich ihr, indem er dauernd etwas an ihr auszusetzen hatte und die Privilegien der Nomenklatura beschnitt. Warum sollte man gegenüber einem Generalsekretär loyal bleiben, der einem andauernd Standpauken hielt und mit dem erhobenen Zeigefinger drohte? Sollte er doch seine Suppe selbst auslöffeln. Indem Gorbatschow seine eigentliche Machtgrundlage schwächte, isolierte er sich und gab sich eine Blöße. Die Perestrojka konnte gegen die Partei keine Fortschritte erzielen, und so verlor sie an Kraft. Die Öffentlichkeit war von Gorbatschow und seinen unaufhörlichen Reden enttäuscht, die zu in Friedenszeiten ungekannten Einsparungen und Rationierungen führten. Gorbatschow konnte sich dann nur noch an das Ausland wenden, an die ausländischen Politiker und die Menschenmassen in den Straßen Deutschlands und Frankreichs, die gedankenlos «Gorbi!» riefen, ohne zu begreifen, daß sie nur seine Popularität steigern sollten, um die Machtkämpfe zu Hause zu seinen Gunsten zu entscheiden. Den Fernsehbildern der Gorbimanie sollten die Russen entnehmen, daß Gorbatschow ein Staatsmann von Weltrang sei, dem man erlauben sollte, so vorzugehen, wie er es für richtig hielt. In der Zwischenzeit konnte Ligatschow die Leere im Zentrum einer demoralisierten Partei füllen. Er scharte die Treuen um sich und hoffte auf die Macht.

Im Jahre 1989 starb plötzlich Sacharow. In seinem letzten Buch *Mein Leben* sagte er, er habe Gorbatschow weder vergöttert noch geglaubt, er werde alles Notwendige tun. Dennoch habe er das Land und die Psychologie der Menschen verändert. Was Jelzin angehe, so sei er ein Mensch von ganz anderem Kaliber, dessen Beliebtheit in gewissem Grad von Gorbatschows Unbeliebtheit abhänge. Jelzins neue und verblüffende Erkenntnis war, daß er Sacharow den Wind aus den Segeln nehmen konnte. Er konnte zu Verantwortlichkeit und Rechtsstaatlichkeit aufrufen. Er konnte sich wahrheitsgemäß darüber aufregen, daß die Lebensqualität nicht besser wurde, sondern im Gegenteil schlechter und daß die sich verlangsamende Perestrojka beschleunigt werden müsse. Je mehr Gorbatschow die Partei kritisierte und sich über eine Umstrukturierung ereiferte, desto mehr überließ er Jelzin die Initiative. Gorbatschow befand sich in einem selbst geschaffenen Teufelskreis. Während er die Menschen im Westen mobilisierte, konnte Jelzin die Russen auf die Straße bringen und ihnen sagen, was sie hören wollten. Die Taten und Worte der Rivalen waren nicht, wie es scheinen mochte, ideologisch motiviert, sondern durch Machtstreben.

9 Der Hitler-Stalin-Pakt

Der Historiker Lew Besymenskij beschäftigt sich vor allem mit dem Dritten Reich und arbeitet für die Zeitung *Nowoje Wremja*. In seinem Büro hängt ein Foto, das ihn gemeinsam mit anderen sowjetischen Offizieren und Feldmarschall Paulus am Tag der deutschen Kapitulation in Stalingrad zeigt. 1988 wurde in einer Reaktion auf Glasnost und Perestrojka eine Kommission unter Alexander Jakowlews Leitung eingerichtet, die den Hitler-Stalin-Pakt untersuchen sollte. Besymenskij gehörte ihr an. Zu den Bestandteilen dieses Paktes, der sowohl Hitlers als auch Stalins Interessen diente, gehörte die Aufteilung Polens, die zum Kriegsausbruch führte, und – in Geheimprotokollen – die Zuteilung der baltischen Staaten zum sowjetischen Einflußbereich. Damals und später vertrat die Sowjetunion den Standpunkt, die baltischen Staaten seien nicht besetzt, sondern befreit worden, der Kommunismus sei frei gewählt und nicht militärisch aufgezwungen worden. Zusammen mit dem Massaker an polnischen Gefangenen bei Katyń gehörte dieses Thema zu den schlimmsten «weißen Flekken» in der Geschichte.

«Durch die Glasnost kamen viele neue Dinge über die Sowjetzeit und ihre Mechanismen ans Tageslicht», sagte Besymenskij. «Wenn man innerhalb eines solchen Systems lebt, scheinen einige Koordinaten naturgegeben zu sein. Vieles erschien selbstverständlich, war es aber gar nicht, wie etwa die Ideale des Kommunismus, die zur Rechtfertigung einer Reihe politischer Maßnahmen verwendet wurden, vor allem zur Rechtfertigung des Hitler-Stalin-Paktes. In den dreißiger Jahren glaubten wir alle, daß die Unterdrückung notwendig und gerechtfertigt sei. Glasnost entzog den früheren Überzeugungen ihre moralische Grundlage. Dies zwang mich, Dinge zu erörtern, über die ich mir früher keine Gedanken gemacht hatte. In meinen Büchern hatte ich die Frage des Paktes von 1939 bewußt ausgeklammert, da ich annahm, daß Geheimprotokolle existierten. So ließ ich das Thema lieber weg, um eine falsche Darstellung zu vermeiden. Vergessen Sie nie die sowjetische Psychologie. Glauben Sie den Leuten nicht, die Ihnen jetzt erzählen, daß sie gegen das System protestiert hätten.»

Als Historiker verfügte er über wesentlich mehr Informationen als der Durchschnittsbürger. Westliche Historiker hatten schon lange die Wahrheit über den Hitler-Stalin-Pakt veröffentlicht, doch er glaubte ihnen nicht. «Ich war zum Mißtrauen erzogen worden.» Den Historikern dieses Landes sei der Boden unter den Füßen weggezogen worden. «Auf einmal mußte man eingestehen, daß westliche Einschätzungen unserer Gesellschaft zutreffender waren als unsere eigenen.»

Im Zuge von Glasnost wurde das Archivmaterial, das die Partei und die Außenpolitik bis zur Mitte der fünfziger Jahre betraf, öffentlich zugänglich gemacht. Das KGB-Archiv bleibt weitgehend geschlossen, ebenso das Archiv des Präsidenten, das genaugenommen das Kreml-Archiv ist, noch genauer: der sechste Bereich der allgemeinen Angelegenheiten der Kommunistischen Partei der Sowjetunion, der alle Dokumente der Generalsekretäre, des Politbüros und des ZK samt seinen Sekretariaten enthält. Walerij Boldin war als letzter für dieses Material zuständig. 1989 ließ er als Leiter von Gorbatschows Büro den gesamten sechsten Bereich in den Kreml überführen und sperrte ihn für die Öffentlichkeit. «Boldin war einer der Experten in Jakowlews Kommission, und sie konnten von ihm nichts erfahren. Deshalb nehme ich an, daß die Geheimprotokolle dort liegen.» Der höchsten Sicherheitsstufe unterliegen die Spezialakten des Politbüros, deren Existenz nur einem inneren Kreis bekannt war. Sie bleiben weiterhin verschlossen.

Es ist umstritten, was und seit wann Gorbatschow und später Jelzin von Katyń oder den Geheimprotokollen des Hitler-Stalin-Paktes wußten. «Ich kann nicht glauben, daß Boldin sich mit den

Akten zu Katyń beschäftigt hat, ohne Gorbatschow darüber zu berichten. Gorbatschow nahestehende Menschen erklären, er habe nur ungern Dokumente durchgesehen. Unangenehme Dinge habe er immer hinausgeschoben, bis es zu spät war. So war Gorbatschows ganze Mentalität. Tschernjajew sagt, Gorbatschow habe eine allergische Abneigung gegen Akten gehabt, und das wirkte sich auch auf die Perestrojka aus.»

Besymenskijs Schilderung der Kommission unter Jakowlew macht deutlich, daß sogar für die Zukunft der Sowjetunion entscheidende Fragen nicht auf der Grundlage der tatsächlichen Sachverhalte gelöst wurden. Statt dessen gaben persönliche Machtkämpfe den Ausschlag, die bei einer vernünftigeren Politik keine Rolle spielen würden. Obwohl Glasnost und Perestrojka vernünftige Konzepte gewesen sein mögen, konnten sie innerhalb des bestehenden Rahmens nicht durchgeführt werden, sie waren ein weiteres Motiv dafür, die Menschen in der verzweifelten und schließlich chaotischen Situation gegeneinander auszuspielen.

Auf einem Treffen des Politbüros Ende 1988 schlugen Jakowlew, Schewardnadse und Wadim Medwedew (zu dieser Zeit für Ideologie verantwortlich) vor, den Hitler-Stalin-Pakt zu verurteilen, wie Besymenskij berichtet. Ligatschow, Tschebrikow und Marschall Jasow waren dagegen. Wenn die baltischen Staaten wirklich gewaltsam und gegen ihren Willen einverleibt worden waren, dann müßten ihre Forderungen nach Unabhängigkeit sicher zu ihren Gunsten entschieden werden. Gorbatschow beendete die Diskussion. «Man kann nicht sagen, es sei das Verdienst der Glasnost oder der Historiker, daß der Pakt schließlich verurteilt wurde. Nur der externe Druck der Balten führte dazu.»

Auf dem ersten Kongreß der Volksdeputierten konnte Gorbatschow das Problem noch umgehen. Doch die Balten forderten die Einsetzung einer Kommission. «Zunächst versuchte Gorbatschow, ihnen das auszureden. Dann entschied er sich für einen klugen Schachzug: Er stimmte zu und übergab Jakowlew die Verantwortung für die ganze *démarche*, indem er ihn zum Vorsitzenden ernannte. Verhältnismäßig viele Mitglieder der Kommission waren Balten, so daß es bei der Arbeit weniger um eine reine

Untersuchung ging als vielmehr um den Kampf um Unabhängigkeit. Die Balten wurden von Jurij Afanasjew und einigen anderen unterstützt, während etwa Walentin Falin von der Internationalen Abteilung des Zentralkomitees nichts davon hören wollte.»

Sie konnten sich darauf einigen, daß die Geheimprotokolle existierten. In der Frage, ob die Protokolle verurteilt werden sollten, waren die Meinungen so geteilt, daß die Kommission nicht mehr arbeitsfähig war. Jakowlew erklärte, die Geheimprotokolle existierten, aber als Mitglied des Politbüros brauchte er zu ihrer Verurteilung die Zustimmung seiner Kollegen. Der fünfzigste Jahrestag des Paktes, der 23. August 1989, rückte näher, und in den baltischen Republiken kam es zu Massendemonstrationen. Die Mitglieder der Kommission beschlossen deshalb, daß es besser sei, die Sache zu klären und die Existenz der Geheimprotokolle und ihren verbrecherischen Charakter einzugestehen. Jakowlew konnte das Politbüro nicht überzeugen, Gorbatschow schwankte, und folglich gab die Kommission keinen Bericht ab.

«Gegenüber den Mitgliedern der Kommission erklärte Jakowlew schlauerweise, er werde so tun, als sei noch nichts geschehen. Er werde dem Volksdeputiertenkongreß dennoch berichten, aber als Privatmensch. Daraufhin erklärte die Mehrzahl der Deputierten, die Existenz der Geheimprotokolle sei eine von der Bourgeoisie erfundene Ente und der Pakt sei notwendig gewesen. Als abgestimmt wurde, bekam Jakowlew nicht die Mehrheit. Die gesamte Grundlage von Glasnost und Perestrojka wurde durch einen Volksdeputiertenkongreß bedroht, der sich weigerte, eine bewiesene Wahrheit zu akzeptieren.»

Die Deputierten wußten jedoch nicht, daß inzwischen ein Dokument aufgetaucht war. 1946 war ein Büroangestellter beauftragt worden, einige von Molotows Akten aus einem Archiv in ein anderes zu bringen. Der Mann notierte den Vorgang gewissenhaft und kopierte auch die Geheimprotokolle. Jemand aus dem Archiv übergab sie Schewardnadse, der sie an Jakowlew weiterleitete. An jenem Abend traf sich die Kommission und beschloß, das Dokument an die Öffentlichkeit zu bringen. Jakowlew tat dies am folgenden Tag im Volksdeputiertenkongreß.

Lukjanow leitete die Sitzung des Kongresses als Vorsitzender. «Lukjanow setzte seine ganze Macht ein, um die Verlesung zu stoppen. Gorbatschow saß mit versteinerter Miene da. Es wurde erneut abgestimmt, und Jakowlew erhielt die Mehrheit. Dies zeigt, wie wenig die Menschen bereit sind, Fakten zu akzeptieren. Homo Sovieticus. Wir haben unsere psychologischen Probleme immer unterschätzt.»

10 Erste Reformschritte

Der russifizierte Lette Otto Lacis gehört zu den führenden wirtschaftlichen und politischen Kommentatoren. Er wurde Berater Jakowlews, dessen Rolle er als «außerordentlich entscheidend» bezeichnet. Verschiedene gleichzeitige Machtkämpfe liefen in der Person Jakowlews zusammen. Er und Wadim Medwedew tauschten ihre Posten: Als der eine Sekretär für Ideologie wurde, wurde der andere Sekretär für Internationale Politik und umgekehrt. Gorbatschow hegte eine «seltsame Bewunderung für Medwedew, der eher langweilig und durchschnittlich war – viel beherrschter und vorsichtiger als Jakowlew».
 Da Ligatschow das ZK-Sekretariat leitete, wurde er als der zweite Mann in der Partei nach dem Generalsekretär gesehen. Lacis erklärt: «Sogar Leute, die in diesem Bereich arbeiteten, wußten nicht genau, wie die Aufgaben zwischen Jakowlew und Ligatschow verteilt waren. Sie verstrickten sich in einen immer erbitterter geführten Kampf. Jakowlew stand Gorbatschow persönlich wesentlich näher, vor allem wenn es um wichtige Dinge wie etwa den Brief von Nina Andrejewa ging. Er wurde auf Ligatschows Veranlassung veröffentlicht, was immer er auch dazu sagt. Als Gorbatschow und Jakowlew beide im Ausland waren, stand Ligatschow bei einer Redaktionsbesprechung dreimal auf, um eine Veröffentlichung zu empfehlen. Daraufhin erging vom Zentralkomitee die Direktive an regionale Zeitungen, den Brief abzudrucken. Einige Tage lang herrschte eine ideologische Verwirrung, als habe ein Staatsstreich stattgefunden. Keiner wußte, in welche Richtung das Land sich bewegen würde. Gorbatschow war entsetzt.

Nach seinem unter Pseudonym geschriebenen Artikel, in dem er Nina Andrejewas Brief widerlegte, wurde Jakowlew Vorsitzender des Komitees zur Rehabilitierung der Opfer Stalins. Dann leitete er eine Kommission, deren Vorsitzender theoretisch Gorbatschow war. Sie trug die Verantwortung für eine neue Ausgabe der Parteigeschichte, ein kanonisches Werk.»

Zu den wichtigsten Entwicklungen des Jahres 1988 gehörte die Bildung von «Volksfronten» in den einzelnen Republiken. Das Wort hatte einen kommunistischen Beigeschmack. Von Anfang an standen die Volksfronten unter dem Verdacht, KGB-Gebilde zu sein, die die regionalen Nationalismen kanalisieren und unschädlich machen sollten.

«Jakowlew unterstützte die Volksfronten öffentlich, vor allem im Baltikum. Ich reiste mit ihm 1988 nach Litauen und Lettland – zu einem Zeitpunkt, als die Volksfronten immer wichtiger wurden. Es wurde darüber diskutiert, ob sie unterdrückt werden sollten oder ihre Arbeit fortsetzen dürften. Jakowlew trug entscheidend dazu bei, daß die Unterdrückung von oben beendet wurde. Etwas später entwickelten sich die Volksfronten zu Unabhängigkeitsbewegungen. Damals wandten sich einige wegen seines Verhaltens erbost gegen Jakowlew, vor allem auf dem XXVII. Parteitag. Gorbatschow wollte diese Angriffe vermeiden, also versuchte er Jakowlew loszuwerden. Zunächst machte er ihn zum Leiter der Kommission, die den Hitler-Stalin-Pakt neu bewerten sollte. Die Kommission wurde eine der wichtigsten Stützen der baltischen Republiken, weil sie die Rechtfertigung für die Unabhängigkeit lieferte. Kurzzeitig leitete Jakowlew das ZK-Sekretariat für Internationale Politik, und er und Schewardnadse brachten die Militärs gegen sich auf, indem sie den taktischen Rückzug aus Osteuropa vorschlugen. In Diskussionen über die Zukunft der Partei übernahm Jakowlew erneut die Führung. Die Spaltung drohte, und Gorbatschow versuchte bis zum letzten Moment, dies zu verhindern. Seit dem XXVIII. Parteitag führte Jakowlew sehr entschlossen die Gruppierung, die auf einer formalen Spaltung der Partei bestand. Gorbatschow hätte nur seinen Widerstand aufgeben, Jakowlew folgen und sich vollends von Ligatschow trennen sollen. Doch Gorbatschow tendierte immer mehr zu einem Bündnis mit den Hardlinern.»

Die Tatsache, daß Gorbatschow sich Jakowlew vom Halse geschafft hatte, bedeutete aber nicht, daß Ligatschow gesiegt hatte. «Gorbatschow war nicht so dumm, Ligatschow seinen Job zu nehmen. Er machte einen brillanten taktischen Schachzug. Unter dem Vorwand, die Partei umzustrukturieren, schaffte er viele Organe ab. Es sollte kein Sekretariat mehr geben, sondern eine Reihe einzelner Kommissionen, die nicht der Kontrolle der Apparatschiks unterstanden. Auf einmal entdeckte Ligatschow, daß er zwar noch einen Posten, ein großes Auto und einen imposanten Titel hatte, aber nicht mehr die Aufsicht über den gesamten Apparat wie zuvor.»

Zwischen der XIX. Parteikonferenz und dem XXVIII. Parteitag wurde der ganze Apparat des Parteistaats abgebaut. Erst Mitte 1989 begriffen die Funktionäre des Parteistaats, daß Perestrojka und Umstrukturierung keine leeren Worte waren, mit denen die Öffentlichkeit beschwichtigt werden sollte. Durch die Parteidisziplin hatten sie sich daran gewöhnt, den Taten und Worten des Generalsekretärs immer zu vertrauen. Als sie versuchten, wieder an die Macht zu kommen, erkannten sie, daß der Parteiapparat, ihr einziges Instrument, nicht mehr funktionsfähig war.

Gorbatschow durchlief während seiner Amtszeit einen Lernprozeß. Er erkannte schließlich die Unzulänglichkeiten des administrativen Kommandosystems, verfügte aber nicht über ein Modell, durch das man es ersetzen konnte. Seine politischen Überzeugungen standen ihm im Wege. Er glaubte den Konsens herstellen zu müssen. Nach den Wahlen von 1989 erkannte er jedoch genauso langsam wie andere Apparatschiks, daß sich die Macht nicht mehr in der Partei konzentrierte, sondern auf den erneuerten Sowjet, den Kongreß, übergegangen war.

Die Wirtschaftspolitik ist ein Beispiel für seinen fehlgeschlagenen Versuch, einen Konsens zu schaffen. Im Sommer 1987 arbeiteten zum Beispiel zwei vollkommen unabhängige Gruppen gleichzeitig in einer Datscha am Rande Moskaus, die früher Andrej Schdanow, Stalins Mann für die unangenehmen Aufträge, gehörte.

Sie sollten wirtschaftspolitische Pläne ausarbeiten. Der Gruppe des Zentralkomitees, die von Jakowlew geleitet wurde, gehörten Abalkin, Abel Aganbegjan, Walentin Pawlow, Lacis selbst und noch einige andere an. Die zweite Gruppe, geleitet von Premierminister Nikolaj Ryschkow, kam aus dem Ministerrat. Als ihre Ergebnisse vorgestellt und verglichen wurden, stellte sich heraus, daß es nicht die geringste Übereinstimmung gab.

«Wohl auf der Grundlage dieser Entwürfe begann man 1988, das Reformprogramm mit all seinen Widersprüchen in eine feste Form zu bringen. Ryschkow begann seine Arbeit auf der Grundlage eines geschätzten Haushaltsdefizits von 100 Milliarden Rubel, einer unglaublichen Summe, die eine katastrophale Inflation erwarten ließ. Unser Land ist weltweit das einzige, in dem die Staatsbank direkt dem Finanzministerium untersteht und Kredite in beliebiger Höhe ohne Deckung einräumen kann. 1989 wurde zum erstenmal ein Haushaltsdefizit eingestanden, in der Höhe von 36 Milliarden Rubeln. Jegor Gajdar, ein Volkswirtschaftler (später Jelzins Premierminister) und ich warnten in einem Artikel, ein Defizit in dieser Höhe werde zum Zusammenbruch führen. Niemand protestierte. Dann setzte Jurij Masljukow, der Leiter von Gosplan, einen Trick ein: Er erklärte, man habe im kommenden Jahr ein Defizit von 127 Milliarden Rubeln erwartet, also sei eines von ‹nur› 100 Milliarden eine Verbesserung. Auch das entsprach noch 12 Prozent des Bruttosozialprodukts. Ryschkow wollte sich nicht mit der mächtigen Lobby des militärisch-industriellen Komplexes anlegen oder die staatlichen Subventionen für Prestigeprojekte wie Eisenbahnen oder Dämme kürzen. Er wußte, wie man eine Fabrik leitet, hatte sich aber noch nie mit Angebot und Nachfrage befassen oder ein Defizit decken müssen. Weiter reichte sein wirtschaftliches Verständnis nicht. 1990 hätte die Wirtschaft noch gerettet werden können. Danach war es zu spät.»

Noch 1990 ließ Gorbatschow rivalisierende Gruppen von Wirtschaftsexperten für sich arbeiten. Das eine Team war für die schnelle Einführung der freien Marktwirtschaft. Das andere, noch unter der Leitung Ryschkows, lehnte Privateigentum zugunsten von verstärkter Zentralisierung ab. Diese unvereinbaren Konzepte wurden im Schatalin-Plan, benannt nach einem der Experten, die die Marktöffnung vorantreiben wollten, zusammengeschustert. Der Plan sollte nach 400 Tagen (später, um der runderen Zahl willen, nach 500 Tagen) ausgeführt sein. Unter diesen Umständen war Konsens gleichbedeutend mit Kollaps. Gorbatschow verschob eine schwere Entscheidung durch eine künstliche Versöhnung und blockierte so die Wirtschaft, und damit die Zukunft der Partei und der Sowjetunion, mit Machtkämpfen, die nur in Widersprüchen und Lähmung enden konnten.

Hat Gorbatschow nicht geahnt, daß er im Volksdeputiertenkongreß seine Macht verlieren könnte?

«Vielleicht ahnte er es, vielleicht auch nicht. Die Entscheidung für den Kongreß war Teil eines internen Manövers, mit dem er sich von Jelzin distanzieren wollte. Die Hardliner gingen davon aus, daß das Gerede über die Wahlen nur aus schönen Worten bestehe und sie die Macht übernehmen würden, was sie in der Hälfte des russischen Gebietes auch taten. Erst im letzten Augenblick begriffen sie, daß sie in den großen Städten verlieren könnten. Dann warfen die regionalen Parteikomitees Moskau Verrat vor. Durch diese Wahl konnte Jelzin sich an die Spitze der demokratischen Bewegung stellen. Was er unter Demokratie verstand, ist sehr schwer einzuschätzen und eigentlich unwesentlich. Der Rauswurf aus dem Politbüro hatte ihn zum Helden gemacht. Er stand für einen sofortigen und entschiedenen Protest.

Ich leitete den Wahlkampf des Akademiemitglieds Bogomolow, der gegen einen Fabrikdirektor und alten Apparatschik namens Brjantschin antreten mußte. Jener führte einen erbärmlichen Wahlkampf mit der Aussage, man müsse der Partei vertrauen. Bis zwei Tage vor der Wahl lieferten sie sich ein Kopf-an-Kopf-Rennen, dann setzte sich Bogomolow entschlossen gegen die ungerechten Angriffe gegen Jelzin zur Wehr. Er gewann mit über 50 Prozent. Es war möglich geworden, die Dinge selbst zu überprüfen und sich selbst einen Eindruck zu verschaffen, einen Parteibonzen abzuwählen und für einen unbekannten Kandidaten zu stimmen.»

Professor Jerry Hough, ein amerikanischer Sowjetologe und ideenreicher Autor, glaubte 1988, das sowjetische System werde innerhalb der nächsten fünf bis zehn Jahre zusammenbrechen. Zwei Jahre später war er der Ansicht, Gorbatschow habe die Situation wieder im Griff. Er werde sicherlich bis 1995 an der Macht bleiben. Auf ähnlichen Phantasievorstellungen beruhten die Zahlen des CIA, der die sowjetischen Wachstumsraten enorm überschätzte und daraus schloß, die sowjetische Wirtschaft unterscheide sich in ihrer Größenordnung nicht grundlegend von der amerikanischen. Nach dem Anstieg des Ölpreises in den siebziger Jahren verdiente die Sowjetunion allein mit Erdölexporten über 170 Milliarden Dollar. Das Vermögen wurde verschwendet, wie, weiß keiner genau. Bei der statistischen Erfassung des Lebensstandards in allen Ländern nahm die Sowjetunion ungefähr den 60. Platz ein.

Wassilij Seljunin setzte sich mehr als andere sowjetische Wirtschaftswissenschaftler dafür ein, die wirkliche Lage der Dinge zu ergründen. Er war bei einer Fachzeitschrift angestellt. 1979 setzte er gemeinsam mit seinem Kollegen Grigorij Chanin Methoden ein, die nicht auf den gefälschten offiziellen Statistiken basierten, um ein Modell der sowjetischen Wirtschaft zu entwerfen. Sie kamen zu dem Ergebnis, daß die Wirtschaft, sollte es nicht zu Veränderungen kommen, Mitte der neunziger Jahre zusammenbrechen werde. Aufgrund von Glasnost konnte eine kritische Darstellung der industriellen und wirtschaftlichen Fehlschläge erst 1987 in der Zeitschrift *Nowyj Mir* veröffentlicht werden, als schon deutlich war, daß die Wirtschaft sich so entwickelte, wie sie es prognostiziert hatten, und eben nicht nach den Voraussagen der amtlichen sowjetischen oder amerikanischen Stellen. Nach Seljunins Meinung hätte jemand anderes als Gorbatschow versuchen können, den drohenden Zusammenbruch gewaltsam abzuwenden, doch die Folgen wären in diesem Fall wirklich schrecklich gewesen.

1986 veröffentlichte Seljunin den ersten von vielen Artikeln, mit denen er die Gegner von Gorbatschows Programm unterstützte. «Zu seinen Gunsten muß ich sagen, daß er darauf nicht beleidigt reagierte. Er äußerte sich mir gegenüber ziemlich unverständlich, etwa so, daß ich ein Extremist sei, aber dennoch recht habe.

Seine Reformen sollten Mittel zum Zweck sein. Das Land war hinter dem Westen im wissenschaftlichen und technischen Bereich eine ganze Epoche zurückgeblieben, wie man vor allem an der Werkzeugmaschinenindustrie sieht. Unsere Maschinen waren äußerst schlecht, was den Rückstand erklärte. Gorbatschow trat dafür ein, daß die gesamten fünf Jahre des zwölften Fünfjahresplans (1986 bis 1990) der Produktion moderner Maschinen gewidmet werden sollten. Im dreizehnten, vierzehnten und fünfzehnten Fünfjahresplan könnte man in Betracht ziehen, den allgemeinen Lebensstandard zu heben. Das bedeutete, daß es bei der zentralen Planung blieb. Die Bevölkerung mußte den Gürtel enger schnallen und wieder einmal den Westen einholen. Gorbatschow schlug sogar eine Maßnahme vor, die seit Stalins Tagen nicht mehr eingesetzt worden war: Die Investitionen im Bereich Maschinenbau sollten auf Kosten der Konsumgüter erhöht werden. Durch Gulag und Unterdrückung hatte der Parteistaat die Bevölkerung immer gezwungen, einen sinkenden Lebensstandard hinzunehmen, doch weder ein Fünfjahresplan noch auch nur die Zielvorgaben eines Jahres konnten je erfüllt werden. Es wurde auch keine Gewalt mehr angewandt. Mit anderen Worten: Das administrative Kommandosystem befand sich in einer absoluten Krise. Das Programm zur Beschleunigung des Fortschritts durch den Bau von Werkzeugmaschinen war von Anfang an zum Scheitern verurteilt.»

Vier Fünftel der Werkzeugmaschinenindustrie stellten Waffen oder Anlagen zur Waffenproduktion her. Die Hälfte aller Arbeitskräfte in der Industrie war im Bereich Werkzeugmaschinenbau beschäftigt. Keine andere Wirtschaft war so stark militarisiert. Eine Umstrukturierung ohne eine gleichzeitige Verringerung der Waffenproduktion bedeutete nur einen weiteren Ausbau der Rüstungsanlagen.

Der militärisch-industrielle Komplex funktionierte gut, vielleicht besser als im Westen, denn er produzierte mehr Waffentypen, wie etwa Panzer, Raketen und Atom-U-Boote, als alle NATO-Staaten zusammen. «Doch bei der Produktion hochentwickelter Waffen wurden wir um Längen geschlagen. Das amerikanische Star-Wars-Programm löste bei uns große Panik aus, da die sowjetische Industrie nichts dergleichen produzieren konnte. Gorbatschows Reformplan für den Werkzeugmaschinenbau bedeutete im wesentlichen, daß wir unsere frühere militärische Überlegenheit wiederherstellen und so die sowjetische Wirtschaft weiter militarisieren konnten. Aber eigentlich mußte sie von ihren Weltmachtambitionen weg auf die Bedürfnisse der Menschen hin gelenkt werden. Das konnte nur durch die Einführung des Marktes geschehen. Um zum Markt übergehen zu können, hätte das administrative Kommandosystem ganz abgeschafft werden müssen.» Seljunin verwies auf die beiden Deutschlands, die zwei Koreas und die drei Chinas (mit Taiwan und Hongkong) als Fälle, in denen aus historischen Gründen das gleiche Volk in verschiedenen Systemen lebt. Wirtschaftliche Vergleiche zwischen den jeweiligen Teilen bedürfen keines Kommentars.

«Gorbatschow wollte nie einsehen, daß man keinen Markt haben kann, ohne vorher Eigentum zu privatisieren. Das Wesentliche am Kommunismus ist die Abschaffung von Privateigentum. 1988 wurde Gorbatschow auf einem Studentenkongreß in Moskau gefragt, wie sein Verhältnis zum Privateigentum sei. Er antwortete, seine Haltung sei die des *Kommunistischen Manifestes*. Das war verblüffend, doch ich glaube, er meinte es wirklich so. Er änderte seine Weltanschauung nie.»

Das Gesetz über den staatlichen Betrieb trat am 1. Januar 1988 in Kraft. Die riesigen industriellen Monopole blieben weiterhin bestehen, aber sie erhielten einen gewissen Grad an Freiheit bei der Führung ihrer Geschäfte. «Man kann selten einen Fehler so genau datieren. Niemals hätten die staatlichen Betriebe unabhängig werden dürfen. Sie hatten alle Rechte eines Eigentümers, aber keinerlei Verantwortung. Sie konnten nie bankrott gehen. Sie erhöhten die Gehälter ohne Rücksicht auf die Produktion oder die Kosten. Unsere Gruppe von Volkswirten erklärte, dieses Gesetz werde katastrophale Folgen haben, doch Gorbatschow und seine Leute verstanden es einfach nicht. Es schadete unserer Wirtschaft außerordentlich. Die Läden waren leer. Der Handel fand nur auf der Straße, auf dem Schwarzmarkt statt. Zwischen 1988 und 1991 sank die Produktion um über 25 Prozent. Sie druckten Geld. Investiert wurde bei uns nur durch den Staat, über das Haushaltsbudget. Ebenso die Verteidigungsausgaben. Deshalb hatten wir auch ein Haushaltsdefizit von über 20 Prozent. Wenn man sich anschaut, zu welchen Zeitpunkten das Militär in Lateinamerika putschte, so stellt man fest, daß die Putsche oft mit einem Haushaltsdefizit von 20 Prozent zusammenfielen. Dann wird ein Staat unregierbar.

Im Juni 1990 wurde ich mit anderen Nationalökonomen zu einem Treffen mit Gorbatschow eingeladen. Gleich zu Beginn sagte er, General Jaruzelski habe ihm in einem Telefongespräch von Arbeitslosigkeit und steigenden Preisen in Polen berichtet. Gorbatschow fragte uns, wie man das bei einer Reform vermeiden könne. Die Volkswirtin Larissa Pijassewa und ich waren gerade aus Polen zurückgekehrt und erklärten ihm, daß die dortigen Entwicklungen nicht erschreckend seien. Er hörte uns aufmerksam zu, nickte zustimmend. Wir unterhielten uns fünf Stunden lang. Als wir gingen, hätte er uns beinahe alle umarmt, und er sagte, er werde sich jetzt endlich für die Schocktherapie entscheiden. So verstanden wir ihn zumindest. Zwei Tage später hielt er in Odessa, einem Militärdistrikt, eine Rede und sagte genau das Gegenteil. Ohne Namen zu nennen, sprach er von ‹gewissen Elementen›, die uns zu einer ‹Schocktherapie› zwingen wollten, und daß wir sie nicht anwenden würden. Er war nicht der Mann dafür.»

Die meiste Zeit des Jahres 1990 war Nikolaj Petrakow Gorbatschows wichtigster Berater in Wirtschaftsfragen. Wie Seljunin kennt er sich mit westlichen Wirtschaftstheorien aus, zu denen er in seinem wissenschaftlichen Institut Zugang hatte. Früher oder später, glaubte er, werde der Kommunismus zwangsläufig zusammenbrechen. Daß dies so schnell geschah, lag an Gorbatschow. Ein anderer hätte vielleicht nicht so zielsicher die Maßnahmen ergiffen, die direkt zu diesem Ergebnis führten. Eine Wiederbelebung, sogar der bloße Fortbestand erwies sich aus einem einfachen Grund als unmöglich: Das kommunistische System schuf keine Anreize. Wenn die Motivation fehlt, die Industrieproduktion zu verbessern, dann reagieren die Menschen nur auf Zwang. Der

Reichtum der Sowjetunion, den sie der von der OPEC geschaffenen Energiekrise verdankte, hatte die Illusion einer funktionierenden Wirtschaft entstehen lassen.

Gorbatschow und die Führung erkannten, daß die ungezügelten Ausgaben für Waffen, um mit den Vereinigten Staaten gleichzuziehen, das Land gefährdeten. Dennoch glaubten sie, zusätzliche Investitionen in Technologie und Industrie könnten die Krise abwenden, ohne eine Umstrukturierung der Wirtschaft nötig zu machen. Dies war Aganbegjans ursprünglicher Ratschlag. «Ich denke nicht, daß die Lage 1990 kritischer war als fünf Jahre zuvor», sagt Petrakow. «Gorbatschows Bestreben, die Sowjetunion funktionsfähig zu halten, und der aufgeblähte militärisch-industrielle Komplex verschlangen die Reserven. Eine der wichtigsten Fragen war die Rückgabe von Privateigentum. Viele totalitäre Staaten – Deutschland, Japan, Spanien – hatten wieder demokratische Regeln und Lebensweisen einführen können, nachdem der Diktator entmachtet worden war. Das Dogma der Diktatur des Proletariats hatte die sowjetische Wirtschaft gelähmt.»

Hat Gorbatschow Privateigentum und Freiheit miteinander verknüpft?

«Ich habe ein ganzes Jahr lang versucht, ihm das zu erklären, und nachdem ich dabei grandios versagt hatte, mußte ich zurücktreten. Ich hatte schon neun Jahre früher zum erstenmal mit ihm darüber gesprochen. Vor kurzem habe ich mich mit ihm unterhalten, und ich bin überzeugt, er denkt immer noch nicht, daß die Privatisierung von Eigentum ein wesentlicher Antrieb für soziale Veränderungen ist. Er bleibt weiterhin ein überzeugter Reformer des sozialistischen Systems.»

Zwei Monate nach Petrakows Ernennung zum Wirtschaftsberater wurde der Schatalin-Plan aufgestellt. Hätte er Erfolg haben können? Nach Jakowlews Meinung war er die letzte Chance und seine Ablehnung Gorbatschows größter Fehler.

Der Plan wurde nur aus politischen Gründen nach Schatalin benannt. Während der ganzen Zeit, in der der Plan ausgearbeitet wurde, lag Schatalin im Krankenhaus; er hat keine einzige Zeile davon geschrieben. Der Plan wurde hauptsächlich von Jawlinskij und mir vorbereitet. Damals hatte er eine Chance auf Erfolg. Während er diskutiert wurde, geriet Gorbatschow unter starken Druck von seiten der Parteibürokraten, die mich nicht ausstehen konnten. Er gab auf. Das ist ein interessantes Beispiel für die politischen Schachzüge in der Zeit, als man versuchte, die direkte Konfrontation zwischen Gorbatschow und Jelzin abzubauen. Jelzin verfügte immer noch über eine schwache politische Plattform und wollte sicher gern jede Arbeit ausführen, die Gorbatschow ihm gab. Gorbatschow erlaubte den Hardlinern, diesen Schachzug zu durchkreuzen. Sein mangelnder Mut war eine politische Schwäche. Aber man sollte seine persönliche Rolle auch nicht unterschätzen. In der Frage, ob sein Handeln zufällig oder geplant war, sehe ich eine Parallele zu Kolumbus, der Amerika entdeckte, aber bis an sein Lebensende glaubte, es sei Indien. Wie Kolumbus hat Gorbatschow etwas Unglaubliches erreicht, aber er hat erst später erkannt, was es war.»

Anders Åslund vom Stockholm Institute of International Economic Studies hat das Desaster wirtschaftspolitischer Maßnahmen, die Hals über Kopf ergriffen wurden, schlüssiger als andere westliche Wirtschaftswissenschaftler analysiert. Sein Buch *Gorbachev's Struggle for Economic Reform* dokumentiert das Unwissen und die Illusionen, denen sich die Sowjetunion hingab. Nach 1991 wurde Åslund Wirtschaftsberater Jelzins.

Die ausschlaggebende Tatsache war für Åslund, daß die Diktatur der Nomenklatura nur in ihrem eigenen Interesse regierte. Die nationalen Interessen wurden den eigenen Privilegien untergeordnet. Da die Nomenklatura keine wirtschaftliche Dynamik entfalten konnte, war klar, daß sie eines Tages abgesetzt werden würde.

«Ein Großteil der Führung erkannte, daß diese Gesellschaft langfristig nicht lebensfähig war. Gleichzeitig sahen sie jedoch keine Lösungen. Sie unterstützten Gorbatschow halbherzig und nur deshalb, weil er als einziger wenigstens etwas tun wollte. Die anderen wollten so lange wie möglich das alte System erhalten.»

Zwischen 1985 und 1991 legten die führenden Mitglieder des sowjetischen Politbüros mindestens fünf verschiedene Wirtschaftsprogramme vor. Der Vorstoß zur Anerkennung des Marktes und des freien Unternehmertums traf auf den Widerstand des administrativen Kommandosystems. Gorbatschow, unfähig, eine Entscheidung zu fällen, wurde von diesen Machtkämpfen in seiner Umgebung hilflos hin- und hergerissen, befürwortete mal dieses und mal jenes. Aus seinem Amtszimmer kamen ständig widersprüchliche und unsinnige Erlasse, Verordnungen, Gesetze und Phrasen. Niemand in der Führung scheint sich darüber Gedanken gemacht zu haben, wie die Grundlagen für die verfassungsrechtlichen und gesetzlichen Infrastrukturen geschaffen werden könnten, ohne die ein Markt nicht funktionieren kann: Vertragsrecht, Eigentumsrechte, Zivilrecht und eine unabhängige Justiz, die das Recht interpretiert und vollstreckt. Das Konzept des Marktes hatte etwas von einem Fetisch, der vom Westen übernommen werden konnte, wo seine magischen Kräfte sich als wirkungsvoll erwiesen hatten.

«In der russischen Politik wird improvisiert, weil es ständig diese Auseinandersetzungen gibt. Um zu gewinnen, muß man seine Gegner mit etwas überraschen, und dazu wiederum muß man improvisieren können. Um das Wirtschaftssystem zu ändern, muß man zu archaischen und überkommenen Mitteln greifen, aber auf diese Weise wird man nie die Möglichkeit zur Reform haben. Der sich daraus ergebende politische Widerspruch ist ein idealer Weg, um das ganze Wirtschaftssystem zu ändern. Ich würde sagen, daß wahrscheinlich keiner der sowjetischen Nationalökonomen viel von Makroökonomie verstand. Es gab jüngere Leute, die Gorbatschow hätte zu Rate ziehen können, und es ist auffallend, daß er es nicht tat. Der Schatalin-Plan konnte nicht wirklich funktionieren, doch war er der erste vernünftige Plan zur Stabilisierung der Wirtschaft und zu weitreichender Privatisierung. Er war als großer qualitativer Schritt für alle Bereiche wichtig, da Gorbatschow ihn unterstützte – oder jedenfalls zu unterstützen schien, als er politisch schwach war. Einige Tage nachdem das Konzept völlig aufgegeben worden war, sagte er, wir hätten nur einen Plan fallenlassen, der wie ein Zugfahrplan ausgesehen habe. Doch so ging Gorbatschow vor. Er hätte seine Position nie erreicht, wenn er keine Kompromisse gemacht hätte. Jelzin wiederum hätte nie seine Position erreicht, wenn er nicht das genaue Gegenteil gewesen wäre – ein Mann, der seinen Standpunkt vertritt. Um das System zu stürzen, benötigte man wirklich jemanden, der Kompromisse eingehen konnte und gleichzeitig etwas Neues durchsetzen wollte. Der Vorteil an Gorbatschow war, daß er den Zusammenbruch des Systems schnell bewirkte – und zwar auf einigermaßen geordnete Weise und mit relativ wenigen menschlichen Opfern, angesichts der großen Leistung, die er vollbrachte. Sein Problem war nur, daß er Aufbau mit Zerstörung verwechselte. Wenn er nicht an die Reformierbarkeit des Sozialismus geglaubt hätte, hätte er ihn niemals zerstören können. Das ist die ironische Seite des Ganzen. Gorbatschow konnte den Sozialismus nur erfolgreich zerstören, weil er genau das nicht tun wollte.«

11 Krieg als Klassenkampf

Die beiden Lager des Kalten Krieges verfolgten mit der Entspannung entgegengesetzte Ziele. Für den Westen bedeutete sie den Abbau von Spannungen, was zur Reduzierung der Waffenpotentiale führen sollte. Wenn die Sowjetunion daraufhin ihre Handels-, Kultur- und militärischen Beziehungen normalisieren würde, so argumentierte man jahrelang in den westlichen Hauptstädten, dann könnte sie sich aus den furchtbaren, ja apokalyptischen Machtkämpfen zurückziehen, mit denen sie den Rest der Welt überzog. Über 400 Jahre lang hatten das zaristische Rußland und später die Sowjetunion territoriale Expansionspolitik betrieben, aber selbst verantwortungsbewußte westliche Staatsmänner meinten, daß man die Angst der Sowjets vor einer Umzingelung respektieren müsse. Der grundlegende Irrtum war die Auffassung, die Zusammenarbeit mit der Sowjetunion könne den Widerstand gegen sie ersparen. Für die Sowjetunion galt Breschnews Definition aus dem Jahre 1976: «Entspannung hebt in keiner Weise die Gesetze des Klassenkampfes auf und kann sie auch weder aufheben noch verändern. Wir verschweigen nicht die Tatsache, daß wir in der Entspannung einen Weg zur Schaffung günstigerer Bedingungen für den friedlichen Aufbau von Sozialismus und Kommunismus sehen.»

Unter dem Deckmantel der Entspannung und ihrer Zwillingsschwester, der friedlichen Koexistenz, erreichte die Sowjetunion militärisches Gleichgewicht mit den Vereinigten Staaten und der NATO. Schewtschenko, der Stellvertretende Generalsekretär der Vereinten Nationen, der in den Westen überlief, drückte es so aus: «Die Sowjetunion hat nie daran gedacht, Abkommen zuzustimmen, die sie in irgendeiner Weise an der Verfolgung ihrer Ziele hindern könnten.»

Die Abrüstungsgespräche wurden geheim, ermüdend detailreich und in dem grauenhaften Jargon der «Erstschlagfähigkeit» und der «Vernichtungspotentiale» geführt. Dadurch wirkten sie gleichzeitig langweilig und beunruhigend. Die Staatsoberhäupter waren anscheinend oft bereit, die komplexen Sachverhalte der Verantwortung von Experten und Offizieren zu übergeben, als ob sie selbst weder eine genaue Vorstellung von den technischen Einzelheiten noch die Kontrolle über die endgültigen Entscheidungen gehabt hätten. Breschnew und seine Nachfolger leiteten die letzte ernsthafte Krise des Kalten Krieges ein, indem sie die SS 20 aufstellten, eine Rakete, der erstmals ganz Westeuropa auf Gedeih und Verderb ausgeliefert war. Eine erfolgreiche Aggression führte zur nächsten: der Einmarsch in Afghanistan, die Unterdrückung der Massenbewegung der Solidarność in Polen, die sowjetische Intervention in Mittelamerika. Im Gegenzug stellte der Westen die Pershing II und Cruise Missiles auf. Mit der Begründung, Deutschland könne sowohl Abschußboden als auch Ziel künftiger Raketenangriffe sein, stimmten die deutschen Sozialdemokraten gegen die NATO-Pläne. «Ich glaubte, daß es einen direkteren Weg zu Abrüstung und Rüstungskontrolle gab», pflegte der ehemalige Kanzler Willy Brandt zu sagen. Darum ging es nicht. Zwischen der Helsinki-Schlußakte und Gorbatschows Amtsantritt wurden die Sowjets durch die Angstgefühle der Deutschen in der Hoffnung bestärkt, daß die deutsche Neutralität in greifbarer Nähe liege.

An vier der vierzehn amerikanisch-sowjetischen Gipfelkonferenzen der Nachkriegszeit nahmen Gorbatschow und Reagan teil. Präsident Bush und Gorbatschow trafen sich im Dezember 1989 auf Malta und sechs Monate später noch einmal in Washington. Reagan hatte seine Abneigung gegen Atomwaffen nie verheimlicht. Die Wissenschaftler diskutierten die Vor- und Nachteile von Star Wars, aber er hielt an seiner Überzeugung fest, dieses weltraumgestützte Programm werde die nukleare Bedrohung verringern und vielleicht sogar aus der Welt schaffen, da es Atomraketen zerstören könne, bevor sie ihr Ziel erreichten. Es entstand auch die Vorstellung, die Vereinigten Staaten könnten die Sowjetunion zu einem Wettrüsten zwingen, das deren Wirtschaft ruinieren würde.

Wie seine Vorgänger hoffte Gorbatschow, den Westen zur freiwilligen Einschränkung seiner Verteidigungskräfte bewegen zu können. Und darüber hinaus sollte der Westen Verträgen zustimmen, in denen die Breschnew-Doktrin eine neue Blüte erlebte. Perestrojka, Gorbatschows innenpolitische Version der Entspannung, schien die Art von Normalisierung zu sein, auf die der Westen so lange gewartet hatte. Gorbatschows Ansehen im Westen wuchs weiter: Er wurde Politiker des Jahres in Deutschland, vom Magazin *Time* zum Mann des Jahrzehnts gewählt und erhielt viele Auszeichnungen, darunter den Friedensnobelpreis.

Wenn die Perestrojka auf die Sowjetunion beschränkt gewesen wäre, hätte sie langfristig zu jener Erneuerung führen können, für die Gorbatschow eintrat, und dadurch die Grundlagen für weitere Aktivitäten als Supermacht gesichert. Gorbatschow hätte nur Reagans Ausspruch über das Reich des Bösen zum Vorwand nehmen müssen, um die Gipfeltreffen hinauszuzögern und die militärischen Ausgaben zu kürzen, bis die zusätzlichen Ressourcen wieder zur Verfügung gestanden hätten. Keiner im Westen konnte die sowjetischen Geheimnisse zuverlässig ergründen. Desinformationen, etwa daß man die Staatsausgaben gerade erhöhe, wurden geglaubt. Niemand konnte bisher erklären, warum Gorbatschow statt dessen darauf bestand, die Perestrojka auch auf die Außenpolitik auszudehnen.

Die sowjetische Vorherrschaft beruhte immer auf dem unmißverständlichen Willen, Gewalt als letztes und maßgebliches Mittel der Politik anzuwenden. Der imaginäre weltweite Klassenkampf zwischen Kommunismus und Kapitalismus diente als ideologischer Deckmantel für rohe Gewalt. Jetzt mußte die neue sowjetische Außenpolitik im Gefolge der Perestrojka auf die realen Hoffnungen und Ängste reagieren. Das hatte direkte Konsequenzen. Die Ordnung des Kalten Krieges wurde in Frage gestellt. Die Teilung Deutschlands, die Besetzung der Volksdemokratien und der baltischen Republiken waren durch eine Ideologie gerechtfertigt worden, die man jetzt mit anderen Augen sah. Zahlreiche Nationalitätenkonflikte waren in der Sowjetunion durch die ideologisch begründete Gewaltanwendung unterdrückt worden. Wenn man an der ideologischen Rechtfertigung kommunistischer Eroberungen auch nur den leisesten Zweifel anmeldete, würden alte Ressentiments und offener Haß aus der Vergangenheit wieder aufbrechen. Diese Völker wußten, daß sie gegen ihren Willen mit vorgehaltener Waffe sowjetisiert worden waren. Sie würden mit Sicherheit ausprobieren, wie weit sie ihre verschiedenen Nationalismen wieder aufleben lassen könnten. Wer an einen Gewaltverzicht glaubte, hatte den Wesenskern des Kommunismus vollkommen mißverstanden.

Gorbatschow hat natürlich nie auf Gewalt verzichtet. Im Gegenteil, sowjetische Truppen schossen im ganzen Reich auf Demonstranten – in Tbilissi, in Nagornyj-Karabach, in Baku, im Fergana-Tal in Usbekistan, in Riga und in Vilnius. So schrecklich die Bilder auch waren, man konnte sie mit den Greueltaten der vergangenen siebzig Jahre nicht vergleichen. Die Intentionen waren grundsätzlich verschieden. Frühere sowjetische Führer hatten im Blutvergießen eine angemessene Form der Erweiterung des kommunistischen Machtmonopols gesehen. Gorbatschow geriet dadurch in Verlegenheit, und manchmal versuchte er sich herauszureden. Er leugnete gerne die Verantwortung, während er gleichzeitig die Nationalisten oder andere Demonstranten als Hooligans bezeichnete, die mit einer solchen Antwort rechnen müßten, wenn sie auf die Straße gingen.

Je stärker er den therapeutischen Wert der Perestrojka überall hervorhob, desto mehr lockerte er die Fesseln der Gewalt, die seine Machtstellung – und die seines Reiches – aufrechterhielten. Diese paradoxe Situation hatte er selbst geschaffen.

Bei Gipfelgesprächen und anderen Anlässen machte er spektakuläre Angebote zur Reduzierung des sowjetischen Militärs und zukünftiger Waffenentwicklungen. Etwa 1987 begann er von einem gemeinsamen Haus Europa zu sprechen, ein Ausdruck, der eher zum Diskurs über nationale als ideologische Fragen gehörte.

In einer Rede vor den Vereinten Nationen am 7. Dezember 1988 gab er eine Erklärung ab, die in der ganzen Welt widerhallte und vielleicht mehr als alles andere sein Image als Staatsmann festigte. «Gewalt und Gewaltandrohung können und dürfen nicht länger ein Instrument der Außenpolitik sein. Das gilt in erster Linie für Kernwaffen, aber es kommt nicht nur darauf an. Von allen und in erster Linie von den Stärkeren werden Selbstbeschränkung und vollständiger Ausschluß der Gewaltanwendung nach außen verlangt.» Diese Botschaft wiederholte er regelmäßig. Zehn Monate später sagte er etwa in Helsinki, wo «Finnlandisierung» schon seit langem ein Synonym für die Kollaboration mit der Sowjetunion geworden war: «Es gibt keine Rechtfertigung für irgendeine Form der Gewaltanwendung: weder die einer militärisch-politischen Allianz gegen eine andere, noch innerhalb einer Allianz, noch von einer der beiden Seiten gegen neutrale Staaten.»

Im Vorfeld der anstehenden Veränderungen machte er Eduard Schewardnadse zum Außenminister. Schewardnadse, 1928 in einem Dorf in Georgien geboren, hatte einen konventionellen Karriereweg durchlaufen, zunächst im Komsomol, dann in der Partei. Seinen Aufstieg verdankte er seinen Beziehungen zur Polizeitruppe des Innenministeriums und wahrscheinlich auch Kontakten zum KGB. 1976 hielt er auf der georgischen Parteikonferenz eine Rede im gängigen Stil: «Georgien nennt man das Land der Sonne. Doch die wahre Sonne ist für uns nicht im Osten, sondern im Norden, in Rußland aufgegangen – die Sonne der Leninschen Ideen.»

In Georgien war Korruption ein Lebensstil. Konstantin Simis hat beschrieben, wie Schewardnadse anfing, ihr Ausmaß zu dokumentieren, um die Korrupten so unter Druck zu setzen, daß sie ihn entweder unterstützten oder sich ihm nicht in den Weg stellten. Niemand war korrupter als Wassilij Mschawanadse, der langjährige Erste Sekretär Georgiens. «Er war ein kampfprobter Armeegeneral, erwies sich aber als ein ausgesprochen sanftmütiger und zutraulicher Mensch», schreibt Schewardnadse über seinen georgischen Mentor. «Ich konnte jedoch über bestimmte Eigenheiten seines Charakters nicht hinwegsehen ... Als sich mir die Möglichkeit bot, ihm dies zu sagen, tat ich es auch. Als Folge davon erhielt ich wenig später das Angebot, den Posten des Ersten Stellvertreters des Ministers für den Schutz der öffentlichen Ordnung Georgiens einzunehmen.» Nur wer an diesem Machtkampf beteiligt war, konnte seine Fähigkeiten zu hinterhältigen Erpressungen und Denunziationen, einschließlich der riskanten Aufgabe, einen gefährlichen Rivalen zu bestechen, unter Beweis stellen. Schon bald hatte Schewardnadse Mschawanadse als Ersten Sekretär Georgiens abgelöst. Er formuliert es zurückhaltend: «Ich mußte nach den Regeln spielen. Es gab keine andere Wahl.»

Als Außenminister entließ er sofort sieben von neun stellvertretenden Außenministern, sieben von zehn Sonderbotschaftern, die Hälfte der sechzehn Leiter regionaler Abteilungen und 68 Botschafter. Nur wenige waren Gorbatschow so ergeben und wiederholten und betonten die Linie des Generalsekretärs in ihrer Entwicklung so beharrlich. Schewardnadse schrieb Gorbatschow zu dessen sechzigstem Geburtstag einen Brief, den Raissa Gorbatschowa in ihren Memoiren zitiert: «Lange Zeit diente ich der Sache der Partei nach besten Kräften. Ich habe nie verschwiegen, und tue es auch jetzt nicht, daß ich meine Zweifel hatte, von beunruhigenden Gedanken gequält wurde und gegen innere Widersprüche zu kämpfen hatte. Stets setzte sich bei mir jedoch die Überzeugung durch, daß für unser Vaterland eines Tages die entscheidende Stunde schlagen würde. Nun, da sie geschlagen hat, spüre ich zum erstenmal, daß mein Leben in völligem Einklang mit der Partei und dem Volk steht.»

Im Februar 1987 wiederholte er während eines offiziellen Besuches in Ostberlin die Grundsätze der Helsinki-Schlußakte. «Wir glauben, daß die Stabilität und Unantastbarkeit der bestehenden Grenzen, die nach dem Zweiten Weltkrieg geschaffen und im internationalen Recht festgeschrieben wurden, eine äußerst zuverlässige Garantie für die friedliche und ruhige Entwicklung Europas darstellen.» An den beiden deutschen Staaten konnte man das gut sehen. Das nahe bevorstehende Schauspiel der Wiedervereinigung konnte man noch nicht erahnen.

Ein Jahr später äußerte sich Schewardnadse in seiner Antwort auf Gorbatschows Rede im Rahmen der XIX. Parteikonferenz erstmals öffentlich zur Nomenklatura. Er sagte, daß ihr die ideologische Grundlage ihres Machtmonopols genommen werde. Die Außenpolitik betrachte man nicht länger als erweiterten Klassenkampf. «Wir schaffen eine Außenpolitik, die für immer die Diskrepanz zwischen unseren Idealen und unserem Verhalten ausschließt ... Der Kampf zwischen den beiden einander gegenüberstehenden Systemen stellt nicht mehr die prägende Tendenz der gegenwärtigen Ära dar.»

Ligatschow erkannte jedoch schnell, daß dieser Umschwung das Ende für die Partei und die Sowjetunion bedeutete. Von da an warnte er wiederholt, daß die Wiedervereinigung Deutschlands bevorstehe. Dann werde die Sowjetunion ihren wichtigsten Gewinn aus dem Weltkrieg verlieren. Er ging zum Gegenangriff über: Klassenkampf und Außenpolitik würden identisch bleiben. In seinen Memoiren schreibt er verächtlich: «Ich war erstaunt, wie flexibel Schewardnadses politische Ansichten waren. Er konnte die Führer immer in allem unterstützen.»

«Wenn wir Gewalt anwenden müssen», erklärte Schewardnadse dem amerikanischen Außenminister James Baker im Juli 1989, «würde dies das Ende der Perestrojka bedeuten. Wir hätten versagt. Das wäre das Ende jeglicher Hoffnung für die Zukunft, das Ende all unserer Versuche, ein neues System, das auf menschlichen Werten basiert, zu schaffen. Wir wären nicht besser als die Menschen vor uns. Wir können nicht umkehren.»

Als Georgier hat Schewardnadse möglicherweise besser als Gorbatschow verstanden, daß der Kommunismus immer gewaltsam eingeführt und nie frei gewählt worden war. Ligatschow und anderen konnte er nur Szenarien von schlechteren Alternativen entgegenstellen. Er war kein guter Redner und hatte eine nörgelnde Stimme. Zum Zeitpunkt des XXVIII. Parteitags im Juli 1990 waren die Volksdemokratien schon ihre eigenen Herren, und Deutschland sollte drei Monate später endgültig wiedervereint sein. Schewardnadse wurde gefragt, ob er und Gorbatschow geahnt hätten, daß ihr Vorgehen zum Ende des Kommunismus und des Imperiums führen würde. «Ist der Untergang des Sozialismus in Osteuropa ein Mißerfolg der sowjetischen Diplomatie?» antwortete er rhetorisch. «Das wäre nur der Fall gewesen, wenn unsere Diplomatie die Veränderungen in den Nachbarstaaten hätte verhindern wollen. Die sowjetische Diplomatie hat sich nicht gegen die Auflösung aufgezwungener, fremder und totalitärer Regime gestellt und konnte das auch nicht.» In der *Prawda* wurde er damals so zitiert: «An sich spürten wir das, wußten wir das. Wir fühlten, daß alles einen tragischen Ausgang nehmen müßte, wenn es keine echten Veränderungen geben würde.»

Die kommunistischen Hardliner in seinem eigenen Ministerium kritisierten ihn 1990, einige Monate vor seinem Rücktritt. Die Sowjetunion habe ihr Ansehen in der Welt verloren. Sie sei ein großes Land, entgegnete er auf diesen Vorwurf, «doch in welcher Hinsicht groß? An Gebiet? Bevölkerung? Waffen? Oder den Problemen der Menschen? Dem Mangel an individuellen Rechten? An ungeordnetem Leben? Worauf sind wir, die wir faktisch die größte Kindersterblichkeitsrate des Planeten haben, eigentlich stolz? Es ist nicht leicht, diese Fragen zu beantworten: Wer seid ihr und wer wollt ihr sein? Ein gefürchtetes oder ein respektiertes Land?»

Bei seiner Ernennung war Schewardnadse eine jugendliche und sogar lebhafte Erscheinung, während der Amtszeit alterte er sichtbar. Sein Gesicht wurde dicker, und das Haar ergraute. Er wirkte abgehetzt. Im Apparat des Parteistaates war das Außenministerium ziemlich unbedeutend, ein kleines Rädchen im Getriebe, gelähmt durch die Internationale Abteilung des ZK, die einen ähnlichen, aber eher versteckten Aufgabenbereich hatte. Als Gorbatschows wichtigster Mann machte er aus einem immer hoffnungsloseren Job das beste, lächelte bei Fototerminen, wenn sich die Führer der Welt versammelten, und warf die erstarrten Dogmen, mit denen er groß geworden war, über Bord. Diese Arbeit verschlang auch ihn selbst.

Wjatscheslaw Daschitschew ist ein sowjetischer Experte von internationalem Rang und mit einem realistischen politischen Weitblick. Von 1982 bis 1990 leitete er eine Abteilung in einem der einflußreicheren Moskauer Think-tanks und befaßte sich dort mit dem weltweiten sozialistischen System. Er war auch Vorsitzender eines wissenschaftlichen Rates des Außenministeriums. Die Schlußakte von Helsinki, erklärt er, habe eine ganze Kette von Ereignissen ausgelöst. Die Sowjetunion konnte früher in der Dritten Welt Expansionspolitik betreiben. Dies hatte den Anschein von weltpolitischem Einfluß, verhinderte aber die Isolation, die das System brauchte, um erfolgreich zu sein. Der Einmarsch in Ländern wie Angola oder Äthiopien zerstörte den Entspannungsprozeß, was wiederum den Westen davon überzeugte, daß die sowjetischen Führer kein Interesse am Abbau der Spannungen hätten. Manche, wie der ehemalige führende Ideologe Michail Suslow, wollten die Entspannung zunichte machen, weil sie sie für schädlich hielten. Nicht nur das Ansehen der sowjetischen Führer litt darunter, sondern auch die Amerikaner reagierten darauf, indem sie unter Reagan durch Star Wars den Rüstungswettlauf forcierten – eine Ermüdungsstrategie. In den frühen achtziger Jahren hatten Daschitschew und andere erkannt, daß die Breschnewsche Expansionspolitik in eine Sackgasse geführt hatte. Er begann entsprechende Memoranden vorzubereiten.

Eines seiner Grundsatzpapiere aus dem November 1987 trug den Titel *Einige Aspekte der deutschen Frage.* «Zum erstenmal seit den fünfziger Jahren wurde die Möglichkeit der deutschen Wiedervereinigung in Betracht gezogen. Das Verteidigungsministerium, das Außenministerium und sein wissenschaftlicher Rat sowie andere Parteibehörden reagierten äußerst negativ. Ich bereitete diese Memoranden zu unserer Deutschlandpolitik für Schewardnadse vor und schickte sie auch an Gorbatschow. Schewardnadse sagt, er sei schon 1986 zu dem Schluß gekommen, daß die Deutschlandfrage auf der Tagesordnung der europäischen Entwicklung stehen werde. Das war ein Tabuthema, das man nicht öffentlich anschneiden durfte. Die deutsche Teilung sicherte unsere Vorherrschaft über Osteuropa. Es war eine hitlersche Politik, indem politische Ziele über wirtschaftliche oder geistige gestellt wurden. Die Nomenklatura und das Militär hatten so ihre Rechtfertigung. Solange diese Besatzung andauerte, konnten wir nicht auf Reformen hoffen.»

Die Militärs und die Internationale Abteilung des ZK unter Walentin Falin griffen seine Memoranden an. Im Juni 1988 gab Daschitschew in der sowjetischen Botschaft in Bonn eine sensationelle Erklärung ab: Die Berliner Mauer sei ein Relikt des Kalten Krieges und solle verschwinden. Am nächsten Tag erschien im *Neuen Deutschland* eine Polemik gegen ihn und obendrein gegen den deutschen Imperialismus. Honecker selbst hatte diesen Artikel schreiben lassen.

«Wir schlossen daraus, daß die Politik des Honecker-Regimes in absehbarer Zukunft zu einer politischen und wirtschaftlichen Krise führen werde. Die Teilung Deutschlands war für uns nicht mehr nützlich.»

Gewaltanwendung sei «eine heikle Frage». Wenn im Oktober 1989 in der DDR Gewalt angewendet worden wäre, hätte dies zum Sturz Gorbatschows geführt. Alle Versuche, die osteuropäischen Aufstände zu unterdrücken, wie etwa 1956 und 1968, hatten sofort die gegenteilige Wirkung, indem sie die Reformkräfte im Politbüro und im ZK stärkten. Gewalt hätte sich für Gorbatschow negativ auswirken können, denn sie hätte dem Militär und den Hardlinern das Argument in die Hand gegeben, er zerstöre den Sozialismus durch Blutvergießen. «Gorbatschow lehnte Gewaltanwendung nicht zuletzt deshalb ab, weil er sich nicht Marschall Jasow, Ustinow, Ligatschow und Tschebrikow ausliefern wollte. Sie und andere forderten eine Intervention, um die Mauer wieder aufzurichten. Wir schlugen dagegen vor, die Breschnew-Doktrin aufzugeben, weil ihre Kosten für das Sowjetreich zu hoch gewesen waren und Menschen, die andere beherrschen, selbst nicht frei sein können. Zu meinem Bedauern dachten nur wenige wie ich.»

Kurz nach seinem Amtsantritt als Außenminister im April 1985 traf Schewardnadse den amerikanischen Außenminister George Shultz in Helsinki. Begleitet wurde er von Sergej Tarassenko. Dieser blieb in verschiedenen Funktionen als Assistent, Berater, Stabschef, Leiter der politischen Planung seine rechte Hand. Der Ukrainer Tarassenko wurde 1937 in Lipetsk geboren. In seiner Jugend arbeitete er als Dampfkesselmaschinist. Dann erfuhr er von einem Komsomolsekretär, einem Bekannten der Mutter, daß das Außenministerium eine streng geheime Hochschule unterhielt, aus der es vier Fünftel seiner Mitarbeiter rekrutierte. 1956 war beschlossen worden, die Zugangsbedingungen für diese Hochschule zu lockern. Qualifiziert durch seine Erfahrung als Arbeiter, begann er eine Karriere als Amerika-Spezialist. Anatolij Dobrynin, langjähriger Botschafter in Washington, wählte ihn aus, und als Schewardnadse Minister wurde, war Tarassenko die Nummer zwei in Sachen Amerika.

Er bringt es auf den Punkt: «Wir funktionieren alle nach einem bestimmten Muster.» Die Karriere bedeutete alles. Über den Marxismus-Leninismus dachten nur diejenigen nach, die für den Erhalt des ideologischen Systems bezahlt wurden. Das war vielsagend. «Man mußte Lenin in der Bibliothek stehen haben. Wenn man Marxismus lehren oder eine Rede schreiben mußte, wollte man unbedingt Lenin zitieren. Also nahm man eine Zitatensammlung, zum Beispiel Lenin zur Außenpolitik, zwei Bände, und schlug im Register nach. Im menschlichen Maßstab sieht das so aus: Mein Vater war 1917 zehn Jahre alt, nahm an der Kollektivierung teil und hat den Zusammenbruch des Systems erlebt. Innerhalb eines Lebens.»

Nach Tarassenko war Schewardnadse kein ausgebildeter Ordnungshüter. In der Praxis der Nomenklatura wurde einem diese oder jene Aufgabe zugeteilt, je nach Situation in der Partei und eigenem Ansehen. Mit Leib und Seele Politiker und Diplomat, hatte Schewardnadse es in Georgien geschafft, gute Beziehungen zu Moskau zu unterhalten, obwohl er Schritte unternahm, die ideologisch nicht einwandfrei waren. «Er mußte eine bestimmte Anzahl von Punkten sammeln, die in Moskau eingelöst wurden. Er rühmte Breschnew oder andere Führer. Man konnte nicht überleben, wenn man es wagte, Moskau – das Zentrum – zu kritisieren. Alle kamen nach Georgien in der Erwartung, fürstlich empfangen zu werden. Er machte diese Arbeit gut, war gegenüber den Frauen und Familien aufmerksam, machte Geschenke und hinterließ so den Eindruck eines gewandten Mannes. Um Erdöl oder anderes für die Republik zu bekommen, brachten die Funktionäre aus Georgien kistenweise erstklassigen Kognak nach Moskau; dann setzten sich die Leute an den Schaltstellen der Macht entsprechend für sie ein. Man mußte sich dem System anpassen. So entstanden gute Diplomaten. Wenn man etwas für seinen Chef tun mußte, nur aus Gefälligkeit, und alle taten es, dann war es in Ordnung, und man dachte nicht mehr darüber nach. Das war so üblich, der sowjetische Weg.» Schewardnadse war der Ansicht, die Partei solle in ihren eigenen Reihen demokratische Formen einführen. Das sagte er auch gegenüber Gorbatschow. Ansonsten wäre die Partei der Verlierer. Er träumte davon, aus der Sowjetunion eine moderne Industriegesellschaft zu machen, die in die Weltwirtschaft integriert sein würde. «Wir waren keine Theoretiker. Wir sahen nur, daß die Dinge schlecht standen, und wollten sie verbessern. Woher kam diese Rückständigkeit? Warum hatten wir keine Konsumgüter? Warum konnten wir nicht wie jeder andere in der Welt herumreisen?» Irgendwie, sagt Tarassenko, hatte Schewardnadse das totalitäre Erbe überwunden, um seine angeborenen demokratischen Instinkte auszuleben. «Er ist herzlich und rücksichtsvoll. Vielleicht lag es an der Erziehung, es hängt von der Familie ab.»

Schewardnadse führte zweimal in der Woche ein- bis zweistündige vertrauliche Gespräche mit Gorbatschow. In den ersten Jahren der Perestrojka fragte Gorbatschow ihn bei internen Problemen und Verfassungs- und Parteifragen um Rat. Schewardnadses Methode war, immer rechtzeitig mit Gorbatschow zu sprechen und ihn zu überzeugen. Bei Treffen des inneren Kreises sagte er nicht viel. Auf Auslandsreisen versammelte Gorbatschow seinen gesamten Stab um sich. Alle wetteiferten mit Komplimenten, während Schewardnadse still seinen Tee trank. Ein charakteristisches Merkmal war, daß er niemals eine eigene gute Idee lobte.

«Er lernte schnell, hatte ein ausgezeichnetes Gedächtnis und ein gutes Auffassungsvermögen. Nach zwei Monaten war er sein eigener Chef. Er verknüpfte außen- und innenpolitische Fragen. Mit Hilfe der Außenpolitik beeinflußte er die innere Entwicklung. Zuvor war die Beziehung zwischen Außen- und Innenpolitik verdreht: Im Westen entscheiden die finanziellen Möglichkeiten, Mittel und Interessen über die Außenpolitik. Bei uns war es umgekehrt. Auch wenn das Land hochverschuldet war, konnte die Führung Geld für ihre Ziele anfordern.»

Im Dezember seines ersten Amtsjahres stellte Schewardnadse auf einer Parteikonferenz innerhalb des Ministeriums einen politischen Bericht vor. Er wurde in einer kleinen Auflage veröffentlicht. Im darauffolgenden Mai konnte er Gorbatschow dazu bewegen, im Ministerium einen Vortrag zu halten. So wollte er seine eigenen Pläne legitimieren. Gorbatschows Rede rechtfertigte die Veränderungen und ebnete weiteren Schritten den Weg. Auf der XIX. Parteikonferenz wurde die Ideologie des Klassenkampfs als Basis der Außenpolitik über Bord geworfen. Im Dezember 1986 hatte Schewardnadse das erste der geplanten Jahrestreffen für Funktionäre des Ministeriums und Botschafter einberufen, um die weiteren Veränderungen vorzubereiten; aber dann verschob Gorbatschow einen weiteren Vortrag im Außenministerium. «Keiner wußte, was die Entscheidungen dieser Konferenzen und Parteitage wirklich zu bedeuten hatten. Man hatte viel Spielraum. Nur ein Politbüromitglied durfte die wichtigen Parteientscheidungen interpretieren; wer auch immer dies als erster tat, legte auch die Interpretation fest. Weniger wichtige Funktionäre ließen sich nicht auf einen Kampf ein. Es gehörte viel Mut dazu, sich mit einem Politbüromitglied anzulegen. Der Generalsekretär entschied, ob jemand entlassen wurde. Doch wenn sich ein Politbüromitglied zur neuen Linie äußerte und danach nicht entlassen wurde, dann *war* das die Linie. Es gab eine stillschweigende Vereinbarung über die Aufteilung des Reviers. Ein Politbüromitglied mischte sich nicht in den Verantwortungsbereich eines anderen ein. Die Mitglieder unterzeichneten ‹wohlwollend› die Memoranden, ohne sie zu lesen. Wenn du andere behinderst, mußt du später dafür bezahlen. Wenn du dich bei der Verteidigung oder beim KGB einmischst, tun sie es das nächste Mal bei deinem Gebiet.

Einen Tag nachdem Schewardnadse das Klassenkampfkonzept für nichtig erklärt hatte, schickte uns Ligatschow im Namen des Zentralkomitees eine Stellungnahme: Schewardnadse sei zu weit gegangen. Die Rede war tatsächlich wesentlich deutlicher gewesen, als sie in der veröffentlichten Version wirkte. Wir gaben uns große Mühe, den Schaden zu begrenzen. Gorbatschows Assistent Tschernjajew rief mich an und sagte erleichtert, daß wir es zum Glück endlich ausgesprochen hätten und daß jetzt auch andere so argumentieren könnten. Ligatschow forderte Schewardnadse immer noch heraus. Einige Wochen später fuhr Gorbatschow in Ferien, was Ligatschow die Möglichkeit gab, die Dinge ideologisch wieder zurechtzurücken. Er hielt in der Stadt Elektrostal in der Nähe Moskaus eine Rede. Er kritisierte jene scharf, die der Meinung waren, daß es auf internationaler Ebene keinen Klassenkampf mehr gebe. Das wirke auf die Menschen nur verwirrend und so weiter. Wir waren zu dieser Zeit in Kabul und veröffentlichten in einer Zeitung ein Interview, in dem wir Ligatschow eine Abfuhr erteilten. Wir drehten den Spieß um und warfen ihm vor, selbst die Menschen zu verwirren. Es war nur ein Spiel, aber ein gefährliches. Im Ministerium gab es immer noch eine ziemlich große Gruppe von Hardlinern, und es herrschte eine feindselige Stimmung. Die Vertreter der alten Schule glaubten, es sei besser, jemanden, mit dem man reden wolle, erst zu schlagen, dann würde er das Argument schon verstehen. Wir trafen uns oft mit dem konsularischen Korps, den Ministern der Republiken und Wissenschaftlern, so daß Schewardnadse sich weiterhin mit den neuen Ideen beschäftigen konnte.»

Hat er Einzelheiten der Rüstungsverhandlungen beeinflußt?

«Allerdings. Keiner durfte ihn beraten oder korrigieren. Bei den Äußerungen von Außenminister Shultz oder Baker hatte er vielleicht Schwierigkeiten mit einer ungenauen Übersetzung, aber er verstand den Sinn, merkte sich die Passage und bat später um Klärung. Verfahrenstechnisch war das eine große Leistung.

Die Abkommen entsprachen den Interessen der Sowjetunion. Die Haarspalterei und die Raketenzählerei waren sinnlos. Wir konnten die hohe Belastung nicht mehr tragen. Die Militärs verloren, weil sie lange Zeit nicht an ein Abkommen glaubten. Sie glaubten es verhindern zu können. Sie merkten nicht, daß wir die

Grenze überschritten hatten und ein Abkommen unvermeidbar wurde. Nur das Außenministerium war für Abrüstung. Die Militärs argumentierten weiter mit Star Wars. Wir dagegen sagten, das Programm werde nie realisiert werden. Wenn wir weiter darüber redeten, würden wir die Sache nur aufbauschen und uns selbst damit schaden.»

Schewardnadse scheint sich sehr früh für einen Verzicht auf die sowjetischen Satellitenstaaten entschieden zu haben.

«Die Praxis sah so aus: Wenn einer der Satellitenstaaten international aktiv werden wollte, fragte er uns um Rat. Unsere Leute verfaßten eine Antwort mit dem Inhalt, daß die Idee gut sei, doch der zeitliche Ablauf überdacht werden müsse, oder auch, daß man die Idee vergessen solle. Kurz nachdem Schewardnadse Minister geworden war, bat man ihn um einen solchen Rat. Er antwortete, er könne keinen geben. Sie seien souveräne Staaten, die das Recht hätten, alles ihnen notwendig Erscheinende zu tun. Er regte sich auf und sagte, daß diese Praxis beendet werden solle.»

Schewardnadse nahm Tarassenko zu den ZK-Sitzungen mit. 1986 wurden sie noch richtig inszeniert. Wenn Gorbatschow eine Rede hielt, unterstützten und lobten ihn die anderen Redner; es wurde viel applaudiert. «Dann änderte sich alles. Die Zuhörer wurden gleichgültig. Worüber Gorbatschow auch sprach, es gab keine Reaktionen. Nur eisige Stille. Die Leute ließen ihn im Stich oder kritisierten ihn spitzfindig. Er scheute sich, über Fragen abstimmen zu lassen, weil er eine Niederlage erleiden würde; also zögerte er die Sache hinaus, indem er sie ans Politbüro zurückverwies. Er manövrierte viel, war schneller und klüger als der Durchschnitt in der Versammlung – viele konnten nur mit Mühe schreiben. Es waren rund 700 Leute anwesend: Mitglieder, Gastmitglieder, Kandidaten und vielleicht 200 Gäste, Medienvertreter und Militärs, sehr auffällig in ihren Uniformen. Als die Angriffe immer feindseliger wurden, verlor Gorbatschow das Interesse an diesen Bemühungen.»

«Sie spürten, daß er sie ins Verderben stürzen würde. Sie würden ihre Posten verlieren. Die Politik, diese Leute in ihren Positionen zu belassen und die Interessen der Partei und der Gesellschaft dafür zu opfern, war sehr schädlich. Kurz vor den Wahlen diskutierten und feilschten sie noch, ob sie zehn oder fünfzehn Jahre an der Macht bleiben würden; dabei waren ihre Tage schon gezählt. Gorbatschow unterlief der gleiche Fehler, denn er glaubte bis zum Schluß, die Partei werde ihn unterstützen. Auf der XIX. Parteikonferenz versuchte Jelzin, in den Schoß der Partei zurückzukehren, und bat um Vergebung. Er wäre Parteifunktionär geblieben, hätte mit Gorbatschow zusammengearbeitet, aber als das nicht möglich war, lief er zum Volk über und erklärte sich zum Demokraten. Schewardnadse kann man damit nicht vergleichen.»

Laut Tarassenko war man im Außenministerium im allgemeinen gegen Gewaltanwendung. Doch es gab keine Garantie, daß das Militär nicht intervenieren würde. Die mögliche Reaktion des Westens spielte keine Rolle. In Ungarn waren 1956 die Verluste erträglich gewesen, der Einmarsch in die Tschechoslowakei 1968 war kostspielig. Er betrachtet es als erwiesen, daß bei der Unterdrückung der Solidarność ein großes Blutvergießen Zeichen einer mißlungenen Politik gewesen wäre. Das Scheitern in Afghanistan zeigte, daß es keinen Sinn mehr hatte, Gewalt anzuwenden. Von Anfang an machte Schewardnadse das zum Herzstück seiner Politik.

Wenn man im voraus erklärt, Gewalt sei ausgeschlossen, bindet man sich selbst die Hände.

«Einige attackierten Gorbatschow deswegen. Doch bei der schwierigen Lage des Landes hätte der Einsatz von Gewalt einen gewaltsamen Zusammenbruch herbeiführen können. Das Sowjetreich wäre nicht erhalten worden, statt dessen hätte alles in einem Blutbad geendet.»

Überließ Gorbatschow Schewardnadse die Frage der deutschen Wiedervereinigung?

«Ich würde eher sagen, Schewardnadse riß sie an sich. Es ist sein Verdienst, daß der Prozeß so schnell ablief. In der Internationalen Abteilung des ZK war man an endlose Diskussionen gewöhnt.

Bei Schewardnadse ging alles schnell. Er war klug genug, zu erkennen, daß die Wiedervereinigung ohnehin kommen würde. Wir hatten die Wahl, entweder unwichtig zu werden oder uns schnell um eine Vereinbarung zu bemühen, bei der wir etwas gewinnen konnten. Wir befreiten uns damit elegant aus einer potentiell gefährlichen, teuren und ausweglosen Situation. Es ist besser, wenn zwischen uns und der NATO eine Pufferzone liegt. Auf unsere Verbündeten in Osteuropa konnten wir uns nicht verlassen, sie hätten uns in den Rücken geschossen.»

Wenn irgend jemand die sowjetische Politik gegenüber Afrika und der Dritten Welt gestaltet hat, dann Wassilij Solobodnikow. Er war Funktionär des Verteidigungsministeriums und nutzte eine langjährige Stelle bei den Vereinten Nationen, um nationale Befreiungsbewegungen zu unterstützen. Als Botschafter in Sambia war er der dienstälteste sowjetische Vertreter in Afrika. Er meint, historisch gesehen sei der Kalte Krieg die natürliche – und nicht unbedingt negative – Konsequenz der Rivalität zwischen den Großmächten gewesen.

Die Unterstützung von Befreiungsbewegungen und Terrorismus brachte der Sowjetunion in vielen Teilen der Welt Vorteile. Das damit verbundene Interesse war nicht materieller, sondern ideologischer Natur. «Wir waren überzeugt, den reichen Westen zu schwächen, dessen Wirtschaft auf Kolonialismus und billigen Rohstoffen basierte. Die Kosten waren für uns niedriger, als man glauben mag. Das war nur Kleingeld. Die militärische Ausrüstung war nicht erstklassig, und viele Menschen aus diesen Ländern bekamen ihre Ausbildung in unseren Institutionen.»

Der Kalte Krieg wurde, wie er sagt, von Afrikanern, Arabern, Afghanen, den Völkern Vietnams und Kambodschas ausgefochten. Sie waren in gewisser Weise Opfer; bereitwillig stimmt er zu, daß Äthiopien, Moçambique und Afghanistan sich zu Alpträumen entwickelt haben und nicht mehr als Staaten funktionieren. Doch in diesen Gebieten führten Stammesrivalitäten, religiöse Intoleranz und lokale Warlords notwendigerweise zu bewaffneten Konflikten. Die Einmischung von außen war eine Folge, keine Ursache. Die Konfrontation der Supermächte trug zu einer Art Gesamtstabilität bei, ebenso eröffnete sie einen Konkurrenzkampf, bei dem die Opfer oft zu Siegern wurden. Sie konnten die Seiten gegeneinander ausspielen, um Waffen und Unterstützung zu bekommen. Was immer auch in den entferntesten Ecken der Welt geschah, es war unwichtig gegenüber der Erhaltung der – zwar unangenehmen, aber friedlichen – Pattsituation in Europa.

«Als ich in den sechziger Jahren Direktor der Westafrika-Abteilung war, empfing ich fast alle afrikanischen Regierungschefs. Viele wollten den Sozialismus einführen, doch ich erklärte ihnen, das sei unmöglich. Die Wirtschaft müsse zuerst eine Arbeiterklasse entwickeln. Manchmal war es ein Schock, wenn Regime sich für kommunistisch erklärten. Moçambique und Afghanistan mußten wir aus ideologischen Gründen helfen, auch wenn es keine Möglichkeit gab, wirksame Hilfe zu leisten.

Ich wehrte mich dagegen, daß der Klassenkampf nicht mehr die Grundlage unserer Außenpolitik sein sollte, und schrieb Schewardnadse zwei oder drei Briefe. Die sozialen Unterschiede in Afrika waren eine Realität, es gab Arme und Reiche. Schewardnadse richtete unsere Politik nach dem Westen aus, er ignorierte die Entwicklungsländer praktisch. In meinen Briefen schrieb ich ihm, daß das ein Fehler sei und wir sie weiterhin unterstützen sollten.» Solobodnikow erklärt, die Idee, Außenpolitik und Ideologie zu trennen, stammte von Gorbatschow und seinen Leuten, vor allem von Jakowlew. Jakowlew war Direktor eines anderen Spezialinstituts und bot Solobodnikow 1984 eine Stelle an. Zu dieser Zeit kannte er Jakowlew noch als orthodoxen Kommunisten. Wie sich die Einstellung eines solchen Mannes ändern kann, sei «sehr überraschend».

12 Ein Mann, mit dem wir ins Geschäft kommen könnten

Unverbesserliche Kommunisten schreiben den Zerfall ihres Parteistaates gerne den teuflischen Intrigen von CIA und Wall Street zu. Einige werfen ihren früheren Führern Bestechlichkeit, den Besitz geheimer Bankkonten im Ausland, auf denen illegale Einkünfte und Schmiergelder deponiert wurden, ja glatten Verrat vor. Während der ganzen Gorbatschow-Ära lag die gesamte Spionageabwehr des CIA in den Händen von Aldrich Ames, der später als Doppelagent des KGB zu einer Freiheitsstrafe verurteilt wurde. Wenn der CIA wirklich subversiv tätig war, muß der KGB es im voraus erfahren haben. Aber auch diese Ironie kann den Verschwörungstheorien keinen Einhalt gebieten.

Präsident Reagan und Frau Thatcher verabscheuten den Kommunismus, anders als andere führende Politiker der Welt, von ganzem Herzen. Für sie war es eine Frage von Recht und Unrecht. Moralische Bedenken dieser Art beunruhigten weder die französischen Präsidenten noch die deutschen Kanzler der Nachkriegszeit. Wie plump und barbarisch die Sowjetunion auch sein mochte – sie sahen in ihr lieber einen Teil des Mächtegleichgewichts als einen Feind rechtsstaatlicher Werte, dem man Widerstand leisten mußte. Helmut Schmidt sprach im Sinne der meisten europäischen Politiker der Nachkriegszeit, als er 1985 erklärte, er glaube nicht, daß Druck auf die Sowjetunion irgend etwas bewirken könne.

Die Rolle der amerikanischen Politik beim Sturz des Parteistaates ist noch nicht erwiesen. In den Volksdemokratien unterstützten die amerikanischen Botschafter immer offener die Dissidenten und gaben ihnen manchmal Zuschüsse, damit sie nach Washington reisen und dort ihren Einfluß geltend machen konnten. Daß Frau

Thatcher Lech Wałęsa in Polen oder János Kádár in Ungarn besuchte, hatte symbolischen Charakter; auch Präsident Mitterrand, der den neuen Demokraten wohlwollend gegenüberstand, unternahm ausgedehnte Reisen durch Osteuropa.

Während seiner zweiten Amtszeit von 1984 bis 1988 änderte Präsident Reagan deutlich den Tenor seiner öffentlichen Erklärungen über die Sowjetunion. Durch Konzessionen im Bereich Rüstungskontrolle und Abrüstung erreichte er sein Ziel, das Reich des Bösen zurückzudrängen. Und er beeinflußte die Einstellung der amerikanischen Öffentlichkeit gegenüber Gorbatschow positiv. Mitte 1986 zeigte eine Harris-Meinungsumfrage, daß über die Hälfte der Befragten einen positiven Eindruck von Gorbatschow hatte. Zwei Jahre später waren es schon drei Viertel. Zu dieser Zeit betrachteten weniger als ein Drittel der Befragten die Sowjetunion als einen Feind. Reagan und seine europäischen Kollegen hatten begonnen, Gorbatschow aktiv zu unterstützen, indem sie sich wiederholt mit ihm trafen und danach lobende Erklärungen über die Perestrojka abgaben, die auch von sowjetischen Pressesprechern hätten stammen können.

Der Zusammenbruch eines Imperiums erfolgt selten gewaltlos. Seit Mitte 1988 drohten einige Bürgerkriege an den Grenzen der Sowjetunion auszubrechen. Wer Stabilität wollte, mußte Gorbatschow unterstützen, was er selbst auch oft genug betonte. Wenn es je zur deutschen Einheit kommen sollte, wiederholte er gegenüber allen, würde ein sowjetischer General einen Militärputsch inszenieren, um ihn abzusetzen. Die deutsche Frage war nach Frau Thatchers Worten eine zu heikle Angelegenheit, als daß sie von Politikern hätte diskutiert werden können. Tatsächlich hat keiner der Führer, noch nicht einmal Kanzler Kohl, den Zusammenbruch des sowjetischen Imperiums oder die Wiedervereinigung vorausgeahnt, bis sie von den Ereignissen fast überrollt wurden. Sie folgten Gorbatschows Appell und unterdrückten und verurteilten jegliche Spekulation über dieses Thema. Die sowjetische Armee hatte in der DDR 300000 Mann stationiert, Teil einer offenen Rechnung aus dem Jahre 1945. Das Hindernis schien unüberwindlich und kaum einschätzbar.

Als instinktiver Verteidiger des Status quo verzichtete Präsident Bush sogar auf die letzten Reste der moralischen Opposition gegenüber dem Kommunismus, die aus der Spätzeit der Reagan-Ära geblieben waren. Temperament und Klugheit – wenn es das war – diktierten eine reaktive und versöhnliche Haltung. Seine Worte und Taten zeugten kaum von einem vitalen Interesse der Vereinigten Staaten am Sturz dieses unerbittlichen ideologischen und militärischen Feindes. Ihr erstes Gipfeltreffen fand im Dezember 1989 auf Kriegsschiffen vor Malta statt. Ein gut informierter Journalist, Don Oberdorfer, hat beschrieben, wie Bush die Gespräche mit einer Lobeshymne auf die Perestrojka einleitete. «Sie haben es mit einer Regierung zu tun, die Ihren Taten Erfolg wünscht.» Ein erfreuter Gorbatschow entgegnete, die Sowjetunion betrachte die Vereinigten Staaten nicht mehr als Feind.

Zum Zeitpunkt des Treffens vor Malta hatten die Volksdemokratien mit Ausnahme Rumäniens schon die Schwelle zur unabhängigen Eigenstaatlichkeit überschritten. Die Berliner Mauer war einen Monat zuvor gefallen, und in der DDR wurde für die Einheit demonstriert. Gorbatschow hatte offensichtlich noch nicht verstanden, daß die Absetzung alter Parteiführer in den Volksdemokratien nicht zum Sieg der Perestrojka führte, sondern ihr den Boden entzog. Auf dem Gipfel von Malta betonte er noch, die Tatsache, daß die Staaten in Ost- und Mitteleuropa demokratisch geworden seien, bedeute nicht, daß sie sich politisch am Westen orientierten. Die Geschichte habe entschieden, daß es zwei deutsche Staaten mit unverletzlichen Grenzen gebe. Von Malta flog Gorbatschow nach Hause zu einem Treffen des Warschauer Paktes, dem letzten, das je stattfinden sollte. Es hatte etwas Surreales, als er der Versammlung der zumeist neuen Führer erklärte, daß die NATO und der Warschauer Pakt weiterhin gleichermaßen für die Sicherheit in Europa notwendig seien.

Die Verschwörungstheoretiker in Rußland behaupten gerne, Bush habe Gorbatschow in Malta bezwungen. Es sei zu einer Neuaufteilung und einer Aufhebung dessen gekommen, was 1944 in Jalta beschlossen worden war – es gibt ein Wortspiel mit dem Reim der beiden Ortsnamen. Nach Malta bemühte sich Bush, nüchtern betrachtet, noch mehr, Gorbatschow gefällig zu sein und sein Ansehen zu vergrößern, und riskierte dabei, daß die beiden gleichermaßen vom Lauf der Dinge im Stich gelassen wurden. Die Vereinigten Staaten hatten sich immer geweigert, die Einverleibung der baltischen Republiken in die Sowjetunion anzuerkennen. Als die baltischen Unabhängigkeitsbewegungen Gorbatschow in eine plötzliche Krise zu stürzen drohten, sagte Bush im März 1990: «Ich bin kein Präsident, der bei abhängigen Völkern den falschen Eindruck erweckt, daß sie nur rebellieren müssen, um Hilfe zu bekommen.» Einen Monat später verhängte Gorbatschow eine Blockade gegen diese Republiken, und Bush sah darüber hinweg. Noch im August 1991, als Gorbatschow schon ausgespielt hatte, hielt Bush in Kiew eine wichtige Rede: Den inständig auf Unabhängigkeit hoffenden Ukrainern erklärte er, einige Nationalismen seien «nicht hilfreich». Mit einer Einmütigkeit, die Gorbatschow nur beneiden konnte, nahmen amerikanische Politiker und Kommentatoren die Sowjetunion bis zum Ende in Schutz. In einer Umfrage unter amerikanischen Historikern bezeichneten fast zwei Drittel Reagan als unterdurchschnittlichen oder sogar erfolglosen Präsidenten. Indem er Gorbatschow nicht einmal nach dem harten Durchgreifen in den baltischen Republiken verurteilte, zeigte Senator Lee Hamilton eine für Washington typische Haltung, als er erklärte: «Wir müssen ihnen durch die derzeitige Krise helfen.» Aus seiner Sicht konnten die Amerikaner nicht daran interessiert sein, daß die Sowjetunion auseinanderbrach. Ronald Steel, ein großer Experte, der jahrelang für führende Zeitungen schrieb, konnte urteilen, der Zusammenbruch habe der Welt eine Quelle der Ordnung genommen. Der Kommunismus hatte seiner Meinung nach die gefährlichen Nationalismen in Osteuropa und den sowjetischen Republiken im Zaum gehalten. Dabei entsprach eher das Gegenteil der Wahrheit. Der Kommunismus hatte den Nationalismus als das einzige wirksame Gegenmittel herangezüchtet und gekräftigt.

Jene, die von Bush abwärts die amerikanische Politik und Öffentlichkeit beeinflußten, scheinen aus heutiger Sicht in Gorbatschows Strudel hineingezogen worden zu sein, ohne dies zu bemerken. Die mangelnde aktive Beteiligung am sowjetischen Untergang hatte den großen Vorteil, daß keine Dolchstoßlegenden entstehen konnten, mit deren Hilfe die Kommunisten ihre Fehler den kriegstreiberischen Kapitalisten hätten zuschreiben können. Die amerikanische Politik verlängerte im Gegenteil die politische Existenz Gorbatschows und des Parteistaates, bis beide durch ein selbst verursachtes Unglück in sich zusammenbrachen. Die Verwunderung über den Sieg im Kalten Krieg beruhte auf Engstirnigkeit und Unwissen. Das bloße Resultat hatte sich gelohnt, doch es war eher Glückssache als die Folge richtiger Einschätzung.

In einem Interview fragte ich James Baker, Präsident Bushs Außenminister, ob die Perestrojka die Sowjetunion nicht auch erfolgreich und damit aggressiver hätte machen können.

Er sagte, die Sowjets hätten begonnen, die Prinzipien in die Praxis umzusetzen, die die Vereinigten Staaten ihnen schon lange aufgedrängt hatten. Wenn diese Prinzipien angewendet worden wären, hätte die Sowjetunion tatsächlich stärker werden können, aber nicht unbedingt kriegerischer. Wenn eines der Projekte nicht funktionierte, zog Gorbatschow ein neues aus der Schublade. Aus Konfrontation wurde Zusammenarbeit und daraus Partnerschaft. «Ich denke, sie hatten eingesehen, daß sie nicht mit uns Schritt halten konnten. Nicht nur SDI war wichtig, sondern auch der feste Glaube daran, daß ein günstiges Rüstungskontrollabkommen ihre Ressourcen schonen würde. Dieser Ansicht war Schewardnadse.» Baker honoriert den politischen Mut Gorbatschows und Schewardnadses, betont aber gleichzeitig, daß sie nur deshalb Risiken eingingen, weil sie keine Alternative hatten.

«Wir sagten immer wieder: Die Balten sind für Sie ein Problem, warum lassen Sie sie nicht einfach gehen? Sie antworteten: Wir können das nicht. Das wäre das Ende der Union.» Rückblickend kann man vermuten, daß die Balten in der Frage der Unabhängigkeit Konzessionen gemacht hätten, wenn die Sowjets früher über die Autonomie verhandelt hätten.

Mehrmals fürchtete die amerikanische Regierung, die Sowjetunion könnte Gewalt anwenden, um die Veränderungen zu stop-

pen. Aber nachdem die Sowjets erkannt hatten, daß sie den Kalten Krieg nicht gewinnen würden, wollten sie ihn so beenden, daß sie nicht länger Ausgestoßene blieben. «Als ich mit Schewardnadse in meinem Flugzeug nach Wyoming flog, erklärte er mir, daß sie bei einer Wiedervereinigung Deutschlands keine Gewalt anwenden würden. Ich sagte, daß die Leute das nicht glaubten. Er wiederholte, es werde nicht geschehen. Ohne Schewardnadse hätte es keine Wiedervereinigung innerhalb der NATO gegeben.»
Die deutsche Vereinigung war ein fester Bestandteil der amerikanischen Politik. Ende 1989 hielt Schewardnadse eine Rede über Frieden und Wiedervereinigung. Er und Gorbatschow betrachteten sie gerne durch eine rosa Brille, aber letztlich war es das Geld, das sie überzeugte. «Man könnte vielleicht sagen, sie haben zu billig verkauft.» Doch niemand konnte die Ereignisse genau vorhersehen. «Wenn irgend jemand von uns oder von ihnen erklärt, er habe gewußt, was geschehen würde, dann blufft er.»

Richard Perle war vom Amtsantritt Ronald Reagans bis zum Dezember 1989 Unterstaatssekretär im Verteidigungsministerium und für internationale Sicherheitspolitik zuständig. Er erlebte folglich den Prozeß der Rüstungskontrolle aus nächster Nähe mit.
Seiner Meinung nach war der Standard der sowjetischen Waffen hoch. Eine Zeitlang war die sowjetische SS 18 die zielgenaueste ballistische Rakete der Welt. Mangelnde Qualität der Ausrüstung der Bodenstreitkräfte machten die Sowjets durch Quantität wett – es gab alles in rauhen Mengen. Sie stahlen auch andauernd und unglaublich viel westliche Technologie. Die zivile Wirtschaft war dem Militär in einem Ausmaß untergeordnet, das die Nachrichtendienste in ihren offiziellen Einschätzungen nie erkannten. Volkswirtschaftler, die anderer Meinung waren, wurden von Geheimdienstkreisen verspottet. Der Anteil des Bruttosozialprodukts, den das Militär verschlang, wurde um mindestens die Hälfte, wenn nicht sogar mehr unterschätzt. Die sowjetischen Lügen wurden nur noch von der Naivität übertroffen, mit der ein Großteil der Geheimdienstkreise an sie glaubte. Ein Beispiel für die riesigen Ausgaben, die nie berücksichtigt wurden, sind die Bunker:

Ein Mann, mit dem wir ins Geschäft kommen könnten 185

Bis heute kennt man nicht die genauen Ausmaße des unterirdischen Bunkersystems, riesige Komplexe, die 30 000 bis 40 000 Menschen beherbergen konnten, um die Führung im Kriegsfall zu schützen. In einigen dieser Bunker gab es unterirdische Eisenbahnen.

«Wir wissen jetzt aus russischen Zeugenaussagen, daß wir auch die Gesamtzahl der Atomwaffen im Land stark unterschätzt haben.» Jene, die sich für eine teilweise oder völlige Abrüstung einsetzten, schlugen vor, die Situation auf dem Status quo einzufrieren. Dabei stützten sie sich auf unzureichende Informationen, daß der Westen unterlegen gewesen wäre. Man kann natürlich sagen, der Abrüstungsprozeß habe schließlich gut geendet. Tatsächlich aber war er eine wirkliche Bedrohung, da er einen ständigen Druck zur Ratifizierung von Abkommen erzeugte, die die Größe und Wachstumsrate des sowjetischen Arsenals legitimierten. Auch in ideologischen Fragen wie etwa denen der Menschenrechte übte man deshalb Zurückhaltung. «Naive Besucher sahen in Moskau, daß die Leitungen undicht waren, und schlossen daraus, daß die Sowjetunion ein Dritte-Welt-Land sei, das kurz vor dem Zusammenbruch stehe. Wenn man aber genauer hinschaut, welche Leistungen im militärischen Bereich möglich waren, dann ist das sehr beeindruckend. Die Leitungen waren unter anderem deshalb undicht, weil alle guten Installateure an den atomaren U-Booten arbeiteten.

Ich war mit einigen anderen der Ansicht, daß der größte Nutzen bestimmter Rüstungsprogramme die Kosten waren, die die Sowjets tragen mußten, um ihnen Gleichwertiges entgegenzusetzen. Diese taktischen Investitionen schienen eine gute Idee zu sein. Die Entwicklung von relativ einfachen Bomberstreitkräften unsererseits zwang die Sowjets zu großen Investitionen in die Bomberabwehr, was für sie wesentlich teurer war als für uns. Auch wenn wir nie eine einzige Bombe abwarfen, hatte sich das Programm mehrfach ausgezahlt, denn es zog Finanzmittel ab, die die Russen sonst für Offensivmaßnahmen ausgegeben hätten.»

SDI, auch Star Wars genannt, nahm den Sowjets ihre ballistische Raketenkraft, das Herzstück ihrer Verteidigung. «Der

Sprengkopf der SS 18 war so groß, daß er nicht sinnvoll gegen weiche Zielobjekte, wie etwa beim Vergeltungsschlag gegen eine Stadt, zu verwenden war. Das war eher eine Waffe, mit der man unsere Waffen präventiv zerstören konnte. Durch SDI wurden sie entweder herausgefordert, mehr Raketen zu bauen, um die Verteidigung zu überwinden, oder davon überzeugt, daß es nutzlos war, sie weiter zu bauen, weil wir ein Abwehrsystem entwickelten, das sie neutralisieren würde. Alles hing von der einfachen Rechnung ab: Was kostete uns eine Nachrüstung der Abwehrsysteme, und wie kostspielig war es für die Sowjets, darauf zu reagieren? Berechnungen zeigten, daß diese Abwehr billiger zu installieren als zu überwinden war. Außerdem konnten wir sie auch im technologischen Bereich herausfordern, wobei wir unsere Stärke bei Computern, vor allem in der Datenverarbeitung, ausnutzen konnten. Man kommt einfach nicht daran vorbei, daß bei der Abwehr ballistischer Raketen ungeheure Datenmengen in Echtzeit aufgenommen, verarbeitet und verbreitet werden müssen. Es gab einfach keine Möglichkeit für sie, ihren Rückstand aufzuholen. Ihre Bemühungen bei der Technologiespionage stiegen in dieser Zeit deutlich.»

Perle sieht ein Verdienst des SDI-Programms darin, daß es die Sowjets zu der Entscheidung zwang, ob sie ihr Übergewicht des militärischen Angriffspotentials aufrechterhalten wollten. Gorbatschow sah die Lage realistischer als Breschnew und war deshalb bereit, sich mit Generälen anzulegen, die keine überzeugenden Antworten gaben. Er stellte fest, daß sie nur auf weitere Offensiventwicklungen setzten, obwohl sie schon die Grenzen ihrer Möglichkeiten erreicht hatten. Es war ein Rennen, das nicht mehr gewonnen werden konnte. In den Augen der sowjetischen Militärs waren die Gipfel von Reykjavik und Genf ein Prüfstein seines diplomatischen Geschicks, die Vereinigten Staaten vom Programm abzubringen.

«SDI machte den Sowjets klar: ‹Wir lassen euch nicht ein so gefährliches ballistisches Angriffspotential, vor dem wir wirklich Angst haben müßten. Wir werden es unschädlich machen, nicht durch eine hermetische Abriegelung der Vereinigten Staaten, son-

dern durch eine so wirksame Verteidigung, daß ihr nicht mehr auf den Gedanken eines präventiven Erstschlags kommen werdet.› Strategische Verteidigung in diesem Sinne hatte ihrerseits Abschreckungscharakter.»
Es war für die Sowjets verheerend, daß Reagan sie an ihrem wundesten Punkt traf, der fehlenden Legitimität des Regimes. Aber er verstand auch besser als fast jeder andere, wie belastend die militärischen Ausgaben für die Russen waren. In der Abrüstungsfrage war er absolut aufrichtig: Er war der utopischen Meinung, Atomwaffen könnten durch Abkommen abgeschafft werden. «Er war ein zäher Verhandlungspartner. Man konnte ihn überzeugen, daß wir zu Recht auf einer Absprache bestanden, die ihnen Waffen nahm, die sie sonst behalten hätten. Frühere Absprachen hatten letzten Endes immer nur ihre Pläne legitimiert, weitere Waffen zu bauen. Doch er war anfällig für die Ansicht, daß es der Welt ohne Atomwaffen besser ginge und eine Technologie zur Verfügung stehe, um sie aus der Welt zu schaffen. Das sah man in Reykjavik ganz deutlich. Für Gorbatschow wäre es ein großer Triumph gewesen, einen Vertrag abzuschließen, der Star Wars verhindert hätte.»
SDI war in politischer Hinsicht wichtig, denn es brachte Gorbatschow und andere dazu, sich mit der Frage zu beschäftigen, ob ein weiterer militärischer Wettstreit mit den Vereinigten Staaten im eigenen Interesse liege. Außerdem machte es die technologische Rückständigkeit der Sowjetunion deutlich. Trotz oder gerade wegen der anhaltenden Spionage waren tatsächlich alle sowjetischen Computer schlechtere Kopien von IBM-Computern. Perle glaubt, daß Gorbatschow und Millionen von Russen schokkiert waren, als sie das Ausmaß ihrer Rückständigkeit gegenüber dem Westen erkannten.

In ihren Memoiren lobt Frau Thatcher Charles Powell als «in jeder Hinsicht außergewöhnlich». Von 1984 bis 1991 war er ihr Privatsekretär und erlebte die Treffen mit Gorbatschow immer aus nächster Nähe.
Anfang 1984 wurden drei potentielle sowjetische Führer nach

Großbritannien eingeladen; nur Gorbatschow nahm an. Als er in jenem Dezember in Chequers, dem Landsitz der britischen Premierministerin, auftauchte, beeindruckte er sofort alle. «Dort gibt es eine große Halle mit einem riesigen Kamin, und sofort, als er hereinkam, sah man, daß er lebte, daß er kein lebender Leichnam wie Breschnew war und keine versteinerte Miene wie Gromyko hatte. Er war lebhaft, gesprächig und humorvoll. Er strahlte Kraft aus. Seine Augen schweiften unentwegt durch den Raum. Ich denke, Frau Thatcher war sofort hingerissen, einen so kraftvollen und streitsüchtigen Menschen zu sehen. Nichts verlieh ihr soviel Kraft wie eine gute Diskussion.»

Während des Mittagessens entwickelte Gorbatschow Ideen zur Dezentralisierung der sowjetischen Wirtschaft. Dann diskutierten sie vier Stunden lang im Hawtrey Room. «Gorbatschow hatte sich in einem kleinen Buch mit grüner Tinte einige Notizen gemacht, auf die er gelegentlich einen Blick warf. Es gab keine vorbereiteten Erklärungen. Für seine Berater zeigte er nicht das geringste Interesse, er beachtete sie überhaupt nicht. Er wollte die ganze Zeit wissen, wie Frau Thatcher die Amerikaner einschätzte. Mit drastischer Offenheit sagte sie ihm, daß sie den Kommunismus für ein verrottetes System halte. Je früher er ihn loswerde, desto besser. Auch Tschernenko, damals Generalsekretär, handele ohne jeglichen Verstand, und die Sowjetunion sei der Grund für die meisten Probleme der Welt und solle endlich die Abrüstung in Angriff nehmen. Viele wären beleidigt gewesen oder hätten sich in ihr Schneckenhaus zurückgezogen, oder sie hätten das Gespräch einfach beendet. Gorbatschow tat das nicht – er schlug mit gleichen Mitteln zurück.»

Frau Thatcher erklärte in einem Ausspruch, der viel zur Gorbimanie beitrug, er sei ein Mann, mit dem wir ins Geschäft kommen könnten. Sie entdeckte Gorbatschow frühzeitig und hielt dies für einen Glücksfall – eine Beziehung, auf die man bauen könne. Vor ihrem Besuch im März 1987 informierte sie ihn, sie wolle etwas anderes erleben: zum Beispiel allein durch die Straßen und Geschäfte streifen, live im Fernsehen auftreten und nach Georgien reisen. Er war einverstanden, alle ihre Wünsche zu erfüllen. Ihr

Auftritt löste Begeisterung aus, vor allem ein berühmtes Fernsehinterview, bei dem sie drei russische Journalisten, die sie angreifen sollten, in Grund und Boden redete. Die sowjetischen Zuschauer erfuhren durch sie, daß ihr Land mehr Waffen hatte als alle anderen und daß die Informationen wertlos waren, mit denen man sie abspeiste.

«Die Diskussionen mit Gorbatschow waren zäh. Sie sprach von dem Schaden, den der Kommunismus der Sowjetunion und der übrigen Welt zugefügt hatte. Er verwies im Gegenzug auf Nordirland. Sie ging so weit, daß ich anfing, meine Aktentasche zu packen: Es schien mir besser, gleich zu gehen, wenn wir hier lebend rauskommen wollten. Was man wiederum ihm zugute halten muß: Er konnte die Spannungen abbauen. Er schob plötzlich seinen Stuhl zurück, lehnte sich nach hinten und machte einen Scherz oder lachte über etwas, oder er ging kurz hinaus, und danach begannen sie mit einem neuen Thema. Ich denke, vieles hörte er zum erstenmal; so direkt und wirkungsvoll war er noch nicht mit der Außenwelt konfrontiert worden. Ab 1987 erschien es ihm immer häufiger sinnvoll, seine Ansichten auf die Probe zu stellen. Dieses seltsame Phänomen von gleichzeitiger Anziehung und Abneigung ließ sie dreizehn Stunden zusammen verbringen. Reagan war nicht in der Lage, so intensive Diskussionen zu führen.»

Frau Thatcher verschlang alle Reden Gorbatschows. Man merkte ihnen deutlich an, daß Gorbatschow zuhörte und sich änderte. Rückblickend gewann sie den Eindruck, er sei vor schweren, aber notwendigen Entscheidungen zurückgeschreckt. Obwohl sie von der Perestrojka begeistert war, betrachtete sie sie nur als Übergangsphase auf dem Weg vom Kommunismus zu Marktwirtschaft und Rechtsstaatlichkeit. Man mußte einen Impuls geben. Sie erklärte ihm, sie habe bei den Versuchen, Großbritannien zu ändern, ähnliche Erfahrungen gemacht. Aber seine Probleme waren wesentlich größer.

Laut Powell entwickelte sie ein starkes Interesse an Gorbatschow und seinem Erfolg. Auch wenn sie manche Vorgehensweisen, wie seine Versuche, die baltischen Republiken zu unterdrükken, mißbilligte, verlor sie nie das Vertrauen zu ihm. In privaten Gesprächen in Moskau, beim Mittag- oder Abendessen im Gästehaus des Außenministeriums, sprachen sie über alles mögliche: von Gorbatschows Jugend bis zur Klassentheorie. Es beeindruckte sie, als erste mit einem sowjetischen Führer über solche Themen zu sprechen. Bei seinen Besuchen in London, in der Atmosphäre des kleinen Eßzimmers in der Downing Street, sprach er noch offener. Bis zu einem gewissen Grad ließ sie es zu, ein Sprachrohr für Gorbatschows Anliegen zu sein, und er nutzte diese Gelegenheit geschickt aus.

«Er wußte zu schätzen, was sie ihm über die Amerikaner sagte. Sie blieb gegenüber Reagan loyal und bezeichnete ihn als achtbaren und ehrlichen Mann, auf den man sich verlassen könne. Man könne mit ihm verhandeln, und er würde sich für die Einhaltung von Abkommen einsetzen. Natürlich wurde viel über Star Wars gesprochen. SDI war der Hauptgegenstand der Gespräche mit Gorbatschow.

Ihr erstes Treffen mit sowjetischen Militärs fand bei ihrem Besuch 1987 statt. Wir gingen ins Verteidigungsministerium. Dort saßen wir auf der einen Seite des Tisches, auf der anderen Seite saß der gesamte sowjetische Generalstab unter der Leitung des stattlichen alten Jasow. Frau Thatcher attackierte die Generäle mit ihren üblichen unverblümten Worten. Sie waren verblüfft. So hatte noch niemand mit ihnen gesprochen. Das zweite Treffen fand im September 1989 wieder im Raum der Stabschefs statt. Es war aufregend und hatte innen- und außenpolitische Konsequenzen.»

Später warf die Aussicht auf die deutsche Wiedervereinigung noch einen Schatten auf das Verhältnis zu Gorbatschow. Powell wurde mehrmals zu Gesprächen mit Horst Teltschik, seinem Gegenstück in Kohls Stab, entsandt. Im Dezember 1989 schien die Wiedervereinigung frühestens in vier oder fünf Jahren möglich. «Ich erinnere mich noch sehr gut an das Treffen mit Gorbatschow im September 1989, da sie sehr offen über den Zeitpunkt der Wiedervereinigung diskutierten. Frau Thatcher glaubte, daß Gorbatschow ihre Einschätzung der Gefahr der deutschen Wiedervereinigung teile und ihr helfen werde, den Prozeß zu verlangsamen, wenn nicht gar zu stoppen. Deshalb war sie tief enttäuscht, als er ihn Anfang 1990 weiterführte.

Etwa zur selben Zeit hatte sie auch ein schwieriges Gespräch mit Mitterrand. Er war über die Aussichten sehr beunruhigt und redete in diesem Gespräch offener über Deutschland, als Frau Thatcher es jemals getan hat, und das will etwas heißen. 1990 fanden zwischen Mitterrand und Frau Thatcher einige private Gespräche statt, bei denen er seine Befürchtungen äußerte und überlegte, wie die Vereinigung verzögert oder sogar verhindert werden könnte. In der Öffentlichkeit vertrat er natürlich eine ganz andere Position. Diejenigen, die sich privat gegen die Wiedervereinigung äußerten, machten später einen Rückzieher, so daß Frau Thatcher mit ihren öffentlichen Äußerungen furchtbar bloßgestellt wurde.»

Frau Thatcher war durch die Kriegserfahrungen ihrer Generation geprägt und fürchtete, daß eine Stärkung Deutschlands zu dessen Vorherrschaft und möglicherweise zu Konflikten führen werde. «Mein Eindruck ist, daß die Sowjets ihr aufmerksam zuhörten. Doch sie wurden vom Gang der Dinge überrollt. Es war offensichtlich: Sie konnten und wollten – oder wollten und konnten, wie auch immer – die Ereignisse nicht stoppen. Zweifellos war Gorbatschow nie bereit, in Osteuropa Gewalt anzuwenden. Es erscheint vielleicht unwichtig, aber er war furchtbar stolz darauf, Jurist zu sein. Er wollte als jemand gesehen werden, der den westlichen Führern ebenbürtig war. Ich glaube, er sah ein, daß der Erfolg der Reformen, auf die er sich eingelassen hatte, ihn seine politische Karriere kosten würde. Er hat sicher nicht damit gerechnet, aber ich glaube, er hat geahnt, daß es so kommen könnte. Er wollte als zivilisierter Führer eines zivilisierten Landes gesehen werden. Aber er wußte auch, daß dies angesichts der Situation in Osteuropa nicht möglich war.»

13 «National in der Form»

Marquis de Custine beschrieb Rußland mit einer prägnanten Formel als Völkergefängnis. Die Doktrin der Selbstbestimmung regierte zu der Zeit, als Lenin sie sich zunutze machte, einen Großteil der Welt. Das war der Schlüssel zur Befreiung der Gefangenen des Imperiums. Jene Völker, die aufgrund ihrer Rasse, Kultur oder historischen Erfahrung glaubten, eine Nation zu sein, hatten das Recht, eine solche zu gründen. Jede Sprache brauchte ihre eigene Armee, jede Armee durfte nur eine Sprache sprechen. Selbstbestimmung aber ist noch nicht Demokratie, obwohl beide das Element der Wahl durch das Volk gemeinsam haben. Im Falle der Sowjetunion entsprach die Zahl ihrer 400 Völker einer ebenso großen Anzahl von Sprachen und Religionen. Als Erben historischer Rivalitäten pochten sie auf ihre eigene nationale Identität, während sie die ihrer Nachbarn als bloße Anmaßung abwerteten. Die doktrinäre Absolutheit der Selbstbestimmung gab der Kampfeslust eine neue schneidende Schärfe. Marx und seine Lehren halfen bei diesem Problem nicht weiter. Ein eisernes Gesetz der Geschichte rechtfertigte, daß die stärkeren und weiter entwickelten Nationen mit den schwächeren nach Belieben umspringen konnten. Völkermord war für Marx überhaupt nichts Anstößiges, sondern ein Zeichen des Fortschritts. Die Diktatur des Proletariats war schließlich dazu bestimmt, alle Rassen und Nationen auszulöschen. Das Unabänderliche zu bedauern, war dumm und weichherzig.

Die Versuche der sowjetischen Führung, die wirklichen Motive der Selbstbestimmung mit Marx' höchst unrealistischen und widerwärtigen Phantasien in Einklang zu bringen, brachten sie immer wieder in die Klemme. Der Dualismus von Gewalt und *wranjo*-Geschäften konnte das Problem des Sowjetimperiums zwar verdecken, aber nicht aus der Welt schaffen. Vom Moskauer Zentrum aus verschleierte die Partei ihre absolute Kontrolle, indem sie fünfzehn konstituierende Republiken und zwanzig sogenannte autonome Republiken errichtete, die auf jeder Ebene mit regionalen Parteisekretären und Ersten Sekretären, einem Zentralkomitee und einem Ministerrat ausgestattet waren. Was wie regionale Unabhängigkeit aussehen sollte, war in Wirklichkeit eine Kopie und Machterweiterung des Zentrums. Der Artikel 72 der sowjetischen Verfassung räumte den Republiken sogar das Recht der Sezession ein. Solche Lippenbekenntnisse und Heucheleien festigten die Herrschaft des Zentrums. Die jeweiligen Institutionen des Moskauer Parteistaats bildeten das Herz des Sowjetreichs. Sie trafen die wichtigen Entscheidungen über den Finanzhaushalt, die Einberufung zu den Streitkräften, Subventionen, Beiträge zum sowjetischen Etat oder der Investitionspolitik. Die Republiken verfügten nicht über Eigentumsrechte an ihren Rohstoffen oder ihrer Produktionsleistung. Per Dekret aus Moskau mußten Farbfernseher in Litauen oder Reifen für Traktoren in Armenien hergestellt werden – nirgends sonst. Ein berühmtes Beispiel sind die estnischen Kekse, deren Produktion von Moskau aus geregelt wurde. Das Gerangel um Subventionen und Investitionen zwischen dem Zentrum und den Republiken war nur ein primitiver und korrupter Ersatz für die fehlenden Marktkräfte.

Das System war außerdem durch seltsame Unregelmäßigkeiten geprägt. In Rußland, der bei weitem größten Republik, lebten 135 Millionen Menschen, also fast die Hälfte der gesamten Union. Dennoch hatte es zwar einen Ministerrat, aber weder eine Kommunistische Partei noch einen Ersten Sekretär oder ein Zentralkomitee. Durch diese Besonderheit war der Reichtum Rußlands einfach an das Zentrum übergegangen. Und diese Aneignung stellte die eigentliche Machtbasis der Partei dar. Kaum weniger bedeutsam war, daß die zentrale Kontrolle scheinbar von sowjetischen Organen ausging und nicht von den russischen. Den Menschen in den Republiken wurde Sand in die Augen gestreut.

Nur historische Zufälle entschieden über die Anerkennung einer Nation. Die Ukraine mußte sich mit demselben Rang zufriedengeben wie jede der winzigen baltischen Republiken. Einige Grenzen basierten auf nationalen oder ethnischen Gegebenheiten, andere auf geographischen oder territorialen. Völker mit einem starken Identitätsgefühl wurden dafür bestraft: Tschetschenen, Inguschen, Balkaren, Krimtataren und andere wurden von Stalin deportiert – Maßnahmen, die einem Völkermord gleichkamen. Als die Viehwagen an ihrem Ziel ankamen, wurde die Hälfte der Deportierten tot herausgezerrt. Der kleinste gemeinsame sowjetische Nenner war, jene zu assimilieren, deren Identitätsgefühl schwach ausgeprägt war. Die Wolgadeutschen wurden der ethnischen Verbindung zu den Nazis beschuldigt. Mindestens die Hälfte von ihnen wurde ermordet; der Rest wurde entwurzelt, so daß heute nur noch wenige ihre deutsche Kultur oder ihre Sprache kennen. Nur die Vornamen erinnern noch an ihre Abstammung.

Die Juden begrüßten als einzige fast einmütig die kommunistischen Ideale, da sie auf die Befreiung aus der Welt der Ghettos und Pogrome hofften. In der Partei und der Geheimpolizei waren verhältnismäßig viele Juden, von denen einige an der Illusion der Befreiung festhielten, lange nachdem sie sich als falsch erwiesen hatte. In der Breschnew-Ära wurde beschlossen, Juden die Ausreise nach Israel zu erlauben – sei es, um die verhaßte Minderheit loszuwerden oder um bei den Vereinigten Staaten Ansehen zu gewinnen. Das in der sowjetischen Geschichte einmalige Zugeständnis isolierte die Juden und erweckte Neid und Ressentiments bei den anderen. Alle größeren und bekannteren Nationen können den berechtigten Anspruch erheben, die schlimmsten Verfolgungen erlitten zu haben.

Die religiösen Glaubensgemeinschaften wurden bis an die Grenze ihrer Existenzmöglichkeiten eingeschränkt. Die russisch-orthodoxe Kirche wurde zerschlagen, der Klerus vom KGB angeworben. Der KGB leitete eine Gesellschaft zur Förderung des Atheismus, die aus Kathedralen und anderen Gotteshäusern antikirchliche Museen machte; historische Kirchen und Klöster wurden geschlossen.

Wladimir Solouchin gehört zu den vielen Schriftstellern, die dem Zerstörten und Verlorenen nachtrauern. In einer seiner Erinnerungen schildert er den Tag, an dem in seinem Dörfchen Olepino das Dekret zur Einschmelzung der Kirchenglocken ausgeführt wurde. Schreiende Frauen versperrten den Weg zum Glockenturm – doch vergeblich. Die Glocken wurden nicht, wie versprochen, zu Geschützen umgeschmolzen, sondern ausrangiert und zerstört. Der Zweck war die Demütigung der Dorfbewohner. «Am wichtigsten war es, noch einmal ihren Willen zu brechen, diesmal mit den Glocken.» Im Jahre 1934 wurde General Grigorenko, damals ein junger Ingenieur, beauftragt, die Kathedrale von Witebsk zu sprengen. Reisende, die auf Schiffen die Düna hinunterfuhren, bekreuzigten sich traditionell beim Anblick der fünf großen Kuppeln. Das störte die Machthaber. «Es gab keine Explosion im üblichen Sinne», schrieb Grigorenko. «Die Kirche schwankte etwas, es klang wie ein langes Stöhnen, und sie fiel zu einem Berg von Ziegelsteinen zusammen.» Synagogen blieben nur in Städten wie Moskau, Charkow und Kiew erhalten; von den 24 000 Moscheen im Jahre 1913 gibt es heute nur noch 300.

Gleichzeitig versuchte man, die Identität auf dem Gebiet der Sprache zu brechen. Als obligatorische Landessprache drängte Russisch alle anderen Sprachen in die Zweitrangigkeit. In den Kindergärten unterrichtete man nicht die Sprache der Region, und in der Ukraine, in Weißrußland und den baltischen Republiken gab es nur verschwindend wenige höhere Schulen, an denen sie verwendet wurde. Ein 1971 veröffentlichtes Buch gibt die offizielle Haltung wieder: «Das Studium des Russischen fördert die Bildung der wissenschaftlichen Weltsicht und die der kommunistischen Ideologie, und es trägt zur Verbreitung der Kultur und Weltanschauung bei. In der Phase des umfassenden Aufbaus des Kommunismus fördert die russische Sprache zudem den Zusammenhalt der Nationen. Durch ihre vollkommene Einheit erlangen wir die Einheit des Staates, der Wirtschaft, der Ideologie und der Kultur.»

Eine ausgedehnte Kampagne nahm den Moslems ihr kulturelles Erbe. In einem ersten Schritt wurde die arabische Schrift ihrer

Literatur und Religion gewaltsam latinisiert. In einem Akt ähnlicher linguistischer Absurdität wurde später dieses latinisierte Alphabet durch kyrillische Buchstaben ersetzt.

Die Russen wurden aufgefordert, sich als Kolonisatoren in anderen Republiken anzusiedeln, um in Kolchosen oder Fabriken zu arbeiten. 25 Millionen haben dies getan. In Kasachstan leben deshalb heute fast so viele Russen wie Kasachen. In Lettland leben mehr Russen als Einheimische. *Divide et impera* war die langfristige Strategie des Zentrums. 1925 nahm Moskau der Ukraine das Donbecken und den Fluß Kuban; 1954 erhielt die Ukraine die Krim. Moskau annektierte einen Teil Estlands, Lettlands, Finnlands und des ehemaligen Ruthenien, und es errichtete die Republik Moldawien aus dem Gebiet des linken Dnjestr-Ufers, das von der Ukraine genommen wurde, und dem südlichen Bessarabien, das zu Rumänien gehört hatte. Die früher polnische Stadt Vilnius wurde Hauptstadt Litauens. Nagornyj-Karabach, eine autonome Republik, in der christliche Armenier wohnen, wurde Aserbaidschan zugeschlagen, dessen Bewohner schiitische Moslems sind. Die usbekische Region um Osch ging an Kirgisien über; das vorrangig von Tadschiken bewohnte Samarkand mit seiner Umgebung an Usbekistan. Gorbatschow selbst mußte zugeben, daß nur 30 Prozent der inneren Grenzen gesetzlich festgelegt worden waren. Diese Strategie, die die Vorherrschaft des Zentrums festigte, säte Haß und legte die Wurzeln für spätere Rachefeldzüge.

Nach einem alten Schlagwort war die entstandene Union «national in der Form, kommunistisch im Inhalt». Nichts blieb «national in der Form», außer den Volkstänzen, und auch die waren standardisiert. Musik und bestimmte Musikinstrumente verdächtigte man als Elemente des Nationalismus, der zu unterdrücken sei. Die ursprünglichen Trachten überlebten kaum: Der usbekische *Chalat* in seinen schimmernden Farben wurde zu einem Massenprodukt aus Synthetik. Kunst und Handwerk starben aus.

Vor dem Krieg machten sich Beatrice und Sydney Webb vor der Nachwelt lächerlich, weil sie alles, was ihnen die Sowjetunion weismachen wollte, wörtlich glaubten. Die Weigerung, *wranjo* zu analysieren oder überhaupt nur zur Kenntnis zu nehmen, war typisch für Intellektuelle. Kein anderes Territorium mit einer solchen Vielzahl von Rassen und Nationalitäten konnte nach Meinung der Webbs von sich behaupten, daß es überhaupt keine Diskriminierung gab. Eine so herablassende Haltung war an sich schon ein Zeichen außergewöhnlicher Arroganz. Jahr für Jahr wiederholten Gesinnungsgenossen und Kollaborateure diesen Unsinn über ethnische und nationale Harmonie, der die Sowjetunion verherrlichte. Es mag sein, daß die sowjetischen Führer an diesen Unsinn glaubten, der von allen Seiten wiederholt wurde. Breschnew übernahm eine Feststellung direkt aus dem Buch der Webbs: «Wir haben allen Grund zu behaupten, daß die nationale Frage, wie wir sie von der Vergangenheit übernommen haben, gänzlich gelöst wurde.» Die Russen halfen als *primi inter pares* den «rückständigen, abgelegenen nationalen Gebieten», und dies war im eigenen Sprachgebrauch ein ruhmreicher Beitrag zum Internationalismus. Gorbatschow war ähnlicher Ansicht: «In das Bewußtsein und die Herzen aller ist das Gefühl eingekehrt, zu einer einzigen Familie zu gehören: dem sowjetischen Volk, einer neuen und historisch beispiellosen sozialen und internationalen Gemeinschaft.» Gegenüber Schewardnadse wiederholte er: «Was die Nationalität betrifft, so bist du tatsächlich Georgier, aber du bist doch ein Bürger der Sowjetunion!» Für Gorbatschow war sein Land die «Große Union der befreundeten Völker». In seinem Buch *Perestroika* schrieb er 1987, Breschnew und den Webbs folgend, die Nationalitätenfrage sei «im Prinzip» gelöst. Die Union, so erklärte er noch im folgenden Jahr, sei «eine der größten Vollendungen des Sozialismus».

Erst im September 1989 zog das Zentralkomitee auf seine Weisung hin in Betracht, daß die Union umstrukturiert werden müsse, um dem aufkommenden Nationalismus Rechnung zu tragen. Die Republiken waren bereits in Aufruhr, und Nationalisten forderten eine neue Beziehung zum Zentrum, doch er schlug nur Veränderungen an der Verfassung und dem Artikel 72 vor, die die Abspaltung einer Republik fast unmöglich gemacht hätten. In seiner wie immer einwandfreien Ausdrucksweise wiederholte Gorbatschow, daß die Partei eine «konsolidierende und führende Kraft der sozialen Entwicklung» sei. Auf dieser ZK-Sitzung erklärte er, die gesamte Gesetzeskraft werde für den Erhalt der Union eingesetzt. Es klang, als mache er die Verurteilung staatlicher Gewaltanwendung, die er gegenüber dem Westen erklärt hatte, wieder rückgängig.

Es erfordert eine außergewöhnliche Vorstellungskraft, uns mit den Augen der anderen zu sehen. Für die unterdrückten Völker bedeutete die sowjetische Staatsangehörigkeit immer nur, den gewaltsam durchgesetzten Verordnungen Moskaus unterworfen zu sein, und nichts anderes. Eine sowjetische Nationalität gab es nicht. Sie klammerten sich um so mehr an ihre eigene ethnische oder religiöse Identität. Das einzige erkennbare Mitglied der sowjetischen Familie, die vom Zentrum gefühlvoll beschworen wurde, war Rußland, der Große Bruder. Er wurde als verhaßter Tyrann wahrgenommen, der bereit war zu töten und danach Krokodilstränen vergoß über das, was er getan hatte. Glasnost und Perestrojka boten so viele Möglichkeiten, um diese Heuchelei loszuwerden. Jede Republik konnte ihre eigenen «weißen Flecken» anführen. Die Bekanntgabe von Mißständen in der lokalen Presse und auf öffentlichen Treffen war die Initialzündung für eine Mobilisierung der Menschen. Keiner in der Führung scheint erkannt zu haben, wie zweischneidig die neu gebildete öffentliche Meinung sein würde.

Die einzelnen spontan gebildeten Vereinigungen steigerten sich im Laufe der Jahre 1987 und 1988 zum Nationalismus, der nichts anderes als eine solche Vereinigung auf kollektiver Ebene ist. Die *Prawda* schätzte, daß es 1989 schon 60 000 informelle Gruppen und Bewegungen gab. Die bei weitem wichtigsten dieser Vereinigungen und Gruppen waren die Volksfronten, die in den Republiken, autonomen Republiken und Gebieten und sogar Städten plötzlich ins Leben traten. Allein in der russischen Republik gab es schätzungsweise 140 Volksfronten.

Heute möchte niemand zugeben, die Volksfronten aus der Taufe gehoben zu haben. Ohne die Zustimmung der Führung hätten sie jedoch nie entstehen können. Aller Wahrscheinlichkeit nach sollte eine organisatorische Struktur geschaffen werden, in deren streng kontrolliertem Rahmen der Nationalismus ausgelebt, reguliert und im Notfall unschädlich gemacht werden konnte. Die Volksfronten funktionierten als Sicherheitsventile. Positiver ausgedrückt: sie waren ursprünglich als Unterstützergruppen für die Perestrojka gedacht. Die Perestrojka sollte die Sowjetunion stärken, aber der Nationalismus arbeitete auf ihre Spaltung hin. Weder Gorbatschow noch irgend jemand anderes konnte diese widersprüchlichen Zielsetzungen erklären.

In Armenien entzündete sich der Konflikt zuerst. Armenien hatte für die Rückgabe der autonomen Republik Nagornyj-Karabach agitiert und deren Abspaltung von Aserbaidschan betrieben. Am 20. Februar 1988 stimmte der örtliche Sowjet von Nagornyj-Karabach für den Anschluß an Armenien. Auf den Straßen von Jerewan, der armenischen Hauptstadt, kam es nach kurzer Zeit zu Demonstrationen, an denen sich eine dreiviertel Million Menschen beteiligte. Die Aseri fielen daraufhin über die Armenier her: Am 1. März wurden in der Stadt Sumgait 32 Armenier ermordet und über hundert verletzt. Diese offiziellen Zahlen sind wahrscheinlich zu niedrig.

Perestrojka und Glasnost hatten Hoffnungen geweckt, die nicht erfüllt werden konnten. In diesem Streit mußten entweder die Armenier oder die Aseri verlieren. Eine Kommission sollte die Lage untersuchen und Vorschläge für das weitere Vorgehen machen. Ihre Berichte zeigen, wie abwegig das System arbeitete. «Die Bevölkerung muß durch Zugeständnisse bei den kulturellen, sozialen und sonstigen Problemen beruhigt werden, notfalls durch Opferung eines Teils der Führung und natürlich durch die Entlarvung einiger Schuldiger auf niedrigerer Ebene. Dennoch sollte Nagornyj-Karabach nicht Armenien zugesprochen werden. Im Unterschied zu früheren Zeiten sollte der Eindruck einer vollkommenen Glasnost entstehen. Darüber hinaus sollten die kleinsten Konfrontationen besonders hervorgehoben werden, wobei die Schuld den Armeniern zu geben ist. Die armenische Gesellschaft muß so weit wie möglich infiltriert werden, vor allem von Kurden, die von allen Bewohnern des armenischen Gebietes das engste Verhältnis zu den Armeniern haben. Gleichzeitig sollten diese freundschaftlichen Beziehungen zerstört werden.»

Als Moskau im Juli die umstrittene Enklave Aserbaidschan zusprach, provozierte es einen Bürgerkrieg. Wenn die Armenier für die Wiedergutmachung von Mißständen kämpften, konnten alle anderen Völker der Sowjetunion daraus den Schluß ziehen, daß sie diesem Beispiel folgen sollten. Die Forderung nach Wiedergutmachung richtete sich in Estland, Lettland und Litauen einzig und allein gegen die Russen. Im letzten Jahrhundert waren diese Republiken zu Nationen im heutigen westlichen Sinne geworden. Dazu trugen sowohl Schriftsteller wie Friedrich Kreuzwald in Estland oder Jonas Basanavičius in Litauen als auch Musikwissenschaftler wie Kristianis Barons bei, der ein Dutzend Bände litauischer Volkslieder sammelte und veröffentlichte. Keine der westlichen Mächte hatte die Einverleibung des Baltikums in die Sowjetunion durch die *force majeure* des Hitler-Stalin-Paktes und der folgenden Invasion anerkannt. Hunderttausende von Exilbalten hielten nach ihrer Flucht in den Westen das Bewußtsein für das Problem wach, indem sie immer wieder an die Öffentlichkeit gingen und Lobbying betrieben. Innerhalb wie außerhalb des Baltikums vertraten immer mehr Menschen lautstark die Meinung, das Rad der Geschichte müsse auf das Jahr 1939 zurückgedreht werden, um diesen Republiken ihre Souveränität und Unabhängigkeit zurückzugeben.

Gorbatschow hätte die belastendsten «weißen Flecken» beseitigen können, wenn er Stalin nicht nur öffentlich verurteilt, sondern auch seine Maßnahmen rückgängig gemacht hätte. Wäre die Abtretung Moldawiens, der baltischen Republiken und der den Japanern abgenommenen Insel Sachalin rechtzeitig erfolgt, dann hätten sich die Russen von einer historischen Last befreien können. Gorbatschow hätte sich dann in den Grenzen des Gebiets von 1917 behaupten können. Doch dies scheint er aus Angst vor einer Kettenreaktion nie in Erwägung gezogen zu haben. Folglich blieben die baltischen Republiken der Knochen, der der Sowjetunion im Hals steckenbleiben mußte. Diese ersichtlich hilflosen und unterjochten Völker spielten bei der Zerstörung des Imperiums eine unverhältnismäßig große Rolle.

Die kommunistischen Hardliner reisten immer wieder bestürzt

nach Moskau und sprachen sich gegenüber jedem, der ihnen zuhörte, für eine Rückkehr zu den alten Methoden aus: Erklärung des Ausnahmezustands, Kriegsrecht, Schnellgerichte, Erschießungen. Die Anhänger der Perestrojka befanden sich in einer verzwickten Lage. Der offene Bruch mit den Hardlinern hätte sicher zur Bildung von Splittergruppen geführt. Die Volksfronten lenkten sie jedoch weg von der Parteiideologie und hin zum Nationalismus. Im Sommer 1988 hatten vernünftige Kommunisten in den Republiken erkannt, daß sie sich nicht gleichzeitig gegenüber der Partei und den Volksfronten verpflichten konnten. Sie mußten sich entscheiden und dabei die Signale aus Moskau interpretieren. Gorbatschow säuberte in einer Republik nach der anderen die Hardliner und ersetzte sie durch Leute seiner Couleur, die eher von Kompromissen als von Gewalt sprachen. Jakowlew ermutigte die Volksfronten bei seinen Reisen durch die Republiken und zollte ihnen Anerkennung. Jelzin hingegen konnte Rußland immer stärker wachrütteln. Eine Art Massenvolksfront stellte sich hinter ihn. Ende 1989 war der Sieg der Volksfronten zu einer *self-fulfilling prophecy* geworden. Die letzte Volksfront wurde in der Ukraine unter dem Namen *Ruch* gebildet, ehemalige politische Häftlinge und Dissidenten gaben hier den Ton an. Exilukrainer aus Deutschland, Kanada und Australien drängten *Ruch*, die Unabhängigkeit durchzusetzen. Wer auch immer das Konzept der Volksfront erdacht hatte, er ließ der Partei in den Republiken keinen Mittelweg zwischen Unterdrückung und nationaler Selbstbestimmung.

Als ich Petru Lucinschi interviewte, schrieb er seinen Namen noch russisch und nicht im moldawischen Rumänisch. Er stammt aus Moldawien. Als eines der jüngeren Mitglieder des alten Zentralkomitees war er Zweiter Parteisekretär in Tadschikistan. Heute ist er als moldawischer Parlamentspräsident einer der führenden Politiker des Landes. Algirdas Brasauskas in Litauen und Leonid Krawtschuk in der Ukraine vollzogen einen ähnlichen Wechsel, in ihrem Fall vom Ersten Parteisekretär zum Staatspräsidenten. Moldawien besteht aus Gebieten, die von Rumänien abgetrennt wurden, mit dem es Sprache und Kultur teilt. Wie im Falle Deutschlands scheint die Wiedervereinigung angebracht, gebe es nicht schwerwiegende regionale Hindernisse. Mehr als eine halbe Million der vier Millionen Einwohner sind russische Siedler. Sie leben vor allem in der Stadt Tiraspol, die noch von einer russischen Besatzungstruppe, einem imperialistischen Relikt, verteidigt wird. Der Streit um die Unabhängigkeit der Republik führte zu Kämpfen zwischen der moldawischen Volksfront, den russischen Siedlern und den Gagausen, einer kleinen nationalen Minderheit. Sowohl die Gagausen als auch die Moldawier beanspruchen Souveränität und Unabhängigkeit.

Von einem praktischen Standpunkt aus, meinte Lucinschi, habe das sowjetische System mehr oder weniger gut funktioniert, obwohl später regionale Feindseligkeiten wie Pilze aus dem Boden schossen. Republiken, die behaupteten, vom Zentrum ökonomisch gebremst worden zu sein, verdrehten die Tatsachen; sie nutzten jeden Vorteil. In den Republiken hatten unabhängige Mafiaorganisationen ihre Intrigen und Machenschaften in eigener Regie ausgetragen. Die vom Zentrum eingesetzten Zweiten Sekretäre vergaßen nie, daß sie nur auf Zeit eingesetzt waren, und kümmerten sich deshalb meistens um nichts. Der Zweite Sekretär war in der Regel ein Russe und hatte die heikle Aufgabe, der örtlichen Partei die Moskauer Politik zu erklären und die Kontakte mit dem Zentrum zu erleichtern. Die totalitäre Kontrolle von außen hatte ein Gleichgewicht hergestellt. Dies wurde zerstört, sobald die Republiken unabhängig wurden. Im Falle Tadschikistans war sich das Zentralkomitee des Konfliktpotentials zwischen den Clans immer bewußt gewesen.

«Wenn man in seiner Region oder Republik eine bestimmte Sprosse der Leiter erklommen hatte, kam man automatisch auf Unionsebene in das Zentralkomitee. Von ein oder zwei Ausnahmen abgesehen, waren die Ersten und Zweiten Sekretäre, der Vorsitzende des regionalen Obersten Sowjets und der Vorsitzende des regionalen Ministerrates von Amts wegen ZK-Mitglieder. Man mußte eine Position einnehmen, die dem Rang in der Hierarchie des Parteistaates entsprach. Wenn man nicht in der Partei, aber gesellschaftlich engagiert war, mußte man sich ab einer bestimmten Stufe der Hierarchie unterordnen und sich so wie alle anderen verhalten.»

Die Parteiapparatschiks verloren keine Zeit bei ihrer Verwandlung in Nationalisten?

«Man kann die heutige Generation der Kommunisten nicht durch die Brille von 1917 betrachten. Wir sind in der Lage, die Situation mit gesundem Menschenverstand und nicht nach ideologischen Gesichtspunkten zu beurteilen. Das ist weniger eine Frage des Verlustes der Ideologie als vielmehr eine der Machtübernahme. Ich wurde dreißig Jahre nach Stalins Tod ZK-Mitglied, als wir keine starken politischen Überzeugungen hatten, aber durch den Glauben, die Gesellschaft voranzubringen, vereint waren. Gorbatschow war der Meinung, daß jede Möglichkeit genutzt werden müsse, um dieses riesige Land zur Demokratie zu bewegen, obwohl sein Verständnis von Demokratie auf hausgemachten Vorstellungen basierte und sehr vage war. Er handelte nach dem Prinzip, daß die Probleme der Republiken auf Republikebene gelöst werden sollten, während die Republiken der Ansicht waren, das Zentrum solle sie lösen. An dieser Stelle versagte die Kommunikation.»

Nach Lucinschis Ansicht war der größte Fehler des Zentrums gegenüber den Republiken die Russifizierung. Dies war tatsächlich eine Politik der nationalen Unterdrückung. Die Verwendung der rumänischen Sprache und das Importieren von Büchern aus Rumänien waren verboten. Beides waren beklagenswerte Aspekte des ideologischen Kampfes, den Moskau gegen Ceaușescu führte. Moldawisch wurde als Sprache für Bauern angesehen, die Geschäfte wurden in Russisch gemacht. Jetzt müssen die russischen Siedler bei offiziellen Angelegenheiten Moldawisch sprechen, was sie überrascht und irritiert. Aber ihre Menschenrechte werden dadurch wohl kaum verletzt. Sie schrieben verärgerte Resolutionen. Die defensive Reaktion des Zentrums führte zu bewaffneten Kämpfen und Bürgerkrieg. Gorbatschow wurde, wie Lucinschi sagt, «von westlichen Beobachtern ein Heiligenschein verliehen, tatsächlich aber ist er eher ein kleines Licht». Spätestens ab 1987 hätte Gorbatschow auf eine sinnvolle Föderation der Republiken hinarbeiten müssen.

14 Das moslemische Erbe

Duschanbe, Alma Ata, Taschkent, Aschchabad und andere wichtige Städte Mittelasiens haben ein sowjetisches Aussehen: riesige, zentral gelegene Plätze für die obligatorischen Paraden, netzartig angelegte Prachtstraßen, das ZK-Gebäude in geschichtetem und ausgebleichtem Zement, ein Opernhaus und die örtlichen Büros der *Prawda* in direkter Nähe, und riesige Wohnblocks, sozusagen vorgefertigte Slums. Anfang der siebziger Jahre kam ich zum erstenmal hierher, und die KGB-Männer, die mich begleiteten, gaben sich alle Mühe, damit ich nichts über das Leben dort erfuhr.
In Taschkent empfing mich der Mufti für Mittelasien. Er war in den Dreißigern, sehr intelligent, hatte in Ägypten studiert und vor kurzem mit zwanzig anderen Pilgern einen Hadsch nach Mekka unternommen. Er erklärte mir, daß der Islam nur noch Gegenstand wissenschaftlicher Studien sein werde, wenn die ältere Generation einmal ausgestorben sei. Doch an einem Freitag, kurz vor dem Mittagsgebet, als der Imam sich schon auf die Predigt vorbereitete, brachten mich meine KGB-Begleiter in die Schar-i-Sabz-Moschee, in der Timur-Leng gebetet hatte. Wenn Blicke töten könnten – den Russen war diese Feindseligkeit jedoch gleichgültig.
Jenseits der Städte erstrecken sich Tausende von Quadratkilometern majestätischer Landschaft unter dem wohl hellsten und gewaltigsten Himmel: der schwarze Sand der Wüste Kara Kum, der jetzt zerstörte Aralsee, die schneebedeckten Pamirberge, die historischen Städte Chiwa, Samarkand und Buchara und der Issyk-Kul-See. Die Mongolen der Goldenen Horde kamen hier als Nomaden und Hirten zur Ruhe. Hoch im Alaigebirge Kirgisiens

beobachtete Gustav Krist, ein Abenteurer und gebürtiger Österreicher, kurz nach der Revolution, was er das Dahinschwinden der kirgisischen Freiheit nannte. Die Kirgisen flohen vor der sowjetischen Volkszählung. «Über eine riesige Entfernung hinweg sah ich einen Kamelzug nach dem anderen; die gesamte Horde war auf dem Marsch und floh vor den sowjetischen Funktionären.» In Turkestan beschrieb er, wie die Kommunisten «das Land mit Verordnungen, Erklärungen und Parolen überschwemmten. Sie bildeten einen Stab professioneller Agitatoren. Dann mußten in der Wüste und den Oasen Fabriken, Kooperativen, Bauernorganisationen und Werkstätten gegründet werden ... um ein Klassenbewußtsein heraufzubeschwören, wo es früher keines gegeben hatte.»

Kasachstan allein ist so groß wie Indien. Viele Kasachen folgten den fliehenden Kirgisen nach China. Jeder dritte Kasache starb unter Stalin infolge von Terror, Kollektivierung oder Hunger. «Gemessen an der Bevölkerungszahl, forderte der Völkermord an den Kasachen mehr Opfer als der an irgendeinem anderen Volk», erklären Bohdan Nahaylo und Victor Swoboda in ihrem Buch *Soviet Disunion*, einer neuen Geschichte der sowjetischen Nationalitäten. Zwei besonders furchtbare Greuel wurden an den Kasachen verübt: die Gulags von Karaganda und das atomare Testgebiet von Semipalatinsk.

Einer von Millionen Briefen, die an Gorbatschow geschrieben wurden, stammt von L. Bojkowa. Sie lebte in ihrem Geburtsort Beskaragaj, 300 Kilometer vom atomaren Testgebiet entfernt, in dem etwa 500 Nukleartests durchgeführt wurden. «An den Tagen, an denen Tests stattfanden», schrieb sie, «wurden wir in eine tiefe Schlucht getrieben, und man sagte uns, wir sollten uns auf den Boden legen, das Gesicht nach unten und den Mund weit geöffnet (letzteres sollte unsere Trommelfelle schützen, damit sie nicht platzten).» Dann sahen sie das Flugzeug kreisen, und die Bombe wurde abgeworfen und zündete. Wohin der Atompilz trieb, hing vom Wind ab. «Manchmal zog er in die Region von Abolsk, ein anderes Mal zu uns. Es gab dann noch die Druckwelle. Sie kam mehr oder weniger plötzlich und warf die Menschen zu Boden ...

Während einer der Übungen wurde das oberste Stockwerk unserer Schule abgeschnitten wie mit einem Messer. Viele Häuser brachen zusammen ... Es hat nie irgendwelche medizinischen Untersuchungen gegeben, trotz der Strahlung, der wir ausgesetzt waren. Die Leute in unserem Dorf begannen an Leukämie zu sterben, doch aus einem bestimmten Grund durfte darüber nicht geredet werden.»

Das Kasachische Institut für Strahlenforschung in Semipalatinsk bewahrt einige der vielen tausend mißgebildeten totgeborenen oder abgetriebenen Föten auf. Max Easterman, der über das Institut berichtete, schrieb von den vielen tausend anderen, die mit schrecklichen Mißbildungen geboren wurden und überlebten, «lebende Beweise einer Verteidigungspolitik, die ihren Ursprung in der Mißachtung des menschlichen Lebens hat». In den Augen vieler Kasachen ist das, was ihnen durch den russischen Imperialismus angetan wurde, Völkermord. Nach der Volkszählung von 1989 waren zwei Drittel der Kasachen zweisprachig, aber nicht einmal ein Prozent der Russen sprach Kasachisch.

Vorfälle mit weniger schrecklichen Ausmaßen führten auch noch zu nationalistischen Ressentiments auf seiten der Russen gegen die moslemischen Minderheiten. In einem Krankenhaus in Elista, der Hauptstadt von Kalmückien, hatten 89 kalmückische Patienten, meist alleinerziehende Mütter, eine mysteriöse Infektion. Das verwendete man als Vorwand für rassistische Hetze gegen die Kalmücken, wie aus einem Zeitungsartikel hervorgeht: «‹Zu dieser Zeit wurden Kalmücken aus den Hotels geworfen, aus Wohnheimen ausgeschlossen, und die Busse von hier wurden bei der Fahrt durch Nachbarregionen mit Steinen beworfen. Wenn man der Zeitung glaubte, hatte man den Eindruck, die Kalmücken würden sich nicht waschen›, erklärt Dr. Badma Tatschijew, der jetzige Chefarzt des Krankenhauses. Die Untersuchungen zu dem Fall wurden jetzt abgeschlossen. Er hatte dort noch nie eine Einmalspritze gesehen.»

Mit dem Beginn der Perestrojka wurde es möglich, ohne Zuhörer vom KGB mit Männern der älteren Generation zu sprechen. Die Stammesältesten mit ihren tadschikischen oder usbekischen

Käppchen oder den runden, pelzgeschmückten kirgisischen Mützen bewahren die Volkstradition, man findet sie in den Teehäusern, den Tschai-Chanas, unter Spalieren von Wein und Bougainvillea. Die Haltung gegenüber den Russen ist natürlich von Haß und Furcht geprägt, doch man findet auch die Zurückhaltung und den tragikomischen Humor, der aus der langen Erfahrung, sich gegen den Despotismus behaupten zu müssen, entsteht.

Einige Völker Mittelasiens gehören zu den Turkvölkern und orientieren sich an der Türkei, andere sind iranischer Abstammung und orientieren sich an Persien. Tschagataiisch ist schon lange keine Verkehrssprache mehr, und die meisten Völker haben ihre eigene Sprache. Die Sunniten sind den Schiiten zahlenmäßig überlegen. Die Literatur, vor allem die Dichtung, geht manchmal bis in die frühesten moslemischen Jahrhunderte zurück, manchmal ist sie auch eine Neuentdeckung. Was alle diese Völker teilen, ist die ununterbrochene Geschichte despotischer Ein-Mann-Herrschaft, die sie ihre Identität bewahren ließ, aber auch verhinderte, daß sie Nationalstaaten in einem westlichen Sinne bildeten. Allen ist die Stammes- oder Clan-Struktur gemein, die Loyalität zur eigenen Gruppe steht an erster Stelle. Pluralismus und Gewaltenteilung sind Begriffe, die keinen Eingang in diese Welt gefunden haben. Bis heute gibt es dort weder Staatlichkeit noch Staatsbürgerschaft, weder Rechte noch Pflichten. Toleranz basiert letztlich auf der Maxime: «Was du nicht willst, das man dir tu, das füg' auch keinem andern zu».

In ihrer historischen Blütezeit hinterließen Dschingis-Khan und Timur-Leng einen solchen Eindruck von Grausamkeit und Tyrannei, daß die Erinnerung an sie noch lebendig ist. Ihre Nachfolger, die örtlichen Emire und Khane, hatten die gleichen Ziele, aber nicht die Macht und den Einfluß, sie durchzusetzen. Sie waren nicht in der Lage, Feldzüge zur Vergrößerung ihres Reichtums zu unternehmen, und konnten schließlich nicht einmal mehr ihre eigenen Leute schützen, so daß sie von den Russen überwältigt wurden.

Für die Völker Mittelasiens ähnelt der russische Despotismus erkennbar ihrem eigenen Erbe. Es ist üblich, daß der Starke die

Beute an sich reißt und der Schwache nur versuchen kann, sie zurückzuerobern. Doch die Jahrhunderte des orthodoxen Christentums schufen die Grundlage für etwas Neues, eine nationale Identität, in deren Namen die Russen die Moslems bekämpften und besiegten. Dem Islam war es als einer eher religiösen als nationalen Gemeinschaft nie gelungen, die Stammesstrukturen zu erweitern. Aufmerksamen Moslems war klar, daß die Besonderheiten der Stämme und Volksgruppen die Entstehung einer Nation, die den Russen hätte Widerstand leisten können, behinderten. Das Baku des 19. Jahrhunderts bemühte sich mindestens genausosehr wie Kairo darum, auf intellektueller Ebene zu definieren, wie man gleichzeitig Moslem und modern sein könnte. Ohne den Kommunismus hätten die Moslems Mittelasiens ohne weiteres weltliche Nationalstaaten entwickeln können – nach dem Modell, das jetzt im arabischen und iranischen Mittleren Osten zu finden ist, auch wenn es dort noch Identitätsprobleme gibt.

Nach der Invasion und Überwältigung griffen die mittelasiatischen Völker auf die Mittel zurück, mit denen sie schon in der Vergangenheit versucht hatten, den Despotismus abzuwehren. Äußere Demut und Unterwürfigkeit verbargen das wahre Gesicht. Von Zeit zu Zeit wurde ein Imam oder Mullah verhaftet, der inkognito durch diese Republiken reiste und in der Regel einem sufitischen Orden, etwa dem Naqšbandi-Orden, angehörte. Die Sowjets behaupteten gern, daß nur ihre Gewaltmethoden den explosiven islamischen Fundamentalismus in Schach hielten, der ihnen wahrscheinlich aber nur als Schreckgespenst diente, um das eigene Handeln zu rechtfertigen.

Einem Despoten, der zu stark ist, als daß man ihm militärisch Widerstand leisten könnte, muß man sich verstohlen und schmeichelnd nähern, man muß ihn beschwichtigen, bestechen und zu scheinbarer Zusammenarbeit verleiten. Die Russen hatten in diesen Schwarzen Künsten im Laufe ihrer Geschichte selbst Erfahrung gesammelt, aber in Mittelasien fanden sie ihren Meister. Als erste Verteidigungsmaßnahme suchte der Clan oder Stamm aus seinen Reihen jemanden aus und machte ihn zum gewählten Vertreter in der Partei, wo er alles vorschriftsmäßig nachbetete und an die Spitze aufstieg, um das Zentrum herumscharwenzelte und dabei seinem eigenen Clan und Stamm ständig Geld und Posten zukommen ließ. Oftmals waren die Parteiführer in den moslemischen Republiken nur Respektspersonen der Clans in anderer Aufmachung. Nach außen hin sowjetisiert, machten diese Clanführer aus der Partei eine nie versiegende Quelle für Geld und Protektion. Viele Erste Sekretäre waren Khane und Emire, die statt der mit Juwelen besetzten Stickereien auf den Trachten der Vergangenheit jetzt sowjetische Orden auf ihren Jacketts trugen. Raschidow oder Dinmuchamed Kunajew, der Kasachstan fast ununterbrochen von 1954 bis 1986 regierte, Gajdar Alijew in Aserbaidschan, Dschabar Rasulow, der tadschikische Erste Sekretär von 1961 bis 1983, oder Saparmurad Nijasow, der sich in Turkmenistan mit 99 Prozent wählen ließ, sie alle wurden von ihren Völkern ganz und gar nicht als korrupte kleine Tyrannen gesehen, sondern wurden für das bewundert, was sie sich leisten konnten; ihre Betrügerei wurde als eine großartige und fast heroische List gegen die Sowjets betrachtet.

Ajatollah Chomeini, der 1979 den Schah stürzte, war nur der letzte einer langen Reihe von persischen und iranischen Nachbarn, mit denen man in Moskau nicht zufrieden war. Zu Zeiten der Zaren hätte ein solcher Aufstand den Vorwand für einen weiteren Eroberungskrieg geliefert. Diesmal marschierten die Sowjets in Afghanistan ein, in der Hoffnung, von dort aus Druck auf Chomeini ausüben zu können. Die Moslems hätten von den sowjetischen Despoten viel ertragen müssen, wenn die Invasion erfolgreich verlaufen wäre. Ihr Mißerfolg brachte Schande über die Sowjets und ließ schlagartig Schadenfreude und Stolz in den mittelasiatischen Republiken entstehen. Wie irgendein Russe mit rassistischen Vorurteilen und einer diese anheizenden Flasche Wodka, wetterte Gorbatschow gegen die «Parasitenrepubliken», wie er sie nannte. Sie forderten angeblich nur Geld, verdienten aber keines. Und er warnte jeden, der es hören wollte, vor der Gefahr des islamischen Fundamentalismus, der seine «scharfen Zähne zeigte», obgleich er selbst eigentlich derjenige war, der ihn mit solchen Sprüchen weckte.

Ähnlich kurzsichtig ging er gegen die Folge und nicht die Ursache vor, als er versuchte, die Parteien in den moslemischen Republiken zu säubern. Der kirgisische Erste Sekretär Turdakun Ussubalijew wurde 1985 entlassen, der kasachische Erste Sekretär Kunajew im folgenden Jahr. In einem Artikel der *Iswestija* wurde behauptet, Kunajew betreibe unter anderem 247 Hotels, 414 Ferienwohnungen, 84 Ferienhäuser, 22 Jagdhütten und 350 Krankenhausbetten. Das klang nicht unwahrscheinlich.
Tausende wurden aus der Partei ausgeschlossen und verhaftet. Die nationalistische Reaktion war heftig. Sadiqjan Jigitalijew, der Vorsitzende des Obersten Gerichts von Usbekistan, warf beispielsweise den russischen Funktionären vor, systematisch die Justiz zu manipulieren, indem unschuldige Menschen verhaftet und die Gerichte zu Verurteilungen gedrängt würden. Er stellte den Zweiten Parteisekretär der Republik, Wladimir Anischtschew, und zwei seiner Mitarbeiter als die drei Russen heraus, die Usbekistan eigentlich kontrollierten. Was unter russischer Herrschaft als Mißbrauch der Justiz begonnen hatte, endete aus der Sicht der Usbeken als Hetzjagd. Es scheint das Zentrum überrascht zu haben, daß plötzlich große regionale Aufstände ausbrachen.

Stammespolitik und kommunistische Politik funktionieren nach dem gleichen Muster: Man steigt so lange auf, wie man Druckmittel gegen andere hat. Alle Angriffs- und Verteidigungsmethoden sind erlaubt. Worte und Taten müssen mit der eigenen Überzeugung nichts zu tun haben. Erst wenn man den Gipfel der Macht erreicht hat, kann man diese Differenzen in Einklang bringen und für sich in Anspruch nehmen, seine Leute zu vertreten. Die Intellektuellen versuchen ihre Gedanken ehrlich zu formulieren oder zumindest die Realität zu begreifen und werden deshalb von den Karrierepolitikern geächtet.

Die unzufriedenen Intellektuellen erkannten schnell, welche Möglichkeiten die Volksfront bot, die neue politische Gruppe, die die europäischen Republiken im fernen Westen des Imperiums allmählich eroberte. Einige reisten dorthin, um selbst zu sehen, wie sie funktionierte, und baltische Nationalisten kamen, um sie in Mittelasien bekannt zu machen. Sajudis, die litauische Volksfront, diente als Modell. Hier fand sofort eine Verwestlichung durch Nachahmung statt, die für die Dritte Welt so charakteristisch war. Aber dieser Import trug eher zur Verwirrung als zur Lösung der Probleme bei.

Achtzehn usbekische Schriftsteller und Professoren gründeten bei einem privaten Treffen in Taschkent im November 1988 *Birlik* (was Einheit bedeutet), ihre Volksfront. Die Dichter Muhammad Solih und Erkin Wahidow und der Wissenschaftler Abdulrachman Pulatow übernahmen die Führung. Rastochez in Tadschikistan, Agzybirlik in Turkmenistan, Adilet in Kasachstan, Aschar in Kirgisien und weitere Organisationen anderer Völker schlossen die Kette der Volksfronten in Mittelasien. Nur wenige bekannte Persönlichkeiten setzten sich dabei ein; praktisch niemand von ihnen konnte behaupten, irgend etwas oder irgend jemanden außer sich selbst zu vertreten.

Ein Ansatz, die Stammesstrukturen zu einer Nation zu erweitern, bestand darin, den sowjetischen Imperialismus anzugreifen. Der weithin bekannte Schriftsteller Olschas Sulejmanow war Erster Sekretär des kasachischen Schriftstellerverbandes. Er wurde in den ersten Volksdeputiertenkongreß gewählt und verkündete den widerwillig zuhörenden Russen vom Rednerpult aus: «Der wichtigste Aspekt der Perestrojka ist für mich die Fortführung des Dekolonialisierungsprozesses, der in den zwanziger Jahren unterbrochen wurde.» Einen weiteren Ansatz bot die Wiederbelebung des Islam. Anfang 1989 wurde in dem wöchentlich erscheinenden Organ des usbekischen Schriftstellerverbandes und des Ministeriums für Kultur ein Artikel veröffentlicht, in dem Religion immer noch als «ein Mittel zur kulturellen Vergiftung des Proletariats und aller Werktätigen» bezeichnet wurde. Nur eine Woche später wurde der frühere, vom KGB gesteuerte Mufti für Mittelasien entlassen, und sein Nachfolger, Muhammad Sadik Muhammad Jussuf, veröffentlichte in der gleichen Zeitschrift einen Artikel, der die traditionelle moslemische Familie rühmte.

Der einzige Programmpunkt, auf den sich alle einigen konnten, war die Wiedereinführung des Vorrangs der nationalen Sprache in jeder Republik. Unerwartet willfährig gaben die Ersten Sekretäre der Partei nach und verabschiedeten ein entsprechendes Gesetz. Nachdem dieses Ziel erreicht war, brachen die Volksfronten und die noch kaum entwickelten Nationalbewegungen auseinander. Jene, die entweder mehr Demokratie und Gewaltenteilung oder einen stärkeren Islam wollten, zerstritten sich mit denen, die von alldem weniger wollten. Wie in den unabhängigen arabischen oder anderen moslemischen Staaten konnte keine einheitliche Zukunftsvision entworfen werden. Es gab kein Verfahren, um den Pluralismus einzuführen, der allein den inneren Frieden erhalten kann. Die Ersten Sekretäre machten ihre Stämme und ethnischen Gruppen mobil; sie schoben die wohlmeinenden, an westlichen Idealen orientierten Intellektuellen beiseite und inhaftierten sie. Die Achtung gegenüber diesen Intellektuellen als Individuen bedeutete noch nicht, daß der Stamm sie unterstützen würde. Die sich in den mittelasiatischen Republiken entwickelnden lokalen Bürgerkriege wirkten wie Kämpfe zwischen unverbesserlichen Kommunisten, Nationalisten und islamischen Fundamentalisten, aber diese Etiketten hatten wenig mit der Wirklichkeit zu tun; sie dienten nur der Festigung der ethnischen Identität. In diesem Fall machte der Kommunismus nicht der Anarchie der Dritten Welt Platz, sondern man kehrte zu früheren Traditionen zurück. Politische Grundsätze wie die Bereitschaft zur bewaffneten Verteidigung des eigenen Landes gegen alle anderen schienen plötzlich mit ihrer ganzen zerstörerischen Kraft wiederzuerstehen, als sei die sowjetische Okkupation nur ein weiteres Zwischenspiel in der Geschichte gewesen, das keinen Eindruck auf die Gesellschaft hinterlassen habe – nichts außer ein paar Gebäuden aus billigem und zerbröckelndem Zement.

Emil Pein ist ein hervorragender Moskauer Ethnograph, der sich mit den moslemischen Republiken beschäftigt hat. Er geht so weit zu behaupten, daß der sowjetische Imperialismus oder Kommunismus die alten Bräuche eigentlich erhalten habe. Die Völker Mittelasiens wurden von der Idee des Nationalstaates abgebracht und konnten deshalb nicht modernisiert werden. In Tadschikistan und Turkmenistan erzwangen die Clans noch Loyalität und ein entsprechendes Sozialverhalten. Der Nationalismus der Bergkirgisen beruht auf ihrer Opposition gegenüber ethnischen Gruppen, die sich in den reichen Tälern und im Tiefland angesiedelt haben. Aufgrund ihres schiitischen Glaubens und ihrer Zugehörigkeit zu den Turkvölkern hatten die Aseri kein Nationalbewußtsein, es entstand erst im Konflikt mit Armenien um Nagornyj-Karabach. Als diesen Völkern der Kommunismus aufgezwungen wurde, so argumentiert Pein, sei dies nur dem Namen nach geschehen. Die sowjetischen Begriffe haben die Wirklichkeit nicht verändert. In Tadschikistan hatte der nördliche Clan jahrhundertelang den Ton angegeben, und sein Emir wurde zum Ersten Sekretär. Die soziale Struktur blieb unberührt. Eine usbekische Kolchose, die er während seiner wissenschaftlichen Arbeit kennenlernte, hatte bis zu 15 000 Mitglieder. Der Vorsitzende konnte nicht alle Einzelheiten über diejenigen wissen, die ihn um etwas baten. Die für die Entscheidung benötigten Informationen erhielt er vom alten Stammesrat oder *Machalja*. Die Clanführer entschieden praktisch über das Leben der anderen. Nur die Korruption ließ neue, mafiaähnliche Beziehungen entstehen. Es gab viele Gemeinsamkeiten zwischen den traditionellen örtlichen Bräuchen und dem sowjetischen Totalitarismus. «Den alten Rollen wurden einfach neue Namen gegeben.»

Ein Teil der Elite wurde durch seine Erziehung kulturell russifiziert und insofern auch verwestlicht. In den Städten haben einige Tadschiken und Usbeken deshalb Identitätsprobleme. Diese Nomenklatura unterhält enge Verbindungen zu Russen im Zentrum, um mehr Privilegien herauszuschlagen, vor allem wenn es um die Ausbildung ihrer Kinder geht. Das sowjetische sozioökonomische System brachte nur eine sehr begrenzte Modernisierung.

Anwar Usmanow ist ein westlich beeinflußter Intellektueller, ein Usbeke, der der Volksfront Birlik seit ihrer Gründung in seiner Heimatstadt Taschkent angehörte. Ihr anfängliches Programm, sagt er, sei zurückhaltend und moderat gewesen; es habe der Sowjetunion weitere Zusammenarbeit angeboten, von Unabhängigkeit sei noch nicht die Rede gewesen. «Wir standen unter dem

Einfluß Osteuropas. Es hatte Gruppen gegeben, die die Perestrojka unterstützten, dann aber wieder verschwanden. Sie wurden populär, da sie die Frage der Landessprache aufwarfen. Laut der Verfassung von 1977 gab es keine offizielle Landessprache. Deshalb war die usbekische Sprache in den privaten Bereich abgedrängt worden. Das war für die Nomenklatura sehr angenehm, man mußte Russisch können, wenn man weiterkommen wollte. Die Machthaber reagierten negativ auf Birlik. Das Zentralkomitee der usbekischen Partei argumentierte, sie würden all dies sowieso einführen, warum versuche Birlik also, sich einzumischen.»

Im Rahmen des Kampfes um die Einführung des Usbekischen als Landessprache organisierte Birlik am 19. März 1989 in Taschkent eine Demonstration mit 10 000 Teilnehmern. Das erschütterte die ganze Republik. Am 1. Mai nahmen 2 000 Delegierte aus acht der zwölf Regionen der Republik an einer von Birlik organisierten Konferenz in Taschkent teil. Sie wählten ein Führungskomitee und einen Vorsitzenden, Abdulrachman Pulatow. Er befaßt sich mit künstlicher Intelligenz und Robotern. «Er war der Richtige für den Posten, auf halbem Wege zwischen den Schriftstellern und Technikern.»

Das neue Programm von Birlik hatte vor allem das Ziel, «das usbekische Volk aus dem politischen Dornröschenschlaf zu wecken. Wir waren viel weniger politisch engagiert als die Russen oder Ukrainer. Das zweite Ziel war, eine säkulare demokratische Gesellschaft zu bilden. Damals gab es noch keine islamischen Aktivisten. Andere kamen hinzu, und Birlik versuchte, alle Nationalitäten Usbekistans zu vertreten. Die kommunistische Partei nahm an diesen Aktivitäten von Anfang an teil und wollte sie kontrollieren. Also versprach die Regierung, sich um die Sprachenfrage zu kümmern. Über das Zentralkomitee trat der Oberste Sowjet offiziell für die Vorherrschaft der usbekischen Sprache ein.» Doch im Juni griffen Usbeken die Turk-Mescheten, eine anderes moslemisches Volk, im Fergana-Tal an und richteten ein Blutbad an. Wie und warum das geschah, ist unklar. Usmanow ist überzeugt, daß das Massaker von Gruppen aus Moskau provoziert wurde. «Damals hielten wir es für unsere Aufgabe, zu beweisen, daß es von Gorbatschow organisiert worden war, wie das Massaker an den Armeniern in Sumgait. Das war eine zentral gesteuerte Kampagne, mit der bewiesen werden sollte, daß die Usbeken sich nicht selbst gesellschaftlich organisieren könnten. Tatsächlich weckte es die Usbeken aus ihrer Apathie und legte den Keim für ein nationales Bewußtsein.« Deshalb hätten einige Usbeken ein Interesse daran haben können, die Turk-Mescheten anzugreifen, doch Usmanow weist diese Möglichkeit zurück.

Im Herbst 1989 fand in Taschkent eine riesige Demonstration statt. Das Zentralkomitee begann zu lavieren und spaltete Birlik durch seine Manipulationen. Muhammad Solih und andere Schriftsteller meinten, es sei an der Zeit, die Demonstrationen auszusetzen und an einem Kompromiß mit der Regierung zu arbeiten. Solih und seine Gruppierung verließen Birlik und gründeten *Erk* (Freiheit). Birlik wollte zuerst Demokratie und dann Unabhängigkeit, Erk trat dafür ein, zuerst die Unabhängigkeit und dann die Demokratie durchzusetzen. Islam Karimow, der Erste Sekretär der usbekischen Partei, sah seine Chance, hart durchzugreifen. 1990 war ein sehr schwieriges Jahr, Birlik kämpfte ums Überleben.«

Die Region Osch ist von Usbeken bewohnt, wurde aber von Stalin willkürlich Kirgisien zugeschlagen. Am 5. Juni 1990 stürmten 15 000 bewaffnete Kirgisen aus dem Gebirge ins Tal und ermordeten in der Stadt Osch und dem nahegelegenen Usgen Usbeken. Usmanow war zu dieser Zeit in Usgen und wurde Zeuge der Ereignisse. 30 000 Usbeken lebten in Usgen zusammen mit 4 000 Russen und 3 000 Kirgisen. Als Usmanow den Hintergrund des Massakers untersuchte, erfuhr er, daß Karimow am Vorabend des Massakers vorgewarnt worden war und Gorbatschow angerufen hatte, um Vollmachten zu bekommen. Er hatte angeboten, die Verantwortung für einen Truppeneinsatz zu übernehmen. Laut Usmanow zögerte Gorbatschow und rief Marschall Jasow an, der tatsächlich die Elitedivision aus Pskow nach Usgen beorderte, aber erst als das Massaker in vollem Gange war.

Vor dem Hintergrund dieser Ereignisse konnte Karimow seine Position als Erster Sekretär mit der Behauptung stärken, ein usbekischer Nationalist zu sein. Ob er sich als Kommunist oder Nationalist bezeichnete, war für ihn nicht so wichtig wie die Erhaltung seiner Despotie in Usbekistan. Er untermauerte rechtzeitig seine Vormachtstellung, indem er sich selbst zum Präsidenten machte. Birlik nannte ihn den bolschewistischen Khan von Mittelasien. Er mußte nur noch Birlik und Erk aus dem Weg schaffen und ihre führenden Persönlichkeiten verfolgen. Pulatow und Muhammad Solih wurden zusammengeschlagen und ins Gefängnis gesteckt. Anwar Usmanows Haus in Taschkent wurde angezündet und brannte bis auf die Grundmauern nieder.

15 Die baltischen Republiken

Ich stehe allein am Straßenrand
Wo früher ein Dorf war
Und schreibe mit einem Stück Kohle
Auf die Grabsteine der Schornsteinkästen
Ein Lied über lange ausgekühlte Öfen
Und schon lange erloschene Kohle,
Ein Lied über heimatlose Katzen
Und Kinder, die Tränen vergießen
An den Leichen ihrer toten Mütter.

Der Stimmung dieses Gedichts, 1964 von Imants Ziedonis geschrieben, begegnet man überall in den baltischen Republiken; die Elegie ist authentisch. Mächtige und mörderische Nachbarn haben diese drei Völker fast aus der Geschichte verdrängt. Alle drei haben eine Identität, die sie leidenschaftlich pflegen; sie wissen genau, was sie verloren haben und was sie retten können. Mit seinen weißen Haaren und dem schönen und vornehmen Gesicht verkörpert Ziedonis das Bild eines Volksdichters. Da er ausschließlich von seiner lettischen Heimat sprach, fragte ich ihn, ob Shelley Unsinn geredet habe, als er den Dichter als Weltbürger beschrieb. Ziedonis bat um die Unterstützung der anderen Letten am Tisch und antwortete, jene, die aus großen Ländern kämen, könnten die aus den kleinen nie verstehen.

Schmale, gerade Straßen durchschneiden die flache baltische Landschaft, nur hin und wieder sieht man geisterhafte Birkenwälder und einheimische Kiefern, deren rötliche Rinde sich an der Krone gräulich färbt. Seen schimmern überall zwischen den ein-

Die baltischen Republiken 219

samen, mit Schindeln gedeckten Gehöften oder dem verrottenden Koloß einer sowjetischen Kolchose. Treibholz am Sandstrand, auf dem Meer fahle Lichter und im Winter eine vom Eis zerfurchte Küste. Klaipėda, Liepāja und Ventspils waren einst Hansehäfen mit deutschen Namen. In den alten Kirchen finden sich Denkmäler, die mit den prächtigen Wappen des baltendeutschen Adels wie denen von Horn, Toll, Krusenstern, Uexküll und Pahlen geschmückt sind. Fürst Biron regierte das damalige Herzogtum Kurland für Katharina die Große, und er beauftragte Rastrelli, den St. Petersburger Architekten, ihm in Rundāle einen Palast zu errichten. Heute steht er leer, seine Pracht ist verblichen und übertüncht. Er ist jetzt genauso ein Relikt aus vergangener Zeit wie die Sphinx.

Versteckt in den finsteren sowjetischen Außenbezirken von Tallinn und Riga findet man ab und zu Kirchen, Paläste und Kaufmannshäuser der Vergangenheit, schäbig und zweckentfremdet. Dennoch zeigen die seit der Unabhängigkeit überall aufgebauten Gerüste, daß erstmals seit Jahrzehnten wieder Reparaturen durchgeführt werden. In der Nähe von Šiauliai im Norden Litauens befindet sich ein kleiner Hügel, auf dem Unmengen von Eisen- und Holzkreuzen in allen Größen aufgestellt sind, behängt mit Rosenkränzen und frommen Botschaften, so daß sie wie eingesponnen aussehen. Sooft die sowjetischen Machthaber dieses Golgatha auch räumten, die katholischen Wallfahrer stellten ihre Kreuze heimlich immer wieder auf. Papst Johannes Paul II. war einer von ihnen. Die litauische Hauptstadt Vilnius mit ihrer Barockarchitektur, der von Jesuiten gegründeten Universität und dem ehemaligen jüdischen Viertel war einst in ganz Europa wegen ihres Geisteslebens und ihrer Kultur angesehen. In ihrem Zentrum wurde die frühere Leninstraße wieder nach Gediminas benannt. Im Schaufenster des größten Kaufhauses stand ein Kinderfahrrad sowjetischer Fabrikation, das schon rostete, bevor es verkauft wurde. So viele unterschiedliche Bilder und Erfahrungen rufen Furcht oder Scham hervor. Man kann nicht vergessen, daß man sich am Schauplatz schlimmster Verbrechen befindet.

«Es ist heute schwer, sich vorzustellen, wie einfach das Leben in jenen Tagen in diesem kleinen Zipfel Europas ablief», schreibt Tania Alexander in ihren Erinnerungen an ihre Vorkriegskindheit im ländlichen Kallijärv. Sie erinnert sich an die Obsternte, Spaziergänge im Wald und gemeinsames Musizieren. Sie war die Tochter der Baronin Moura Budberg, einer Dame von Welt, die die Geliebte von H. G. Wells und Maxim Gorkij war und gleichzeitig ihr Leben lang als KGB-Spitzel arbeitete. Moura Budberg arrangierte für Wells das Interview mit Stalin im Jahre 1934. Wells war gerade auf der Höhe seines Ruhmes als Denker und Schriftsteller. Er konnte es nicht erwarten, Stalin zu gratulieren: «Heute müssen die Kapitalisten von Ihnen lernen, müssen den Geist des Sozialismus verstehen.» Nur einige Wochen später ließ Stalin seinen Gefährten Kirow ermorden und läutete damit die nächste Terrorwelle ein. Stalin antwortete, es gebe in der Welt viele böse Menschen: «Ich glaube nicht an die Tugend der Bourgeoisie.» Wells kehrte mit seinem Exklusivinterview vom Kreml nach Kallijärv zu Moura Budberg zurück und planschte in den Seen der Umgebung, ohne zu begreifen, daß er Stalins Verbrechen durch seine Torheit und Doppelmoral unterstützte.

Nach der Unterzeichnung des Hitler-Stalin-Paktes wurde den Baltendeutschen – meistens persönlich – geraten, das Land zu verlassen. Da sie sich lieber einem Naziregime als einem sowjetischen unterordnen wollten, folgten rund 60 000 diesem Rat. Bei den aufeinanderfolgenden Invasionen durch die Nazis und die Sowjets wurde mindestens ein Drittel der baltischen Bevölkerung getötet. Die Nazis deportierten rund 150 000 Balten und griffen die Juden heraus, um sie fast bis auf den letzten Mann zu ermorden. Die Grausamkeit in Litauen, wo der Antisemitismus noch bösartiger war als in Polen oder der Ukraine, war einzigartig. Dina Porat, eine Historikerin, die sich mit dem Völkermord an den litauischen Juden befaßt, formuliert es euphemistisch: Das «starke Engagement der örtlichen Bevölkerung» habe sich in fataler Weise mit der deutschen Gründlichkeit und Organisation verbunden. Die amerikanische Journalistin Genevieve Abel veröffentlichte im *Baltic Observer* die Beschreibung einer Straßenbahnfahrt, die sie im Herbst 1992 vom Zentrum der Stadt Vilnius an den Rand der Stadt unternommen hatte. Ein Bauer führte sie zu einem Waldstück in Paneriai, einer der schrecklichsten Vernichtungsstätten. Die Juden waren so erschossen worden, daß sie in Gruben fielen, die einfach zugeschüttet wurden. Wenn man jetzt ein Loch in die Erde grub, fand man überall Knochen und Zähne. «Der Wald umschloß mich», schrieb sie. Niemand hatte sich bemüht, die Opfer angemessen zu begraben, es gab nicht einmal ein Denkmal für sie.

Zwischen der nationalsozialistischen und der sowjetischen Variante des Totalitarismus ergaben sich unglaubliche Parallelen. Als die deutsche Armee am 14. Juni 1940 in Paris einmarschierte, besetzte die Rote Armee die baltischen Republiken. Der litauische Präsident Antanas Smetona floh in die Vereinigten Staaten, doch sein Ministerpräsident und Vertreter Antanas Merkys wurde deportiert. Der litauische Außenminister Jouzas Urbšys, der sich gerade in Moskau befand, wurde einfach inhaftiert. Der lettische Präsident Kārlis Ulmanis und der estnische Präsident Konstantin Päts wurden deportiert und starben im Exil. Romuald Misiunias und Rein Taagepera sind die Verfasser der maßgeblichen Geschichte dieser Republiken, und in ihren zurückhaltenden Worten war die Verhaftung und Deportation führender Staatsmänner eines Staates durch einen anderen «ein beispielloses Ereignis» in den modernen internationalen Beziehungen.

Pjotr Jakir war der Sohn eines außergewöhnlichen sowjetischen Generals, der 1937 während der Terrorwelle nach Kirows Ermordung wie viele andere auf Stalins Befehl kurzerhand erschossen worden war. Als Sohn seines Vaters wurde Jakir 1941 selbst in den Gulag gesteckt, in das Lager 7 eines Komplexes mit Namen Sewerallag. Er sah, wie die Balten ankamen, 60 in einem Güterwagen, in zwölf Zügen aus Riga. Ungefähr die gleiche Anzahl kam aus Tallinn und Vilnius. Familien wurden auseinandergerissen, Männer und Frauen getrennt deportiert. Ihre Namen fanden sich auf Listen, die zuvor von der Geheimpolizei zusammengestellt worden waren. Als die Züge entladen wurden, schrieb Jakir, seien die Menschen kaum in der Lage gewesen, aus den Waggons zu steigen. Sofort suchten sie im Müll nach etwas Eßbarem. «Ich erinnere mich, daß der Sekretär des litauischen Präsidenten so schwach war, daß er nicht mehr aus der Mülltonne klettern konnte, in die er gestiegen war, um einige verfaulte Fischköpfe abzubekommen.» Sie waren nicht allein in ihrem Elend. Solschenizyn beschreibt genau, wie zur gleichen Zeit in Solikamsk ein Zug aus Leningrad entladen wurde. Der gesamte Bahndamm war von Leichen übersät. In den Wintern nach 1944, so schreibt er, erreichten die Gefangenenzüge aus dem Baltikum, Polen und Deutschland die Eisenbahnknotenpunkte im Norden immer mit ein oder zwei angehängten Wagen voller Leichen. Warlam Schalamow bemerkt in einer seiner Darstellungen, die man nie vergessen kann, daß die Balten als erste sterben mußten, weil sie den Russen physisch überlegen waren.

Von 1945 bis 1955 wurden weitere 80 000 Esten, 100 000 Letten und 260 000 Litauer deportiert. Irina Ratuschinskaja berichtet von der Estin Lagle Parek, «einer fröhlichen, blonden Frau», mit der sie die Gefängnisbaracke teilte. Sie wurde wegen der Herausgabe einer *Samisdat*-Zeitschrift zu sechs Jahren Lagerhaft und drei weiteren Jahren Verbannung verurteilt. «Ihr Vater wurde erschossen, die Mutter in ein Lager gesteckt. Lagle, ihre Großmutter und ihre Schwester wurden nach Sibirien deportiert. Ihrer Großmutter gelang es, die beiden Mädchen heil nach Sibirien zu bringen, wo sie von knietief im Schnee stehenden Esten erfuhr, daß sie zu lebenslanger Verbannung bestimmt waren.» Erst als Lagle Parek verhaftet wurde, erfuhr sie vom Schicksal ihres Vaters; sie sah den Erschießungsbefehl in ihrer eigenen Akte. Heute ist sie Ministerin in der estnischen Regierung.

Einige Dissidenten konnten aufgrund ihrer Entschlossenheit und Verschwiegenheit die Breschnew-Ära überleben. Andere, wie der estnische Mathematiker Johannes Hint, starben in der Haft. Es gab immer mehr Anzeichen dafür, daß die historische Identität der Balten für immer verlorengehen würde. *Cogito ergo sum* ist der Titel eines kurzen, aber bewegenden estnischen Dokumentarfilms über einen sehr alten Mann, der bei der Kollektivierung und Deportation seines Dorfes übersehen wurde. Früher hatte er an der Universität Tartu Philosophie und Theologie unterrichtet; jetzt beschloß er, allein in dem verlassenen Dorf zu bleiben. Im Laufe der Jahre hatte sich der Ort praktisch in eine Wildnis zurückverwandelt, doch für ihn war es eine Genugtuung, eine lebende Herausforderung zu sein. Am Ende des Films spricht dieser unbeugsame Mann in die Kamera und erklärt, jeder habe die Kraft, sich darüber klarzuwerden, wer er sei. In dieser Kraft liege, wenn sie richtig eingesetzt werde, der Sinn des Lebens. Die bekannte Dichterin Māra Zālīte drückte im Juni 1988, in der Anfangsphase der nationalen Befreiungsbewegung, auf einer Versammlung lettischer Intellektueller eine allgemeine Angst aus: «Die Letten stehen kurz vor ihrer Ausrottung.»

Russisch war in der Partei, der Bürokratie und der Wirtschaft die offizielle Sprache. Der lettische Erste Sekretär Boris Pugo, gleichzeitig KGB-General, war einer von vielen Parteiführern, die so russifiziert worden waren, daß sie ihre Muttersprache nicht mehr beherrschten. «Sprechen Sie eine menschliche Sprache!» beschimpften die russischen Verkäufer die estnischen Kunden.

Die Intellektuellen und Studenten nahmen als erste die Doppeldeutigkeit der Perestrojka wahr und handelten danach: Die Parteifunktionäre, die sie zu Erneuerung und Umstrukturierung ermutigten, konnten ihnen später nicht anordnen, unaufrichtig damit umzugehen. Wenn sie Gorbatschow rühmten, konnte man sie kaum des Verrates an ihm beschuldigen. Nur indem man die Grenzen auslotete, konnte man herausfinden, was noch toleriert wurde. Eine zuverlässigere Vorbereitung auf einen Machtkampf hätte es kaum geben können. Ein geschickt lancierter Artikel, ein Vortrag oder ein Aufschrei im Fernsehen ließ die unterdrückten Ängste und Enttäuschungen der letzten Jahrzehnte freiwerden und verwandelte sie sofort in Nationalismus. Private Ressentiments steigerten sich plötzlich zu einer öffentlichen Meinung. Häufig wurde ein einzelner, der den richtigen Ton traf, ohne sein Zutun zu einem Sprecher gemacht, der sich mit einem Mikrofon in der Hand in Parks oder Stadien an begeisterte Massen wandte.

Die ersten Demonstrationen fanden im Frühjahr 1988 statt. In dem kurzen Zeitraum von Ende Mai bis Anfang Juni hielten die führenden Intellektuellen und Persönlichkeiten des öffentlichen

Lebens Treffen ab, die in allen drei Republiken in den Gründungskongressen der Volksfronten mündeten. Bis dahin wurde der Besitz nationaler Flaggen mit Gefängnis bestraft. Jetzt wurden sie überall ausgehängt und waren, ebenso wie die Hymnen und Volkslieder, gefühlsbeladene Symbole.

Karl Vaino, Boris Pugo und Ringaudas Songaila waren die Ersten Sekretäre der Partei in Estland, Lettland und Litauen. Sie waren im alten Stil erzogen worden, dienten der Partei schon lange und waren nicht gut darauf vorbereitet, mit Bewegungen umzugehen, die aufgrund ihrer Spontaneität und Beliebtheit so schnell außer Kontrolle gerieten. Einerseits wußte man, daß Gorbatschow gegen Gewalt war, weshalb er sie im Ernstfall wahrscheinlich abgelehnt und bestraft hätte. Andererseits konnte man die Demonstranten mit Versprechungen und guten Worten nicht dazu bringen, nach Hause zu gehen und die Flaggen abzugeben. Sie boten der Partei öffentlich die Stirn. In dieser heiklen Situation entschieden sich die Ersten Sekretäre für einen Mittelweg: Sie forderten Kräfte an, die zwar nicht ausreichten, um die Demonstrationen aufzulösen, aber groß genug waren, um die Mehrheit zu provozieren. Aufgebracht fanden sich fast alle bei den Volksfronten wieder. Die dilettantische Vorgehensweise führte zum Sturz der Ersten Sekretäre. Um zu zeigen, daß er sie und ihr Verhalten nicht völlig mißbilligte, beförderte Gorbatschow Boris Pugo in seinen engeren Kreis in Moskau. Die neuen Ersten Sekretäre waren Vaino Väljas in Estland, Jānis Vagris in Lettland und Algirdas Brasauskas in Litauen. Als mutmaßliche Anhänger der Perestrojka waren sie von Gorbatschow ernannt worden und bekamen nun den Befehl, mit den Volksfronten zusammenzuarbeiten.

Die Volksfronten hatten als amateurhafte und improvisierte Treffen gleichgesinnter Menschen begonnen. Die Organisatoren waren in der Regel Bohemiens und kannten sich in Verwaltungsfragen nicht aus; sie verfügten nicht über Büros, Stäbe oder sonstige Möglichkeiten, um sich gegen die Partei durchzusetzen. Die Zeitung der lettischen Volksfront *Atmoda* hatte eine Anfangsauflage von 20000, die Sajudis-Zeitung *Atgiminas* eine von 100000. Am 23. August 1989, dem 50. Jahrestag des Hitler-Stalin-Paktes, von dem der ganze Kampf um die Unabhängigkeit ausging, konnten die Volksfronten fast die gesamte Bevölkerung der drei Republiken mobilisieren, um zwischen Vilnius, Riga und Tallinn eine Hunderte von Kilometern lange Menschenkette zu bilden. Es war mehr als eine Heldentat, es war ein Volksaufstand für die Gerechtigkeit, aber fast idyllisch durch seine Friedfertigkeit. Durch interne Auswahl machten die Volksfronten Dainis Īvāns, Vytautas Landsbergis und Edgar Savisaar in Lettland, Litauen und Estland zu ihren Präsidenten. Generell folgte die lettische Volksfront dem Beispiel der beiden anderen. Anatolijs Gorbunows, der Vorsitzende des lettischen Obersten Sowjets, und andere führende Kommunisten der Region, sozusagen Renegaten, nutzten die Volksfronten sehr geschickt für ihren Aufstieg, indem sie sie mit Begünstigungen und Beifall überschütteten, um sie dann völlig zu übernehmen.

Landsbergis und Savisaar waren vom selben Schlag; von Natur aus engstirnig und gegenüber Kompromissen auch mit Freunden oder Kollegen abgeneigt, von fast unerträglicher Zuversicht in ihre eigene Redlichkeit und ihr Urteilsvermögen. Kurz, sie waren genau die richtigen, um im entscheidenden Augenblick gegen die Russen vorzugehen. Beide Männer waren scheinbar bereit, ihre Nationen dem Schicksal auszuliefern, unter sowjetischen Panzern im Blut zu versinken.

Die Volksfronten und die Partei waren rasch aufeinander abgestimmt. Brasauskas wurde am 22. Oktober 1988 Erster Sekretär Litauens, und zwei Tage später hielt Sajudis ihren ersten Kongreß in Vilnius ab. Brasauskas wandte sich an diesen Kongreß mit der Warnung, daß die Sowjets von ihrer militärischen Stärke Gebrauch machen könnten. Man verstand ihn sofort.

Zu Beginn des neuen Jahres wurde das seltsame Gleichgewicht zerstört. Die Volksfronten lösten eine Kettenreaktion aus. Wie in den islamischen Republiken zwangen sie die Ersten Sekretäre, den Vorrang der Nationalsprache anzuerkennen. Auch Kultur ist Politik: Indem die Volksfronten den Nationalismus auf diese Weise förderten, riefen sie ihn immer stärker hervor. Weitreichende Forderungen, vor allem nach Souveränität, zogen neue Mitglieder an und erhöhten die nationalistische Machtbasis. Die Stärke der

Volksfronten zwang die Parteien der Republiken, Stellung zu nehmen. Karrieristen sicherten sich einen Platz auf der Seite der Gewinner. Die Partei spaltete sich. Die Volksfront war damit mächtig genug, um die Regierung zu übernehmen. Die Partei wurde zur störrischen und schrumpfenden Opposition. *Quod erat demonstrandum:* Es war alles so klar wie ein euklidischer Beweis.

Nach der neuesten Analyse versetzten die Wahlen zum Obersten Unionssowjet im Jahre 1989 und die entsprechenden Wahlen zu den Obersten Sowjets in den Republiken im März 1990 dem Kommunismus den Todesstoß. Auf beiden Ebenen führte der ungewohnte Appell an die öffentliche Meinung die Reformer und Volksfronten zum Sieg. Ein deutliches Symbol hierfür war der Sieg von Professor Viktor Palms, einem radikalen Nationalisten von der Universität Tartu, über den Vorsitzenden des estnischen KGB, General Karl Kortelainen. Im Glauben, daß die eingebauten Vorsichtsmaßnahmen ein Ergebnis zugunsten der Partei garantieren würden, hatten Gorbatschow und das Zentrum nicht erwartet, daß irgend jemand anderes die Wahlen gewinnen könnte. Die Volksfronten in den baltischen Republiken forderten Gorbatschow genauso heraus wie Jelzin im Zentrum.

Als Ende 1988 die Forderung nach Souveränität erhoben wurde, hätte Gorbatschow die Kettenreaktion unterbrechen und die baltische Frage durch einen Kompromiß stabilisieren können. Die Übergänge zwischen Souveränität, Autonomie, Konföderation und Unabhängigkeit waren fließend. Gorbatschow hätte, ungehemmt durch jede verfassungsrechtliche Theorie oder Praxis, durch irgendeine Bestimmung oder Anordnung die sich zuspitzende Krise entschärfen können. Mit einem ernsthaften Vorschlag für eine eigenständige baltische Identität innerhalb der Sowjetunion hätte Gorbatschow zumindest Zeit gewinnen können.

Kurzsichtiges Handeln führte zu völliger Entscheidungslosigkeit. Gesandte aus Moskau traten im Baltikum mit unterschiedlichen Meinungen auf. Mal gab Jakowlew einen seiner kryptischen Sprüche zum besten («Wir haben den Geist aus der Flasche gelassen»), mal der tyrannische Ex-KGB-Vorsitzende Tschebrikow. Im November 1989 wurde Brasauskas zu einem Treffen in

Moskau geladen. Für Anfang Dezember war ein besonderer Kongreß der litauischen Partei angesetzt, den Gorbatschow auf einen späteren Zeitpunkt verschoben haben wollte. Der Kongreß fand statt, und die Delegierten beschlossen mit 855 zu 160 Stimmen, daß die Partei sich von der sowjetischen Mutterpartei lösen werde. Die 160 spalteten sich als Moskautreue ab. Einer von ihnen erklärte gegenüber Reportern: «Ich habe noch nie gehört, daß Litauen besetzt wurde.» Das war der Alptraum der Partei, die Zersplitterung. Doch Brasauskas und die Mehrheit konnten Sajudis jetzt als Litauer, nicht mehr als «Quislinge» gegenübertreten.

«Sie haben die Kommunistische Partei der Sowjetunion verlassen», sagte Gorbatschow zu Brasauskas auf einem peinlichen ZK-Treffen in Moskau am ersten Weihnachtstag. «Andere werden das gleiche tun. Lassen Sie uns logisch denken. Was bleibt übrig?» Ligatschow war sehr offen: «Das letzte Hindernis auf dem Weg der Separatisten wurde beseitigt. Was ist das für eine Perestrojka, Genosse Brasauskas, wenn Sie erklären, das wichtigste Ziel Ihrer Partei sei die Gründung eines unabhängigen Staates?» Das war eine gute Frage.

Gorbatschows letzter Trumpf war eine Reise durch die Republiken, und er kam am 11. Januar 1990 ausgerechnet mit dem Ersten Sekretär Usbekistans Islam Karimow nach Vilnius. Am Gediminasplatz, wo die schöne klassizistische Kathedrale steht, wurde Gorbatschow von 300 000 Demonstranten empfangen. Auf einem ihrer Plakate stand: «Gorbatschow, geh nach Hause und nimm die Rote Armee mit.» So etwas war noch keinem Generalsekretär widerfahren. Gorbatschow legte am Lenin-Denkmal einen Kranz nieder und erklärte der Menge: «Wir sind seit fünfzig Jahren miteinander verbunden, ob wir es wollen oder nicht. Mehr noch, wir haben nicht in einer Föderation gelebt. Wir lebten in einem Einheitsstaat mit seinen eigenen Realitäten.» Sein Versuch, über die Köpfe von Sajudis hinweg an die sowjetische Solidarität zu appellieren, war mutig, wurde jedoch ganz und gar mißverstanden. Offensichtlich hatte auch er noch nie davon gehört, daß die baltischen Republiken besetzt worden waren. Die bissige Bemerkung eines polemischen Journalisten, Algimantis Čekuolis, gibt die litauische Haltung genau wieder: «Man kann sich nicht scheiden lassen, ohne geheiratet zu haben. Wir haben nie geheiratet, wir wurden vergewaltigt.»

Landsbergis ging als Sieger aus den Wahlen in der Republik hervor und wurde Präsident des litauischen Obersten Sowjets, der in «Oberster Rat» umbenannt wurde. Am 11. März schlug er in einem Antrag vor, die «Wiederherstellung und Verwirklichung der souveränen Rechte des Staates» zu deklarieren. Der Antrag wurde einstimmig angenommen. Die sowjetische Verfassung galt in Litauen nicht mehr. Landsbergis ernannte Frau Prunskiene zur Premierministerin und verhielt sich damit wie ein unangefochtener Staatschef. Pedantisch wie nur er sein konnte, verwahrte er sich gegen jede geringste Verletzung der staatlichen Souveränität. Estland und Lettland gaben ähnliche Unabhängigkeitserklärungen ab, jedoch mit Einschränkungen. Die Wahlergebnisse in Lettland waren nicht so eindeutig gewesen. Als Präsident des lettischen Obersten Sowjets spielte Gorbunows auf Zeit. Das war opportunistisch, beruhte aber auch darauf, daß General Kusmin, der die sowjetische Heeresgruppe im Baltikum kommandierte, in Riga stationiert war. Er machte kein Geheimnis aus seinem Glauben, daß Panzer das A und O der Politik seien. In allen drei Republiken bildete der KGB sogenannte Interfronts, die die russischen Siedler und ihre Interessen gegenüber den Volksfronten repräsentieren sollten.

Sowjetskaja Rossija war eine von mehreren sowjetischen Zeitungen, die erklärten, in Litauen habe ein Staatsstreich stattgefunden. «Reaktionäre Kräfte haben die Macht ergriffen, um den Sozialismus zu beseitigen.» Marschall Achromejew sprach sich offen für Gewaltandrohung aus. Der sowjetische Volksdeputiertenkongreß verfaßte eine Resolution, wonach die litauische Unabhängigkeitserklärung ungültig sei. «Das bedeutet Krieg!» stellte ein russischer Deputierter fest. Gorbatschow sagte, er sei «alarmiert». Er befahl KGB-Truppen, in Vilnius einige Gebäude zu besetzen, darunter auch Druckereien. Dann wurde ein Ultimatum gestellt: Litauen hatte drei Tage Zeit, um die selbstverkündete Souveränität als illegal anzuerkennen. Das Ultimatum verstrich,

Gorbatschow verhängte die Blockade. Schon bald waren Versorgungsmängel spürbar. Entgegen ihren Erwartungen erkannte keine westliche Regierung die baltischen Unabhängigkeitserklärungen an. Gegen die Blockade wurde nur formal protestiert. Fast ein halbes Jahrhundert lang war es das Ziel der amerikanischen Politik gewesen, den sowjetischen Imperialismus zurückzudrängen und gefangene Völker zu befreien. Gerade in dem Augenblick, als dieses Leitziel zum erstenmal hätte realisiert werden können, rief die Bush-Administration nur zu «sofortigen konstruktiven Verhandlungen» auf. Diese abgedroschene und unzureichende Antwort machte Bushs wiederholte Behauptung, er habe den Kalten Krieg gewonnen, zur Farce. Sie war ein Grund dafür, daß er nicht wieder zum Präsidenten gewählt wurde. Landsbergis scheute sich nicht, Verrat beim Namen zu nennen. «Das ist München. Wir hatten Angst, Amerika würde uns verkaufen.» Das war seine größte Stunde. In der Art, wie er sein Volk repräsentierte, erinnerte er an den General de Gaulle des Jahres 1940. Er fragte, ob es möglich sei, die Freiheit eines Volkes für die Freiheit eines anderen zu verkaufen. «Wenn das tatsächlich möglich ist, welchen Wert hat dann die Idee der Freiheit?» Weder die Blockade gegen Litauen noch der Angriff des KGB auf das Fernsehzentrum in Vilnius im Januar 1991, bei dem 14 Menschen getötet wurden, zwangen Landsbergis, Sajudis oder die Litauer in die Knie. Doch die wehrlosen Balten waren immer noch in der Gewalt der größten Armee, die es je gegeben hatte. Die einzige mögliche Unterstützung bei diesem ungleichen Kräftemessen kam von unerwarteter Seite, in Form des August-Putsches 1991.

16 Der Wunsch der estnischen Mehrheit

In Estland hätte die Gewalt bei mehreren Anlässen eskalieren können. Der 2. Februar ist ein Feiertag im estnischen Kalender, weil Lenin an diesem Tag im Jahre 1920 die Unabhängigkeit des Landes anerkannte, die es nach dem Ersten Weltkrieg erlangt hatte. Am 2. Februar 1988 ging die Miliz mit Schäferhunden gegen Teilnehmer einer Gedenkveranstaltung in Tartu vor. Die Auswahl der Delegierten für die XIX. Parteikonferenz führte im Juni des Jahres zur nächsten Krise: In Tallinn hatten sich Demonstranten versammelt, weil die für Moskau ausgewählten Delegierten nicht die öffentliche Meinung vertraten. Karl Vaino, der Erste Sekretär, schlug vor, die Demonstration gewaltsam zu beenden. Statt dessen entließ Gorbatschow ihn. Im Zentrum von Tallinn liegt der Berg Toompea, auf dem ein mittelalterlicher Turm steht. Auch das danebenliegende erdbeerrote Parlamentsgebäude aus dem 18. Jahrhundert trägt diesen Namen. Anhänger von Interfront, der russischen Antwort auf die Volksfront, brachen am 15. Mai 1990 die Türen des Parlaments auf und eroberten es fast im Sturm. Schließlich drangen während des August-Putsches 1991 bewaffnete sowjetische Kolonnen in die Stadt ein.

Am 16. November 1988 wurde die Souveränität erklärt, die Unabhängigkeitserklärung folgte am 2. Februar 1990 und wurde am Ende des Jahres wiederholt. Das Hin und Her zwischen nationalen Erklärungen und sowjetischer Gewalt ließ die Gefahr eskalieren.

Juhan Aare kann von sich sagen, er habe nationalen Protest ausgelöst. Der junge und draufgängerische Fernsehjournalist machte eine Sendung mit Namen *Panda*, die im September 1986 als Teil von Glasnost ins Leben gerufen wurde. Im darauffolgenden Februar interviewte er in Moskau Jurij Jampol vom Ministerium für Mineraldüngerproduktion, der unglücklicherweise Pläne zum Abbau von Phosphaten in einer landschaftlich schönen und unberührten Ecke Estlands verriet. Das war eine sensationelle Meldung. Die Esten sollten bei diesem unerhörten Beispiel zentraler Planung auf ihre Kosten nicht mitreden dürfen. «Nach der Sendung bekam ich viele Briefe. Auf einer Pressekonferenz griff mich der damalige Premierminister Bruno Saul scharf an und beschuldigte mich der Verleumdung. Ein anderer Hardliner, Rein Ristlaan, schlug vor, eine Untersuchung meiner Vorgeschichte einzuleiten. Wenn ich nicht auf die Unterstützung der Akademie der Wissenschaften und der breiten Bevölkerung hätte zählen können, wäre ich mit Sicherheit verhaftet worden.»

Er gründete und leitete die Partei der Grünen. Im März 1989 wurde er in den Volksdeputiertenkongreß gewählt. Als Deputierter in Moskau erkannte er, daß Wissenschaftler und Generäle, und vor allem das ganz normale Volk, Konzepte wie Demokratisierung und Marktwirtschaft nicht verstanden. Gorbatschow, nach Maßstäben des Systems hochgebildet, hatte zumindest eine ungefähre Vorstellung, was mit diesen Begriffen verbunden war. Die baltischen Deputierten erörterten mit ihm oft die Frage der Unabhängigkeit. «Er antwortete uns: ‹Und dann? Wenn ich nachgebe, wollen alle anderen auch ihre Unabhängigkeit. Das führt zu einem allgemeinen Bürgerkrieg.›» Gorbatschow hörte zu und diskutierte. Jakowlew, so sagt Aare, konnte seine Meinung nicht öffentlich äußern. In Diskussionen erklärte Jakowlew, der sowjetische Kongreß werde der baltischen Unabhängigkeit niemals zustimmen. Dazu müsse man sich eines anderen Gremiums bedienen, zum Beispiel des von Gorbatschow neu eingerichteten Föderationsrates. Marschall Achromejew war zumindest ehrlich, wenn er Aare gegenüber erklärte: «Ich mag Ihre Haltung nicht; Sie sind mein Feind.» Karl Vaino wurde im Juni 1988 abgesetzt, nachdem zwei Mitglieder des estnischen Politbüros nach Moskau geflogen waren, um Gorbatschow und Ligatschow zu erklären, daß ein Blutvergießen drohe. «Einige

Parteiführer waren grundsätzlich bereit, mit Panzern gegen die Bevölkerung vorzugehen. Das sowjetische Militär war in Alarmbereitschaft. Wir hätten eine Tragödie wie in Baku oder Tbilissi erleben können.»

Der Vater von Marju Lauristin war Erster Vorsitzender des Rates der Volkskommissare, als Estland 1940 sowjetisiert wurde. Er war einer der wichtigsten Kollaborateure bei Stalins Machtübernahme im Land. Kurze Zeit später wurde er ermordet. Marjus Mutter heiratete einen der wenigen anderen Esten, die schon vor dem Krieg Kommunisten gewesen waren. Doch dieser Stiefvater wurde später nach Sibirien geschickt und ihre Mutter aus der Partei ausgeschlossen. Für jemanden, der in der kommunistischen Aristokratie großgeworden war, war der Gedanke, jetzt das Kind eines «Volksfeindes» zu sein, bestürzend. Zwischen 1966 und 1975 wurde an der Universität Tartu das Fach Soziologie unterrichtet – ein Ausnahmefall in der Sowjetunion. Damit begann Marju Lauristins wissenschaftliche Karriere. Durch die Volksfront wurde sie zu einer bekannten Rednerin und Figur des öffentlichen Lebens. Sie ist voller Energie und setzte sich schnell über die Dummköpfe hinweg. Nach der Unabhängigkeit wurde sie Ministerin in der Regierung.

Als altgediente Demonstrantin war sie dabei, als die Miliz in Tartu Schäferhunde einsetzte. «Vaino war wirklich verhaßt», sagt sie, «er spürte, wie der Boden unter ihm bebte.» Gorbatschow wirkte auf sie wie der Chruschtschow seiner Zeit. Er äußerte sich nie genau über seine Ziele, seine Stärke waren Drahtseilakte. «Er nahm an, daß wir ihn unterstützten, und wurde ärgerlich, als er herausfand, daß es nicht so war. Wir waren nicht dankbar genug.» So wie ein Künstler entdeckt, was in seinem Material versteckt ist, habe Gorbatschow entdeckt, was in der Geschichte versteckt war, wie sie es eindrucksvoll beschreibt. Wenn ihnen früher eine gewisse Autonomie zugestanden worden wäre, hätte das ihrer Meinung nach den Prozeß verlangsamen, aber nicht aufhalten können. «Wir wollten IME, ein Akronym, das für Selbstverwaltung steht, aber auf estnisch auch Wunder bedeutet. Ich schrieb

die Buchstaben in einem Seminar an der Universität Tartu an die Tafel, und die Hörer verstanden sofort.»
Die Volksfront begann im Fernsehen. Hagi Sein, später Leiter des estnischen Fernsehens, machte die Telefon-Talkshow «Laßt uns darüber nachdenken». Das Thema des 13. April 1988 war «Wie funktioniert Demokratie». Savisaar sollte die Diskussion leiten und hatte Marju Lauristin als Beraterin eingeladen. «Bei der Vorbereitung der Sendung diskutierten wir, ob die Zeit für etwas Offizielleres als spontane Versammlungen und Treffen reif sei. Basisbewegungen wurden als Form der Demokratie betrachtet. Savisaar schlug während der Sendung wiederholt die Bildung einer Art Volksfront vor. Die Anrufe im Studio waren phantastisch. Alle stimmten uns zu. Das war wirklich ein öffentliches Ereignis. Nach der Sendung blieben die Leute im Studio, um ein Manifest zu verfassen.

Einer der Teilnehmer war Viktor Palms, ein Chemieprofessor aus Tartu. Am nächsten Morgen kam er wieder nach Tartu zurück zu einem Treffen der sogenannten Denkmalschutzgesellschaft, einer anderen Volksbewegung, die sich für eine Wiederbelebung der früher unterbundenen historischen Erinnerung einsetzte. Jeder war auf der Straße. In Tartu kennt jeder jeden. Ich erinnere mich, wie Viktor Palms ankam. Er öffnete die Wagentür, winkte mit einem Papier und sagte, er habe Kopien von dem Appell, den wir am vorangegangenen Abend im Studio geschrieben hatten. Er verteilte sie. Wir gingen in die Universität und gründeten eine Unterstützungsgruppe Tartu für die Volksfront. Savisaar machte in Tallinn das gleiche. Er wollte etwas Hierarchisches, Parteiähnliches; wir Wissenschaftler dagegen bestanden auf einer wirklichen Basisbewegung ohne Mitgliederlisten und ohne Machtstrukturen. Wir konnten unseren Standpunkt durchsetzen. Die Leute fürchteten sich, in etwas verwickelt zu werden, das sie dem KGB ausliefern könnte. Es war sicherer, einer Bewegung anonym anzugehören. Jeder, der sich für Demokratie interessierte, wurde aufgefordert, an seinem Arbeitsplatz oder unter seinen Freunden und seiner Familie eine Unterstützungsgruppe aufzubauen. Die Gruppe mußte mit einer Kontaktperson registriert werden, an die man sich wenden konnte, wenn man mitmachen wollte.»

Die Künstlerverbände, in denen die Partei die Intellektuellen zusammengefaßt hatte, trafen sich am 1. und 2. April in Tallinn. Dort wurde die erste öffentliche Forderung nach estnischer Souveränität formuliert und über die Köpfe der Partei hinweg an Gorbatschow geschickt. Marju Lauristin und Savisaar sprachen im Juni auf der Protestversammlung gegen die Auswahl der Delegierten der XIX. Parteikonferenz. Die Ereignisse im Vorfeld zeigten den Parteiführern, daß der Vorfall zu einem Massenprotest führen würde, wenn sie jetzt nicht reagierten. Es war klug, Vaino zu diesem Zeitpunkt den Laufpaß zu geben. Doch es sei seltsam gewesen, bemerkt Marju Lauristin, daß man bei dieser Veranstaltung, die erstmals die Stärke der Nationalbewegung demonstrierte, nur protestierte und sich an den Händen hielt, wo es doch eigentlich um die Entscheidung ging, wer zu einem kommunistischen Plenum nach Moskau entsandt werden sollte.

Kaum weniger seltsam war der Gründungskongreß der Volksfront im Oktober in Tallinn. Väljas war anwesend. Gorbatschow wurde ein Grußtelegramm geschickt. Die Volksfront hat zunächst die breite Öffentlichkeit in den politischen Prozeß integriert und dann innerhalb der Partei eine offene Opposition gebildet. Die Gleichgültigkeit des Westens gegenüber dem Schicksal der baltischen Republiken war enttäuschend, und Lauristin ärgert sich immer noch darüber. «Als ich bei meinem ersten Besuch in Amerika ankam, erschien in der *New York Times* ein Leitartikel, der den Balten vorwarf, die Lage zu gefährden. Ich war wütend. Meine Freunde organisierten ein Treffen mit den Leuten dort, und wir stritten uns ganz offen. Sie warfen uns vor, Gorbatschow und den ganzen Westen zu gefährden. Einer von ihnen sagte: ‹Sie werden Ihre Unabhängigkeit nie bekommen.›»

In der Vergangenheit, so erinnert sie sich, war Väljas ein «unerbittlicher ideologischer Unterdrücker», der in den siebziger Jahren ihre soziologische Abteilung schloß. Nachdem er einen Machtkampf gegen Vaino verloren hatte, wurde er als Botschafter nach Lateinamerika geschickt. Von dort kehrte er als anderer Mensch zurück. «Sein Charakter zeichnet sich durch eine Art religiöser Hingabe, einen eigenen Ehrenkodex aus. Ich denke, deshalb hat er keinen Versuch unternommen, Gewalt anzuwenden.» Rüütel hielt immer Distanz zu den anderen Parteiführern. Er spielte die Rolle des unschuldigen patriotischen Führers, zeigte sich sozusagen apolitisch. Väljas dagegen war und blieb Kommunist.

Küllo Arjakas ist ein bekannter estnischer Historiker der jungen Generation. Er arbeitete in Moskau in der von Jakowlew geleiteten Kommission, die den Hitler-Stalin-Pakt untersuchte. Er erklärt, daß es verschiedene Modelle für den Kampf gegen das sowjetische Regime gegeben habe: Partisanen, Dissidenten, Untergrundgruppen und religiöse Organisationen. Aber erst die Volksfront brachte das erwünschte Ergebnis. Die nationale Frage erwies sich als die wichtigste von allen. Man kann es auch so sagen: Den Homo Sovieticus gab es nicht in dem Ausmaß, wie sie es sich vorgestellt hatten.

Savisaar überfiel mit seinem Fernsehauftritt am 13. April die Partei gewissermaßen aus dem Hinterhalt. Dank Glasnost konnte er nicht mehr verhaftet werden. Savisaars zweiter großer Augenblick kam, als die Interfront zusammen mit der Miliz und Truppen des Innenministeriums versuchte, Toompea zu stürmen. Die Interfront-Mitglieder brachen das eiserne Haupttor auf und drangen in den Innenhof ein, von wo aus sie das Parlament und die Regierungsbüros hätten besetzen können. Savisaar rief von Toompea aus den Radiosender an und hielt die Verbindung. Er bat über den Sender jedermann um Hilfe gegen den Putschversuch, wie er es nannte. Innerhalb weniger Minuten machten sich Tausende nach Toompea auf, sogar Hausfrauen, die noch ihre Hausschuhe trugen. Angesichts der sich versammelnden Massen zog sich die Interfront zurück. Die demokratischen Esten bahnten ihnen einen Korridor durch die Menge.

Der Estnische Kongreß war eine andere Massenbewegung, die manchmal mit der Volksfront zusammenarbeitete, sich ihr aber auch manchmal entgegenstellte. Die Grenzen zwischen beiden waren fließend. Schließlich zeigte sich, daß der Estnische Kongreß eher mit der öffentlichen Meinung übereinstimmte. Seine politische Linie wurde offiziell übernommen, und im unabhängigen Estland haben seine Führer mehr Einfluß als Savisaar und andere von der Volksfront. Der Estnische Kongreß sah in der Perestrojka kaum mehr als eine Parole Gorbatschows. Ein autonomer Status innerhalb einer reformierten Sowjetunion schien noch das wahrscheinlichste Ergebnis, das aber als eine weitere und überdies rechtlich sanktionierte Verlängerung der sowjetischen Okkupation gefürchtet wurde. Wenn die Situation sich zugunsten der Perestrojkisten ändern sollte, könnte eine neue Republik ausgerufen werden. Das hätte die Jahre der sowjetischen Okkupation mit einem Deckmantel der Legalität verhüllt. Der Estnische Kongreß wollte zwischen dem Estland der Vorkriegszeit und dem gegenwärtigen eine legale Kontinuität schaffen. Der sicherste Schutz für die Zukunft lag darin, die sowjetische Invasion beim Namen zu nennen. Ab dem Februar 1989 bildete der Estnische Kongreß Bürgerkomitees. Sie hatten 900 000 Mitglieder, die eine repräsentative Körperschaft wählten, die nichts anderes als ein Ersatzparlament war.

Zu dessen führenden Persönlichkeiten gehörte Tunne Kelam, der auch heute noch Mitglied der Partei ist, die aus dem Ersatzparlament hervorgegangen ist. Er empfing mich in seinem Büro in Toompea. Er zeichnet sich durch die Art von Zähigkeit und Humor aus, die für kompromißlose Dissidenten typisch ist. Früher war er Dozent für internationale Angelegenheiten und Fernsehkommentator. Obwohl er schon immer über den Hitler-Stalin-Pakt Bescheid wußte, sah er die Dokumente zum erstenmal, als sie 1968 in einer slowakischen Kulturwochenzeitschrift veröffentlicht wurden.

Er und andere Dissidenten trafen sich heimlich. 1972 konnte seine Gruppe ein in Englisch verfaßtes Memorandum über Menschenrechtsverletzungen aus dem Land schmuggeln und den Vereinten Nationen zukommen lassen. Darin wurden auch der Rückzug der sowjetischen Truppen und freie Wahlen gefordert. «Natürlich bekamen wir keine Antwort, aber es wurde in den westlichen Medien veröffentlicht. Später erfuhr ich von estnischen Flüchtlingen, daß dieses Dokument für sie sehr wichtig gewesen war. Es war immer nur von friedlicher Koexistenz, Verbesserung der Beziehungen und Abrüstung die Rede. Das Baltikum wurde praktisch als Teil der Sowjetunion betrachtet.»

Fünf der Gruppenmitglieder wurden verhaftet und wegen «Verleumdung der Sowjetunion» zu fünf beziehungsweise sechs Jahren Gefängnis verurteilt. Kelam selbst wurde verhört, in den nächsten sechs Monaten fanden immer wieder Hausdurchsuchungen bei ihm statt, doch es gelang ihm, sich herauszuwinden. «Der KGB-Major sprach mit mir, als ob wir beim Sport wären: Ich hätte diese Runde gewonnen. Sie seien sicher, daß ich mehr wisse, als ich zugegeben hätte, aber sie könnten mich nicht festnageln. Ich wurde freigelassen und mußte als Nachtwächter auf einer Hühnerfarm in der Nähe von Tallinn arbeiten. Dort war ich zehn Jahre lang. Einen besseren Ort gab es für jemanden wie mich nicht, ich hatte viel Zeit für meine Untergrundaktivitäten. Gewöhnlich kam ich abends vom KGB-Hauptquartier zurück und ging in eine geheime Wohnung, um das nächste Memorandum vorzubereiten. Es war für mich moralisch wichtig, daß ich etwas Neues vorbereitete, während sie meine Vergangenheit untersuchten.»

Das erklärte Ziel des Estnischen Kongresses war es, ein nichtsowjetisches repräsentatives Organ der estnischen Bürger zu organisieren. Wir hatten den politischen und psychologischen Durchbruch sofort geschafft, als die Menschen erkannten, daß sie nicht sowjetische Bürger sein mußten, sondern das Recht hatten, Esten zu sein. Das gewählte repräsentative Organ sollte provisorisch sein und mit dem offiziellen Parlament, dem Obersten Sowjet, zusammenarbeiten. Die Mitgliedschaft in der Partei war kein Hindernis. «Wir reisten durch das Land, schufen ohne die Unterstützung der Presse diese Komitees und verteilten unser eigenes Material. Wir gingen auch von der Voraussetzung aus, daß im Ausland lebende Flüchtlinge weiterhin estnische Bürger waren. Unser Beispiel wurde später in Lettland und Georgien nachgeahmt, doch es war das erste Beispiel dafür, daß ein nichtsowjetischer Weg erfolgreich sein konnte.»

Tunne Kelam meint, daß Savisaar und die Volksfront sich noch sowjetischer Institutionen bedienten. Im Gegenzug warfen sie dem Estnischen Kongreß vor, die Perestrojka zu gefährden. «Das gab man uns auch im Westen zu verstehen. Gorbatschows Position sollte nicht untergraben werden.» Doch die Volksfront nahm schließlich an den Wahlen zum Estnischen Kongreß teil und gewann ein Viertel der Sitze. Die Rivalitäten zwischen den beiden Volksbewegungen wurden zudem durch die Reaktion des Obersten Sowjets und seines Vorsitzenden Arnold Rüütel verstärkt. «Wir versuchten Rüütel zu überzeugen, für den Kongreß zu kandidieren, und es sah so aus, als versuche er uns zu verstehen», erklärt Tunne Kelam. «Zumindest hat er nicht versucht, uns zu unterdrücken. Doch im März 1990, eine Woche vor der ersten Sitzung des Kongresses, veröffentlichten wir unsere ersten Entwürfe, in denen wir betonten, daß alle von den Sowjets eingerichteten Institutionen grundsätzlich illegal seien. Rüütel war geschockt. Er ließ uns zu sich kommen und schrie wütend, mit hochrotem Kopf, wir seien Lügner, die ihn betrogen hätten. Wir entgegneten, daß wir zwischen Institutionen und Menschen unterscheiden könnten und daß wir ihn als jemanden, der sich auf seine Weise für Estland einsetzte, respektierten. Doch offensichtlich empfand er es als Beleidigung, wenn man ihn als Vertreter einer illegalen Institution, als Quisling bezeichnete.» Die Wahlen zum Estnischen Kongreß fanden im Februar 1990 statt, die zum Obersten Sowjet einen Monat später. In fast schon komischer Verwirrung wußten die Leute kaum, wem oder was sie den Vorzug geben sollten. Verschiedene Kandidaten wurden sowohl in den Kongreß als auch in den Obersten Sowjet gewählt. Als Savisaar die Wahlen zum Obersten Sowjet gewonnen hatte und eine Regierung der Volksfront bildete, wurde ein Kompromiß geschlossen, der jedoch nicht lange hielt. Der Putsch vom 19. August 1991 in Moskau beendete diese Rivalitäten schnell. Gegen eine Besetzung der Regierungsgebäude oder des Fernsehsenders durch russische Truppen hätten sich alle zur Wehr gesetzt. Am Tag nach dem Putsch trafen sich etwa fünfzehn Politiker in Tunne Kelams Büro und einigten sich auf die Bedingungen für eine neue Verfassung, die den Fortbestand Estlands als Staat festschrieb. In anderen Republiken, vor allem in Litauen, konvertierten die Parteiführer zu Nationalisten und blieben an der Macht, indem sie die Willkürmethoden, die sie schon immer angewandt hatten, anpaßten. Tunne Kelam ist überzeugt, der Estnische Kongreß habe verhindert, daß in seinem Land das gleiche passierte.

Arnold Rüütel hat ein scharf geschnittenes Gesicht, graue Haare, denen man noch ansieht, daß sie früher einmal blond waren, und ist elegant gekleidet. Ich saß ihm an einem runden Tisch, an dem vielleicht dreißig Leute Platz gehabt hätten, gegenüber. Er sprach mich an, als habe er eine ganze Konferenz vor sich. Es war ihm wahrscheinlich von Nutzen, daß er kaum jemanden zu Wort kommen läßt. Der ausgebildete Tierheilkundler war von 1969–1977 Rektor der Estnischen Landwirtschaftlichen Akademie. Er sagt, er sei immer ein Pragmatiker und Nationalist gewesen. Parteimitglied war er nur, weil das für jemanden in seiner Position obligatorisch war. Seine Macht und sein Einfluß in den letzten Jahren des estnischen Kommunismus rühren daher, daß er Vorsitzender des Obersten Sowjets war und damit alle Gesetze von ihm unterzeichnet werden mußten. Außerdem war er Mitglied im sowjetischen Kongreß der Volksdeputierten.

Er schreibt sich selbst eine Reihe von Maßnahmen zu, die die Partei zunehmend schwächten. Im Januar 1988 wurde ein Gesetz eingebracht, nach dem im Land die OMON, die Spezialeinheiten des Innenministeriums, eingeführt werden sollten. Der KGB hatte die aufkommende Unruhe gespürt. Bis dahin mußten alle Gesetze, die vom Obersten Sowjet der Sowjetunion verabschiedet worden waren, in identischer Form von den Republiken verabschiedet werden. Voller Stolz erklärt Rüütel: «Sie verlangten kategorisch, daß ich dieses Gesetz verabschiedete, doch ich weigerte mich.» Deshalb konnte Karl Vaino, als er im Februar 1988 den Einsatz von Miliz mit Hunden genehmigte, nicht auf die OMON-Einheiten zurückgreifen. Ebenso legalisierte Rüütel die Nationalflagge und die Souveränitätserklärung vom 16. November 1988, in der eine Klausel besagt, daß Rohstoffe und natürliche Ressourcen Eigentum der Nation seien und dem estnischen Gesetz Priorität gegenüber dem sowjetischen zustehe. «Im Januar 1989 haben wir die Aktivität der Kommunistischen Partei in allen juristischen Organen, im KGB und der Miliz verboten. Die Partei existierte noch, doch es war ihr untersagt, über die Ministerien und die Regierungsorgane zu agieren. Die Partei konnte also nicht länger Druck auf das Präsidium und den Ministerrat ausüben.»

Dann habe er also, unterbreche ich ihn, als Kommunist daran gearbeitet, die Machtbasis der Partei zu zerstören. War er also mehr als Savisaar oder irgendein anderer für den Zusammenbruch des Kommunismus verantwortlich?

Als Antwort gab er mir eine kurze Einführung in die Geschichte der estnischen Partei. Für die Unabhängigkeitserklärung am 2. Februar 1990, sagt er, sei insgeheim schon sechs Monate vorher ein Treffen von 4500 Delegierten aller Ebenen vorbereitet worden. «Wir vermieden es, diese Fragen in den Büros zu diskutieren, und gingen dafür nach draußen. Ulo Nugis, der Sprecher des Obersten Sowjets, half bei diesen Vorbereitungen. Savisaar nahm weder daran teil, noch wußte er davon. Als wir die Führer der Republiksregierung einberiefen, um den 2. Februar vorzubereiten, wußte man in Moskau nicht, wie man reagieren sollte. Früher konnte das Präsidium oder sogar der gesamte Oberste Sowjet liquidiert werden, doch in der heutigen Zeit war es nicht mehr so leicht, 4500 rechtmäßige Delegierte beiseite zu schaffen.»

Treffen und Demonstrationen zerstörten die Partei nicht. Die Partei wurde dadurch gelähmt, daß man bewußt ihre Pläne durchkreuzte, und das war Rüütels Aufgabe. Er stellt sich selbst als denjenigen dar, der die volle Wucht der offiziellen sowjetischen Kritik abbekommen habe. So mußte er sich nach der ersten Souveränitätserklärung am 16. November 1988 vier Stunden und fünfundzwanzig Minuten lang vor dem sowjetischen Präsidium des Obersten Sowjets verteidigen. Er bekam den Befehl, sich vor dem gesamten Obersten Sowjet zu entschuldigen. «Sie schlugen mit der Faust auf den Tisch. Ich sah mich natürlich schon in der Lubjanka.» An dem Tag, an dem die Abstimmung über die Jakowlew-Kommission negativ ausging, sah er Gorbatschow fünf-

oder sechsmal. Um Mitternacht konnte er ihn schließlich davon überzeugen, die Abstimmung auf den nächsten Tag zu verschieben. «Im Präsidium und bei anderen gemeinsamen Treffen griff Gorbatschow mich boshaft an. Doch wenn wir unter vier Augen diskutierten, war er ganz vernünftig – zumindest verstand er, was vor sich ging, obwohl er nie direkt sagte, daß er unsere Bestrebungen billigte. Er konnte mit den unterschiedlichsten Menschen Kontakt aufnehmen, und vielleicht verhinderte dieser Charakterzug, daß er in seiner schwierigen Situation auf Gewalt zurückgriff.»
Der Höhepunkt von Rüütels Beziehung zu Gorbatschow war der 12. Juni 1990. «Die Idee war, die drei baltischen Republiken im Kampf gegen das Zentrum zu vereinen. Obwohl wir darum gebeten hatten, als gemeinsame baltische Delegation empfangen zu werden, waren weder Moskau noch Gorbatschow einverstanden. Am Mittag des vorhergehenden Tages telefonierte ich mit Landsbergis und Gorbunows, um dieses Treffen zu organisieren. Schließlich stimmte Gorbatschow einem Treffen des Staatsrates mit ihm selbst, Ryschkow und Jakowlew zu. Auf diesem Treffen trug jeder von uns vor, warum unsere Staaten letztlich unabhängig werden sollten und wie die zukünftigen Beziehungen zur Sowjetunion aussehen sollten. Als Gorbatschow mir das Wort erteilte, sagte ich, Estland und die Sowjetunion sollten gleichgestellt werden. Da wir dem Beitritt zur Sowjetunion ursprünglich nie zugestimmt hätten, könnten wir uns nicht lossagen, sondern nur zum Status quo zurückkehren. Nach der Sitzung des Staatsrates gingen wir noch einmal zu Gorbatschow, um zu betonen, daß unsere Länder besetzt worden waren. Ja, sagte er, er habe uns zugehört, aber wenn er diesem Standpunkt zustimmen würde, geriete er unter den Druck der Revolutionäre in allen anderen Republiken.»

Die funkelnden Augen lassen Vaino Väljas etwas schelmisch wirken. Er erzählt gerne, daß er auf der Insel Hiiumaa geboren wurde und in den Kirchenbüchern dort sieben Generationen seiner Familie nachweisen kann. Bevor er das Alphabet lernte, konnte er segeln und fischen. Die meisten Bewohner Hiiumaas sind 1944 vor den Sowjets geflohen, und von Väljas wird gesagt, daß auch er geflohen wäre, wenn ihn seine Mutter damals nicht gerade losgeschickt hätte, um eine Besorgung zu machen. Am Ende des Interviews, als wir schon die Treppen des Mietshauses, in dem er in Tallinn lebt, hinuntergingen, zitierte er eine weit zurückliegende Bemerkung von Kabin, der ein Vierteljahrhundert lang estnischer Erster Sekretär gewesen war: «Väljas, das einzige, was du gut kannst, ist fischen.»

Über den Komsomol kannte er Gorbatschow und Schewardnadse seit 1956. Sie konnten sich gegenseitig voll vertrauen. Zunächst war er sowjetischer Botschafter in Venezuela, 1986 wurde er nach Nicaragua versetzt. Bei einem Empfang in seiner Botschaft wurde Graham Greene mit den höchsten sandinistischen Auszeichnungen bedacht und hielt eine dankbare Lobrede auf die Moskauer Politik.

Sein Vorgänger, Karl Vaino, hatte die estnischen Interessen denen Moskaus untergeordnet. Die Polizeiaktion im Februar 1988 bot einen Vorwand, um an seiner Stelle einen Perestrojka-Mann zu ernennen. Väljas war am 13. Juni 1988 gerade von einem Urlaub in den Tropen nach Estland zurückgekehrt, als er erfuhr, daß Gorbatschow ihn dringend zu sich bat. Am nächsten Tag wurde er vom Moskauer Flughafen direkt zu Gorbatschow gebracht, ohne zu wissen warum. Ihr Gespräch dauerte drei Stunden. «Gorbatschow sagte, er wünsche, daß ich den Posten des estnischen Ersten Sekretärs übernähme. Ich hatte acht Jahre lang nicht mehr dort gelebt und kannte die Situation nicht. Zunächst lehnte ich ab, dann sagte ich, ich würde nach Estland zurückkehren, und wenn das Zentralkomitee der Partei meine Ernennung bestätigte, würde ich annehmen. Ich stellte die Bedingung, daß ich allein über die Politik entscheiden würde. Es gab keinen Widerspruch.»

Die Sache der estnischen Unabhängigkeit, so erkannte er, war bei der Konferenz der Künstlerverbände im April des Jahres entschieden vertreten worden. Der politische Wille des estnischen Volkes wurde von der Volksfront verkörpert, und darauf kam es an. Im September organisierte Väljas eine Plenarsitzung des Zentralkomitees, an der Mitglieder der Volksfront teilnahmen. Er zitiert einen Satz aus dem Sitzungsprotokoll: «Unter Berücksichtigung des Wunsches der estnischen Mehrheit sehen wir die Zukunft des Landes in der Unabhängigkeit der estnischen Nation.»

Sie waren Erster Sekretär einer Partei, die als Hindernis für die Unabhängigkeit betrachtet wurde.

«Natürlich. Das war schwer. Die große Mehrheit war für die Unabhängigkeit, und so waren wir verpflichtet, uns mit der Volksfront abzustimmen und nicht gegen sie zu arbeiten. Es ging nicht um die Zerstörung der Kommunistischen Partei, sondern darum, wie ihr Aussehen, ihre Tätigkeiten und ihre Ideologie verändert werden sollten. Die Hardliner stimmten dieser Analyse nicht zu. Sie wollten die Volksfront unterdrücken und die alte Ordnung wiederherstellen. Wir kämpften im wahrsten Sinne des Wortes mit ihnen. Es konnte keinen Kompromiß geben. Das Ergebnis war die formelle Spaltung. Auf dem XX. Parteitag, Anfang Februar 1990, spaltete sich die prosowjetische Fraktion ab. Es entstand eine einmalige Situation: Wir hatten zwei Kommunistische Parteien, und im Politbüro gab es zwei Erste Sekretäre. Es war so wie bei der Spaltung der litauischen Partei im Dezember 1989. Brasauskas und ich kamen fast zur gleichen Zeit als Erste Sekretäre ins Amt, auf die gleiche Weise und mit denselben Zielen.

Wenn die Hardliner sich noch freundlich ausdrückten, nannten sie mich einen Verräter, Agenten des Kapitalismus oder Zerstörer der Sowjetunion. Dieser Kampf wurde genauso heftig geführt wie in Moskau selbst. Wenn wir nicht zu Gorbatschow, Schewardnadse, Jakowlew und anderen ein vertrautes Verhältnis gehabt hätten, hätten sie uns auseinandergenommen. Wir konnten uns nicht auf die Armee oder den KGB verlassen, der in Moskau in den schwärzesten Farben über die hiesigen Ereignisse berichtete. Die Volksfronten waren kein Konstrukt der Moskauer Außenpolitik. Aber wenn der KGB sie infiltrierte, war das etwas anderes, natürlich, eine taktische Angelegenheit. Der Estnische Kongreß radikalisierte die Politik, indem er auf der Kontinuität estnischer

Staatlichkeit seit 1938 bestand. Die Volksfront war der Ansicht, fünfzig Jahre seien vergangen, und wir befänden uns gerade in einer Übergangsphase. Wir gehörten der Fraktion der Partei an, die riskierte, ihr Schicksal mit der Volksfront und dem Volk zu teilen.»

Ihr alter Freund vom Komsomol hat zu den immer hartnäckigeren Souveränitätserklärungen doch sicherlich «Stopp!» gesagt.

«Natürlich. Ich führte mit Gorbatschow in Moskau viele Gespräche. Rüütel und ich mußten gemeinsam im Präsidium des Obersten Sowjets antreten, zuhören und alles hinnehmen. Ich durfte noch so eine Vorstellung vor dem Politbüro geben, und ich kann keinem die Erfahrung empfehlen. Wenn subjektive Betrachtungen erlaubt sind, würde ich sagen, daß Gorbatschows humanistische Haltung hilfreich war. Er hat nicht direkt mit Gewalt gedroht, aber er hat, wenn man zwischen den Zeilen las, die Möglichkeit angedeutet. Wenn man ein Urteil über Gorbatschow fällt, sollte man nie vergessen, daß wir beide unsere Hardliner hatten. Und er mußte immer gegen sie kämpfen.»

Wie, glauben Sie, denkt Gorbatschow heute darüber?

«Nicht so, wie er 1985 und 1986 dachte. Er ist auch ein Kind seiner Zeit. Er wollte eine effizientere Sowjetunion und hatte am Ende gar keine mehr. Das ist seine Tragödie.»

17 «Sie haben das sowjetische Lettland getötet»

General Fjodor Kusmin hatte ungefähr 150 000 Soldaten in den baltischen Staaten unter seinem Kommando. Das Hauptquartier befand sich in Riga. Während der fünfzigjährigen Besatzungszeit hatte die Rote Armee Hunderte von Kasernen und militärischen Einrichtungen übernommen, darunter auch Flugplätze und Häfen. Das modernste Observatorium befand sich in Skrunda. Das großzügige Wohnungsbeschaffungsprogramm für Militärs führte dazu, daß sich viele Offiziere und Berufssoldaten in Lettland zur Ruhe setzten. Diese Republik wurde stärker als jede andere «russifiziert». In bolschewistischen Heldengeschichten spielten lettische Schützen im Jahre 1917 eine große Rolle. In der Nähe der Kathedrale von Riga steht ein Denkmal aus dunkelrotem Granit für diese Schützen, ebenso riesig und unzerstörbar wie peinlich.

Am 28. Juli 1989 erklärte der Oberste Sowjet von Lettland die Souveränität. Vollständige Unabhängigkeit war erkennbar das nächste Ziel. Als Reaktion darauf sprach das Zentralkomitee in Moskau am 26. August eine deutliche Warnung aus und stellte die bloße Lebensfähigkeit der baltischen Republiken in Frage, falls sie diesen Weg weitergehen sollten. Boris Pugo, zu jenem Zeitpunkt bereits Gorbatschows Berater, lehnte die lettische Unabhängigkeit ab, ebenso Alfrēdis Rubiks, Kopf der Kommunistischen Partei in Riga und der «Ligatschow» der Region, der versuchte, die lettische Volksfront zu unüberlegten Schritten zu provozieren. Bei dem Angriff auf Toompea in Tallinn am 15. Mai 1990 stellten die sowjetischen Offiziere und Kadetten ihre Loyalität unter Beweis. Im September des gleichen Jahres explodierten Bomben in verschiedenen sowjetischen Stützpunkten. Die Atmosphäre, geprägt von Provokation und Gegenprovokation, blieb bis zum Ende gespannt. Am 2. Januar 1991 besetzten Fallschirmjäger unter General Kusmin das Pressehaus von Riga und andere Gebäude, und im Handgemenge wurden zahlreiche Menschen verletzt. Einige Tage später griffen sowjetische Sondertruppen die Zentrale des Fernsehens in Vilnius an. Vierzehn Menschen wurden getötet. Während des Putsches im August 1991 erklärte Kusmin sich selbst zur obersten Autorität, setzte Panzer ein und drohte mit der Verhaftung der lettischen Führer. Durch Schüsse in die Menge wurden einige Menschen getötet – die Berichte geben unterschiedliche Zahlen an. In Riga gibt es Gebäude, deren Fassaden von Einschüssen übersät sind. In dem vornehmen Hotel Ridzene wurde die Marmortreppe beschädigt; die Einschußlöcher hat man zur Erinnerung belassen.

Edvards Berklavs verstand die Warnung des Zentralkomitees als psychologische Vorbereitung auf die gewaltsame Unterdrükkung der demokratischen Bewegung. Der große alte Mann der lettischen Politik besaß eine Kampfeslust und Sturheit, die zuerst durch den Kommunismus und dann durch den Widerstand gegen ihn geschult worden waren. Er war während der stalinistischen Ära in der Parteischule in Moskau ausgebildet worden und war dazu ausersehen, einmal das Amt des Ersten Sekretärs zu übernehmen. Doch als er die Schule abschloß, hatte er, wie er sagte, erkannt, daß die Ziele der Kommunistischen Partei kriminell und nicht politisch waren. Er stand vor der Wahl, zurückzutreten, was einer Selbstverbannung nach Sibirien gleichgekommen wäre, oder seine Position zu nutzen, um Besatzung und «Russifizierung» Lettlands aufzuhalten. Er entschied sich für letzteres.

Im Jahre 1959 beschloß Chruschtschow, durch nationale Aufstände in der DDR und in Ungarn beunruhigt, den lettischen Nationalismus Berklavsscher Prägung im Keim zu ersticken. Etwa 1000 Menschen wurden deportiert und noch viel mehr in einer Säuberungsaktion aus der Partei ausgeschlossen. Berklavs verbrachte neun Jahre in der Verbannung in Wladimir, wo er im Filmverleih arbeitete. Er und Chruschtschow waren Freunde gewesen. Wann immer er um die Erlaubnis bat, nach Hause zurückkehren zu dürfen, bekam er von Chruschtschow die Antwort, daß er vernichtet werden würde, wenn er nicht alle seine Fehler eingestünde. Berklavs, der auch heute noch manchmal als lettischer Dubček bezeichnet wird, gesteht, daß er lange Zeit an einen Sozialismus mit menschlichem Antlitz geglaubt habe. Aber nach seiner Verbannung hatte er sowohl seine Parteikarriere als auch seine Illusionen verloren.

«Während Gorbatschow in der Öffentlichkeit für Demokratisierung und Glasnost eintrat, wurde ich einmal für zwei Wochen zum KGB in Riga beordert, ebenso alle meine Freunde aus den fünfziger Jahren. Unsere Büros und Wohnungen wurden durchsucht. Pugo war als Chef des KGB dafür verantwortlich. Ich kannte seinen Vater besser als ihn. Wenn es so etwas wie einen anständigen Kommunisten gibt, dann war es Pugos Vater. Über den Sohn kann ich das nicht sagen.»

Die lettische Unabhängigkeitsbewegung, die LNNK, hatte für Lettland die gleiche Bedeutung wie der Estnische Kongreß für Estland. Berklavs war einer der drei Gründer der LNNK. Am 10. Juli 1988 versammelten sich 4000 Anhänger in einem Park und verabschiedeten ein demokratisches Programm für Lettland. Innerhalb eines halben Jahres verbreitete sich die Bewegung über das ganze Land. «Die Kommunistische Partei mußte sich nach den Anweisungen Moskaus und somit nach der Glasnost richten und konnte nicht auf offene Gewalt zurückgreifen. Also fanden sie keine legalen Mittel, um uns aufzuhalten.» Dennoch beschuldigt er Gorbunows, damals Vorsitzender des Obersten Sowjets und Mitglied des lettischen Politbüros, mit allen Mitteln gegen die Bewegung vorgegangen zu sein, um den Austritt Lettlands aus der Union der Sowjetrepubliken zu verhindern.

«Die Volksfront wurde im Herbst gegründet, kurz nach der LNNK. Ich war Vorstandsmitglied. Wir waren gegen die Kommunistische Partei, sie aber hatten deren Unterstützung. Das war der große Unterschied. Die Volksfront wurde von Jānis Peters, zu jener Zeit Mitglied des Zentralkomitees, und von Jānis Škapars, einem aktiven Kommunisten und Herausgeber einer Zeitung, organisiert. Peters empfahl Dainis Īvāns als Ersten Vorsitzenden, aber der war ebenfalls aktiver Kommunist. Es war ein Trick, um die Protestbewegung zu vereinnahmen. Gorbunows und die anderen vertraten bis 1992 die Ansicht, daß wir uns nicht von der Sowjetunion lösen sollten. Sie wollten die Sowjetunion in eine Gemeinschaft unabhängiger Staaten umwandeln. Wir waren in der Volksfront, um die Kommunistische Partei daran zu hindern, sie völlig zu übernehmen, doch wir schafften es nicht, die Forderung nach dem frühestmöglichen Austritt Lettlands aus der Sowjetunion im Programm verankern zu lassen. Die Volksfronten aller baltischer Staaten wurden zur selben Zeit von Moskau aus organisiert, so wie im Jahre 1940 alle drei Staaten gleichzeitig besetzt worden waren. Gorbatschow verkündete Glasnost, und die Führer der Republiken reagierten begeistert. Es änderte sich jedoch nichts. Die Armee, die russischen Siedler und die Kolchosen blieben. Demokratie und Marktwirtschaft waren leere Worte.»

Berklavs meint, daß Gorbatschow nie einen radikalen Wandel herbeiführen wollte. Nach den Wahlen von 1989 wurden die baltischen Republiken zu einem ermutigenden Vorbild für die demokratischen Unabhängigkeitsbewegungen in Rußland. Die Entwicklung ging wesentlich schneller voran, als Gorbatschow beabsichtigt hatte. «Die Ideologie des gesamten Systems erwies sich als absoluter Reinfall, das war die Ursache. Aufgrund dieser Ideologie war niemand bereit, zu arbeiten, die Korruption breitete sich aus. Institutionalisierte Korruption bedrohte die Arbeiter ebenso wie die Intelligenzija. Es wird Jahre dauern, die Menschlichkeit wieder einzuführen. Der Verlust von Selbstvertrauen ist das schlimmste Vermächtnis.»

Mavriks Vulfsons, Journalist und Kommentator, hat alles miterlebt. Als ich ihn über seine Flucht in die Sowjetunion beim Einmarsch der Nazis in Riga im Jahre 1941 befragte, runzelte er die Augenbrauen. «Ich zog mich zurück. Ich hatte ein Gewehr in der Hand.» Er war beinahe fünfzig Jahre in der Kommunistischen Partei, und er nennt sich selbst einen Fanatiker. Im Jahre 1959 schloß er sich Berklavs an und sprach sich gegen die «Russifizie-

«Sie haben das sowjetische Lettland getötet» 249

rung» und für einen Kommunismus mit menschlichem Antlitz aus, beeinflußt durch den Eurokommunismus in Italien und Frankreich. Was fehlte, war eine Formel zur Wiederherstellung der vollständigen Unabhängigkeit; das wurde nach den mehr oder weniger freien Wahlen deutlich. Selbst ein Teil der russischen Bevölkerung Lettlands hatte für die Volksfront gestimmt.

Vulfsons beeinflußte die Geschehnisse durch zwei Reden. Am 1. Juni 1988 versammelten sich 700 Mitglieder der Künstlerverbände in der Kongreßhalle in Riga, unter ihnen Pugo, Gorbunows und andere Mitglieder des Politbüros. Vulfsons hatte sich mit den Unterlagen des Hitler-Stalin-Paktes beschäftigt – auch mit den geheimen Zusatzprotokollen. «Ich hatte mich dazu entschlossen, offen darüber zu sprechen.» Die Sowjets hatten die baltischen Republiken nicht befreit, sondern besetzt. Niemand hatte bis dahin gewagt, dies öffentlich zu sagen. In dem Aufruhr nach der Rede rief Pugo ihn zu sich und sagte: «Sie haben das sowjetische Lettland getötet.» Am nächsten Tag wurde die Ansprache veröffentlicht.

Vulfsons wurde in die Jakowlew-Kommission berufen, die sich mit diesem Pakt befaßte. An dem Tag, an dem die Befunde der Kommission in einer Wahl niedergestimmt wurden, forderte man ihn auf, vor dem Obersten Sowjet zu sprechen. Auch hier sagte er, daß die Besetzung Lettlands keine Befreiung gewesen sei. Lukjanow, der Leiter der Versammlung, forderte ihn auf, den Raum zu verlassen, Gorbatschow rief ihn zurück. Vulfsons Rede brachte viele Abgeordnete dazu, ihre Meinung zu ändern, als die Wahl am folgenden Morgen wiederholt wurde.

Sandra Kalniete, eine junge, erfolgreiche Künstlerin, war von Anfang an in der Volksfront. Ihre Eltern hatten fünfzehn Jahre in der Verbannung in Sibirien verbracht, sie war dort zur Welt gekommen. Für den Kampf um die Unabhängigkeit legte sie ihre frühere Überzeugung ab, daß Politik ein schmutziges Geschäft sei.

Der Beginn der nationalen Befreiungsbewegung sei, wie Sandra Kalniete bestätigt, die Versammlung der Künstlerverbände am 1. Juni gewesen, auf der Vulfsons seine Rede hielt. Jemand hatte ein Memorandum verfaßt, in dem zur Gründung einer Volksfront aufgerufen wurde. Sandra Kalniete bat den Abgeordneten, dieses Memorandum vorzulesen, um das Anliegen zu verdeutlichen, aber er weigerte sich. «Auf einer Parteiversammlung sprachen sie darüber, die Ordnung mit Hilfe des Militärs wiederherzustellen. An diesem Punkt wurde uns bewußt, daß wir die Volksfront brauchten. Niemand wußte genau, wie wir sie gestalten sollten, und so nahmen wir uns die Volksfront Estlands zum Beispiel. Wir hatten Probleme, zu erklären, was eine Volksfront ist, und uns fehlte ein Anführer. Wir wandten uns an einen der geachtetsten Letten, an Jānis Peters. Sechs Leute, darunter ich, führten lange und vertrauliche Verhandlungen. Zunächst zögerte Jānis Peters, weil er ZK-Mitglied war. Die Zukunft unserer Bewegung war nicht vorhersehbar. Ich glaube, er wurde von der liberalen Fraktion des Zentralkomitees, zu der auch Gorbunows gehörte, zu den Verhandlungen gedrängt.»

Der Gründungskongreß fand im Oktober 1988 im Gebäude des Künstlerverbandes statt. Sandra Kalniete kümmerte sich um Büroräume, die Legalisierung der Bewegung, Spendenaktionen und die Erstellung von Mitgliederlisten. «Erst später, im Rückblick, wurde mir klar, daß wir die ganze Zeit vom KGB und vom Zentralkomitee überwacht worden waren. Aber sie waren zu arrogant, die wahre Macht des Volkes zu erkennen. Einen Monat vor der Gründungsversammlung erhielten sie Hinweise, daß es nicht ganz einfach sein würde, die Bewegung zu kontrollieren, und so riefen sie die Interfront oder Interbewegung ins Leben. Wir hatten eine Anmeldefrist gesetzt, da wir genau wissen mußten, wie viele Leute an der Versammlung teilnehmen würden. Drei Tage vor Anmeldeschluß erhielten wir hundert Telegramme, die besagten, daß in allen Militärdistrikten, in der Flotte und so weiter Gruppen zur Unterstützung der Volksfront gegründet worden seien. Aber sie kamen zu spät. Ein wenig früher, und sie wären bei der Gründungsversammlung vertreten gewesen – und hätten sie gesprengt.»

«Sie haben das sowjetische Lettland getötet» 251

Was wäre geschehen, wenn alle verhaftet worden wären?
«Vielleicht hätte uns das für eine Weile aufgehalten. Aber schauen Sie sich die Situation in der Ukraine an. Ich nahm an der ersten öffentlichen Versammlung in Kiew teil. Dort waren 3000 Menschen, und die dortige Volksfront *Ruch* war verboten. Es war nur eine Frage der Zeit und vermutlich auch der Opfer. Uns wurde klar, was wir riskierten. In der Nacht nach der Gründungsversammlung war ich völlig erschöpft eingeschlafen. Plötzlich jedoch wachte ich zitternd auf bei dem Gedanken daran, was wir in Gang gesetzt hatten. Jetzt konnten wir nicht mehr zurück.»

Die Hardliner begannen im März 1989 unter der Führung Rubiks', an einer Unterdrückung der Bewegung im Stil von 1959 zu arbeiten. Ranghohe Parteimitglieder von Vagris abwärts sollten ausgeschaltet werden. Der Sekretär für Ideologie, Ivars Kezbers, hatte sogar schon sein Rücktrittsgesuch geschrieben. Die Volksfront wurde darüber informiert, daß eine große Demonstration veranstaltet werden solle, um die Opfer der geplanten Säuberungsaktion zu unterstützen und zu schützen. «Wir organisierten eine wirklich beeindruckende Massenveranstaltung für den 12. März. Wir waren auf das Schlimmste vorbereitet. Ich gab schriftlich Anweisung, daß sich Gruppen von je fünfzehn Leuten bilden sollten, die sich untereinander kannten. Die Gruppen sollten zusammenbleiben, um Provokation zu vermeiden. Über das Radio konnten wir verbreiten lassen, daß niemand Parolen rufen oder etwas tun sollte, das die Kommunistische Partei gegen uns verwenden konnte. Das lettische Volk verhielt sich wirklich bewundernswert. Niemand wurde verletzt. Als die Veranstaltung beendet war, hielt ich eine kurze Ansprache, um mich bei den Leuten zu bedanken und sie zu bitten, auf verschiedenen Wegen nach Hause zu gehen. Innerhalb von zwanzig Minuten waren alle weg. Eine solche Disziplin war eine Bedrohung für die Kommunistische Partei.»

Pugo, der Erste Sekretär, reagierte gelassen und lehnte alle Vorschläge, Gewalt anzuwenden, ab. Sein Nachfolger Vagris war der richtige Mann zur richtigen Zeit. Er verkündete: «Wir müssen hart durchgreifen», unternahm dann jedoch nichts in dieser Richtung. Ein liberaler Erster Sekretär hätte die Hardliner wahrscheinlich dazu gebracht, gegen ihn und die Volksfront vorzugehen. Vagris, der von Gorbatschow unterstützt wurde, «wieselte durch die Versammlungen». Kezbers war ein Liberaler, der das Gleichgewicht zwischen den inoffiziellen Zweckbündnissen hätte aus dem Lot bringen können. Gorbunows' Wahl zum Vorsitzenden des Obersten Sowjets hatte überhaupt keine Bedeutung – es sah aus, als ginge er ins Exil. «Nachdem die Reformen stattgefunden hatten, war ihm klar, wie er seinen Posten mit neuen Machtbefugnissen ausstatten konnte. Er war ein wirklich erfolgreicher Mann, der genau wußte, wie er sich verhalten mußte, um seine Macht zu sichern. Er ließ sich nie mit etwas in Verbindung bringen, das ihm schaden konnte, unternahm nie etwas, das ihn kompromittieren konnte, tauchte aber immer auf, um richtige Entscheidungen als Verdienst für sich in Anspruch zu nehmen. Als unser Sieg unausweichlich war, wandte er sich uns zu und sorgte dafür, daß das Wahlrecht mit allen von der Volksfront gemachten Zusätzen angenommen wurde, außer der eingeschränkten Wahlberechtigung für Angehörige der Sowjetarmee.»

Die Volksfront hatte den liberalen Flügel der Kommunistischen Partei auf ihre Seite gezogen und sie somit ein für allemal gespalten. Durch den Sieg bei den Wahlen vom März 1990 wurde die nationale Bewegung legitimiert, ein Parlament wurde eingesetzt. Nach Sandra Kalniete war der Rest nur noch Formsache. Doch Gorbunows und gleichgesinnte Mitarbeiter triumphierten schließlich doch noch. Sie waren aufgrund ihrer politischen Fähigkeiten weit überlegen. Indem sie sich in Nationalisten, Demokraten, freie Marktwirtschaftler umbenannten, spalteten sie nun ihrerseits die Volksfront, machten sie überflüssig und blieben an der Macht wie zuvor.

Nicht einmal drei Wochen, nachdem sich Lettland am 4. Mai 1990 zur unabhängigen Republik erklärt hatte, wurde Jānis Jurkāns, der Experte der Volksfront für auswärtige Angelegenheiten, zum Außenminister ernannt. Er blieb bis Oktober 1992 im Amt. Zuvor

«Sie haben das sowjetische Lettland getötet» 253

hatte er englische Literatur gelehrt und ein Buch über James Joyce veröffentlicht.

Jurkāns geht weiter als Sandra Kalniete, indem er sagt, daß die Volksfront erfolgreich gewesen sei, weil sie von der Partei und dem KGB initiiert worden sei. «Sie wußten, daß der Staat Sowjetunion den Bach hinuntergehen würde. Sie beschlossen, die Tür aufzumachen und frischen Wind hereinzulassen, doch sie hatten nicht damit gerechnet, daß ein Sturm daraus entstehen würde, der das ganze Haus zerstörte. Sie gewährten Meinungsfreiheit, was die Hauptsache war, und sie waren schlau genug, Unschuldige vorzuschieben, während sie selbst hinter den Kulissen blieben. Ihre Leute waren unter uns. Sie schufen das Instrument, das sie zerstören würde. Es mag ungewöhnlich sein, doch es zeigt, daß sie die Situation und sich selbst richtig einschätzten. Wir hatten Gewalt erwartet. Sie setzten sie nicht ein, weil wir viele Sympathisanten in der Sowjetunion hatten. Als die Armee schließlich erkannte, daß etwas falsch lief, hatten wir unser und ihr Volk bereits angesteckt.»

Die Unabhängigkeitserklärung wurde von lettischen und ausländischen Anwälten nach estnischem Muster entworfen. Die Erklärung schuf aber noch keine vollendeten Tatsachen. Sie war eine Provokation. Gorbatschow erkannte sie nicht als solche. Er war offensichtlich auf den Westen angewiesen, der Lettland wohlwollend gegenüberstand. Außerdem hatte er in Lettland keine Machtbasis mehr. Er konnte es nicht riskieren, so brutal Gewalt einzusetzen, wie es nötig gewesen wäre, um den Prozeß der Staatsbildung zu unterdrücken. «Jakowlew und Schewardnadse gaben uns das Gefühl, daß wir alles bekommen würden, was wir wollten.»

Mit seinen großen Augen und lockigen Haaren, gekleidet in Jeans und Sweatshirt, wirkt der Journalist Dainis Īvāns wie ein ewiger Student. Zusammen mit seinem Kollegen Artūrs Snips veröffentlichte er 1986 einen Artikel, der sich gegen einen geplanten Staudamm an der Düna richtete. Die Düna, sagt er, sei in Mythologie, Literatur und Kunst die Mutter der lettischen Nation. «Dieser

Artikel traf ins Schwarze.» Das Zentralkomitee erhielt Tausende von Briefen, in denen die Autoren unterstützt wurden. Achtzehn Monate später wurde das Staudammprojekt fallengelassen. Aus dem Protest der Umweltschützer entstand die nationale Bewegung. Īvāns wurde zwar von der lettischen Partei verurteilt, aber es gelang ihm, in Moskau weiterhin zu publizieren. Für Leute wie ihn war Glasnost ein Schlupfloch. Nach Offenheit zu rufen, um sie dann zu unterdrücken, machte keinen Sinn.

«Am 7. Oktober 1989 fand in Lettland die erste freie Demonstration nach dem Krieg statt. Die Versammlung im Mezapark wurde vom Fernsehen übertragen. Das war der Tag, an dem uns unsere Freiheit bewußt wurde. Es war wie ein Feiertag. Ich hatte meine Rede am Morgen geschrieben – einen Essay über Lettland und die Macht des lettischen Geistes. Ich sprach meist in Metaphern, doch ich glaube, die Rede war der Hauptgrund für meine Wahl zum Präsidenten der Volksfront während des Gründungskongresses, der in den nächsten beiden Tagen stattfand.

Edgar Savisaar hatte mich vorgeschlagen. Wir wurden gute Freunde. Es war seine Idee, sich legal zu organisieren und die Perestrojka zu unterstützen, um die Befreiung unserer Nation zu erreichen. Dies war der parlamentarische Weg, der schrittweise zur Unabhängigkeit führen sollte. Bei der Gründung beschlossen wir, uns an den Wahlen zum Sowjet zu beteiligen und so das System von innen her zu zerstören. Russen, Ukrainer, Moldawier, Transkaukasier kamen, um von unseren Erfahrungen zu lernen. Anwälte unserer Volksfront reisten nach Georgien, um ihnen dort beim Entwurf ihrer Programme zu helfen. Ich erinnere mich daran, daß Gorbatschow auf einer Versammlung des Volksdeputiertenkongresses sagte, daß die baltischen Republiken ein Infektionsherd seien, der Revolution verbreite. Er hatte recht.»

Auch wenn das lettische Zentralkomitee formal im Besitz der Macht war, schadete es sich selbst durch seine Heimlichtuerei. Die Volksfront dagegen erhielt ihre reale Macht durch ihre Offenheit. Die Menschen konnten zuhören und mitmachen. Die Ausschaltung eines einzelnen in einer kollektiven Führung war sinnlos.

«Während unserer Telefonate wandten wir uns zwischendurch

«Sie haben das sowjetische Lettland getötet» 255

immer wieder direkt an den KGB und sagten beispielweise: ‹Herr Oberst, bitte hören Sie sich unsere Pläne an.› Der KGB stand fassungslos vor der Tatsache, daß wir ein paar Minuten nach solchen internen Gesprächen in der Öffentlichkeit erschienen und die gleichen Dinge wiederholten. Sie konnten uns einfach nicht in den Griff bekommen. Ein früherer KGB-Offizier erzählte mir, daß man beschlossen hatte, mich zu tolerieren, da mein eventueller Nachfolger vielleicht noch extremer sein könnte.»

Die schwedischen Sozialdemokraten unterstützten die Volksfront bei der Organisation der Wahlen für den Kongreß der Volksdeputierten. Lettische Emigranten stifteten Autos, Kleinbusse und Computer. Die Auflage von *Atmoda* stieg nach dem Gründungskongreß auf 100 000. Es war paradox, daß die Kandidaten der Volksfront sich so sehr bemühten, in ein Gremium gewählt zu werden, das sie letztendlich zerstören wollten.

Vor der ersten Sitzung des Volksdeputiertenkongresses kam es zwischen Īvāns und Gorbatschow zu einem ersten Streit in einem Vorraum des Gebäudes. Die lettische Delegation wollte den Kongreß um eine Schweigeminute bitten, im Gedenken an die Todesopfer, die es vor kurzem in Tbilissi gegeben hatte. Nachdem Dainis Īvāns diesen Vorschlag gemacht hatte, erwiderte Gorbatschow schroff, daß es hier um wichtigere Dinge gehe. Zu Beginn der Sitzung nutzte das Delegationsmitglied Vilen Tolpesnikow, ein Russe aus Lettland, eine kurze Pause, um auf die Tribüne zu gehen und eine Gedenkminute zu beantragen. «Sie hätten die Gesichter der Politbüromitglieder sehen sollen», erinnerte sich Īvāns. «Alle mußten aufstehen. Dies war der Moment, in dem die Demokraten den Kongreß der Volksdeputierten zu demontieren begannen.»

Die erste wichtige Sitzung mit Gorbatschow fand am 14. März 1990 statt. Drei Tage zuvor hatten Landsbergis und die Bewegung Sajudis, die Gewinner der Wahlen in Litauen, die Unabhängigkeitserklärung ihrer Republik verabschiedet. Die lettischen Wahlen sollten am 18. März stattfinden, und Īvāns, begleitet von Gorbunows, sollte Gorbatschow die lettische Hoffnung auf Eigenstaatlichkeit darlegen. Die lettische Unabhängigkeitserklärung wurde tatsächlich kurz darauf, am 4. Mai, verabschiedet. «Gorbatschow antwortete, daß die Menschen es vorziehen würden, in der Sowjetunion zu leben, und daß wir negative Politik betreiben würden. Ich denke, er war wirklich dieser Meinung. Er weigerte sich, uns zuzuhören, er redete lauter und erlaubte niemandem zu sprechen. ‹Sie sehen, was in Litauen geschieht›, fuhr er fort, ‹und wenn Sie ebenfalls Ihre Unabhängigkeit erklären› – er verwendete ziemlich vulgäre Ausdrücke – ‹werden wir auch allen Letten das Maul stopfen›. Russische Gebiete würden sich abspalten und eigene, autonome Regierungen organisieren, und meiner Meinung nach hatte er bereits Vorkehrungen für diese Gegenmaßnahme getroffen. ‹Sie werden sehen, daß Lettland sehr klein und zu machtlos ist, um mit der freien Entscheidung der russischen Einwohner fertig zu werden›, fuhr er fort, ‹denn Sie sind nicht wirklich demokratisch und ignorieren die Interessen der Russen› und so weiter.

Wir hatten Jelzin nicht erwähnt, doch Gorbatschow tat es aus irgendeinem Grund. Er sagte, daß er selbst eine friedliche Lösung anstrebe, doch sollte Jelzin an die Macht kommen, würde er uns den Hals brechen. Das Gegenteil war richtig. Jakowlew war anwesend und wollte, glaube ich, die Spannung mildern. Ryschkow, ebenfalls anwesend, verwendete eine nette russische Formulierung und meinte, er könne Litauen harpunieren. Für mich als Journalisten war es interessant, die Ausdrucksweise von Gorbatschow und Jelzin zu vergleichen. Gorbatschows Sprache war bürokratisch, sowjetisch, mit Sätzen ohne Kontext, die nur aus Worthülsen bestanden. Jelzin hingegen verstand es, seinen Worten Bedeutung zu verleihen, ohne Gorbatschows Vulgarität und Künstlichkeit.»

Īvāns und die lettische Delegation saßen während dieser offiziellen Verhandlung Gorbatschow gegenüber. Schließlich sagte Gorbatschow zu ihm: «Ich bin über all Ihre Aktivitäten informiert, auch während Ihres Aufenthaltes in westlichen Ländern. Sie sind ein junger Mann mit guten Karrierechancen, aber ich bin gegen Ihren Weg. Sie schlagen den falschen Weg ein.» Īvāns war wirklich im Ausland gewesen und hatte ausländischen Korrespondenten Interviews gegeben, doch er war überrascht über diese persönliche Drohung. Er kam auch nicht umhin zu bemerken, wie klein Gorbatschow war – er reichte ihm gerade bis zu den Schultern.

Gorbatschow sagte letztlich, daß die Letten vor der einfachen Wahl stünden, für oder gegen die Sowjetunion zu sein. Während des gesamten Jahres 1990 schien der Einsatz von Gewalt vorbereitet zu werden. Der russische Teil der Bevölkerung wurde zu Demonstrationen gegen die nationalistische Regierung aufgefordert. «Wir fragten Gorbatschow, was das bedeuten sollte. Er erwiderte, dies sei das Ergebnis unserer fehlerhaften Gesetzgebung. Die lettische Bevölkerung sei gegen uns.» Gorbatschow besaß zwar wirklich wirtschaftliche und militärische Macht, aber er konnte die Letten praktisch nicht auf legale Weise beeinflussen. Die Legislative und die Judikative waren in den Händen der nationalistischen Regierung. Die Kommunisten hatten Konkurrenz bekommen.

OMON, die Spezialeinheit, die Gorbatschow zur Verfügung stand, verübte eine Reihe von Anschlägen. Am 12. Januar trafen Gorbunows und Godmanis, der Premierminister, Gorbatschow in Moskau, um über OMON zu diskutieren. Gorbatschow sagte, es gebe seines Wissens keinen Grund zur Besorgnis. Gorbunows und Godmanis trafen in der Nacht des 13. Januar um ungefähr dreiundzwanzig Uhr wieder in Riga ein, wo sie bereits vom Präsidium des lettischen Obersten Rates erwartet wurden. Sie berichteten über die Sitzung mit Gorbatschow und über ähnliche Unschuldsbeteuerungen von Pugo und Krjutschkow.

«Ich war damals Gorbunows' Erster Stellvertreter. Meine Kollegen und ich sagten ihm, daß wir keinerlei Vertrauen zu Gorbatschow hatten. Wir waren der Überzeugung, ein sowjetischer Angriff auf Lettlands Parlament oder die Regierung stünde bevor, und wir müßten den Widerstand organisieren. Wir kamen überein, den bisherigen Kurs weiterzuverfolgen. Ich ging nach Hause. Um Mitternacht rief mich ein Kollege an, um mir mitzuteilen, daß vor dem Parlamentsgebäude in Vilnius geschossen wurde. Ich rief meine Kollegen vom Obersten Rat an, und sie hörten im Radio die Meldungen über die sowjetische Aggression. Wir konnten

Gorbunows und Godmanis nicht erreichen, aber um drei Uhr morgens beschlossen wir, zum Parlament zu fahren und das Volk aufzurufen, sich dort zu versammeln. Morgens um Viertel nach vier hielt ich eine Ansprache über das Radio. Eine halbe Stunde später trafen die ersten Leute ein, um acht Uhr morgens war der Domaplatz voll. Über Radio und Fernsehen hielt ich Ansprachen auf Lettisch und Russisch. Um elf Uhr fand eine Sitzung des Präsidiums und der Regierungsmitglieder statt. Gorbunows traf gegen Mittag ein, und es ist völlig unklar, warum er nicht früher gekommen war. Ich kann immer noch nichts dazu sagen.

Ich hatte Kontakte zu westlichen Korrespondenten und eine praktisch ständig freie Leitung zu *Radio Free Europe*. Einige meiner Kollegen riefen Jelzin noch mitten in der Nacht an und weckten ihn. Wir versuchten auch, Pugo zu erreichen, doch er reagierte nicht. Einige Tage zuvor hatte ich einen Erlaß des Obersten Rates erhalten, demzufolge ich die lettische Regierung im Westen vertreten und, falls notwendig, eine Exilregierung bilden sollte. Ich hatte schwedische und finnische Visa. Zwischen ein und zwei Uhr mittags hatten sich ungefähr 270 000 Menschen am Dünaufer versammelt. Einige Abgeordnete organisierten den Bau von Barrikaden rund um Riga. Dann fuhr ich nach Tallinn.»

Īvāns reiste nach Stockholm, Washington und Montreal, um dort um Unterstützung zu bitten, und anschließend nach Hannover zu einem Emigrantentreffen. Er betont besonders die positive Einstellung von James Baker und Robert Gates, einem leitenden CIA-Beamten, der Stellvertretender Nationaler Sicherheitsberater geworden war. Seinem Eindruck nach gewannen diejenigen im Weißen Haus, die kein Vertrauen zu Gorbatschow hatten, zu diesem Zeitpunkt die Oberhand über die, die ihn unterstützten.

Nach den hochdramatischen Ereignissen im Januar erschien der Putsch sechs Monate später beinahe harmlos. Während Īvāns eine Sitzung leitete, in der eine weitere Erklärung zur Betonung der Unabhängigkeit diskutiert wurde, hörte man plötzlich das Rattern von Maschinengewehren vom Domaplatz her. OMON-

Truppen verschossen Tränengas und feuerten mit automatischen Waffen in die Luft. Īvāns ging zu General Kusmin und forderte den sofortigen Rückzug dieser Truppen. Abends waren sie verschwunden. Das Lenindenkmal wurde damals zerstört.

Ivars Kezbers war der letzte Sekretär für Ideologie der lettischen KP. Zwischen der Wahl im März 1990 und der Unabhängigkeitserklärung vom 4. Mai spaltete sich die Partei – genauer gesagt, während einer stürmischen Sitzung am 7. Mai. Der Hardliner Rubiks übernahm die Kontrolle und schaltete sowohl seinen Vorgänger Vagris als auch Kezbers aus. Eigentlich hätte der Sekretär für Ideologie eine marxistische Rechtfertigung für die Machterhaltung im Namen des Proletariats liefern sollen. Der lebhafte Kezbers, der englisch spricht, beschreibt sich selbst als einen der jüngeren Perestrojka-Anhänger, gut informiert und zu modern für primitive Methoden. Heute ist er Geschäftsmann in Riga.

Kezbers, ursprünglich ein Schützling Pugos, wurde 1987 nach Moskau berufen, wo er das Amt des Stellvertretenden Ministers für Rundfunk und Fernsehen übernahm. Sein Büro befand sich im Ostankino-Rundfunkzentrum, das außerdem Niederlassungen in Berlin und Havanna unterhielt. Er war für alle von den Sowjets im Ausland gesponserten Programme verantwortlich, ebenso für Störsender gegen westliche Radiostationen. Glasnost setzte dem ein Ende. Kezbers war Jakowlew direkt unterstellt. Gemeinsam mit anderen wie Walentin Falin und Witalij Korotitsch, dem Herausgeber des Magazins *Ogonjok*, gehörte er außerdem zur Entourage Ligatschows. Er erhielt sowohl überall auf der Welt mitgeschnittenes Material als auch Geheiminformationen, allerdings keine KGB-Mitschnitte von Telefongesprächen. An jedem Morgen war es seine erste Aufgabe, eine Nachrichtenanalyse für Gorbatschow, Schewardnadse und Jakowlew vorzubereiten.

Gorbatschow war sehr an Radio und Fernsehen interessiert. Über eine private Leitung rief er Kezbers vier- bis fünfmal im Monat an. Er war zwar bereit, Kritik an seinen Reden oder politischen Entscheidungen zu akzeptieren, verlor jedoch leicht die Beherrschung, wenn es um persönliche Angelegenheiten ging. Die kleinste Kritik an Raissa machte ihn wütend. Nach einem Bericht darüber, daß Raissa Jelzin angerufen und ihn gebeten habe, die Straßen Moskaus für einen VIP-Besuch säubern zu lassen, telefonierte er zum Beispiel selbst mit Jelzin, um sich über den Schmutz in der Stadt zu beschweren.

Gorbatschow erkannte, daß demokratische Länder besser funktionierten, sagt Kezbers. «Es war uns klar, daß wir den Kampf verloren hatten. Die Frage war nun, wie wir uns zurückziehen sollten. Das war schwierig, da es auch um unser persönliches Schicksal ging. Die offene Diskussion über eine politische Wende brachte den KGB und die Armee, den Staat im Staat, gegen uns auf. Im Herbst 1987 erwogen wir ernsthaft, eine Staatengemeinschaft nach dem Vorbild des britischen Commonwealth zu gründen. Der Zusammenbruch Osteuropas war keine Überraschung. Ich begann ernsthaft an unserer Zukunft zu zweifeln und überlegte, wie wir uns verhalten sollten. In den Dörfern tausend Kilometer von Moskau entfernt hatte man vermutlich noch nie von Gorbatschow gehört. Dies war einer der Gründe, die mich zu der Überzeugung kommen ließen, daß der Kommunismus nicht reformierbar sei.»

Als Pugo von Gorbatschow nach Moskau berufen wurde, schickte er Kezbers nach Lettland zurück. Er sollte zusammen mit drei anderen Männern versuchen, das Land auf dem richtigen Kurs zu halten. Diese drei waren der Erste Sekretär Vagris, der Vorsitzende des Obersten Sowjets Gorbunows und der Premierminister Vilnis Bresis.

«Die Situation war furchtbar. Wir wußten, daß die baltischen Länder irgendwann frei sein würden, doch wir hatten angenommen, daß das zehn Jahre dauern würde. Wir konnten uns weder an den KGB noch an die Armee wenden, wir hatten nur einige Aktivisten und die Überbleibsel einer Parteistruktur zur Verfügung. Wir saßen oft zusammen, tranken Kaffee und ein bißchen Wodka und versuchten, unser Vorgehen zu planen. Vagris sagte ganz offen, daß er alt und nicht übermäßig intelligent sei, daß er jedoch noch ein paar Jahre Erster Sekretär bleiben wolle. ‹Anatolijs›, sagte er zu Gorbunows, ‹Sie werden Präsident werden› – ein

Amt, das in jenen Tagen bedeutungslos war. ‹Bresis, Sie sind Premierminister, und Sie, Ivars, sind Stabschef und für das Programm verantwortlich.› So wurde ich Sekretär für Ideologie. Lassen Sie mich wiederholen, daß wir alle vier vom ersten Tag an wußten, daß wir die Verlierer waren.

Wir beteiligten uns an dem Prozeß, der als Volksfront bekannt ist. Viele ihrer prominenten Vertreter diskutierten ihre Pläne mit mir, auch wenn sie das heute wohl nicht zugeben würden. Sie kamen zu mir nach Moskau und baten mich, herauszufinden, was Gorbatschow und Jakowlew darüber dachten. Jakowlew sagte mir, daß er die Angelegenheit mit Gorbatschow diskutiert habe, und bestätigte, daß die Volksfront mit ihrer Arbeit fortfahren könne. Gorbatschow glaubte, daß Lettland sich zu einer Spielart der DDR oder der Tschechoslowakei entwikkeln würde, wo die Kommunistische Partei ein halbes Dutzend zahmer Gruppen oder Organisationen geschluckt hatte. Auf jeden Fall genehmigten Vagris, Gorbunows, Bresis und ich die Volksfront. Ich wurde als Abgeordneter für den Organisationskongreß der Volksfront gewählt. Allerdings saß ich hinten in der zwanzigsten Reihe, verstehen Sie. Nach diesem Organisationstreffen wurde uns klar, daß die Volksfront eine reale Macht verkörperte, mit der wir unsere Aktivitäten koordinieren sollten. Es entsprach nur dem normalen Ablauf in der Politik, daß die Organisatoren der Volksfront nach zwei oder drei Monaten begannen, sich gegen uns zu stellen. Das war ein Fehler. Gemeinsam hätten wir größere Fortschritte gemacht.

Wir versuchten, zwischen der Armee mit ihren dort zusammengezogenen großen Truppen, zu denen auch Sondereinheiten gehörten, und der Volksfront zu vermitteln. Wir begannen unseren Arbeitstag mit der Parole ‹Kein Blutvergießen in Lettland›, und wir beendeten ihn damit. Vagris überließ mir die Entscheidung, was mit der KGB-Information, daß eine bestimmte Person im inneren Kreis der Volksfront für den KGB arbeitete, geschehen sollte. Der KGB operierte mehr oder weniger effizient. Er konnte die Organisationen und Gruppierungen kontrollieren, aber nicht das ganze Volk. Gorbatschow und seine Berater hatten noch nicht begriffen, daß sie Völker regierten, die ganz anders waren als früher. Nach Glasnost war die Sowjetunion zu einem anderen Land geworden.»

Wollte die sowjetische Armee Gewalt einsetzen?

«*Ja, ja!* Ich arbeitete mit den beiden Kommandeuren, den Generälen Kusmin und Grischin, zusammen. Wir pflegten keine privaten Kontakte, sondern beschränkten uns auf offizielle und politische Diskussionen. Wir telefonierten ungefähr zweimal täglich, wir kläfften uns wie wütende Hunde an. Viele Offiziere, die ich persönlich kannte, waren für einen Angriff auf Skandinavien ausgebildet worden. Sie hätten den königlichen Palast im dänischen Kopenhagen umstellen können, doch sie waren nicht in der Lage, Gorbunows in Riga zu finden. Ein oder zwei Wochen vor dem Putsch im August bat Kusmin Moskau, Haubitzen in die baltischen Staaten zu schicken – als ob er Paris hätte einnehmen wollen.»

Hätte die Unabhängigkeitserklärung durch die Armee aufgehalten werden können?

«Vagris, Gorbunows, Bresis, wir alle unterstützten die Unabhängigkeitsbewegung. Rubiks war dagegen, er hielt Gorbatschow für einen Verräter und hatte dabei die Armee auf seiner Seite, ebenso den halben KGB, die Polizeitruppen und die Partei. Meiner Meinung nach hatte er auch die Unterstützung Pugos. Im Dezember 1990 führten wir in Moskau Gespräche auf allen Ebenen über die Zukunft der baltischen Staaten. Gorbatschow sagte: ‹Ja, Sie werden frei sein, doch durch wirtschaftliche und andere Verbindungen werden Sie an der Seite der Sowjetunion bleiben, auf der gleichen Stufe wie Rußland.› Er suchte nach Leuten, die sich hier gegen Rubiks stellten. Der Höhepunkt war für mich eine ziemlich unangenehme Sitzung des Politbüros in Moskau am 2. April. Gorbunows war krank, und so waren Vagris und ich zusammen hingereist. Mir war bewußt, daß dies meine letzte Reise nach Moskau sein würde, da die Situation so schwierig war. Wir reisten in einem Armeeflugzeug und fragten uns, ob es uns ebenso ergehen würde wie Dubček. Eine Reise ohne Rückfahrkarte. Ich schlug Gorbatschow vor, sowohl Rubiks als auch mich aus Lettland abzuberufen, doch er war dagegen. Fünf Tage später wurde Rubiks zum Ersten Sekretär gewählt, während ich und ungefähr weitere 300 liberale Kommunisten aus der Partei geworfen wurden.

Ich denke, daß Gorbatschow seit Januar 1991 von der Entscheidung wußte, daß Gewalt angewendet werden sollte. Er glaubte, daß ein begrenztes Blutvergießen in Vilnius und Riga notwendig sei, um zu demonstrieren, wie eine richtige Besetzung verlaufen würde und wo die wirkliche Macht lag. Die Annahme, die Reform könnte durch harte Maßnahmen gestützt werden, war falsch. Es gab den Plan, das Gebäude des Innenministeriums zu umstellen, um zu zeigen, daß unsere Freiheit nur auf dem Papier stand. Die Situation geriet außer Kontrolle. Eine neun Mann starke Abteilung der Alpha Delta war von Moskau nach Lettland geschickt worden, um gezielt zu provozieren. Sie erschossen einige Menschen. Sie hatten genaue Anweisungen, und sie führten sie aus.

Gorbatschow ist ein kluger und interessanter Mensch mit eigener Denkweise, und ein Platz in der Geschichte ist ihm sicher, doch er war von zweit- oder drittklassigen Beratern umgeben. Er wiederholte seinen Fehler im August. Er wußte um seine Lage, er wollte, daß seine Mitarbeiter in dem Moment ihr wahres Gesicht zeigten, aber er hatte die Dinge nicht mehr unter Kontrolle.»

Gorbatschow hatte anläßlich eines Besuchs in Lettland im Jahr 1988 die Ādaži-Kolchose inspiziert. Der Vorsitzende der Kolchose, Alberts Kauls, ist ein freundlicher, rotgesichtiger Mann, der ganz im Stil der sowjetischen Funktionäre stets geschäftig wirkt. Gorbatschow schien ihn als zukünftigen Ersten Sekretär in Erwägung zu ziehen, um so zwei Fliegen mit einer Klappe zu schlagen, nämlich Vagris und den dickschädligen Rubiks auszuschalten. Als er 1990 nach einem Weg suchte, Jelzin und den Volksdeputiertenkongreß zu umgehen, rief er den Präsidentschaftsrat ins Leben. Dieser konnte weder Empfehlungen aussprechen noch Gesetze verabschieden; ein typisch sowjetisches Provisorium, um die Machtverhältnisse auszuloten. Kauls war ein Mitglied dieses Gremiums. Er mochte Gorbatschows Charme und seine Aufrichtigkeit und verteidigt ihn tapfer: «Niemand hatte irgendeinen Vorschlag, wie man es hätte anders machen sollen.» Der Präsidentschaftsrat versammelte sich einmal wöchentlich im Kreml, und Kauls flog dazu nach Moskau. «Wir hatten ein familiäres Verhältnis.» Gorbatschow legte die Tagesordnung fest und traf die Entscheidungen, die wirklich *Ukasse* für die Entwicklung einer Marktwirtschaft waren. Kauls meint, man könne nicht sagen, daß Gorbatschow durch die Entwicklungen demoralisiert worden sei. Aber er hatte die Entscheidung, Vilnius und Riga anzugreifen, vermutlich schon im November 1990 getroffen, um zu zeigen, wie gefährlich das alte Regime war. Es war die Taktik, die er schon in Tbilissi angewandt hatte. «Wenigen war bewußt, worum es dabei ging, doch es bewirkte die Mobilisierung der gesamten Nation. Die Hardliner mußten ihren Platz räumen. So trug das Imperium unfreiwillig dazu bei, die Unabhängigkeit zu schaffen. Ohne einen solchen Schritt von Gorbatschows Seite hätte Lettland bei der starken Präsenz der sowjetischen Armee seine Freiheit nie erreicht.»

Am 4. Oktober 1988 trat Jānis Vagris die Nachfolge von Boris Pugo im Amt des Ersten Sekretärs an. Es war Pech, daß zwei Wochen später eine Demonstration von 100000 Menschen im Zentrum von Riga stattfand. Die Menge begann, nach Vagris zu rufen. Er trat vor das Mikrofon, doch er sagte nur zwei Sätze: «Ich möchte sagen, daß ich der lettischen Nation keinen Schaden zugefügt habe. Das werde ich auch in Zukunft nicht tun.» Kein kommunistischer Erster Sekretär hat je so entschuldigende Worte gefunden.

Vagris, im Jahre 1940 zehn Jahre alt, war der Sohn armer, grundbesitzloser Bauern. Die Sowjets gaben seiner Familie Land, das sie aber unmittelbar darauf kollektivierten. «Aus meiner eigenen Erfahrung», sagt er, «hielt ich die offizielle Version der Ereignisse für wahr. Zu sagen, wir seien betrogen worden, wäre zu stark, aber es gab einen Informationsmangel.» Vulfsons' Ansprache hatte ihn schockiert. Vulfsons und Berklavs waren gemeinsam in der Lettischen Division der Roten Armee gewesen, und Vagris erinnert sich, wie Berklavs nach jener Rede scherzte: «Jetzt weiß ich nicht, ob ich ein Besatzer bin oder nicht.» «Die Hardliner plädierten sofort für den Einsatz von Gewalt. Das ist wahr. Sie sagten das nicht offen auf Massenveranstaltungen, aber im Zentralkomitee traten sie dafür ein. Der Erste Sekretär, der Vorsitzende des Obersten Sowjets und der Premierminister hatten die Pflicht, das Zentralkomitee daran zu hindern, dem Kurs der Hardliner zu folgen und Gewalt zuzulassen. Die Kommandeure der Armee in Lettland hielten sich in Bereitschaft für die Befehle des Zentralkomitees. Von Kusmin abwärts befürworteten alle Generäle die Anwendung von Gewalt, und sie sagten immer wieder, daß sie entsprechende Befehle sofort ausführen würden. Keiner von uns wollte der offizielle Urheber einer solchen Order sein. Die ganze Zeit über wurden wir von den Hardlinern und der Interfront unter Druck gesetzt und gedrängt, Gewalt anzuwenden.» Rubiks war ein Mitglied des Zentralkomitees wie jedes andere, doch in den Sitzungen war er derjenige, der für eine harte Linie eintrat. Seine Ansicht wurde von den Russen geteilt, die sich in Lettland angesiedelt hatten und zu Fabrikdirektoren oder ähnlichem aufgestiegen waren. Der größte Druck kam vom Zentralkomitee der sowjetischen Partei.

«Wenn ich mich mit Gorbatschow traf, sprach er nie von Gewaltanwendung, ebensowenig wie Jakowlew oder Medwedew. Die untergeordneten Funktionäre jedoch machten Andeutungen, daß wir doch wüßten, wo die Hauptquartiere der Armee seien und daß wir den gegenwärtigen Entwicklungen ein Ende setzen sollten. Man konnte mit Gorbatschow sprechen, ohne das Gefühl zu haben, sein Untergebener zu sein. Es war möglich, Dinge auszusprechen, von denen man wußte, daß sie ihm nicht gefielen, und er widersprach, ohne beleidigt zu sein. Eine öffentliche Stellungnahme hingegen war etwas anderes. Das konnte er nicht akzeptieren. Es stellte sich heraus, daß er sich über die Ziele der Perestrojka nicht im klaren war. Gegen Ende warf er seine Entscheidungen immer wieder um, folgte keiner klaren Linie.»

Das Zentralkomitee drohte in der Erklärung vom 26. August 1989, die baltischen Republiken von der Landkarte zu entfernen.

«Damals war ich Erster Sekretär und bezog diese Stellungnahme in meine Überlegungen ein. Es ging nichts Konkretes aus ihr hervor, sie sollte nur einschüchtern. Im Zentralkomitee herrschte die Ansicht, daß wir unter der Knute des Westens enden würden. Wir konnten die engen wirtschaftlichen Verbindungen zur Sowjetunion, die wahrscheinlich zu dieser scharfen Stellungnahme geführt hatten, nicht leugnen. Die Volksfront trat nicht für vollständige Unabhängigkeit von der Sowjetunion ein. Es ging um einen Staatenbund, doch selbst das schien unerreichbar. Die Parteien der Republiken und ihre Zentralkomitees hatten nur regionale Bedeutung. Die damalige lettische KP konnte in Wirklichkeit keine Entscheidungen für Lettland treffen.

Der Gedanke einer absoluten Unabhängigkeit entwickelte sich langsam. Während des Jahres 1989 wurde die Atmosphäre in den ZK-Sitzungen immer angespannter, ja sogar dramatisch. Die Perestrojka befand sich im vierten Jahr, doch es gab keine Fortschritte. Im ZK waren bereits Entscheidungen getroffen worden, als Jelzin seine Hand nach der Macht ausstreckte. Die baltische Frage wurde immer wieder gestellt, aber Diskussionen darüber blieben dem Politbüro vorbehalten. Gorbatschow ließ die Ersten Sekretäre der baltischen Staaten immer wieder nach Moskau kommen, um mit ihnen zu reden.

Es war nicht erlaubt, dem Politbüro zu widersprechen. Gorbatschow bat mich nie um einen Rat. Er schien meinen Standpunkt jedoch zu verstehen; er beruhigte sich. Die Mitglieder des Politbüros waren keineswegs alle auf seiner Seite. Die Opposition war vielleicht nicht sichtbar, aber sie war spürbar. Ligatschow war der eigentliche Hardliner. Ich bat immer um persönliche Sitzungen mit Gorbatschow, und ich wurde nie zurückgewiesen. Er machte niemals auch nur die leiseste Andeutung bezüglich der russischen Armee in Lettland und deren möglichen Angriff gegen uns. Er legte Wert darauf, daß die baltische Frage in einem demokratischen Verfahren gelöst wurde.»

Vagris ist ein hagerer Typ mit einem knochigen Gesicht. Er saß am Fenster, während es in Riga dunkel wurde, und sprach immer zögernder. Als offensichtlich anständiger Mensch schien er Schwierigkeiten zu haben, mit den Ereignissen fertig zu werden, als stünde er unter Schock. Als ich ihn nach den beiden unangemessenen Sätzen fragte, die er während des ersten Auftritts in seinem neuen Amt von sich gegeben hatte, verzog er gequält den Mund. Es sei ein Zugeständnis der Volksfront gewesen, ihn auftreten zu lassen. Er sei nicht vorbereitet gewesen. Was habe er tun sollen?

In alten Zeiten, als er sich in der Parteiarbeit engagierte, hatte er Tschernenko gekannt, der weder den Intellekt noch die Erfahrung noch die Gesundheit besaß, das Amt des Generalsekretärs der KPdSU auszufüllen. Damals begann die Demoralisierung. Mit der nationalistischen Bewegung und der inneren Spaltung der Spitze hatte die Partei keine Zukunft.

Versuchten Sie auf jenem letzten Kongreß am 7. April, die Partei zusammenzuhalten?

«Ich tat, was ich für nützlich und notwendig hielt. Warum war es notwendig, die Partei zusammenzuhalten? Laßt sie doch auseinanderbrechen, sagten manche. Die Litauer wollten aus ihrer KP eine demokratische Partei machen, und im Rückblick kann man sagen, daß sie es geschafft haben. Mein Ziel war es, eine Spaltung zu verhindern und uns in eine demokratische Partei zu verwandeln.

In jener Vollversammlung am 7. April wurde eine Resolution verabschiedet, in der die Arbeit der Kommunistischen Partei als nicht zufriedenstellend bezeichnet wurde. ‹Unter diesen Umständen›, sagte ich, ‹kann ich nicht weitermachen.› Die Resolution wurde von jener Fraktion verabschiedet, die in der Kommunistischen Partei blieb. Die Liberalen hatten sich bereits abgespalten und nahmen nicht mehr an den Sitzungen teil. Wer also würde die Partei führen? Pugo war eigens gekommen, um als Repräsentant des Moskauer Zentralkomitees teilzunehmen. Er schlug Klausens vor. Die Delegierten lehnten den Vorschlag ab. Rubiks wurde gewählt.»

Rubiks war als neuer Erster Sekretär in die blutigen Zwischenfälle im Januar und August 1991 verwickelt. Als ich in Riga war, saß er im Gefängnis und wartete auf den Prozeß, in dem er für die Todesopfer verantwortlich gemacht werden sollte.

«Das Gericht wird sein Urteil fällen», sagte Vagris, «aber ohne Rubiks' Beteiligung an den Entscheidungsprozessen hätte nichts geschehen können. Der Angriff auf das Pressehaus im Januar war ein Versuch, uns zu drohen, wie in Litauen, aber von Moskau geplant. Gorbatschow hat vielleicht nicht den Befehl gegeben, doch es ist unmöglich, daß er nichts davon wußte. Es mag ohne seine Genehmigung geschehen sein, aber es ist bezeichnend, daß die Ausführenden nicht bestraft wurden. In keiner der Republiken wurde bisher jemand zur Rechenschaft gezogen.»

Gorbatschow vermied also jede Erwähnung eines Gewalteinsatzes, während er in Wirklichkeit wegschaute und Sie vielleicht sogar täuschte?

«Ja.»

18 «Der Kommunismus verfaulte von innen heraus»

Zu der Zeit, als ich nach Litauen einreisen wollte, war das Land nicht mehr in der Lage, das Benzin, das es aus Rußland importierte, zu bezahlen. Präsident Jelzin hatte mit markigen gorbatschowschen Worten ein Embargo verhängt. Der Fahrer lachte über den Vorschlag, Benzinvorräte in Kanistern mitzunehmen. Kein Grund, sich Sorgen zu machen. An vielen, wenn nicht fast allen Kreuzungen in Litauen standen Tankwagen, an denen man Benzin kaufen konnte. Der einträgliche Benzinhandel zog sich über Hunderte von Kilometern durch Weißrußland bis auf russisches Gebiet. Die Quartiermeister der Armee, vielleicht sogar die Kommandeure selbst, machten Geschäfte auf eigene Rechnung und verschoben Fahrzeuge und Benzin auf dem Schwarzmarkt. Eine riesige Zahl von Soldaten, Zollbeamten und Polizisten, Inspektoren und Politikern hielt die Hand auf.

Das Embargo ist ein gutes Beispiel für die *wranjo*-Kultur, die mehr oder weniger unmerklich in einen verlogenen Absolutismus mündet. Litauen hat keine demokratischen Traditionen. Ursprünglich war es eine bäuerliche Gesellschaft mit polnischer Aristokratie. Zwischen den Kriegen wurde die aufblühende Demokratie erstickt. Präsident Smetona übernahm in einem Putsch 1926 die Macht. Sein abenteuerlich-verwegener Staatsstreich setzte den ersten Experimenten mit Parteipolitik und Gewaltenteilung ein Ende. Unter dem Kommunismus ahmte die Nomenklatura die enteignete Aristokratie nach, allerdings plump und stillos. Die überlebenden Intellektuellen waren zu wenige, um großen Einfluß auszuüben, und sie wohnten nur in den Städten. Die große Mehrheit auf dem Lande zeigte weiterhin den dumpfen Gehorsam, den man ihr über Generationen hinweg eingeimpft hatte, und fügte sich allen Anordnungen von oben.

Von Sajudis ist nichts mehr übrig außer einer bittersüßen Erinnerung an eine demokratische Massenbewegung, die wie ein Feuerwerkskörper aufstieg, um dann in einem Funkenregen zur Erde zurückzufallen. Die sowjetische Besatzung war vorüber, nicht aber der einheimische Absolutismus, der ihr so gut gedient hatte. Die Befreiung führte zu neuer Verdrossenheit und neuen Gefahren. Präsident Algirdas Brasauskas fährt in einer wimpelgeschmückten großen schwarzen Limousine, flankiert von Motorrädern, durch Vilnius. Zu alten Zeiten hätte derselbe Wagen den Ersten Parteisekretär Brasauskas befördert, nur der Wimpel wäre mit Hammer und Sichel geschmückt gewesen. Brasauskas verkörpert den echten Nomenklatura-Bonzen, bullig und wohlgenährt, der einzige gesunde Mann im Land. Wann immer er kann, gibt er das gleiche Interview, und es ist sinnlos, sich das immer wieder anzuhören. ‹Drei Prozent der Mitglieder der alten KP waren überzeugte Kommunisten, siebenundneunzig Prozent setzten sich für ihr Land ein› – seine Zahlen lassen sich nicht belegen, doch er liebt es, sie zu wiederholen. Er meint, es sei Verleumdung, sie als Kollaborateure zu bezeichnen. Alte Parteiarbeiter wie er solle man bemitleiden und bewundern für alles, was sie durchgemacht haben. Sein Gesichtsausdruck warnt den Zuhörer davor, ihm nicht zu glauben. Rüütel und Gorbunows sind vom gleichen Schlag, ebenso wie Präsident Leonid Krawtschuk aus der benachbarten Ukraine, der so aussieht, als sei auch er der einzige gesunde Mann in seinem Land. Politische Gewandtheit ist eine Grundvoraussetzung für die rasche Wandlung von einem kommunistischen Alleinherrscher zu einem nationalistischen Alleinherrscher und modernen Smetona. Eine weitere Grundvoraussetzung ist das allgemeine Fehlen eines demokratischen Verständnisses in der Gesellschaft.

Das erklärte Ziel von Sajudis, die sowjetische Besatzung zu beenden, wurde erreicht. Der Lenkungsausschuß bestand aus 35 Mitgliedern, und vermutlich hatten nur ein- oder zweihundert Leute Einfluß auf die Entwicklung. Die meisten von ihnen waren

Karrieristen, die mehr Wert auf das legten, was Sajudis für sie tun konnte, als auf das, was sie für Sajudis tun konnten. Vytautas Petkevičius, ein alter kommunistischer Schriftsteller, hätte Führer von Sajudis werden können, ebenso der Philosoph Romualdas Ozolas. Nachdem Landsbergis gewählt worden war, benutzte er Sajudis ausschließlich für das nationale Ziel, das sein ganzes Denken bestimmte. Er betrachtete die Bewegung als persönliches Instrument. Ob er von der Macht berauscht oder einfach nur blind für die Zukunft war, er tat jedenfalls wenig dafür, die Bewegung in eine Partei umzugestalten, und hinderte andere daran, dies zu tun. In dem Moment, in dem Unabhängigkeit zur Realität wurde, verwandelte sich Sajudis in einen Strudel von Eifersüchteleien und Rivalitäten, in dem alle untergingen. Andererseits wurde Brasauskas, der sich von allem ferngehalten hatte, an die Spitze gespült.

Ein deprimierendes Gespräch scheint dem anderen zu folgen. Paranoia und konspirative Theorien schwirren durch Vilnius. Keine politische Entscheidung war so stabil, daß sie nicht bereits wieder den Keim der Provokation in sich trug. Die ganze Schuld liegt beim KGB, bei den Polen, bei den Juden oder den Gaunern, oft alles ein und dasselbe. Die Schuld liegt auch bei Vergilius Čepaitis, dem ehemaligen Sekretär für Organisation bei Sajudis, der in der Presse von Frau Prunskiene und anderen als KGB-Agent bezeichnet wurde. Niemand scheint zu wissen, wo der frühere Erste Sekretär Songaila geblieben ist. Die Beschuldigungen sind ebenso haarsträubend wie unbeweisbar. Landsbergis sei vom KGB manipuliert worden, Frau Prunskiene sei eine KGB-Agentin gewesen, die unter dem Decknamen Schatria operierte. Ein Dokumentarfilm zu diesem Thema wird mir vorgeführt, in dem Balys Gajauskas, ein Dissident, der 25 Jahre im Gulag verbrachte und zu weiteren 15 Jahren verurteilt wurde, weil er Archivmaterial gesammelt hatte, dazu auffordert, die Beweise zum Fall Schatria objektiv zu betrachten. Die Angeklagten sagen, daß die Materialien aus den Archiven nichts beweisen: Das Material sei manipuliert oder gefälscht. Die Debatten im Parlament haben einen ausgesprochen giftigen Ton. Das Parlamentsgebäude, von den Sowjets erbaut, dennoch recht ansehnlich, befindet sich auf einem offenen Gelände nahe dem Fluß Neris. In einem Flur des Gebäudes sagte ein Abgeordneter zu mir: «Ich helfe Ihnen, weil ich nicht will, daß Sie Litauen als Bananenrepublik darstellen.» Der letzte kommunistische Premierminister war Vytautas Sakalauskas, ein wuchtiger Mann mit der Sachlichkeit eines Apparatschiks, der in den 30 Jahren in der Kommunistischen Partei gelernt hat, die Leiter nach oben zu steigen. Nach der Ausbildung am Politechnikum Kaunas wurde er Vorarbeiter in einer Fabrik, dann leitender Ingenieur, Funktionär, kam ins litauische ZK und wurde schließlich Erster Sekretär der Stadt Vilnius. In dieser Position begegnete er 1980 zum erstenmal Gorbatschow, den er während eines offiziellen Besuchs durch Vilnius führte. Songaila, zu jener Zeit Sekretär für Landwirtschaft, begleitete Gorbatschow durch die ländlichen Gebiete. Vier Jahre später wurde Sakalauskas für 18 Monate nach Moskau geschickt, um dort vom Parteisekretariat für das höchste Amt geschult zu werden. Einer seiner Kollegen nahm ihn mit zu Gorbatschow, der diesen Kollegen fragte, ob er je in Litauen gewesen sei. Die Antwort war nein. «Das Land hatte großen Eindruck auf Gorbatschow gemacht, und er sagte zu meinem Kollegen: ‹Sie haben diese grünen Felder nicht gesehen.› Der Eindruck, den ich in Moskau im Jahre 1985 von ihm gewann, war der eines eher intellektuellen Menschen. Er redet gern und viel.»

Perestrojka bedeutete für Sakalauskas, daß jeder härter und besser arbeiten sollte. «Disziplin und Arbeitsleistung waren sehr schlecht. Das ist eine Tatsache. Der Hauptfehler war, daß es der sowjetischen Regierung an Zielvorgaben oder einem Programm mangelte – inzwischen können wir das offen kritisieren. Das Parteiprogramm basierte auf Phrasen über Verbesserungen und auf nichts sonst.»

Im Laufe des Jahres 1988 kam es immer häufiger zu Demonstrationen, die Zahl der Teilnehmer stieg. Die Demonstration am 28. September sollte an die Unterzeichnung der geheimen Zusatzprotokolle des Hitler-Stalin-Paktes erinnern. Die Miliz löste die Demonstration auf. Die Behörden behaupteten, daß 18 Männer der Miliz verletzt und 47 Demonstranten verhaftet wurden. Die

Zahlen wurden allerdings nie bestätigt. Sakalauskas, Songaila und Vytautas Astrauskas, der Vorsitzende des Obersten Sowjets von Litauen, waren zu diesem Zeitpunkt in Moskau, um an einer Versammlung des sowjetischen Zentralkomitees teilzunehmen. Der Einsatz der Miliz schuf wie schon in Estland eine Krisenatmosphäre. Es wurde sofort eine Untersuchungskommission eingesetzt, die am 17. Oktober berichtete, daß Songaila und Nikolaj Mitkin, der russische Zweite Sekretär und eigentliche Herrscher in Litauen, die Miliz ermächtigt hatten, Gewalt anzuwenden. Songaila wurde entlassen, Mitkin durch Wladimir Beriosow, einen in Litauen geborenen Russen, ersetzt.

Sakalauskas weiß nicht, ob Songaila einen Befehl zur Gewaltanwendung gegeben hatte. «Ich hatte an Gesprächen zu diesem Thema nicht teilgenommen. Es gab unterschiedliche Berichte. Einige sagten, er habe den Befehl gegeben, andere meinten, der Befehl sei von Lisauskas, dem Innenminister, gekommen. Ich weiß nicht, was stimmt, doch die Konfrontation wurde jedenfalls von Misiukonis, dem Stellvertreter von Lisauskas, beendet, indem er der Armee den Rückzug befahl.»

Hätte Sajudis gewaltsam aufgehalten werden können?

«In den Jahren 1988 und 1989 hätte Sajudis durch keine noch so harte Maßnahme aufgehalten werden können. Selbst wir Führer dachten nicht daran, Sajudis zu stoppen, aus dem guten Grund heraus, daß ihre Ideen und Parolen richtig waren. Während des Gründungskongresses von Sajudis schickten sie ein Telegramm an Gorbatschow. Am Text gab es nichts auszusetzen. Gorbatschows Politik wurde anerkannt, die Perestrojka sollte weitergeführt werden, und es gab keinen Hinweis auf eine Abspaltung von der Sowjetunion.

Zu jenem Zeitpunkt wurde Songaila durch Brasauskas ersetzt, aber ich bin nicht sicher, in welcher Verbindung das mit den fehlgeschlagenen Gewaltmaßnahmen stand. Alle, die wie ich in Führungspositionen waren, sahen ein, daß Songaila seiner Aufgabe nicht gewachsen war. Er war ein Bauer. Jeder hat seine Grenzen, und er hatte seine erreicht. Brasauskas löste ihn kurz vor dem

Gründungskongreß von Sajudis ab. Brasauskas' Rede auf der Versammlung war von herzlichem Beifall begleitet.

Ich würde nicht behaupten, daß die Beziehung zwischen Sajudis und der Kommunistischen Partei kompliziert war. Sajudis hatte festgelegte Sendezeiten im Fernsehen, eigene Zeitungen, in die sich niemand einmischte, und eigene Räumlichkeiten. Wir versuchten gemeinsam, wirtschaftliche Probleme zu lösen. Einige waren mit Sajudis nicht einverstanden. Ich denke, die Unabhängigkeitserklärung vom 11. März 1990 war richtig. Ich möchte auch betonen, daß im Februar des Jahres Wahlen stattgefunden hatten, und wenn der alte Oberste Sowjet an der Macht geblieben wäre, hätte er die gleiche Unabhängigkeitserklärung angenommen. So war zum Beispiel der Vorrang der litauischen Rechtsprechung vor der sowjetischen bereits durch den alten Obersten Sowjet bestätigt worden. Ebenso hatte er die Entscheidung des Obersten Sowjets im Jahre 1940 über den Beitritt zur Sowjetunion für unrechtmäßig erklärt. Die Nationalhymne und die Flagge waren bereits wieder übernommen worden. Anders als Sajudis waren wir Mitglieder des alten Obersten Sowjets nicht der Meinung, daß alles zerstört werden mußte, bevor etwas Neues entstehen konnte.»

Auf dem Kongreß am 6. Dezember stimmte Sakalauskas mit der Mehrheit dafür, die litauische KP von der sowjetischen Mutterpartei zu lösen. Übermäßige Zentralisierung war seiner Meinung nach einer der Hauptfehler der sowjetischen Partei gewesen. «Unser Spitzname für die Gruppe der übriggebliebenen Hardliner war ‹die Nacht-Partei›. Ich gehörte nicht dazu.» Er hatte erkannt, daß er sich in einer Sackgasse befand, und ließ sich als Wirtschaftsberater nach Moçambique versetzen. Klugerweise befand er sich im Ausland, als die sowjetischen Truppen am 11. Januar 1991 in Vilnius einrückten. Er denkt, daß es falsch war, die Panzer durch die Straßen rollen zu lassen, doch andererseits hätte Landsbergis die Menschen nicht der Gewalt aussetzen dürfen. Seine Meinung zur Sajudis-Regierung lautet: «Sie waren die ersten, die überhaupt da waren.» Unter den Fittichen von Brasauskas hat Sakalauskas heute wieder einen Posten in der Nomenklatura.

«Der Kommunismus verfaulte von innen heraus» 275

In Litauen stand wahrscheinlich niemand so sehr im Blickpunkt der Öffentlichkeit wie Algirdas Kaušpédas. Mit seinem *Roko Maršas* (Rock-Marsch) war er mit Sicherheit der bekannteste Unterhaltungskünstler der Glasnost-Zeit. Er wirkt weltgewandt, hat das Aussehen eines Filmstars und ist hochintelligent. Von Beruf Architekt, lebt er in einem Wohnkomplex, den er in seiner Heimatstadt Kaunas selbst entworfen hat. Er vermittelt immer noch die beschwingte Atmosphäre der Tage, in denen sich jeder der Bewegung Sajudis anschließen konnte und in denen Nationalismus für Befreiung und Freiheit zu stehen schien. Seine Onkel und ihre Familien waren fünfzehn Jahre in Sibirien gewesen. Ein Familienmitglied war erschossen worden, alle anderen hatten psychische Schäden davongetragen. Manchmal, sagt er, sprechen sie auf russisch wie Kranke.

Kaušpédas wußte mit seinem Sinn für das Absurde genau, wie er die Autoritäten mit seinem Spott untergraben konnte. Er nannte seine Gruppe «Antis», was im Litauischen ganz einfach Ente bedeutet. Außerdem ist «Antis» fast ein Anagramm zu *Tiesa*, der Tageszeitung der Kommunistischen Partei, deren Schriftzug er auch für das Logo seiner Gruppe übernahm. Er und die anderen acht Musiker trugen am liebsten nachgemachte Uniformen und grauenhaftes Make-up, dann aber posierten sie auf der Bühne und auf Pressefotos so lakonisch, als ob sie völlig normal seien, einfach eine Reihe von Köpfen, wie auf Politbürofotografien. Das Leben in der Sowjetunion, betont er, war ausgesprochen langweilig. Man konnte nie sicher sein, inwieweit man unter dem Einfluß der sowjetischen Ästhetik stand. «Es war ganz neu, sie los zu sein. Wir hatten unsere Meinung nie direkt ausgesprochen, sondern in ironischen Andeutungen versteckt. Einige unserer Lieder hatten eine verborgene Bedeutung, andere waren ganz offen, wie zum Beispiel *Für Genosse Tatatavičius*, was im Litauischen soviel heißt wie ‹Genosse Blablabla›. Auf der Bühne wurde der Genosse wie Lenin ausstaffiert, und im Refrain des Liedes kam ein ungeheures Gelächter vor.»

«Glasnost war etwas Großes und Mächtiges. Vor Glasnost waren die Dinge für die Bürokraten klar, danach jedoch fingen sie an, sich zu schämen. Wir kannten alle Regeln und alle Tricks, doch es fiel uns schwer, dieses Spiel zu spielen. Mein Haus wurde ständig vom KGB überwacht. Sie saßen draußen in ihren Autos. Ich war ziemlich populär. Der Eintritt zu unseren Konzerten war frei, da sie mich hätten anzeigen können, wenn ich Geld genommen hätte.»

Nach einem Konzert Anfang Juni 1988 baten ihn Romualdas Ozolas und Alvydas Medaliuskas, damals bereits zwei Sajudis-Führer, um seine Hilfe. «Also fragte ich das Publikum von der Bühne herab: ‹Kann ich? Soll ich?› Sie brüllten zurück: ‹Ja!›»

Kaušpėdas war als Sekretär der Architektenvereinigung verantwortlich für die Führung der Geschäftsstelle, eines großen Gebäudes mit einem Saal. Dort organisierte er die Sajudis-Gruppe von Kaunas mit einem Rat von zwanzig Mitgliedern. Zur ersten Versammlung erschienen zweihundert Enthusiasten. Kommunisten konnten teilnehmen, solange sie sich mit den Zielen von Sajudis einverstanden erklärten. Auf dem Gründungskongreß von Sajudis in jenem Oktober wurde Kaušpėdas in den Vorstand gewählt.

«1988 beschäftigten wir uns mit den Menschenrechten in einem Litauen innerhalb der Sowjetunion. Wir wollten wirtschaftliche Konzessionen und eine Form der Loslösung, doch es war beinahe lächerlich, solche Hoffnungen zu hegen. Breschnew hatte alles zentralisiert, er schien ewig zu leben, eine furchtbare Hypothek. So findet sich das Wort Unabhängigkeit nicht im Programm, nur der Begriff Souveränität. Der nächste große Schritt war die Abspaltung der litauischen KP von der KPdSU und die Nominierung von Brasauskas für den Volksdeputiertenkongreß. Er war bei seinen Entscheidungen immer sehr vorsichtig. Frau Prunskiene war mutiger.» Kaušpėdas schätzt Landsbergis, weil der dafür eintrat, die Unabhängigkeit um jeden Preis durchzusetzen. Allerdings hält er es auch für einen Fehler, daß man versucht habe, eine so scharfe Trennlinie zwischen Sajudis und der Kommunistischen Partei zu ziehen. Dadurch sei unnötiger Streit entstanden, vor allem, wenn es um Russen und Polen gegangen sei.

Zwei Tage nach der Erklärung der Unabhängigkeit am 11. März 1990 erhielt Kaušpėdas einen Anruf von Česlovas Stankevičius, Landsbergis' Vizepräsidenten, der ihm vorschlug, die Leitung des nationalen Fernsehens zu übernehmen. Zufällig war sein Vorgänger der Herausgeber von *Tiesa* gewesen. Es dauerte sechs Monate bis zur offiziellen Ernennung. Deshalb war Kaušpédas noch nicht lange im Amt, als die Sowjets im Januar 1991 ihren Angriff starteten.

Als er sie plötzlich die Treppe heraufkommen hörte, schloß er die Tür seines Büros ab. «Ich saß an meinem Schreibtisch, als sie anfingen, die Türe aufzuschießen. Ich sprang auf die Seite, wo ich nicht getroffen werden konnte. Sieben Dumdumgeschosse wurden abgefeuert. Es war eine ausgewählte Alpha-Gruppe, Profis mit kugelsicheren Westen und Spezialausrüstung, wie in James-Bond-Filmen. Als sie im Büro waren, drückten sie mir das Gewehr in den Rücken und stießen mich auf die Straße hinaus, Hände über dem Kopf. Sie unterbrachen die Fernsehübertragung. Die zweite Gruppe bestand aus normalen Soldaten, die alles stahlen, angefangen bei den Videos und der technischen Ausrüstung bis hin zu Stühlen und Tischen. Ein Mann wurde in unserem Büro umgebracht, zwölf andere in der Nähe des Fernsehturms (der vierzehnte war ein russischer Soldat, der von einem Panzer überfahren wurde). Viele andere wurden verletzt. Sie schossen von den Panzern mit Platzpatronen direkt in die Menge – Trommelfelle platzten, Blut lief aus den Ohren. Die psychologische Wirkung war furchtbar. Die Scheiben knallten aus den Fenstern. Ich ging direkt zum Parlament, um Landsbergis zu informieren, nachdem sie mich auf die Straße geworfen hatten. Jeder in Litauen verfolgte über das Fernsehen, wie die russischen Soldaten das Gebäude stürmten. Landsbergis warnte über den Rundfunk, daß wir offenbar unser Fernsehen verlieren würden. Meine Frau rief an, und ich sagte ihr, daß ich versuchen würde, nach Hause zu kommen. Dann blieben die Bildschirme leer. Das Haar meiner Mutter wurde grau. Das war schlimmer als ‹Antis› für sie.»

Aus nie geklärten Gründen wurde der Sender in Kaunas nicht von den Russen besetzt. Kaušpédas arbeitete von dort aus weiter. Am Tag des Putsches im August schlossen sie den Sender schließlich doch noch, und in ganz Litauen gab es 24 Stunden lang keinerlei Übertragungen. Als die Russen abzogen, war Kaušpėdas' Büro 222 Tage lang besetzt gewesen.

Arvydas Juozaitis ist ein Mann mit vielen Begabungen, politischer Theoretiker ebenso wie Medaillengewinner bei den Schwimmwettkämpfen der Olympischen Spiele von 1976. In demokratischen Kreisen gilt er als die große Hoffnung seines Landes. Er wußte, daß Litauen seine Unabhängigkeit wiedererlangen würde, seit er zwölf Jahre alt war, sagt er. Am 20. April 1988 hielt er im Gebäude des Künstlerverbandes vor mehreren hundert Zuhörern einen Vortrag. Der Titel «Litauen und das Problem der politischen Kultur» klingt etwas akademisch, doch der Inhalt war hochaktuell. Das Thema des Vortrags war die Unterbrechung der Kontinuität der litauischen Geschichte durch das sowjetische Intermezzo. Ein souveräner Rechtsstaat sollte gebildet werden. Er erklärte: «Es ist unmöglich, noch länger zu warten, weil das Gefühl der Hilflosigkeit uns an den Rand des Abgrunds gebracht hat.» Durch Glasnost hatte sich hier ein Weg aufgetan, der zum Nationalismus führte, ebenso wie in der Rede von Vulfsons in Riga zu fast der gleichen Zeit. Eine Videoaufnahme, die dabei gemacht wurde, zeigt den Schock auf den Gesichtern der Zuhörer.

Juozaitis hatte nie der Kommunistischen Partei angehört, aber er war auch kein Dissident. Für den Fall, daß der KGB ihn in Haft nehmen sollte, hatte er allerdings ein Dutzend Kopien an seine Freunde verteilt. Vorsichtshalber versteckte er auch seine Unterlagen. Der Vortrag wurde sofort tausendfach von Hand abgeschrieben und verbreitet. Innerhalb einer Woche wurde er auch nach Amerika gebracht und ins Englische übersetzt.

Warum hielten Sie gerade zu jenem Zeitpunkt eine solche Rede?

«Das war meine Reaktion auf die sehr aggressive prosowjetische Feier am 16. Februar 1988, mit der der siebzigste Jahrestag der litauischen Unabhängigkeit begangen wurde. Ich war so wütend und überlegte mir, welche Maßnahmen den größten Erfolg versprachen. Schließlich verfiel ich auf dieses Mittel. Was letztendlich dabei herauskam, war die Notwendigkeit, sich zu organisieren.»

So wurde Sajudis von einer Gründungsgruppe, der 35 Leute angehörten, ins Leben gerufen. Die Gruppe wurde zeitweise auch als Charta-Gruppe bezeichnet. Ihr gehörten Landsbergis, Ozolas und Čepaitis an. Anhänger in der Akademie der Wissenschaften bereiteten einen Verfassungsentwurf vor, mit dem die souveränen Rechte Litauens innerhalb der Sowjetunion ausgeweitet werden sollten.

«Zu Beginn hatten wir keine Probleme, jeder verstand, daß wir keine Dissidenten waren, dennoch hätten sie vielleicht hart durchgegriffen, wenn wir in unseren Reihen nicht auch nationale Kommunisten gehabt hätten. Sie waren mehr national als kommunistisch. Da wir sie in unsere Reihen aufnahmen, wuchs die Popularität von Sajudis schnell. Von Anfang an dachten wir, daß die Souveränität auch zur Unabhängigkeit führen werde. Das Wort Souveränität war eine Täuschung, ein Manöver, da wir zu jener Zeit keine anderen Möglichkeiten hatten. Wir stimmten mit Gorbatschow überein, doch wir gingen eben einen Schritt weiter.»

Das wäre der Moment für sie gewesen, Sie hochgehen zu lassen und die Bewegung zu unterdrücken.

«Ja. Zwei Monate später war es bereits zu spät dafür. Während des Sommers betrieben wir intensive Propaganda. Niemand weiß, warum Songaila die Bewegung nicht im Keim erstickte. Er informierte Moskau laufend, doch am 28. September zögerte er. Er konnte sich nicht dazu durchringen, die Verantwortung zu übernehmen, weil er wußte, daß seine Kollegen keinen Respekt vor ihm hatten. Sein Stellvertreter Mitkin, ein Hardliner, war neu und wußte nichts über unsere Kultur oder unsere Sprache. Vielleicht hatte Gorbatschow aufgrund Mitkins Mangel an Erfahrung nicht scharf reagiert, doch er war zu dieser Zeit ohnehin gezwungen, die einzelnen Initiativen in den Republiken zuzulassen.

Trotz der Aktivitäten meiner Freunde und Kollegen und bei allem Respekt für Sajudis bin ich doch davon überzeugt, daß unsere Erfolge nur möglich waren, weil der Kommunismus schwächer geworden war. Als Wertesystem, als Methode zur Interpretation von Geschichte und Gesellschaft war der Kommunismus schon zehn Jahre zuvor gestorben. Deshalb konnten Leute wie Brasauskas, die ebenso nationalistisch wie kommunistisch eingestellt waren, an die Spitze kommen. Die Zugehörigkeit zur Nomenklatura war zum Selbstzweck geworden. Ihre Kinder, die zweite Generation der Nomenklatura, wollten vor allem ein Leben im Wohlstand. Der wichtigste Grund dafür, daß Sajudis und wir alle nicht unterdrückt wurden, lag darin, daß sie nicht an ihre Ideale glaubten.»

Lionginas Šepetys war Sekretär für Ideologie gewesen. Sein offener Hohn über die litauische Unabhängigkeit im Jahre 1988 war der Tropfen, der das Faß für Juozaitis zum Überlaufen gebracht und ihn dazu bewogen hatte, seine Rede zur litauischen Abspaltung zu halten. Nur ein Jahr später feierte Šepetys selbst die Unabhängigkeit eines Landes, das immer noch besetzt war. «Mitte 1989 näherten sich die Kommunisten bereits der Entscheidung, sich als Interessengruppe von der sowjetischen KP abzuspalten. Die ganze Nation stand hinter Sajudis.»

In den Wochen zwischen dem Gründungskongreß von Sajudis und der Unabhängigkeitserklärung, die am 18. November erfolgen sollte, verlief die Zusammenarbeit zwischen der Kommunistischen Partei und Sajudis harmonisch. Dank Brasauskas aber wurde die Unabhängigkeitserklärung am 18. November bei den Wahlen nicht angenommen. Krisenstimmung kam auf, Kooperation wurde von Konfrontation abgelöst. Es sah so aus, als würden einige Mitglieder von Sajudis einen Rückzieher machen, da sie es für klüger hielten, auf der Seite von Brasauskas zu stehen. Sajudis mußte einen Führer finden, der mögliche Spaltungen und Fraktionsbildungen verhindern konnte. «Alles war sehr konfus und verwirrend, alles wurde von Gefühlen und persönlichen Beziehungen bestimmt. Man brauchte 24 von den 35 Stimmen in der Charta-Gruppe. Landsbergis erhielt 21 Stimmen, also wurde er ohne eine beschlußfähige Mehrheit gewählt. Wir brauchten einfach einen offiziellen Führer.»

Brasauskas hat seine Entscheidung, die Erklärung der Unabhängigkeit am 18. November zu verhindern, immer wieder bedauert. Er wurde jetzt als Hardliner gesehen, der womöglich mit Mos-

«Der Kommunismus verfaulte von innen heraus» 281

kau oder der russischen Interfront, die nun in Litauen Fuß faßte, konspirierte. Juozaitis, durch und durch Rationalist, bezweifelt das jedoch. Er geht vielmehr davon aus, daß Brasauskas ein zweitrangiger Parteiführer war, der weder ideologische Festigkeit noch brauchbare Erfahrung besaß. Er verzichtete auf seine eigenen Pläne und überließ Brasauskas die Chance, als Deputierter in den sowjetischen Volksdeputiertenkongreß zu kommen. Auch dies war eine rationale Entscheidung. «Brasauskas war in Moskau wichtiger für Litauen als jemand wie ich. Ich war populärer, er hatte den größeren Einfluß. Die Geschlossenheit der litauischen Delegation blieb erhalten. Das war die Chance für Sajudis.»

Als Gorbatschow Litauen im Januar 1990 besuchte, war er, wie Juozaitis sagt, bereits in Panik, trotz seines üblichen Auftretens als Generalsekretär, der alles unter Kontrolle hat. Der Besuch fand sechs Wochen vor den Wahlen statt, ein schlecht gewählter Zeitpunkt. Sajudis nutzte die Zeit für intensive Aktivitäten und gewann erwartungsgemäß haushoch. «In diesem Moment hätte es gefährlich werden können. Brasauskas warnte vor einem möglichen Blutbad. Ich konnte mir vorstellen, daß die Russen zu solchen Mitteln greifen würden. Doch gegen wen hätte sich die Gewalt richten sollen? Die Kommunistische Partei, Sajudis, die Administration? Panzer, Ausrufung des Notstands, Deportation von Brasauskas, Verhaftung aller Sajudis-Mitglieder, das wäre das mindeste gewesen, doch der Preis dafür war in jeder Hinsicht zu hoch. Und der Volksdeputiertenkongreß war ein Hindernis für Gorbatschow. Jelzin schränkte seine Handlungsfreiheit ein. Er setzte auf die baltische Karte. Da Gorbatschow das gleiche tat, ging es in ihrer Auseinandersetzung nicht zuletzt um uns. Das war unser Glück. Aber beide hatten immer noch nicht erkannt, was für ein Fehler es gewesen war, die baltischen Staaten nach dem Krieg zu schlucken.»

Der größte Erfolg von Sajudis war die Unabhängigkeitserklärung am 11. März. Unter der Oberfläche, so erklärt Juozaitis, nutzten sich die demokratischen Tendenzen bereits ab. Um die Premierministerin Frau Prunskiene bildete sich ein Machtzentrum, um Präsident Landsbergis das andere. Von Landsbergis gab es nach dem Angriff im Januar 1991 keine Beileidsbezeigungen für die Todesopfer, kein Wort der Klage außer der Bemerkung, daß sie ihr Leben für ihr Land und dessen Freiheit geopfert hätten. Eine eiserne Haltung. Aber sie gewährte auch einen erschreckenden Einblick in das Innere dieses Mannes.

In der Nacht, in der der Funkturm besetzt wurde, war Juozaitis um ein Uhr dreißig zu Bett gegangen, als er plötzlich Schüsse hörte. Nachdem er seine Papiere und seinen Computer wieder versteckt hatte, ging er zum Parlament. Es herrschte Chaos. «Da waren viele junge Leute mit Gewehren, Barrikaden wurde aufgebaut. Ein Fanatiker sagte mir, daß sie im Fall eines sowjetischen Angriffs auf das Parlament jeden Kommunisten erschießen würden, das war die Stimmung. Es wäre eine Tragödie gewesen.»

In einem der alten Gebäude am Domaplatz, die schon bessere Tage gesehen haben, befinden sich die Büros der Zeitung *Respublika*, die als beste der neuen, demokratischen Zeitungen gilt. Der Chefredakteur, Vitas Tomkus, ist Ende Dreißig. Als Repräsentant von Sajudis war er in den Volksdeputiertenkongreß in Moskau gewählt worden. Deshalb war er dabei, als der Lette Tolpesnikow einen verfahrenstechnischen Trick anwandte und die Kongreßteilnehmer dazu zwang, sich von den Plätzen zu erheben und schweigend der Opfer des Massakers von Tbilissi zu gedenken. Anschließend wurde im Kongreß eine Resolution verabschiedet, mit der eine Untersuchungskommission unter der Führung von Anatolij Sobtschak, dem Bürgermeister von Leningrad, wie es damals noch hieß, einberufen wurde. Die litauische Delegation, die ein Mitglied nominieren durfte, wählte Tomkus. Er war unter denen, die dreimal nach Tbilissi, Stepanakert und Jerewan flogen.

Der Kommandeur vor Ort, General Rodionow, wurde für die Entsendung der Fallschirmjäger verantwortlich gemacht, die mit ihren geschärften Spaten Menschen umbrachten. Die Kommission entdeckte jedoch ein wichtiges Dokument, das kategorisch festschrieb, daß ein militärischer Angriff ohne eine ordnungsgemäße Befehlskette verboten war. Die Schlußfolgerung, daß Gorbatschow letztendlich für das Blutvergießen verantwortlich zeichnete, war nach Tomkus unvermeidlich. «Es gab ein Treffen mit Gorbatschow, das sehr höflich verlief. Sobtschak schlug Einzelgespräche mit ihm vor, doch das wurde nicht zugelassen. Die Mitglieder der Kommission blieben alle zusammen. Der Volksdeputiertenkongreß begann spitzfindig über die Bedeutung von Verantwortung zu streiten. Rodionow wurde von Tbilissi an die Militärakademie von Frunse versetzt, andere Konsequenzen wurden jedoch nicht gezogen. *Iswestija* brachte einen Bericht, und Sobtschak sprach als Privatmann in einem Programm des Leningrader Fernsehens. Als ich sah, wie die ganze Sache unter den Teppich gekehrt wurde, veröffentlichte ich den Bericht in meiner Zeitung.»

Mit diesen tapferen Worten im Ohr ging ich wieder hinaus auf den Domaplatz und kaufte die neueste Ausgabe des *Baltic Observer*. Auf der Titelseite richteten die Führer der jüdischen Gemeinde einen Hilfsappell an die Intellektuellen Litauens. *Respublika* hatte einen ganzseitigen Bericht eines bekannten litauischen Journalisten veröffentlicht, der die Juden für die Misere des Landes verantwortlich machte. Nur noch wenige, ungefähr 6 000, leben heute in Litauen. Nach 1941 wurden 254 000, also 95 Prozent der jüdischen Gemeinde, ermordet. Aber kein Litauer hat für sie je eine Gedenkminute oder eine Untersuchungskommission gefordert.

Wie Marju Lauristin wurde auch Justas Paleckis in die kommunistische Aristokratie hineingeboren. Im Jahre 1940 wurde sein Vater als Nachfolger von Antanas Smetona als Präsident der neuen Volksrepublik von Moskau aus eingesetzt. Viele Jahre lang war er Vorsitzender des Nationalitätenrates, eines zweiten Hauses des Obersten Sowjets, das rein potemkinschen Zwecken diente. Zunächst arbeitete Paleckis als Journalist für die Zeitung des Komsomol in Vilnius. Später besuchte er die Höhere Diplomatenschule in Moskau, ein sicheres Zeichen dafür, daß er für eine Zukunft in der Nomenklatura auf höchster Ebene aufgebaut wurde. Als junger Diplomat arbeitete er in einer der europäischen Abteilungen des Außenministeriums unter Falin und Bondarenko, wobei er sich vor allem auf Deutschland konzentrierte. Für einen

Litauer war dies außergewöhnlich. 1989 wurde er Sekretär für Ideologie in der litauischen Partei – der letzte, wie sich später herausstellen sollte. Er gilt allgemein als der Drahtzieher der Abspaltung von der sowjetischen Mutterpartei, und er ebnete auch Brasauskas den Weg an die Spitze.

Nach seinen Worten glaubte er immer an die Unabhängigkeit Litauens und hatte sogar seinen Vater sagen hören, daß diese richtig und fortschrittlich sei. Das Beispiel Dubčeks im Jahre 1968 hatte ihn angespornt, und er erinnert sich daran, daß sein Vater ihn davor warnte, am Telefon zu offen darüber zu sprechen, aus Furcht, der KGB könnte mithören. Im Außenministerium gehörte er zu der Minderheit, die den Standpunkt vertrat, die Teilung Deutschlands sei eine nicht zu rechtfertigende Bestrafung der gesamten Nation. In den frühen Tagen von Glasnost war einer seiner Freunde, der Dichter Alfonsas Maldonis, dabeigewesen, als die Hardliner Gorbatschow ins Gesicht sagten, er werde den Sozialismus und die Sowjetunion zerstören. Gorbatschow hatte anscheinend erwidert, sie könnten ihn anbrüllen und sogar stürzen, aber er würde die Politik der Demokratisierung ohne Gewaltanwendung fortsetzen. «Vielleicht war er naiv, doch ich glaube, er war wirklich der Überzeugung, Demokratie sei das Allheilmittel für alle Probleme.»

Jakowlew besuchte Vilnius im August 1988. «Er gab Sajudis und dem reformistischen Flügel der Kommunistischen Partei enormen Auftrieb. Mitkin war ein sehr mächtiger Zweiter Sekretär, der versuchte, die nationale Wiedergeburt zu verhindern. Er vertraute darauf, daß Jakowlew als Mitglied des Politbüros ihn sicher unterstützen würde, und bei der Auseinandersetzung zwischen den beiden flogen die Fetzen. Es war ein ungeheurer Schock für Mitkin.» Jakowlews Hauptziel war es, Verbündete im Kampf gegen Ligatschow und die Hardliner zu finden.

Songaila versuchte nach Jakowlews Besuch, Sajudis mit Gewalt zu unterdrücken. «Brasauskas war bereits berühmt für seine Ansprachen während der ersten Massenversammlungen von Sajudis. Songaila hatte dort nicht zu sprechen gewagt, und er wäre auch nicht dazu in der Lage gewesen. Er verhielt sich erbärmlich. Es war klar, daß Brasauskas seinen Platz einnehmen mußte. Einige

Leute bei Sajudis erkannten, daß er eines Tages zu stark werden könnte – was auch der Fall war. Aber zum erstenmal in ihrer Geschichte nominierte die litauische KP einen Ersten Sekretär, der nicht den Wünschen der einflußreichen Abteilungen Moskaus, Ligatschows und anderer Hardliner entsprach. Gorbatschows Rolle war entscheidend. Er und Brasauskas hatten die gleiche Wellenlänge. Ich kann beschwören, daß die Abteilung für Kaderarbeit alles in ihrer Macht Stehende tat, um Brasauskas daran zu hindern, Erster Sekretär zu werden.»

Mit sicherem Gespür für das richtige Timing nahm Paleckis in diesem Herbst an einer Versammlung der litauischen Flüchtlinge und Verbannten auf Gotland teil. Kurz zuvor war er zum Sekretär für Ideologie ernannt worden. Dort unterzeichneten er, Landsbergis und die Repräsentanten der im Ausland lebenden Litauer ein kurzes Kommuniqué, in dem die Unabhängigkeit zum gemeinsamen Ziel aller Litauer erklärt wurde. Ein schockierter Ligatschow forderte dafür seine Bestrafung und den Parteiausschluß. Brasauskas jedoch unterstützte Paleckis. Im Bürokomplex der Partei neben dem Kreml hatte er eine zweistündige Unterredung mit Jakowlew. An diesem Abend kehrte Jakowlew um ungefähr sieben Uhr abends von einer Sitzung mit Gorbatschow zurück und berichtete von ihrer Entscheidung, daß die Litauer tun könnten, was immer ihnen vernünftig erschiene. Allerdings nicht auf Kosten der Armee, der Kommunistischen Partei oder der russischen Siedler.

«Ich interpretierte das als Signal dafür, daß der Kampf zwischen den Progressiven und den Hardlinern in Moskau zäh und die Spannung immens war. Wenn wir uns zu unnachgiebig zeigten, spielten wir den Hardlinern in die Hände. Als typischer Russe hatte Jakowlew nicht viel Verständnis für die Sorgen der kleinen Nationen, doch ich vertraute ihm und war überzeugt, daß Litauen seine Unabhängigkeit Schritt für Schritt erkämpfen würde, solange Männer wie Gorbatschow, Schewardnadse und er an der Macht waren.» Die Kommunistische Partei und Sajudis waren im Kampf gegen den gemeinsamen Feind, die prosowjetischen Hardliner, aufeinander angewiesen, und Paleckis sah seine Aufgabe darin, die Zusammenarbeit sicherzustellen. Jedenfalls bestand die

Hälfte der Gründungsgruppe von Sajudis aus Parteimitgliedern. Selbst auf die Gefahr einer Zersplitterung oder Spaltung hin konnten die Hardliner niemals den Verlust ihrer absoluten Macht hinnehmen. Im Spätsommer 1989 wurde beschlossen, eine Sondersitzung der Partei einzuberufen, um sie in die Zange zu nehmen. Gorbatschow versuchte, Brasauskas von den damit verbundenen Gefahren zu überzeugen. Die ZK-Abteilung für Kaderarbeit versuchte erneut zu intervenieren. «Sie schickten eine Menge Leute, die jedem Karrierevorteile versprachen, der die Moskauer Position unterstützte. Es war jedoch offensichtlich, daß der wichtigste Parteiflügel die Abspaltung befürworten würde.»

Am 16. November wurde Brasauskas zu einer Sitzung mit Gorbatschow gerufen. Gorbatschow befahl ihm vermutlich, sofort seinen Kurs zu ändern.

«Ja. Unser gesamtes Politbüro mit zwölf oder vierzehn Mitgliedern nahm an der Diskussion teil. Es war schwierig für Brasauskas. Jasow, Krjutschkow und Ryschkow drückten sich sehr harsch aus. Ryschkow legte ausführlich dar, daß eine Abspaltung einen entscheidenden Schritt zur Zerstörung der Partei darstellen würde und somit auch zur Zerstörung der Sowjetunion. Er hatte recht. Gorbatschow spielte sozusagen die Rolle des Friedensstifters, doch auch er verurteilte die Abspaltung. Er war der erste Generalsekretär ohne Erfahrung im Umgang mit den Republiken. Er verstand sogar weniger als Jakowlew von den kleinen Nationen und ihren Hoffnungen.»

Zum Zeitpunkt des Parteikongresses am 6. Dezember war die Abspaltung also unvermeidlich.

«Die ausgewählten Delegierten waren für Reformen und Souveränität und steuerten vorsichtig die Unabhängigkeit an. Wir entschärften diese Reizworte. Es war einfach, radikaler als selbst Sajudis zu sein, doch das wäre unvernünftig gewesen. Die Atmosphäre war äußerst gespannt. Wir hofften, eine Abspaltung von den prosowjetischen Gruppen vermeiden zu können, und wollten ihnen eine Art Sonderstatus einräumen. Sie wiesen diesen Vorschlag zurück, vielleicht auf den Druck der Moskauer Hardliner hin. Niemand wußte, wie Moskau reagieren würde.

Meiner Ansicht nach wäre das Schlimmste gewesen, wenn Gorbatschow aufgrund unserer Aktivitäten durch einen Hardliner ersetzt worden wäre. Im Februar 1990 war ich Gast der Vollversammlung der Sowjetischen Partei, auf der als ein Hauptpunkt die Abspaltung der Kommunistischen Partei Litauens behandelt wurde. Es war offensichtlich, daß Gorbatschows Position schwach war. Auf seinen Bericht folgte kein Applaus, bei Ligatschow hingegen klatschten sie nach fast jedem Satz. Botschafter Browikow aus Warschau ließ eine Tirade gegen Gorbatschow los und erhielt großen Beifall.»

Der katastrophale Besuch Gorbatschows in Vilnius Anfang 1990 wurde ihm, wie Paleckis meint, von seinen Feinden aufgezwungen, um ihn bloßzustellen und zu demütigen. Er versuchte, zu retten, was zu retten war, indem er in den Medien auftrat und den anderen Republiken zeigte, welche gefährlichen Konsequenzen es haben konnte, dem Beispiel Litauens zu folgen. Seine Reise hatte den entgegengesetzten Effekt.

Warum rief Gorbatschow eine Wirtschaftsblockade aus, anstatt massive Gewalt einzusetzen?

«Sie waren sich der Tatsache nicht bewußt, daß die baltischen Völker jeden Preis für die Unabhängigkeit zahlen würden. Bei Öl- und Rohstoffpreisen unter dem Weltmarktniveau wurden wir mit 300 Dollar pro Einwohner unterstützt. Das durchschnittliche Einkommen liegt heute bei 15 Dollar im Monat. Ich bin sicher, daß Gorbatschow bereit war, alles – mit Ausnahme gewaltsamer Lösungen – zu versuchen, um Litauen in der Sowjetunion zu halten. Er war so sicher, daß die baltischen Staaten nicht ohne die Sowjetunion existieren konnten, daß er die Idee der Abspaltung als unrealistisch abtat.»

In dem Disput zwischen Präsident Landsbergis und seiner Premierministerin Kazimiera Prunskiene nach der Erklärung der Unabhängigkeit ging es um ihre unterschiedliche Einstellung gegenüber Gorbatschows Blockade. Für Landsbergis waren Verhandlungen unter diesen Umständen eine Beleidigung für die Unabhängigkeit und daher unannehmbar. Nach Ansicht von Frau Prunskiene war Litauen jedoch nicht in der Position, der Sowjetunion Widerstand zu leisten, und hatte deshalb keine andere Wahl, als zu verhandeln. Weil sie in dieser wichtigen Angelegenheit nicht einig waren, blockierten sie gegenseitig ihre Macht, ebenso wie Sajudis. Solange die Sowjetunion bestand, hätte ein Blutvergießen die Ansichten des einen oder der anderen auf tragische Weise widerlegen können. Eine müßige Frage angesichts der Ereignisse. Ich führte das Interview mit Frau Prunskiene in Vilnius, in ihrer Wohnung in der Blindziu-Straße, dem Herzen des Nomenklatura-Viertels. Ich saß einer großen, gerahmten Fotografie von ihr und Präsident Bush im Weißen Haus gegenüber. Trotz ihrer begeisterten Worte konnte sie die offenen Wunden der vergangenen Schlachten nicht verbergen. Sie bleibt bei der Ansicht, daß Unabhängigkeit und Gorbatschow keine unveränderlichen und unvereinbaren Gegensätze darstellten. Dies hatten auch Präsident Bush, Frau Thatcher, Kohl und Mitterrand bekräftigt, die sie auf ihrer Wahlkampftour im Sommer 1990 getroffen hatte. In dieser Zeit war sie Tag für Tag in den Schlagzeilen.

Die unmittelbare Vergangenheit lastet auch auf Landsbergis. Er ist fülliger geworden, grau, kaum zu erkennen als der ehemals führende Kopf von Sajudis, wären da nicht dieselbe Gelehrtenbrille und der Bart, der ihn wie eine Gestalt aus Puccinis *La Bohème* wirken läßt. Als Parlamentsmitglied und selbsternannter Anführer des konservativen Blocks scheint er seine frühere Karriere als Musikwissenschaftler aufgegeben zu haben.

Am 19. September 1989 sagte Gorbatschow, daß die baltischen Staaten der Sowjetunion freiwillig beigetreten seien. Ich fragte, ob Gorbatschow das wirklich glaubte.

«Natürlich nicht. Er wußte Bescheid über den Hitler-Stalin-Pakt, die Dokumente liegen ja in den sowjetischen Archiven. Er leugnete ihre Existenz, doch das war gelogen. Erst vor kurzem wurde der Beweis veröffentlicht, daß er die entsprechende Information erhalten hatte. Er hat oft gelogen.»

«Der Kommunismus verfaulte von innen heraus» 289

Sahen Sie ihn als jemanden, der Sie manipulierte und belog?
«So direkt habe ich mich nie ausgedrückt. In meinen Darlegungen war ich vielleicht zu höflich. Als Gorbatschow noch Vorsitzender des Volksdeputiertenkongresses war, sagte einer unserer Abgeordneten in einer Plenarsitzung, daß Gorbatschow ein Lügner sei. Das war das erste Mal, daß jemand das sagte.»
Die Zeitplanung bei der Veröffentlichung der Unabhängigkeitserklärung am 11. März 1990 war sehr eng. Landsbergis erklärt: «Am 11. März wurde ich um zwölf Uhr zum Präsidenten gewählt. Am gleichen Nachmittag debattierten wir und verabschiedeten eine Reihe von Gesetzen und Beschlüssen. An diesem Tag wurde nicht nur die Unabhängigkeitserklärung verabschiedet. Wir taten alles, was möglich war, um die Abgeordneten verfassungsgemäß zu versammeln. Einige mußten noch gewählt werden, aber wir hatten zur Vorbereitung bereits am Nachmittag des 10. März ein gesetz- und verfassungsmäßiges Quorum zusammengebracht. Der 11. war für Entscheidungen und Abstimmungen reserviert, denn am 12. März sollte der Volksdeputiertenkongreß in Moskau wieder zusammentreten. Sollte Gorbatschow wie erwartet zum Präsidenten gewählt werden, hätte er eine besondere Vollmacht erhalten können, um uns zu bekämpfen, wie er es bereits zuvor getan hatte.»
«Wir mußten schnell handeln. Ob wir nach Moskau fahren sollten oder nicht, war ein weiteres Problem. Wir hatten unsere eigenen Wahlen gewonnen und in einer Sitzung unsere wiederhergestellte Unabhängigkeit proklamiert, daher wäre es absurd gewesen, nach Moskau zu fahren und einen weiteren Präsidenten zu wählen. Das hätte unserer Unabhängigkeit widersprochen und war nicht akzeptabel. So gründeten wir unseren Staat als eine Abgrenzung, und kein einziger unserer Abgeordneten ging als Deputierter der Sowjetunion nach Moskau. Wir autorisierten einige von ihnen, am 12. März als Delegation Gorbatschow unsere Entscheidungen zu überbringen und um Verhandlungen mit der Aussicht auf einen friedlichen Verlauf unserer Beziehungen zu bitten. Es ging nicht um eine Abspaltung von der Sowjet-

union, denn wir hatten niemals zugestimmt, ein gesetzmäßiger Teil der Sowjetunion zu werden. Wir waren annektiert und eingegliedert worden. Wir stellten die gesetzmäßige Situation wieder her.»

Das Embargo war nur ein Teil der Repressionen, die Landsbergis zum Nachgeben bewegen sollten. In diesen Märztagen umkreisten sowjetische Panzer und gepanzerte Fahrzeuge das Parlamentsgebäude in Vilnius – eine Art psychologische Kriegsführung.

«Generäle kamen und stellten Ultimaten, nicht nur unsere Unabhängigkeitserklärung zu widerrufen, sondern auch das Gesetz, das es unseren Bürgern verbot, in einer fremden Armee zu dienen. Sie wollten unsere jungen Männer einziehen. Das war natürlich unmöglich. Wir hatten unser eigenes Gesetz für die Verteidigungskräfte unseres Landes eingebracht. Diejenigen, die von der Sowjetunion eingezogen wurden, versteckten sich, doch man trieb sie zusammen, schlug sie, in einigen Fällen kam es sogar zu Entführungen. Das war Gewalt. Die westlichen Demokratien reagierten zurückhaltend. Wir mußten politisch darum kämpfen, die weltweite Öffentlichkeit auf unsere Seite zu bringen. Sie schränkte auch Gorbatschows Handlungsspielraum ein, er wurde davor gewarnt, militärische Gewalt gegen uns einzusetzen. Eine Entscheidung für ein gewaltsames Vorgehen hätte man zweifellos in die Tat umgesetzt.»

Als Führer eines Landes, das die Sowjets immer noch als eine ihrer Republiken betrachteten, war Landsbergis berechtigt, an den Sitzungen des Präsidialrates teilzunehmen, der *ex officio* die Präsidenten aller Republiken einschloß. Als Führer eines Landes, das er als unabhängigen Staat betrachtete, lehnte Landsbergis die Einladungen zu diesem Rat aus Prinzip ab. Rüütel und Gorbunows nahmen als Vorsitzende der Obersten Sowjets ihrer jeweiligen Republiken – sozusagen als Präsidenten – manchmal an den Sitzungen teil. Sie rechtfertigten sich damit, daß sich ihre Länder in einer Übergangsphase befänden, die schließlich zur Unabhängigkeit führen würde. Rüütel und Gorbunows übten zusätzlichen Druck auf Landsbergis aus, an einer dieser Sitzungen teilzunehmen, damit die baltischen Staaten eine gemeinsame Front bilden konnten.

Landsbergis war an sich ein unnachgiebiger Mensch, doch dieses eine Mal gab er nach.
Die Sitzung des Präsidialrates fand am 12. Juni 1990 statt. Es kam zu einem persönlichen Zusammenstoß mit Gorbatschow, als Landsbergis, Rüütel und Gorbunows ihre Forderung nach Unabhängigkeit und nach Aufhebung der Wirtschaftsblockade vortrugen. Landsbergis war überrascht, daß er von den Präsidenten einiger Republiken wie Kasachstan und Georgien unterstützt wurde. Nach der Sitzung hielt Gorbatschow sein Versprechen, die Diskussion in einem anderen Raum im privaten Kreis fortzusetzen. Dort schlug er ein Moratorium über das Embargo vor. Landsbergis konnte nicht zustimmen.
«Das war das erste Treffen zwischen Gorbatschow und mir. Das nächste fand kurz darauf statt. Gorbatschow hatte vorgeschlagen, ich solle für die weitere Diskussion über die Blockade und die Bedingungen für ein Moratorium noch einmal nach Moskau kommen.» Also redeten Landsbergis, sein Vizepräsident und der litauische *chargé d'affaires* in Moskau mit Gorbatschow und Lukjanow. «Am nächsten Tag lud uns Gorbatschow noch einmal zu einem Besuch in seine Datscha außerhalb Moskaus ein, zusammen mit Frau Prunskiene und drei Abgeordneten. Ihm standen Lukjanow, Jakowlew und Ryschkow zur Seite. Es war ein weiterer ergebnisloser Meinungsaustausch. Ryschkow wollte von mir Genaueres wissen über unsere Pläne, ohne Versorgung mit sowjetischen Gütern und ohne die sowjetischen Märkte zu überleben. Das war allerdings kein Thema, über das wir diskutieren wollten. Seit dem 11. März hatten wir auf Normalisierung der Beziehungen zwischen unseren Staaten gedrängt. Gorbatschow lehnte dies ohne Zögern ab. Er würde niemals mit Litauen diskutieren, sagte er, da es kein Staat sei.»
Es blieb Landsbergis nichts anderes übrig, als auf seiner grundsätzlichen Position zu bestehen und zu hoffen, nicht mit brutaler Gewalt und Terror zu einer Unterwerfung gezwungen zu werden. Beide Seiten blufften. Landsbergis weigerte sich, auch nur einen Deut nachzugeben, Gorbatschow stimmte dem auf die Fernsehanstalt begrenzten Angriff zu. Sajudis konnte nur dank der sowjeti-

schen Passivität so verfassungsmäßig und friedlich aktiv sein. Selbst Landsbergis sagt: «Der Kommunismus verfaulte von innen heraus. Die Situation war reif für den Zusammenbruch, doch dieser hätte auf ganz verschiedenen Wegen herbeigeführt werden können.»

19 Solidarność und der General

Für die Parteiführer in den Satellitenstaaten Ost- und Mitteleuropas bedeuteten Glasnost und Perestrojka, daß sie den Gürtel wieder einmal enger schnallen und hart arbeiten mußten. Nach ungefähr achtzehn Monaten wurde klar, daß die sowjetische Führung sich von ihrer eigenen Ideologie lossagte und politische und wirtschaftliche Veränderungen einführte, die die Kontrolle der Partei schwächten. Getäuscht von der Entwicklung, mußten die Führer und Parteien der Satelliten jetzt der nackten Tatsache ihrer Kollaboration ins Auge schauen. Ohne die uneingeschränkte sowjetische Unterstützung waren diese Kollaborateure hilflos. Als sie erkannten, daß man ihnen den Laufpaß gegeben hatte, war es zu spät, einen Mittelweg zwischen Massenunterdrückung und Machtverzicht zu finden – ohnehin ein Drahtseilakt.

Zunächst überkam sie Bestürzung, dann Panik und in einigen Fällen Zorn. In jeder Partei sprach sich eine Minderheit vehement für die bewährten und erprobten Methoden der Massenunterdrückung aus. Von diesen waren wahrscheinlich nur einige hundert Ideologen, die ernsthaft an die Durchsetzung der Diktatur des Proletariats glaubten. Die Mehrzahl wußte, daß sie von der Bevölkerung zu Recht als Kriminelle betrachtet wurden, und nicht nur als gewöhnliche Gangster, sondern als Männer, die ihr Land verkauft hatten. Da sie an der Zerstörung der früheren Gesellschaft aktiv teilgenommen oder sie stillschweigend geduldet hatten, fürchteten sie jetzt selbst ebenso barbarische Vergeltungsmaßnahmen. Im Geiste sahen sie sich ganz einfach schon zur Strecke gebracht, gelyncht, an Laternenpfählen hängend.

Nichts in ihrer bisherigen Erfahrung hatte diese Regime annehmen lassen, daß sie so schnell entlarvt würden. Im Gegenteil, aus eigener Sicht erschienen sie ziemlich stabil. Im Kalender wiederholten sich wie immer turnusmäßig die Parteitage und Vollversammlungen des Zentralkomitees, die kommunistischen Jahrestage und Paraden und die Besuche von Würdenträgern aus den Bruderstaaten – alles unter der Leitung von Kollegen in Moskau und beim KGB. Mit einer Ausnahme waren alle Ersten Sekretäre in den Siebzigern, Veteranen, die sich noch an Stalin und die Machtübernahme in ihren Ländern in der Nachkriegszeit erinnern konnten. Als Gorbatschow sein Amt antrat, wirkte er wie ein Anfänger auf jene Männer, die schon mindestens zwanzig Jahre unangefochten an der Macht waren, im Falle Schiwkows in Bulgarien und Kádárs in Ungarn über dreißig Jahre.

Im Ostblock gab nur Polen Anlaß zur Sorge. In Legnica in Schlesien befand sich das wichtige Hauptquartier, von dem aus die sowjetischen Militäroperationen im Falle eines Krieges gegen die NATO gesteuert werden sollten. Das Land mußte gesichert werden, doch seit 1948 befand es sich in einer latenten – und manchmal tatsächlichen – Revolte. Gomułka, Gierek und Kania, die aufeinanderfolgenden Ersten Sekretäre, waren nicht in der Lage gewesen, die Polen davon zu überzeugen, daß der Kommunismus weit mehr als die Unterordnung unter die Russen bot. Und die wurde aufgrund der ganzen Entwicklung der polnischen Geschichte abgelehnt.

Ein Streik gegen willkürliche Preissteigerungen im Sommer 1980 führte zu landesweitem Protest. Das Land kam zum Stillstand. Nach diesem Streik schuf Lech Wałęsa, damals ein arbeitsloser Werftelektriker, zusammen mit einer Gruppe von Kollegen und Beratern eine unabhängige Gewerkschaft, die Solidarność. Obwohl sie durch einen spontanen Aufruhr entstanden war, entwickelte sie sich zu einer demokratischen Alternative zur Kommunistischen Partei. Ende des Jahres hatte die Solidarność zehn Millionen Mitglieder, darunter ein Drittel der drei Millionen Mitglieder der Kommunistischen Partei. Adam Michnik, ein bis dahin unbekannter Dissident, der zu einer fast so großen Berühmtheit gelangte wie Wałęsa, urteilte, daß Polen 1980 aus einem «Kompromiß zwischen einer nichtsouveränen Regierung und einer souveränen Gesellschaft» bestand. Im Oktober des Jahres stürzte er auf eine Menge zu, die in Otwock gerade dabei war, einen Polizisten zu lynchen. Michnik, eine schmächtige Figur in einer Lederjacke, rettete die Situation, indem er ausrief: «Ich bin eine antisozialistische Kraft!» Der Chef der Polizeiwache schüttelte ihm trotzdem die Hand.

1923 geboren, war General Wojciech Jaruzelski im Vergleich zu den anderen Ersten Sekretären im Block ein Bürschchen. In seinen Erinnerungen beschreibt er das Gutshaus der Familie bei Trzeciny. Er wuchs auf in einer Welt mit Ponys, Jagdspielen, Öllampen und Schlittenfahrten im Winter. 1939 floh er vor den Deutschen nach Litauen, wurde dann von den Sowjets mit seiner Mutter und Schwester in einem Zug mit Balten, die auf dem Weg in die Verbannung waren, deportiert. Der Zug überquerte den Ural und hielt an einen Ort namens Turatschak am Ende der Welt in der sibirischen Taiga. Sein Vater, der auf einem anderen Weg deportiert wurde, konnte später zu ihnen stoßen, starb jedoch bald. Diese Erfahrung von Unrecht und Willkür weckte keine Empörung, sondern bewirkte das Gegenteil: Der junge Jaruzelski war von der Macht des Kommunismus beeindruckt. Wie man vom Sklaven sagt, daß er die Galeerenketten liebt, so kam er zu der Überzeugung, daß die Verfolgung von Menschen wie ihm selbst nur angemessen sei. Er – und nicht die Russen – war hassenswert. Sein Unterbewußtsein, so sagt er, flüsterte ihm immer zu, daß er Vorteile bei seinem Start ins Leben gehabt habe. Das führte zu «einer Art unterschwelligem Komplex» gegenüber Arbeitern und Bauern. Überall in der Welt entwickelten Männer und Frauen aus diesem Gefühl einer diffusen Schuld heraus eine Leidenschaft für die kommunistische Sache. Wie all diese Gesinnungsgenossen erkannte Jaruzelski nicht, wie gönnerhaft es war, die Arbeiter und Bauern nicht als eigenständige menschliche Wesen zu behandeln, sondern als Objekte, durch die er seine eigene Persönlichkeit so entfalten konnte, wie es ihn zufriedenstellte. Zudem war er als ein Kommunist mit seinem Hintergrund immer noch derjenige, der die Befehle gab.

Er war zunächst Kommissar in der Armee, wurde dann Stabschef, 1968 Verteidigungsminister, später Ministerpräsident, Erster Sekretär und schließlich Staatspräsident. So hatte er Partei, Armee und Regierung in seiner Hand. Die Unterdrückung der Arbeiter und Bauern ließ sich, wie sich zeigte, leicht mit deren Idealisierung vereinbaren. Am 13. Dezember 1981 erklärte er den Ausnahmezustand und verhängte das Kriegsrecht. Mit Brecheisen ausgerüstete Streifen der Geheimpolizei drohten Türen aufzubrechen, zerrten Menschen aus ihren Betten und internierten sie. Noch am selben Tag platzte der französische Außenminister Claude Cheysson mit einem Satz heraus, den die meisten westlichen Politiker lieber für sich behielten; es klang, als ob er sich noch an der Scham darüber weidete: «Natürlich werden wir nichts unternehmen.» Der deutsche Bundeskanzler Helmut Schmidt versicherte Honekker bei einem Besuch in der DDR an diesem Tag unter vier Augen, daß er es verstehen könne, wenn das polnische Regime Solidarność unterdrücke. Die sowjetische Propaganda stand in faszinierendem Gegensatz zu dieser Haltung: Sie schob die Schuld auf die Kriegstreiberei der NATO und die deutschen revanchistischen Absichten gegenüber Polen.

Laut Jaruzelski war eine zweifache Bedrohung entstanden. Eine extremistische Solidarność-Führung war dabei, den Staat zu übernehmen, und eine sowjetische Militärintervention, die diesen Coup abwenden sollte, war schon auf dem Weg. Noch heute, in seinen Memoiren, reitet er gern auf Gerüchten herum über Waffenarsenale, Intrigen und Geheimagenten, die sich bei Nacht und Nebel treffen: «Das Schreckgespenst des Bürgerkriegs ging um.» Er schreibt melodramatisch, daß er nicht nur einmal in äußerst angespannten Situationen die Schublade seines Schreibtisches öffnete, um nach seinem Revolver zu sehen. Die sowjetische Armee machte tatsächlich auf der russischen Seite der Grenze für Truppenbewegungen mobil, und sowjetische Honoratioren flogen nach Warschau, um zu drohen. Ob tatsächlich eine Invasion und eine weitere sowjetische Unterdrückungswelle in Polen drohte, kann wahrscheinlich nie genau nachgewiesen werden. Auf die meisten Polen wirkte es wie ein *wranjo*-Schrecken, der es Jaruzelski er-

möglichen sollte, gegen sie einzuschreiten. Bei seiner Entscheidung, Polen weiterhin in Abhängigkeit von der Sowjetunion zu halten, überschritt Jaruzelski die schmale Linie, die Zusammenarbeit von direktem Verrat trennt. 13 000 Armeeoffiziere wurden innerhalb der Partei gesäubert. Aufgelöst und verboten, konnte die Solidarność nicht länger arbeiten.
«Der Schock war ungeheuerlich», schreibt Aleksander Smolar. «Die Massenbewegung von Millionen wurde mit erstaunlicher Leichtigkeit zerschlagen und von der öffentlichen Bühne verdrängt. Zur gleichen Zeit kehrte ein bißchen Leistungsfähigkeit ins das alte politische System zurück.» Bis März 1982 waren offiziell 6 905 Menschen nach einer Reihe von Schnellverfahren interniert worden. Laut Andrzej Swidlicki, dem Historiker der Geschichte der Unterdrückung, wurden 732 042 Bagatellfälle gerichtlich verhandelt, von denen 196 596 Übertretungen des Kriegsrechts betrafen, darunter Verstöße wie das Nichtbeachten der Ausgangssperre. Zahlreiche Solidarność-Aktivisten wurden getötet, zum Beispiel Ryszard Kowalski und der katholische Priester Jerzy Popiełuszko. Voller Verachtung warf die Geheimpolizei die Leichen ihrer Opfer in Flüsse und Abwassergruben. Wałęsa wurde unter Hausarrest gestellt. Die Führung von Solidarność, darunter Dissidenten wie Michnik und Jacek Kuroń, wurde inhaftiert, und nur einer oder zwei konnten in den Untergrund gehen und die Gewerkschaft am Leben halten. Für Gorbatschow war Jaruzelski «ein Mann von hoher Moral, von gewaltiger geistiger Auffassungsgabe». Polen war auf jeden Fall so eingeschüchtert wie nie zuvor. Die Sowjets brauchten nicht mehr einzumarschieren.

In den anderen Satellitenstaaten gab es keine mit Solidarność vergleichbaren Bewegungen. In der Tschechoslowakei hatten rund tausend Intellektuelle die Charta 77 unterzeichnet, eine Petition zur Anerkennung der Menschenrechte im Zeichen der Schlußakte von Helsinki. Václav Havel, der Dramatiker, der die Charta 77 anregte, wurde dreimal verhaftet. Nach dem sowjetischen Muster der Ausweisung von Solschenizyn, Bukowskij und anderen schickten die Satellitenstaaten hartnäckige Unruhestifter ins Exil, wie

Wolf Biermann aus der DDR oder Paul Goma aus Rumänien. Die bulgarische Geheimpolizei ließ Georgij Markow in London auf offener Straße ermorden, indem man ihm eine mit tödlichem Gift behandelte Regenschirmspitze ins Bein stieß. Erst nach 1989 wurde die Macht der Geheimpolizei in den Satellitenstaaten völlig aufgedeckt. Alle staatlichen Mittel standen den verschiedenen Kräften der Geheimpolizei zur Verfügung. Wahrscheinlich ein Drittel der vorhandenen Arbeitskraft wurde für das einzige und unproduktive Ziel eingesetzt, die Parteikontrolle durch Polizeimethoden aufrechtzuerhalten.

Zudem wurde offenbar, daß der Westen durch eine Reihe von Krediten die Lebensdauer der Kommunistischen Parteien künstlich verlängert hatte. Ein weitaus größerer Teil des Handels der Satelliten wurde mit der Sowjetunion abgewickelt, und in dieser Hinsicht war der kommunistische Block ebenso eine wirtschaftliche wie eine politische Realität. Sowjetisches Erdöl und Erdgas zu subventionierten Preisen halfen den Satellitenstaaten, allerdings um den Preis weiterer Abhängigkeit. Üblicherweise ging man davon aus, daß ihre Wirtschaft einigermaßen, in manchen Fällen gut funktionierte. Die DDR stand in der Rangliste der Industrienationen an zehnter oder elfter Stelle. Die Statistiken, auf denen diese vermeintliche Leistung basierte, waren nachweislich gefälscht. Es wäre schneller zu einem Offenbarungseid gekommen, wenn diese Länder die volle Last der administrativen Kommandowirtschaft hätten selbst tragen selbst müssen.

In den sechziger Jahren erhielt der Ostblock nur sehr wenige westliche Kredite. Die Ölkrisen der siebziger Jahre ließen die Petrodollars fließen. Westliche Regierungen und Banken beeilten sich, diese Gelder dem Ostblock zu leihen. Das war in gewisser Weise auch eine Folge der Schlußakte von Helsinki, die den Fortbestand dieser Regime bestätigte. Die Schulden des Blocks in Höhe von dreizehn Milliarden Dollar im Jahre 1974 waren vier Jahre später auf fünfzig Milliarden angestiegen und betrugen, als Gorbatschow Generalsekretär wurde, rund neunzig Milliarden Dollar, bei weiterem schnellen Anstieg. 1989 schuldeten allein Ungarn und Polen dem Ausland zwanzig bzw. vierzig Milliarden

Dollar und konnten die Zinsen nicht mehr bezahlen. Rumänien hatte 1981 zehn Milliarden Dollar Schulden. Ceauşescu schröpfte sein Land, um die Summe zurückzahlen zu können, und zwang dafür seine Landsleute Jahr für Jahr, ohne Essen, Strom und Heizöl zu leben. Die Rumänen lebten in Verhältnissen, wie man sie in Europa in Friedenszeiten seit dem Mittelalter nicht mehr kannte.

Als Argument für die Kredite wurde oft angeführt, sie hätten die Satelliten so eng mit der westlichen Wirtschaft verbunden, daß diese schließlich auch politisch hätten integriert werden müssen. Das ist trügerisch. Unzuverlässige Geschäftspartner dieser Größenordnung hatte es nie zuvor gegeben. Das Geld wurde eher für den Konsum als für Investitionen verwendet und stand für Rückzahlungen nicht mehr zur Verfügung. Bankiers und Diplomaten führen seitdem schwierige Verhandlungen über die Abschreibung der Schulden. Durch diese Finanzierung verlängerten die Führer der westlichen Demokratien das Elend der Völker, die sie in ihren offiziellen Erklärungen befreien wollten. Ein Zusammenspiel von Habsucht, Abgestumpftheit, Gleichgültigkeit und Leichtsinn führte zu diesem Widerspruch.

Jeder Satellit hatte einen Artikel, der dem Artikel sechs der sowjetischen Verfassung entsprach und die «führende Rolle» der Partei garantierte. Andere politische Parteien wurden schon lange unterdrückt. Weder Dissidenten noch christliche Kirchen, noch nicht einmal die Solidarność, verfügten über die Mittel, die Partei politisch herauszufordern. Die intellektuelle und seelische Opposition der Gesellschaft zur Partei fand weder eine gesetzlich fundierte noch eine praktische Form der Repräsentation. Es gab kein Recht auf Versammlungs- und Redefreiheit oder freie Wahlen. Nationale Befreiungsbewegungen nach dem Modell der afrikanischen und asiatischen Staaten nach 1945 hätten mit Sicherheit eine verheerende militärische Antwort von seiten der Sowjets provoziert. Da die herkömmliche politische Theorie keinen Entwurf für den Ausbruch aus einem geschlossenen totalitären System bot, schien die Partei als einzige Institution dazu bestimmt, auf unbegrenzte Zeit weiterzumachen.

Das Konzept des Runden Tisches wurde in Polen entwickelt.

Der Reihe nach erklärten sich die übrigen Parteiführer mit der Einrichtung von Runden Tischen einverstanden, ohne vorherzusehen, daß dieser Prozeß die Aufgabe des Machtmonopols beinhaltete. Sie orientierten sich an Gorbatschows Umgang mit den Volksfronten und glaubten fast bis zum Schluß, daß sie ihren Gegnern nur potemkinsche Parlamente öffneten, die sie wie bisher kontrollieren konnten. Im Laufe des Jahres 1989 hörten Gorbatschow und seine Berater immer wieder Berichte aus dem Imperium über Volksfronten und Runde Tische und machten sich selbst vor, neue Schläuche würden den alten Wein genießbarer machen.

Als die Runden Tische aufkamen, entdeckten die Parteiführer, daß das Mächtegleichgewicht sich verändert hatte und daß die Sowjetunion sie nicht mehr retten oder ihnen auch nur helfen konnte. Kommunismus und Kollaboration waren schließlich bankrott. In Rumänien klammerte sich Ceauşescu an sein Machtmonopol, was ihn und andere ihr Leben kostete. In allen anderen Staaten gelang es den Hardlinern nicht, die Partei dazu zu bringen, daß sie sich mit Gewalt verteidigte. An einem Runden Tisch nach dem anderen stimmte die Partei im Gegenteil Wahlen zu, die das Vorspiel zur Aufgabe des Parteimonopols waren. Es war ein Kuhhandel: keine Gewalt von seiten der Partei und als Gegenleistung keine Racheaktionen des Volkes. Einerseits war dies eine elegante Lösung und ein Triumph für den gesunden Menschenverstand und die Demokratie. Andererseits wies sie Mängel und Ungerechtigkeiten auf. Den Kommunisten gelang es, anders als den Nazis, sich nicht in Gerichtsverhandlungen für die Verbrechen, die sie begangen hatten, verantworten zu müssen.

20 Der Runde Tisch

Stanislas Gomułka, der nicht mit dem Ersten Sekretär gleichen Namens verwandt ist, gehörte zu einer kleinen Gruppe von Studenten der Warschauer Universität, die in den frühen sechziger Jahren ein antikommunistisches Manifest verfaßten. Unter ihnen war auch der später bekanntgewordene Dissident Jacek Kuroń. Beeinflußt von den Werken Milovan Djilas' und dem ungarischen Volksaufstand 1956, sprachen sie sich für ein Mehrparteiensystem aus. Die Arbeiterunruhen von 1970 erreichten natürlich ein viel größeres Ausmaß; Gomułka verweist allerdings darauf, daß sich damals die Intellektuellen und Arbeiter zusammengeschlossen hätten – wie später auch in der Solidarność. Er verließ Polen und wurde Professor an der London School of Economics. Nach 1989 wurde er wirtschaftlicher Berater der neuen polnischen Regierung.

Seiner Meinung nach hatten westliche Kredite die Hoffnung auf eine schnelle Verbesserung des Lebensstandards geweckt. Diese Hoffnung wurde jäh enttäuscht, als die Schulden nicht getilgt werden konnten. Die Kluft zwischen Erwartung und Wirklichkeit trug zu einer Krisenstimmung bei. Edward Gierek, Erster Sekretär während der siebziger Jahre, befürwortete das Prinzip der Kreditaufnahme. Er war der Ansicht, daß eine vom Westen finanzierte Reform das System stärken werde. Das war ein Nebenprodukt der von Nixon und Kissinger geförderten Entspannung. Professor Gomułka fragt sich, ob die Chinesen jetzt einen neuen, von den anderen Kommunisten übersehenen Weg gefunden haben, um das Machtmonopol mit stärkerer Privatwirtschaft zu verbinden. «In Osteuropa und Rußland war die Führung auf jeden

Fall nicht in der Lage, weitreichende Reformen ohne Veränderung des gesamten politischen Systems einzuführen.» Giereks Reformwirrwarr nahm das von Gorbatschow vorweg. In bester kommunistischer Tradition wollte Gorbatschow das Machtmonopol erhalten und gleichzeitig junge, begabte Menschen für die Partei gewinnen. Gierek und Gorbatschow waren naiv, wenn sie glaubten, importierte westliche Technologie und Verwestlichung könnten einen erfolgreichen Sozialismus schaffen. Jaruzelski, fest entschlossen, ein pragmatischer Ideologe zu sein, war vom gleichen Schlag. Als Gorbatschow die sowjetische Kontrolle über das Imperium geschwächt hatte, stand Jaruzelski vor einem Dilemma: Entweder mußte er die Diktatur stärken oder eine Regierung bilden, die die Zustimmung des Volkes fand und mit einem Mandat für die dringenden, aber kostspieligen Reformen ausgestattet war. Demoralisierung setzte ein. «Viele Kommunisten schlossen daraus, daß der Zusammenbruch des ganzen historischen politisch-sozialen Experiments bevorstehe. Als der alte Mythos von der Überlegenheit des höherstehenden Wirtschaftssystems zusammenbrach, brach auch alles andere zusammen. Es gab keinen Weg zurück. Rußland verfügte über die Militärmacht, um uns entgegenzutreten, doch das hätte Massenterror bedeutet. Und ich bin nicht sicher, ob ein Erster Sekretär genügend Leute gefunden hätte, die ihn dabei unterstützten. Interne und internationale Spannungen wären die Folge gewesen. Die Krise war für die Reform notwendig; also trug jeder, der zur Krise beitrug, auch zum Erfolg der Reform bei.»

Im November 1987 forderte Jaruzelski die Nation dazu auf, die perestrojka-inspirierte Reform durch ein Referendum zu bestätigen. Die Abstimmung ging, für eine Partei- und Militärdiktatur erstaunlich, zu seinen Ungunsten aus. Zum erstenmal ließ ihn das Volk abblitzen. Im Juni 1988 besuchte Gorbatschow Polen. Ihm war von den Machern der Außenpolitik, Schewardnadse und Falin, und dem KGB-Chef Krjutschkow ein Memorandum überreicht worden. Die Zeit arbeite gegen sie, hieß es in diesem Memorandum, und es sei besser, das Massaker von Katyń zu klären und so die Angelegenheit ad acta zu legen. «Die Kosten dieser Vorgehensweise wären letztlich niedriger als der Schaden, der durch unsere Untätigkeit verursacht wird.» Gorbatschow schwieg dennoch. In einer Rede in Krakau gab er den Polen den lächerlichen Rat, sie könnten in «Lenins Leben und Kampf» ein Vorbild finden. Die Polen würden offensichtlich für ihre Zukunft selbst die Verantwortung übernehmen müssen.

Kaum war Gorbatschow weg, da streckten Jaruzelski und sein neuer Ministerpräsident Mieczysław Rakowski auch schon Fühler nach Wałęsa und anderen Führern der Solidarność aus. In jenem Dezember bildeten über hundert Mitglieder der alten Solidarność-Führung das neue sogenannte Bürgerkomitee. Das ZK mußte den Verhandlungen mit diesem Bürgerkomitee zustimmen, dessen Mitglieder eigentlich noch Geächtete waren. Die Hardliner stellten sich zum letztenmal quer. Jaruzelski trat ihnen entgegen, besiegte sie in einer dramatischen Vollversammlung des Zentralkomitees am 6. Januar 1989 und signalisierte, daß der Nationalismus Vorrang vor der Zusammenarbeit mit den Sowjets habe. Indem er sich selbst wieder in die polnische Gesellschaft integrierte, rettete er wahrscheinlich sein Leben und das anderer.

Der Runde Tisch begann genau einen Monat später am 6. Februar 1989 in Magdalenka, dem Gästehaus der Regierung in einem Vorort von Warschau. Er dauerte bis zum 5. April. Am darauffolgenden Tag wurde Solidarność erneut zugelassen.

Während dieser Gespräche fanden in Moskau die Wahlen zum Volksdeputiertenkongreß statt. Gorbatschow und die Führung glaubten fest daran, daß diese Wahlen das handverlesene Parlament hervorbringen würden, das nötig war, um ihre Perestrojka durchzusetzen. Jaruzelski strebte dasselbe für Polen an und glaubte, er habe alle notwendigen Vorbereitungen für seine Wahl am 4. Juni getroffen. Er wollte, ebenso wie Gorbatschow, Präsident und Erster Sekretär sein.

Nach den Worten eines Fachmanns, Jan T. Gross, war das Wahlverfahren «in der Tat verwirrend». Partei und Solidarność hatten im Parlament – bekannt als Sejm – die Sitze im Verhältnis 65 Prozent zu 35 Prozent aufgeteilt. Die kommunistischen Kandidaten traten ohne Gegenkandidaten auf einer sogenannten Landesliste an, doch sie erreichten nicht die erforderliche Mindestanzahl von Stimmen. In der zweiten Kammer, dem Senat, gewann Solidarność 99 von 100 Sitzen; der einzige Außenseiter war ein Unabhängiger. Tadeusz Mazowiecki, ein Jurist, Berater von Solidarność und überzeugter Katholik, wurde am 24. August Ministerpräsident. Vier Kommunisten, darunter General Kiszczak als Innenminister, gehörten seiner Regierung an; sie wurden jedoch nach kurzer Zeit ersetzt. Das Parteimonopol hatte sich in Luft aufgelöst. Im November verkürzte Jaruzelski seine Amtszeit als Präsident, und Lech Wałęsa wurde zu seinem Nachfolger gewählt. Bei einem letzten Parteitag im Januar 1990 gab die Partei formell ihre «Führungsrolle» auf und gründete sich neu als sozialdemokratische Partei. Bei neuen Wahlen im Jahre 1993 kamen diese Neokommunisten allerdings wieder an die Macht. Der Prozeß des Runden Tisches brachte zwar keine vollständige Demokratisierung, aber immerhin die Polen wieder zusammen. Und die Einheit reichte aus, um sich wieder einmal von dem übermächtigen Nachbarn unabhängig zu machen.

Seit langem in gegenseitige Anschuldigungen und interne Kämpfe verstrickt, ist die Solidarność nur noch ein Schatten jenes historischen Moments der polnischen Einheit. Janusz Onyszkiewicz war aufgrund seiner aufgeschlossenen Art und seines perfekten Englisch Sprecher von Solidarność. Er ist verheiratet mit der Enkelin von Marschall Piłsudski, dem Präsidenten der Zwischenkriegszeit. Einige Stunden nach unserem Interview übergab er sein Amt als Verteidigungsminister an seinen Nachfolger in der neu gewählten Regierung unter Alexander Kwaśniewski. Die Partei streifte ihre sowjetische Haut ab und kehrte in neuer Gestalt wieder zurück.

Sofort nach der Verhängung des Kriegsrechts wurde Onyszkiewicz verhaftet. Bis 1986 wurden alle politischen Häftlinge wieder auf freien Fuß gesetzt. Trotz dieser Nachsicht herrschte absolute Parteikontrolle. Onyszkiewicz meint, daß Jaruzelski auch durch einen «kulturellen Faktor» angespornt worden sei, vor allem durch die Hoffnung auf Anerkennung im Westen. Die Erkenntnis, daß die Sowjetunion die Partei nicht mehr retten würde, führte zu den Konzessionen gegenüber Solidarność. Jaruzelski und sein Ministerpräsident Rakowski hatten zunächst sehr geschickt Zuckerbrot und Peitsche eingesetzt, um Solidarność zu spalten. Immer wieder hatten sie versucht, Wałęsa aus der Solidarność zu lösen und ihn als Sonderfall zu behandeln. Sie hielten die Solidarność für eine schwache Opposition von Feiglingen, die sie in den Prozeß der Entscheidungsfindung einbinden wollten.

Ein besonderer Konsultativrat und ein Gremium, das unter seinen Initialen PRON bekannt ist, waren zu diesem Zweck gebildete Parteifronten. Jaruzelski versuchte sogar, die Kirche anstelle von Solidarność als Partner zu gewinnen. Bis zum Sommer 1988 bemühte er sich, den vermeintlichen harten Kern der Solidarność zu isolieren. Am 26. August hielt Innenminister General Czesław Kiszczak dann eine Rede, um den Anschein von Beweglichkeit zu erwecken. Er schlug ein Treffen vor, ohne genau anzugeben, wer daran teilnehmen und worüber diskutiert werden sollte. Er sagte: «Ich glaube immer noch, daß der Tag kommen wird, an dem wir zusammen an einem Tisch sitzen und uns darüber verständigen, was das Beste für Polen ist.»

Zwischen dem ZK-Treffen am 6. Januar 1989 und der Eröffnung der Gespräche am Runden Tisch wurde erbittert darüber verhandelt, welche Personen in welcher Eigenschaft daran teilnehmen würden. Gegen Onyszkiewicz, Michnik und Kuroń wurde Protest eingelegt, da sie die längst aufgelöste polnische Exilregierung für legitim erklärt hatten. Es sei bizarr gewesen, sagt Onyszkiewicz, einer illegalen Organisation anzugehören und schon offiziell mit jenen zu verhandeln, die sie für illegal erklärt hatten.

Schließlich bestand der Runde Tisch aus drei getrennten Diskussionsgruppen zu Politik, Wirtschaft und Kultur. Untergruppen wurden zu Fragen wie Ökologie, Medien und Jugend einberufen, wobei einige hundert Politiker, Fachleute und Berater hinzugezogen wurden.

«Sie dachten, sie hätten es geschafft, und wir fürchteten, wir könnten tatsächlich ihre Macht legitimieren. Wir wollten einen

Fuß in der Tür haben, um dann später eine weitere Öffnung zu erzwingen. Weil sie die Medien kontrollierten, waren sie überzeugt, die Wahlen schon gewonnen zu haben. Sie sorgten sich nicht um ihren Sieg, sondern hatten Angst, zu überzeugend zu gewinnen. Bei vielen Gelegenheiten konnten wir sehen, daß sie Gefangene ihrer eigenen Propaganda waren. Sie glaubten, Solidarność sei in der Hand einer Extremistengruppe. Man müsse sie nur von den Extremisten befreien, und übrig bliebe eine echte Arbeiterbewegung, die natürlich zum Partner werden könnte. Wahlen wurden erst in einigen Jahren erwartet. Die Zustimmung zu sofortigen Wahlen war ein Fehler, von dem sie sich nicht erholten. Doch ohne den vorherigen Runden Tisch hätten wir Wahlen gehabt, in denen ihr Traum wahr geworden wäre: eine von ihnen handverlesene Opposition.»

Eine der technischen Einzelheiten, über die entschieden werden mußte, war die verfassungsmäßige Macht des Präsidenten, in deren Besitz sich Jaruzelski immer noch wähnte. Die Kommunisten hatten der Solidarność zunächst 30 Prozent der Sitze im Sejm angeboten. Das hätte ihnen ermöglicht, die Verfassung nach Belieben zu ändern. Solidarność bestand darauf, den Anteil auf 35 Prozent zu erhöhen, so daß die Kommunisten Verfassungsänderungen nur durchbringen konnten, wenn ein Teil der Opposition mit ihnen stimmte.

Warum haben die Hardliner nicht versucht, die Wahlen für ungültig zu erklären?

«Die Gefahr bestand. Sie hätten argumentieren können, daß ihre Landesliste gescheitert und deshalb der vereinbarte Wahlmodus nicht eingehalten worden sei. Die Sache war die: Sie beschlossen, daß für einige ihrer Sitze nicht in Wahlbezirken, sondern landesweit kandidiert wurde. Ihre Kandidaten für diese Sitze waren bekannte Personen wie der Verteidigungsminister General Siwicki und die meisten Hardliner. Am Runden Tisch fragten wir sie: ‹Was ist, wenn die Liste durchfällt?› Sie sagten, das sei eine rein theoretische Frage. Sie erwies sich als Realität. Die Medien hielten mir das sofort vor, und ich riskierte meinen Kopf, als ich sagte: ‹Wir

werden uns an die Abmachung halten.› Die Hölle brach los. Doch sie hatten dann keinen Grund zu behaupten, daß wir unseren Teil der Abmachung nicht erfüllt hätten und die Wahlen deshalb als ungültig anzusehen seien. Ich denke, das war ihre letzte Chance.»
In Polen waren nur zwei sowjetische Divisionen stationiert, allerdings noch einmal je vier in Ungarn und der Tschechoslowakei. Jaruzelski konnte nur auf die Bereitschaftspolizei mit einer Stärke von 6 000 Mann zählen, die ZOMO. Drei- oder viermal so viele Bereitschaftspolizisten wären nötig gewesen, um gleichzeitig ausbrechende Unruhen in den größeren Städten niederzuschlagen. Auf die Armee und die Geheimpolizei war kein Verlaß mehr. Onyszkiewicz erinnert sich an eine seiner zahlreichen Verhaftungen: Der Geheimpolizist, der ihn bewachte, fragte: «Was werden Sie später mit uns machen?» – ein Zeichen dafür, daß Geheimpolizisten in jedem Regime unentbehrlich sind. In einem anderen Fall wollte der Polizist, der einen seiner Kollegen verhaftet hatte, ihm unbedingt zeigen, daß die Büros der Vorgesetzten hinter dem dritten und vierten Fenster im ersten Stock des Gebäudes lagen. «Damit ihr wißt, wohin ihr schießen müßt. Es sind die, nicht wir. Wir führen nur Befehle aus.»
Die regelmäßigen Aufstände im Land hatten den Kommunisten einen gewissen Anstand aufgezwungen. Onyszkiewicz drückt es so aus: «Wenn man ein totales Schwein war, wurde man sozial geächtet und geriet in einer Krisensituation unter sehr schweren Beschuß. In Rußland und der Tschechoslowakei lohnte es sich, ein totales Schwein zu sein.»

General Kiszczaks Rede vom 26. August löste eine allgemeine Rangelei um die Macht aus. Einige Menschen blieben dabei auf der Strecke; einer von ihnen war Jarosław Kaczyński. Er gehörte während des Streiks auf der Danziger Werft zu Wałęsas Leuten und erinnert sich an ein Treffen, bei dem das Konzept des Runden Tisches diskutiert wurde. Die Teilnehmer waren Wałęsa, der immer das letzte Wort hatte, Professor Stelmachowski, der zu Verhandlungen mit der Partei bevollmächtigt worden war, Kaczyński und sein Bruder. Die Vorschläge nach dem Prinzip des Runden

Tisches wurden im allgemeinen als Trick angesehen, um die Solidarność davon abzuhalten, das Tempo der Reformen vorzugeben. «Die Rakowski-Regierung war der letzte Versuch, die Gesellschaft umzuformen, ohne die Solidarność zu beteiligen. In diesem Rahmen wollten sie die Danziger Werft schließen und damit einen Streik provozieren. Sie hätten versucht, Solidarność als die eigentlich reformfeindliche Kraft hinzustellen. Obwohl die Führung illegal war, arbeitete sie offen. Nach einer heftigen Debatte weigerten wir uns, in den Streik zu treten. Dann inszenierten sie eine Fernsehdiskussion zwischen Wałęsa und Alfred Miodowicz, dem Führer der offiziellen Gewerkschaft. Sie glaubten, Wałęsa werde sich kompromittieren, doch er gewann mühelos. Damit waren sie in eine Sackgasse geraten.» Ohne eine militärische Intervention der Russen hätte sich die Partei nicht mehr gegen die Gesellschaft behaupten können. «Aber sogar Leute wie ich, die einen harten Kurs einschlagen wollten, erkannten nicht, wie schwach sie tatsächlich waren.»

Warum dauerte es weitere sechs Monate, bis Jaruzelski den Runden Tisch gebildet hatte?

Zwischen der Partei und Solidarność fanden geheime Sondierungsgespräche statt. Bei einem dieser Treffen in einer Kirche in Danzig erklärte Solidarność sich mit dem Runden Tisch einverstanden. «Wir wollten eine genau umrissene Übergangsphase zur Demokratie schaffen, während die Kommunisten eine konstruktive Opposition in ihr Herrschaftssystem einbauen wollten.» Wieviel von der kommunistischen Struktur überleben sollte und wieviel Zeit man brauchen würde, um eine Demokratie zu schaffen, diese Streitfragen entzweiten die Solidarność. Die verschiedenen Kräfte der polnischen Opposition hatten sich in der Solidarność in der Einmütigkeit gegen den sowjetischen Imperialismus getroffen. Doch untereinander hatten die verschiedenen Dissidenten und ihre Anhänger konkurrierende Vorstellungen von der Demokratie: Sollte sie nun präsidentiell oder parlamentarisch sein? Sollte sie katholische, nationalistische oder gar sozialistische Werte verkörpern?

Kaczyński, Katholik und Nationalist, wurde Abgeordneter und versuchte eine Partei zu gründen, die seinen Vorstellungen entsprach, aber ohne großen Erfolg. Die Solidarność-Abgeordneten waren meistens Kinder alter Parteimitglieder oder zumindest deren Erben, überzeugt, besser als die gegenwärtige Nomenklatura ausgerüstet zu sein, um allgemein anerkannte Werte in die Praxis umzusetzen. Die eigentlichen Sitzungen des Runden Tisches fanden in der Regel in Warschauer Palästen statt und hatten eher die Form von Seminaren als die von Verhandlungen. Die wirklichen Konflikte wurden in Magdalenka in kleinen und vertraulichen Zusammenkünften beider Seiten gelöst. Nach Kaczyński war das keine Verschwörung, sondern ein Treffen Gleichgesinnter. Warum stimmte Solidarność dem kommunistischen Vorschlag einer festgelegten Sitzverteilung bei der Wahl zu? In Ungarn gab es dagegen freie Wahlen, ohne irgendwelche gegenseitigen Absprachen.

«Die meisten aus der Oppositionsführung waren der Ansicht, Solidarność müsse nach der Wahl die Regierung übernehmen, obwohl Mazowiecki in jenem Sommer einen sehr wirkungsvollen Artikel schrieb, in dem er das als einen Fehler darstellte. Ich erinnere mich, wie Professor Stelmachowski meinem Bruder und mir kurz vor Schluß erklärte: ‹Wenn das klappt, habt ihr einen Orden verdient, aber ich glaube, wir werden morgen alle verhaftet.› Als wir ins Parlament einzogen und mit Wałęsa in einer großen Gruppe herumspazierten, mußten wir uns gegenseitig kneifen, sonst hätten wir geglaubt, daß wir nur träumten.»

Daß Mazowiecki zum Ministerpräsidenten ernannt wurde und Wałęsa Jaruzelski als Präsident ablöste, sind nach Kaczyńskis Ansicht Beispiele für einen Kuhhandel, der mehr mit dem alten System als mit Demokratie zu tun hatte. «Es gab keinen klaren Bruch mit der Vergangenheit. Das belastet heute die Menschen. Der Runde Tisch war eher ein Prozeß der Verbrüderung.»

In den frühen fünfziger Jahren war Bronisław Geremek Kulturattaché der polnischen Botschaft in Paris, also ein Mitglied der Nomenklatura. Von Beruf ist er Historiker für mittelalterliche Geschichte. Er löste sich allmählich von der Partei und wurde ein

Freund Wałęsas. In der Regel wird er als der Cheftaktiker der Opposition bezeichnet. In der politischen Gruppe des Runden Tisches war er der Verhandlungsführer von Solidarność. Mazowiecki war auch dabei, und jeder von beiden hätte Ministerpräsident werden können. Geremek weist jede Anspielung auf stillschweigende Übereinkünfte, geschweige denn Geheimabsprachen zurück. Die wenigen auf die höchste Ebene beschränkten Treffen in Magdalenka oder anderswo in Warschau hatten das einzige Ziel, Hindernisse zu überwinden, die so entscheidend waren, daß sie den Abbruch der Gespräche hätten verursachen können.

Der Runde Tisch nahm bei einem vertraulichen Treffen Anfang 1988 zwischen der Partei und katholischen Bischöfen Gestalt an. Die Parteivertreter hatten offen erklärt, sie könnten keine Wahlen abhalten, die sie womöglich verlieren würden; dennoch erschien es ihnen riskant und nicht im nationalen Interesse, die Wahlen hinauszuschieben. Die Bischöfe erwiderten, das sei das Problem der Partei, aber sie empfahlen, mit der Solidarność zu verhandeln. Geremek sagt: «Das Ziel der Partei war nicht, die Macht zu übergeben, sondern sie zu erhalten. Bei den Treffen sagten unsere Gesprächspartner offen, daß sie die absolute Macht in der Hand hätten. Darauf konnten wir nur antworten, daß sie nicht vergessen dürften, daß wir das Volk seien und daß sie deshalb auf uns zugegangen seien.

Wir bestanden in unseren Diskussionen darauf, daß wir dieses Mal eingeschränkte Wahlen akzeptieren würden, aber dann nie wieder. Die Kommunisten weigerten sich, diesen Paragraphen zu unterzeichnen. Bei einem der Treffen in Magdalenka erklärten wir ihnen: ‹In diesem Fall werden wir keine Einigung erzielen. Diese Art von Vertrag verletzt die demokratischen Prinzipien, und wir können ihn nur unter diesen besonderen Umständen – um des Übergangs zur Demokratie willen – akzeptieren.› Am Ende des Treffens akzeptierten sie unseren Standpunkt, aber bis zum Ende blieb es schwierig. Im Sejm brachten sie das neue Wahlgesetz durch, das ihnen den Löwenanteil der Sitze zusprach, und sie verletzten unsere Absprache, indem sie den Artikel wegließen, der besagte, daß das Gesetz und die Aufteilung nur für das Jahr 1989 gelten sollten. So stellte sich nie die Frage nach freien Wahlen. Wir wußten, daß wir unter einem totalitären Regime lebten. Wir hofften, die uns zugeteilten 35 Prozent zu gewinnen – und darüber hinaus so viel von ihren 65 Prozent, daß wir mit der Zersetzung des Kommunismus beginnen könnten. Sie spielten ein doppeltes Spiel. Sie sagten uns, daß sie eine demokratiekonforme Partei werden wollten. Gleichzeitig schufen sie eine Art Sicherheitsventil, das so lange wie nötig existieren sollte. Dann hätten sie zur früheren Lage zurückkehren können.»

Solidarność habe hoch gepokert, doch es habe sich gelohnt, erklärt Geremek. Ohne Vorbereitung, ohne Zugang zu den Massenmedien hatten sie einen so überlegenen Sieg nicht erwartet. Er selbst habe nicht kandidieren wollen, doch Lech Wałęsa drängte ihn im letzten Augenblick dazu, als nur noch der Sitz für die ländliche Region an der westlichen Grenze verfügbar war. Der ZK-Sekretär erklärte ihm, die Region stehe vollkommen unter der Kontrolle der Partei und er habe keine Chance. Geremek gewann – wie auch die Kandidaten der Solidarność in anderen Wahlkreisen.

Hat die Solidarność Personen oder im Entstehen befindliche Parteien ausgeschlossen, die eine andere Politik hätten vertreten können?

Einige, darunter auch Mazowiecki, waren der Ansicht, Solidarność solle ihre 35 Prozent mit anderen teilen, doch Geremek und die Mehrheit in der Opposition glaubten, daß jegliche Aufteilung der Sitze zu diesem Zeitpunkt den Angriff gegen die Partei schwächen würde. Er erinnert sich daran, wie er und Mazowiecki den Papst besuchten. Sie erklärten ihm, sie würden nicht bei den Wahlen kandidieren. Wałęsa, der auch an dieser Audienz teilnahm, hatte die Stirn gerunzelt, und als sie nach Warschau zurückkehrten, ordnete er an, daß die beiden kandidieren sollten. Geremek akzeptierte unter der Bedingung, daß auch Mazowiecki kandidieren würde. Auch das sei keine Verschwörung gewesen, erklärt er, nur eine ganz normale politische Absprache.

1989 mußte Jaruzelski dafür büßen, daß er zuvor das Kriegsrecht verhängt hatte. Geremek meint, daß die Gefahr eines Bürgerkriegs bestanden habe, doch der Runde Tisch hätte ihn verhindert. Gegen Ende des Jahres, als er schon ins Parlament gewählt worden war, traf er Jaruzelski zum erstenmal. Dieser erzählte ihm, wie die Sowjetunion zu seiner zweiten Heimat und der Kommunismus zu seiner Religion geworden war. Jetzt, wo es die Sowjetunion und den Kommunismus nicht mehr gab, fühlte er sich verlassen. Das galt, wie Geremek meint, für die ganze Partei. «Nichts außer der Macht war geblieben, ohne die geringste moralische oder ideologische Rechtfertigung.»

Als freundlicher und gewinnender Mensch wurde Janusz Reykowski zum Leiter der KP-Delegation am Runden Tisch gewählt, also als Pendant zu Geremek. Die beiden kannten sich schon lange. Reykowski, ein Psychologieprofessor und passionierter Vermittler, schrieb auch politische Artikel, in denen er für Versöhnung und Reformen eintrat. Eine Reform bedurfte der Zustimmung durch die Gesellschaft. Die Ergebnisse des Referendums von 1987 waren folglich enttäuschend. Jaruzelski hatte praktisch sechs oder sieben Jahre vergeudet, so daß weitgehende Veränderungen ins Auge gefaßt werden mußten, jedoch nur innerhalb des Systems. Er fürchtete, die Politik der Solidarność würde nicht zu einem unabhängigen Polen, sondern zu Destabilisierung und Bürgerkrieg führen. Im Dezember 1988 wurde er ins Politbüro gewählt und dann sofort zum Vorsitzenden des politischen Runden Tisches gemacht. Seiner Ansicht nach glaubten seine Kollegen, daß die Gespräche zum Scheitern verurteilt seien, und sie schützten sich selbst, indem sie jede Beteiligung daran vermieden und den Neuling ins Gefecht schickten.

War bei den Treffen im Politbüro etwas von einer Krise zu spüren?

«Immer wieder äußerte jemand seine Befürchtung, daß wir uns in die falsche Richtung bewegen könnten. Doch die Einigung mit der Solidarność wurde nicht so sehr als die eigentliche Krise, sondern eher als Mittel gegen die Krise angesehen. Die typischen

Politbürotreffen dauerten von zehn Uhr morgens bis zehn oder sogar elf Uhr abends. Trotz vorheriger Absprachen und Komplotte wurden die Probleme ausführlich diskutiert.» Nach dem allerersten Treffen mit Geremek am Runden Tisch erhielt er von einem Mitglied seiner Gruppe eine Notiz, in der behauptet wurde, daß die Solidarność nicht an einer Einigung interessiert sei, sondern nur an die Macht kommen und den Sozialismus zerstören wolle. Weitere Verhandlungen würden den Weg für solche Pläne freimachen. Die Notiz zirkulierte in der Führung und wurde dann heftig diskutiert. «Die Leute beschlossen, daß der Autor womöglich recht habe, daß jedoch die Alternative zu den Verhandlungen ein politischer Aufstand sei, der zu einer brutalen Gewaltherrschaft führen würde. Und wenn man schon die Macht an andere übergeben müßte, so wären es immerhin polnische Hände.»

Hat Jaruzelski Ihnen ein Mandat erteilt?

«Nein. So wie die Dinge sich entwickelten, wuchs mein Handlungsspielraum. Um die Übereinkünfte konsensfähig zu machen, mußte ich ihre Einzelheiten mit den Vertretern verschiedener Bereiche des Systems absprechen, wie denen der Armee, der Polizei und anderer Machtapparate. Meine Situation und die von Geremek waren vollkommen verschieden. Er war nach einem Treffen innerhalb weniger Tage zum nächsten Schritt bereit. Ich brauchte zehn Tage, um all jene zu berücksichtigen, die meine Arbeit untergraben konnten.»

Die technischen Einzelheiten konnten die Verhandlungen fast bis zum letzten Augenblick zunichte machen. Einige waren wesentlich, andere waren pikante Beispiele menschlicher Eitelkeit.

«Die wichtigste Idee der Teilhabe an der Macht wandelte sich zur Umgestaltung der Macht. Meine Kollegen und ich setzten voraus, daß wir eine Übergangsphase der Machtbeteiligung brauchten; wir glaubten nicht, daß die Solidarność darauf vorbereitet sei, das Land zu regieren. Die Leute verstehen im allgemeinen nicht, daß Demokratie nicht nur eine Frage von Wahlen ist, sondern auch eine gut entwickelte Infrastruktur benötigt. Vielleicht dachte ich nicht realistisch, doch damals rechneten wir nicht mit einer Kettenreaktion in der gesamten Region. Die Tendenz zu immer radikaleren Veränderungen begann sich selbst zu verstärken.»

Als die Partei erst einmal damit begonnen hatte, mit mehr als einer Stimme zu sprechen, beschleunigten sich Dezentralisierung und Kontrollverlust von selbst. Improvisation ersetzte die Ideologie. Die Leute machten auf einmal das, was sie für richtig hielten. Reykowski erzählt eine vielsagende Anekdote: Mitte März fragte Kwaśniewski in Magdalenka plötzlich, ob die Solidarność freien Wahlen zum Senat zustimmen würde. Geremek antwortete, daß man den Vorschlag diskutieren könne. «Der nächste Tag war ein Sonntag, also waren die meisten Leute nicht da. Nur eine kleine Gruppe traf sich mit Jaruzelski zu einer sehr heftigen Debatte über freie Wahlen zum Senat. Wir Befürworter sagten, daß die Zeit vorbei sei, in der die Partei ihre Machtbasis mit Gewalt habe schützen können. Entweder müsse sie politisch ums Überleben kämpfen oder sie verdiene nicht, zu überleben. Einige Stunden lang war das Ergebnis der Diskussion nicht absehbar. Schließlich setzte sich Jaruzelski für die Wahlen ein. Diese kleine Gruppe hatte eine Entscheidung getroffen, die vom Politbüro ratifiziert werden mußte, das sich am Dienstag treffen sollte. Doch an jenem Abend verkündete der offizielle Sprecher Jerzy Urban unsere Entscheidung. Als das Thema am Dienstag im Politbüro auf der Tagesordnung stand, war es sehr schwierig, sie wieder rückgängig zu machen.»

Die Befürchtungen in bezug auf die Absprachen des Runden Tisches steigerten sich zu regelrechtem Entsetzen, als die Ergebnisse der Wahl bekannt wurden. Reykowski sagt: «Sie können sich vorstellen, was das für Jaruzelski bedeutete!» Einige Parteimitglieder meuterten fast.

Bestand tatsächlich die Gefahr der Gewaltanwendung?

«Nicht von höchster Ebene. Aber einflußreiche Leute vertraten die Ansicht, daß der Mißerfolg der Landesliste es rechtfertige, die Wahlen für ungültig zu erklären. Das wäre als Manipulation betrachtet worden; Gewalt wäre fast unvermeidbar gewesen. Jaruzelskis Autorität als derjenige, der das Kriegsrecht verhängt hatte, schützte jene Politiker, die Reformen wollten. Doch ich bemühte mich immer darum, die Interessen der Sicherheitspolizei zu beachten. Man konnte nie sicher sein, die Obersten und Majore ganz unter Kontrolle zu haben.» Die Russen waren in alles nur indirekt verwickelt. Vermutlich erstatteten Reykowskis Leute am Runden Tisch ihnen Bericht, doch er weiß darüber nichts. Die Hardliner hatten Kontakt zu Sympathisanten in Moskau.

Von 1958 bis 1982 war Mieczysław Rakowski Herausgeber der wichtigsten Parteizeitschrift *Polityka,* 1975 wurde er Vollmitglied des Zentralkomitees. Er sagt von sich selbst, daß er «in der Schule der Politik ausgebildet» worden sei. 1981 diskutierte er mit den anderen aus der Führungsriege über die Verhängung des Kriegsrechts. Zwei Jahre später trat er im Fernsehen auf und polemisierte gegen Wałęsa. Die Filmausschnitte, die in die ganze Welt übertragen wurden, hinterließen ein nicht gerade schmeichelhaftes Bild des Mannes. Kurze Zeit später erhielt Wałęsa den Friedensnobelpreis. Nach einem Streit mit Jaruzelski wurde Rakowski auf den Posten des «Vizemarschalls» des Sejm abgeschoben. Im Rückblick denkt er, der Kommunismus sei schon in den sechziger Jahren offensichtlich reformbedürftig gewesen, aber das Dogma habe sie alle demgegenüber blind gemacht. Die Überheblichkeit habe die Partei zu Fall gebracht. Michnik fragte ihn einmal, warum der Runde Tisch nicht 1986 eingeführt wurde, als die Solidarność an den Rand gedrängt worden war. Eine gute Frage, gesteht er. Nach seiner eigenen Darstellung erkannte er 1987, daß die Perestrojka alle Verbündeten im Stich lassen würde. Im September dieses Jahres übergab er Jaruzelski ein sechzig Seiten starkes Memorandum diesen Inhalts. Es hatte keine Wirkung. Die Diskussion im Politbüro verlief nichtssagend.

General Kiszczaks Rede vom 26. August 1988 war das Ergebnis der an diesem Tag abgehaltenen ZK-Vollversammlung. Während der Sitzung entwarf Jaruzelski einen Antrag: Das Zentralkomitee schlage vor, den Weg zu einem Treffen am Runden Tisch freizumachen. Rakowski glaubt, daß der General diese Wendung wahrscheinlich an Ort und Stelle formulierte. Heute hält er sein Verhalten für naiv, aber damals glaubte er, es sei möglich, eine Regierung zu bilden, in die Leute von der Solidarność eingebunden seien. «Deshalb schlugen wir den Runden Tisch vor.» Sechs Monate wurden vergeudet, weil Jaruzelski glaubte, er könne die Reform allein durchführen. Er lehnte auch jede Verständigung mit Michnik und Kuroń ab, die er dämonisierte. «Die Streikwelle machte dem allen ein Ende. Wir kamen vollkommen unvorbereitet an den Runden Tisch.» Rakowski wurde im Herbst 1988 Ministerpräsident. «Auf der ZK-Vollversammlung hielt ich am 15. Dezember eine Rede, in der ich vorschlug, daß wir Solidarność entweder akzeptieren oder bekämpfen sollten. Eine halbe Stunde bevor ich das Wort ergriff, gab ich Jaruzelski eine Abschrift meiner Rede. Ich erklärte ihnen, daß ich erst in einem Monat eine Antwort erwartete. Die Parteimitglieder wollten die Politik der Konfrontation beenden. Sogar die Hardliner hatten genug davon. Auch die Ereignisse in der Sowjetunion beeindruckten sie. Deshalb stimmten sie beim nächsten Treffen am 6. Januar 1989 für Verhandlungen mit der Solidarność.»

Die Gedanken, die er sich in der Weihnachtszeit zwischen den beiden Sitzungen gemacht habe, führten ihn, so sagt er, zu dem Schluß, daß seine Regierung für die Wähler annehmbar sei und daß Wahlen abgehalten werden sollten. Am Silvesterabend machte er Jaruzelski diesen Vorschlag. Die Wahlordnung sollte die Partei und die Opposition zufriedenstellen. «Wir waren teilweise blind, zweifellos. Ende Mai erhielten wir bei Meinungsumfragen vierzehn Prozent und die Opposition vierunddreißig. Die übrigen waren noch unentschieden, und wir nahmen an, sie würden für uns stimmen. Wieder diese Überheblichkeit! Den Runden Tisch wird man als historischen Schritt in Richtung eines Kompromisses werten. Es war eine unangenehme Überraschung, im Juni 1989 zu verlieren, aber ich hatte erkannt, daß wir uns auf einen Prozeß eingelassen hatten, der in diese Richtung führte. Ich erinnere mich, daß Wałęsa eines Abends im Januar 1989 erklärte, daß meine Regierung gut arbeite und die Solidarność noch nicht zum Regieren bereit sei, aber bis zum Ende des Jahrhunderts zehn Prozent der Macht besitzen werde. Keine besonders gute Einschätzung der kommenden Ereignisse.»

Rakowski traf Gorbatschow zum erstenmal im Juni 1988 in Warschau. Als Ministerpräsident folgte er der alten Tradition, zum obligatorischen Kniefall nach Moskau zu fahren. Nach den Wahlen überließ er Mazowiecki sein Amt als Ministerpräsident und wurde im August 1989 letzter Erster Sekretär der Partei. Er trat die Nachfolge von Jaruzelski an, der nur noch das Amt des Präsidenten innehatte. Während Mazowiecki seine Regierung bildete, schlug Rakowski einen weiteren Besuch in Moskau vor. Gorbatschow wies ihn mit der Begründung zurück, es könne als politische Einmischung seinerseits in die polnischen Angelegenheiten verstanden werden. Man erzählt, Gorbatschow habe Rakowski gesagt, daß die Partei nun in der Opposition sei und deshalb mit Mazowiecki zusammenarbeiten müsse. Rakowski bestreitet das.

«In Mazowieckis Regierung waren vier kommunistische Minister, und Gorbatschow hatte immer noch das Konzept von der ‹führenden Rolle› der Partei vor Augen. Die Zeitungen brachten Fotos von Wałęsa mit Parteiführern, die eigentlich unsere Verbündeten waren. Deshalb fragte er: ‹Mieczysław, was ist passiert?› Er berichtete mir von seinen Schwierigkeiten. Er habe zwei Flügel, die Kavallerie, die viel zu schnell vorrücken wolle, und die Artillerie, die sich überhaupt nicht bewegen wolle. Er sagte mir: ‹Sie müssen nach jüngeren Leuten Ausschau halten. Mit den Greisen kann man nichts anfangen.›»

Gorbatschow ließ Polen und ganz Osteuropa ohne Gegenleistung gehen.

«Warum er das Imperium aufgab und welche Überlegungen ihn dabei leiteten, ist immer noch ungeklärt. Schewardnadse schrieb in seinem Buch, Gorbatschow und er seien 1986 zu dem Schluß gekommen, daß der Status quo nicht aufrechterhalten werden könne. Wir wissen nicht genau, was passierte. Frau Thatcher sprach sich gegen die deutsche Wiedervereinigung aus, als sie hier in Warschau war; sie sagte mir offen, daß sie dagegen sei. Am 4. und 5. Dezember 1989 war ich anläßlich des Warschauer-Pakt-

Gipfels in Moskau. Gorbatschow wollte über sein Treffen mit Bush auf Malta und mit dem Papst im Vatikan berichten. Die neuen Parteiführer waren anwesend, so auch Modrow und Krenz aus der DDR, Urbanek aus der Tschechoslowakei, Mazowiecki und ich. Damals sagte Gorbatschow, Bundeskanzler Kohl spreche von einer deutschen Konföderation, und er sei mit Präsident Bush zu dem Schluß gekommen, daß es keine Grenzveränderungen geben werde. Und jetzt erzählen er und Schewardnadse, sie hätten diese Entscheidung schon drei Jahre zuvor getroffen. Ich fragte ihn 1989, warum er den baltischen Republiken nicht ihre Unabhängigkeit gebe. Er antwortete: ‹Ich weiß, daß sie sie bekommen werden, aber es muß verfassungsrechtlich begründet sein.› Eigentlich machte er sich wohl Hoffnungen, daß sie in der Sowjetunion bleiben würden. Es ist schwierig zu sagen, was damals geschah, aber ich denke, er hatte die Kontrolle verloren. 1989 und 1990 glaubte er immer noch, er könne Ereignisse in den Griff bekommen, die ihn schon fest im Griff hatten. Überheblichkeit.»

Marian Orzechowski wurde im September 1981 Mitglied des ZK-Sekretariats und 1983 Politbüromitglied, so daß er noch zu denen gehörte, die für das Kriegsrecht verantwortlich waren. Und er war der letzte Außenminister der Partei. Die Russen seien 1980 und 1981 auf eine Invasion vorbereitet gewesen, sagt er, doch sie zogen es vor, den Polen die Drecksarbeit zu überlassen. «Immer wieder erklärten sie uns, daß Jaruzelski vielleicht ersetzt werden müsse und eine alternative Führungsmannschaft mit Organisationen, Zeitungen und so weiter schon darauf warte, in ihrem Namen zu handeln.» In den achtziger Jahren übten die Russen Druck aus: Harte Maßnahmen sollten das Katz-und-Maus-Spiel, wie sie es nannten, ersetzen, bei dem Opponenten von der Solidarność verhaftet wurden, um gleich wieder entlassen zu werden. Warum sei beispielsweise Geremek immer noch frei? Das Kriegsrecht hielt die Kirche nicht in Schach, nur der Papstbesuch wurde verschoben. «Wie viele Gespräche habe ich darüber mit Moskau geführt!» sagt er seufzend.

Mit Jaruzelskis Genehmigung sprach er 1984 mit Ligatschow

in Moskau zum erstenmal über Katyń. «Das Gespräch war dramatisch. Ich sagte ihm, ich sei extra gekommen, um zu klären, wer die Verantwortung für dieses Massaker trage. Ligatschow fragte: ‹Warum sollten wir wieder mit dieser alten Geschichte anfangen?› Das war immer die Antwort.»

Als Mitglied des politischen Komitees des Warschauer Paktes traf er Gorbatschow im Juni 1985 in Polen und hatte den Eindruck, daß er sehr vorsichtig agierte. Sein erstes vertrauliches Treffen mit ihm im Februar 1988 dauerte neunzig Minuten. Gorbatschow war schon zu der Ansicht gelangt, daß ohne die Perestrojka alles zusammenbrechen würde. «Ich konnte auch spüren, daß er zwischen Hammer und Amboß steckte, zwischen Leuten wie Jelzin, die er als Neobolschewisten bezeichnete – wegen ihrer Eile, die Perestrojka voranzubringen –, und dem militärisch-industriellen Komplex und der Partei.»

Eine sowjetisch-polnische Kommission untersuchte Katyń. «Ich glaube, Gorbatschow wußte im Februar 1988 noch nichts von den Geheimunterlagen, obwohl man das kaum mit Sicherheit sagen kann. Wir diskutierten über den Hitler-Stalin-Pakt ebenso wie über Katyń, und er erkannte, daß ohne die Klärung dieser Sachverhalte gute Beziehungen zu Polen oder den baltischen Republiken unmöglich waren. Doch er fürchtete, daß er überall eine Kettenreaktion auslösen würde, wenn er auch nur in einem Punkt nachgab. Den Pakt als von vornherein ungültig zu bezeichnen, bedeutete auch den Anfang vom Ende der Sowjetunion, und das fürchtete er am allermeisten. Er war von der Idee eines Kräftegleichgewichts in der Welt besessen. Wenn der real existierende Sozialismus verschwinde, werde die Pax Americana errichtet, was seiner Ansicht nach nicht im wahren Interesse der Welt liege. Er wollte um jeden Preis die Sowjetunion erhalten, sei es als Bundesstaat oder als Staatenbund, und sie in Richtung Marktwirtschaft und Pluralismus umgestalten. Er wollte Katyń an die Öffentlichkeit bringen, aber er erklärte mir, daß der KGB sich allen Ermittlungen widersetze. Meine Freunde von der sowjetisch-polnischen Kommission erzählten mir dagegen oft, daß das Katyń-Dossier auf dem Schreibtisch von Michail Sergejewitsch lag, und zwar monatelang.»

Man hatte von Gorbatschow erwartet, er werde während seines Besuches Wiedergutmachung für Katyń leisten. Bei einem Treffen mit Intellektuellen im Königsschloß in Warschau hatte er die Möglichkeit dazu, doch er nutzte sie nicht. «Sein Ansehen bei den Polen sank beträchtlich.» Indem er die Aufmerksamkeit auf die dunklen Stellen in der Geschichte lenkte, sie dann aber nicht wahrheitsgetreu aufhellte, stand er jetzt ohne den alten Schutzmantel der Lügen da, aber auch ohne die Anerkennung dafür, daß er die Wahrheit gesagt hatte.

«Gorbatschow wollte seinen Einfluß in Mitteleuropa nicht aufgeben, sich aber von der Abhängigkeit der Satellitenstaaten freimachen. Die wirtschaftlichen Verbindungen konnten nur schwer gelöst werden. Er hatte den Eindruck, daß er Beziehungen nach dem finnischen Modell errichten könnte, bei denen der Einfluß erhalten bliebe. Wir können heute sagen, daß das nicht realistisch war, da die Dinge sich eben anders entwickelt haben. Als ich ihm im Februar 1988 erklärte, daß Jaruzelski unter Beschuß stand, war er sehr beunruhigt. Trotz seiner Entschlußlosigkeit, seiner Hamlet-Pose, war Jaruzelski den Gerontokraten in den anderen Satellitenstaaten weit überlegen. Gorbatschow erkannte, daß ein Scheitern der Reformen in Polen seinen Hardlinern das Argument liefern würde, Abweichungen von den sozialistischen Prinzipien müßten in einer Katastrophe enden. Im Juni 1988 kam er nach Polen, um moralische Unterstützung zu leisten. Bei jedem Treffen mit Jaruzelski zollte er den Entwicklungen in Polen Anerkennung. Natürlich sahen weder er noch irgend jemand von uns voraus, daß das Ende des real existierenden Sozialismus so nahe war. Als ihnen die Kontrolle entglitt, begann der KGB – über seinen Residenten General Pawlow –, hier nach Kontakten mit der Opposition Ausschau zu halten.»

Bei seinem Urlaub in Bulgarien im August des Jahres kam Orzechowski zu dem Ergebnis, daß das sozialistische Experiment gelaufen sei. Die Gesellschaft wollte die Partei nicht. «Es ist zwar eine Vereinfachung, aber im Grunde die Wahrheit, wenn man sagt, daß es eine Spaltung gegeben habe: Die einen gaben zu, daß die Partei ihre Führungsrolle nicht mehr mit Gewalt oder Betrug be-

haupten konnte; die anderen dachten, daß die Aufgabe dieses Monopols uns ins Verderben stürzen werde.»
Seiner Meinung nach hätte Gewalt nur angewandt werden können, wenn Gorbatschow in Moskau gestürzt worden wäre. Die Hardliner in den einzelnen Ländern hätten dann handeln können. «Doch ich muß sagen, daß ich persönlich den Eindruck hatte, daß der 13. Dezember 1981 eine furchtbare Erfahrung für die Armee und die Polizei war. Ich habe mit General Kiszczak und General Siwicki darüber diskutiert, daß das Kriegsrecht nur einmal seinen Zweck erfüllen konnte. Die Armee und die Bereitschaftspolizei hätten nicht gegen die Gesellschaft mobilisiert werden können. Die meisten Parteiführer erkannten dies und stimmten deshalb dem Runden Tisch und den Wahlen zu. Man konnte das Kriegsrecht nicht noch einmal verhängen.»

Worum ging es in den Diskussionen der Parteiführung zwischen Januar und Mai 1989?

«Die Partei löste sich von Tag zu Tag immer mehr auf. Widersprüchliche Anordnungen verursachten außerhalb Warschaus ein Chaos. Ich sah vertrauliche Dokumente; sie waren sehr pessimistisch. In der Parteizeitung *Trybuna Ludu* sah das natürlich ganz anders aus, aber das war Propaganda. Neunzig Prozent der Mitglieder warteten ab, was passieren würde. Doch als eine einheitliche und zentralisierte Organisation, so wie sie sich jeder vorstellte, bestand die Partei in Wirklichkeit nicht mehr. Ein gutes Beispiel hierfür ist die freie Wahl zum Senat. Geremek schlug vor, daß diese Wahl auch Gegenstand einer vertraglichen Absprache sein solle. Die völlig freie Wahl war der Einfall Kwaśniewskis. Das Politbüro konnte nur noch zustimmen. Keiner hatte die Ereignisse unter Kontrolle.

Vor der Bildung des Runden Tisches hatte die Parteiführung die Kräfteverhältnisse innerhalb von Solidarność falsch eingeschätzt. Geremek, Michnik, Onyszkiewicz und Kuroń waren als Extremisten betrachtet worden und erwiesen sich als Realisten. Sie wollten sich nicht an den Kommunisten rächen. Für Jaruzelski war das eine große Überraschung. Die Erleichterung war noch größer, als sie erkannten, daß sie die Macht an gemäßigte Politiker übergaben.»

Wie reagierte Gorbatschow auf den Runden Tisch und die Juni-Wahl?

«Nach der berühmten Fernsehdebatte zwischen Wałęsa und Miodowicz im Herbst 1988 verloren die Russen den Anschluß an die Entwicklungen. Meine letzte offizielle Aufgabe war der Besuch des Parteitages der portugiesischen KP, mit Cunhal, einem der ältesten Stalinisten. Dort traf ich Jakowlew und Medwedew. Ich gab mein Ehrenwort, daß das Politbüro Miodowiczs Auftritt mit Wałęsa im Fernsehen nicht genehmigt hatte, aber sie wollten mir nicht glauben. Und selbst wenn sie es geglaubt hätten, war ihnen die Entwicklung doch zu weit und zu schnell gegangen. Die Partei wurde durch die Wahl vollkommen zerstört. Nach diesem Schlag gaben alle auf. Durch die Macht der Trägheit dauerte es noch weitere sechs Monate bis zum Parteitag im Januar 1990. Der Parteiapparat war nicht groß, etwa 20 000 Leute, viel kleiner als der Apparat der Solidarność mit damals 44 000. Die Partei hatte einfach aufgehört, an die Bedeutung ihrer eigenen Existenz zu glauben.»

Abgesehen von Ceaușescu war General Jaruzelski der letzte kommunistische Ostblockführer, der mit Gewalt gegen sein eigenes Volk vorging. Er war fast neun Jahre an der Macht und war zu einer sehr seltsamen Figur geworden: von schmächtiger Statur, noch kleiner wirkend durch die übergroße Feldmütze der Militäruniform, die er immer in der Öffentlichkeit trug, unergründlich hinter den dunklen Brillengläsern und mit einer gelangweilten, drohenden Stimme. Im Laufe der Jahre hat er sich sorgfältig überlegt, wie er sein Handeln verteidigen kann. Das kleinere Übel, gegen sein eigenes Land scharf vorzugehen, verhinderte das größere Übel, ein Eingreifen der Sowjets. Für eine Minderheit unter den Polen war er ein Retter und Patriot, für die Mehrheit ein verhaßter Verräter. Ein abschließendes Urteil ist nicht möglich. Was moralisch unentschuldbar ist, linderte möglicherweise eine verzweifelte

Notlage. Das ist die klassische Haltung des Kollaborateurs in der Weltgeschichte. Ein sehr ähnlicher Fall ist Pierre Laval, der sich im besetzten Frankreich darauf berief, daß es besser sei, wenn er seine französischen Mitbürger in einigen Fällen verfolge, als wenn die Deutschen es gründlich machten.

Das Büro, in dem ich Jaruzelski traf, befand sich in der Jerozolomskie-Allee, einer der Durchgangsstraßen in Warschau, die nach dem Krieg mit reinen Zweckbauten wiedererrichtet wurden. Er trug einen braunen Anzug und die bekannte dunkle Brille. Als eine Frau den Raum betrat, stand er auf und küßte ihre Hand mit fast verkrampfter Höflichkeit. Durch seine Redeweise oder vielleicht seine redliche und aufmerksame Haltung vermittelte er eine gewisse innere Verwirrung darüber, daß die ideologischen Gewißheiten letztlich so zerbrechlich waren.

Ich fragte ihn nach dem sowjetischen Druck, das Kriegsrecht zu verhängen, und er antwortete: «Dieses Thema hängt mir wirklich zum Hals heraus.» Die Sowjets hatten ein Ultimatum gestellt: Entweder mußte bis Anfang 1982 die innere Situation unter Kontrolle sein, oder sie würden die Lieferung von Öl, Gas und anderen Rohstoffen unterbrechen. 1980 und 1981 wurde er dreimal in die Sowjetunion zitiert. Beim letztenmal, im September 1981, wurde er Zeuge von Truppenbewegungen entlang der polnischen Grenze von der Ukraine bis zum Baltikum. Marschall Ustinow teilte ihm mit, daß die Ereignisse in Polen unerträglich seien. «Jedes dieser Gespräche und Treffen war sehr anstrengend, politisch und psychologisch. Wir mußten unsere Verbündeten davon überzeugen, daß wir den Warschauer Pakt nicht untergraben und den Staat nicht destabilisieren würden. Das war ein Duell, zum Glück ein verbales. Die Verhängung des Kriegsrechts erlaubte uns, andere Formen des Duells zu verhindern.»

Neueste Dokumente aus sowjetischen Archiven, sagte ich, zeigen anhand von Diskussionen im Politbüro, daß die Sowjets keine Invasion beabsichtigten. Wurde er also Opfer eines Theaterspiels? Er kannte diese Dokumente bis ins Detail und hatte verschiedene Einwände. Grundsätzlich «wollten sie ausprobieren, inwiefern wir bereit waren, das Kriegsrecht zu verhängen, und übten

Druck auf uns aus, während wir unsererseits ausprobierten, inwiefern sie zur Intervention bereit waren.» Um sich selbst jegliche Kosten einer Intervention zu ersparen, zogen die Sowjets es vor, die Polen ihr Problem selbst lösen zu lassen. «Es wäre unter meiner Würde als Offizier zu sagen, ja, sie haben es für uns geplant, sie haben uns gezwungen. Es war unsere souveräne Entscheidung. Ich bin stolz, daß wir diesen schmerzvollen, aber notwendigen Akt durchsetzen konnten. Die Polen standen auf beiden Seiten der Barrikaden und konnten keinen Kompromiß finden. Ich kann mein eigenes Verhalten zu diesem Zeitpunkt kritisieren, aber ich glaube, daß eine weit größere Verantwortung bei den Extremisten in der Solidarność liegt, die die Gemäßigten an den Rand drängten.»

Solidarność besaß 1986 keinen Einfluß. «Ich will meine Haltung nicht schönreden, wenn ich sage, daß ich erkannt hatte, daß der real existierende Sozialismus fehlerhaft war. Wir spürten, daß das System tiefgreifende Reformen brauchte, vor allem in bezug auf seine wirtschaftliche Grundlage. 60 Prozent der Gesellschaft standen der Partei näher als Solidarność, und wir wollten, daß sie uns als die revolutionäre Kraft ansahen. Wir erkannten auch, daß wir für die Reformen Unterstützung aus dem Westen brauchten, und die wäre größer ausgefallen, wenn wir die Solidarność legalisiert hätten.» Um seine reformerischen Absichten zu beweisen, hebt er PRON, den Konsultativrat und das – erfolglose – Referendum von 1987 hervor.

«Gorbatschow sagte mehrfach, daß die Veränderungen in Polen eine Anregung für die Perestrojka seien und daß er unsere Erfahrungen genau analysiert und seine Schlüsse gezogen habe. Er bat oft um Unterlagen zu unseren Versuchen und Experimenten. Aber natürlich zielte man sowohl bei uns als auch in der Sowjetunion auf tiefgreifende Reformen – und nicht auf Veränderungen, die zum Zusammenbruch führten. Das kam später von selbst.

Ich hatte eine enge Beziehung zu Gorbatschow. Wir sprachen vorbehaltlos miteinander und stellten fest, daß die alten Männer wie Schiwkow und Honecker überhaupt nichts verstanden. In Berlin war das offensichtlich, obwohl der Lauf der Dinge schwer vorauszusehen war. Ich war dort anläßlich der Feier zum vierzigjährigen Bestehen der DDR und stand neben Krenz bei dem Fackelzug der ‹Gorbi, Gorbi› singenden Menge. Wir sagten: ‹Das ist der Anfang vom Ende für Honecker, aber er hat es noch nicht gemerkt.› Ich sprach darüber mit Gorbatschow. Er meinte, die Konfrontation zwischen Ost und West oder innerhalb des Warschauer Paktes müsse verhindert werden. Deshalb müsse jedes Land seinen eigenen Weg gehen. Er hätte vielleicht mehr tun können, um den Prozeß hinauszuzögern, aber darüber kann man streiten.

Bevor ich dem Runden Tisch zustimmte, hatte auch ich meine Zweifel, vor allem in ökonomischer Hinsicht. Ich erinnere mich noch daran, wie die Solidarność 1981 den Zusammenbruch der polnischen Wirtschaft herbeiführte, indem sie ständig zu Streiks aufrief. Meine größte Furcht war, eine neu gebildete Solidarność könne die im Wandel befindliche Wirtschaft untergraben. Dennoch kam ich zu dem Schluß, daß wir das Risiko eingehen und eine gemeinsame Basis finden müßten. Wenn wir die Hürde der Reform nehmen wollten, mußten wir jeden mobilisieren. Zuerst waren die meisten ZK-Mitglieder dagegen. Im ersten Teil der Vollversammlung im Dezember 1988 spielte Rakowskis Rede eine wichtige Rolle. Er fragte, ob es lohne, Solidarność zu legalisieren.

Während der zweiten Hälfte der Vollversammlung im Januar wandte man sich in der Diskussion gegen die Legalisierung. Ich wurde scharf kritisiert, weil es mir nicht gelungen sei, die Partei und den Sozialismus zu stärken. Eine Art Erpressung schien mir der einzige Weg aus dieser Situation. Ich verlangte eine Pause und bat Verteidigungsminister General Siwicki und Innenminister General Kiszczak in mein Büro. Ich sagte ihnen, daß ich zurücktreten wolle, weil ich den Ergebnissen dieser Diskussion nicht zustimmen könne. Und ich fragte sie, ob sie auch zu einem solchen Schritt bereit seien. Die Generäle bejahten. Zusammen stellten wir eine wirkliche Kraft dar. Dann informierte ich Rakowski, und er sagte, daß er auch zurücktreten werde. Wir kehrten in den Raum zurück und erklärten unseren Rücktritt. Zahlreiche Politbüromitglieder standen auf und schlossen sich uns an. Dann gewannen wir eine

Vertrauensabstimmung. Es war eine echte Erpressung gewesen. Danach entwickelten sich die Dinge schnell.»

Sie hatten nicht angenommen, daß die Partei vom Volk so wenig Unterstützung bekommen würde?

«Die Größenordnung des Sieges war sowohl für uns als auch für Solidarność eine Überraschung. Einige glaubten, wir würden Solidarność um Längen schlagen, doch ich war vorsichtiger. Die Meinungsumfragen sagten dieses Resultat nicht voraus. Wir müssen einsehen, daß wir zu optimistisch waren; wir hatten nicht bemerkt, wie sehr wir uns isoliert hatten. Wir konnten die explosionsartige Hochstimmung des Volkes, daß der Sieg der Solidarność einen Dollarregen über Polen bringen würde, nicht richtig einschätzen. Das war teilweise die Schuld der westlichen Medien.»

Hardliner wollten die Wahlergebnisse annullieren.

«Es gab immer die Möglichkeit, den Prozeß nach dem Juni 1989 rückgängig zu machen. Es gab sogar eine gesetzliche Grundlage dafür, die Wahlen für ungültig zu erklären, denn am Runden Tisch hatten wir uns darauf geeinigt, im Wahlkampf nicht die Konfrontation zu suchen. Leider hielt sich die Solidarność nicht daran. Wir hatten uns eine Teilung der Macht vorgestellt, wobei wir die wichtigsten Schlüsselpositionen behalten hätten. Wir hatten diese Machtpositionen noch in der Hand, aber es ist schwer zu sagen, was dann passiert wäre. Es hätte alles glattgehen können, aber auch eine Art Revolution wäre denkbar gewesen. Ich erinnere mich an das erste Treffen des ZK-Sekretariats unmittelbar nach der Bekanntgabe der Wahlergebnisse. Ich sagte sofort: ‹Wir müssen das anerkennen.›»

Jaruzelski übergab die Macht in dem belehrenden und ernsten Stil, in dem er sie auch ausgeübt hatte. Wegen dieser Beständigkeit sind viele Polen geneigt, im Zweifelsfalle zu seinen Gunsten zu entscheiden. Die wenigen Fehler, die er eingesteht, sind aufschlußreich. Er habe Leute unterstützt, die intellektuell unfähig gewesen seien, Reformen durchzuführen, sagt er, und er habe sich von Leuten wie Kuroń und Michnik, wie er sich ausdrückt, «unangemessene Deutungen» gemacht. Nach seiner Darstellung war er ein Gefangener der Informationen, die er über sie erhielt, und er dämonisierte sie tatsächlich. Die Geheimpolizei bereitete Auszüge ihrer Äußerungen ohne jeden Kontext vor, um sie möglichst aggressiv scheinen zu lassen. Jetzt kennt er diese früheren Dissidenten persönlich und sagt, daß er sie jetzt achte. Und umgekehrt ist es offenbar genauso. Am Ende seiner Memoiren druckt Jaruzelski einen dreißigseitigen Dialog mit Michnik ab, den er im Gespräch Adam nennt. Michnik versichert ihm, daß es ein gemeinsamer Sieg gewesen sei und beide ihrer Vergangenheit treu geblieben seien.

Tadeusz Mazowiecki wird als der erste demokratische Ministerpräsident, der je innerhalb eines kommunistischen Systems gewählt wurde, in die Geschichte eingehen. Eine schwer begreifliche Konstellation. Er ist weder charismatisch noch kompromißbereit, eher etwas schwerfällig und dafür bekannt, daß er sich um jede Kleinigkeit kümmert. Als Berater Wałęsas hatte er vor dem Runden Tisch Gespräche mit der Parteiführung und den katholischen Bischöfen geführt. Die Partei hatte sich nach seinen Worten selbst auf die eine Seite einer Kluft gestellt, die Bevölkerung stand auf der anderen Seite. Nach trügerischen und künstlichen Versuchen, die Kluft zu schließen, die sie selbst hatten entstehen lassen, blieb den Parteiführern keine andere Wahl, als Solidarność anzuerkennen. Es bleibt Tatsache, daß sie das nur machten, weil es der letzte Ausweg war.

Ohne den Runden Tisch hätte es keine Wahlen gegeben, und ohne die Wahlen hätte er seine Regierung nicht bilden können. «Das waren die drei entscheidenden Schritte. Weder die Partei noch wir glaubten, daß die Sache so ausgehen würde. Aber die Geschichte überholt uns eben manchmal, oder? Ich beschloß, nicht bei den Wahlen zu kandidieren, weil ich der Ansicht war, wir sollten eine breitere Unterstützung als nur die durch das Bürgerkomitee haben und auch andere Gruppen und Parteien aufnehmen. Ich hatte auch nicht gedacht, daß das Parlament so wichtig werden würde. Ich hätte eine Abfuhr bekommen können, doch innerhalb weniger Tage war ich Ministerpräsident. An den

Spielen, die damals gespielt wurden, war ich kaum beteiligt, und zu dem Zeitpunkt war ich im Ausland. Ich hatte am Runden Tisch die Arbeitsgruppe zu den Gewerkschaften geleitet und galt als jemand, der einen Konsens schaffen kann. Die Entscheidung lag bei Wałęsa. Ich antwortete, er solle das Amt selbst übernehmen, doch er wollte nicht.»

Warum haben Sie die kommunistischen Generäle Kiszczak und Siwicki in die Regierung aufgenommen?

«Die Frage ist immer: ‹Ist es gefährlicher, einen kommunistischen General im Hause zu haben oder ihn vor der Tür stehenzulassen?› Mir war klar, daß die Reformen nicht friedlich durchgeführt werden konnten, wenn die Partei nicht auf die eine oder andere Weise vertreten war. Die Partei verfügte immer noch über das Mittel der Gewalt. Die Generäle hatten am Runden Tisch teilgenommen. Sie verhielten sich im Grunde genommen korrekt, obwohl die Vernichtung von Akten und Politbüroprotokollen des Ministeriums für Staatssicherheit ein Problem darstellte. Ich weiß nicht, ob Kiszczak selbst oder seine Leute dafür verantwortlich waren.»

Jaruzelski hatte als Präsident immer noch verfassungsmäßige Möglichkeiten, Sie zu behindern.

«Nur unter bestimmten Umständen. Er blieb in dieser Zeit passiv und loyal, bis Wałęsa seinen Platz als Präsident einnahm, aber er hatte auch kaum eine Wahl. Es machte für ihn keinen Sinn, die Reform zunächst zu akzeptieren, nur um dann ihre Umsetzung in die Praxis zu sabotieren.

Es war eine grundsätzliche Entscheidung, den Geschäftsbereich des Außenministers nicht in die Hände der Partei zu geben. Ich wollte den Russen zeigen, daß ein souveränes Polen eine friedliche Außenpolitik machen würde.» Man erwartete von ihm, daß er seine erste Auslandsreise als Ministerpräsident nach Moskau machen würde, doch er brach mit dieser Tradition und machte im Oktober dem Papst seine Aufwartung. Das darauffolgende Treffen mit Gorbatschow im November verursachte eine protokollarische Verlegenheit, da er sich weigerte, wie gewohnt einen Kranz am Lenin-Mausoleum niederzulegen.

Für Gorbatschow muß es ein Schock gewesen sein, einen katholischen und unabhängigen polnischen Ministerpräsidenten zu empfangen.

«Natürlich, und dazu ein schmerzlicher. Doch er erwies sich als aufgeschlossen, bereit, über alle möglichen Themen zu sprechen – außer über Deutschland. Darüber sprach er ganz im alten Stil, so daß ich erstaunt war, als er die Wiedervereinigung so schnell akzeptierte.»

Warum ließ er Polen einfach gehen?

«Erstens konnte er nichts dagegen tun. Zweitens war der Prozeß des Runden Tisches in gewisser Weise mit der Perestrojka vereinbar, und er konnte sich nicht den Veränderungen widersetzen, denen er sich selbst so offenkundig verschrieben hatte. Jene, die dort glaubten, sie könnten alles durch Sabotage stoppen, waren selbst gegen Gorbatschow. Also hätte ein Gegner all dieser Veränderungen eine Allianz zwischen Gorbatschow und seinen Feinden knüpfen müssen. Das war zu kompliziert. Die Russen akzeptieren unumstößliche Tatsachen. Es war eine Frage der Stärke.»

21 Der Eiserne Vorhang öffnet sich

In der Geschichte menschlicher Niedertracht wird János Kádár stets einen festen Platz einnehmen. Im Oktober 1956 schloß er sich der Regierung Imre Nagys an und unterstützte angeblich die sanfte Reform, die intern und mit Blick auf die Sowjetunion geplant wurde. Einige Tage später kam er zu dem Schluß, daß die Sowjets dem ganzen Experiment ein gewaltsames Ende bereiten würden, und lief deshalb, ohne jemanden zu informieren, zu ihnen über. Nachdem die Sowjets erwartungsgemäß die Regierung Nagy und die Freiheitskämpfer, die sie verteidigten, überwältigt hatten, machten sie Kádár zum Ersten Sekretär. Imre Nagy und seine Kollegen in der Parteiführung wurden durch das falsche Versprechen eines freien Geleits dazu gebracht, ihre Zuflucht in der jugoslawischen Botschaft zu verlassen. Sie wurden entführt, vor ein Tribunal gestellt und unter absoluter Geheimhaltung gehängt. Wenn das Land einen Volksaufstand erlebt hätte, wäre Kádár ein Quisling ohne Legitimation gewesen, und deshalb vertrat die Partei das unumstößliche Dogma, daß er und die Sowjets eine Konterrevolution unterdrückt hätten. Um ganz sicher zu gehen, unterhielten die Sowjets bis 1989 in Ungarn 170 Militärstützpunkte für ihre Truppen.

György Krassó, einer der bedeutendsten ungarischen Intellektuellen, saß selbst zu der Zeit mit Nagy im Gefängnis und hat darüber berichtet, wie ein gewisser Major Kovács und sein Gehilfe Karácsony täglich Anhänger Nagys hängten. Krassó kommt zu dem abgewogenen Urteil, daß Kádár, obwohl das endgültige Todesurteil im Kreml schon gefällt worden war, sich mit einer Rücktrittsdrohung für das Leben seiner ehemaligen Freunde und Kollegen hätte einsetzen können. «Es bleibt die Tatsache, daß er mit der Hinrichtung von Imre Nagy seinen gefährlichsten Rivalen loswurde.» Kádár war nicht nur ein Kollaborateur, er trug das Kainsmal auf der Stirn. Der sowjetische Botschafter Andropow, der spätere Generalsekretär, inszenierte die Niederwerfung. Zu seinem Stab gehörten Krjutschkow, unter Gorbatschow KGB-Chef, und ein ungarischer Sprecher. Auch andere Hardliner, Ligatschow eingeschlossen, hatten ein besonderes Interesse an Ungarn. Ungarische Spezialitäten und Wein, Zigeunermusik und Magyarenexotik zogen sie an, darüber hinaus auch ein dunkler Drang, an den Schauplatz ihrer Verbrechen zurückzukehren und sich einzureden, daß Lasterhaftigkeit eigentlich eine Tugend sei.

Walerij Mussatow war ein Ungarn-Spezialist, zunächst in der sowjetischen Botschaft und dann im ZK-Sekretariat. Er spricht die Sprache. Er bewunderte Kádár als einen «Staatsmann». In einem Interview erläuterte er, daß Kádár bei jedem Besuch in Moskau großen Wert darauf legte, mit Andropow persönlich zu sprechen. Aus eigener Beobachtung kann er bestätigen, daß Gorbatschow unter den Führern der Satellitenstaaten nur Jaruzelski und Kádár respektierte. Aber Mussatow sagt auch, daß «Kádár wegen 1956 sein Leben lang ein schlechtes Gewissen» hatte. Nagys Leichnam wurde am 16. Juni 1989 exhumiert und in Budapest bei einem Staatsbegräbnis, das als Rehabilitierung diente, wieder bestattet. Daß der inzwischen diskreditierte Kádár zur selben Zeit starb, wirkte wie ausgleichende Gerechtigkeit. Der Kreis schloß sich, als Krjutschkow eine – vielleicht zutreffende, vielleicht auch erfundene – Erklärung abgab, nach der Nagy im Moskauer Exil während des stalinistischen Terrors ein sowjetischer KGB-Spitzel und Denunziant gewesen sei.

Krassó wurde verfolgt und nach London verbannt, sein Werk erschien nur im *Samisdat*. Seine Enthüllung hätte sich herumsprechen und zu einem öffentlichen Eklat werden können, den Kádár nicht überlebt hätte. Kádár und die Partei versuchten, ein Stillhalteabkommen mit der Bevölkerung zu erreichen, indem sie als Gegenleistung für ihr Machtmonopol einen Wohlstand schufen, der als «Gulaschkommunismus» allgemein bekannt wurde. Der Kreml gestattete in Ungarn privates Unternehmertum, was in anderen Ländern des Ostblocks verboten war. Die Mängel einer Kommandowirtschaft zeigten sich hier um so deutlicher. Zwischen 1948 und 1988 regierten nur 101 Kommunisten das Land. Der Soziologe András Nyírö hat dargelegt, wie die Wirtschaft in jenen Jahren von gerade fünf Politbüromitgliedern geleitet wurde: «einem Mechaniker (Jenö Fock), einem Schulabgänger der sechsten Klasse (Sándor Gáspár), einem Schriftsetzer (Rezsö Nyers), einem Fleischer (Károly Németh) und einem Maurer (Ferenc Havasi)». Ein anderer von der Parteilinie abweichender Politologe, Mihály Bihari, wies darauf hin, daß diese 101 Politbüromitglieder insgesamt mehrere Jahrhunderte im Gefängnis verbracht und sich die meisten Strafen gegenseitig auferlegt hatten. Als Gefangene ihres eigenen Systems hatten sie einen mörderischen Machtkampf ausgefochten.

In der Vorkriegszeit waren die Privilegien und der Reichtum des Adels und des Klerus wenigstens offenkundig und gesetzlich geregelt, wenngleich ungerecht. Zwischen 1957 und 1989 erteilte das Politbüro 13 Geheimdirektiven an die Verwaltung zugunsten des Nomenklatura-Systems. Es gab eine ganze Menge zu verbergen. Die Partei, staatlich subventioniert, beschäftigte 4000 Funktionäre und verfügte über Immobilien im Wert von Hunderten von Millionen Dollar, unter anderem 3000 Gebäude, vier Erholungsheime und die gesamte Druck- und Verlagsindustrie. Privilegierter Zugang zu Reichtum unterhöhlte allmählich die Bedeutung der Ideologie. Der Philosoph Elemér Hankiss, später Leiter des ungarischen Fernsehens, faßte die Entwicklung zusammen: «Mitte der achtziger Jahre sah eine charakteristische Familie der Oligarchie folgendermaßen aus: Vater oder Großvater ein *Apparatschik*, ein hoher Partei- oder Staatsfunktionär; sein Sohn Geschäftsführer eines britisch-ungarischen Joint-Venture-Unternehmens; der Schwiegersohn Besitzer einer Boutique in der Váci-Straße; die Tochter Redakteurin beim ungarischen Fernsehen; der Neffe Student in Cambridge oder Oxford; die Schwiegermutter Chefin eines kleinen Hotels oder einer Pension am Plattensee.»

Diese vielfältig engagierten oligarchischen Familien hielten ihre Geschäfte «streng geheim».

Der letzte politische Gefangene des Landes war Miklós Haraszti, der vor Gorbatschows Glasnost entlassen wurde. In seinem Buch *The Velvet Prison* analysiert er das subtile System von Verlockungen und Drohungen, mit dem die Partei einen Freigeist in einen Kollaborateur und Homo Sovieticus verwandelte. Die Darstellung ist brillant, doch sein Pessimismus erwies sich als unbegründet. Die Partei hatte noch eine dreiviertel Million Mitglieder, aber sie hatte im Streben nach Selbsthilfe ein Zusammengehörigkeitsgefühl entwickelt.

Der alternde Kádár verschloß sich allen Argumenten. Er verbreitete immer noch eine Aura seiner Verbrechen und hielt in seiner Isolation über einen Lieblingshandlanger und Altstalinisten, György Aczél, Kontakt zu seinen Kollegen. Wie sein Meister starb auch Aczél, als der Kommunismus zusammenbrach. Ein weiterer Hardliner, der Kádár unterstützte, war der ZK-Sekretär für ideologische Fragen János Berecz, eine Art ungarischer Ligatschow. Die Arbeitermiliz – mit 60000 Mann unter Waffen – hielt man allgemein für willens und fähig, die Partei bis zum letzten zu verteidigen.

Ein Treffen von parteinahen und einigen unabhängigen Intellektuellen im September 1987 in Lakitelék, einem Touristenort bei Budapest, markierte den Beginn der Perestrojka. Der prominenteste Teilnehmer war Imre Pozsgay, der sich schon seit einigen Jahren den Ruf als Repräsentant der kommenden Generation von Parteiführern erworben hatte. Er lag genau auf Gorbatschows Linie. Reform bedeutete für ihn kein Mehrparteiensystem, sondern lediglich Sozialismus unter einem neuen Führer wie ihm selbst – und innerhalb des sowjetischen Blocks. Übergewichtig und unbeholfen, wollte Pozsgay es allen recht machen. In seinen Memoiren deutet er an, daß er die Rolle des Vermittlers zwischen den unzufriedenen Intellektuellen und der reformistischen Mehrheit der Partei hatte. Er meint, daß durch seine Bemühungen ein Blutvergießen vermieden wurde. Hätte er sich statt dessen – wie Jelzin – zu einer Mehrparteiendemokratie und zur Unabhängigkeit bekannt, hätte er womöglich sein eigentliches Ziel, an die Macht zu kommen, erreicht. Beunruhigt beschloß die Parteielite, daß Kádár nicht länger fähig sei, Pozsgays Griff nach der Macht abzuwehren. Nach den üblichen Sondierungen hinter den Kulissen wurde Károly Grósz gleichzeitig zum Ersten Sekretär und Ministerpräsidenten gewählt. Auf einer dafür einberufenen Parteikonferenz im Mai 1988 wurde das Manöver formell bestätigt. Offensichtlich hatte nicht einmal der Staatssicherheitsdienst Kádár vorgewarnt. Um ihn zu beschwichtigen, richtete man für ihn den neuen Posten eines Parteipräsidenten ein. Die meisten Politbüromitglieder wurden ausgetauscht, bis auf Aczél, dessen Rede die Konferenz bewog, ihm noch eine Chance zu geben.

Der starrsinnige und verschlagene Charakter von Grósz war das Ergebnis eines Lebens in der Parteibürokratie. Er sagt, er sei gewählt worden, weil er bekannt dafür gewesen sei, daß er seine marxistische Einstellung niemals ändern werde: «Ich äußerte meine Meinung immer sehr diszipliniert im vorgegebenen Rahmen und in Übereinstimmung mit den Parteivorschriften.» Die Partei war seiner Ansicht nach so mächtig, daß sie die Opposition ausspielen konnte, indem sie eine Koalition mit ihr einging, die den Anschein der nationalen Einheit erwecken sollte.

Zufällig lebt Grósz in Gödöllö, eine halbe Stunde von Budapest entfernt. In der Stadtmitte liegt das Schloß, in dem die Kaiserin Elisabeth ihren Rücktritt erklärte, während ihr Mann Franz Joseph versuchte, das auseinanderbrechende österreich-ungarische Reich zusammenzuhalten. Es ist größtenteils eine heruntergekommene Ruine, der Garten verwildert. Grósz' moderne Luxusvilla liegt weit hinter einem eisernen Sicherheitszaun. An dem Tag, als ich dorthin fuhr, sah ich, daß Gärtner und Dienstmädchen in diesem Paradies der Nomenklatura arbeiteten. Daß ein solcher Mann zum Ersten Sekretär gewählt wurde, entlarvt die geistige und moralische Leere der Partei.

Am 29. November 1988 hielt Grósz vor Hardlinern eine Rede, in der er sie energisch vor dem drohenden «Weißen Terror» warnte. Dadurch konnte Pozsgay seine oppositionelle Haltung deutlicher abgrenzen, was er im Januar des folgenden Jahres auch tat. Eine Kommission zur Untersuchung der Ereignisse von 1956 war einberufen worden. Pozsgay legte nun ihre Ergebnisse vor: Es sei schließlich doch ein nationaler Volksaufstand und keine Konterrevolution gewesen. Reformer und Hardliner zogen sich durch Verleumdungen gegenseitig den Boden unter den Füßen weg. Ein zunehmend hilfloser Grósz machte kleine Zugeständnisse, indem er zunächst als Ministerpräsident zurücktrat – und von Miklós Németh, einem praktizierenden Katholiken, abgelöst wurde – und dann einem Runden Tisch zustimmte.

Sechs Tage, nachdem Solidarność die Wahlen in Polen mit überwältigender Mehrheit gewonnen hatte, wurde der Runde Tisch eröffnet. Eine Woche später zeigte die Wiederbeisetzung Imre Nagys, daß es dringend erforderlich war, einen Konsens zu finden. Mehr als 100 000 Menschen kamen zusammen, um Nagy die letzte Ehre zu erweisen und die fast aufrührerischen Lobreden zu hören. Grósz vollzog den nächsten Schritt der Machtübergabe. Es wurde ein vierköpfiges Interimspräsidium aus Nyers, Pozsgay, Németh und ihm selbst gebildet.

Der Runde Tisch wurde, so der Zeitzeuge László Bruszt, eine einzige Schlammschlacht. Mátyás Szűrös führte den Hauptvorsitz. József Antall, der bald darauf Ministerpräsident werden sollte, führte die Opposition an. Tausend Politiker und Fachleute nahmen an einer Plenargruppe, zwei technischen Komitees und zwölf Arbeitsgruppen teil. Man kam überein, im März 1990 Parlamentswahlen abzuhalten. Das Verfahren zur Wahl des Präsidenten, der das vierköpfige Gremium ablösen sollte, war eine weitere Streitfrage. Pozsgay hatte von vornherein angenommen, daß er aus dem Runden Tisch als Präsident hervorgehen werde. Auf die Opposition wirkte dies jedoch wie eine Verwandlungskunst, mit der die Kommunisten überleben wollten, und sie setzte ein Referendum durch. Die Abstimmung ergab, daß das neugewählte Parlament den Präsidenten wählen sollte. Auf einem stürmischen Parteikongreß im Oktober gab die Partei ihre «Führungsrolle» auf, änderte ihren Namen und spaltete sich in eine sozialdemokratische Mehrheit und einen kümmerlichen Rest von Hardlinern.

Der Kommunismus wich aus Ungarn wie die Luft aus einem angestochenen Ballon. Dem Gebilde fehlte die Substanz. Die Ungarn übernahmen die polnische Kompromißlösung, aber sie leisteten auch ihren eigenen Beitrag. Ein Vertrag legte fest, daß Ostdeutsche, die illegal nach Ungarn eingereist waren, ausgeliefert werden mußten – um in der Regel dort lange Gefängnisstrafen abzusitzen. Anfang 1989 fällte die Regierung eine Reihe von Entscheidungen, die um so bemerkenswerter waren, weil sie autonom getroffen wurden. Die Sowjets wurden ebenso wie der Rest der Welt völlig überrascht. Ungarn demontierte seine Sperren entlang der Grenze zu Österreich, reorganisierte die Grenzschutztruppen und beschloß, daß es nicht mehr angemessen sei, illegale Besucher auszuliefern. Die Ostdeutschen erkannten schnell, daß ihnen nun ein Fluchtweg offenstand, und strömten ins Land. Da die Regierung den Massenansturm weder bewältigen konnte noch bewältigen wollte, öffnete sie am 11. September ohne Einschränkung die Grenzen. Der Block der Satellitenstaaten löste sich mit einem Schlag auf. Pozsgay schreibt diese Entscheidung in seinen Memoiren der ganzen Regierung zu. Gyula Horn, damals Außenminister, hebt dagegen in seinem Buch seine Rolle bei den Verhandlungen mit beiden deutschen Staaten hervor. Der ostdeutsche Außenminister Oskar Fischer wurde kreidebleich, als Horn ihn über die Absichten seiner Regierung informierte, die Grenze zu öffnen: «Das wäre nicht sehr nett von euch!» Honecker enthüllte in seiner Wut unbewußt die instinktive Kollaboration: «Wir haben ihnen vertraut, aber sie haben uns verraten und informierten niemanden, nicht einmal die Sowjetunion.»

Der Symbolgehalt dieser Entscheidung war ebensogroß wie ihre Auswirkungen. Die Öffnung des Eisernen Vorhangs war die Rache für 1956.

Kálmán Kulcsár, ein bekanntes Mitglied der Akademie der Wissenschaften, war Justizminister in der Regierung unter Grósz und entwarf die neue ungarische Verfassung. Er kannte Kádár und Grósz schon seit Jahren. Er war zu der Parteikonferenz im Mai 1988 eingeladen worden. «Ich verließ oft meinen Platz, um mit

Leuten auf dem Gang zu sprechen, meistens mit Delegierten der ländlichen Parteiorganisationen. Sie waren absolut gegen Kádár und wollten die Führungsspitze austauschen. Kádár und Grósz erkannten, daß einige aus dem Politbüro und dem Zentralkomitee gehen mußten, aber es handelte sich um einen Aufstand der einfachen Parteimitglieder. Sie waren, je nach ihren Bezirken, in verschiedenen Hotels untergebracht, und Grósz und seine Freunde suchten sie auf und überzeugten sie davon, daß Kádár im Wege war. Kádár wurde völlig überrascht. Er wurde sehr nervös und reagierte irrational. Am Ende der Konferenz gab er eine tragische Figur ab, allein im Saal wartete er auf seine Frau, die kommen und ihn abholen sollte.»

Zu der Zeit fand in Moskau die XIX. Parteikonferenz der KPdSU statt, und sie schlossen aus ihrem Verlauf, daß eine sowjetische Intervention beinahe undenkbar war. Vor und nach seiner Wahl besuchte Grósz Gorbatschow: «Ich habe den Eindruck, daß Gorbatschow ihm freie Hand ließ.» Als Justizminister war es seine erste Aufgabe, Grundsätze für die Ausgestaltung eines Mehrparteiensystems und eines freien Marktes vorzubereiten. Er befand sich schon bald inmitten des Machtkampfes zwischen Grósz, Miklós Németh, der 1989 Ministerpräsident wurde, und den Hardlinern. Nach Kulcsárs Einschätzung wollten Németh und sein Hintermann Pozsgay die Macht von der Partei ins Parlament verlagern. Aber da das Parlament bis dahin eine Parteiinstitution war, riß der Runde Tisch die Macht an sich, um als zwar inoffizielles, aber gleichwohl legitimeres Parlament zu handeln.

Zu Kulcsárs Aufgaben gehörte die allgemeine Überprüfung der Urteile, die seit der kommunistischen Machtübernahme über unschuldige Menschen gefällt worden waren, insgesamt ungefähr 200000. Als er seinen Bericht dem Zentralkomitee vorstellte, fand er sich Menschen gegenüber, die ihrerseits im Gefängnis gesessen oder der unrechtmäßigen Verhaftung anderer zugestimmt hatten. «Aczél erinnerte sich an seinen Arrest und daran, wie er zu Geständnissen gezwungen wurde, die nicht nur ihn selbst, sondern auch andere belasteten. Die Geheimpolizei erzwang durch ihre psychischen und physischen Foltermethoden solche verräterischen

Aussagen. Und jetzt sollte dies alles veröffentlicht werden, ohne die Umstände zu berücksichtigen. Grósz war jedoch dafür. Er konnte vieles hinnehmen, nur nicht die Auflösung des sozialistischen Regimes. Er konnte nicht über seinen Schatten springen.

Im Sommer 1989 stand die Regierung vor schwierigen Entscheidungen und wollte sich des Gehorsams der Truppen vergewissern. Einige Generäle teilten Grósz mit, daß sie Parteibefehlen gehorchen würden, also gestalteten wir die Befehlsstruktur der Armee um. Anstelle des Verteidigungsministers wurde der Ministerpräsident Oberbefehlshaber, und General Lörincz wurde zum Generalstabschef ernannt. Und wir griffen zu einem weiteren Schachzug: Das Parlament sollte die Auflösung der Arbeitermiliz beschließen und die Armee sie entwaffnen. Die Soldaten gingen herum und konfiszierten die Arsenale der Miliz.

Alle Führungsmitglieder fanden sich damit ab, daß die Partei freie Wahlen riskieren müsse, aber wegen des Kádár-Regimes hatten sie falsche Vorstellungen von deren Ausgang. Die Leute wollen auch nicht glauben, daß wir die Sowjetunion nicht im Vorfeld über unsere Entscheidung, die Grenzen zu öffnen, informiert hatten. Ich muß jedoch betonen, daß dies der Fall war.» Ein innerer Zirkel des Kabinetts – Németh, Horn, Verteidigungsminister General Kárpáti, Innenminister General Horváth, Pozsgay und Kulcsár selbst – fällte diese Entscheidung. Er hatte die besondere Aufgabe, zu begründen, daß diese Entscheidung mit den verschiedenen Verträgen vereinbar sei. Und er sagt nüchtern: «Wir fanden einen absolut vertretbaren legalen Zugang, der uns auf diesen Weg führte. Danach benötigten wir nur noch ein paar Tage, um ihn bei der Regierung durchzubringen.»

Warum taten Sie das?

«Eine andere Frage ist, warum wir nicht zuerst um finanzielle Unterstützung aus Westdeutschland gebeten haben. Die Antwort ist, daß wir zeigen wollten: Was wir tun und sagen, meinen wir auch so. Polen und Ungarn waren damals die einzigen Länder auf Reformkurs, und es war keineswegs ausgeschlossen, daß andere im Warschauer Pakt etwas gegen uns unternehmen würden. Wir waren ziemlich sicher, daß das ostdeutsche Regime stürzen würde, wenn Hunderttausende Ostdeutsche in den Westen gingen, und in diesem Fall stand auch die Tschechoslowakei vor dem politischen Aus. Wegen Rumänien machten wir uns nicht allzu viele Gedanken, für uns ging die einzige Gefahr von der DDR aus. Wir machten den Schritt, um uns selbst zu retten. Nur wenige vermuteten, daß die DDR und die Tschechoslowakei daraufhin sofort zusammenbrechen würden. Unsere innere Lage wandelte sich völlig. Plötzlich war sich die Opposition der Stärke ihrer Position bewußt und konnte den Termin der Wahlen vorverlegen, und das bedeutete das Ende der Partei.»

Das ungarische Parlament ist ein architektonisches Meisterwerk aus dem letzten Jahrhundert, eine neugotische Pracht aus Stein und Skulpturen. Mátyás Szűrös verfügt dort über eine imposante Flucht von Büroräumen. Im März 1989 wurde er Parlamentspräsident, und später gehörte er dem vierköpfigen Präsidium an. Zuvor war er ZK-Sekretär für Auswärtige Angelegenheiten. Kádár, sagt er, hatte Grósz selbst als seinen Nachfolger ausgesucht, aber er war vor seiner Absetzung auf der Parteikonferenz im Mai nicht gewarnt worden. Aczél mag ihm gegenüber Andeutungen über Grósz' Verschwörung hinter seinem Rücken gemacht haben. Einen Monat vor der Konferenz gab es eine stürmische Politbürositzung hinter verschlossenen Türen.

«Grósz dachte weiterhin in den alten Kategorien; unterdessen bildete sich ein Kreis von Reformpolitikern, der ihn stürzen sollte. Im Juni 1989 hielt ich eine Rede vor dem Zentralkomitee, daß er abdanken oder zum Rücktritt gezwungen werden solle. Wir hatten bereits erkannt, daß der real existierende Sozialismus nicht reformierbar war, viele glaubten jedoch, er könne zu einem demokratischen Sozialismus umgewandelt werden. Historisch befanden wir uns in einer Sackgasse. Pozsgay und diese ganze Gruppe wollten mit einem demokratischen Sozialismus experimentieren, aber wir hatten nicht genügend Informationen über eine mögliche sowjetische Reaktion. Der Warschauer Pakt war noch intakt. Ohne Gorbatschow konnte der Reformprozeß sich als umkehrbar er-

weisen. Nach dem Gipfel von Malta informierte Gorbatschow uns nicht darüber, daß er und Bush vereinbart hatten, den Ereignissen freien Lauf zu lassen.»
Das alte Parlament hatte seiner Ansicht nach – mit einer neuen Verfassung und einem neuen Wahlgesetz – die wichtigsten Gesetze für einen Übergang verabschiedet. Der Runde Tisch festigte das parlamentarische System, indem er diesen Prozeß beschleunigte. Aus dieser Entwicklung gingen alle außer Grósz als Sieger hervor. Szürös schlug dem sowjetischen Botschafter vor, Pozsgay und Németh zu offiziellen Gesprächen nach Moskau einzuladen. «Auf der Parteikonferenz der italienischen Kommunisten traf Jakowlew Pozsgay und riet ihm, Grósz zu unterstützen. Das war noch im Sommer 1989 ihre Linie. Gorbatschow und alle anderen waren so mit inneren Problemen beschäftigt, daß sie die Kontrolle über die Ereignisse verloren.»

Rezsö Nyers ist ein Überlebender. Er ist zurückhaltend und humorvoll. Und wie alle alten Menschen erzählt er gern Geschichten. Seine Haut ist so verschrumpelt wie die Schale einer Walnuß. Nach jahrzehntelangen heiklen Auseinandersetzungen mit Kádár sah er ihn ein letztes Mal nach der Parteikonferenz. «Alles enttäuschte ihn. Er blickte zurück auf das, was er getan hatte, und konnte den Fall Imre Nagy nicht verdauen. Er bereitete ihm Seelenqualen.»

Seiner Darstellung nach war das Zentralkomitee Mitte der achtziger Jahre in der Frage gespalten, welche Veränderungen nötig seien, um mit der wirtschaftlichen Krise fertig zu werden. Kádár war skeptisch hinsichtlich Gorbatschows Fähigkeit, die Sowjetunion umzugestalten. «Er wollte keine Reform, aber er wollte sie auch nicht blockieren, und er konnte nicht einfach beiseite geschoben werden. Daher mußte das alles ohne ihn geschehen. Grósz kam ebensowenig in Frage. Bei seinem Versuch, das System zu stabilisieren, stand Grósz gegen Pozsgay und die Reformer.»

Der entscheidende Faktor, meint Nyers, war die antirussische Einstellung der Leute. Deshalb verlor die Partei so hoch und unerwartet bei den Wahlen. «Wir machten nicht deutlich, daß *wir* das Abkommen mit den Sowjets über den Truppenabzug erreicht hatten. Gorbatschow nahm das Verdienst für sich selbst in Anspruch, und die Opposition konnte daraus Profit schlagen.»

Warum nahm die Partei am Runden Tisch teil?

«Wir wollten Versöhnung, keine nationale Einheit, aber einen nationalen Kompromiß. Wir hatten inzwischen erkannt, daß wir unsere Position nicht halten konnten, und hatten uns deshalb sowohl auf die nationalistischen Kräfte zubewegt, die sich in Lakitelék versammelt hatten, als auch auf die liberale Opposition. Wir rechneten nicht damit zu gewinnen, sondern einen Kompromiß zu finden. Wir waren bereit, Schritt für Schritt die Parteizellen aus den Fabriken abzuziehen und über das Los der Arbeitermiliz zu verhandeln.»

Seiner Schilderung nach war die Partei bereits durch Personaldebatten und Machtbesessenheit zersetzt. Grósz weigerte sich zurückzutreten. Pozsgay bekundete wenig Loyalität. Németh sah sich selbst als Reformer. Das kollektive vierköpfige Präsidium, dem Nyers nominell vorstand, offenbarte den psychologischen Widerwillen der Partei, weiter an der Macht zu bleiben.

János Berecz' Buch über die «Konterrevolution» in Ungarn war das propagandistische Standardwerk über die Revolution von 1956. Aus heutiger Sicht ist es ein armseliges Pamphlet, aber als es 1969 mit dem Imprimatur der Partei veröffentlicht wurde, galt es als Verkünder der Wahrheit. Die Ansichten von Imre Nagy, schrieb Berecz, «waren im wesentlichen identisch mit dem Programm, das die Organe des internationalen Imperialismus vorschlugen und verbreiteten». Der Westen hatte sich verschworen, den Kommunismus zu diskreditieren, während die Partei eine geschlossenere Führung hätte zeigen müssen – ein Euphemismus für Repressionen. Ein Körnchen Wahrheit ist jedoch in dem Lügengewebe zu erkennen. Zwischen 1952 und 1955, schrieb er, waren 1 126 434 Menschen überprüft und 45 Prozent von ihnen verurteilt worden. Das Schlußkapitel unter der Überschrift «Seite an Seite mit den werktätigen Massen für die sozialistische Konsolidierung» vermittelt einen authentischen Eindruck von den Drohgebärden und der Rührseligkeit der Partei.

In den frühen sechziger Jahren hatte Berecz vier Jahre lang Gesellschaftswissenschaften an der Geisteswissenschaftlichen Akademie der Partei in Moskau studiert. Im Jahre 1971 wurde er Kandidat des Zentralkomitees, 1980 vollberechtigtes Mitglied, und damals übernahm er auch die Position des Herausgebers der Parteizeitung *Népszabadság*. Aufgrund seiner hervorragenden Verbindungen zur Sowjetunion wurde er als künftiger Erster Sekretär gehandelt. Bis zum Schluß blieb er ein furchterregendes Schreckgespenst für Dissidenten.

Sein Haus in den Hügeln von Buda ist ein schöner Zufluchtsort, erbaut im 19. Jahrhundert von einem genußfreudigen Industriellen. Die Näpfe der Lieblingskatzen und Schoßhunde stehen auf der weiten, hufeisenförmigen Steintreppe. In einem getäfelten Raum voller Vogelkäfige starre ich auf eine vergrößerte Fotografie von einer Doppelgängerin Brigitte Bardots. Es ist seine Frau, eine berühmte ungarische Schauspielerin. In ungarischen Sagen ist ein *honvéd* ein schneidiger und furchtloser Soldat, und Berecz verkörpert mit seinem rotbraunen Schnurrbart und seinen breiten Schultern dieses Ideal geradezu vollkommen.

Er erzählt, daß ihn 1956, als er noch ein junger Mann war, allein die Unpünktlichkeit seiner ersten Frau davor rettete, in einem Parteigebäude gefangengenommen zu werden, das von einer Menschenmenge belagert und gestürmt wurde. Der Aufstand, meint er jetzt nachdenklich, sei legitim gewesen. «Ich habe meine einseitige Einstellung dazu aufgegeben.»

Als Kádár-Anhänger wurde er im März 1985 Sekretär für ideologische Fragen, zuständig für Agitprop. 1972 hatte Kádár vorgeschlagen, aus Altersgründen zurückzutreten. Das Zentralkomitee ersuchte ihn dringend zu bleiben. Zehn Jahre später bemerkte er in einer Rede in Stockholm, daß er gerade über seine Pensionsansprüche verhandle. «Ich mußte seine Reden zensieren und mögliche Folgen kontrollieren. Ich strich den Absatz heraus. Montags ging er gewöhnlich mit mir die Presse durch. Und damals fragte er mich, warum der Abschnitt über seine Pension nicht veröffentlicht worden sei. Ich erklärte ihm, daß Botschaften an das ungarische Volk hier übermittelt werden sollten, nicht in Stockholm. Danke, erwiderte er, ich wollte nur wissen, ob Sie es absichtlich getan haben. Das bedeutete, daß er also eigentlich gar nicht zurücktreten wollte. Aber in jenem Sommer begann er, andere nach ihrer Meinung über seinen Rücktritt zu fragen. Vier Monate lang reiste er durch das Land, und er erkannte, daß die Zeit gekommen war. Sonst wäre sein Name bei der Abstimmung auf der Parteikonferenz aus der Liste des ZK gestrichen worden, wie es sechs anderen Politbüromitgliedern der älteren Generation erging, und er wäre nicht zum Präsidenten gewählt worden. Das Streichen jener Namen verlieh diesen Vorgängen die Aura eines Putsches. Kádár sah sich selbst als Reformer, und er glaubte, Gorbatschow folge seinem Beispiel.»

Hätte jemand anderes es besser gemacht als Grósz?

Als Ministerpräsident hatte Grósz im September 1987 eine Gefolgschaft versammelt, die sich schon nach der Parteikonferenz wieder zerstreute. Grósz war Taktiker und hatte keine strategischen Konzepte. «Das System war nicht länger aufrechtzuerhalten. Wir mußten das offen aussprechen. Es ging darum, ob wir einen radikalen oder einen friedlichen Ausweg finden würden. Die Parteitreuen warfen mir später wiederholt vor, ich hätte den Ereignissen freien Lauf gelassen. Pozsgay und Horn, sagten sie, seien Verräter. Ich erklärte ihnen gewöhnlich, daß der Wandel des Systems ein objektiver Prozeß war, den niemand aufhalten konnte. Wir hätten Gewalt anwenden können, aber in keinem Gremium und in keiner Institution wagten diejenigen, die auf diese Lösung setzten, es auszusprechen. Daher war der Wandel offenbar unvermeidlich. Wir mußten entscheiden, wie und mit welchem Ziel. Pozsgay, Grósz und ich selbst glaubten an einen Kompromiß und Versöhnung und achteten insbesondere darauf, daß niemand physisch zu Schaden kam, daß Privatbesitz gestattet und es den Bauern freigestellt wurde, aus dem Kollektiv auszutreten. Wenn wir drei hätten zusammenarbeiten können, hätte das Ergebnis vielleicht anders ausgesehen.» Die ZK-Treffen waren im Jahre 1989 «wie Trauerveranstaltungen. Wir kamen zusammen, nur weil wir existierten, das war aber auch alles.»

Grósz betrieb Panikmache mit dem «Weißen Terror».

«Die Rede von Grósz wurde nicht im Rundfunk übertragen, und ich hörte sie erst als Aufzeichnung im Fernsehzentrum. Sie war ohne meine Beteiligung geschrieben worden, ich war nicht Mitglied des Komitees für Parteiangelegenheiten, das die Rede genehmigte. Ich kannte die unmittelbare Reaktion, weil ich am nächsten Tag in Tatabánya selbst eine Rede in einer Sporthalle vor dreitausend Menschen halten sollte. Ich ging auf die Erklärung von Grósz nicht ein, aber ich wußte, die erste Frage nach meiner Rede würde lauten: ‹Was ist ihre Meinung zur Gefahr des Weißen Terrors?› Ich erwiderte, daß sich jede Krise zuspitzen könne, daß ich aber gegenwärtig keine derartige Gefahr sähe. Ich war kaum wieder in Budapest, als Grósz mich zu sich rief und sagte, er habe eine solidarische Haltung erwartet. Wir arbeiteten Tür an Tür, und ich sagte ihm deutlich meine Meinung: daß ich nämlich meinerseits erwartet hätte, er würde mich zu Rate ziehen, bevor er von Weißem Terror spreche. So rissen ständig die Verbindungsfäden.»

Die Partei kontrollierte die bewaffnete Arbeitermiliz.

«Ich hörte niemals einen Vorschlag, sie militärisch einzusetzen, aber die Menschen auf der Straße fürchteten das vielleicht. Grósz teilte mir mit, daß er in die Tschechoslowakei fahren und mit Jakeš auf die Jagd gehen werde, der uns für den Ernstfall militärische Hilfe angeboten hatte. Als ich in die Tschechoslowakei fuhr, sagte mir mein Amtskollege Fojtík ebenfalls, daß wir energischer durchgreifen müßten. Ich entgegnete, daß aus der Geschichte des Sozialismus die Grundlehre gezogen werden könne, daß eine militärische Lösung keine Lösung sei. Die polnische Armee war die beste im Ostblock, und wir waren froh, als Jaruzelski das Kriegsrecht einführte, aber auch er konnte die Situation nicht stabilisieren.»

Die Sowjetunion ließ Ungarn seiner Meinung nach gehen, weil

Gorbatschow weder das Sowjetreich noch seine eigene Stellung halten konnte. Angesichts der ethnischen Gegensätze konnte eine Reform nur selbstzerstörerisch sein.

Ihre Aufgabe war es, die marxistische Ideologie zu verteidigen. Was überzeugte Sie davon, daß das System geändert werden müsse?

«Das geschah nicht von heute auf morgen. 1983 fand eine wissenschaftliche Tagung über den Kapitalismus statt. Ich sagte, daß der Kapitalismus sich in einer Krise erneuern könne, so daß auch die Politikwissenschaft nicht ausschließlich marxistischen Prämissen folgen müsse. Im folgenden Jahr fing ich an, 1956 als Revolution zu sehen, aber 1986 wurde ich wieder zum Hardliner, zum Marxisten. Bei einer anderen Tagung, diesmal in Szeged im Januar 1987, wurde ich zum Pluralismus befragt. Ich war bereit, ihn auf der Ebene der Ideologie und der Interessen zuzulassen, lehnte aber ein Mehrparteiensystem ab. Aber sobald man zugibt, daß staatliches Eigentum nicht das höchste Gut ist, hat man sich auf einen Pfad begeben, der unweigerlich zu Wahlen mit mehreren Parteien führt. ‹Wenn Sie Wahlen zulassen›, fragte mich ein Reporter des französischen Fernsehens einmal in den Gängen des Parlaments, ‹was geschieht, wenn Sie nicht gewinnen?› ‹Die Sieger werden dann die Regierung bilden›, antwortete ich. Er hakte nach: ‹Heißt das, Sie sind bereit, auf die Macht zu verzichten?› ‹Nein›, erklärte ich ihm, ‹das heißt nur, daß das Volk sie wieder von uns übernimmt.› Hätte man mir diese Frage vor knapp zwei Jahren gestellt, ich hätte geantwortet, daß wir die Macht der Arbeiterklasse verteidigen würden.»

Sie mußten gespürt haben, wie Ihr eigener Charakter sich veränderte.

«Selbstverständlich. Ich machte damals sehr viele Aufzeichnungen, und ich bin über die Widersprüche in mir selbst ziemlich erstaunt. Pozsgay schreibt in seinem Buch, er habe alles im voraus gewußt. Das war bei mir nicht der Fall.»

Grósz glaubte, daß die Partei Pluralismus gestatten und dennoch die Kontrolle behalten könnte.

«Bis zu einem Moment im Juni oder Juli 1989, als er erkennen mußte, daß er keinen Einfluß mehr auf den Gang der Ereignisse hatte. Die Partei hatte zwei Flügel – die Reformer, an deren Spitze die Partei selbst Pozsgay und Nyers gesetzt hatte, was immer die beiden auch heute behaupten, und die Hardliner der sogenannten Marxistischen Einheitsplattform. Ich vertrat die Ansicht, daß wir uns auf eine zivilisierte Art trennen sollten. Ich rechnete damit, daß die Reformer 45 000 Mitglieder mit sich ziehen würden und daß die Marxistische Einheitsplattform eine neue kommunistische Partei mit 60 000 Mitgliedern bilden würde. Hinter den Kulissen gab es eine ungeschriebene Übereinkunft, daß Pozsgay Präsident der Republik werden würde. Er kümmerte sich die ganze Zeit nur um seine eigenen Pläne und war unfähig, Bündnisse zu schmieden. Wir konnten uns mit den Reformern nicht einigen, sie wollten die ganze Partei abschaffen.»

István Horváth, langjähriges ZK-Mitglied, war Innenminister von 1980 bis 1985 und dann noch einmal vom Dezember 1987 bis Januar 1990. Die Verantwortung sowohl für Gesetz und Ordnung als auch für den ungarischen Teil des Eisernen Vorhangs lag daher in seinen Händen. Die Polizeitruppe, einschließlich der Geheimpolizei, sagt er, hatte 35 000 Leute, dazu kamen 13 000 Grenzschützer. Es gab «einige hundert» Spitzel. Die Staatssicherheit bildete eine eigene Abteilung innerhalb des Innenministeriums, operierte jedoch nur bis zur Bezirksebene. In kleinen Städten und ländlichen Gegenden spielten die Ortspolizisten auch die Rolle als Sicherheitsbeamte.

Mit seiner schmächtigen Figur, seinen hastigen Gesten und seiner schüchternen Art paßt der leicht errötende Horváth nicht ins stereotype Bild eines Generals der Geheimpolizei. Seit er die Universität verlassen hatte, war er ein Freund von Pozsgay; sie wohnten im selben Gebäude, und auch ihre Ehefrauen waren befreundet. Er verstand sich gut mit Grósz. Ein anderer Freund von ihm war Krjutschkow, der immer bei ihm vorbeischaute, wenn er in Budapest war. «Es gab viele in der KPdSU und im KGB, die herumliefen, als könne die Erde sich glücklich schätzen, daß sie auf ihr wandelten. Anders Krjutschkow. Er hatte zwar nicht das staatsmännische Auftreten Andropows, aber er las viel und machte sich seine eigenen Gedanken, auch über die Schwächen der Sowjetunion. Grósz hatte den Mut, Kádár ins Gesicht zu sagen, daß er zurücktreten solle. Auch ich war seiner Meinung, hätte aber nicht gewagt, es auszusprechen. Krjutschkow war damals hier und fragte mich, warum ich nicht so beherzt wie Grósz gewesen sei. Ich erwiderte: ‹Haben Sie gewagt, Breschnew zu sagen, daß er gehen solle? Nein?› Damit war das Thema vom Tisch.»

Der KGB stimmte sich mit ihm und der Staatssicherheit ab, tauschte Informationen aus und hielt «in den Fällen Kontakt, in denen wir eine Aktion gemeinsam durchführen mußten. So wie auch wir eine Vertretung in Moskau unterhielten.» Kurz nach Antritt seiner zweiten Amtsperiode verbannte Horváth die KGB-Dienststellen aus seinem Gebäude. «Ich ordnete an, daß der KGB-Chef bei wichtigen Angelegenheiten freien Zutritt zu mir hatte. Ebenso würde ich ihn anrufen, wenn ich mit ihm sprechen wollte.»

Er weist auf den Umstand hin, daß die Dissidenten Kinder der Nomenklatura oder desillusionierte Kommunisten waren; Haraszti etwa war Maoist gewesen. Die Staatssicherheit hatte sorgfältig zwischen legaler und illegaler Opposition unterschieden und Treffen und *Samisdat*-Veröffentlichungen erlaubt oder geduldet, um Gemäßigte anzuwerben und Extremisten zu isolieren. «Politische Erwägungen hätten uns eigentlich gebieten müssen, ihnen Unannehmlichkeiten zu bereiten, aber wir wollten vermeiden, sie vor Gericht zu bringen.» Er räumt ein, daß 1988 gegen Demonstranten Gewalt eingesetzt wurde, insbesondere bei der Zeremonie zur Wiederbestattung Nagys. Ein Redner, Gáspár Miklós Tamás, ein politischer Theoretiker von internationalem Ansehen, wurde damals zusammengeschlagen. Tamás, Krassó und einigen anderen – insgesamt 42, sagt er – wurden die Pässe abgenommen, um ihnen zu zeigen, wer die Macht hatte.

An dem Tag, als Grósz seine Rede vom Weißen Terror hielt,

traf Horváth ihn nachmittags. Als Innenminister wußte er genau, daß kein Weißer Terror zu erwarten war. Bezeichnenderweise sprach Grósz das Thema ihm gegenüber überhaupt nicht an. «Wir hatten es mit zwei verschiedenen Bedrohungen zu tun. Mit, sagen wir, Rachsucht. Und dann mit den Hardlinern, die sich in der Ferenc-Münnich-Gesellschaft formiert hatten (benannt nach einem Stalinisten, der sich wie Kádár 1956 gegen Nagy gewandt hatte). Wir wollten ausschließen, daß eines der beiden Extreme zum Tragen kam. Zum Beispiel kam Ferenc Kulin im Juni 1989 zu mir mit einer Warnung, daß bestimmte Kreise eine bewaffnete Provokation während der Beisetzung Imre Nagys planen würden. Die Staatssicherheit mußte die Sache im Auge behalten, und sei es nur, um es auszuschließen.»

Ein Verteidigungskomitee hatte Einsatzpläne für den Fall eines allgemeinen Notstands. Manchmal sprach Grósz davon, den Notstand auszurufen, aber die Parteiführung unterstützte ihn darin nicht. Horváth sagt, daß ein möglicher Einsatz der Arbeitermiliz weder in der Parteiführung noch in der Regierung oder der Polizei diskutiert wurde. Wenn er selbst auch die Partei in einer Machtposition halten wollte, ahnte er doch, daß ein Mehrparteiensystem entstehen würde, in dem die Polizei und Staatssicherheit rechenschaftspflichtig sein würden.

«Der KGB-Chef wandte sich nie an mich wegen der Öffnung der Grenze, aber ich weiß genau, daß der KGB nicht damit rechnete, daß die Öffnung solche Folgen nach sich ziehen würde.» Auch Horváth selbst nicht.

Sechs Millionen Ungarn fuhren jährlich ins Ausland und 25 Millionen Touristen kamen ins Land. «Jedes Jahr hatten wir auch zwischen 200 und 250 Fälle von Fremden, die illegal über die Grenze wollten, dagegen höchstens zehn Ungarn. Und das waren meist Betrunkene, Kinder mit schlechten Schulnoten und Männer, die sich von ihren Ehefrauen davonschleichen wollten. Welchen Sinn machte es bei einem so großen legalen Grenzverkehr, diese Handvoll Leute zu fangen?» Ein modernes Korps aus Berufssoldaten, fuhr er fort, sollte die Wehrpflichtigen ersetzen, die die Grenztruppen bildeten.

Was er das Alarmsystem entlang der Grenze nennt, bestand aus einem elektrischen Stacheldraht. «Es war eine ziemlich fehlerhafte russische Konstruktion. Ein Kaninchen oder ein Reh konnte den Alarm auslösen, und schon liefen die Wächter los. Für das ganze System war 1995 eine Renovierung mit Kosten in Höhe von mehreren hundert Millionen Forint fällig, und 1988 beschloß ich, es sei besser, dieses Problem sofort anzugehen. Es lag nicht mehr in unserem Interesse, diese Kosten auf uns zu nehmen. Der Vorschlag wurde angenommen, und im folgenden Frühjahr begannen wir, das Alarmsystem abzubauen, und kamen schneller als erwartet voran, so daß die Arbeit in wenigen Monaten abgeschlossen war.

Zu Beginn des Sommers beendete ich die gängige Praxis, einen Deutschen, den wir beim versuchten Grenzübertritt erwischten, wieder zurückzuschaffen. Dies war weniger ein technisches Problem. Aber natürlich bemerkten die Deutschen, daß wir sie erstens nicht mehr zurückschickten und zweitens das Alarmsystem abgebaut hatten. Sie begannen, sich hier niederzulassen. Ende Juli schätzten wir, daß bereits über 20000 im Land waren. 150 von ihnen besetzten die Botschaft der Bundesrepublik, wie andere in Prag, und lösten einen Skandal aus. Sie konnten auf der Margareteninsel (an einer Biegung der Donau mitten in Budapest) oder am Plattensee übernachten. Aber was sollte im Herbst mit ihnen passieren? Wir hatten noch einmal so viele Ungarn zu versorgen, die aus Rumänien kamen, und die Flüchtlingslager waren überfüllt. Als 40000 hier waren, war klar, daß wir gezwungen sein würden, sie gehen zu lassen.

Wir beschlossen, daß wir in der Angelegenheit neutral bleiben mußten. Das war ein Problem, das Ost- und Westdeutschland so gut wie möglich unter sich aushandeln mußten. Die Ostdeutschen hatten mit den Westdeutschen über Rechtsanwalt Vogel, der, soweit ich weiß, möglicherweise ein Stasi-Offizier oder ein westdeutscher Spion oder beides war, Verbindungen geknüpft. Die Westdeutschen reagierten zuerst. Sie waren bereit, all diesen Leuten Pässe auszuhändigen, und baten uns, sie als Westdeutsche zu behandeln. Wir erwiderten, daß sie mit der DDR verhandeln müßten. Einige Zeit war verstrichen, es war etwa Mitte August, und wir sahen, daß die Verhandlungen in einer Sackgasse steckten. Németh schlug damals vor, daß Horn und ich nach Ostdeutschland fahren und ihnen erklären sollten, daß unsere Geduld am Ende sei. Ich weigerte mich, weil sie an uns herantreten sollten, wenn sie irgendwelche Probleme hatten. Es wurde beschlossen, daß Horn fahren sollte, begleitet von meinem Stellvertreter. Falls bis zu einer bestimmten Frist keine Einigung erzielt sei, teilte Horn ihnen mit, würden wir von uns aus handeln. Wir waren nicht länger bereit, ihre Gendarmen zu spielen.»

«Honecker war krank und spielte bei diesen Vorgängen keine Rolle. Egon Krenz nahm seinen Platz ein. Er war ein Kollege von mir aus der Zeit, als wir noch in den Jugendorganisationen arbeiteten. Sie reagierten sehr aufgeregt, sie nannten es Verrat. Erich Mielke gebrauchte dieses Wort. Nach Horns Rückkehr stellten wir ihnen ein weiteres Ultimatum, das ebenfalls verstrich. Das war der Stand der Dinge am 11. September.»

Es war ein beispielloser Schritt, sagt Horváth, aber weder er noch irgend jemand sonst erkannte, daß die Berliner Mauer damit ebenfalls überflüssig wurde und der Kommunismus nicht länger vom Rest der Welt isoliert werden konnte. Wer konnte sich diese Ironie des Schicksals vorstellen, daß der Kommunismus auf Gedeih und Verderb der streng kapitalistischen Entscheidung ausgeliefert sein würde, die Kosten für die Erneuerung des Eisernen Vorhangs, der allein die Ideologie und das Sowjetreich aufrechterhielt, nicht auf sich zu nehmen.

22 «Wer zu spät kommt, den bestraft das Leben»

Die DDR war ein trostloses Land. Durch die ungebrochene Kontinuität einer zuerst nationalsozialistischen und dann sowjetischen Diktatur war das Leben der Menschen öde und qualvoll geworden. Nicht reparierte Kriegsschäden, triste Plattenbausiedlungen, die Abgaswolken der Trabis – eher Blechbüchsen als Autos –, qualmende Fabrikschlote und bräunlich-gelber Dunst über Braunkohlekraftwerken, langweilige Möbel und einheitliche Billigkleidung, die unheimliche nächtliche Stille in den schlecht beleuchteten Straßen und schließlich die unüberwindliche Berliner Mauer: All das erzeugte einen Zustand physischer und psychischer Klaustrophobie.

Das Hauptquartier der Stasi in der Ostberliner Normannenstraße ist zu einem unfreiwilligen Museum dieser klaustrophobischen Zustände geworden. In dem scheußlichen achtstöckigen Gebäude aus rotem Ziegelstein befand sich das Zentrum eines Apparates, der das gesamte Land im Griff hatte. An der Spitze der Stasi stand Erich Mielke, Jahrgang 1907, der ohne ersichtlichen Grund den Rang eines Generals innehatte. Er hatte seine Laufbahn mit der Inszenierung von Schauprozessen begonnen, wurde 1957 Stasi-Chef und blieb es bis zum Ende der DDR. Mielke war ein Schlägertyp, gierig und eingebildet. Die Liste seiner 250 Orden und Auszeichnungen, die er einmal zusammenstellte, füllte achtzehn Seiten Schreibpapier – ähnlich wie bei Hermann Göring. In einem kleinen Raum in der Normannenstraße kann man heute die Ausrüstung besichtigen, die für physische und psychische Folterungen benutzt wurde. Mielkes Büro ist mit seinen schmutzigbraunen Tönen, den Spitzengardinen und den wuchtigen Möbeln ein unbeschreiblich düsterer Raum. An den Wänden hängen ein Bild von Felix Dserschinskij, Lenins oberstem Polizisten und Schlächter, und eine Totenmaske von Lenin, außerdem sieht man eine altmodische Telefonvermittlungsanlage und einen Aktenvernichter. Ein Tresor und schäbige Schränke verbargen die tägliche Arbeit.

86 000 offizielle Stasi-Agenten wurden durch über 100 000 Inoffizielle Mitarbeiter unterstützt, hinzu kam eine unbekannte Zahl von Informanten und normalen Angestellten. Der Arm der Stasi reichte in jede Fabrik hinein, in jede Militäreinheit, in jede Fakultät und in jeden Häuserblock. Über fast sechs Millionen der insgesamt sechzehn Millionen DDR-Bürger und über eine halbe Million Ausländer führte die Stasi Akten. Aneinandergereiht ergeben die Akten angeblich eine Strecke von etwa zweihundert Kilometern. Am 15. Januar 1990 ereignete sich ein seltsamer Zwischenfall: Eine Menschenmasse drang in das Gebäude in der Normannenstraße ein, legte einen kleinen Brand und vernichtete oder stahl einige Akten. Möglicherweise war die Aktion Teil eines Manövers, mit dem die Stasi ihre Spuren verwischen wollte. Die meisten Akten sind erhalten geblieben und liefern ein regelrechtes Röntgenbild des totalitären DDR-Systems, ein Gemisch aus Denunziation, Gerüchten, Erpressung und Verleumdung, das die Zukunft vergiften wird. Das Leben etlicher Politiker, Intellektueller und sogar früherer Dissidenten wurde bereits durch die Enthüllung, daß sie in der einen oder anderen Form für die Stasi gearbeitet hatten, ruiniert. Für Operationen im Ausland war die Hauptverwaltung Aufklärung, kurz HVA, zuständig, mit dem Meisterspion General Markus Wolf an der Spitze. Markus Wolf wurde im Westen gefeiert, obwohl er mehr als irgend jemand anders zu dessen Zersetzung beitrug – mit kalter Feindseligkeit. Das Archiv der HVA wurde Ende 1989 auf Anordnung der Parteiführung vernichtet.

Ob die Partei ihren Sicherheitsapparat kontrollierte oder umgekehrt der Sicherheitsapparat die Partei, ist eine unlösbare scholastische Frage. Die Macht, die Kontrolle und die Klaustrophobie – all das resultierte aus der Verknüpfung jener beiden Elemente im kommunistischen Staat. Die Größe des Repressionsapparates mag die Tatsache widerspiegeln, daß sich die SED-Führer ihrer kriminellen Handlungsweise bewußt waren, und war insofern bis zu einem gewissen Grad Ausdruck von Unsicherheit. Aber die Unterdrückung fand ihre Rechtfertigung in der Ideologie.

Nach dieser Doktrin gab es eine einzige deutsche Nation, aber zwei unterschiedliche deutsche Staaten, eine tugendhafte, antifaschistische Diktatur des Proletariats und einen abgefeimten, kriegslüsternen Kapitalismus. Es war historisch vorherbestimmt, daß sich die beiden Staaten eines Tages unter sozialistischem Vorzeichen vereinen würden. Bis dahin sollte die Berliner Mauer die ideologische Teilung symbolisieren und vertiefen. Bis zu einem gewissen Grad überzeugte diese phantasievolle Legende die Ostdeutschen, insbesondere die Intellektuellen und Schriftsteller, deren Parteiauftrag lautete, diese Lehre zu verbreiten. Selbst im Vergleich mit der Hitler-Generation wirkt die Bereitwilligkeit, mit der man der Tyrannei diente und deren materielle Belohnungen entgegennahm, beschämend. Im Gegensatz zur offiziellen Lehre spricht es freilich für sich, daß etwa 15 Prozent der Bevölkerung ins westdeutsche Wirtschaftswunderland flohen, das über die verbotene Grenze hinweg so verlockend wirkte. Von Jahr zu Jahr versuchten mehr Menschen, auf legalem oder illegalem Weg die Grenze zu überwinden. Seit 1963 wurden 33 000 Rentner und Kinder für insgesamt 3,5 Milliarden Deutsche Mark freigekauft und rund 250 000 Familien mit Hilfe eines neuartigen Menschenhandels zusammengeführt. Für 1 094 politische Gefangene bezahlte Westdeutschland Lösegeld. Im Jahre 1989 kostete ein Wissenschaftler oder Arzt rund 80 000 DM. In jenem Jahr flohen fast eine Viertelmillion Menschen aus der DDR, und Meinungsumfragen ergaben, daß jeder dritte auf gepackten Koffern saß. Unter den sozialistischen Ländern war nur in Kuba die Zahl der Regimeflüchtlinge größer.

Die Ideologie legte es der DDR außerdem nahe, Westdeutschland zu destabilisieren, um so eine Vereinigung unter sozialistischen Vorzeichen zu beschleunigen. Die HVA und die Staatssicherheit betrieben gemeinsam eine Kampagne der Gewalt, Spionage,

Infiltration und Subversion gegen Westdeutschland. Es fand ein regelrechter heimlicher Krieg zwischen zwei Staaten statt, die sich offiziell im Frieden befanden. Dazu unterstützte die DDR die RAF und andere Terroristen mit Geld und Waffen. Etliche Publikationsorgane und Unternehmen waren, wie sich herausgestellt hat, Tarnorganisationen der DDR. Westdeutsche Politiker wurden häufig in sorgfältig inszenierte Verschwörungen oder kompromittierende Geschäfte verwickelt, manche, wie Franz Josef Strauß, boten sich aufgrund einer übersteigerten Vorstellung ihrer Verdienste selbst dafür an, andere, wie Herbert Wehner, Brandts Stellvertreter und Rivale in der SPD, ein früherer Kommunist, wurden scheinbar von Moskau als geheime Verbindungsleute im Westen postiert. Tausende Agenten und von ihnen angeworbene Spitzel, manchmal tragische, aber dennoch zerstörerisch wirkende Gestalten, wurden in Spitzenpositionen bis hinauf ins Kanzleramt und ins NATO-Hauptquartier eingeschleust. Das ganze Ausmaß der Unterwanderung ist noch gar nicht bekannt.

Die Angriffe wurden klaglos hingenommen. Aus Gründen, die aus der Nazivergangenheit herrühren, hielt man Empörung für unangebracht und Vergeltung für unvorstellbar. Der Pressezar Axel Springer zum Beispiel, der seine vielen Blätter gegen die DDR polemisieren ließ, galt als ein Mann, der nicht zur feinen Gesellschaft gehörte. Viele westdeutsche Intellektuelle erkannten bereitwillig die moralische und politische Überlegenheit ihrer kommunistischen Pendants an und attackierten gnadenlos ihre eigene Gesellschaft, so daß ein Klima entstand, in dem es keine absoluten Werte mehr gab, für die zu kämpfen sich gelohnt hätte. Auf diese Weise ermöglichte man es der SED, zu tun und zu lassen, was sie wollte.

Eine der einflußreichsten westdeutschen Zeitungen, *Die Zeit*, war lange eine wahre Meisterin des Appeasement. Letztlich vertraten alle Beschwichtiger eine Haltung ohne Realitätsbezug. Im Jahre 1986 unternahm Chefredakteur Theo Sommer zusammen mit einigen Redaktionskollegen, darunter auch Marion Gräfin Dönhoff und Rudolf Walter Leonhardt, eine Reise durch Ostdeutschland. Die drei waren keine gewöhnlichen Reporter, sondern bekannte

«Wer zu spät kommt, den bestraft das Leben» 355

Meinungsführer. Die ostdeutschen Akten liefern eine Fallstudie über den Umgang mit solchen Leuten, die sich bereitwillig an der Nase herumführen ließen. Die Naivität der Fragen und Vorschläge dieser Delegation werden in der interministeriellen Korrespondenz mit sardonischem Humor kommentiert. Vom 24. Mai bis zum 3. Juni zeigte man der Reisegruppe ausgewählte Vorzeigeobjekte und stellte ihr führende Persönlichkeiten vor. Alles verlief reibungslos. Beim Abschiedsfest dankte Theo Sommer den Mitgliedern des Politbüros, daß sie ihm Gelegenheit gegeben hätten festzustellen, daß DDR-Politiker, im Gegensatz zu den Politikern zu Hause, tatsächlich meinten, was sie sagten. Von Ende Juli bis Mitte August erschien in der *Zeit* eine enthusiastische Artikelserie. Rudolf Walter Leonhardt schrieb, daß ein neuer Staat «mit einem neuen, einem eigenen Selbstbewußtsein» entstanden sei. Sommer schwärmte in höchsten Tönen von der Angstfreiheit der ostdeutschen Gesellschaft, von der Fülle des Warenangebots, den steigenden Produktionsziffern, den Leistungen im Umweltschutz und den großen Entfaltungsmöglichkeiten für Künstler. Die Ostdeutschen, so meinte er, respektierten Erich Honecker ohne große Worte. Wie sollten die Leser dieses tragikomische Durcheinander verstehen? Fünfzig enttäuschende Jahre mußten verstreichen, bis die Mitläufer aus der Vorkriegszeit entlarvt wurden. Theo Sommer und seine Kollegen, die in so peinlicher Weise die Realität nicht erkennen konnten oder nicht erkennen wollten, wurden nur drei Jahre später buchstäblich mit der Nase darauf gestoßen.

Die DDR hätte wohl nicht soviel Erfolg gehabt, wenn Westdeutschland nicht das Bild des benachteiligten, aber heldenhaften Staates, das die DDR zu vermitteln bemüht war, so bereitwillig übernommen hätte. Adenauers anfängliche Position, daß die DDR ein illegitimes Gebilde sei und geächtet werden müsse, wurde im Laufe der Jahre abgeschwächt. Die SPD verfolgte unter Willy Brandt den neuen Kurs der Ostpolitik. Wenn die DDR erst einmal die ersehnte Anerkennung erreicht hätte, so die gängige Argumentation, würde sie weniger aggressiv werden, dann auch weniger kommunistisch, und zuletzt sogar zahm und zivilisiert. Bis dahin sollte man die Frage der Einheit ihrem Dornröschenschlaf überlassen; man sollte zwar immer daran denken, aber angesichts der gefährlichen Konsequenzen nicht daran rühren. In den Jahren 1972 und 1973 wurden Verträge ratifiziert, die die Existenz zweier deutscher Staaten und die Anerkennung der polnisch-deutschen Grenze bestätigten. Diese Ostverträge und die KSZE-Schlußakte von Helsinki aus dem Jahre 1975 bestätigten die Verhältnisse, die als gefährliche Relikte des Zweiten Weltkriegs gegolten hatten, als politische Tatsache. Der Gedanke der Wiedervereinigung beider deutscher Staaten und die möglichen Modalitäten für diesen Fall blieben weiterhin Fragen von nationaler Bedeutung. Die Ostpolitik wurde ein fester Bestandteil der politischen Auseinandersetzung. Die Frage, ob sie die Wiedervereinigung hinausgezögert oder beschleunigt hat, ist heute nicht mehr relevant, und es werden Jahre vergehen, bis man eine Antwort darauf geben kann. Wie jede Form des Appeasement hat auch die Ostpolitik seinerzeit Aggression und Subversion nicht wie beabsichtigt verhindern können. Daß man die internationale Anerkennung für die DDR erlangt hatte, war für die Parteiführung ein Grund zum Jubeln. Aus einer sicheren Position heraus nutzten sie eine in ihren Augen elementare Schwäche des konkurrierenden deutschen Staates aus, indem sie einerseits Kredite, Anleihen und Zahlungen für die Familienzusammenführung herausschlugen, andererseits Industriespionage und Konspiration gegen die NATO betrieben.

Der hauptsächliche Nutznießer war Erich Honecker. Honecker wurde 1912 im saarländischen Neunkirchen als Sohn eines Bergmanns geboren. Im Dritten Reich saß er als Kommunist zehn Jahre im Zuchthaus. 1971 manövrierte er geschickt Walter Ulbricht aus und wurde der zweite – und beinahe auch der letzte – Erste Sekretär der SED. Honecker war humorlos und beschränkt, redete immer nur in den hohlen Phrasen des Parteijargons ohne jedes echte Gefühl und wirkte fast wie ein Roboter. Seine Frau Margot, eine hysterische Fanatikerin, die allgemein nur «die Hexe» oder «der lila Drachen» hieß, war für das Erziehungswesen zuständig.

In einem seiner Bücher schildert Honecker einen Besuch in Moskau im Jahre 1970 bei Breschnew, dem er sich wie ein Vasall unterordnete. Breschnew habe zu ihm gesagt: «Vergiß nie, die DDR kann ohne uns, ohne die Sowjetunion, ihre Macht und ihre Stärke nicht existieren, ohne uns gibt es keine DDR. Die Existenz der DDR entspricht unseren Interessen, den Interessen aller sozialistischen Staaten. Sie ist das Ergebnis unseres Sieges über Hitlerdeutschland. Deutschland gibt es nicht mehr, das ist gut so. Es gibt die sozialistische DDR und die Bundesrepublik.» Genau nach diesen Prinzipien handelte Honecker.

Den Höhepunkt seiner politischen Karriere erlebte Honecker im September 1987, als er als Staatsoberhaupt der DDR in Bonn zu einem offiziellen Besuch empfangen wurde. Er hatte lange auf einen solchen Besuch gedrängt, aber für einen westdeutschen Kanzler war diese Forderung schwer zu verdauen. Hätte damals jemand vorausgesagt, daß Honecker fünf Jahre später wegen der Todesschüsse an der Mauer vor Gericht stehen würde, hätte man ihn für unzurechnungsfähig erklärt.

Bis zum Moment des Zusammenbruchs vertraute die Mehrheit der aufmerksamen Beobachter und Historiker auf den Augenschein mancher Dinge, die sie unter anderen Umständen gründlich erforscht hätten. Einer von ihnen war David Childs, der 1988 schrieb, die DDR mache nach wie vor wirtschaftliche Fortschritte und sei «allem Anschein nach eines der stabilsten Regime der Welt». Ein anderer Kommentator, Mike Dennis, schrieb zur selben Zeit, daß die DDR «wegen ihrer besonderen Ausprägung des Sozialismus oft als Modell hingestellt» werde. Tatsächlich lag das Haushaltsdefizit damals bei 55 Milliarden Mark. Doch das blieb verborgen, weil Günter Mittag die Zahlen eisern für sich behielt und nicht einmal Honecker informierte. Bei den Kommunalwahlen im Mai 1989 entfielen wie gewohnt fast 100 Prozent der Stimmen auf die SED. Die Auszählung wurde auf Stadtbezirksebene manipuliert, wie Günter Schabowski, damals Mitglied des Politbüros, schließlich eingestand. In schönstem Parteideutsch räumte er ein, daß dies der Gipfel des politischen Formalismus gewesen sei. «Wenn die Ergebnisse ihnen nicht paßten, änderte der für die

Wahl im Bezirk Verantwortliche sie eben.» Doch Fälschungen in dieser Größenordnung waren kontraproduktiv.

Aber auch ein kluger, überaus erfahrener Beobachter wie Melvin Lasky, Redakteur beim Monatsmagazin *Encounter*, besuchte die DDR im Sommer 1989 und bemerkte keine Anzeichen des drohenden Aufstands. Er hat zwar eine ganz andere Einstellung als Theo Sommer, aber auch er sah ein Land, das Frieden und Vertrauen ausstrahlte. Ein Jahr später untersuchte das Allensbacher Meinungsforschungsinstitut im Rahmen einer breitangelegten Befragung, ob die Ostdeutschen ein Jahr zuvor ihre friedliche Revolution vorausgesehen hätten. Drei Viertel der Befragten gaben an, sie seien vollkommen überrascht gewesen, nur 5 Prozent sagten, sie hätten etwas geahnt.

Die Sowjetunion unter Gorbatschow war weniger als die Bundesrepublik unter Kohl gewillt, so nachsichtig mit der DDR zu sein. Honecker und Gorbatschow kannten sich seit den sechziger Jahren, zwischen 1985 und 1989 führten sie zehnmal längere private Gespräche, hinzu kamen Begegnungen bei mehreren offiziellen Anlässen. Indem Honecker sich mit seinen Leistungen brüstete und darauf herumritt, daß die alten stalinistischen Methoden doch die besten seien, ging er Gorbatschow zunehmend auf die Nerven als typischer Vertreter der Art von Betonköpfen, die ihm zu Hause das Leben schwer machten. Mit seiner Lieblingsformulierung vom «gemeinsamen Haus Europa» weckte Gorbatschow bei Honecker den Verdacht, er könnte auf Kosten der DDR ein Bündnis mit Westdeutschland schmieden. Die Zeit der einträglichen Ausbeutung der Ostpolitik wäre vorbei gewesen. In seinen Memoiren schrieb er: «1987 erhielten wir Informationen aus Washington, die besagten, daß die DDR der ‹Preis› für das gemeinsame Haus Europa sein würde.» In dieser ausweglosen Situation mußte die eine oder die andere Seite verlieren.

Auch die Männer in Honeckers Umgebung waren unfähig, sich den Erfordernissen der Perestrojka anzupassen. Mielke, Ministerpräsident Willi Stoph, Verteidigungsminister Heinz Keßler, die Politbüromitglieder Joachim Herrmann, Hermann Axen, Kurt Hager und etliche andere waren schon weit über siebzig. Der für

Wirtschaftsfragen zuständige Günter Mittag war nicht viel jünger und überdies krank: Infolge seiner Zuckerkrankheit hatte man ihm beide Beine amputieren müssen. Taktvolle Hinweise auf die Möglichkeit zu Reformen waren bei diesen Männern vergebliche Liebesmühe.

Ein weiteres Hindernis war ihre Korruptheit. Die Elite lebte im Ostberliner Stadtteil Wandlitz, im Volksmund auch Volvograd genannt. Nach Angaben von Fritz Müller, dem Leiter der Abteilung Parteiorganisation im Zentralkomitee, gehörten im Jahre 1981 339 000 Personen zur Nomenklatura, die sich in verschiedenen Parteipositionen bereicherten. Eine der außergewöhnlichsten Behörden, die jemals von einer Regierung eingerichtet wurden, war der sogenannte Bereich Kommerzielle Koordinierung, kurz KoKo, der ausdrücklich der Abwicklung von Schiebereien diente. Die KoKo agierte unter absoluter Geheimhaltung. Nach Aussage des Ostberliner Rechtsanwalts Peter Przybylski, der eine Untersuchung über ihre Aktivitäten veröffentlicht hat, war sie «die wichtigste Industriemacht der DDR». 1965 berief Hermann Matern, ein Mann des Moskauer KGB im ostdeutschen Politbüro, Alexander Schalck-Golodkowski an die Spitze der KoKo. Es war eine kluge Wahl. Ohne den Gesetzen und Regeln des kapitalistischen Marktes unterworfen zu sein, folgte Schalck ungehindert seinem Freibeuterinstinkt. Im einem Brief an Matern schlug Schalck Börsentransaktionen vor, Switchgeschäfte, Spekulationsgeschäfte mit Gold und Rohstoffen, alles unter der Bedingung, daß er durch das Ministerium für Außenhandel und Innerdeutschen Handel unbeschränkte Vollmachten erhielt und die Stasi verläßlich mit ihm zusammenarbeitete. Solche Hilfe war nötig, «weil eine Reihe von Operationen wie illegale Warentransporte, Versicherungsbetrug und andere streng geheimzuhaltende Maßnahmen nur einem außerordentlich kleinen Kreis – nicht mehr als zwei bis drei Mitarbeitern – bekannt sein dürfen und von ihnen durchgeführt werden sollten.»

Im November 1989 teilte Schalck mit, die KoKo habe im Verlauf von 22 Jahren illegaler Operationen 27,8 Milliarden Valuta-Mark – die Währungseinheit für den DDR-Außenhandel – angehäuft. Kurz darauf, in der Nacht zum 2. Dezember, floh Schalck nach Westdeutschland. Im Gepäck hatte er «drei Aktenkoffer, deren Inhalt, wäre er publik geworden, sich nicht nur für die DDR, sondern auch für Spitzenpolitiker der westdeutschen Republik als höchst explosiv erwiesen hätte».

Fritz Löwenthal hat vor langer Zeit beschrieben, wie die Fartei Grundbesitz «erbte», den sie bei den früheren Eigentümern konfisziert hatte, und wie die Grundstücke schließlich in privilegierte Hände übergingen. Die KoKo war über ost- und westdeutsche Scheinfirmen an 25 Unternehmen und sechs Joint-ventures im Ausland beteiligt. Und sie führte geheime Konten für Honecker und Mielke – allein auf Mielkes Konto 0528 befanden sich 38 Millionen Mark. Die KoKo erfand eine Methode, Bilder und Plastiken in staatlichen Museen als nicht aufbewahrenswert einzustufen, so daß sie unerlaubterweise verkauft wurden – allein aus der Dresdner Sammlung fehlen 668 Gemälde. Nachdem die Justiz begonnen hatte, sich mit der KoKo zu befassen, entdeckte man in den Kellerräumen des Büros in Berlin zwanzig Tonnen Gold. Als gegen ihn ermittelt wurde, schrieb Manfred Seidel, der für die KoKo zeichnungsberechtigt gewesen war, im Januar 1990: «Mein Auftrag war, alle zur Verfügung stehenden Möglichkeiten zu nutzen, Valuta für die DDR zu erwirtschaften. Dabei gab es keine gesetzlichen Bestimmungen zu beachten. Das trifft für Inland und Ausland zu.»

Mielke bezog ein Monatsgehalt von 6277 Mark. Außer seinen KoKo-Konten besaß er noch über 950000 Mark auf Girokonten, 42000 Mark auf einem Sparkonto, sein Haus in Wandlitz und ein Jagdrevier am Wolletzsee im Bezirk Angermünde. Bei seiner Festnahme wegen Unterschlagung am 7. Dezember sagte er: «Ich werde das nicht überleben. Ich werde sterben. Und Sie werden dafür verantwortlich sein.» Wie viele seiner Opfer hatten wohl ähnliches gesagt, in ihrem Fall allerdings mit gutem Recht und der Wahrheit entsprechend? Harry Tisch, der Vorsitzende des Gewerkschaftsbundes, wurde angeklagt, weil er mehr als hundert Millionen Mark ausgegeben haben soll, ohne dazu befugt gewesen zu sein. Das Politbüromitglied Günther Kleiber hatte sich heimlich ein

«Wer zu spät kommt, den bestraft das Leben» 361

Haus in Marzahn gebaut. Gerd Müller, Kandidat im Politbüro, wurde von der Justiz vorgeworfen, er habe sich im Thüringer Wald ein Jagdhaus bauen lassen – einschließlich einer asphaltierten Zufahrtsstraße. Er bestritt das zunächst, doch bei einer Pressekonferenz räumte er später ein, das Gebäude mit einem Wert von 700 000 bis 800 000 Mark sei mit staatlichen Geldern finanziert worden. Das ganze Ausmaß dieser Selbstbedienungspraxis ist noch nicht zu überblicken, die Verflechtungen mit dem Ausland sind noch ein Geheimnis. Die Details der institutionalisierten Raubzüge der Partei werden in den kommenden Jahren wahrscheinlich noch für Skandale sorgen. Die DDR setzte bei ihrer Entwicklung und bei der Verfolgung ihrer Ziele eher auf hinterhältige Korruption als auf die marxistische Lehre. Die Kommunistische Partei Österreichs wurde schließlich per Gerichtsbeschluß gezwungen, Vermögenswerte in Höhe von 330 Millionen DM auszuhändigen, die aus dem Vermögen der SED stammten. «Unsere Genossen reisten mit dicken Geldbündeln nach Düsseldorf und kehrten mit brüderlichen Ermutigungen für den Kampf zurück», enthüllte Günter Mittag sarkastisch. Er ließ offen, ob die dicken Bündel Bestechungsgeld enthielten, Schweigegeld, geschmuggelte Depositengelder oder Hilfsgelder für Terroristen.

Am 6. Oktober 1989 wurde in der DDR der vierzigste Jahrestag der Staatsgründung durch Stalin gefeiert. Es sollte die letzte große Parteiveranstaltung des Ostblocks werden, zu der Satrapen aus dem kommunistischen Reich wie Ceaușescu, Miloš Jakeš, Schiwkow, General Jaruzelski, der bereits seine Wahlen verloren hatte, und treue Gefolgsleute wie Yassir Arafat anreisten. Am Abend zog in Berlin eine riesige Menschenmenge im traditionellen Fackelzug mit dem Ruf «Gorbi, Gorbi» an einer Ehrentribüne vorbei. Nur eine Verdi-Oper hätte dieser Szene gerecht werden können. Die Demonstration, die Honecker als Loyalitätsbekundung organisiert hatte, läutete schließlich sein Ende ein, und Gorbatschow konnte diesen Beifall politisch nicht überleben. Am Morgen des 7. Oktober trafen Honecker und Gorbatschow zu ihrer letzten privaten Begegnung zusammen. Nach dem Gespräch verkündete Gorbatschow auf dem Korridor zum erstenmal jenen

Satz, der in der ganzen Welt widerhallte: «Wer zu spät kommt, den bestraft das Leben.» Anschließend hielt er eine lange Rede vor dem versammelten Zentralkomitee. Er kritisierte sein eigenes Land, weil die Reformen nur zögerlich vorankämen, aber seine Worte zielten unüberhörbar auf die DDR. Honecker ließ in seiner Antwort nicht erkennen, daß er Gorbatschow zugehört, geschweige denn seine Worte verstanden hatte. Schabowski zufolge gab Gorbatschow ein mißbilligendes «Tsss» von sich, und sein Mienenspiel drückte in etwa aus: «Na gut, Genossen, das ist das Ende des Weges.»

Eduard Schewardnadse sagte am 4. April 1991 in einem Interview mit dem *Stern*: «Ich war schon früh von der Unvermeidbarkeit der Wiedervereinigung überzeugt. Das war schon 1986.» Damit wiederholte er Bemerkungen, die er schon in seinen Memoiren gemacht hatte: «Eine Nation, und noch dazu eine so große wie die deutsche, kann Teilung nicht auf Dauer hinnehmen. Gorbatschow hat damals betont, es handle sich um einen ‹historischen Prozeß›. Und jeder Versuch, diesen Prozeß mit Gewalt zu beeinflussen, hätte eine Katastrophe zur Folge haben können. Wir hatten uns entschlossen, diesen Prozeß nicht zu stören, uns nicht einzumischen.»

Dieses fatalistische «Laissez-aller» steht im Widerspruch zu Gorbatschows Überzeugung, auf dem Gipfeltreffen von Malta habe zwischen ihm und Präsident Bush Einigkeit darüber bestanden, daß die Grenzen in Europa nicht verändert werden sollten. Es wirkt wie ein Versuch, die Ereignisse in einem möglichst positiven Licht erscheinen zu lassen. Gorbatschow bemühte sich, in den Sowjetrepubliken und in den Satellitenstaaten die alte Garde zu entmachten und an ihrer Stelle gleichgesinnte Anhänger der Perestrojka einzusetzen; die DDR war dabei keine Ausnahme. Da Honecker Probleme mit der Galle hatte und sich einer Operation unterziehen mußte, hatte er im Sommer 1989 nicht einmal entscheiden können, ob Günter Mittag ihn vertreten sollte oder Egon Krenz, sein designierter Nachfolger. Krenz, Jahrgang 1937, war in der FDJ aufgestiegen. Er stellte sich gern als Vertreter der neuen Generation dar. Krenz arbeitete eng mit Günter Schabowski zusammen, der im Politbüro für Presseangelegenheiten zuständig war. Ein möglicher Rivale war Hans Modrow, der Erste Sekretär der SED im Bezirk Dresden. Daß Markus Wolf ohne ersichtlichen Grund die Leitung der HVA niederlegte, könnte darauf hindeuten, daß Gorbatschow ihn als neuen Ersten Sekretär ausersehen hatte. Krenz und Schabowski haben ihre Sicht der Ereignisse veröffentlicht. Krenz berichtet – ohne zu behaupten, er sei persönlich dabeigewesen –, beim Abflug habe Gorbatschow auf dem Rollfeld einigen Umstehenden zugerufen: «Handelt!» Schabowski hält das für eine rührselige Legende. Wie dem auch sei, seit dem 7. Oktober bereitete Krenz seine Machtübernahme vor. Schabowski hat sich als den Mann dargestellt, der die Kleinarbeit erledigte, der nach und nach die Politbüromitglieder, denen sie vertrauen konnten, für ihren Plan gewann. Auf der Politbürositzung am 17. Oktober wurde Honecker jedenfalls «auf eigenen Wunsch» entlassen, man dankte ihm für seine Dienste. Mittag und Herrmann wurden ebenfalls abgewählt. Mit genau so einer Verschwörung hatte Honecker seinen Vorgänger Ulbricht ausmanövriert. Die zunehmend gespannte Atmosphäre im Land schürte die Rebellion innerhalb der Elite. Bereits Anfang September hatte die Gründungsversammlung des Neuen Forums, der ersten von mehreren Bürgerbewegungen, stattgefunden. Die Aktivisten des Neuen Forums waren zumeist bekannte Dissidenten. Im Gründungsaufruf des Neuen Forums – der innerhalb weniger Wochen von 200 000 Unterstützern unterzeichnet wurde – hieß es, die Kommunikation zwischen Staat und Gesellschaft sei vollkommen zusammengebrochen, es komme nun darauf an, daß eine möglichst große Anzahl von Menschen am gesellschaftlichen Reformprozeß mitwirke. «Wir bilden deshalb gemeinsam eine politische Plattform für die ganze DDR.» Die Partei sah ihr Machtmonopol bedroht und verbot das Neue Forum am 22. September als «staatsfeindliche Plattform». Nachdem die Partei entschieden hatte, daß man das Neue Forum nicht einbinden konnte, setzte sie auf Gewalt.

Die Volkspolizei, kurz Vopo, war etwa 100 000 Mann stark. Sie untergliederte sich in mehrere Abteilungen, die alle dem Innenminister General Dickel unterstanden. 73 000 Volkspolizisten nahmen die üblichen polizeilichen Aufgaben wahr, aber nach der Logik des Systems diente Polizeiarbeit der Verteidigung des Kommunismus, nicht dem Schutz von Menschenrechten und Eigentum. Die Volkspolizei war in einer der Infanterie vergleichbaren Weise bewaffnet und ausgerüstet. Hinter der Volkspolizei stand die Nationale Volksarmee mit 167000 Soldaten, 1500 Panzern und einer Luftwaffe mit fast 400 sowjetischen Kampfflugzeugen. Und hinter dieser Armee standen die russischen Besatzungstruppen mit 300000 Soldaten und mehr als 200000 zivilen Helfern. Nur wenige andere Länder waren so militarisiert. Ein Teil der preußischen Militärtradition lebte als Garant des Staates fort.

Bereits im Juni hatte Margot Honecker erklärt: «Wir müssen den Sozialismus mit allen Mitteln verteidigen. Mit Worten, Taten und, jawohl, wenn nötig auch mit Waffen.» Erich Honecker dachte genauso. Die Dissidenten des neuen Forums hatten die Aufrufe mit Namen und Adresse unterzeichnet, ihre Telefone wurden abgehört, ihre Aktenberge bei der Stasi wuchsen. So schien es nicht sehr wahrscheinlich, daß es ihnen gelingen würde, die Massen zu mobilisieren. Seit dem Herbst boten die wöchentlichen Friedensgebete in der Leipziger Nikolaikirche einen Rahmen für eine solche Mobilisierung, an dem die Logik der Gewalt scheitern mußte. Montag für Montag versammelten sich Tausende von Demonstranten auf den alten, gewundenen Straßen rund um die Kirche.

Um sicherzustellen, daß nichts und niemand Gorbatschows Besuch stören würde, wurden am 6. Oktober tausend Personen festgenommen. Im Verlauf des Besuchs wurden weitere 3456 Personen «zugeführt», und man leitete Verfahren gegen sie ein. «Gebt den Schweinen eine ordentliche Abreibung!» lautete Mielkes Anweisung. Die zurückhaltenden Berichte in der Parteipresse über Gorbatschows Besuch kamen dem Eingeständnis gleich, daß Gorbatschow Honecker fallenlassen wollte. Nachdem der unbequeme Gast und offensichtlich falsche Schutzherr nach Moskau zurückgeflogen war, steckte Honecker in der Klemme. Das Wochenende war vorüber. Am nächsten Montag, dem 9. Oktober, würden wieder Tausende zum Friedensgebet ins Zentrum von Leipzig strömen und aus der Schwäche des Ersten Sekretärs Kapital schlagen. Es wird noch viel Zeit vergehen, bis Honeckers damaliges Verhalten genau geklärt ist – falls das überhaupt jemals gelingt. Er war bereit, alle erforderlichen Repressionsmaßnahmen anzuordnen, aber er fürchtete, daß seine Genossen nicht mitziehen würden. Am 8. Oktober versetzte Mielke die Spezialeinheiten in Alarmbereitschaft. Am 9. war in Leipzig ein riesiges Polizeiaufgebot zur Stelle, Notarzt- und Krankenwagen standen bereit. Dank einer Mischung aus Zivilcourage, Glück und nicht funktionierenden Befehlsstrukturen in der Partei wurde ein Blutvergießen im letzten Augenblick verhindert. Wäre es an diesem Tag zu einem Massaker gekommen, hätte der Kommunismus in der DDR und im übrigen Ostblock ein ganz anderes Ende genommen.

Hätte Honecker geahnt, daß Krenz und Schabowski eine Verschwörung planten, dann hätte er unverzüglich Schritte einleiten können, um sie ihrer Parteiämter zu entheben und sie verhaften zu lassen. Bereits am 8. Oktober hatte Krenz eine Unterredung mit Mielke, allerdings soll es ein reines Routinetreffen gewesen sein. Doch Gorbatschows Rede vor dem Zentralkomitee konnte von den ZK-Sekretären nur so interpretiert werden, daß er sie ermächtigte, einen neuen Ersten Sekretär zu wählen. Anweisungen von Honecker waren damit nicht mehr verpflichtend, man konnte sie wohlweislich verschleppen oder sogar ignorieren. Gorbatschow war sich offensichtlich nicht darüber im klaren, daß er, indem er Honecker verdammte, eine Entwicklung in Gang setzte, die geradewegs zum Untergang der DDR führte – eine Konsequenz, die für ihn selbst existenzbedrohend war. Ein anderer Erster Sekretär hätte den Notstand erklären oder sogar das Kriegsrecht verhängen, die Grenzen schließen und mittels Verordnungen regieren können. Oder er hätte eine internationale Krise mit der Gefahr eines Einsatzes von Atomwaffen heraufbeschwören können. Der Umstand, daß Gorbatschow in aller Ruhe Krenz zur Verschwörung ermutigte, während Markus Wolf im Hintergrund bereitstand, spricht dafür, daß er immer noch an die unbedingte Wirksamkeit zentralisierter Parteimacht glaubte. Wenn es tatsächlich so war, verwechselte er Wunsch und Wirklichkeit.

Im Politbüro bekannte Krenz Farbe und erklärte, das Land

befinde sich in einer Krise. Am 13. flog er nach Leipzig in der Hoffnung, daß man es ihm zugute halten würde, wenn es gelänge, an diesem Montag Gewalt zu vermeiden. Am 17. schlug Willi Stoph vor, daß Honecker zurücktreten solle. Die Bestätigung des Rücktritts auf der ZK-Sitzung am nächsten Vormittag war nur noch Formsache. Krenz schreibt im typischen Parteijargon: «Ich wußte, daß einige Vertraute in Vorbereitung des 9. Plenums aktiv gearbeitet hatten, um eine Stimmenmehrheit im Plenum zu erreichen.» Honecker gab seine Rücktrittserklärung ab und ernannte Krenz zu seinem Nachfolger. Diese apostolische Nachfolge war der Todesstoß. Krenz gelang es zu keinem Zeitpunkt, ein eigenes Profil zu entwickeln.

Zur Leipziger Montagsdemonstration am 16. Oktober kamen fast doppelt so viele Leute wie sonst. Am 4. November zog eine Million Demonstranten durch die Straßen von Ostberlin. Es fehlte nur noch ein kleiner Impuls – und den gab Schabowski am Abend des 9. November bei einer Pressekonferenz, als er aus heiterem Himmel den Satz fallenließ, die Grenze nach Westen sei offen. Die darauf folgenden dramatischen Szenen waren ähnlich gefühlsgeladen und historisch bedeutsam wie der Sturm auf die Bastille fast zwei Jahrhunderte zuvor. Die Menschen durchbrachen zu Hunderttausenden die Mauer, rissen einige Teile zunächst mit der Hand, dann mit schweren Werkzeugen nieder. «Daß mit der Maueröffnung das Ende der Republik seinen Anfang genommen hatte, ahnten wir nicht», schrieb Schabowski. «Binnen kürzester Zeit», heißt es in Krenz' Buch, «geschah etwas, was niemand vorausgesehen hatte.» Er glaubte immer noch, daß die Vereinigung der beiden deutschen Staaten nicht auf der Tagesordnung stünde.

Eine Woche nach dem Fall der Mauer wurde Hans Modrow als Nachfolger von Willi Stoph neuer Ministerpräsident. Krenz bezeichnete Modrow zu Recht als einen «aufrichtigen Kommunisten», dennoch drifteten Partei und Staat allmählich auseinander. Krenz und Modrow waren das Spiegelbild von Grósz und Pozsgay in Ungarn. Die rivalisierenden Exponenten von Staat und Partei bremsten sich gegenseitig. Bei einer Krisensitzung Anfang Dezember verzichtete die Partei auf ihre «führende Rolle», säuberte ein letztes Mal das Politbüro und zwang Krenz zum Rücktritt. Er war gerade fünfzig Tage lang Erster Sekretär gewesen. In der DDR spielten Runde Tische eine größere Rolle als in irgendeinem anderen Land, sie wurden auf gesamtstaatlicher und kommunaler Ebene eingerichtet. Dem Neuen Forum und anderen oppositionellen Gruppen gelang es zwar nicht, die Partei oder die Stasi zur Rechenschaft zu ziehen, aber sie erreichten den zur Durchführung der Wahlen am 18. März 1990 erforderlichen Konsens. Dabei errang Kohls CDU einen ähnlich unerwarteten Wahlsieg wie Solidarność in Polen.

23 Brennpunkte

Die Nikolaikirche ist ein Beispiel für vollendete Barockarchitektur. Die großartigen Stuckarbeiten mit abwechslungsreichen Details von Palmwedeln und Dattelpalmen sind in hellem Rosa und Grün abgesetzt. In der lutherischen Kirche gibt es eine Hierarchie von Bischöfen und Superintendenten, aber in theologischer Hinsicht ist der Pastor vor Ort ganz allein für seine Kirche und seine Gemeinde verantwortlich. In den letzten fünfzehn Jahren war – nomen est omen – Pastor Christian Führer hier die treibende Kraft. Er ist schmächtig und blaß, hat kurzgeschorene graue Haare und wirkt stets angespannt nervös. Die lutherische Kirche hat bei der Entwicklung neuer, zeitgemäßerer Formen der Andacht und des Gottesdienstes eine Vorreiterrolle gespielt. Pastor Führer berichtet mit Begeisterung, wie er kirchenferne Menschen zurückgeholt hat, Außenseiter und stadtbekannte Rowdys. Sie hockten ungewohnterweise in den prächtigen Seitenkapellen auf dem Marmorboden und zupften auf ihren Gitarren. Widerwillig duldete die Stasi diese Umtriebe, die sie eher als Sozialarbeit am Rande der Gesellschaft und nicht als halborganisierte Opposition ansah.

Pastor Führer beschloß, daß die achtziger Jahre ein Jahrzehnt des Friedens werden sollten. Seine Kampagne «Schwerter zu Pflugscharen» wurde offiziell gebilligt als eine Stimme in dem großen Chor der Propaganda gegen den NATO-Beschluß zur Stationierung von Cruise Missiles. 1982 führte eine Gruppe die Friedensgebete jeden Montag um siebzehn Uhr ein. Die NATO-Raketen wurden in Europa stationiert, die Kampagne verebbte, und die Gruppe schmolz bis auf sechs Personen zusammen. Wahrscheinlich hätte sie sich ganz aufgelöst, hätte nicht eine Frau zu

Pastor Führer gesagt: «Wenn wir in der Kirche aufhören, dann gibt es keine Hoffnung mehr in diesem Land.» Neuen Auftrieb erhielten sie, als sie sich um Menschen zu kümmern begannen, die nach einem Ausreiseantrag ihren Arbeitsplatz und ihre Wohnung verloren hatten. Führer betrachtete den Olof-Palme-Friedensmarsch nach Prag im Jahre 1987 als eine Pilgerfahrt; er protestierte gegen die Festnahme von Dissidenten, die vor dem Denkmal für die beiden kommunistischen Schutzheiligen Rosa Luxemburg und Karl Liebknecht demonstriert hatten. Als er im Februar 1988 beschloß, unter dem Motto «Leben und Bleiben in der DDR» sein Möglichstes für die zurückgelassenen Angehörigen der Emigranten zu tun, strömten 800 Menschen in seine Kirche, und nur wenige waren Christen.

Vom Ausgang der Kommunalwahlen am 7. Mai ließ sich niemand täuschen, und am Tag darauf, einem Montag, umstellte die Polizei während des Friedensgebets die Kirche. Das machte die Friedensgebete bekannt. Künftig kamen jeden Montag Menschen aus dem ganzen Land nach Leipzig, die Polizei sperrte die Autobahn, durchsuchte Züge und nahm Personen fest. Eine Spirale aus Opposition und Unterdrückung war in Gang gesetzt und drehte sich nun immer weiter. Am Montag, dem 2. Oktober, quoll die Nikolaikirche förmlich über, und auch in vier anderen Leipziger Kirchen wurden Friedensgebete abgehalten. Pastor Führer hebt hervor, daß alle Anwesenden Ängste überwinden mußten. Am 9. Oktober sei man auf das Schlimmste gefaßt gewesen. «Die Schulkinder wurden nach Hause geschickt, die Universität schloß ihre Pforten, die Verkäuferinnen durften nicht mehr durch die Innenstadt gehen, die Armee war in Bereitschaft, überall standen die Panzerfahrzeuge mit diesen Planierschilden, Kampfgruppen, Polizei, ein irrsinniges Aufgebot von Tausenden uniformierter Leute. Und sie konnten sich nichts Besseres einfallen lassen, als 1 000 SED-Genossen in die Nikolaikirche zu schicken. Etwa 600 waren gekommen und saßen dort mit versteinerter Miene. Um halb drei war die Kirche voll. Das Friedensgebet fand in einer Atmosphäre statt, die zum Fürchten war.» Pastor Führer meint ganz ernsthaft, daß die zwangsweise Anwesenheit von Parteimitgliedern «eine besondere Taktik Gottes» gewesen sei. Er ergriff die Gelegenheit und hielt ihnen eine lange Predigt. «Jemand sagte, daß Professor Masur vom Gewandhaus unseren Aufruf gegen Gewalt unterstütze. Auch Dr. Hempel, der Bischof, kam herein und gab seinen bischöflichen Segen. Als wir die Kirche verlassen wollten, kamen wir gar nicht heraus. Ich werde nie in meinem Leben den Anblick der Menge vergessen. Als wir dann langsam aus der Kirche herauskamen, geschah das Wunder, daß die Leute sich gewaltlos in Bewegung setzten. Und die Polizisten verschwanden einfach in dieser Menschenmenge. Man war auf alles vorbereitet, nur nicht auf Kerzen und Gebete.»

Ingolf Rackwitz arbeitete damals als Rundfunkjournalist für den Berliner Jugendsender *DT 64*. Am Morgen des 9. Oktober hörte er Gerüchte von einer Demonstration in seiner Heimatstadt Leipzig und wollte darüber berichten. Sein Chefredakteur, ein Mann namens Klaus Schmalfuß, lehnte das ab, aber Rackwitz fuhr trotzdem aufs Geratewohl mit einem Wagen des Senders los. Mit ihm fuhr Hanno Harnisch, heute Pressesprecher der PDS. An diesem Tag waren keine westlichen Journalisten in Leipzig. Auf der Autobahn sahen sie Konvois der Bereitschaftspolizei. Die Zufahrtsstraßen zur Stadt waren durch Straßensperren blockiert. Auf der Suche nach Roland Wötzel, dem Bezirksparteisekretär, und dem für Agitation zuständigen Parteisekretär Jochen Pommert riefen sie zuerst beim Stadtradio und dann in den Bezirksbüros der Partei an. Pommert mußte ihre Presseausweise kontrollieren und sie akkreditieren. Das Verdienst, daß jener Tag ohne Blutvergießen zu Ende ging, gebührt zu einem wesentlichen Teil diesem Funktionär der mittleren Hierarchiestufe, der seither spurlos verschwunden ist. Der Leipziger Parteivorsitzende Horst Schumann war angeblich sehr krank und den ganzen Tag über wohlweislich nicht erreichbar. Nach den Anweisungen war klar, daß Pommert und Wötzel sich irgendwie zwischen dem Druck der Parteioberen in Leipzig und Berlin und dem Druck der beginnenden Demonstration vor Ort hindurchlavieren mußten. «Sie konnten unter diesen Umständen die Instruktionen aus Berlin ganz sicher nicht ausführen. Das war bestimmt auch ein Grund, warum sie diesen Aufruf zur Gewaltlosigkeit unterschrieben. Man kann nicht sagen, sie hätten Befehle ignoriert, sie hatten einfach keine andere Wahl. Pommert befand sich in einer Ausnahmesituation. Er stand unter großem Streß, wurde ständig ans Telefon gerufen, und dann kamen auch noch die Journalisten. In dieser Situation war alles möglich, auch die Lösung, zu der man erst vor kurzem in China gegriffen hatte. Pommert versprach, mit den Verantwortlichen der Stadtverwaltung in Kontakt zu bleiben.» Die Parteivertreter Pommert, Wötzel und Dr. Kurt Meier unterzeichneten mit Kurt Masur, Pastor Peter Zimmermann und dem Kabarettisten Bernd-Lutz Lange eine gemeinsame Erklärung: «Wir alle brauchen freien Meinungsaustausch über die Weiterführung des Sozialismus in unserem Land ... Wir bitten Sie dringend um Besonnenheit, damit der friedliche Dialog möglich wird.»

Von Pommerts Büro aus fuhr Rackwitz in Richtung Norden ins Zentrum, vorbei an bewaffneten Kampfeinheiten mit Schlagstöcken. Die Bereitschaftspolizei bestand aus jungen Wehrpflichtigen, «die vor Angst deutlich zitterten und nicht das geringste Interesse erkennen ließen, ihre Nachbarn zu verletzen oder selbst verletzt zu werden. Jeder stellte sich offensichtlich die Frage, was er tun sollte, wenn er den Befehl bekäme, die Demonstranten anzugreifen.» Rackwitz ging in eine Polizeistation in der Ritterstraße, einer Parallelstraße zur Nikolaistraße, knapp zweihundert Meter von der Kirche entfernt. Dort war für Pressekontakte ein gewisser Major Heilmann verantwortlich, und ihm stand die für Radioübertragungen aus Leipzig erforderliche Ausrüstung zur Verfügung. «Zu dem Zeitpunkt war die Nikolaikirche bereits bis auf den letzten Platz mit Parteimitgliedern besetzt. Auf dem kleinen Platz rund um die Kirche drängten sich Tausende von Menschen, und ich begann Interviews zu führen. Ich war wie vom Donner gerührt, als mir klar wurde, daß die Menschen nicht mehr glaubten, was man ihnen erzählte. Auch wenn ich noch so aufrichtig auf sie zuging und mich noch so taktvoll verhielt, sie glaubten niemandem mehr. Dann setzte sich die Menge vom damaligen Karl-Marx-Platz, heute wieder Augustusplatz, aus in Bewegung, und niemand hatte auch nur die leiseste Ahnung, wohin sie gingen und was sie vorhatten, sie gingen einfach herum. Zeitweise kam es mir vor, als würde ich den Zug anführen. Sie gingen am Hauptbahnhof vorbei, und an den Fußgängerbrücken teilte sich die Menge. Ein großer Teil der Leute ging geradeaus weiter Richtung Innenstadt, von dort aus setzte eine Hälfte den Weg in Richtung der Friedrich-Ludwig-Jahn-Allee fort, und der andere Teil folgte weiter dem Ring.

Mit dem Mikrofon in der Hand ging ich an der Feuerwache vorbei, aber die Tore waren versperrt, und ich sah die Panzer nicht, die angeblich dort drinnen stehen sollten. An der nächsten Ecke machte die Kolonne gegenüber dem Stasi-Gebäude halt, daneben war ein anderes neues Gebäude, das entweder der Stasi oder der regulären Polizei gehörte. Zwischen sechs und sieben Uhr abends brachte unser Sender immer Liveberichte. Das war unsere Chance, einen Knüller zu landen. Also gingen wir hinein und meldeten uns an; dabei stellten wir zufällig fest, daß der Presseoffizier Heilmann in dem Gebäude ebenfalls ein Büro hatte. Ein Mikrofon und eine Übertragungsleitung waren vorhanden, und wir wurden mit unserem Chefredakteur in Berlin verbunden. Er sagte, daß unser Bericht leider nicht live gesendet, sondern nur aufgezeichnet und erst später gebracht werden könne. So berichteten wir, was wir gesehen und gehört hatten. Major Heilmann kam herein und fragte, ob wir auf Sendung seien. Wir schalteten das Radio ein, aber es war nur irgendein normales Programm. Am nächsten Morgen sagte der Chefredakteur, die technische Qualität unserer Aufnahmen sei nicht gut genug gewesen, er habe das Band weggeworfen. Wir fanden es und hörten es uns an, es war okay. Auch das war eine panische Reaktion.

Dann liefen wir wieder in der Demonstration mit und hörten diesen Aufruf von Masur, Wötzel und Pommert über den Stadtfunk. Wir suchten Pastor Führer auf, der sich nicht dem Demonstrationszug angeschlossen hatte, sondern lieber in seiner Kirche geblieben war. Als wir gegen zwanzig Uhr wieder gingen, war die Demonstration so gut wie vorbei. Wir waren wütend, weil die *Tagesschau* über die Ereignisse des Tages berichtete und Telefoninterviews brachte, während wir genau dasselbe versucht hatten und nicht gesendet worden waren.» Tatsächlich lief ihr Bericht dann am nächsten Tag, und ihr Chefredakteur Klaus Schmalfuß kündigte an, er werde eine Woche Urlaub nehmen und wisse nicht, ob er danach noch an denselben Arbeitsplatz zurückkehren könne. «Höchstwahrscheinlich nicht», antwortete Harnisch, und genauso war es auch.

Rechneten Sie damit, daß geschossen würde?

«Es wäre alles möglich gewesen. Wir waren auf alle Möglichkeiten vorbereitet. Das Faszinierende war, daß auf der einen Seite der Staat anbot, keine Gewalt anzuwenden, und auf der anderen Seite der Haß des Volkes sich nicht Bahn brach. Es wäre ja durchaus vorstellbar gewesen, daß die Menge wie in Berlin am 15. Januar das Stasi-Gebäude niedergebrannt hätte.»

Heute wissen wir, daß Honecker angeordnet hatte, Recht und Ordnung mit allen erforderlichen Mitteln aufrechtzuerhalten.

«In meinen Augen ist es besonders bemerkenswert, daß Wötzel und Pommert beschlossen, die Anordnungen zu mißachten. Die Parteidisziplin ließ ihnen keinen Spielraum für eine solche Entscheidung, sie riskierten ihre Haut. Aber niemand hatte sich vorgestellt, daß es in Leipzig einmal so weit kommen könnte.»

Kurt Masur, der Leiter des Leipziger Gewandhausorchesters, ist ein Dirigent von Weltruf. Wenige Menschen waren in der DDR so prominent wie er. In der Endphase des Staates bot man ihm an, Präsident zu werden, doch er lehnte ab. Masur ist mit Leib und Seele Musiker, groß von Statur, der starre Blick aus seinen blauen Augen hat etwas Bedrohliches. 1981 feierte das Gewandhausorchester sein zweihundertjähriges Bestehen, und Honecker stimmte aus diesem Anlaß der Errichtung eines neuen Konzertgebäudes zu. Ansonsten waren Honecker und Masur nur bei offiziellen Anlässen zusammengetroffen, zum Beispiel bei der Leipziger Messe.

Der Parteistaat schmückte sich gern mit Masurs Talenten und Leistungen, mußte ihm aber im Gegenzug eine gewisse Handlungsfreiheit lassen. Damit eröffnete sich ein schmaler Spielraum für Verhandlungen, ein Privileg. Ein Dissident oder ein aktives Mitglied der Kirche besaß weniger Einfluß als jemand, der Zugang zu den richtigen Leuten hatte: Das Verhältnis eines solchen Mannes zum Parteistaat war durch Heimlichkeiten geprägt. Der Insider hatte manchmal Erfolg bei Dingen, die den erklärten Gegner ins Gefängnis bringen konnten. Masur war von der Perestrojka begeistert. Musiker, die er aus der Sowjetunion kannte, überzeugten ihn, daß Gorbatschow tatsächlich sein Versprechen halten werde. Für ihn lag es auf der Hand, daß Honecker fürchtete, Gorbatschows Scheitern in der Sowjetunion würde die DDR vernichten, und daß er deshalb beschloß, sein Heil im stalinistischen Kommunismus zu suchen. Masurs direkte Einflußnahme auf die Politik begann am 11. Juni 1989. An diesem Tag erhielt er einen Brief von einem Arzt mit der Nachricht, am Tag zuvor habe die Polizei Straßenmusikanten in Gewahrsam genommen, die unerlaubte Protestlieder gesungen hätten. Masur wandte sich an Dr. Kurt Meier, der offiziell für Kulturangelegenheiten verantwortlich war. Er erhielt die Erlaubnis, alle am Konflikt Beteiligten im Gewandhaus zu versammeln. Masur vermittelte zwischen 650 Straßenmusikanten, der Partei und der Stasi. «Ich fragte sie nach ihren Geldbußen und Gefängnisstrafen. Es war ein ganz offenes Gespräch. Sie begannen zu erzählen. Sie waren mutig. Es war die erste offene Diskussion dieser Art, die es jemals im Land gegeben hatte. Ein guter Freund berichtete live im Radio darüber. Es war ein Durchbruch, die Generalprobe für das Kommende.

Jeder verstand Gorbatschows Satz ‹Wer zu spät kommt, den bestraft das Leben›. Am Morgen des 9. bemerkten wir, daß Militär- und Polizeifahrzeuge die Stadt umstellten und im Zentrum Stellung bezogen. Ich hörte aus der Nikolaikirche und von Mitgliedern des Neuen Forums, daß die Machthaber gegen das Friedensgebet am Abend vorgehen würden. Und zwar mit allen Mitteln.»

Wer gab diesen Truppen den Befehl zum Ausrücken?

«Niemand will den Befehl gegeben haben, jeder möchte lieber als derjenige gelten, der ihn aufhob. Eine Anweisung zum gewaltsa-

men Vorgehen war bereits am Freitag zuvor, dem 6., in der *Volkszeitung* aufgetaucht, und zwar in einem Satz, den ich niemals vergessen werde: ‹Wir werden die Feinde unseres Landes bekämpfen, wenn nötig auch mit Waffen.› Man hatte scharfe Munition ausgegeben. Die Befehlshaber der Spezialeinheiten waren auf ihren Posten. Keiner dieser jungen Offiziere erhielt je einen Rückzugsbefehl. Das schafften die Leute in Leipzig.»
Die Proben für das Konzert an jenem Abend waren am Mittag zu Ende. Im Anschluß daran telefonierte Masur mit Dr. Meier, der sagte, er wisse von nichts. Zwei Stunden später rief Dr. Meier zurück und schlug ein Treffen zwischen den drei Leipziger Parteiführern sowie Masur, Pastor Zimmermann und Bernd-Lutz Lange als Vertretern der Bürger vor. «Die drei Parteimitglieder sagten mir, es gebe keine genauen Befehle. Sie stimmten mit uns darin überein, daß Blutvergießen um jeden Preis vermieden werden müsse. Sie wollten wirklich keine Gewalt in Leipzig entfesseln. Wir rangen hart miteinander um die Formulierung des Aufrufs, denn die Parteimitglieder wollten nicht das Risiko eingehen, eine Erklärung zu unterzeichnen, aus der man eine Aufforderung zum Rücktritt Honeckers hätte herauslesen können. Also schlossen wir einen Kompromiß und einigten uns auf einen Aufruf zu Gewaltlosigkeit und Verhandlungen. Das Wunder von Leipzig bestand darin, daß die Menschen auf beiden Seiten erkannten, daß Gewalt keine Lösung ist.»

Es ist nicht ganz klar, aber allem Anschein nach war Honecker bereit, Gewalt anzuwenden.

«Ja. Und auch General Keßler. Und Mielke und die Stasi, denn sie wußten, wenn sie jetzt verloren, war ihre Herrschaft vorbei. Und so kam es tatsächlich. Nur daß wir das immer noch nicht begriffen hatten. Wir hatten das Regime dazu herausgefordert, die Demonstration niederzuschlagen, und es schreckte zurück. Die Menschen marschierten in der Stadt herum und riefen ‹Wir sind das Volk›, was hieß: Wir sind weder Kriminelle noch Terroristen oder als was immer sonst ihr uns bezeichnet, wir versuchen nur, unser Recht auf ein eigenes Leben, auf Meinungsfreiheit und Reisefreiheit zu behaupten. Sie marschierten den Ring entlang, der einst die Verteidigungsanlage der Stadt gewesen war. Ungefähr um sieben Uhr abends erhielt ich einen weiteren Telefonanruf, daß die Demonstranten nun das Stasi-Gebäude erreicht hätten und die Gefahr eines Zusammenstoßes drohe. Etwa eine halbe Stunde später hatten die Demonstranten ihre Runde beendet und kamen zurück zum Gewandhaus. Ich ruhte mich gerade vor dem Konzert aus. Ich hörte, daß die Demonstration friedlich verlief. Ich sprach über Radio, jeder konnte hören, was ich sagte, und sie strömten draußen zusammen und riefen danke. Es war ein sehr bewegender Augenblick für mich. Inzwischen war es etwa acht Uhr, der Saal war voll, und wir begannen mit *Till Eulenspiegel.*»

Nach kommunistischer Theorie war es ein undenkbarer Widerspruch, daß sich das Volk gegen seine Regierung erhob. Definitionsgemäß war jeder, der so etwas unternahm, ein Konterrevolutionär und verdiente ein blutiges Ende. Nun entdeckte man auf einmal Hunderttausende von Konterrevolutionären, und diese Abweichung von der Doktrin lähmte die Partei. Die Logik forderte, gegen Leute vorzugehen, die gegen das Regime demonstrierten. Wenn die Partei das nicht tat, waren die Leute entsprechend dieser Logik keine Konterrevolutionäre, und die Partei hatte demnach keine Legitimität mehr. Indem die SED am 9. Oktober Verhandlungen statt Gewalt wählte, setzte sie das entscheidende Instrument ihrer Herrschaftstechnik außer Kraft.

Binnen eines Monats machten Vorfälle in Berlin, die ebenso unerwartet kamen wie die Ereignisse in Leipzig, noch unmißverständlicher deutlich, daß der Kommunismus nur als Gewaltherrschaft funktionierte – oder zusammenbrechen mußte. Angesichts des Stroms der Flüchtlinge, die über Ungarn das Land verließen, hatte das Politbüro beschlossen, das absolute Reiseverbot zu lockern, aber die verwaltungstechnischen Details brauchten Zeit. Daß Schabowskis plötzliche und indirekt formulierte Verkündung des Beschlusses voreilig erfolgte, verlieh der Unfähigkeit des Regimes einen konspirativen Anschein. Im Osten wie im Westen hatte niemand erwartet, daß die Menschen ihre Zukunft selbst in die Hand nehmen würden. Kanzler Kohl war zu der Zeit gerade in Polen. Im Rückblick kann man sagen, daß der Ausgang der Ereignisse in Leipzig eine Verteidigung der Berliner Mauer fast unmöglich gemacht hatte. Die Leute wollten so schnell wie möglich überprüfen, was es mit Schabowskis Äußerung auf sich hatte, und sie stellten fest, daß die Mauer nur noch ein fiktives Gebilde war.

Hauptmann Jürgen Surkau war mit 36 Jahren ungewöhnlich jung, als er im August 1989 zum stellvertretenden Kommandeur des Berliner Wehrbezirkskommandos ernannt wurde. Er ist breitschultrig und energisch, vom Scheitel bis zur Sohle ein selbstbewußter Berufssoldat. Als Raketenexperte und überzeugter Kommunist war er für eine Führungsposition prädestiniert. In seinen Augen sprach es nicht gegen den Kommunismus, daß die DDR offensichtlich unfähig war, ihn zu verwirklichen. «Wir lebten in ständiger Kriegspsychose», sagt er. «Und das war auch eine Sache, worüber wir jüngerer Offiziere uns immer wieder mokierten.» Nach der Wiedervereinigung 1990 erhielt Surkau das Angebot, in der Bundeswehr weiter Dienst zu tun, doch er lehnte ab, weil es seiner politisch-ideologischen Überzeugung widersprochen hätte.

Surkaus Vorgesetzter in Berlin war Generalmajor Erdmann, Kommandeur der 9. Panzerdivision, einer im mecklenburgischen Eggesin stationierten Eliteeinheit. Im Herbst 1989 war Erdmann krank, und die Befehlsgewalt in Berlin lag de facto bei Jürgen Surkau. Er hatte sein Büro in der Straße Am Kupfergraben in der Nähe des Bahnhofs Friedrichstraße.

Anläßlich des Gorbatschow-Besuchs wurde die Armee in Alarmbereitschaft versetzt. 80 Prozent der Soldaten hatten Ausgangssperre, alle Einheiten wurden mit Waffen und Munition für den Einsatz ausgerüstet. Damit fehlte nur noch ein Schritt bis zur höchsten Alarmstufe. Aufgrund des Viermächtestatuts durften in Berlin selbst keine Truppen stationiert sein, so wurden die Regimenter der Ersten Motorisierten Schützendivision außerhalb der Stadt im nahegelegenen Oranienburg, in Lenetz und Stansdorf stationiert. Anfang November wurde die höchste Stufe der Gefechtsbereitschaft ausgelöst.

Nach Surkaus Ansicht handelte Schabowski in wohlüberlegter Absicht. Surkau hatte weder Warnungen noch Anweisungen erhalten. Die wachhabenden Soldaten zuckten nur mit den Schultern, als die Menschenmassen vorbeiströmten. Surkau war in jener Nacht zu Hause. Seine Frau, Chefstewardeß bei der Fluggesellschaft Interflug, kehrte in den frühen Morgenstunden aus Peking zurück. Nachdem sie dem Taxifahrer gesagt hatte, wohin sie wollte, fragte er, ob er den langen Weg um die Stadt herum oder den kurzen Weg durch Westberlin fahren solle. Sie glaubte, der Mann sei betrunken. Als Surkau am Freitag, dem 10. November, an seinen Schreibtisch zurückkehrte, erfuhr er aus dem Fernsehen, was in der Stadt los war. Er sah Bilder von westdeutschen Jugendlichen, die die Mauer beim Brandenburger Tor, in der Nähe des Checkpoint Charlie, zu besteigen versuchten. Dort war die Mauer etliche Meter dick und oben breit genug, daß ein Auto hätte darauf fahren können. Grenzsoldaten standen in einer langen Abwehrkette auf der Mauerkrone. Bis dahin hatte es den sicheren Tod bedeutet, wenn man versuchte, auf die Mauer zu gelangen. «Es war überhaupt nicht zu begreifen, daß dort oben Grenzsoldaten standen, denn überall konnte man inzwischen die Grenze passieren», erinnert sich Surkau. «Fünfhundert Meter weiter, am Potsdamer Platz, konnte man ohne Probleme kommen und gehen. Das war irgendwie unsinnig. Aus irgendwelchen, mir unverständlichen Gründen wollte man eben nicht, daß die Menschen dort, am Brandenburger Tor, auf die Mauer kletterten. Auf der Mauer standen Soldaten der Grenztruppen, in einer endlosen Kette, einer neben dem anderen. Wasserwerfer wurden eingesetzt, um die Leute wieder von der Mauer wegzubringen.» An jenem Freitagabend erhielt Surkau einen Anruf vom diensthabenden Offizier mit der Anweisung, um vier Uhr morgens in Straußberg im Südosten Berlins in einem Hotel zu erscheinen, das dem Ministerium für nationale Verteidigung gehörte. Surkau wollte die Sache überprüfen und rief einen Kameraden im Militärbezirk Schwerin an. Von ihm erfuhr er, daß alle Divisionskommandeure des Heeres, der Marine und der Luftwaffe und die Chefs der Wehrbezirke zusammengerufen worden waren. «Wir erwarteten, daß irgend etwas passieren würde, daß man uns sagen würde, was eigentlich los war und was wir tun sollten.»

In der Mitte des erst kurz zuvor eröffneten Hotels sprudelte in einem Springbrunnen warmes Wasser. Die Offiziere nahmen in einem Konferenzraum Platz. «Die ganze militärische Führung war da, General Keßler, der Verteidigungsminister Streletz, alle ihre Stellvertreter und auch Generalmajor Baumgarten, seit 1988 Chef der Grenztruppen. Ich erkannte auch andere Generäle wie den Kommandeur der Ersten Motschützendivision, den Chef der Vierten Flottille und einen guten Freund von mir, den Kapitän zur See Schirmer. Ich fragte ihn: ‹Was ist los?› Jeder spürte, daß es keine vorübergehende Spannung war, sondern eine echte Krise, irgendwie das Ende der DDR. Man brauchte nicht allzuviel Phantasie, weil ringsumher dieses ganze sozialistische Experiment schon gescheitert war. Nur Narren konnten glauben, daß wir eine einsame Insel waren, auf der es ewig hätte weiter funktionieren können. Doch das Ausmaß des Chaos wurde mir eigentlich erst in dieser Nacht bewußt.

Keßler begann zu reden, und seinen ersten Satz werde ich nie vergessen. Er sagte, am 11. November wohlgemerkt: ‹Die Situation in der DDR ist dadurch gekennzeichnet, daß es hier und da einen Vertrauensverlust unseres Volkes gegenüber der Partei gibt.› Dann brach die Hölle los. Ich war schockiert, ich dachte, das sei ein Militärputsch. Da sprangen schon Leute auf und riefen: ‹Seien Sie still, reden Sie nicht weiter, setzen Sie sich!› Ein Oberst stand auf und verbot dem Minister das Wort. Keßler sagte noch ein paar Worte, etwa: ‹Die Talsohle der Krise ist noch nicht durchschritten, aber es besteht begründeter Optimismus.› Das war auch ein Irrtum. Als nächster sprach mein Freund Schirmer, und er forderte im Auftrag der Offiziere seiner Flottille den Rücktritt von Keßler, Brünner, dem Chef der politischen Hauptverwaltung, Streletz und Baumgarten, wegen dieser Grenztruppenaktion. Plötzlich kam ein Adjutant der Grenztruppen der DDR hereingestürzt, lief zu General Baumgarten und flüsterte ihm etwas ins Ohr. Und dann stand Baumgarten auf und sagte: ‹Also, Genossen, wir stehen vor dem Ausbruch eines Krieges.›

Es entstand ein Tumult, die Offiziere sprangen auf. Dem Kommandeur der Ersten Motschützendivision reichte es, er bat Baumgarten darum, nicht ‹mit unseren patriotischen Gefühlen zu spielen›, und erklärte, er sehe überhaupt keine Kriegsgefahr. Dann sagte er: ‹Sie haben das noch nicht verstanden, das Spiel ist vorbei, es gibt keinen Krieg, es ist alles vorbei.› Diese Versammlung fand gar kein richtiges Ende, denn immer mehr Offiziere zogen anscheinend schon vorbereitete Briefe aus ihren Taschen, in denen der Rücktritt von Keßler, Brünner und allen diesen Leuten verlangt wurde.»

Gegen sechs Uhr trank Surkau mit seinem Freund Schirmer und Oberst Gerhard Filon von der Ersten Motschützendivision in Schwerin noch eine Tasse Kaffee, bevor sie alle zu ihren Einheiten zurückkehrten und die erhöhte Stufe der Gefechtsbereitschaft erst einmal aufhoben. Surkau ging nach Hause, legte sich ins Bett und sagte seiner Frau, wenn der diensthabende Offizier anrufen sollte, müsse der einzige Befehl lauten, die Waffenkammer verschlossen zu halten. Am nächsten Tag entschied er, daß es das einzig Richtige war, mit der westdeutschen Bundeswehr Kontakt aufzunehmen. Er und Oberst Filon gingen in Zivil zu Fuß nach Westberlin. Dort suchten sie im Telefonbuch und fanden die Adresse eines Reservistenverbandes, der sie mit einem gewissen Oberstleutnant Dr. Horst Roder in Verbindung brachte. Dem ersten Treffen folgten weitere diesseits und jenseits der Grenze. «Ich bin davon überzeugt, daß wir nicht die einzigen waren, die solche Verbindungen hatten. Auf allen Ebenen müssen Informationen ausgetauscht worden sein, um sicherzugehen, daß von seiten der Armee nichts schiefläuft. Diese Nacht hatte mich davon überzeugt, daß man irgend etwas tun mußte. Es war ein Schock für einen Soldaten wie mich, festzustellen, daß die Armee praktisch führungslos war.»

Heißt das, daß Honecker und später Krenz keine Gewalt hätten anwenden können, auch wenn sie es gewollt hätten?

Die Stasi hatte eine Sondereinheit, bestehend aus ein- bis zweitausend Mann, das Wachregiment Felix Dserschinskij, das in Berlin stationiert war mit dem ausdrücklichen Auftrag, die Partei zu schützen. Es spielte bei den Vorgängen keine Rolle. «Ich kann das aus meiner Sicht nicht für alle Sicherheitsorgane sagen, aber ich glaube, es war unmöglich, die Armee einzusetzen.»

Joachim Gauck ist Pastor der lutherischen Kirche und stammt aus Rostock, wo er im Herbst 1989 im Neuen Forum politisch aktiv wurde. Er saß bei den Verhandlungen über die deutsche Vereinigung mit am Runden Tisch. Nach der Wiedervereinigung machte ihn die Regierung zum Verantwortlichen für die Stasi-Akten. Die Frage, wer unter welchen Umständen Zugang zu den Akten haben sollte, war ein höchst brisantes Problem in Anbetracht des nagenden schlechten Gewissens mancher Leute, aber auch in Anbetracht der Tatsache, daß möglicherweise Unschuldige durch falsche Spuren in Verdacht geraten könnten. Der Sitz der Gauck-Behörde in Ostberlin ist eine riesige, weißgetünchte kafkaeske Höhle voller Schriftstücke und Forscher. Gauck betont nachdrücklich, daß es die Aufgabe seiner Behörde sei, kriminelle Handlungen juristisch zu verfolgen. Gerechtigkeit sei etwas anderes als Rache. Gauck ist besonnen und nachdenklich, eine eindrucksvolle Persönlichkeit. Die Sowjets hatten seinen Vater, einen Marineoffizier, 1950 in einem Geheimprozeß zu zweimal fünfundzwanzig Jahren Zuchthaus verurteilt. Er wurde nach Sibirien deportiert und freigelassen, nachdem Adenauer diplomatische Beziehungen mit der Sowjetunion aufgenommen hatte.

Der Anstoß, die Stasi-Akten zu öffnen, sei, so Gauck, von den Massendemonstrationen ausgegangen, die sich auf die Stasi-Zentrale konzentrierten. Man habe «Stasi in die Produktion!» gerufen, und das sei etwas vollkommen anderes als «Stasi an den Galgen!» Ungefähr Anfang Dezember kamen den Bürgerrechtsbewegungen Berichte zu Ohren, daß die Stasi Akten vernichte und damit die Beweise für die Verbrechen und Untaten beseitige. Im ganzen Land gab es daraufhin Demonstrationen vor den örtlichen Stasi-Büros, den Höhepunkt bildeten dann die Ereignisse in der Normannenstraße am 15. Januar. Die Initiative sei, so betont Gauck, vom Neuen Forum ausgegangen, doch er fügt hinzu: «Es ist möglich, daß bestimmte Interessengruppen der Stasi einige Dinge beiseite geschafft haben.

Wir haben Berge von vernichtetem Material gefunden. Und in der Normannenstraße gibt es heute noch Räume voller Säcke mit vernichteten Akten. Die Schnipsel ab einer gewissen Größe haben wir aufgehoben. Das zerschredderte Material haben wir weggeworfen. Die Bürgerrechtler in Berlin waren zu langsam und gaben der Stasi praktisch sechs Wochen, zu vernichten, was sie konnten. Wir haben einen Befehl von General Schwanitz gefunden, datiert vom November: ‹Falls es einmal zu einer Kontrolle durch Bürger kommt, sollten wir Material auch vernichten. Einen Teil sollten wir ihnen zeigen, aber einen Teil sollten wir vernichten.›» Tatsächlich fehlen Akten über Agenten, und besonders über die wichtigen IMs. Oftmals hing es vom Zufall ab, was erhalten blieb und was vernichtet wurde, und auch davon, wann die Stasi-Büros besetzt wurden, manchmal zu früh, aber häufiger zu spät. «Alles, was im Lande vor sich ging, wurde zuverlässig der Stasi berichtet, und die Informationen waren so detailliert, daß sie gar nicht gründlich für das Politbüro aufgearbeitet werden konnten.»

Über die HVA sagt Gauck: «Alles, was Wolf zu verantworten hatte, steht uns heute als Aktenunterlage nicht mehr zur Verfügung. Und das ist natürlich gerade für unsere wissenschaftliche Aufarbeitung ein Riesenproblem.» Die Archive wurden systematisch zerstört, so daß niemand dafür zur Verantwortung gezogen werden kann. Gauck zufolge war der damalige Ministerpräsident Modrow ein besserer Funktionär als seine Vorgänger, aber eben doch ein kommunistischer Funktionär, dem die Partei und der Sicherheitsapparat wichtiger waren als der Wille des Volkes. «Seine Phantasie reichte nicht aus, um sich zu vorstellen, daß man gegen die Interessen dieses Sicherheitsapparates etwas durchsetzen konnte.»

Aber es liegt immer noch ausreichend Beweismaterial vor, mit dem sich nicht nur belegen läßt, wie die HVA und die Stasi Hand in Hand arbeiteten, sondern auch, daß die HVA eng mit dem KGB kooperierte. Ein Moskauer Zentralcomputer, der unter dem russischen Akronym SOOD bekannt wurde, enthielt Dossiers über

Ausländer, die als Gegner im Kalten Krieg betrachtet wurden, und die Angaben stammten von den Geheimdiensten aller Satellitenstaaten mit Ausnahme Rumäniens. Die Stasi hatte 75 000 Dossiers für SOOD beigesteuert.

Die Stasi hatte ihr Geschäft von Stalins Geheimpolizei gelernt, aber noch immer ist nicht ganz klar, in welchem Umfang sie ein Werkzeug der Sowjets war. Gauck ist immer wieder erstaunt, wie bereitwillig Menschen aus dem Westen sich ihr Bild vom Kommunismus mit Hilfe der Informationen machten, die sie von Kommunisten bekamen. Ein Blick in die umfangreichen Akten zeige, «daß die Art und Weise, wie diese Wissenschaftler damals über den Sozialismus schrieben, ohne ein Wort über den KGB oder die Staatssicherheit zu verlieren, nicht nur einen Mangel an Wissenschaftlichkeit, sondern auch eine intellektuelle Fehlleistung offenbart».

24 Kleine Brüder

Gerhard Schürer wirkt auf den ersten Blick wie ein quirliger Kobold. Er gibt sich alle Mühe, seinen Zorn darüber zu verbergen, daß er kurze Zeit im Gefängnis verbringen mußte – seiner Ansicht nach zu Unrecht – und daß er nun von einer Pension lebt, die er für viel zu klein hält. Von 1965 an war er Leiter der Staatlichen Planungskommission mit einem Stab von 2000 Experten, er gehörte ohne Zweifel zu den fähigsten Leuten in der DDR. Sechzehn Jahre lang war er außerdem Kandidat des Politbüros. Zu Honekker hatte er keine enge Beziehung. «Ich war immer unter Mittag tätig», sagt er. «Mittag war das Trauma meines Lebens.» Mittag war überaus ehrgeizig und alles andere als dumm. Er glaubte, die parteiüblichen Mittel der Mobilisierung würden auch in der Wirtschaft die angestrebten Resultate bringen. Das war schlichtweg unrealistisch, aber Honecker hatte absolutes Vertrauen zu ihm.

Schürer betont, daß nicht nur Marxisten Fehler machen. Es habe zwei entscheidende immanente Schwächen des Systems gegeben: den Glauben, daß eine Entscheidung auch stets zum gewünschten Ergebnis führen müsse, und die Unfähigkeit, verbrauchte oder ganz einfach dumme Spitzenfunktionäre aus ihren Positionen zu entfernen. Planung in der DDR habe bedeutet, daß man bei mehr als 600 «Positionen» der wichtigsten Grundstoffe und Konsumgüter zwischen Angebot und Nachfrage vermitteln mußte; in der Sowjetunion seien es 3000 solcher «Positionen» gewesen. Wenn der Planungsentwurf fertig war, wurde er Mittag vorgelegt und kam dann womöglich noch zwei- oder dreimal zurück, bevor er endgültig akzeptiert wurde. Politische Erwägungen hatten stets Vorrang vor wirtschaftlichen Gesichtspunkten. Zwei

Drittel ihres Außenhandels wickelte die DDR mit der Sowjetunion ab.

Kredite aus dem Westen, insbesondere aus Japan und Westdeutschland, haben Schürer zufolge die DDR länger am Leben erhalten. Das Land galt bis zum letzten Tag als kreditwürdig. Venezuela und Brasilien waren zum Beispiel sehr viel höher verschuldet. Doch etwa 60 Prozent der Darlehen wurden für den Konsum ausgegeben, während es richtig gewesen wäre, bis zu 90 Prozent des Kapitals in den Ausbau der Produktionskapazitäten zu investieren.

Im Februar 1989 versuchte Schürer, sich mit Krenz darüber zu verständigen, daß Honecker zum Wohle des Landes zurücktreten solle. Doch als Krenz das Terrain sondierte, erwiderten die Sowjets, sie hätten bei sich zu Hause genügend Probleme und könnten sich nicht mit der Absetzung Honeckers befassen.

Weshalb änderte Gorbatschow seine Haltung zwischen Februar und dem 6. Oktober?

«Ich glaube, daß Gorbatschow schon in dieser Zeit damit spekulierte, die DDR als Faustpfand zu opfern, um friedliche Beziehungen mit der BRD aufzubauen. Daß die UdSSR dabei selbst zugrunde gehen würde, sah er nicht voraus. Aber Honecker spürte das, und von seinem Standpunkt aus hatte er recht.» Schürer war dabei, als Gorbatschow sagte, daß das Leben jeden bestrafen werde, der zu spät komme, und voller Erstaunen registrierte er, daß Honecker daraufhin ausführlich über Computerchips sprach, als führte er ein vollkommen anderes Gespräch.

Angesichts der Erkrankung Honeckers und der Täuschungsmanöver Mittags war das Politbüro im Laufe des Sommers und des Herbstes «eigentlich handlungsunfähig». Das Politbüro müsse die Schuld auf sich nehmen, daß es zur Wende gekommen sei, sagt Schürer, aber «die DDR war ohne die UdSSR nicht lebensfähig, nicht eine Woche, für meine Begriffe kaum einen Tag».

Werner Eberlein sieht auch im hohen Alter noch so aus, als sei er geradewegs einem Propagandabild der Partei aus den dreißiger

Jahren entstiegen, das den idealisierten Arbeiter zeigt. Selbst seine Hände sind die eines Arbeiters. Er wohnt in der einstigen Karl-Marx-Allee, dem einzigen Beispiel gigantomanischer stalinistischer Stadtplanung, das wahrscheinlich in Berlin überleben wird. Sein Vater Hugo Eberlein war vor dem Krieg ZK-Mitglied und floh mit seinen beiden Brüdern in die Sowjetunion. Alle drei wurden 1937 erschossen, der damals vierzehnjährige Werner wurde nach Sibirien deportiert, wo er sieben Jahre lang zwölf Stunden täglich ohne Pause in einem Sägewerk arbeitete. Als ich ihn fragte, ja förmlich drängte, zu erklären, wie er angesichts dieser schrecklichen Vergangenheit in der Lage gewesen sei, sein Leben der Partei zu widmen, antwortete er, er sei so mit dem Überleben beschäftigt gewesen, daß er sich nicht mit dem Nachdenken über Mißstände habe aufhalten können. Und überdies sei Stalin «etwas halb Göttliches, etwas Übernatürliches» gewesen, niemand wäre auf den Gedanken gekommen, ihn zu kritisieren. Nach dem Besuch der Parteihochschule in Moskau arbeitete er in der Organisationsabteilung der Partei, 1983 wurde er Erster Sekretär in Magdeburg und dann Mitglied des Politbüros. Das sowjetische Armeekorps in Magdeburg habe, sagt er, überhaupt keine Rolle gespielt. Weil er fließend Russisch spricht, wurde er auf höchster Ebene als Dolmetscher eingesetzt, und er nahm an acht sowjetischen Parteikonferenzen teil. Er räumt ein, daß das System wohl gescheitert sei, aber von der Idee des Kommunismus ist er so überzeugt wie eh und je.

Obwohl er ein Anhänger Honeckers war, spricht er vom «fatalen Schweigen» und der «Konzeptionslosigkeit» des Politbüros im Jahre 1989. Honecker habe die «Gorbi, Gorbi» rufenden Menschenmengen als persönlichen Affront aufgefaßt, doch es wurden inhaltliche Reformen gefordert, nicht das Auswechseln einzelner Personen, und Honecker hatte sich Reformen in den Weg gestellt. «Er berief sich immer auf unsere soziale und materielle Situation, die besser war als die in Moskau oder Ulan Bator. Aber die Leute verglichen ihre Situation mit der in Köln und Hannover. Meine These ist, daß einer von uns im Politbüro schon Ende 1988 hätte aufstehen und sagen müssen: ›Ich bin mit dieser oder jener Politik

nicht einverstanden.› Honecker wäre allein geblieben. Aber in unserer Tradition gab es diese stramme Disziplin und die Angst, als Fraktionär verschrien zu werden. Er wollte immer alle Zügel in der Hand halten. Es ist heute schwer zu beantworten, warum jeder in dieser Runde, mal grob gesagt, das Maul gehalten hat. Perestrojka war ein schönes Wort, eine gute Idee, aber keine Konzeption zur Lösung unserer Probleme.»
Durch Andeutungen versuchten Harry Tisch und Schabowski, ihn auf die Seite der Gegner Honeckers im Politbüro zu ziehen. Er spricht voller Verachtung von der «Buschtaktik» und meint damit die Verschwörung, die die Elite in Wandlitz organisierte. Verachtung empfindet er auch für Kollegen, die in seinen Augen Wendehälse sind.
Selbst in Magdeburg gab es Massendemonstrationen. Das Neue Forum spielte dort eine große Rolle. Die Kirche nahm die Protestierenden unter ihre Fittiche. Eines Tages Anfang Oktober rief der Bischof bei Eberlein an und fragte, ob man Gewalt anwenden werde. An die Polizei war keine scharfe Munition ausgegeben worden. Der Bischof bat darum, daß die Demonstranten ihre eigenen Ordnungskräfte aufstellen dürften, und Eberlein rief daraufhin den Polizeichef an und befahl ihm, die Demonstranten in Ruhe zu lassen. «Es hat ja keinen Sinn, gegen 50 000 vorzugehen, 30 000 genügen schon, um zu sagen: ‹Finger weg, hier kannst du mit Gewalt nichts machen.›» Trotz allem könne man nicht von einem allgemeinen Zusammenbruch sprechen. Von Dezember 1988 bis August 1989 seien in Magdeburg 900 Parteimitglieder ausgetreten, 330 seien ausgeschlossen worden, aber es seien auch 2 000 neue Mitglieder eingetreten. «Die Genossen warteten doch auf ein Signal, was sie tun sollten, wie sie es tun sollten, und es kam nichts.
Gorbatschow propagierte das gemeinsame europäische Haus, aber darin gab es im Grunde genommen kein Zimmer für die DDR. Ich kann mir nicht vorstellen, daß er sich bei seiner Rede über das gemeinsame europäische Haus keine Gedanken über die DDR machte. Ich glaube, er strebte Reformen an, ohne jede Rücksicht, und er schrieb die DDR ab. Die Frage ist, wie Gorbatschows

Wandlung zu erklären ist. Ich meine, er war nicht aufrichtig, als er für die DDR plädierte. Ich glaube auch, daß er am 40. Jahrestag, als er hier war, nicht ehrlich uns gegenüber war.»

Wie verlief die Politbürositzung am 8. November, in der es um die Maueröffnung ging?

«Wir waren übereinstimmend der Meinung, daß wir ein Reisegesetz schaffen mußten, das den Menschen die Möglichkeit bieten würde, legal in die BRD zu fahren. Über Wochen ging der Gesetzentwurf hin und her, bis er ins Politbüro kam. In dieser Sitzung wurde endlich beschlossen, daß jeder Bürger zur Polizei gehen, sich einen Stempel holen und dann rüberfahren kann. Von einer Öffnung der Grenze war nicht die Rede. Aber statt zur Polizei zu gehen und sich einen Stempel zu holen, gingen die Menschen direkt über die Grenze. Das war so nicht geplant. Dazu kam Schabowski, bei dem man nicht weiß, ob er absichtlich handelte oder nicht. Er sagt, er habe einen Zettel auf den Tisch bekommen und habe ihn vorgelesen, er habe gar nicht gewußt, was da draufstand, usw.»

Hatte man den Zoll oder die Grenztruppen informiert?

«Überhaupt nicht. Die wußten gar nichts. Sie hatten sicherlich auch gehört, daß es in Leipzig eine Anweisung gab, keine Waffen einzusetzen. Und ich glaube, soviel politische Vernunft war bei allen vorhanden, daß sie nicht aus Nervosität zur Waffe griffen. Im Politbüro setzten wir uns hin und sagten: ‹Wir hatten eine Entscheidung getroffen, was jetzt geschehen ist, ist spontan entstanden, das müssen wir akzeptieren, und es gibt kein Zurück mehr.›»

Wolfgang Herger ist ein untersetzter und stämmiger Mann mit einer brummigen Stimme. Er ist zusammen mit Krenz in den frühen sechziger Jahren in der FDJ aufgestiegen. Auf Empfehlung von Krenz wurde Herger im März 1985 Leiter der Abteilung für Sicherheitsfragen im Zentralkomitee. In dieser Position war er für innere und äußere Sicherheit einschließlich des militärischen Bereichs zuständig, obwohl die Abrüstungspolitik selbstverständlich zusammen mit der Sowjetunion betrieben wurde. Herger hebt hervor, daß er nur der Partei gegenüber rechenschaftspflichtig gewesen sei, nicht jedoch Mielke oder der Stasi, die zumindest nominell Teil des Staatsapparates waren. Seine Aufgabe war es, die Partei an der Macht zu halten. Wie Schabowski und Lorenz setzte sich auch Herger für seinen Freund Krenz als Honeckers Nachfolger ein. Doch Honeckers ständige Versuche, Krenz gegen Mittag auszuspielen, entmutigten ihn. Es wurde offenkundig, daß Honecker zurücktreten mußte, wenn man ihn nicht zu einem politischen Kurswechsel überreden konnte. Fast bis zuletzt glaubte Herger, daß Honecker doch noch zu einer vernünftigen Linie gebracht werden könnte. «Das für mich deprimierendste Erlebnis mit Honecker war seine Rede zum 40. Jahrestag der DDR am 6. Oktober 1989 im Palast der Republik. Die etwa 2500 bis 3000 Leute im Saal wußten, daß wir uns einer großen gesellschaftlichen Krise näherten oder schon mittendrin steckten. In den letzten Tagen hatten 10000 Leute die DDR verlassen, und wir alle hofften, daß Erich Honecker den Mut aufbringen würde, zu sagen: ‹Wir werden uns morgen – gleich morgen – im Politbüro oder im Zentralkomitee mit der Analyse der Lage beschäftigen.› Doch er beharrte absolut starrsinnig auf seiner Meinung, daß es keinen besseren Sozialismus als den in der DDR auf der ganzen Welt gebe und daß die Flüchtlinge durch die westliche Propaganda verführt worden seien. Für mich war diese Rede der absolute Schlußstrich. Ich sagte dann zu Krenz, wenn wir jetzt nicht handeln, dann rollt die Entwicklung über uns hinweg – das war dann sowieso der Fall. Honecker war so weit von der Realität entfernt, daß er vorschlug, auf dem für Mai 1990 vorgesehenen XII. Parteitag der SED wieder als Generalsekretär zu kandidieren.» Aber damals ging die Führung – auch Herger – noch davon aus, daß drei Viertel der Bevölkerung sich bewußt mit der DDR identifizierten und daß daher keine Gefahr bestand, friedlich von Westdeutschland überwältigt zu werden. Das war eine vollkommene Illusion.

Das katastrophale Ende des Landes und seines politischen Systems, so Herger weiter, sei ein viel zu komplexer Vorgang gewesen, als daß man ihn auf eine Person allein zurückführen könnte.

Aber die Wahl von Krenz sei «eine Art innere Befreiung innerhalb der SED selbst» gewesen. Damals seien auch andere Szenarien denkbar gewesen. Man hätte entweder einen außerordentlichen Parteitag einberufen können, der ein ganz neues Politbüro gewählt hätte, um in der DDR eine eigene Form eines unabhängigen Sozialismus einzuführen, oder die Stasi und die Armee hätten die Partei mit Waffengewalt verteidigt. «Entweder politisch oder polizeilich.» Die politische Variante war eine halbherzige Notlösung. Die Polizeistaatvariante, seit dem Massaker auf dem Platz des Himmlischen Friedens in Peking im Juni desselben Jahres auch als die chinesische Lösung bekannt, wurde abgelehnt, was Herger in erster Linie Krenz als «historisches Verdienst» anrechnet. Geheime Informationen, sagt er, hatten sie davon überzeugt, daß die NATO ein gewaltsames Vorgehen zum Anlaß genommen hätte einzumarschieren.

Selbst für einen Mann in Hergers Position blieben Honeckers Absichten im dunkeln. Zwei von Honecker unterzeichnete Fernschreiben, das eine vom September, das andere vom 8. Oktober, sind in ihren Formulierungen mehrdeutig, obwohl der Tenor eher auf Verhandlungen als auf einen Gewalteinsatz hindeutet. Herger hatte den Entwurf für das Fernschreiben vom 8. Oktober selbst mit formuliert und meint, «daß es falsch wäre, Honecker zu unterstellen, er habe mit einer gewaltsamen Lösung gespielt oder habe daran gedacht, den Ausnahmezustand zu verhängen». Am Freitag, dem 13. Oktober, entwarfen Krenz, Streletz, General Dikkel und Herger ein drittes Fernschreiben, weil sie damit rechneten, daß zu der im Anschluß an das Friedensgebet am 16. geplanten Demonstration noch mehr Leute kommen würden als in der Woche zuvor. Honecker unterzeichnete es in seiner Eigenschaft als Vorsitzender des Nationalen Verteidigungsrates, und darin hieß es ausdrücklich, daß unter keinen Umständen Waffengewalt angewendet werden dürfe. Doch was Honecker insgeheim dachte, «das war sein Geheimnis».

Günter Schabowski, geboren 1929, ein ausgezeichneter Journalist, wurde 1978 zum Chefredakteur des Parteiorgans *Neues Deutsch-*

land ernannt, schreibt und spricht erfrischend lebendig, war SED-Sekretär in Berlin und seit 1985 Mitglied des Politbüros. Durch seine russische Ehefrau hatte er gute Beziehungen nach Moskau und spricht auch Russisch. Nach der Wiedervereinigung hat er eine Stelle bei einer Lokalzeitung in Westdeutschland gefunden, in einer kleinen, verschlafenen Stadt, wo jedes Haus und jeder Garten perfekt gepflegt ist. Andere SED-Mitglieder, die vergleichbare Positionen bekleideten, klammern sich im allgemeinen an das, was sie an Nomenklatura-Privilegien und Pensionszahlungen retten konnten, und sie nörgeln mit einem gewissen Neid an Schabowski und seinem Neuanfang herum. In seinem Buch *Das Politbüro* geht er oft schonungslos mit der alten Garde ins Gericht, aber er steht loyal zu Krenz und seinen Weggefährten.

«Es war grundsätzlich unvorstellbar, daß die DDR so schnell von der Bildfläche verschwinden würde. Solange die Sowjetunion existierte, war daran eigentlich nicht zu denken. Das war einfach keine Realpolitik. Die Atomwaffen hielten den Ostblock zusammen.» In Gorbatschows Augen, so Schabowski weiter, sei die DDR ein besonders stabiler Bestandteil des Blocks gewesen. 1986 war Gorbatschow Ehrengast beim XI. Parteitag der SED. Mittag kümmerte sich um ihn, führte ihn herum und beeindruckte ihn mit der industriellen und wirtschaftlichen Leistungsfähigkeit des Landes.

Der nächste Parteitag sollte 1990 stattfinden. Die von Moskau geforderten Reformen konnten bis dahin warten. Der Handlungsbedarf wurde nicht gesehen, weil niemand begriff, daß die Sowjetunion inzwischen die Politik gegenüber ihren Satelliten geändert hatte. Bei Gorbatschows Besuch 1989 konnte Schabowski bei einem Abendessen Gorbatschows Sprecher Gennadij Gerassimow erklären, daß dramatische Veränderungen bevorstünden. Doch nicht einmal auf vertrauliche Eröffnungen dieser Art bekam man eine Reaktion der Sowjets, geschweige denn einen Rat, was zu tun sei.

Nach Schabowskis Ansicht lief vieles schief, weil die Verantwortlichen dumm oder verkalkt waren. Er schildert mit Vergnügen dramatische Politbürositzungen, bei denen er verknöcherte Gestalten wie Neumann oder Sindermann zum Rücktritt aufforderte, was sie ziemlich empörte. Bis zu den Kommunalwahlen im Mai hatte alles ganz normal ausgesehen. Die Manipulation der Massen gehört zum Wesen kommunistischer Wahlen, aber die Wahlfälschung weckte Zweifel an den guten Absichten der Partei. Sie markierte den Beginn einer Reihe von Zugeständnissen, die die Partei machen mußte, und sie diskreditierte sich immer mehr. Das eklatanteste Beispiel war die Verwirrung, die schließlich zur Öffnung der ungarischen Grenze führte; de facto war dies das Ende des Ostblocks. Mit Honeckers Absetzung brachen die bestehenden politischen Strukturen zusammen. Die «führende Rolle» der Partei wurde dann ohne weiteres aufgegeben, weil es keine gesellschaftliche Basis mehr dafür gab.

Hatte Krenz jemals eine Chance, die DDR zu erhalten?

Schabowski bejaht diese Frage. Er und Krenz, Siegfried Lorenz und einige andere sahen sich selbst als Reformer, die bestimmte Menschenrechte garantieren wollten, zum Beispiel Reisefreiheit, während sie an sozialistischen Prinzipien festhielten – in der Hoffnung, daß eine Art Konföderation mit Westdeutschland entstehen würde. «Mit dieser Art von Verschwörung hatten wir keine Erfahrung», sagt Schabowski. «Man kann sich nicht darauf vorbereiten. Wir waren fixiert auf die Politbürositzung am 17. Wenn man jemanden zu früh einweihte, würde er einen womöglich anschwärzen, Honecker anrufen und die ganze Sache auffliegen lassen. So blieben uns nur ungefähr zwölf Stunden, um das Zentralkomitee auf unsere Seite zu bringen. Ich sagte zu Krenz, Honecker müsse selbst vor dem Zentralkomitee seinen Rücktritt aus Gesundheitsgründen erklären, und ich formulierte die entsprechende Erklärung, ohne den Namen seines Nachfolgers einzusetzen. Es war ein Trick, als er scheinbar freiwillig Krenz empfahl, und das Zentralkomitee sah keinen Grund abzulehnen. Vielleicht dachte er, er könne Krenz beeinflussen, obwohl er bestürzt und verletzt war, weil Krenz gegen ihn intrigiert hatte.»

Gab es eine Debatte darüber, ob man die Position der Partei mit Gewalt verteidigen sollte?

«Nach der Sitzung des Politbüros standen ein paar Leute zusammen, mit den Akten unter dem Arm, Honecker war dabei. Jemand sagte, daß in Leipzig sich schon wieder eine neue Demonstration für den nächsten Montag anbahne. Honecker war ziemlich deprimiert. Über ein solches Thema zu reden, war in der DDR eigentlich unmöglich. Er sagte, vielleicht sollte man Panzer auffahren lassen. Ich erklärte Egon Krenz danach, wir hätten nicht noch vierzehn Tage Zeit. Es gebe viele Imponderabilien. Jemand wirft einen Stein, und einer im Geschützturm kriegt ihn an den Kopf, dann fangen die an zu schießen. Und wenn das losgeht, dann können wir uns alle verabschieden, dann gibt es einen blutigen Aufstand, und früher oder später hängen die SED-Bonzen an der Laterne. Am Tag vor der entscheidenden Sitzung des Politbüros fuhr Harry Tisch zu einem Treffen mit Gewerkschaftskollegen nach Moskau. Bei der Ankunft sagte er, er müsse eine sehr wichtige Angelegenheit mit Gorbatschow besprechen, und man arrangierte eine kurze Begegnung. Tisch erklärte, daß Honecker am nächsten Tag zurücktreten werde. Gorbatschow wirkte überrascht und verunsichert, als frage er sich, wer Tisch sei und warum er ihm das erzähle, aber schließlich wünschte er ihm alles Gute. Es war erstaunlich, daß er nicht mehr darüber wissen wollte.»

Für Schabowski ist immer noch die Frage unbeantwortet, welche Rolle Mielke spielte, der in engem Kontakt mit dem KGB gestanden habe. Warum ließ Mielke so widerstandslos den Dingen ihren Lauf? Unklar ist auch die Haltung Hans Modrows, der bis Oktober nur ZK-Mitglied war und in dem Ruf stand, Honecker die Stirn zu bieten. Schabowski sagt, er und Krenz hätten eine Liste potentieller Verbündeter aufgestellt, sie hätten Modrow ins Politbüro berufen und seine Wahl zum Ministerpräsidenten abgesichert. Er ist davon überzeugt, daß es eine geheime Übereinkunft zwischen Modrow und Markus Wolf gab, Krenz aus dem Amt zu drängen und mit Zustimmung des KGB die Macht an sich zu reißen. Ich fragte, ob er damit sagen wolle, daß Modrow die

Position des Ministerpräsidenten dazu genutzt habe, Krenz auszuschalten. «Ich würde sagen, auf jeden Fall. Die Macht war zweigeteilt, wie es typisch ist für eine revolutionäre Situation, und zwischen beiden Spitzen bestand keine klare Trennung.» Modrow habe seinen Einfluß genutzt, um seine Herrschaft vorzubereiten, gestützt auf Regierung und Parlament, ohne Partei und Politbüro. Schabowski macht Modrow auch für das Verschwinden der heute fehlenden Stasi- und HVA-Akten verantwortlich.

In der Stunde der Maueröffnung, als Schabowski selbst im Rampenlicht der Geschichte stand, habe er nicht vorausgesehen, wie die Dinge sich entwickeln würden. «Wir taten es, weil wir überzeugt waren, daß dies der nächste Schritt sein mußte, damit man uns im eigenen Land und im Ausland anerkannte. Entweder öffneten wir die Grenze oder nicht. Es war eine einfache Rechnung. Wenn wir die Grenze öffneten, hieß das, daß die Menschen rausgehen und wieder zurückkommen konnten. Die Tante Anna aus dem Westen kann sie vielleicht mal vierzehn Tage aufnehmen, aber mehr kann sie nicht tun. Dann werden sie wieder zurückkommen. Denn hier haben sie doch ihre Arbeit, ihre Wohnung, ihr kleines Auto. Und sie haben die Hoffnung, daß sich vielleicht noch manches andere ändern wird, wenn man ihnen jetzt schon die Erlaubnis gibt, zu reisen wie jeder andere auch. Also machten wir diesen Schritt mit, weil wir glaubten, es würde uns Entlastung verschaffen – und das tat es.»

Wenn Sie ein späteres Datum eingesetzt hätten, hätten Sie ausreichend Zeit gehabt, einen geordneten Übergang vorzubereiten.

«Ja, natürlich wäre das besser gewesen, aber die Zeit arbeitete gegen uns. Verstehen Sie, wir hatten Honecker gestürzt, und jetzt enttäuschten wir Neuen die Leute, die sich natürlich fragten, was wir vorhatten. Die Maueröffnung war ein Beweis für unsere ehrlichen Absichten.»

Das muß ein Schock für Gorbatschow gewesen sein.

«Ich glaube nicht. Er regte sich nicht sonderlich darüber auf. Er und seine Berater hatten bestimmt schon darüber gesprochen, daß die Mauer nicht ewig halten würde. Damals glaubte er, es sei besser, wenn wir die Dinge selbst in die Hand nehmen würden, statt sie unter sowjetischem Druck durchzusetzen. Ich erinnere mich daran, daß es eine Beschwerde aus Moskau gab, aber die war nicht erheblich. Es ging dabei um das Vier-Mächte-Abkommen über Berlin, und darüber hatte die DDR nicht zu befinden. Stellen Sie sich vor, Sie sind Gorbatschow, Chef eines Imperiums mit einer Reihe von Ländern, die mehr oder weniger nach Ihrer Pfeife tanzen. Sie machen eine Reform in Ihrem Land, und die Reform hat Auswirkungen auf diese Länder. Doch die DDR ist ein nützlicher Hebel gegen die Bundesrepublik, und außerdem produziert sie einen großen Teil der hochwertigeren Konsumgüter, die man in der Sowjetunion bekommt. Gorbatschow will, daß die DDR so lange wie möglich existiert. Das bedeutet, daß die Führung destabilisiert werden muß, um die Stabilität des Landes zu bewahren – das war jedenfalls die Vorstellung. So konnte er immer noch davon ausgehen, daß Krenz die DDR halten würde. Der KGB hatte ihm gesagt, Modrow werde der neue Mann sein, aber nun war Krenz da, und man konnte Geschäfte mit ihm machen. Er konnte sagen: ‹Egon, die DDR wird bleiben, die Sowjetunion steht treu zur DDR.› Aber dann verliert die Führungsspitze in der DDR immer mehr an Autorität, und jetzt ist Modrow da, und die Menschen rufen immer lauter nach der Wiedervereinigung. Gorbatschows Berater sagten ihm, die DDR sei nicht mehr zu halten. Er müsse sich um seine eigene Position kümmern. Eine ganz einfache Rechnung: Die DDR kann nicht gehalten werden, dann ist es einem lieber, 13 Milliarden dafür zu bekommen, als irgendwelches Theater zu veranstalten. ... Er hätte ja gar nicht mehr die Macht gehabt, weder politisch noch militärisch, die DDR bei der Stange zu halten. Also hat er aus dieser Sache noch einen Gewinn geschlagen.»

25 Götterdämmerung

Gewöhnlich flog ein neu ernannter Erster Sekretär eines Satellitenstaates so bald wie möglich nach Moskau, um den Herrschenden seine Reverenz zu erweisen, und Egon Krenz tat dies am 31. Oktober 1989. Nach ihrem Treffen am folgenden Tag erklärten Gorbatschow und Krenz, daß Deutschlands Wiedervereinigung nicht auf der Tagesordnung stehe. Fünf Wochen später, als seine Amtszeit als Erster Sekretär unter chaotischen Umständen zu Ende ging, der Partei der Verlust ihrer «führenden Rolle» drohte und Schalck-Golodkowski mit seinen Unterlagen und belastendem geheimem Material in den Westen geflohen war, flog Krenz noch einmal nach Moskau. Diesmal wurde er von Ministerpräsident Modrow begleitet, um mit den Führern anderer Satellitenstaaten über die Ergebnisse des Gipfels von Malta, der gerade zu Ende gegangen war, informiert zu werden. Mit Präsident Bush war – offensichtlich in bezug auf die deutsche Lage – vereinbart worden, daß die Grenzen in Europa nicht geändert werden sollten. Im neuen Jahr, am 30. Januar 1990, war Modrow wieder in Moskau, wo er sich in einer Pressekonferenz gegenteilig äußerte: «Die Wiedervereinigung der beiden deutschen Staaten ist die Perspektive, die vor uns liegt.» Man faßte die Einführung einer Art Konföderation ins Auge, wobei die beiden deutschen Staaten ihre jeweilige Identität in absehbarer Zukunft behalten würden.

Innerhalb von drei Monaten hatte Gorbatschow also seine Position zur deutschen Frage geändert. In der Zwischenzeit hatte Bundeskanzler Kohl eine ganze Palette von Vorschlägen und Zehn-Punkte-Programmen vorgelegt, mit vagen Erklärungen über eine Vereinigung in einem Zeitraum von zehn bis fünfzehn Jahren. Jetzt griff er die Gelegenheit beim Schopf. Am 11. Februar reiste er als westlicher Bittsteller zu Gorbatschow, und dort geschah, wie sein Berater Horst Teltschik es nannte, ein Wunder. Gorbatschow gab im Prinzip seine Zustimmung zur Wiedervereinigung. Während eines zweiten Besuchs am 15. Juli 1990, der in Moskau begann und nach Stawropol und in den Kaukasus führte, erreichte Kohl in Teltschiks Augen ein weiteres Wunder, nämlich die Zustimmung zur Wiedervereinigung innerhalb der NATO. Anschließend wurden die entsprechenden Modalitäten in aller Eile festgelegt. Bei den Wahlen sollten die Deutschen die Wiedervereinigung legitimieren, und mit dem Zwei-Plus-Vier-Vertrag – einem etwas unbeholfenen Wortgebilde – kam eine internationale Bestätigung seitens der vier Besatzungsmächte hinzu. Mit ein paar Riesenschritten hatte sich Deutschland unerwarteterweise aus seiner Zwangsjacke befreit. Mit kleinsten Zugeständnissen waren alle deutschen Wünsche auf eine Weise zufriedengestellt worden, die sich die Nachkriegskanzler nicht in ihren kühnsten Träumen erhofft hatten.

Gorbatschow hatte während seines Besuchs im Oktober eine seiner Ansprachen im Schloß Niederschönhausen gehalten, einem bezaubernden schlichten Gebäude aus dem 18. Jahrhundert im Ostberliner Stadtteil Pankow, einem bekannten Nomenklatura-Bezirk. Einige hundert Meter entfernt, auf der anderen Seite des offenen Parks mit Bäumen, liegt das Haus von Egon Krenz, eine schicke, moderne Villa mit Garten, umgeben von einem eisernen Sicherheitszaun. Krenz war eine Zeitlang das jüngste Mitglied des Politbüros – 1989 war er 52 Jahre alt. Er war für den Sport, die FDJ und die Sicherheit zuständig. Will man seinen früheren Kollegen Glauben schenken, erreichte er seine Position eher durch Opportunismus als durch Intelligenz. Nach den spöttischen Worten seines Erzfeindes Günter Mittag war er «Der Mann ohne Konzeption». Krenz wirkt mit seinem länglichen Gesicht und der Neigung, seine traurig wirkenden Augen zu rollen, höflich und geduldig, obwohl von Zeit zu Zeit eine leichte Bitterkeit zu spüren ist, vor allem wenn das Gespräch auf die Strafprozesse gegen frühere Machthaber der DDR kommt.

Man hat den Versuch unternommen, die für die Fälschung der Wahlergebnisse der Kommunalwahlen im Mai Verantwortlichen vor Gericht zu bringen. Krenz blieb bei der Aussage, daß er damals nichts davon gewußt habe, und er scheint zu glauben, daß ein paar kleine Manipulationen der Ergebnisse eher den wahren Parteigeist als eine kriminelle Haltung erkennen ließen, da kommunistische Wahlen ohnehin bedeutungslos waren.

In der politischen Situation des Jahres 1989, sagt er, hätten selbst die fähigsten Männer falsche Entscheidungen getroffen, wie immer sie auch gehandelt hätten. Die einzelnen hatten wenig Bedeutung. «Ich erkannte zu dem Zeitpunkt nicht, daß die DDR am Ende war. Ich rechnete aber fest damit, daß es mit Hilfe der Sowjetunion und durch einen Schulterschluß mit Gorbatschow möglich sein müsse, sie aus dieser tiefen politischen Krise herauszuführen. Wenn man so will, befand ich mich in einem ‹Gorbatschow-Rausch›, und als ich daraus erwachte, war es zu spät. Ich glaube immer noch, daß sein Reformansatz richtig war, aber es war manchmal schwierig, darauf zu reagieren, da abgesehen von Schlagworten in seinem Handeln keine Konzeption zu erkennen war, vor allem nicht auf ökonomischem Gebiet.» Er hatte Gorbatschow 1986 kennengelernt, und seine Frau hatte Raissa auf ihrer Reise durch die DDR begleitet.

Eine ganze Reihe von Faktoren war für den Zusammenbruch der DDR verantwortlich. «Dazu zähle ich die komplizierte Lage der DDR selbst, aber auch die Krise in der ganzen sozialistischen Welt, zu der die DDR ja gehörte, und vor allem die außerordentlich komplizierte politische und ökonomische Situation in der Sowjetunion. Wir hatten die sozialen und ökonomischen Forderungen immer in den Vordergrund geschoben. Leider hatten wir keine Reisefreiheit gewährt.» Doch die wirtschaftliche Basis des Westens hatte sich im Kalten Krieg als die stärkere erwiesen. Die Erhaltung des militärischen Gleichgewichts hatte immense Summen verschlungen, die anders hätten investiert werden können. «Leider gab es auf unserer Seite nie eine richtige Analyse. Wir haben immer nur gesagt: ‹Die Amerikaner wollen uns totrüsten›. Die westliche Welt hatte jahrzehntelang versucht, die DDR zu beseitigen.

Aber ich glaube auch, daß Geheimdienste ihre Hände im Spiel hatten.»
Im Laufe seiner Mitgliedschaft im Politbüro bekam er durch Schalck-Golodkowski, zu dem er eine freundschaftliche Beziehung gehabt habe, ein realistisches Bild von der Wirtschaft, ihren Schulden und Defiziten. In sachlich-trockenem Ton fügt er hinzu: «Er war ein Mann von außerordentlichem ökonomischem Verstand und ein Ökonom, der politisch dachte.» Wenn Krenz die Informationen, die er von Schalck-Golodkowski erhielt, im Politbüro preisgegeben hätte, hätte er seine Quelle kompromittiert. Letztendlich floh Schalck-Golodkowski, weil «er sich betrogen fühlte und um sein Leben kämpfte». Plötzlich behaupteten alle, die über seine Aktivitäten voll informiert gewesen waren, sie hätten von nichts gewußt.

Allein die Tatsache, daß Gorbatschow die DDR besuchte, wurde als grünes Licht für die Absetzung Honeckers interpretiert, obwohl über dieses Thema nie direkt gesprochen wurde. Krenz selbst hatte dafür gesorgt, daß Harry Tisch am Vorabend der entscheidenden Politbürositzung mit Gorbatschow sprechen konnte. Somit war Gorbatschow schon 24 Stunden vorher gewarnt.

Wußte Honecker, was geschehen würde?

«Das ist schwer zu sagen. Ich glaube nicht. Ein gesunder Honecker hätte dies wohl gespürt, denn es gab ja eine Woche vor seiner Absetzung eine zweitägige Politbürositzung, auf der wir versuchten, eine Stellungnahme zu entwerfen und die Sprachlosigkeit des Politbüros zu beenden.» Er spielt Schabowskis Version einer Konspiration herunter, ebenso die Bedeutung seines Treffens mit Mielke am 8. Oktober, bei dem anscheinend nur eine belanglose Diskussion über die sichere Heimreise der VIPs stattfand. Mielke, sagt er etwas widersprüchlich, war eine komplexe Persönlichkeit, er war besessen von der Vorstellung, die DDR müsse sich stets an die Sowjetunion halten. Es war Willi Stoph, nicht Honecker, der ihn als nächsten Ersten Sekretär vorschlug, doch damals wurde aus verfahrenstechnischen Gründen diese Version verbreitet. Es wäre besser gewesen, seine Amtszeit nicht mit gerade dieser Lüge zu beginnen, heute jedoch ist er der Meinung, daß das wenig Bedeutung hatte.

Glauben Sie, daß Sie die DDR hätten retten können?

«Ja. Wenn ich diesen Glauben nicht gehabt hätte, hätte ich die Funktion nicht übernommen. Ich ging davon aus, daß die DDR sozialistisch und souverän bleiben würde. Gorbatschow reagierte schriftlich, und wir führten auch ein Telefongespräch in einer angenehmen Atmosphäre. Die DDR war sehr zentralistisch regiert worden – ob das gut oder schlecht war, darüber müßte man noch diskutieren. Nach der Abwahl Erich Honeckers sollten die Leute an den Entscheidungen beteiligt werden. Da war plötzlich alles so emotionalisiert. Die Bürgerbewegungen waren schon auf der Straße. Sie betrachteten natürlich die Wende als ihr Verdienst. Die SED-Führung krabbelte nur hinterher – man startete eine Kampagne gegen Amtsmißbrauch und Korruption. Im Verhältnis zur Korruption im neuen, großen Deutschland waren wir relativ bescheiden. Aber das emotionalisierte die ganze Bewegung damals sehr stark.»

Was erwarteten Sie vom Besuch bei Gorbatschow am 31. Oktober?

«Eine enge Abstimmung unseres gemeinsamen Vorgehens. Ich hatte damals den Eindruck, daß Gorbatschow der DDR helfen wollte. Und ich hatte auch den Eindruck, daß ein gutes Verhältnis zwischen uns herrschte. Er sagte, das sowjetische Volk sei dasjenige, das der DDR den meisten Erfolg bei seiner Erneuerung wünsche. Als ich ihn fragte, welchen Platz er den beiden deutschen Staaten im gemeinsamen europäischen Haus zuordne und ob er zu seiner Vaterschaft gegenüber der DDR stehe, sagte er, ein vereinigtes Deutschland stehe nicht auf der Tagesordnung. Er wisse von Margaret Thatcher, von Mitterrand, von Bush, daß kein vernünftiger Politiker der Welt die Einheit Deutschlands für möglich halte. Das war am 1. November 1989. Wenn er jemals vorausgesehen hätte, daß der Weg Deutschlands durchaus auf der Tagesordnung stand, dann hätte ich es natürlich als ehrlicher empfun-

den, wenn er damals gesagt hätte: ‹Hören Sie zu, wir können Ihre Erneuerungsabsichten nicht mehr mittragen. Lassen Sie uns den USA, Großbritannien, Frankreich und der BRD das Angebot machen, Verhandlungen über die Wiedervereinigung aufzunehmen.› Aber dies war nicht seine Meinung. Erst später sagte er, er habe diesen Weg gewollt.»
Gorbatschow konnte der DDR entweder seine ganze oder überhaupt keine Unterstützung geben. Krenz glaubt, Gorbatschow habe sich für ersteres entschieden, bis ihm durch die Öffnung der Grenzen das Heft aus der Hand genommen wurde. Was immer Schewardnadse zu seiner Rechtfertigung schreiben mag, er war es, der im Oktober und November mit Außenminister Genscher telefoniert und ihn gewarnt hatte, die Finger von dem souveränen Staat DDR zu lassen. Krenz selbst glaubt, daß das Land mit offenen Grenzen hätte überleben können, so wie es von 1949 bis 1961 überlebt hatte. Im Dezember und Januar, als die SED ihre «führende Rolle» verloren hatte und das Überleben des Kommunismus in Frage stand, wurde Gorbatschow durch die Ereignisse jeder Entscheidung enthoben. Zwei kapitalistische deutsche Staaten würden offensichtlich miteinander verschmelzen. «Gorbatschow hatte begriffen, daß eine offizielle Forderung nach Restaurierung des Privateigentums die Teilung Deutschlands überflüssig machte. Wir hatten versucht, eine Alternative zur BRD zu schaffen. Daß das nicht geglückt ist, finde ich tragisch, aber es ist eben so.»

Haben Sie mit ihm über eine mögliche Öffnung der Mauer gesprochen?

«Nein. Wir sprachen darüber, daß man Wege finden müsse, den Deutschen zu gestatten, sich gegenseitig zu besuchen, und da gab es überhaupt keine Meinungsverschiedenheiten, aber die Art und Weise, in der dann am 9. November die Grenzen geöffnet wurden, konnte mit Gorbatschow gar nicht abgestimmt werden. Präsident Bush war der erste, der mir gratulierte. Auch Premierministerin Thatcher und Präsident Mitterrand schickten Glückwunschtelegramme. Als Gorbatschow spürte, daß die anderen Großmächte diesen Schritt begrüßten, äußerte auch er sich öffentlich dazu und ließ mir am 10. November durch den sowjetischen Botschafter übermitteln, daß er uns zu diesem mutigen Schritt beglückwünsche. Aber zu verantworten hatten wir die Sache.» Er und sein Freund und Vertrauter Wolfgang Herger sind der Auffassung, daß es ein Kardinalfehler gewesen sei, nicht so früh wie möglich im Oktober eine Parteisondersitzung einberufen zu haben, um ein neues Zentralkomitee und ein neues Politbüro zu wählen. Doch auch so hätten die Ereignisse vermutlich nicht mehr aufgehalten werden können. Der Kommunismus brach zusammen. Die anderen Satellitenstaaten blieben selbständige Länder, auch wenn sich ihr politisches System änderte. Wie die Sowjetunion war die DDR jedoch *nur* ein politisches System, und als dieses nicht mehr bestand, ging auch alles andere unter. «Alles hing miteinander zusammen. Solange die Sowjetunion stark genug war, den Ostblock zusammenzuhalten, hatte er Bestand. Als die Sowjetunion kaum noch die eigenen Machtstrukturen aufrechterhalten konnte, da zerfielen auch die Warschauer-Pakt-Staaten.»

Vorsichtig wägt er den Schaden ab, der durch Modrows geschickten Einsatz des Parlaments und der Regierung bei der Entmachtung der Partei und des Politbüros entstand. Er betont, daß er und nicht Gorbatschow es gewesen sei, der Modrow zum Ministerpräsidenten ernannt habe. Warum hatte er dann das Gefühl, am 3. Dezember zurücktreten zu müssen? Grundsätzlich deshalb, weil es inzwischen auch andere Machtzentren gab. Er war für die lange hinausgezögerte Sondersitzung der Partei verantwortlich, die eine Woche später stattfinden sollte. Im Vorfeld jedoch wurde er von allen fünfzehn Ersten Bezirkssekretären und anderen einflußreichen Leuten unter Druck gesetzt, mit der Partei einschließlich des Politbüros und des Zentralkomitees aufzuräumen. Sie versicherten ihm, die Aufforderung zum Rücktritt hätte nichts mit dem Disput um seine Person zu tun, doch ihm war klar, daß das nicht stimmte. «Als ich absolut keinen Sinn mehr darin sah zu kämpfen, weil alle für meinen Rücktritt waren, bin ich diesen Schritt gegangen, obwohl er unwürdig war. Man hätte diese eine Woche bis zum Sonderparteitag noch warten können. Dieser

Schritt wurde nur noch von Gorbatschow übertroffen, der sein
Zentralkomitee auflöste, ohne es zusammenzurufen.»

*Hatten Sie das Gefühl, daß Ihnen die Ereignisse im Oktober und
November außer Kontrolle gerieten?*

«Ja. In der Zeit, in der ich selbst politisch aktiv war, empfand ich
das vielleicht nicht so. Aber wenn ich über diese Zeit nachdenke,
empfinde ich das schon.» Die Karriere und die Parteiherrschaft
von Krenz endeten praktisch im gleichen Augenblick. Der scheinbare Nutznießer, Modrow, versuchte mittels der Volkskammer,
dem offiziellen, von der Partei zusammengestellten Parlament, zu
regieren, während der Runde Tisch als eine Art inoffizielles oder
alternatives Parlament fungierte. Krenz meint: «Es wurde viel diskutiert, aber wenig unternommen.» Anders als die Runden Tische
in anderen Satellitenstaaten diente dieser nicht so sehr der Teilung
der Macht mit der Opposition, sondern erwies sich vielmehr als
lähmende Einrichtung, die die endgültige Übernahme des Landes
durch Westdeutschland rechtfertigte.

Sind Sie von Gorbatschow enttäuscht?

«Meine Enttäuschung begann, als er nach dem August-Putsch von
der Krim zurückkam und kurzerhand erklärte, er sei kein Kommunist mehr. In Wirklichkeit tat er sein Möglichstes, um die
Macht der Partei wiederherzustellen. Es war, als würde der Papst
den Vatikanstaat auflösen und sagen, einen Gott gibt es nicht.
Aber es gibt auch einen zweiten Grund: Als seine Genossen Honecker, Stoph, Keßler und andere hier vor dem Staatsanwalt standen, im Gefängnis saßen, da ließ er sich als Ehrenbürger von
Berlin feiern.»

Ich traf Hans Modrow in den Ostberliner Büroräumen der PDS
nahe der Volksbühne. Im Erdgeschoß, das schmuddelig und
ungepflegt wirkt, befindet sich die Buchhandlung der Partei mit
Unmengen einer Literatur, die offensichtlich Opfer einer Zeitverschiebung geworden ist. Modrow trug ein offenes Hemd und eine
Lederjacke, ein Sozialist mit menschlichem Antlitz. Während un-

serer Unterhaltung wurde er herausgerufen und erhielt die Nachricht, daß die Generäle Keßler und Streletz an diesem Morgen zu Gefängnisstrafen wegen Verletzung von Menschenrechten verurteilt worden waren, ein Urteil, das ihn erschütterte.

1945 wurde er mit siebzehn Jahren eingezogen und bald darauf gefangengenommen. Vier Jahre verbrachte er in russischer Gefangenschaft. Kurz nach seiner Freilassung kehrte er für einen zweijährigen Lehrgang an der Hochschule des Komsomol nach Moskau zurück. Er bekennt, daß die Sowjetunion seine zweite Heimat gewesen sei. Seit 1973 Erster Sekretär der SED in Dresden, war er offensichtlich der geeignete Mann für die Umsetzung der Perestrojka.

Am Abend vor Gorbatschows Besuch in Dresden im Oktober kam es zu einer Krise. Ausreisewillige hatten Zuflucht in Prag gesucht, und alle betroffenen Regierungen hatten zugestimmt, sie in drei Zügen, in Begleitung von Konsularbeamten, das Gebiet der DDR durchqueren und in Westdeutschland aussteigen zu lassen. In den Medien waren die Abfahrtszeiten der Züge in Prag und ihre Ankunftszeit in Dresden bekanntgegeben worden. Eigentlich wären vier oder sogar fünf Züge nötig gewesen, so hatte man die Leute einfach zusammengepfercht. Die Grenze zur Tschechoslowakei wurde geschlossen, um zu verhindern, daß noch mehr Ausreisewillige aus der DDR strömten, und Modrow forderte den Minister für das Transportwesen telefonisch auf, die Züge an Dresden vorbeizuleiten. Tausende von Menschen waren auf dem Weg zum Hauptbahnhof, in der Hoffnung, sich in einen der Züge hineindrängen zu können, was sie als letzte Chance zu einer Flucht in den Westen sahen. Modrow sprach mit Keßler und erfuhr, daß Armeetruppen zur Unterstützung der Polizei eingesetzt werden sollten. Es bestand niemals die Absicht, die Leute zusammenzuschlagen, sagt Modrow, man wollte nur die Zugänge zum Bahnhof sperren. Drei Tage lang herrschte Chaos. Zahlreiche Menschen wurden verletzt, doch es gab keine Todesopfer, in Modrows Augen Rechtfertigung genug für diese Vorsichtsmaßnahme.

Kurz vor Weihnachten bestand erneut die Gefahr von Gewaltausbrüchen, sagt er, als die Leipziger Demonstranten ihren Ruf

‹Wir sind das Volk› in ‹Wir sind ein Volk› abwandelten, ein eleganter und beispielhafter Wechsel vom Klassenprotest zum Nationalismus. Der Vorschlag, die jeden Montag stattfindenden Friedensgebete eine Zeitlang zu verbieten, führte beinahe zu einer Konfrontation zwischen denen, die die DDR schützen, und denen, die ihre Existenz beenden wollten. Letztere waren nach Modrows Worten eine Minderheit, die zu klein war, um die Mehrheit zu diesem Zeitpunkt zu überwältigen. Er selbst glaubt im übrigen nicht, daß hinter der Erstürmung der Stasi-Zentrale in der Normannenstraße am 15. Januar eine Manipulation durch die Stasi steckte. «An diesem Tag tagte der Runde Tisch. Es war aber kein Aufruf des Runden Tisches, sondern eine Initiative des Neuen Forums. Ich führte gerade ein Gespräch mit dem jugoslawischen Außenminister, als man mir von der Demonstration berichtete. Ich brach das Gespräch ab und fuhr zur Normannenstraße. Ich mußte mit meinem Wagen durch die Menschenmenge fahren und stellte fest, daß wir das nur politisch und nicht mit Polizeikräften lösen können. Hätten wir Polizei eingesetzt, wäre es zur Gewalt gekommen. Ich sprach dann zu den dort Versammelten, nicht frei von Angst, muß ich sagen, vor allem davor, daß ich ausgebuht werde und die Regierung dadurch an Autorität verliert. Als es mir gelang, etwa zehn Minuten zu sprechen, fiel mir ein großer Stein vom Herzen. Die Kundgebung löste sich auf. Anschließend bemühte man sich stärker um eine Bewahrung der inneren Ruhe im Land.»

Er bestätigt, daß Honecker glaubte, seine Auffassung des Kommunismus sei der Gorbatschows unendlich überlegen. In seinen Reden und Schriften ging Honecker von der Voraussetzung aus, daß Gorbatschow scheitern würde. «Bis heute wird auch immer öfter vom Verrat Gorbatschows gesprochen. Dabei ist natürlich aus der heutigen Perspektive die Sache viel komplizierter zu bewerten als aus der Sicht von jemandem, der 1985 oder 1986 die DDR umwandeln wollte. Und Gorbatschow macht es uns ja auch selbst wesentlich schwerer, weil er jetzt Dinge sagt, die mit seinem damaligen Denken und seinen damaligen Äußerungen nicht in Übereinstimmung stehen.»

Die Absetzung Honeckers provozierte einen Zusammenstoß verschiedener Persönlichkeiten und ein Gerangel um die Macht, von dem die SED sich nie wieder richtig erholte. Alte und Junge, Hardliner und Reformer forderten unaufhörlich den Rücktritt ihrer jeweiligen Widersacher oder fädelten Intrigen zu diesem Zweck ein. Die politischen Details sind so langweilig wie unergiebig, doch als Politiker hat Modrow nichts vergessen und ist offensichtlich erfreut über die Möglichkeit, mich durch den Dschungel jener Intrigen zu führen. Um es zusammenzufassen: Ministerpräsident Willi Stoph konnte bei der Absetzung Honeckers weder sein hohes Alter noch seine Hardlineransichten verbergen und mußte am 7. November zurücktreten. Nach elf Tagen verwirrender Rangeleien in der Führungsspitze wurde Modrow sein Nachfolger. Nachdem sie die Gerontokraten ausmanövriert hatten, glaubten die jungen Perestrojkisten, sie könnten die DDR für den Kommunismus retten. In Wirklichkeit war dies nur eine gemilderte Version des traditionellen Machtwechsels durch Säuberungen, wenn auch die klare Spaltung der Kommunistischen Partei wie in den anderen Ländern des Sowjetreiches in dieser schwierigen Lage fehlte. «Anarchie», kommentierte ich, und er nickte zustimmend.

Der Skandal um Schalck-Golodkowski brach während der ersten drei Dezembertage über Modrow herein. Nach seinen Worten sah er keine andere Möglichkeit, als jemanden mit Schalcks Fähigkeiten und Westkontakten im Amt zu halten. Die mitternächtliche Flucht war jedoch ein Rückschlag und zwang außerdem den Generalstaatsanwalt der DDR, Peter Wendland, zum Rücktritt. Am 3. Dezember kam das Zentralkomitee zu seiner letzten Sitzung zusammen, Krenz trat zurück, die Partei in ihrer bisherigen Form löste sich auf. Modrow und die Führungsriege der verbliebenen Ostblockstaaten hatten sich unverzüglich, bereits am nächsten Tag, in Moskau einzufinden. Krenz war zwar nicht mehr Erster Sekretär, doch er blieb noch einige Tage lang Staatsratsvorsitzender, und in dieser Funktion begleitete er den Ministerpräsidenten.

«Ich habe Gorbatschow persönlich erst am 4. Dezember kennengelernt», sagt Modrow. «Er erklärte bis zuletzt, wann immer wir uns trafen, daß die DDR bestehen bleiben müsse. Die Sowjetunion werde zur DDR stehen. Heute tut er so, als hätte er schon vor Jahren ein anderes Konzept gehabt. Wann hat er also seine Konzeption gewechselt? Beim ersten Besuch wollte Gorbatschow uns alle über die Ergebnisse des Gipfels von Malta informieren. Das war der Anlaß. Und in einer Pause habe ich die Gelegenheit genutzt, Gorbatschow um ein direktes Gespräch zu den Problemen der DDR zu bitten. Dabei wurde deutlich, daß die sowjetische Seite, also er, sich sehr wenig mit der direkten DDR-Problematik beschäftigt hatte und nicht sehr vertraut damit war. Aus dem Gespräch ergab sich, daß es sehr bald eine Begegnung geben müsse. Mein eigentliches Anliegen war also, Gorbatschow für ein baldiges Treffen zu gewinnen. Durch die Belastungen in seinem Terminkalender verschob sich der Termin auf Ende Januar. Die Brisanz der Veränderungen innerhalb der DDR konnten wir beide, Gorbatschow und ich, zu diesem Zeitpunkt noch nicht übersehen. Der Runde Tisch war noch nicht einmal konstituiert, er kam ja erst am 7. Dezember. Ich wollte ja anfangs keine Konföderation. Ich wollte anfangs eine Vertragsgemeinschaft. Die sowjetische Seite war Mitte November, als ich die Vertragsgemeinschaft vorschlug, noch der Meinung, das sei das Optimale.»

Der Runde Tisch orientierte sich am Beispiel Polens. Führende Kirchenmänner spielten eine entscheidende Rolle. Der Runde Tisch konnte zwar keine Gesetze erlassen und auch kein Vetorecht gegenüber der Regierung durchsetzen, aber er ähnelte einem Miniaturparlament in seiner Zusammensetzung aus den fünf Blockparteien sowie elf neuen Parteien und Bürgerbewegungen. «Der Runde Tisch war natürlich ein wichtiges Element des Umbruches. Nur: War die politische Haltung, die nach den Wahlen vom 18. März 1990 entstand, eigentlich noch die, mit der der Runde Tisch im Dezember seine Arbeit begonnen hatte? Der Runde Tisch ist am 7. Dezember nicht mit der Forderung angetreten, die DDR ist zu beseitigen. Die Bürgerbewegung am Runden Tisch ist von dieser Entwicklung auch überrascht worden. Sie wollten damals Veränderungen in der DDR und nicht den Anschluß an die BRD.»

Als Gorbatschow für das geplante Treffen am 30. Januar bereit war, stand Modrow unter starkem Druck, die Macht mit einer Koalition der Parteien und Bürgerbewegungen am Runden Tisch zu teilen und Wahlen abzuhalten, die diese Machtteilung bestätigen sollten. Am Vortag seiner Reise nach Moskau führte er mit allen Parteien des Runden Tisches Gespräche über die Zusammensetzung einer Regierung der nationalen Verantwortung und setzte sogar einen Wahltermin fest. Und das war, wie Modrow glaubt, der Grund, weshalb Gorbatschow bei ihrem zweiten Treffen seine Meinung änderte. Die Situation hatte sich so schnell entwickelt, daß das wichtigste Thema der Beratungen mit Gorbatschow nicht mehr eine Konföderation war, sondern die Einleitung praktischer Schritte zur Vollendung der Wiedervereinigung.

Nach Modrows Meinung wurde der Zwei-Plus-Vier-Vertrag mit einer Eile und Achtlosigkeit geschlossen, die sich für die halbe Million sowjetischer Soldaten und die Bürger der DDR als ebenso nachteilig erwies wie für Gorbatschow. Das Juli-Treffen zwischen Gorbatschow und Kohl, bei dem die Grundlinien dieses Vertrages festgelegt wurden, war «mysteriös». Gorbatschow hatte die Vorstellung, er allein handele einen starken bilateralen Vertrag mit der BRD aus. Außer Zusagen für Kredite ist aber eigentlich nichts dabei herausgekommen.»

26 Der letzte Botschafter

Im Wohnzimmer der Moskauer Wohnung von Wjatscheslaw Kotschemassow hängt über dem Sofa das gerahmte Titelbild einer ostdeutschen Zeitschrift, das ihn in Diplomatenuniform zeigt. Seine Verbindung zu Deutschland reicht zurück bis in das Jahr 1947. Ein Jahr später lernte er in Berlin Honecker kennen, der damals Vorsitzender der FDJ war. Kotschemassow war in den fünfziger Jahren Berater der sowjetischen Botschaft, 1983 ernannte ihn Andropow zum Botschafter in Berlin, und dieses Amt behielt er bis zur Schließung der Ostberliner Botschaft am Tag der Wiedervereinigung. Mehr als zwanzig Jahre lang war er Stellvertretender Ministerpräsident, auf internationale und vor allem deutsche Angelegenheiten spezialisiert. Obwohl er inzwischen im Ruhestand lebt, ist er immer noch mit Leib und Seele Diplomat. Aber trotz seiner Höflichkeit konnte er nicht verbergen, daß ihm dieses Herumstochern in einer immer noch schmerzlichen Vergangenheit eigentlich nicht gefiel.

Ein Blitzbesuch Ligatschows in der DDR am 21. September 1989 gab Anlaß zu wilden Gerüchten und erschien vielen zu jenem Zeitpunkt und auch später als ein dunkles Vorzeichen. Ligatschow vertrat die Ansicht, daß die DDR rechtmäßige Kriegsbeute sei, die niemals preisgegeben werden dürfe. Dieser Besuch war laut Kotschemassow jedoch bereits lange geplant gewesen und in keiner Weise eine Warnung vor einem drohenden scharfen Durchgreifen. Ligatschow war gekommen, um sich über die Landwirtschaft in der DDR zu informieren, es gab kein Treffen mit Honecker, der sich immer noch von einer Gallenblasenoperation erholte. Es war nichts Bedrohliches im Schwange. «Solche Zufälle gibt es von Zeit zu Zeit.»

Seine persönliche Beziehung zu Honecker war gut. Nach Kotschemassows Worten war Honecker vor allem bescheiden, fähig zur Zusammenarbeit, ein Organisator und Redner, der die Emotionen seines Publikums wecken konnte, und er hatte die DDR zu einer Kraft gemacht, mit der man rechnen mußte. «Es war schwierig, Honecker von etwas zu überzeugen, doch wenn er einmal überzeugt war, konnte man sich darauf verlassen, daß er das, was er versprochen hatte, auch einhielt.» Dann jedoch begann er sich zu verändern, betrachtete sich selbst als die Personifizierung der Errungenschaften des Landes, konzentrierte die Macht in seiner Hand und ignorierte die Berater. Schließlich konnte selbst in unbedeutenden Angelegenheiten keine Entscheidung ohne seine Zustimmung getroffen werden.

Die DDR-Presse hatte sich zunächst an der Propaganda für die Perestrojka beteiligt. Honecker hatte die Empfehlungen des sowjetischen Parteikongresses im Jahre 1986 zunächst akzeptiert, doch seine Einstellung änderte und verhärtete sich rasch. Kotschemassow ahnte, woher der Wind wehte. Im Januar 1988 lud Honecker alle Botschafter zur traditionellen, jährlich stattfindenden Jagd ein. «Es war ein furchtbar kalter Tag. Während der Mittagspause wurde ich von Honecker in eine Hütte eingeladen, die aus einem großen Raum bestand, in dem sich auch andere Mitglieder der Führung aufhielten. Wir wärmten uns auf, aßen und tranken, und dann sagte er, er würde gerne unter vier Augen mit mir sprechen. Wir setzten uns an einen kleinen Tisch. ‹Ich möchte Ihnen sagen›, begann er, ‹daß wir das Wort Perestrojka von nun an nicht mehr verwenden werden, und ich möchte, daß Sie die Gründe dafür verstehen, und dann können Sie gerne jedem in der Sowjetunion, den es betrifft, darüber berichten. Perestrojka ist ein Schritt zurück vom Leninismus, und in der DDR lehnen wir diese Art des Revisionismus – entsprechend unserer Interpretation der sowjetischen Geschichte – kategorisch ab. Wir sind dagegen, daß die Errungenschaften des sowjetischen Volkes schlechtgemacht und untergraben werden. Wir sind dagegen, daß alles, was Hunderte von Millionen Menschen, auch die in der DDR, viele Jahre lang geglaubt haben, zerstört wird. Wenn Sie uns sagen, die sowjetische Geschichte sei nichts als eine ununterbrochene Reihe von Fehlern, dann wird unser Volk zwangsläufig fragen, wie das möglich ist. Wie sollen wir erklären, daß die Sowjetunion zu einer Großmacht wurde? Wir können keine Antwort darauf finden. Deshalb werden wir uns in Zukunft weder in Dokumenten noch in der Presse auf Perestrojka beziehen.›

Während der Breschnew-Ära waren die Beziehungen von dem sogenannten Prinzip der ‹beschränkten Souveränität› bestimmt worden. Wir hatten allen sozialistischen Ländern ein einziges Entwicklungsmodell aufgezwungen. Gorbatschow verfolgte eine andere Politik: Diese Länder sollten selbst die Verantwortung für ihre Handlungen übernehmen, an ihre eigenen Bedürfnisse und an ihre eigene Geschichte denken. Man mußte Honecker erlauben, seinen eigenen Weg zu gehen.»

Besiegelte dieses Gespräch sein Schicksal?

«Ich kam zu der Überzeugung, daß die Dinge für Honecker schlecht enden würden, wenn er nicht bereit war, positiver auf die Anforderungen dieser Zeit zu reagieren. Wir wußten, wie schnell die Unzufriedenheit in allen Schichten der Bevölkerung zunahm, vor allem in der Intelligenzija. Honecker war taub gegenüber den Forderungen nach Demokratisierung des Staates und seiner Organe und nach mehr Informationsfreiheit. Er wiederholte immer wieder seine Grundsätze, die man mit dem Motto, man solle nur das verbessern, was man verbessern könne, zusammenfassen konnte. Zentrale Kontrolle und Reform ließen sich immer schlechter miteinander vereinbaren, und die Menschen lasen in den Zeitungen, was wirklich vor sich ging.»

Kotschemassow war wie alle anderen, einschließlich Honecker, überrascht, als die Flüchtlinge begannen, das Land in großen Scharen zu verlassen. «In jenem August war ich im Urlaub in Rußland und hörte über die Deutsche Welle und die BBC zum erstenmal von diesem großen Strom von DDR-Bürgern, die über Ungarn ausreisen wollten. Ich fuhr nach Moskau und erklärte Gorbatschow, Jakowlew und Schewardnadse, daß ich am besten sofort nach Berlin zurückkehren sollte. Sie fragten: ‹Dramatisieren

Sie die Lage nicht etwas? Warum wollen Sie sich den Urlaub verderben lassen?› Schließlich jedoch gaben sie mir recht, und ich flog sofort nach Berlin. Dann öffnete Ungarn seine Grenzen zu Österreich.»

Hatten Sie irgendeinen Einfluß auf die Entscheidung Ungarns?

«Die Führung der DDR versuchte, die Ungarn davon zu überzeugen, daß sie ihr Abkommen verletzten, doch sie hörten nicht darauf. Den ganzen Sommer über war Honecker krank gewesen, und ich traf ihn erst am 6. Oktober wieder. Er war ziemlich ruhig, doch er sagte: ‹Was die ungarische Führung getan hat, ist nichts weniger als Verrat›. Seinem Ton konnte ich entnehmen, daß er immer noch hoffte, irgend etwas könnte die Entwicklung aufhalten. Ich hatte jedoch Zugang zu vielfältigen Informationsquellen und war überzeugt, daß dies der Anfang vom Ende war. Die westlichen Medien übertrugen ununterbrochen herzzerreißende euphorische Szenen. Und noch am gleichen Tag flog Gorbatschow nach Berlin.»

«Ich war während der beiden Begegnungen zwischen Gorbatschow und Honecker am 7. Oktober anwesend. Die erste Begegnung hatte bereits ausgereicht, um mich davon zu überzeugen, daß Honeckers Ablösung unvermeidlich war. Es war ein Gespräch nur zwischen den beiden. Honecker hörte nicht auf das, was ihm gesagt wurde. Gorbatschow jedoch zeigte nicht genug Festigkeit und machte nicht deutlich genug, was mit der DDR passieren würde, falls Honecker den angebotenen Rat nicht akzeptieren sollte.»

In welchem Ton verlief die Diskussion?

«Honecker sollte auf freundliche Weise davon überzeugt werden, daß er an die Interessen seines Volkes und an die Stabilisierung der Situation denken mußte. Doch was immer man ihm auch sagte, Honeckers Antwort blieb unverändert: Er habe die Politik, die er verfolgen wolle, festgelegt und werde sie weiterhin verfolgen und seine Feinde als Feinde behandeln. Als das Gespräch beendet war, begleitete ich Gorbatschow durch den Korridor im Palast der

Republik, und er blieb stehen, hob verzweifelt die Arme und zitierte eine russische Redewendung: ‹Das prallt alles ab wie die Erbse von der Wand›, was soviel bedeutet wie ‹Was sollen wir tun?› Vor dem Gebäude warteten Journalisten und verschiedene andere Leute, und hier sagte er zum erstenmal den Satz: Wer zu spät kommt, den bestraft das Leben. Es ist schwer zu sagen, wen genau er damit meinte, wenn man daran denkt, was mit uns geschehen war. Im Gegensatz zu der Anerkennung, die er im Westen erntete, macht man ihn in Rußland heute für den Zusammenbruch und die furchtbaren Mißerfolge der letzten Jahre verantwortlich.»

«Ich wußte, daß Honecker die unangenehme Gewohnheit hatte, sich mit Gorbatschow zu treffen, um anschließend das, was Gorbatschow gesagt hatte, seiner Führungsriege in verzerrter und sogar völlig verfälschter Form zu übermitteln. Daher hatte ich auf einer zweiten Begegnung bestanden, in der sich Gorbatschow an die gesamte Führung wenden würde. Es war mir auch bewußt, daß es innerhalb dieser Führung eine Gruppe gab, die davon überzeugt war, daß Honecker gehen müsse. Aber in einer offenen Sitzung oder einer Vollversammlung konnte natürlich niemand dieses Thema ansprechen. Krenz und Stoph waren die Anführer dieser Gruppe und brachten die Initiative zur Amtsenthebung Honeckers in Gang. Als Erster Sekretär tat Krenz alles, was in seiner Macht stand, um Blutvergießen zu verhindern. Er war für die Staatssicherheit zuständig, und seine Tragödie war, daß er in einer Atmosphäre großen Mißtrauens arbeitete.»

Ermutigten Sie Krenz?

«Das kann ich nicht sagen. Nach der Perestrojka war es für einen Botschafter nicht länger angebracht, vorzuschreiben, wer in einem anderen Land Erster Sekretär werden sollte. Am Vorabend von Honeckers eigener Wahl zum Ersten Sekretär war das gesamte Politbüro in die Botschaft eingeladen worden, wo man ihnen sagte, wer gewählt werden sollte. Die Zeiten hatten sich geändert. Doch die Entscheidung, Krenz zu wählen, entsprach den Wünschen der Sowjetunion.»

Gab es Diskussionen über eine Schließung der Grenzen oder die Erklärung des Ausnahmezustandes?

«Diskussionen dieser Art gab es auf keiner Ebene. Das steht mit absoluter Sicherheit fest. Weder mit der sowjetischen Führung noch mit mir. Vor der zweiten großen Demonstration in Leipzig rief Krenz an und sagte, daß Honecker angeordnet habe, er solle in Begleitung des Verteidigungsministers und einiger Vertreter der Staatssicherheit nach Leipzig fahren, um zu entscheiden, welche Maßnahmen getroffen werden sollten. Ich sagte zu Krenz: ‹Das ist sehr mutig, aber ich rate Ihnen, keinesfalls Gewalt anzuwenden. Wenn Sie das tun sollten, können die Konsequenzen unabsehbar sein.› Ich fuhr fort: ‹Hiermit teile ich Ihnen kategorisch mit, daß ich unmittelbar nach diesem Gespräch den Kommandanten der sowjetischen Streitkräfte in der DDR anrufen und ihm den Befehl erteilen werde, die sowjetischen Truppen unter keinen Umständen in diese Vorfälle zu involvieren.› Krenz reagierte mit den Worten: ‹Gut, ich stimme Ihnen zu, ich werde in Ihrem Sinne handeln.› Ich wiederholte noch einmal, was ich gesagt hatte, und betonte, daß Blutvergießen vermieden werden müsse.

Wie angekündigt, rief ich sofort den militärischen Befehlshaber an. Zu diesem Zeitpunkt hatte ich noch nicht mit Moskau gesprochen, doch ich nutzte meine Befugnisse als Botschafter, um als Hauptrepräsentant des Staates Anordnungen zu geben. Ich befahl ihm, alle sowjetischen Truppen in die Kasernen zurückzuziehen und alle Übungen und Truppenbewegungen einzustellen. Auch die Operationen der Luftstreitkräfte mußten unterbrochen werden. Selbst im Falle extremer Provokation durfte keine Reaktion erfolgen. Er erwiderte, daß er die Befehle verstanden habe und dementsprechend handeln werde. Am folgenden Tag wurden die Befehle von Moskau aus wiederholt.»

Im Falle einer Intervention durch die Sowjetarmee hätte der Westen womöglich Beschwerde eingelegt, aber dann wie gewöhnlich nichts unternommen.

«Eine Armee mit einer halben Million Soldaten hätte tun können, was ihr beliebte, doch jeder Schritt in Richtung militärischer Gewalt hätte zu einem atomaren Krieg geführt. Ich war vor Ort; ich wußte es. Ich stand ständig in Kontakt mit den Botschaftern der Vereinigten Staaten, Großbritanniens und Frankreichs.»

Beendete die Öffnung der Mauer tatsächlich jede Aussicht auf ein Perestrojka-Regime in der DDR?

«Es war bereits alles offen. Es machte keinen Unterschied mehr. Es war unvermeidlich geworden. Nun war es notwendig, einen Weg zu finden, wie man die Öffnung ohne einen wirtschaftlichen und politischen Zusammenbruch der DDR durchführen konnte. Das war nicht durchdacht worden, was zu Verzerrungen und dem Zusammenbruch des Reformprozesses führte. Die Gesellschaft wurde schlicht unregierbar, und die Wiedervereinigung war die Folge.»

Kotschemassow meint, daß Modrow alles unternahm, was möglich war, um ein Grundgerüst der Stabilität herzustellen. Seine Koalitionsregierung mit Repräsentanten der führenden Parteien und Bürgerbewegungen sei «ehrenhaft und achtbar» gewesen.

Was passierte, als Modrow am 30. Januar 1990 Gorbatschow traf?

«In der Unterhaltung ging es um zwei Punkte, zum einen um die Normalisierung der Situation in der DDR, zum anderen um die Hilfe, die die Sowjetunion leisten konnte. Die wirtschaftliche Lage, in die das Land nach Öffnung der Grenzen geraten war, machte sowjetische Hilfe erforderlich. Waren und Industrieprodukte flossen in die Nachbarländer, wo man die Wechselkurse nutzte, um sie billig und gewinnbringend zu verkaufen. Die DDR bat um Öl, Gas und andere Rohstoffe und um Maschinen. Unglücklicherweise reagierte Gorbatschow nicht positiv.

Modrow schlug zuerst einmal einen bilateralen Vertrag mit

der Bundesrepublik vor, dem eine Konföderation folgen sollte. Anfangs war Kohl damit einverstanden. Ich traf Modrow unmittelbar nach seiner Rückkehr, und er erzählte mir, daß er froh über den Verlauf dieses Gesprächs sei und daß die Atmosphäre vertrauensvoll gewesen sei. Es kam nichts dabei heraus. Kurze Zeit später wurde deutlich, daß Gorbatschow bereit war, nur noch nach Kohls Pfeife zu tanzen. Wenn Gorbatschow die Idee der Konföderation stärker unterstützt und einige praktische Maßnahmen ergriffen hätte, hätte er meiner Meinung nach das völlige Verschwinden der DDR verhindern können. Wenn es um die DDR ging, machte Gorbatschow einseitig alle möglichen Zugeständnisse.»

Bis zu den Märzwahlen war es unvorstellbar, daß es ein vereinigtes Deutschland innerhalb der NATO geben würde.

«Es war eine der Hauptbedingungen Modrows, die DDR aus der NATO herauszuhalten. Auch ich fand das wichtig. Doch die Führung gab in diesem Punkt einfach nach.»

Warum?

«Unsere Gesellschaft hatte keine Ahnung, was Gorbatschow tat. Nach der Veröffentlichung von Teltschiks Buch auf russisch wurde allen klar, daß Gorbatschow bei dem Treffen im Februar Kohl völlig freie Hand gegeben hatte, so daß er alles tun konnte, was er wollte. Kohl konnte seine Freude kaum verbergen, er hatte eine solche Kehrtwendung niemals erwartet. So funktioniert Politik manchmal!» Weder während des Februartreffens noch später im Juli im Kaukasus achtete Gorbatschow auf seine Berater. «Er benutzte die Notizen und Unterlagen, die Falin und andere für ihn vorbereitet hatten, überhaupt nicht.»

Wie ist das zu erklären?

«Keine Ahnung, es war eine so außergewöhnliche Veränderung eines Menschen. Während seines Besuchs im Oktober 1989 veranstaltete er ein Abendessen für seine engsten Freunde. Meine Frau und ich waren eingeladen. Die Unterhaltung war entspannt,

Gorbatschow war guter Laune. Im Verlauf des angenehmen Abends ließ Gorbatschow jedoch eine Bemerkung fallen, die sich als bedeutsam erweisen sollte. Er sagte: ‹Die Dinge werden langsam sehr ernst. Wenn der DDR irgend etwas Schlimmes zustoßen sollte, dann wird man uns das in der Sowjetunion nicht vergeben.› Und im Dezember wiederholte er dies in noch deutlicheren Worten gegenüber dem Zentralkomitee. Warum sagte er das eine, um dann etwas vollkommen anderes zu tun?»

Für Kotschemassow ist dies um so unerklärlicher, als er bei seinen Treffen mit den westlichen Botschaftern die Vorbehalte der Regierungen spüren konnte. «Obwohl sie theoretisch Verbündete der Bundesrepublik waren, war die Annahme, sie seien über die Aussicht auf ein militärisch und wirtschaftlich starkes Deutschland erfreut, weit von der Wahrheit entfernt. Es ist kein Zufall, daß Mitterrand im März 1990 selbst nach Berlin flog, um sich ein genaues Bild von den Vorgängen zu machen. Er traf Gorbatschow in Kiew mit der Absicht, die Wiedervereinigung aufzuhalten. Auch Frau Thatcher war dagegen. Und die Amerikaner übten keinen erkennbaren Druck in Richtung Wiedervereinigung aus.»

Innerhalb des sowjetischen Außenministeriums wurden die Beamten, die Unterlagen vorbereitet hatten, über die Vorgänge informiert, doch die ganze Wahrheit war nur einem sehr kleinen Kreis bekannt. Schewardnadse war von seinem Wesen her stets dazu bereit, Zugeständnisse zu machen, und er konnte Gorbatschow seine Ansichten erfolgreich vermitteln. Aber die Entscheidung lag letztlich bei Gorbatschow. Er war in einer Position, in der er nicht auf Schewardnadse hören mußte, wie Kotschemassow betont.

Also war es eine Schwäche des sowjetischen Systems, daß die Politik von dem Charakter eines einzelnen Menschen abhing?

«Absolut», erwiderte Kotschemassow und wiederholte mit einer für ihn ungewöhnlichen Heftigkeit: «Absolut!»

27 Die Wiedervereinigung Deutschlands

Bis weit in das Jahr 1990 hinein war den westdeutschen Außenpolitikern nicht klar, daß sich ein historischer Moment anbahnte. Es ist kaum übertrieben, zu sagen, daß sie alle schlafwandelnd in die Wiedervereinigung hineintaumelten. Die Menschen setzen manchmal Dinge in Bewegung, die sie später nicht mehr kontrollieren können. So waren auch die Veränderungen im europäischen Mächtegleichgewicht jener Schicksalhaftigkeit des Menschen unterworfen, die die alten Griechen als Hybris und Nemesis bezeichneten. Nur wenige engagierten sich stärker als Günter Gaus für die Verbreitung der «Eine Nation, zwei Staaten»-Theorie. Es war in seinen Augen durchaus denkbar, daß die Wiedervereinigung eines Tages durch Brüssel und die Europäische Union erreicht werden würde, doch diese Vorstellung betrachtete er in den siebziger und achtziger Jahren als Ablenkung von der wichtigen Aufgabe der Westdeutschen, sich mit der DDR einzurichten. Seiner Meinung nach stand die Mehrheit der Ostdeutschen der Ideologie gleichgültig gegenüber, doch es gab die unausgesprochene Übereinkunft, daß sie, wenn sie keine Kommunisten waren, auch nicht zu den alten gesellschaftlichen Strukturen zurückkehren würden. Das Deutschland der Zeit vor 1933 war ebenso gründlich ausgelöscht wie Hitlerdeutschland. In einem Buch, das Gaus 1983 veröffentlichte, behauptete er verächtlich, die Regierung Kohl orientiere sich in ihrer DDR-Politik grundsätzlich an der Maxime, daß alles käuflich sei, statt zu versuchen, eine friedliche Koexistenz aufzubauen. Es sollte sich bald zeigen, wie verdreht diese Ansicht war, doch Gaus war der Sprecher eines einflußreichen Teils der öffentlichen Meinung in Deutschland.

Gaus hatte als Chefredakteur des Nachrichtenmagazins *Der Spiegel* und als Verfechter des Wegs des geringsten Widerstandes im Jahre 1972 die Aufmerksamkeit Willy Brandts auf sich gezogen. Die Ostpolitik, ein Kind fragwürdiger Herkunft und zweifelhafter Zukunft, brauchte redegewandte Streiter wie Gaus. Von 1974 bis 1981 war er unter Brandt Ständiger Vertreter der Bundesrepublik in Ostberlin, mit allen Funktionen – allerdings ohne den Titel – eines Botschafters. Gaus repräsentierte mit seiner angenehmen und zuvorkommenden Art alles, was sich die Ostdeutschen von einem westdeutschen Diplomaten erhoffen konnten. Die Ostpolitik, glaubt er, habe die Existenz der DDR weder verlängert noch verkürzt. Ihr konkreter Nutzen lag in der Verringerung der bürokratischen Hindernisse, die den normalen zwischenmenschlichen Beziehungen von Familien, die durch den Eisernen Vorhang getrennt waren, im Wege standen. «Alles hing von Moskau ab. Ohne Gorbatschow würde der Warschauer Pakt immer noch existieren, und Kohl wäre nie der Kanzler der Wiedervereinigung geworden.»

Die Propaganda und das Selbstbild des Kommunismus waren ein reiner Bluff, wie Gaus 1988 als offizieller Gast der sowjetischen Regierung in Moskau herausfinden sollte. Er führte lange Gespräche mit Falin, mit Falins Stellvertreter Nikolaj Portugalow, mit dem ZK-Mitglied, das für die DDR zuständig war, und mit Jakowlew. «Jakowlew erzählte mir, daß er während eines Urlaubs in der DDR auch Modrow getroffen habe. Sein Besuch bei Modrow war eine offensichtliche Annäherung an Honecker. Als ich damals zurückkehrte, hatte ich den Eindruck, die Sowjetunion sei zwar eine Großmacht mit einer riesigen militärischen Präsenz, doch an der westlichen Grenze ihres Imperiums war sie tatsächlich vollkommen hilflos. Sie hatten bemerkt, daß etwas geschah, doch sie konnten weder analysieren, was das war, noch konnten sie etwas dagegen tun. Es wurde deutlich, daß sie im dunkeln tappten. Sie wollten wissen, ob ich Vorschläge hätte, doch mir ging es genauso.»

Nach den Worten von Timothy Garton Ash, einem Experten auf diesem Gebiet, war Egon Bahr «einer der fruchtbarsten und einflußreichsten Praktiker, Strategen und Ideologen der Ostpolitik». Als Leiter des Planungsstabes in Brandts Außenministerium und späterer Unterhändler bei den Ostverträgen, in denen die Grenzen festgelegt wurden, spielte er eine führende Rolle, als es darum ging, der DDR die Möglichkeit zu geben, scheinbar in Europa Fuß zu fassen. Er hatte das prägnante Motto *Wandel durch Annäherung* geprägt. Einigen erschien dies als ein realistischer Weg zu jener Konvergenz, die den beiden deutschen Staaten eines Tages vielleicht ein freundschaftliches Zusammenleben ermöglichen würde, aber für andere war dies eine gefährliche Illusion, wenn nicht sogar Verrat. Die inhärenten Widersprüche, schrieb er 1988, würden durch die «Geschichte gelöst». Was immer das bedeuten mochte, die Übernahme einer moralisch und wirtschaftlich bankrotten DDR durch Westdeutschland war sicher nicht das, was er sich vorgestellt hatte.

Was immer Schewardnadse oder andere behaupten mögen, sagt Bahr, sicher sei, daß «in den Jahren 1988 und 1989 die Wiedervereinigung überhaupt kein Thema war. Drei Wochen nach der Öffnung der Mauer gab der Kanzler seine berühmte Zehn-Punkte-Erklärung ab, die unter anderem Modrows Vorschlag zur Vertragsgemeinschaft enthielt, entsprechend der er eine konföderative Struktur und später dann die eigentliche Konföderation aushandeln wollte. Mit anderen Worten, es war absolut klar, daß die deutsche Wiedervereinigung nicht auf der Tagesordnung stand. Im Februar 1990 rechnete man damit, daß sich die Bedingungen in der DDR verschlechtern könnten. Die Wahlen in der Bundesrepublik waren für Anfang 1991 geplant, und es war nicht sicher, daß die Koalition sie gewinnen würde. Für einen Wahlsieg schien es daher notwendig, zunächst den außenpolitischen Rahmen abzustecken und die Wahl dann auf Ende 1990 vorzuziehen. Bei einem vertraulichen Gespräch sagte mir Außenminister Genscher damals, daß er nicht die leiseste Ahnung habe, ob die außenpolitische Vorabstimmung klappen könne. Er schlug die Zwei-Plus-Vier-Idee vor, und wir überlegten, ob bis zum Ende des Jahres ein Abkommen in die Wege geleitet werden könne. Der 3. Oktober war als Datum der Wiedervereinigung noch unbekannt.»

Nach den Wahlen in der DDR am 18. März 1990 löste Lothar de Maizière Modrow ab und bildete eine neue Regierung. Sein Verteidigungsminister war Rainer Eppelmann, ein evangelischer Pfarrer, früherer Dissident und überzeugter Pazifist. Im April und Mai drängte Eppelmann Bahr immer wieder, eine Beraterfunktion zu übernehmen, und bot einen Zweijahresvertrag an, der am 1. Juni in Kraft treten sollte. «Selbst als Mitglied des Kabinetts von de Maizière», betont Bahr, «war Eppelmann sich noch im Juni nicht der Tatsache bewußt, daß das Land am 3. Oktober aufhören würde zu existieren. Sehr seltsam. Die Wirklichkeit war zu mächtig.

Ich war absolut davon überzeugt, daß wir eines Tages die Wiedervereinigung erreichen würden, und ich war auch fast sicher, daß ich sie nicht mehr erleben würde. In der Nacht der Maueröffnung wußte ich, daß dies der Anfang vom Ende der DDR war, da der Prozeß sich nicht aufhalten ließ. Allerdings glaubte ich, er werde zwei bis fünf Jahre dauern. Später fragte ich Krenz, warum er Kohl keine vertrauliche Nachricht habe zukommen lassen, daß er bereit sei, die Mauer unter der Bedingung zu öffnen, daß er dafür Geld für die Stabilisierung des Landes erhalte. Er hätte Milliarden Mark bekommen, und er und Kohl hätten als Helden dagestanden. Krenz erwiderte, daß der Druck in der chaotischen Situation zu groß gewesen sei, außerdem war Kohl in Polen, und nach dem 9. November war es zu spät.» Nach Bahrs Meinung war die DDR-Führung psychologisch zu schwach und zu demoralisiert, um ein gewaltsames Vorgehen zu wagen. Hochrangige Funktionäre wie Keßler und Hoffmann, der Befehlshaber der Volksarmee, ließen Honecker wissen, daß die Armee nicht das Feuer auf die Bevölkerung eröffnen werde. Das moralische Motiv dafür bleibt undurchsichtig. Bei aller Anerkennung für die Weigerung, Gewalt anzuwenden, bleibt die Unsicherheit, ob ein entsprechender Befehl nicht doch befolgt worden wäre.

Bahr nimmt an, daß Modrow während seines Besuches im Januar 1990 Gorbatschow davon überzeugte, daß die Mauer nicht wieder aufgebaut werden könne, die Menschen in noch größerer Zahl fliehen würden und das Land nicht mehr zusammenzuhalten sei. «Modrow kam mit der Formel ‹Einig Vaterland› zurück. Eine Sensation. Doch selbst mit dieser Formel hätten die Verhandlungen bis zu fünf Jahre in Anspruch nehmen können. Gorbatschow hatte seine inneren Schwierigkeiten, er konnte nicht einfach aussteigen. Er muß eine Chance gesehen haben, die Entwicklungen in Deutschland so lange zu kontrollieren, bis er seiner eigenen Probleme Herr werden konnte. Und von den Deutschen würde er mehr Geld erhalten als von den Amerikanern. Einige solche konfuse Erwartungen muß er gehabt haben.»

Warum hat er nicht für eine Konföderation plädiert und sich so eine Atempause für ein paar Jahre verschafft, in denen er mit Jelzin und den baltischen Staaten ins reine kommen konnte?

«Die alliierten Kräfte besaßen immer noch Rechte, Deutschland war nicht souverän. Kohl argumentierte ausgesprochen geschickt, daß er diese Rechte zwar vollkommen akzeptiere, daß sie aber angesichts der riesigen Zahl der Flüchtlinge ihre Bedeutung verloren, und daß er auf seiner Seite keine Mauer bauen könne. Entweder bringt man die Waren zu den Menschen, oder die Menschen gehen zu den Waren. Da diese Massenflucht die Bundesrepublik hätte destabilisieren können, war Wiedervereinigung der einzige Ausweg. Kohl konnte die Haltung einnehmen, daß den Westdeutschen nicht übermäßig viel an einer Wiedervereinigung liege, die Ostdeutschen sie ihnen jedoch aufdrängten.»

Bahr verteidigt mit den Fähigkeiten, die er in den Jahren der Verhandlungen und der Sophisterei über Detailfragen erworben hat, leidenschaftlich die Ostpolitik. Und er verteidigt seine lebenslange Überzeugung, der Westen habe eine aufwendige Verteidigung aufgebaut, weil er die Kapazität der sowjetischen Streitmacht überschätzte, und damit den Kalten Krieg verlängert. Seine Version der europäischen Sicherheit, behauptet er, zerstreute die sowjetischen Befürchtungen gegenüber Deutschland und dem Revisionismus bis hin zu dem Punkt, an dem die Sowjets «witterten, daß eine friedliche Zusammenarbeit mit Deutschland und Westeuropa in ihrem Interesse liegen könnte.»

Wie dem auch sei, selbst er stimmt zu, daß die Ereignisse in

Moskau und nicht im Westen entschieden wurden. «Ich sah Gorbatschow sehr häufig und konnte beobachten, wie sich seine Position veränderte. Zu Beginn lenkte er die Entscheidungen und Entwicklungen, er konnte bestimmen, was geschehen sollte. Irgendwann um 1987, 1988 war er nicht länger Herr der Lage, sondern geriet unter Druck und versuchte, Kräfte, die nicht mehr unter seiner Kontrolle waren, auszubalancieren. 1990 war seine Politik auf Improvisation reduziert.»

Hans-Dietrich Genscher, Mitglied der kleinen Freien Demokratischen Partei, deren taktische Koalitionswechsel ein charakteristisches Element der deutschen Politik ausmachten, war 18 Jahre lang Außenminister. Nur Gromyko blieb länger in diesem Amt. Genscher, der in Halle geboren wurde, war gegen Ende des Krieges gerade alt genug, um noch als Flakhelfer eingesetzt zu werden. 1952 floh er in den Westen. Seine regelmäßigen Besuche in Ostdeutschland, wo seine Mutter lebte, und sein Eintreten für die Entspannung wurden im Ausland mit einem Unbehagen betrachtet, das manchmal schon an Mißtrauen grenzte. Er hatte es sich scheinbar zum Prinzip gemacht, anderer Meinung zu sein als seine Kollegen. Die Beziehung zu Kohl war besonders gespannt. Ein gutes Verhältnis zu einem der beiden war im allgemeinen nur dann möglich, wenn man zu dem anderen auf Distanz ging. Genscher ist immer sehr vorsichtig.

Nach seiner ersten Unterhaltung mit Gorbatschow, sagt Genscher, war er davon überzeugt, daß hier jemand war, der umwälzende Veränderungen in Europa in Gang setzen konnte. Es konnte weder innen- noch außenpolitisch so weitergehen, aber obwohl die Erklärungen ihn beeindruckten, stellte Genscher fest, daß Gorbatschow damit seine Grenzen erreicht hatte: Er wußte weniger, was er wollte, als was er nicht wollte. «Wissen Sie, es gab da einen Unterschied in der ursprünglichen Einschätzung Gorbatschows durch den Kanzler und seinen Stab und durch mich und meinen Stab.» Er glaubt, daß sich Gorbatschow und Schewardnadse spätestens 1987 dazu entschlossen hatten, sich in ihren internationalen Beziehungen auf zwei Staaten zu konzentrieren: auf

Deutschland und die Vereinigten Staaten. Dies wurde während der Verhandlungen über die Wiedervereinigung deutlich. «Wann immer die russische Führung im Zweifel darüber war, ob sie reagieren sollte oder nicht, ob sie Zugeständnisse machen sollte oder nicht, war es entscheidend für sie, daß die Vereinigten Staaten und Deutschland die gleiche Haltung einnahmen.»

Verschiedene öffentliche Stellungnahmen Gorbatschows im Jahre 1988 bestätigten, daß nach Meinung der Sowjetunion jedes Land ein Recht auf Selbstbestimmung hatte. Entsprechend einer gemeinsamen Erklärung der Sowjetunion und der Bundesrepublik im Juni 1989 besaßen alle Völker und alle Staaten die Freiheit, über ihr Schicksal selbst zu entscheiden. Gorbatschows Ziel war es hier, die Spannung zwischen Ost und West zu lösen. Seine Mitarbeiter erkannten darin eine implizite Bedrohung für die Zukunft des Ostblocks. Während sie an den Details der Erklärung arbeiteten, hatte Genscher das Gefühl, daß Schewardnadse in seinen Zugeständnissen weiter ging, als es seinen Beamten wünschenswert schien.

Gorbatschow hatte auch nicht erwartet, daß die Veränderung des Regimes die DDR letztlich destabilisieren würde. Bereits im September 1988 hatte Genscher mit Schewardnadse die Möglichkeit einer Gewaltanwendung gegen Demonstranten diskutiert. «Ich machte sehr deutlich, daß unsere Reaktion vollkommen anders sein würde als im Juni 1953. Mein Anliegen war es, die Russen davon zu überzeugen, daß ihre Truppen in den Kasernen bleiben mußten, gleichgültig, was geschehen mochte.» Die Regierung Krenz/Modrow hatte überhaupt keine Chance. Während die beiden Anfang Dezember 1989 in Moskau waren, hatte auch Genscher ein Gespräch mit Gorbatschow. Amüsanterweise mußten Krenz und Modrow in ihren Wagen auf der Straße zum Flughafen warten, da die Russen darauf bestanden, die deutschen Delegationen getrennt zu halten, und Genscher den Vorrang gaben.

Im Dezember stand Gorbatschow Kohls Zehn-Punkte-Programm noch kritisch gegenüber und ignorierte die Frage der Wiedervereinigung. Sein Meinungswandel wurde im Januar deutlich. Nach Genschers Darstellung gab es drei Optionen: ein vereinigtes

Deutschland im Warschauer Pakt, ein neutrales vereinigtes Deutschland, ein vereinigtes Deutschland in der NATO. Die Mitgliedschaft im Warschauer Pakt war nicht akzeptabel, und so blieb die Wahl zwischen Neutralität und NATO. Da die Bundesrepublik die NATO jedoch niemals zugunsten der Neutralität aufgeben konnte, mußte man die Sowjets davon überzeugen, daß sie mit einem Deutschland in der NATO und einem Zwei-Plus-Vier-Vertrag, der bestätigte, daß die NATO-Truppen nicht in der ehemaligen DDR eingesetzt werden würden, besser fahren würden. Im Juli gab es nur noch zwei Fragen zu klären: Wie viele Truppen sollte das vereinte Deutschland haben, und wieviel mußte es zahlen?

Horst Teltschik war Kohls außen- und sicherheitspolitischer Berater und damit der Mitarbeiter, der für den Kanzler direkt mit den Sowjets verhandelte. Tschernjajew war sein Gegenspieler. Von der Öffnung der Berliner Mauer bis zur Wiedervereinigung Deutschlands vergingen 329 Tage, und *329 Tage* ist auch der passende Titel des Tagebuches, das er damals führte und später veröffentlichte. Dieser fesselnde Blick in die höhere Politik wirkt um so anschaulicher angesichts Teltschiks ständigem Staunen über die Geschwindigkeit und die Leichtigkeit der Entwicklungen, als müsse er sich ständig die Augen reiben über die ungeheure Belohnung, die es bei dieser Schatzsuche zu gewinnen gab. Rückschritte, vor allem Kompetenzstreitigkeiten mit Genscher und dem Außenministerium, scheinen im nachhinein unbedeutend.

Veränderung um der Veränderung willen war Gorbatschows ursprüngliche Position. Wie sich der Wechsel vollziehen sollte, in welche Richtung er gehen und welchem Zweck er dienen sollte, waren Fragen, die sich von selbst lösen mußten. Eine Industrienation, das hatte Gorbatschow erkannt, konnte nicht nach stalinistischen Methoden geführt werden. «Er blieb bei der Entscheidung, die er bei seiner ersten Machtübernahme gefällt hatte, sich nicht mehr in die internen Angelegenheiten seiner Verbündeten einzumischen. Dies versprach er Präsident Bush und Kanzler Kohl. Der ungarische Ministerpräsident Miklós Németh erzählte mir einmal, daß sie ständig testeten, wie weit sie mit ihren Reformen gehen konnten, da sie nicht wußten, wie Gorbatschow reagieren würde, und dies nur durch Ausprobieren herausfinden konnten. Gorbatschow war bereit, auch die deutschen Ereignisse hinzunehmen, allerdings dachte er nicht daran, daß sie zur Wiedervereinigung führen könnten. Die Entwicklungen in der DDR verliefen zu schnell für ihn. In der Rede des Kanzlers zum Zehn-Punkte-Programm wurde dieses Thema direkt angesprochen, und Gorbatschow mußte entscheiden, was geschehen sollte. Letztlich akzeptierte er die Idee der Wiedervereinigung – in der Hoffnung, das neue Deutschland werde durch die Anerkennung einiger seiner Sonderbedingungen sein wichtigster wirtschaftlicher Verbündeter bei der Unterstützung der Reform der Sowjetunion sein. Im Juni 1993 hatte ich ein privates Abendessen mit ihm, und er sagte wieder, es sei sein Traum gewesen, eine starke Bindung zwischen Rußland und Deutschland zu schaffen.»

Teltschik, der im Sommer 1989 gegenüber dem *Bonner Generalanzeiger* sagte, daß die deutsche Frage jetzt wieder auf der Tagesordnung der Ost-West-Politik stehe, meint rückblickend: «Das Ziel unserer Regierung war zunächst nicht die territoriale Integration, sondern die Durchsetzung von Reformen in der DDR, ähnlich jenen in Polen und Ungarn. Da Gorbatschow willens war, dies geschehen zu lassen, war es unsere Aufgabe, das zu fördern, zu lenken und sie auf dem Weg zur Liberalisierung als erstem Ziel zu unterstützen.»

Sie nahmen also an, daß Modrow Erfolg haben würde?

«Nicht unbedingt Modrow selbst, sondern jeder, der als Perestrojka-Anhänger auftreten würde, um die DDR zu demokratisieren und ein Marktsystem zu entwickeln. Dann konnten die Menschen selbst entscheiden, ob sie in einem eigenen Staat leben wollten oder nicht. Ich bin überhaupt nicht sicher, ob Modrow wirklich ein Perestrojka-Anhänger war. Anstatt zu reformieren, begann er die Stasi zu modernisieren, und von Anfang an manipulierte er die neuen Wahlgesetze. Wir hatten den Eindruck, daß die Menschen bereits im Dezember und stärker noch im Januar die Geduld verloren, als sich immer noch nichts tat. Natürlich war das nur eine kurze Zeitspanne, doch Modrow agierte in Übereinstimmung mit dem gleichen alten kommunistischen System, dem er sich während seiner gesamten Laufbahn verpflichtet fühlte. Das war der Grund für den Sturm auf das Stasi-Gebäude am 15. Januar. Erstens flohen immer mehr Menschen in den Westen. Im Februar kamen 100000 Ostdeutsche zu uns, und die Zahlen stiegen täglich an. Die meisten waren jung und anpassungsfähig, und wenn sich das fortgesetzt hätte, hätte die DDR nicht überleben können. Zweitens standen sie aufgrund ihrer Zahlungsunfähigkeit am Rand des wirtschaftlichen Zusammenbruchs. Und drittens sagte uns Modrow Ende Januar während seines Treffens mit dem Kanzler, daß er entscheiden könne, was immer er wolle, daß aber seine Anordnungen von niemandem mehr ausgeführt würden. Aus diesen Gründen mußte der Kanzler den Wahltermin von Mai auf März vorverlegen.»

Als de Maizière nach den Wahlen seine Regierung bildete, ging er davon aus, daß er für mindestens zwei Jahre Ministerpräsident sein würde und daß er einige der «Erfolge» der DDR bewahren könne. Die Ereignisse hatten jedoch eine unwiderstehliche Eigendynamik entwickelt. «Während des Februartreffens in Moskau legte der Kanzler Gorbatschow den wirtschaftlichen und politischen Zerfall der DDR offen. Das war das Hauptthema. Wer war zu diesem Zeitpunkt für die DDR verantwortlich? Wer würde die Herrschaft ausüben, wenn die Regierung der DDR versagte? Wie würde sich das Chaos auf uns auswirken? Eine sowjetische Einmischung lag offensichtlich nicht in unserem Interesse, und es bestand immer die Gefahr, daß Militär- oder Sicherheitsorgane losschlagen würden.»

Gibt es irgendwelche Beweise dafür?

«Ja und nein. Niemand weiß es wirklich. Die Grenztruppen hätten die Nerven verlieren und anfangen können, zu schießen. Später erhielten wir Hinweise darauf, daß es im Januar innerhalb der sowjetischen Führung Diskussionen darüber gegeben habe, ob man intervenieren solle. Schewardnadse erzählte mir nach seinem

Rücktritt, daß Leute wie Falin versucht hätten, die Führung in diesem Sinne zu beeinflussen.»

Das Treffen im Februar 1990 war entscheidend.

«Absolut. Das Wunder war, daß Gorbatschow dem Kanzler sagte, es sei nun an den Deutschen, zu entscheiden, ob es zur Wiedervereinigung kommen solle oder nicht, und wenn ja, zu welchem Zeitpunkt und so weiter. Deshalb sagte ich nach meiner Rückkehr, der Kanzler habe nun den Schlüssel zur deutschen Wiedervereinigung in Händen. Die Größe Gorbatschows lag in der Entscheidung, daß eine militärische Intervention nicht länger als Instrument dienen konnte, um die Entwicklung aufzuhalten. Die nächste Frage war, ob Gorbatschow die Mitgliedschaft eines vereinigten Deutschland in der NATO akzeptieren würde und ob er in diesem Falle auch die Auflösung des Vier-Mächte-Status hinnehmen würde.»

«Unsere Regierung vertrat die Position, daß man ihm mit einer Reihe von Zugeständnissen über die Hürde helfen müsse. Einige Elemente waren unverzichtbar für den Erfolg dieser Maßnahmen, zum Beispiel das bilaterale Abkommen über Freundschaft und Zusammenarbeit und der Durchbruch in der Beziehung zwischen Gorbatschow und Bush Ende Mai in Washington. Später betonte Gorbatschow immer wieder, wie wichtig die vertrauensvolle Zusammenarbeit mit dem amerikanischen Präsidenten gewesen sei. Ein weiterer wichtiger Bestandteil der Maßnahmen war der NATO-Sondergipfel Anfang Juli, auf dem man dem Warschauer Pakt eine freundschaftliche Zusammenarbeit anbot. Auf dem EG-Gipfel und dem Gipfel der G7-Staaten versprach man der Sowjetunion wirtschaftliche Unterstützung. Regierungen können nicht mehrere Konflikte gleichzeitig bewältigen, und es war wirklich gut für uns, daß der Golfkrieg nicht früher ausbrach. Alle konnten sich auf die deutsche Frage konzentrieren. Und nicht zuletzt konnte Gorbatschow auf dem Parteikongreß in Moskau Ligatschow loswerden. Ende Mai verhandelte ich in Moskau über einen weiteren Kredit über fünf Milliarden DM. Gorbatschow mußte sagen können: ‹Wir haben die Wiedervereinigung akzeptiert, und im Gegenzug haben wir dies bekommen.»

Waren die Besuche im Juli in Moskau, Stawropol und im Kaukasus nur noch eine Formsache?

«Wir hatten die Hoffnung, daß wir mit unserem Bündel von Maßnahmen kurz vor dem Durchbruch standen. Es gab Anzeichen dafür. Während der gemeinsamen Pressekonferenz von Bush und Gorbatschow in Washington Ende Mai hatte Bush öffentlich wiederholt, daß Deutschland in der NATO bleiben müsse, und Gorbatschow hatte nichts dazu gesagt, weder zugestimmt noch abgelehnt. Im Kaukasus jedoch eröffnete Gorbatschow dem Kanzler plötzlich, daß wir in der NATO bleiben könnten. Wir mußten nur noch die Einzelheiten festlegen, etwa ob die DDR in die NATO integriert werden solle, wie lange die sowjetischen Truppen bleiben würden, wie groß die Bundeswehr sein solle und so weiter.»

Wie erlebten Sie Gorbatschow während jener drei Tage?

«Weder aufgeregt noch ärgerlich. ‹Nachdem ich die wichtigste Voraussetzung akzeptiert habe›, sagte er immer wieder, ‹muß ich auch die logischen Folgen akzeptieren›. Alles entwickelte sich aus der ersten Entscheidung. Es fand eine fünf- oder sechsstündige Diskussion in guter Atmosphäre statt, mit großem Vertrauen auf beiden Seiten.»

Alles in allem erhielt die Sowjetunion von Westdeutschland etwa 60 Milliarden DM. 17 Milliarden wurden für den Bau von Häusern für die heimkehrenden sowjetischen Truppen eingeplant. Der Fünf-Milliarden-Kredit, den Teltschik im Mai ausgehandelt hatte, ermöglichte der Sowjetunion, ihre Schulden zu bezahlen, die am 30. Juni fällig waren. Die deutsche Sensibilität gegenüber den wirtschaftlichen Schwierigkeiten der Sowjetunion demonstrierte die Bereitschaft, das Ansehen sowohl der Sowjetunion als auch Gorbatschows zu wahren.

Aber Ligatschow und andere Hardliner konnten Gorbatschow vorwerfen, er habe Ostdeutschland verkauft.

«Sicher, aber welche Alternative hätte es gegeben? Wir waren uns darüber klar, daß wir etwas tun mußten, und das bedeutete, für die Wiedervereinigung zu zahlen. Ganz zum Schluß, im August, rief Gorbatschow den Kanzler an und bat ihn, die Summe zu erhöhen. Das taten wir. Aber keine Summe wäre für Gorbatschow je groß genug gewesen.»

Er machte keine großen Anstrengungen, zu verhandeln.

Teltschik stimmt zu, betont jedoch, daß es im Mai 1990 den Versuch gab, die Angelegenheit in die Länge zu ziehen: Schewardnadse schlug vor, die internen Prozesse der Wiedervereinigung vom Zwei-Plus-Vier-Abkommen zu trennen. Das hätte zu einer Situation führen können, in der Deutschland vereinigt gewesen wäre, ohne seine Souveränität wiedererlangt zu haben. Kohl erkannte die Gefahr und wies Schewardnadses Vorschlag zurück, doch Teltschik fragt sich, ob das deutsche Außenministerium nicht vielleicht bereit gewesen wäre, ihn zu akzeptieren. Er sagt, daß er niemals die vollständigen Protokolle über das, was sich damals zwischen Schewardnadse und Genscher abspielte, erhalten habe. Doch gleichgültig, wie wichtig Schewardnadse bei den Verhandlungen war, Gorbatschow traf die Entscheidungen.

Es läuft also immer auf Gorbatschow hinaus?

«Deshalb ist er eine historische Gestalt.»

28 Es gab keine Staatsmänner

Nur wenige sowjetische Funktionäre, die mit Deutschland zu tun hatten, können auf eine ähnlich lange Erfahrung zurückblicken wie Walentin Falin. 1926 geboren, wurde er in den fünfziger Jahren Mitglied des Zentralkomitees. Er spricht fließend deutsch, mit heller Stimme, manchmal beinahe im Kontratenor. Er ist ein leidenschaftlicher Sammler von Büchern und Plastiken, und er verbreitete das müde, aristokratische Flair eines Mannes, der alles gesehen hat.

Arkadij Schewtschenko, der sowjetische UN-Diplomat, der sich in den Westen absetzte, berichtet in seinen Memoiren, daß Außenminister Gromyko ihn im Sommer 1970 eingeladen hatte, Falin kennenzulernen, «um eine Bestandsaufnahme der sowjetischen Pläne für Europa zu diskutieren». Falin, ein intelligenter Mann mit vernünftigen Einstellungen, so Schewtschenko weiter, genoß damals hohes Ansehen, da Gromyko das Wissen seines Mitarbeiters über die deutschen Angelegenheiten schätzte. Durch den 1970 mit der Bundesrepublik geschlossenen Vertrag sollte Brandt dazu verpflichtet werden, den Wünschen der Sowjets nachzukommen, und als Instrument dienen, «um Europa dem amerikanischen Einfluß zu entziehen». Mit einem geheimnisvollen Lächeln verriet Falin eine Insiderinformation des KGB und sagte: «Wir haben ein richtiges Netz in Westdeutschland, wissen Sie.» Nach Abschluß des Vertrags wurde Falin sowjetischer Botschafter in Bonn, wo er bis 1978 blieb. Dann übernahm er die Führung der Nowosti-Nachrichtenagentur, die allgemein als KGB-Sprachrohr für Information und auch Desinformation betrachtet wird. 1988 wurde er Leiter der Internationalen Abteilung des Zentralkomitees und besaß damit sehr großen Einfluß auf die Außenpolitik. Unter anderem war er in dieser Funktion zuständig für die Verteilung von Subventionen und anderen geheimen Geldern an die kommunistischen Parteien im Ausland. Nach dem Putsch von 1991 wurden 660 000 Dollar in Falins Safe entdeckt, eine Summe, deren Verwendungszweck nicht offengelegt wurde. Während der Gorbatschow-Ära gab Falin gern drohende Erklärungen ab. Er warnte davor, daß die Sowjetunion sich mit einem eigenen Star-Wars-Programm revanchieren könnte. Auf die geheimen Zusatzprotokolle des Hitler-Stalin-Paktes reagierte er mit einem «Na und?» und meinte, diese hätten nichts mit den gegenwärtigen Realitäten zu tun. Die Schuld für den Beginn des Kalten Krieges gab er den Amerikanern. 1987 behauptete er in einem Interview, daß es irgendwann einmal zwei deutsche Staaten geben könnte, in denen keine fremden Truppen stationiert seien, was ihm eine Zurechtweisung von Honecker eintrug. Doch noch im Februar 1990 sagte er: «Wenn das westliche Bündnis bei seiner Forderung nach einer NATO-Mitgliedschaft des gesamten Deutschland bleibt, dann wird es keine Wiedervereinigung geben.»

Seit 1979 betrachtete Falin Nikolaj Portugalow als seinen *homme de confiance*. Dank einer deutschen Gouvernante spricht Portugalow fließend deutsch. Von Portugalow, einem kettenrauchenden Gauloise-Konsumenten, wird oft angenommen, er sei Generalmajor des KGB gewesen. Niemand weiß, welchen Rang Falin bekleidete. Die Auftritte der beiden werden in Teltschiks Tagebuch als eine Art einstudierter Show geschildert, und in Bonn begegnete man ihnen mit einigem Mißtrauen. Die politische Linie, von Falin entworfen und von Gorbatschow in die Praxis umgesetzt, war, so Portugalow, eine Fortführung der Politik Gromykos, der sicherlich nicht davor zurückgeschreckt wäre, Panzer zu schicken. Sein Nachfolger Schewardnadse hatte keine Machtbasis. Der sowjetische Botschafter in Bonn, Julij Kwizinskij, war ein extremer Reaktionär, der auf Gewaltanwendung drängte. Schewardnadse gestattete dem Zentralkomitee keine große Einflußnahme, dennoch spielte die Internationale Abteilung von September bis November 1989 eine

Rolle bei der Festlegung der Deutschland-Politik. Portugalow selbst veröffentlichte einen Artikel in der *New York Times* vom 15. Dezember 1989, in dem er erklärte, daß die beiden deutschen Staaten weiterhin als souveräne und gleichberechtigte Staaten bestehen würden.

Falin vertrat die Ansicht, daß die militärisch-feudale Diktatur, die nach 1917 in der Sowjetunion errichtet worden war, präziser als «Kontra-Kommunismus» beschrieben werden sollte. In den Anfängen der Perestrojka präsentierte er Gorbatschow ein Memorandum von 23 Seiten, in dem er argumentierte, es sei nicht genug, diesen «Kontra-Kommunismus», oder kürzer Stalinismus, beiseite zu schieben. Im Lichte des Ergebnisses müsse die gesamte Oktoberrevolution neu bewertet werden. Obwohl Gorbatschow interessiert schien, hatte das Memorandum keine Folgen. Für Falin war die Vorstellung von einer Verwandlung des Kontra-Kommunismus in Kommunismus mehr ein «Taschenspielertrick» als realistische Politik. Dies auch nur zuzugeben, hätte Mut, Ehrlichkeit und innere Überzeugung erfordert, Eigenschaften, an denen es seiner Meinung nach mangelte. Stalin habe zumindest noch alle Fäden in der Hand gehabt. «Von da an gab es kein System mehr in der sowjetischen Politik.» Viele Hardliner wie Falin verteidigen die Vergangenheit auf diese verquere Weise und gestehen höchstens die inhumanen Aspekte des Stalinismus ein.

Hätte Gorbatschow 1985 oder 1986 klare und praktische Ziele genannt, hätten neun Zehntel der Bevölkerung einschließlich einer Mehrheit in der Partei hinter ihm gestanden. Man brachte ihm so großes Vertrauen entgegen, daß er sogar erfolgreich gegen den zweifellos verknöcherten, von Hardlinern beherrschten Parteiapparat hätte angehen können. Doch Gorbatschow hatte keine Ahnung, was er ideologisch, sozial, wirtschaftlich oder in bezug auf die Menschenrechte wirklich erreichen wollte. Statt dessen flüchtete er sich in Improvisationen, bedeutungslose Parolen und Versprechungen. Falin sagt, er habe sich niemals vorstellen können, daß die Ansichten eines Generalsekretärs so substanzlos sein könnten. Er war nur einer unter vielen, seufzt er, die nicht geahnt hatten, daß Gorbatschow sich Eskapaden leisten und sogar Amok laufen würde. Er macht keinen Versuch, seine Enttäuschung zu verbergen. Das sowjetische Imperium bestand seiner Ansicht nach aus einer russischen Metropole, die ihre nichtrussischen Randgebiete entwickelte, auf eigene Kosten. Der Stalinismus hatte furchtbare Folgen, aber auf nationaler Ebene hatte er eine Partei und eine Intelligenzija geschaffen, die in der Lage waren, eine Nation zu führen, was sich in jeder Republik zeigte, sobald die Sowjetunion zerfiel. Er klagt Gorbatschow an, unüberlegte Entscheidungen aufgrund eines Mangels an geistigen Fähigkeiten getroffen zu haben. Gleichzeitig aber sagt er: «Die Sowjetunion hörte auf zu existieren, weil sie wirtschaftlich zusammenbrach.» Die Kolonien waren zu teuer. Die Sowjetunion bat sie, qualitativ hochwertige Erzeugnisse zu produzieren, und war willens, dafür Weltmarktpreise zu zahlen. Die Kolonien aber zogen die Massenproduktion qualitativ minderwertiger Waren für den auf sie angewiesenen sowjetischen Markt vor. Das Ergebnis war die Verarmung beider Partner.

Die DDR war ein bedeutender militärischer und ökonomischer Aktivposten, und darüber hinaus besaß die Sowjetunion dort gesetzlich garantierte Rechte. Die vierzigjährige Besatzung war eine Geschichte der verschenkten Gelegenheiten. Nach geheimen Meinungsumfragen, die nie publik wurden, unterstützten nicht einmal 30 Prozent der Bevölkerung die Partei. Einige gut informierte sowjetische Berater hatten in den späten achtziger Jahren davor gewarnt, daß der Schuldenberg der DDR bald zu noch schwerwiegenderen politischen Belastungen führen würde, doch sie stießen auf Widerstand, weil sie ein Tabuthema ansprachen.

Im Sommer 1989 wurde Honecker als Ehrengast in die Stahlindustriestadt Magnitogorsk in den Steppen jenseits des südlichen Urals eingeladen. Fünfzig Jahre zuvor hatte er beim Bau dieses typisch stalinistischen Projekts, eines Schwerindustriestandortes mitten im Nirgendwo, mitgearbeitet. Auf der Heimreise führte er während eines Zwischenstopps in Moskau ein weiteres fruchtloses Gespräch mit Gorbatschow. Nach vorhergegangenen Diskussionen hatte Gorbatschow ungehalten reagiert, als er aus anderen

Quellen erfuhr, daß Honecker die Perestrojka als Revisionismus kritisierte. In Falins Gegenwart sagte Honecker ihm jetzt, daß die Perestrojka eine sowjetische Angelegenheit und für die DDR nicht relevant sei. «In dieser Stimmung gingen die beiden auseinander. Einige von uns waren der Ansicht, daß es notwendig oder zumindest ratsam sei, die DDR zu reformieren, und wir überredeten Gorbatschow, dies zu tun. Wir hatten gute Gründe, anzunehmen, daß Honecker die Diskussionen mit Gorbatschow für sich behielt. Deshalb forderte Gorbatschow, daß er bei einem Besuch in der DDR die Gelegenheit bekommen müsse, mit der gesamten Führung zu sprechen. Es war klar, daß die Situation für ihn persönlich schwierig sein würde, und es konnte nicht ausgeschlossen werden, daß etwas Unerwartetes geschehen würde. Der Aufenthalt wurde deshalb auf 36 Stunden verkürzt.»

Falin gehörte am 6. Oktober zu Gorbatschows Gefolge. Honecker und Gorbatschow fuhren in einem Wagen vom Flugplatz aus durch Straßen, die von Hunderttausenden von Menschen gesäumt waren, und alle jubelten ausschließlich Gorbatschow zu. Als die Wagenkolonne Schloß Niederschönhausen erreichte, bemerkte Falin einen Mann, der ein Plakat mit den wunderbar doppeldeutigen und vielleicht ironischen Worten «Erich, mach weiter so!» hielt. Gorbatschow erkannte, daß Honecker durch sein eigenes Volk von den Festlichkeiten ausgeschlossen wurde, und kommentierte das bei der Ankunft in Niederschönhausen mit der Bemerkung an seine Begleiter: «Was sollen wir tun, wenn das so weitergeht?» Ungefähr 40 000 Menschen marschierten an der Tribüne Unter den Linden vorbei und skandierten rhythmisch «Gorbi, Gorbi», doch es gab immer noch keine Jubelrufe für die DDR und ihr vierzigjähriges Bestehen. «Honecker stand dort, wütend und so gereizt, wie man es sich kaum vorstellen konnte. Von der Tribüne begaben wir uns zu den Gesprächen im kleinen Kreis. Honecker, Günter Mittag und ein Dolmetscher saßen auf ihrer Seite, und auf unserer saßen Gorbatschow, Schachnasarow und ich selbst. Wir sagten, daß die DDR viel erreicht habe, daß sie nicht in schwärzesten Farben dargestellt werden sollte und daß dieses Jubiläum einen Anlaß dafür biete, mit weitreichenden Re-

formen zu beginnen. Honecker wiederholte, was er schon häufig gesagt hatte, daß es für die DDR keinen Anlaß gebe, der Sowjetunion nachzueifern, und daß das Volk die Partei und ihre Politik unterstütze. Keine der gegenwärtigen Schwierigkeiten sei unüberwindlich. Es kann sein, daß er sogar davon überzeugt war.»
Gegen Ende der Diskussion, sagt Falin, war Gorbatschow nicht mehr bei der Sache. Er ging von dort aus direkt in den Saal, in dem sich das Politbüro und die gesamte Führung des Parteistaates versammelt hatten. Im Korridor hatte er zum erstenmal gesagt, daß das Leben den, der zu spät komme, bestrafe, und nun wiederholte er es: Die Worte gingen ihm offensichtlich im Kopf herum. «Gorbatschow wog seine Worte sehr sorgfältig ab, um nicht den Eindruck zu erwecken, er wolle die DDR entweder schützen oder ihr irgend etwas aufzwingen. Er wollte das Problem so darstellen, als sei es ein Spiegelbild der sowjetischen Erfahrung, und sehr deutlich herausstellen, daß eine Reform absolut notwendig sei. In seiner Erwiderung erwähnte Honecker seinen kürzlichen Besuch in Magnitogorsk und erzählte, daß seine Genossen die Läden besichtigt hätten, wobei ihnen der Mangel an Streichhölzern und Seife aufgefallen sei. Nach einer Pause gab es einen Empfang. Die Atmosphäre war wirklich furchtbar. Vor allem Margot Honecker zeigte ihre Gefühle deutlich. Die Mißstimmung hielt an, bis wir zum Flughafen fuhren. Als wir abreisten, sagten sie: ‹Ihr habt alles getan, und er hat nichts verstanden.› Tatsächlich hatte Gorbatschow mehr getan, als ein Gast eigentlich hätte tun können.»

Wie stellte sich Gorbatschow die Zukunft Deutschlands vor?

«Er hatte keine Ideen, kein konkretes Szenario. Er verstand die wirkliche Lage nicht; er hielt es für möglich, daß die menschlichen Beziehungen eisig blieben, während man versuchen sollte, die zwischenstaatlichen Beziehungen zu normalisieren.» Nach Falin war die Diskussion auf einen Kreis beschränkt, dem nur Gorbatschow, Schewardnadse, Jakowlew, Jasow, Tschernjajew, Schachnasarow und er selbst angehörten, und sie wurde nicht auf das Zentralkomitee oder das Politbüro ausgedehnt. «Es gab eine Initiative, nach der wir und Deutschland weder militärisch noch durch die Anwendung gewaltsamer Maßnahmen involviert werden sollten. Die Erfahrung zeigt, daß politische Probleme nur mit politischen Mitteln gelöst werden können.» Der Oktoberbesuch war kein Wendepunkt, sondern schon der Schlußpunkt. Die Öffnung der Grenze machte selbst den entferntesten Aussichten auf eine Assoziation oder Konföderation ein Ende.

Im Kreml wurde ein Krisenkomitee eingerichtet, das sich mit der deutschen Frage beschäftigen sollte, und in seinem Buch sagt Schewardnadse, daß er auf einer Sitzung dieses Komitees die Forderung nach der militärischen Option abschmetterte. Falls es eine solche Forderung wirklich gegeben haben sollte, sagt Falin, dann in seiner Abwesenheit. Er bekam nichts davon mit. Gorbatschow pflegte die Sitzungen zu eröffnen, indem er die Anwesenden nach ihrer Meinung fragte. Nicht einmal Marschall Jasow widersetzte sich der natürlichen Entfaltung des politischen Prozesses.

Trotzdem ist es immer noch ein Rätsel, warum die Sowjetunion ihre vorderste Frontlinie im Westen nach all den Jahren massiver militärischer Absicherung aufgab.

«Wir warten immer noch auf die Antwort von Gorbatschow. Es könnte sein, daß er sich über das, was er da tat, oder über die Zukunft des Landes nicht im klaren war. Er zog niemanden ins Vertrauen. Am Telefon besprach er alles direkt mit Kohl.» Gorbatschow traf seine Entscheidungen allein oder höchstens zusammen mit Schewardnadse. Er mag einer gewissen Logik gefolgt sein, über die er sich selbst nicht klar war. Was für eine Art von Demokratie ist das, fragt Falin rhetorisch, in der ein Mann im Namen von 300 Millionen Menschen entscheidet, was richtig oder falsch ist?

Falins Internationale Abteilung des Zentralkomitees war ein weiteres Gremium, in dem die deutsche Frage diskutiert wurde. Dort forderte man, sagt er, die Erfüllung von drei Vorbedingungen, bevor irgendeine Veränderung des Status quo erwogen werden konnte: Die Wiedervereinigung durfte kein Anschluß sein, die Mitgliedschaft in der NATO und die Stationierung von Atomwaffen mußten ausgeschlossen werden, und schließlich waren die offenen Fragen in bezug auf Abzug und Unterbringung der sowjetischen Truppen durch einen Vertrag zu klären. Falin, damals ein erklärter Gegner von Gorbatschows Politik des einseitigen Rückzugs, wurde nicht zu den Treffen mit Kohl im Juli 1990 im Kreml und dann im Kaukasus eingeladen. Am Abend vor Kohls Ankunft führte Falin um Mitternacht ein langes Telefonat mit Gorbatschow, in dem er seine drei Vorbedingungen wiederholte und versuchte, ihm von dem Kurs, den er schließlich einschlug, abzuraten. Er würde sein Bestes tun, hatte Gorbatschow erwidert, doch er könne die Möglichkeit nicht ausschließen, daß der Zug schon abgefahren sei. In dieser Angelegenheit ließ sich Gorbatschow nur von Schewardnadse und Tschernjajew beraten.

Falin bleibt dabei, daß die Partei die Kaukasus-Entscheidung ohne größere Anstrengung hätte ablehnen können. Statt dessen kam man jedoch zu der Ansicht, dies würde zu noch größerem politischen Schaden führen. Die klassische Wahl zwischen zwei Übeln. Als Falin während einer Sitzung des Komitees für Internationale Beziehungen die Gelegenheit ergriff, Gorbatschow zu kritisieren, wurde er von ihm heftig attackiert. Falins Stimme wird hart: «Sie denken, diese Gespräche seien angenehm gewesen!» Die Angelegenheit ist um so unerklärlicher, als die Amerikaner überhaupt keinen Druck ausübten. «Die Amerikaner waren bereit, mit uns zusammenzuarbeiten, um zu verhindern, daß die Ereignisse in Europa sich zu stürmisch entwickelten. Es konnte den Amerikanern nur recht sein, wenn die Vorgänge zumindest teilweise kontrolliert abliefen, und deswegen waren sie sehr loyal. Den französischen und britischen Interessen war mit dem Fortbestehen der beiden deutschen Staaten gedient. Die Schweiz und Österreich versuchten, eine direkte Annexion zu verhindern.»

Ich konfrontiere ihn mit den drei gängigen Verschwörungstheorien: Entweder habe Westdeutschland weitere finanzielle Kredite versprochen, über die noch nichts bekannt wurde; oder es sei ein Abkommen – ähnlich wie 1922 in Rapallo – über die zukünftigen deutsch-russischen Beziehungen geschlossen worden; oder, die am weitesten hergeholte, Gorbatschow selbst sei mit einer großen Summe gekauft worden.

Falin legt dar, daß Kohl und Genscher hart und öffentlich über die Geldsummen, die sie zahlen sollten, verhandelt hätten und daß die Umstände heute ganz anders seien als nach dem Ersten Weltkrieg, als der Rapallo-Vertrag zum Vorteil sowohl Deutschlands als auch Rußlands entworfen wurde, auch wenn er niemals wirklich ratifiziert wurde. Was die Bestechung angeht, sagt er: «Ich würde gerne glauben, daß dies keine Rolle spielte» und daß es nur eine Erfindung sei, die die umfassende Verwirrung über die Geschehnisse ausdrücke. «Eines ist sicher: Auf der Seite der Sowjetunion gab es keine Staatsmänner, sondern nur Spießbürger an den höchsten politischen Stellen, die alles vergaßen, was in der Vergangenheit gewesen war.»

29 «Die Panzer sollen kommen»

Bis zur Erringung der nationalen Unabhängigkeit in der zweiten Hälfte des 19. Jahrhunderts war Sofia eine osmanische Provinz. Wegen ihrer Rolle bei der Befreiung von der türkischen Herrschaft im Jahre 1878 wurden die Russen dann als gleichgesinnte slawische Brüder und orthodoxe Glaubensgenossen betrachtet. Neue Bauten, wie das königliche Schloß, das für einen zum König ausersehenen Angehörigen des Hauses Sachsen-Coburg-Gotha errichtet wurde, die Alexander-Newskij-Kathedrale und die Nationalversammlung, lieferten einen prunkvollen, ins Zeitalter eines Garibaldi und Bismarck passenden Rahmen für die Souveränität. Viele Straßen im Zentrum der Hauptstadt sind immer noch mit schönen hellgelben Steinplatten gepflastert, die aus dem Wien der Jahrhundertwende importiert wurden.

Ohne einen einheimischen Adel oder ein breites Bildungsbürgertum blieb Bulgarien eine ländliche Gesellschaft. Jeder hat noch die Pantinen seines Großvaters auf dem Speicher, wie ein bulgarisches Sprichwort sagt. Weil historisch gewachsene Institutionen zur Durchsetzung von Gewaltenteilung fehlten, rangierten Korruption und Gewalt vor dem Recht und pervertierten den Egalitarismus, der sich natürlich entwickelt hatte. Wie überall auf dem Balkan waren Verschwörung und Fehde die üblichen Mittel, um Ziele zu erreichen und Vergeltung zu üben. Von Anfang an übernahm die bulgarische KP Lenins Kalkül, daß alle Mittel legitim seien, um die ungeteilte Macht zu erringen und zu halten. Bei einer berüchtigten Greueltat im Jahre 1923 legten Parteiaktivisten eine Bombe in der Kathedrale, die über hundert Minister und Generäle tötete, nicht aber den König, der sich zufällig zwei Minuten verspätete und so nur zum Zeugen des Blutbads wurde. Während der Unterdrückung, die in all den Jahren zwischen den Kriegen andauerte, suchten ungefähr 3000 Parteimitglieder Zuflucht in der Sowjetunion. Beinahe ein Drittel von ihnen wurde später unter Stalin ermordet. Was 1878 als Sympathie für die russischen Befreier begann, wurde nach 1944 zu einer unterwürfigen Kriecherei. Georgi Dimitrow entkam mehrere Male knapp der Liquidierung und war einer der Überlebenden der großen Säuberungen. Als der Mann, der angeklagt wurde, den Berliner Reichstag in Brand gesetzt zu haben, und als Leiter der Komintern vor dem Krieg, die den auswärtigen Arm des KGB und der Partei darstellte, war er ein berühmter Kommunist. Dimitrow starb 1949 während der sowjetischen Machtübernahme in seinem Land. Er wurde einbalsamiert und im Park vor dem ehemaligen königlichen Schloß beigesetzt, in einem Mausoleum, einem gewaltigen sowjet-athenischen Säulentempel, dessen Marmorstufen zu einer Umfassung mit hölzernen Flügeltüren hinaufführten, hinter denen der Leichnam lag. Nur Lenin und Stalin waren derart geehrt worden.

Der geeignetste bulgarische Kandidat für die Parteiführung war zu der Zeit Trajtscho Kostow, aber Stalin liquidierte in seinen letzten Jahren jeden, den er nicht sicher unter seiner Kontrolle wußte. Walko Tscherwenkow nahm stillschweigend den Justizmord an Kostow hin und wurde Erster Sekretär. In Moskau ausgebildet, bemühte er sich getreulich, Stalin nachzueifern. Terror und Arbeitslager kamen zu ihrem Recht. Der noch skrupellosere Todor Schiwkow hatte den Mut, Tscherwenkow herauszufordern, und zwar mit einer Meisterhaftigkeit, die sogar in jenen Kreisen selten war. Er war ein vollendeter Opportunist und Zyniker mit einem sicheren Instinkt für alle möglichen Machenschaften zur Beseitigung von politischen Gegnern. Wenn nötig, ließ er sie durch Mittelsmänner umbringen, so daß man die Spur nicht direkt zu ihm zurückverfolgen konnte. Wenn er auch Tscherwenkow eine Zeitlang nicht völlig aus dem öffentlichen Leben verdrängen konnte, wurde er doch 1954 Erster Sekretär und blieb 35 Jahre lang im Amt. 1972 gingen er und Breschnew so weit, daß sie sich auf eine völlige Annexion Bulgariens als sechzehnte Sowjetrepublik einigten. Breschnew machte offenbar einen Rückzieher. Auf sowjetische Anordnung wurden zwei spezifisch bulgarische Buchstaben aus dem Alphabet gestrichen. Bulgarien war eine sowjetische Provinz geworden.

Heute leben viele aus der neuen, unzufriedenen Generation in Zelten rund um das Dimitrow-Mausoleum. Die Mumie selbst wurde 1991 entfernt und an einem unbekannten Ort begraben. Die schmutzigen Marmorstufen und die Umfassung stinken; und die Graffiti, die man überall und in allen Farben sieht, fast ausschließlich obszöne Darstellungen, gleichen wilden Parodien auf moderne expressionistische Kunst.

Und Todor Schiwkow – «Onkel Toscho» nach dem von ihm geprägten verlogenen volkstümlichen Bild – wurde vom Obersten Gerichtshof wegen Veruntreuung von Staatsgeldern in Höhe von umgerechnet fast 18 Millionen Dollar, die in die Taschen seiner Familie und seiner Freunde geflossen waren, zu sieben Jahren Gefängnis verurteilt. Er erfand mit der ihm eigenen Kunstfertigkeit immer neue Winkelzüge, bis er es fertiggebracht hatte, unter «Hausarrest» bei seiner Enkelin bleiben zu dürfen. Sobald es ungefährlich war, so etwas zu sagen, wies ein Mitglied der Nationalversammlung darauf hin, daß Schiwkow im Gegensatz zu König Ferdinand und seinem Sohn Boris, die vier Residenzen hatten, nicht weniger als 30 besaß. Ein anderer Redner erklärte, daß die zahlreichen Bücher Schiwkows eigentlich von einer Gruppe Ghostwriter verfaßt und ihre teure Herstellung mit Valuta bezahlt worden sei.

Sein Geburtsort Prawez, ein Dorf ungefähr eine Stunde östlich von Sofia entfernt, wurde gezielt unterstützt durch die Ansiedlung von Handelsgärtnereien mit Gewächshäusern und von ungiftiger Leichtindustrie. Eine Straße wurde nach seiner Mutter benannt, das bescheidene Elternhaus wurde mehrmals zu einem Museum umgebaut, in dem die angeblichen Heldentaten im Krieg und in der konspirativen Parteiarbeit, die der Mann sich angedichtet hatte, dargestellt wurden. Vetternwirtschaft, Korruption und Selbstbereicherung waren Auswüchse, die eher herausposaunt als vertuscht wurden. Abgedroschene kleinbäuerliche Ehrvorstellungen wurden in Warlord-Manier verwirklicht. Auf dem Hauptplatz zeugen allein die schweren Nieten im aufgerissenen Asphaltboden von dem großen Denkmal, das hier einmal zu seinen Ehren stand. Strenggenommen hätte er vor Gericht gestellt werden müssen, weil er dafür verantwortlich war, daß Lager wie Skrawena, Lowetsch und Belene, in denen die Menschen zu Zehntausenden ohne richtigen Prozeß verschwanden, bis weit in die sechziger Jahre hinein existierten, daß bis zu 300 000 Menschen türkischer Abstammung zwangsassimiliert, vertrieben oder in unzähligen Fällen in gezielten Terrorakten umgebracht wurden und daß Dissidenten ermordet wurden. Georgij Markow war der bekannteste von ihnen. Er war eines Tages donauabwärts gesegelt und hatte sich, als er nahe an Belene vorbeikam, an seine Freunde erinnert: «Wassil, der zwei Wochen lang im kältesten Februar auf einem Boot angekettet wurde, das im Eis des Flusses steckte; Stamen, der einige Tage und Nächte in eine bis zum Hals mit Wasser gefüllte Einzelzelle gesteckt wurde; Jungen aus dem Polytechnikum, die an Ort und Stelle ohne Grund oder Urteil erschossen wurden.» Zwischen 1946 und 1985 erschossen Grenzwächter 339 Menschen bei Fluchtversuchen, nach 1985 weitere 105, darunter 36 Ausländer.

In bewährter Manier brachte Schiwkow mehrere mögliche Nachfolger ins Spiel, zuerst Aleksandar Lilow, danach Andrej Lukanow und Petar Mladenow, den Außenminister, der mit seiner achtzehnjährigen Amtszeit Hans-Dietrich Genscher nacheiferte. Er selbst hätte einer dynastischen Nachfolge zugunsten seiner Tochter Ljudmila den Vorzug gegeben, die er mit der Zuständigkeit für die Ressorts Kultur und Kunst ins Politbüro geholt hatte. Gerüchten zufolge sorgte sie dafür, daß Aleksandar Lilow promovieren konnte. Sie starb unerwartet 1981. Berüchtigt als größte Nutznießer unrechtmäßiger Einkünfte in der Familie waren sein Sohn Wladimir, Mitglied des Zentralkomitees, wie auch der Neffe seiner Frau, Christo Malejew. Auch das Politbüromitglied Milko Balew gehörte zu den protegierten Gefolgsleuten, die aus Prawez stammten. Schiwkows Schwager Atanas Malejew war Stellvertretender Gesundheitsminister, ein besonders gewinnbringender Posten, weil er auf diese Weise an westliche Arzneimittel herankam, die er für den Schwarzmarkt abzweigte. Schiwkow befand sich in einem Dilemma, weil er die Perestrojka weder akzeptieren noch anprangern konnte. Die Partei sei nicht bereit, die Geschichte neu zu schreiben oder ein neues Programm anzunehmen, erklärte er 1987, statt dessen werde es «eine neue Kulturrevolution» geben. Solche nichtssagenden Phrasen ermutigten diejenigen, die nur darauf warteten, den Freiraum, den Gorbatschow ihnen eröffnet hatte, zu ihrem Vorteil zu nutzen. Gegen die wenigen Dissidenten, die öffentlich auftraten, wurde mit den üblichen Polizeimethoden vorgegangen; der Dichter Petar Manolew zum Beispiel trat in einen monatelangen Hungerstreik, als seine Aufzeichnungen im Februar 1989 beschlagnahmt wurden. Im selben Monat gründete Konstantin Trentschew, ein abtrünniger Parteianhänger, Podkrepa, eine unabhängige Gewerkschaft, offensichtlich eine Huldigung an die Solidarność in Polen. Der ursprünglich als Diskussionsforum gedachte «Klub zur Unterstützung von Glasnost und Perestrojka» hatte sich einen Namen gewählt, der es ihm ermöglichte, sich hinter Gorbatschow zu verstecken. Seine Führer Schelju Schelew und Petko Simeonow bauten im ganzen Land Unterorganisationen des Klubs auf. Es war typisch für Schiwkow, die demokratischen Führer und ihre Gruppierungen als «die entmachteten Klassen, die ihre Privilegien noch nicht vergessen haben», zu verleumden. Ökologische Protestbewegungen bildeten sich. Unter der Schirmherrschaft der KSZE hatte das internationale «World Eco-Forum» seit langem geplant, sein Treffen vom 16. Oktober bis zum 3. November in Sofia abzuhalten. Das legitimierte wiederum die bulgarische Gruppe Öko-Glasnost, und 4000 Menschen demonstrierten in eigener Sache am 26. Oktober mitten in Sofia, im sogenannten Kristallgarten. Vor den Augen ausländischer Journalisten und Diplomaten wurde die Demonstration auf Anordnung des Innenministers Dimitar Stojanow gewaltsam aufgelöst. Mehr als zwanzig Aktivisten wurden verhaftet.

Einer der wenigen westlichen Bulgarien-Experten, Richard J. Crampton, kam 1989 in der Neuauflage seines Standardwerks

«Die Panzer sollen kommen» 445

A *Short History of Bulgaria* zu dem Schluß, daß, auch wenn die Schiwkow-Ära sich wahrscheinlich ihrem Ende zuneige, die gegenwärtige Macht der Partei «wohl kaum herausgefordert oder verringert» werde. Dieses Urteil erwies sich fast umgehend als völlig falsch, ein weiteres Beispiel dafür, daß der äußere Schein der kommunistischen Politik fälschlich als Realität angesehen wurde. Tatsächlich hatten ehrgeizige Perestrojkisten seit Monaten Schiwkows Absetzung und den Umbau der Partei nach Gorbatschows Leitlinien geplant. Sie stellten für die Zukunft Schiwkows und die der Partei eine weit größere Gefahr dar als sämtliche Demonstranten der Ökologiebewegung.

Mladenow eröffnete den Kampf am 24. Oktober, indem er Schiwkow eine Rücktrittserklärung schickte. Dies war mit Lukanow und dem 74jährigen General Dobri Dschurow, der als Verteidigungsminister die Armee hinter sich hatte, abgesprochen. Truppen des Innenministeriums waren mit den Grenzschutztruppen zusammengezogen worden. Die Spezialeinheiten, die die türkische Minderheit terrorisiert hatten, zählten angeblich nur 160 Mann.

Am 9. November forderte Mladenow Schiwkow im Politbüro zum Rücktritt auf. Schiwkow glaubte offenbar, er könne sich herauswinden. Auf einer ZK-Sitzung am nächsten Tag wiederholte Ministerpräsident Atanassow die Rücktrittsforderung, und das Zentralkomitee stimmte dafür. Die Szene wurde gefilmt, und der von diesem Ergebnis tief erschütterte Schiwkow wurde am selben Tag in den Nachrichtensendungen gezeigt. Um sein Gesicht zu wahren, wurde ihm für seine Verdienste gedankt, und er blieb vorläufig als Staatsratsvorsitzender im Amt. Danach setzten die unvermeidlichen Säuberungen in der Partei ein. Ihm und seiner Familie sowie allen Kumpanen wurden ihre Pfründen entzogen, und schließlich wurden juristische Schritte gegen sie eingeleitet.

Mladenow und Lukanow, beide erfahren in politischen Ränkespielen, kämpften fast ein Jahr lang ein Rückzugsgefecht, um die Partei an der Macht zu halten. Und darin waren sie wohl erfolgreicher als Perestrojkisten in anderen Satellitenstaaten. Als neuer Erster Sekretär – bis er sich selbst zum Staatsratsvorsitzenden ernannte – legte Mladenow denselben unerschütterlichen Gehorsam gegenüber Gorbatschow an den Tag, den Tscherwenkow und Schiwkow den vorhergehenden Generalsekretären gegenüber erwiesen hatten. Die Reform, erklärte er, werde im Rahmen des Sozialismus bleiben. Mit der Einführung von Glasnost, der Auflösung der Läden für die Nomenklatura und der Aufhebung von Artikel 273 des Strafgesetzbuches, der zur Bestrafung von Dissidenten angewandt wurde, demontierte er danach diesen Rahmen, genau wie Gorbatschow es in der Sowjetunion getan hatte. In einem Schneeballeffekt weitete die Reform sich ständig aus.

Schiwkow war an dem Tag gestürzt worden, an dem die Mauer fiel. In ganz Europa wuchs eine erwartungsvoll aufgeregte Stimmung. In den täglichen Nachrichtensendungen im Radio und Fernsehen sah man, wie die Opposition die Partei in einem Satellitenstaat nach dem anderen in die Enge zu treiben schien. Demonstrationen wurden zu einer täglichen Attraktion im Zentrum von Sofia, manchmal nahmen bis zu einer Million Menschen daran teil. In dem natürlichen Bestreben, auf der Seite zu stehen, die sich immer deutlicher als Gewinner abzeichnete, traten viele in die Podkrepa und die Klubs zur Unterstützung von Glasnost und Perestrojka ein. Erste demokratische Gruppierungen sammelten sich um charismatische Leitfiguren. Am 7. Dezember verschmolzen sechzehn solcher Gruppen zur Union Demokratischer Kräfte. Schelju Schelew führte den Rat an.

Für Mladenow und die Partei kristallisierte sich dann ihre Aufgabe heraus: Die Union Demokratischer Kräfte mußte entweder zerschlagen oder integriert werden. Die bis heute größte Demonstration fand am 14. Dezember 1989 in der Nähe des Parlamentsgebäudes, der Nationalversammlung, statt. Die Demonstranten forderten die Streichung von Artikel eins der Verfassung, der die «führende Rolle» der Partei garantierte. Der Parteisprecher Emil Christow wurde ausgebuht. Mladenow, der selbst das Wort ergreifen wollte, erschien auf den Stufen der Nationalversammlung und ging auf einen parkenden Wagen mit Lautsprecher zu. Er begann: «Bulgaren, Brüder und Schwestern», fuhr dann aber fort: «Ihr seid Patrioten und Staatsbürger, ihr müßt euch eurer Verantwortung bewußt sein. Dieser Extremismus wird Bulgarien zerstören.» Zu seinem Pech war der Kameramann Ewgenij Mihailow an seiner Seite und zeichnete das Ereignis auf. Wenn der Film auch unter offensichtlich schwierigen Bedingungen gedreht wurde, mitten im Gedränge und Stimmengewirr, erzählt er doch eine eindeutige Geschichte. Anhaltendes wütendes Hohngelächter schlug Mladenow nach seiner Rede entgegen, darunter Rufe, in denen sein Rücktritt gefordert wurde. Erschüttert und angsterfüllt wandte er sich wieder dem Eingang der Nationalversammlung zu und blieb dort einen Moment lang an der Seite von General Dschurow und zwei weiteren hohen Parteifunktionären stehen. In dem Film hört man ihn sagen: «Die Panzer sollen kommen.» Eine unbekannte Stimme antwortet: «Das ist eine gute Idee.» Mladenow und andere aus der Parteiführung versuchten, diese Szene herunterzuspielen, indem sie behaupteten, sie sei gefälscht und sowieso bedeutungslos, weil keine Panzer kamen. Der Film ist authentisch, wie Mihailow mir systematisch vorführte, er erklärte mir ausführlich die Vorkehrungen, die er getroffen hatte, um seinen Knüller sicher aufzubewahren. Die Polizei verhaftete ihn, hielt ihn zwanzig Stunden lang fest und wollte, daß er gefälschte Erklärungen unterzeichnete. Von der Partei wurde das Gerücht verbreitet, der Film sei in Amerika ausgeheckt worden. Nur eine Sache ist merkwürdig: Der Ausschnitt wurde erst nach sechs Monaten freigegeben. Am 14. Juni 1990, genau in der Zeit zwischen den beiden Runden der allgemeinen Wahlen, schlug er wie eine Bombe ein. Da Mladenow sich nicht unverfroren darüber hinwegsetzen konnte, trat er zurück. Die Partei stellte damals aufgrund ihrer Demoralisierung oder aufgrund einer Fehleinschätzung keinen Kandidaten für seine Nachfolge auf, mit dem Ergebnis, daß Schelew ohne Gegenkandidaten zum Präsidenten gewählt wurde.

Ob der 14. Dezember tatsächlich ein gefährlicher Moment war, an dem die Partei davor zurückschreckte, Gewalt anzuwenden, wird wohl nie geklärt werden. Wenn keine repressiven Mittel eingesetzt werden sollten, blieb nur noch die Möglichkeit, die Opposition in den politischen Entscheidungsprozeß zu integrieren. Um dies zu erreichen, rief die Podkrepa zum Generalstreik auf. Die Partei verlor an Boden. Der Runde Tisch begann am 27. Dezember im Nationalen Kulturpalast in Sofia mit Lukanow als Vertreter der Partei und Schelew und Simeonow als Repräsentanten der Union Demokratischer Kräfte. Die Redlichkeit der Partei wurde durch ihre strikte Weigerung in Frage gestellt, ihre Organisationen aus den Fabriken, Betrieben und der Armee abzuziehen. Ein von beiden Seiten am 12. März unterzeichnetes Abkommen legte jedoch fest, daß es einen friedlichen Übergang zur Demokratie geben solle. Wahlen sollten im Juni stattfinden.

Wider Erwarten gewann die Partei diese Wahlen, was möglicherweise auf die Macht der Gewohnheit oder im Gegenteil auf die Unbeständigkeit der Wähler hinweist oder vielleicht auf Wahlmanipulationen und andere Betrügereien. Lukanow war im Februar Ministerpräsident geworden, und ihm standen nun einige schwierige Wochen bevor, in denen er seine zweite Regierung in diesem Jahr zu bilden versuchte. Zwischen einer kommunistischen Regierung und einem demokratischen Präsidenten war das Land in gefährlichen Widersprüchen gefangen. In diese eigentümliche Übergangsphase fiel eines jener Ereignisse, die charakteristisch sind für konspirative Politik, in der Elemente des Bürgerkriegs und des Possenspiels zusammenkommen. Das Parteihauptquartier lag in einem massiven Gebäude einige hundert Meter vom königlichen Schloß entfernt, fast gegenüber dem Amtssitz des Präsidenten. Selbstverständlich zogen Demonstrationen auf ihrem Weg zur oder von der Nationalversammlung an diesem Gebäude vorbei. Am 26. August zerstörte ein gelegter Brand einen Großteil der Einrichtung des Parteihauptquartiers und der dort aufbewahrten Materialien. Hier fand der Sturm auf das Stasi-Gebäude in Ost-Berlin ein Echo. Ein Fernsehfilm zeigt, daß die Zuschauer nichts taten, außer in die Flammen zu starren und zu jubeln. Auf dem Film kann man eine große Zahl von Polizisten herumschlendern sehen, als seien sie angewiesen worden, nichts zu tun. Mit großer Wahrscheinlichkeit war dies eine Provokation. Durch das Niederbrennen ihres eigenen Hauptquartiers wollte die Partei entweder den Anlaß für ein härteres Durchgreifen liefern, oder sie hoffte auf eine gewaltsame Reaktion der Opposition, die den Rückgriff auf stärkere Machtmittel im Namen von Recht und Ordnung rechtfertigen würde. Parteiunterlagen und Archivalien hätten nicht entfernt werden können, ohne Verdacht zu erregen, und das Feuer war womöglich auch zur planmäßigen Vernichtung von Belastungsmaterial genutzt worden. Lukanow bildete seine Regierung unter großer Mühe und stellte sie am 21. September vor. Seine Schwierigkeiten wurden noch verstärkt durch die XXXIX. Parteikonferenz, die an seinem ersten Amtstag als Ministerpräsident begann. Die Delegierten beschlossen, auf das alte Politbüro und Zentralkomitee zugunsten eines neuen Obersten Parteirates zu verzichten, und sie konstituierten sich als neue Bulgarische Sozialistische Partei. Aleksandar Lilow, einst designierter politischer Erbe Schiwkows, wurde zu ihrem Vorsitzenden gewählt. Mladenow und Dschurow fielen bei den Wahlen zum Obersten Parteirat durch. Als der Wind sich gelegt hatte, war klar, daß diese Änderungen lediglich kosmetischer Natur waren und die Hardliner sich zu retten hofften, indem sie den Perestrojkisten die Schuld zuschoben und sich von ihnen abgrenzten. Nachdem Lukanow seine schmale Machtbasis verloren hatte, konnte er nicht garantieren, daß die Partei die am Runden Tisch unterzeichneten Versprechen einhalten würde. Politisch paralysiert, trat er Ende November zurück. Präsident Schelew beauftragte dann Dimitar Popow, einen parteilosen Juristen, mit der Bildung einer Koalitionsregierung. Die Gewaltenteilung wurde schließlich institutionalisiert.

Elegant gekleidet in einen maßgeschneiderten anthrazitfarbenen Anzug, wirkt Petko Simeonow eher wie ein erfolgreicher junger leitender Angestellter und kaum wie ein Kommunist, der zum Dissidenten wurde. Er ist Philosoph und arbeitet als Wissenschaftler an der Universität in Sofia. Sein Vater war Schuhmacher, seine Mutter Köchin in einer Arbeiterkantine. Ein Onkel und zwei weitere Verwandte zahlten mit ihrem Leben dafür, daß sie zwischen den Kriegen in der Kommunistischen Partei aktiv waren. Seine eigene kommunistische Gesinnung wurde durch den sowjetischen

Einmarsch in Prag und durch die Lektüre einer eingeschmuggelten russischen Ausgabe von Solschenizyns *Archipel Gulag* erschüttert: «Ich fiel in eine tiefe Depression. Ich brauchte ein Jahr oder zwei, bis ich wieder richtig arbeiten konnte. Ich verstehe, daß Millionen zur Zeit eine ähnliche Desillusionierung durchmachen. Ich treffe sie, zum Beispiel Universitätskollegen, die einst im Parteiapparat aktiv waren, und stelle fest, daß sie versuchen, ihre gesamte Biographie neu zu schreiben, damit sie nicht für irgend etwas verantwortlich gemacht werden.» Er verließ erst 1990 die Partei.

Gegen Ende der Sechziger, sagt er, gab es die Losung «Tritt in die Partei ein, um sie zu zerstören», und viele seiner Altersgenossen machten in der Partei auf dieser Basis Karriere. Dies ist eine Ursache dafür, daß es so wenige Dissidenten gab. Glasnost und Perestrojka wurden vom sowjetischen Rundfunk und Fernsehen vom Moskauer Sender Ostankino aus propagiert, sowie von sowjetischen Zeitungen, die leicht erhältlich und billiger als bulgarische waren. Ungefähr im Jahre 1987 begann er mit gleichgesinnten Freunden bei privaten Treffen darüber zu diskutieren, wie eine Reform zu organisieren sei. Einer dieser Freunde war Schelju Schelew, der ihm mitteilte, daß er ebenfalls erste Schritte dieser Art mit einem Dutzend weiterer Gleichgesinnter unternommen habe. Informelle Gruppierungen zur Verteidigung der Menschenrechte oder zum Schutz der Umwelt traten im Frühjahr 1988 in Sofia und in anderen Städten an die Öffentlichkeit. Die Luftverschmutzung, die von Giurgiu am rumänischen Donauufer ausging, machte das Leben in Russe auf der anderen Seite des Flusses unerträglich.

Ein Umweltschutzkomitee, das «Komitee für Russe», drehte einen Film mit dem Titel *Atem*. Die meisten Mitglieder des Komitees waren noch in der Partei. «Ich war wissenschaftlicher Sekretär des Soziologischen Instituts, und wir trafen uns in meinem Büro. Wir beschlossen, *Atem* im Verband der Filmschaffenden zu zeigen und die Gründung dieses Komitees öffentlich bekanntzugeben. Das geschah am 8. März 1988.» Zu der Gruppe gehörten Schelew, Ivajlo Trifonow, Stefan Geitandijew und andere, die bald Führer der demokratischen Bewegung werden sollten. «Auf alle Teilnehmer wurde Druck ausgeübt, einige wurden aus der Partei ausgeschlossen. Das Philosophische Institut wurde geschlossen, wie auch die Abteilung, die Schelew innerhalb des Instituts für Kultur leitete. Am Soziologischen Institut gab es zwischen 50 und 60 Beteiligte, aber ich riet ihnen, sich nicht als Mitglieder des Komitees einzutragen, ich war der einzige, der dies tat. Als ich darüber befragt wurde, antwortete ich: ‹Ihr seid doch nicht gegen Leute, die saubere Luft atmen wollen, oder?› Später fanden wir heraus, daß das Politbüro die Auflösung des Instituts zur Priorität erhoben hatte, dies aber kaum durchsetzen konnte, weil es außer meiner Unterschrift nichts in der Hand hatte. Leute im Zentralkomitee mit demokratischen Überzeugungen verhinderten scharfe Repressionsmaßnahmen gegen uns, wie sie gegen das Philosophische Institut erfolgten.»

Bei einer Parteiversammlung der Universität Anfang 1988 kritisierten vier Professoren Schiwkow vom ideologischen Standpunkt aus heftig. Der nächste Schritt war die Gründung des Klubs zur Unterstützung von Glasnost und Perestrojka im Sommer und Herbst 1988. Die Abteilung für die wissenschaftliche Erforschung des Kommunismus sollte eine Diskussion über ein selbstgewähltes Thema abhalten. 80 Teilnehmer wurden angeworben, um diese Veranstaltung bis zum letzten Platz zu füllen: «Die Devise lautete, teilzunehmen und sich still zu verhalten, bis es vorbei war und einer von uns vortreten und sagen würde: ‹Nun wollen wir wieder mit unserer eigentlichen Arbeit fortfahren.› Der Organisator dieser Aktion war Goran Goranow, kein Geringerer als Schiwkows Berater. Der Geheimdienst wußte nichts davon. Sie hätten in dieser Gesellschaft leben müssen, um beurteilen zu können, was für eine Heldentat das war. Nach einer kurzen Erörterung der Regeln und Statuten wurde der Klub ins Leben gerufen.» Die vier Vorsitzenden Schelew, Nikola Wassiliew, Iwan Djadjew und Simeonow lösten sich im Rotationsverfahren monatlich ab. «Die Deklaration, die wir verbreiteten, war sorgfältig formuliert, damit sie gegen politische Angriffe immun war. Indem wir Perestrojka und Glasnost unterstützten, kehrten wir Gorbatschows Losungen gegen ihn um. Jemand meinte sogar, wir sollten uns ‹Gorbatschows Club› nennen.»

Warum haben die Behörden Sie nicht alle verhaftet?

«Am 19. Januar 1989 war Präsident Mitterrand zu einem Besuch hier und gab ein Frühstück für zwölf Intellektuelle. Die französische Botschaft hatte Schelew wegen einer Gästeliste angesprochen. Daher waren auch Mitglieder unseres Klubs unter den Eingeladenen. Dieses Frühstück war praktisch unsere Anerkennung als ernstzunehmende Oppositionsgruppe. Aber unser Klub und seine Aktivitäten wurden jetzt offen von der Geheimpolizei überwacht. Die Führung traf sich heimlich in Privatwohnungen. In jenem April und Mai wurden einige von uns verhaftet und zahlreiche Häuser durchsucht. Aber es war nicht mehr so leicht für sie wie früher. Der betagte Christo Radewski, wohl der bekannteste bulgarische kommunistische Dichter, war Mitglied des Klubs, ebenso das Akademiemitglied Alexej Scheludko, während des Zweiten Weltkriegs einer der KGB-Vertreter im Land. Solche Leute konnten sie auf keinen Fall verhaften.»

Simeonow selbst wurde am 5. Mai 1989 in Schelews Haus verhaftet, um an ihm ein Exempel zur Abschreckung anderer zu statuieren. «Wir hatten uns gerade hingesetzt, als sie das Haus stürmten. Sie brachten uns nach Raswigor, der wichtigsten Behörde für ihre Ermittlungen. Sieben oder acht weitere waren aus Schelews Nachbarschaft zusammengetrieben worden. Sie hielten uns von mittags bis halb elf Uhr abends fest. Wir hatten gerade eine Erklärung an die Nationalversammlung vorbereitet, in der wir die Türken unterstützten und gegen die zwangsweise Änderung ihrer Namen in bulgarische protestierten. Das war eines der Hauptanliegen der informellen Gruppen. Der Zwang zur Namensänderung war eine Art Verzweiflungstat, zu der eine Staatsführung griff, die Angst vor der Zukunft hatte.»

Er war am 26. Oktober im Kristallgarten. «Mitglieder von Öko-Glasnost präsentierten eine Petition gegen die Umleitung von zwei Flüssen für den Bau eines Wasserkraftwerks, aber dies war nur ein Vorwand für den Protest gegen das Regime. Ein kleiner Tisch war in der Mitte des Gartens aufgestellt worden. Staatsbeamte versuchten, den Garten abzusperren und den Zulauf zu stoppen. Aleksandar Karakachanow, der spätere Bürgermeister von Sofia, und andere wurden festgehalten. Sie wurden mehrmals geschlagen, dann aufs Land hinausgefahren und dort abgesetzt, so daß sie zu Fuß nach Sofia zurückgehen mußten. Ein Mädchen bekam einen Schlag in den Magen versetzt. Schon diese Stufe der Gewaltanwendung rüttelte alle auf. Die Bulgaren sind eigentlich ein ruhiges Volk. Westliche Demonstrationen mit Steinwürfen und Angriffen auf die Polizei kämen hier einer regelrechten Revolution gleich.»

Genau einen Tag später verlas Swetlana Scharenkowa auf einer öffentlichen Parteiversammlung im Soziologischen Institut eine Resolution, daß Schiwkow und das Politbüro zurücktreten sollten. Ein Riesenlärm brach aus. Der Sturz Schiwkows und des Systems schien aus dem Nichts zu kommen, wie er sich ausdrückt. Am 10. November sah es so aus, als seien die Ereignisse zu ihrem zwangsläufigen Ende gekommen. Er glaubt, Schiwkow habe schon lange erkannt, daß der Kommunismus in seinem endgültigen Niedergang begriffen war. «Ungeachtet seiner schrecklichen Taten und des Systems, das er unterstützte, war Schiwkow ein gerissener und perfekter Politiker. Seine dämlichen Reden ekelten mich gewöhnlich an – aber jetzt verstehe ich, daß er eher ein politisches Spiel spielte als seine mangelhafte Bildung offenbarte. Lukanow sagte einmal über ihn: ‹Er hat ein Gespür für Gefahr wie ein wilder Eber.›»

Von Schiwkows Sturz an und später während der ganzen Woche des Runden Tisches, den er als Vertreter der Opposition leitete, stand Simeonow in engem Kontakt mit der Parteiführung. Für die Wahlen im Juni war er Wahlkampfleiter der Union Demokratischer Kräfte. Die Partei verfügte noch über den gesamten Repressionsapparat. «Wenn sie die Macht hätte behalten wollen, hätte sie das durchsetzen können, auch wenn es für die Zukunft internationale Isolation und industrielle Rückständigkeit bedeutet hätte. Es hätte nur jemand aus der Spitze die entsprechenden Befehle geben müssen. Der Einsatz von Gewalt gegen uns blieb eine reale Möglichkeit bis Ende Mai. Wir hätten ihn nicht verhindern können. Die Partei hätte nicht gegen ihren Willen abgesetzt werden können.»

Der Putsch vom 10. November war der erste einer Reihe von Schritten zur Machtübergabe. «Mladenow war ein aufrichtiger Mann. Als er davon sprach, Panzer kommen zu lassen, hatte er wahrscheinlich einige Drinks zur Beruhigung seiner Nerven genommen. An jenem Tag war ich auf der Suche nach einem Megaphon in das Haus der Nationalversammlung gegangen. Später stand ich mit Schelew und Trifonow auf dem Dach des gegenüberliegenden Gebäudes und rief die Menschen auf, nach Hause zu gehen; ich versprach, daß Artikel eins aus der Verfassung gestrichen würde. Mladenow sagte jenen Satz nur so nebenbei und hätte zweifellos auch Panzer holen können. Im April des nächsten Jahres sprach ich mit ihm über die Wahlen, ihren Ablauf und so weiter. ‹Sie werden Ihre Wahlen bekommen›, versicherte er mir, ‹und eine neue Verfassung, der Präsident wird ordnungsgemäß gewählt werden, und einer von Ihnen wird in diesem Büro sitzen.›»

Wie kam der Runde Tisch eigentlich zustande?

«Nach der Gründung der Union Demokratischer Kräfte am 7. Dezember machten wir bei einem Treffen, wieder einmal im Soziologischen Institut, der Partei diesen Vorschlag. Unmittelbar nach Weihnachten erklärte die Podkrepa einen landesweiten Streik. Das war verrückt. Sie hatten keine Organisation, sie schätzten, daß nur 30 000 Menschen ihn befolgen würden. Die Kommunisten erwiderten, daß täglich mehr als 30 000 wegen Trunkenheit nicht zur Arbeit kommen würden. Ein solcher Streik würde unbemerkt vorübergehen. Und dann fügten die Kommunisten hinzu, daß es eine gute Gelegenheit sei, alle zusammenkommen zu lassen und die Probleme auszudiskutieren. Angesichts der polnischen Erfahrung spürten wir, daß der tote Punkt nur mit Hilfe eines Runden Tisches überwunden werden konnte.»

Welche Atmosphäre herrschte bei den Gesprächen am Runden Tisch?

«Daß sie Gespräche aufnehmen wollten, bedeutete, daß sie bereit waren, die Macht abzugeben. Ihre einzige echte Sorge war, daß es zu Gewalttaten gegen sie selbst kommen könnte. Sie hatten

Angst. Es durfte keine Vergeltungsmaßnahmen geben. Bis Ende Februar redeten wir uns gegenseitig mit Genosse oder Genossin an. Später hieß es Herr und Frau. Ich würde nicht sagen, daß sie sich herablassend verhielten, auch wenn sie professioneller und über die Gesellschaft besser informiert waren als wir. Unser unveränderlicher Standpunkt blieb, daß wir Demokratie wollten, nicht die Macht. Nie wieder sollte eine Partei allein die Macht übernehmen und behalten. Wir präsentierten uns als politische Opposition, als der Anfang eines politischen Zwei-Parteien-Modells. Entscheidungen mußten im Konsens gefällt werden, was bedeutete, daß die Verhandlungsführer der Partei und der Union Demokratischer Kräfte einer Meinung sein mußten, was nicht sehr oft vorkam.»

«Wir traten für freie und faire Wahlen ein. Wohl wissend, daß sie über eine politische Organisation verfügten, wollten die Kommunisten diese Wahlen so bald wie möglich. James Baker kam am 12. und 13. Februar nach Bulgarien, und wir erklärten ihm, daß wir auf Wahlen noch nicht vorbereitet seien, er aber erwiderte: ‹Warum verschieben?› Es war eine Illusion, daß Wahlen die vollständige Lösung für alles sein würden. Dann gewannen die Kommunisten. Ich bin überzeugt, daß die amerikanische Botschaft hinsichtlich des Ausgangs optimistisch gewesen war. Schon bevor er die Wahl gewonnen hatte, war Lukanow zu uns gekommen und hatte uns gebeten, in eine Koalition einzutreten. Wir lehnten ab. Wir befanden uns am Beginn eines langwierigen, aber echten Veränderungsprozesses. Als sie wieder an der Macht waren, wußten die Kommunisten nicht, was sie tun sollten. Sie klammerten sich an ihre einzige fixe Idee, daß es keine physischen Racheakte geben sollte. Wir hätten alle in diesem Land gelebt, wir trügen alle ein wenig Mitschuld. Dieser Denkweise blieben die Kommunisten schließlich verhaftet. Die Furcht vor Vergeltung war letztlich stärker als ihr Wille zur Macht.»

Scheliu Schelew ist aus demselben Holz geschnitzt wie Adam Michnik oder Václav Havel, ein relativ unbekannter Intellektueller, der das Machtvakuum, das der zurückweichende Kommunismus hinterließ, füllte und so zu Berühmtheit und Macht gelangte. Er wurde 1935 in einer kleinen Provinzstadt geboren und erlebte in seiner wissenschaftlichen Laufbahn mehr Tiefen als Höhen. Aus der Partei ausgeschlossen, galt er lange Zeit als nicht verwendungsfähig. Sein 1967 geschriebenes Buch *Faschismus* wurde erst 1982 veröffentlicht und danach sofort wieder zurückgezogen, weil es auch Einblicke in die Funktionsweise des Kommunismus lieferte. Auf diesem bescheidenen, schmächtigen Mann lastete unversehens die Verantwortung für die Einführung der Demokratie in einem Land, das nur Despotismus kannte.

Unter dem Einfluß der Perestrojka, sagt er, waren die informellen Organisationen die Vorboten der Demokratie. Ein spezifisch bulgarisches Problem war die Verfolgung der Türken, die Gewalt gegen das Regime hätte zur Folge haben können. Die Ereignisse in den anderen Satellitenstaaten ermutigten die Opposition. Die Gelegenheit kam, als die Politbüromitglieder beschlossen, Schritte zur Absetzung Schiwkows in die Wege zu leiten, statt zu warten, bis Gewalttätigkeiten und Streiks sie überwältigen würden. Dennoch kam das, was er den parteiinternen Putsch vom 10. November nennt, überraschend. «Wie wir später feststellten, war es ein wohlgehütetes Geheimnis. Ein Herrscher im Sowjetblock verfügte über einen Militär- und Polizeiapparat, gegen den man nicht ankommen konnte, aber General Dschurow beseitigte diese Gefahr, indem er sich auf die Seite der Verschwörer stellte.»

Haben Sie den 10. November als das Ende des Kommunismus empfunden?

«Im Rückblick würde ich sagen, daß ich keine Änderungen über Nacht erwartete. Es ging um eine wesentlich kompliziertere Frage, nicht nur um die Ablösung des einen Diktators durch einen anderen. Aber es war ein Signal für die Opposition, sich zusammenzuschließen und zu handeln, weil der Weg nach vorn jetzt frei war. Wir konnten uns politische Ziele setzen. Es war lebenswichtig, sich zu organisieren, Räumlichkeiten, Fahrzeuge und technische Einrichtungen zu beschaffen. Aber wir teilten die allgemeine Angst, daß das alte Regime wieder an die Macht kommen könnte und all jene verfolgen würde, die es gewagt hatten, den Kopf zu heben.» Diese Angst hielt bis August 1991 an, als Schelew Jelzin im Weißen Haus anrief und seine Solidarität bekundete.

Einen Beweis der organisatorischen Fähigkeiten lieferte die Gründung der Union Demokratischer Kräfte. Aber das Amt des Staatsoberhauptes und das Parlament blieben in den Händen der Partei, also eigentlich alle institutionellen Kräfte. «Unser einziges Mittel war außerparlamentarischer Druck über Demonstrationen und Kundgebungen. Jedesmal, wenn die Gespräche am Runden Tisch ins Stocken gerieten, riefen wir das Volk auf.» Die Zeit vom 8. Dezember bis ins Vorfeld der Wahlen war eine Zeit der Massenproteste zugunsten der Opposition. Die Kundgebungen, die in Sofia begannen, breiteten sich über das ganze Land aus und verwandelten sich in Wahlkampfveranstaltungen.

Es gab eine lange «geometrische» Debatte, wie er sagt, über die Form des Runden Tisches. Die Kommunisten bestanden darauf, daß, damit der Tisch wirklich rund sein solle, auch Vertreter staatlich geförderter Organisationen wie des Komsomol dazugehören müßten. Sie faßten einen gemächlichen Verlauf ins Auge, während der Druck der Opposition für eine neue Gesetzgebung den Charakter eines Ultimatums annahm. «Das Parlament segnete die am Runden Tisch gefaßten Beschlüsse ab. Wir entschieden über Verfassungsänderungen, über die Abhaltung von Wahlen zur Großen Nationalversammlung und über das Wahlrecht mit seiner Mischung aus Verhältnis- und Mehrheitswahl. Es war eine merkwürdige Art, das Land zu führen. Jedesmal, wenn unsere Arbeit stockte, versammelten sich die Massen und schlugen Krach. Tag und Nacht war eine begeisterte Menge um den Nationalen Kulturpalast versammelt, um die Kommunisten auszubuhen und uns anzufeuern.»

Die Opposition hatte die Bedingung gestellt, daß die Verhandlungen am Runden Tisch live im Rundfunk und Fernsehen übertragen werden sollten. Dies führte dazu, daß die Arbeit in den Betrieben unterbrochen wurde. Es war eine Schule der Demokratie. Zum erstenmal wurde die Partei für ihre Verbrechen öffentlich zur Rechenschaft gezogen, und das hatte zur Folge, daß alle mög-

lichen Tabus und Klischees aufgebrochen wurden. Das legitimierte auch die Opposition.
«Dann kam die Enttäuschung. Entgegen unseren Erwartungen gewannen die Kommunisten die Wahl, was zeigt, daß wir politisch naiv waren. Wir hatten gedacht, daß die Zahl der Menschen, die auf die Straße gingen, ein Zeichen unserer Stärke sei. Wir unterschätzten die Tatsache, daß der Parteiapparat noch intakt war, insbesondere in ländlichen Gegenden, und daß die Partei über wirtschaftliche Druckmittel verfügte, mit denen sie die Leute zwingen konnte, kommunistisch zu wählen. Aber nach jenen Wahlen hatten die Kommunisten nicht mehr den Willen oder die Kraft, zu regieren. Zwei Kabinette scheiterten nacheinander. Lukanow setzte während seiner Amtszeit nicht die geringste Reform in Gang. Sie hatten keine moralische Unterstützung vom aktiven Teil der Bevölkerung. Und die Last ihrer politischen Schuld lag schwer auf ihrem Gewissen. Daher die Unfähigkeit zu regieren.»

Zu der Zeit, als ich Andrej Lukanow traf, sah er sich gerade mit der Anschuldigung konfrontiert, sechzig Millionen Dollar an Staatsgeldern für Spenden und Waffenlieferungen an den Jemen, die PLO, Nicaragua, Chile und für andere von der Sowjetunion unterstützte Zwecke abgezweigt zu haben. Mit seinen Verbindungen zum Außenhandelsministerium, so wird ihm nachgesagt, trage er die Hauptverantwortung für Bulgariens zehn Milliarden Dollar Auslandsschulden. Lukanow, Anfang fünfzig, tut alle diese Anklagen mit einem Achselzucken als Polemik ab. Er bestand darauf, mir fast den ganzen Vormittag, den ich mit ihm verbrachte, Einzelheiten der großartigen kommunistischen Laufbahn seiner Eltern und Großeltern zu erzählen. Unter anderem hatten sie an dem Aufstand von 1923, heimlichen Verschwörungen, der Komintern, dem Spanischen Bürgerkrieg und dem Stalinismus mitgewirkt. Lily, seine Frau, war die Tochter von Trajtscho Kostow. Er klang fast wie ein österreichisch-ungarischer Adliger der alten Schule, der einen uneingeweihten Proleten über die Felder in seinem Wappen belehrt.

Lukanow ist in Moskau geboren, spricht Russisch als zweite

Muttersprache und mehrere andere Sprachen fließend. Ein Besuch in den Vereinigten Staaten 1973 eröffnete ihm die Aussicht auf eine große Karriere. Obwohl Schiwkow damals Breschnew den Hof machte, war er skeptisch gegenüber dem sowjetischen Konservativismus und wollte Lukanows positive Ansichten über Amerika hören. Wenn Schiwkow auch ein Satan war, so war er doch, in Lukanows Augen, ein interessanter Satan und «der letzte wahrhaft byzantinische Politiker in Europa». Als Beispiel führt er an, wie Schiwkow 1988 den Druck der Rücktrittsforderungen abwehrte. Das Politbüro bestand aus Mitgliedern, Kandidaten und Sekretären, aber für besondere Grundsatzentscheidungen berief Schiwkow einen engeren Kreis ein, zu dem lediglich die Vollmitglieder zählten, wozu er durchaus berechtigt war. Bei einer Sitzung des gesamten Politbüros erklärte er, daß er in den Ruhestand gehen wolle. Danach führte er vertrauliche Gespräche mit einzelnen Politbüromitgliedern, die ihm natürlich nur versichern konnten, daß er unersetzbar sei. «Jedermann wußte, daß dies eine Provokation war. Wenn man geantwortet hätte: ‹Ja, warum treten Sie nicht zurück?›, hätte man ausgespielt gehabt. Nachdem er jeden so befragt hatte, rief er die Vollmitglieder des Politbüros zusammen, um ihnen mitzuteilen, daß alle dafür seien, daß er im Amt bleibe, und daß er sich ihrem Wunsch fügen werde. Diese Farce stellte er später als ernsthaften Rücktrittsversuch hin.»

In seiner Version spielten vier Männer eine entscheidende Rolle bei der Palastrevolution vom 10. November: Mladenow, der Ministerpräsident Georgi Atanassow, General Dschurow und Lukanow selbst. «Wir konnten uns nicht treffen. Wir lebten in einem Glashaus, streng überwacht. Eigentlich war ich derjenige, der ein paar Zusammenkünfte arrangierte. Jeder wußte, daß ich ein alter Freund der Mladenows war. Dazu kam, daß ich mit Atanassow zusammenarbeitete, so daß dies keiner Erklärung bedurfte. Dennoch schrieben wir gewöhnlich Notizzettel und schoben sie uns über den Tisch zu. Dschurow zu treffen war sehr gefährlich, aber ich kannte seine Tochter und arrangierte einen einzigen zufälligen Besuch bei ihr zu einer Zeit, als Dschurow sich ebenfalls dort aufhielt, angeblich nur aus familiären Gründen. Ich ging unbe-

merkt hin, glaube ich. Wir konnten nicht miteinander telefonieren.»
Mladenows barscher Brief vom 24. Oktober löste bei Schiwkow das Gefühl aus, die Kontrolle zu verlieren. Er war alarmiert und versuchte, Mladenow zu überreden, seine Rücktrittsforderung zurückzuziehen, lud ihn auf einen Drink ein und schickte Abgesandte zu ihm. Doch eine Aussöhnung kam nicht in Frage. Als Mladenow den gleichen Brief an das Politbüro und das Zentralkomitee sandte, konnte der drohende Zusammenstoß nicht länger verheimlicht werden. «Auf dem Höhepunkt des Konflikts machte ich einen Abstecher nach Moskau und nahm eine Kopie des Briefs mit. Ich traf Gorbatschow nicht persönlich, aber ich fand eine Möglichkeit, ihm den Brief zukommen zu lassen, um ihn zu informieren. Es war klar, daß nichts unternommen werden konnte, bevor nicht die sowjetische Neutralität sichergestellt war. Außerdem wollte ich ein historisches Dokument hinterlegen – für den Fall, daß uns etwas zustoßen sollte. Die Leute mögen heute darüber lachen, wenn ich sage, daß das eine riskante Angelegenheit war, aber es stimmt.»

Am Ende des Monats, so Lukanow weiter, änderte Schiwkow seine antitürkische Politik radikal und bat außerdem Gorbatschow, ihn in Moskau zu empfangen, wobei er betonte, daß es sich um einen Notfall handle. Er hoffte, Unterstützung von außen zu erhalten. «Aber Gorbatschow sagte mit der Begründung ab, er sei zu beschäftigt. Die Bulgaren müßten allein zurechtkommen, sagte er, und nahm, wenn überhaupt, dann einen neutralen Standpunkt ein. Später gratulierte er uns und sagte: ‹Ich bin froh, daß ihr es geschafft habt, ich war ja nur ein Zuschauer, und ihr mußtet das volle Risiko tragen, und falls ihr gescheitert wäret, hätte ich nichts für euch tun können.› Es stimmt nicht, daß die Sowjetunion Schiwkow zum Rücktritt drängte.»

Die Weigerung, Schiwkow zu treffen, wies auf Beistand für Sie und Mladenow hin?

«Es war eine Unterstützung des Wandels. Die Weigerung, einzugreifen, war sicherlich entscheidend. Aber Gorbatschow setzte seinen Einfluß oder den seines Botschafters nicht direkt ein. Er

konnte sich des Ausgangs nicht sicher sein. Natürlich reagierte Schiwkow darauf nicht nur nervös, sondern hysterisch. Eine Krise zog herauf, der er nicht gewachsen war.»
In der sowjetischen Botschaft wurde am 7. November ein Empfang gegeben, und General Dschurow bat Schiwkow bei dieser Gelegenheit um eine Zusammenkunft. Am nächsten Morgen suchte er ihn auf, begleitet von Politbüromitglied Mintscho Jowtschew und Dimitar Stanischew, der lange Jahre Sekretär der Internationalen Abteilung des ZK war. Alle drei waren im Krieg Mitglieder einer Partisanenbrigade gewesen, mit der Schiwkow, wie er behauptete, in Verbindung gestanden hatte, obwohl dies in Lukanows Augen «alles andere als erwiesen» ist. An jenem Morgen erklärten sie Schiwkow, daß für ihn der Moment gekommen sei zurückzutreten. «Darauf erwiderte er: ‹Nun, ich habe vor einem Jahr das Politbüro gefragt, und ihr wart alle dagegen. Jetzt seid ihr auf einmal dafür. Ich werde zurücktreten, aber nicht sofort.› Die Sache war die, daß er zur Vorbereitung seines Gegenangriffs Zeit brauchte.»

Mladenow war damals auf Auslandsreise in China. Lukanow gibt an, daß er, sofort nachdem er gehört hatte, wie diese Konfrontation verlaufen war, zu Atanassow und anschließend zu Dschurow gegangen sei, um ihnen zu sagen, daß eine Verschiebung des *showdown* selbstmörderisch wäre. «Den Rücktritt anzusprechen hieß gleichzeitig, daß er jetzt oder nie erfolgen mußte. Wenn man ihm eine Woche Zeit gäbe, wäre alles aus, und mit uns wäre es auch aus.

Also ging Atanassow am 9. mittags noch einmal zu Schiwkow und sagte, daß seit nunmehr drei Jahren der Genosse Schiwkow gegen den Genossen Schiwkow gearbeitet habe. So lautete sein Satz. Um vier Uhr kamen Dschurow, Jowtschew und Stanischew auf das Thema zurück und schlugen vor, daß der Rücktritt mit sofortiger Wirkung erfolgen und bei einer auf fünf Uhr anberaumten Politbürositzung verkündet werden solle.»

«Bei Beginn der Sitzung sagte Schiwkow, daß er alt und gesundheitlich nicht auf der Höhe sei und daß ein Jüngerer an seine Stelle treten solle. Er erklärte ausdrücklich, daß er als Erster Sekretär zurücktreten wolle, nicht aber als Vorsitzender des Staatsrats. Als seinen Nachfolger als Ersten Sekretär schlug er Atanassow vor, in der Hoffnung, ihn gegen Mladenow ausspielen zu können. Atanassow stand sofort auf, lehnte ab und schlug statt dessen Mladenow vor. Ich ergriff das Wort und sagte, daß wir seinen Rücktritt im Interesse der Partei und des Landes annehmen würden. Einen Monat zuvor war eine ZK-Sitzung angesetzt worden, und man beschloß jetzt, eine ‹organisatorische Frage› als Tagesordnungspunkt aufzunehmen – ein typisch bolschewistischer Ausdruck, der auch bedeuten konnte, daß jemand erschossen wurde. Man kam also überein, daß dem Zentralkomitee empfohlen werden sollte, Schiwkow für seine Verdienste zu danken und den Rücktritt anzunehmen. Beim Verlesen der Empfehlung sagte Atanassow, daß Schiwkow als Erster Sekretär und als Vorsitzender des Staatsrats zurückgetreten sei. Schiwkow reagierte sofort: ‹Aber darauf hatten wir uns nicht geeinigt.› Das ZK-Plenum stimmte einmütig für Mladenow mit Ausnahme einer Stimme für Lilow. Schiwkow war also abgesetzt. Mladenow, Dschurow und ich waren in diesem Moment die Helden der Nation.»

Warum griff Schiwkow nicht zur Gewalt?

«Er konnte nicht. Eigentlich stand ihm die Spezialeinheit zur Verfügung, die in Wranja, wo der Sommerpalast des Königs lag, stationiert und als OMON-Truppe ausgebildet war, mit 60 gepanzerten Fahrzeugen, darunter T-72-Panzer und Mannschaftswagen. Die Einheit hätte Sofia auseinandernehmen können, vom Zentralkomitee ganz zu schweigen. Der Umstand, daß Dschurow ganz eindeutig für eine verfassungsmäßige Lösung eintrat, hielt Schiwkow davon ab, seine Macht als Vorsitzender des Staatsrats zu mißbrauchen. Das war Dschurows großer Beitrag.»

Warum bezog Gorbatschow die von Ihnen beschriebene neutrale Haltung?

«Er war nicht darauf gefaßt, daß das System zerfallen würde. Er dachte, daß die Reformkommunisten die Lage meistern könnten und Änderungen in Osteuropa der Sowjetunion helfen würden, sich in der von ihm beabsichtigten Weise zu reformieren. 1990 traf ich ihn zweimal, jedesmal eine Stunde lang. Er sagte: ‹Ich bin gezwungen, den starken Mann zu spielen, aber ich will das nicht, dafür bin ich nicht der Richtige. Fünfzehn Millionen Hardliner der Partei stehen gegen mich, sagen Sie mir bitte, wie soll ich damit fertig werden?› Zu der Zeit war er genauso mutig wie immer, aber seine Moral ließ nach.»

Strebten Sie schon vor dem Runden Tisch eine Verständigung an?

Eifrig bemüht, sich selbst zu rechtfertigen, überschüttet Lukanow mich mit Geschichten über seine schon am 13. November erfolgte Kontaktaufnahme zur Opposition. Seiner Schilderung nach suchte er offenbar jeden Dissidenten auf in der Hoffnung, Verbündete zu gewinnen. Sein Loblied auf Demokratie und Marktwirtschaft läßt darauf schließen, daß er heute keine erkennbare Verbindung mehr zu seinen Vorfahren zu haben scheint, deren Untaten unter Stalin ihn so mit Stolz erfüllen und deren Privilegien ihm einst so gut zustatten kamen.

Petar Mladenow lebt in einem Nomenklatura-Viertel, das von der Nationalversammlung aus zu Fuß gut erreichbar ist. Der Salon, in dem wir saßen, ist geräumig. Mladenow ist gesundheitlich nicht auf der Höhe und hat sich jetzt zur Ruhe gesetzt. In seinem Lehnstuhl wirkte er sehr massig. Das schwere Gestell seiner Brille verlieh seinem breiten Gesicht einen gutmütigen, eulenhaften Ausdruck. Er hatte an dem renommierten Moskauer Institut für Weltwirtschaft und Internationale Beziehungen studiert. Bei seiner Erfahrung, seinem Rang und seiner Einstellung lag es nahe, ihn für die zuverlässige Einführung der Perestrojka auszuwählen. Nach seinen Worten «gab es praktisch keinen Unterschied zwischen dem, was wir in diesem Land tun sollten, und dem, was Gorbatschow vorhatte».

Das Manöver zur Entmachtung Schiwkows habe im Juli 1989 beim Gipfeltreffen der Warschauer-Pakt-Staaten in Bukarest begonnen. «Ceauşescu, Honecker, Schiwkow, alle waren da. Wir saßen in Delegationen zusammen. Gorbatschow saß am Ende des

Saals, und er durchschritt dessen ganze Länge, um zu mir zu gelangen. Er sagte: ‹Ich möchte mit Ihnen reden.› Also gingen wir beiden in eine Ecke des Raumes, wo wir ganz allein waren. In einem totalitären System war es undenkbar, daß der Außenminister vor dem Ersten Sekretär mit Gorbatschow sprach. Ich war nicht befugt, mit ihm Privatgespräche zu führen. Natürlich wußten wir, wie Schiwkow war, und mußten hoffen, daß niemand heimlich lauschte. Wenn er gewußt hätte, was zwischen Gorbatschow und mir vorging, hätte er Präventivmaßnahmen ergriffen. Damals teilte ich Gorbatschow mit, daß wir beabsichtigten, die Wachablösung bei uns Anfang November durchzuführen. Er gab mir keine Ratschläge, machte keine Bemerkung zum Zeitplan und sagte nicht etwa, daß wir zu voreilig wären und langsamer vorgehen sollten. ‹Das ist allein eure Angelegenheit›, meinte er, ‹ihr müßt selbst damit zurechtkommen. Ob ihr das jetzt oder später macht, ist allein eure Entscheidung.› Wahrscheinlich ahnte Schiwkow, worüber wir in der Ecke gesprochen haben könnten, er hatte eine sehr gute Intuition. Aber ein Verdacht ist noch kein Beweis.»

Schiwkow hätte lediglich die verfügbaren Informationsquellen einsetzen müssen, um festzustellen, wer Mladenows Büro betrat, wie lange er dort blieb, wen Mladenow traf, ob er einen oder mehrere Verbündete hatte. «Das waren die Anzeichen, die jeder, der es wollte, erkennen konnte.» Der Gang der Ereignisse bestärkte Mladenow lediglich darin, mit seiner Palastrevolution fortzufahren. Er betont, daß er legal vorgegangen sei, das heißt gemäß den Parteistatuten.

Wenn Schiwkow sich auf General Dschurow hätte verlassen können, hätten die Dinge ganz anders ausgesehen.

«Ein völlig anderes Szenario! Aber wir hatten schon viele Jahre lang als altgediente Mitglieder des Zentralkomitees und des Politbüros zusammengearbeitet. Wir wußten sehr genau, was der andere dachte, und wir hatten volles Vertrauen zueinander. Dschurow und ich hatten ein abschließendes Gespräch unter ungewöhnlichen Bedingungen. Während jenes Besuchs in Bukarest gingen wir beiden nach draußen auf die Straße, wo wir keine heimlichen Lauscher fürchten mußten. Es war keine leichte Unterredung, weil General Dschurow seine endgültige Zusage geben mußte. Ich erkannte, daß das Ergebnis auch ganz anders hätte aussehen können.»

Sie erhielten Schiwkows Rücktrittserklärung bei der Politbürositzung um fünf Uhr nachmittags am 9. November. Was tat er von da an bis zum ZK-Plenum am nächsten Morgen, das seinen Rücktritt bestätigte?

«Bei der Politbürositzung trat er dafür ein, daß sein Rücktritt auf ein anderes Plenum verschoben werden solle. Aber wir wollten die Entscheidung ohne Verzögerung durchbringen. Danach ging er in sein Büro und bat einige von uns, dorthin zu kommen. Wir hielten eine kurze Besprechung ab, er machte sich Sorgen darüber, was er nun machen solle. Über Politik sprachen wir überhaupt nicht.»

Warum unternahm er nichts zu seiner Verteidigung?

«Das tat er bis zum letzten Moment, bis hin zur Sitzung des Zentralkomitees am 10. November. Noch während des Plenums bat er um eine Pause und schickte einige seiner engsten Vertrauten los, um ZK-Mitglieder zu seinen Gunsten zu beeinflussen. Nach so vielen Jahren an der Macht hatte er sie alle irgendwann einmal für ein Amt vorgeschlagen und gefördert. Er rechnete sicher damit, daß das Plenum die Abstimmung über seine Absetzung verschieben werde, und erwartete, daß ein weiteres Plenum in ferner Zukunft einberufen werden würde. Nachdem er abgewählt und ich an seiner Stelle gewählt worden war, verließ er den Saal allein. Im Fernsehen wurde sein Abgang gezeigt, es war ein trauriger Anblick. Ich stellte mich am Fahrstuhl zu ihm. Ich war der einzige. Er bat mich damals um ein weiteres Treffen, bei dem er dann einige Forderungen stellte. Dabei ging es einmal um die Erlaubnis, weiterhin in der offiziellen Residenz in Bankja bei Sofia zu wohnen. Da es in Bankja nicht gemütlich war, fragte er als nächstes an, ob er in eine kleinere Staatsresidenz ziehen dürfe, und ich teilte ihm mit, daß er nach Belieben verfahren könne. Ich hatte kein Interesse an irgendeinem dieser Orte und wollte in meinem eigenen Haus wohnen. Der nächste Punkt war seine Pension, die 2 600 Lewa monatlich betrug, wenn ich mich recht erinnere. Ich schlug vor, daß der Staatsrat einen Beschluß fassen sollte, um ihm diese Pension zu garantieren. Ein letzter Wunsch war, zwei oder drei Tage zusammen mit seinen Assistenten und Sekretärinnen in seinem Büro arbeiten zu dürfen. Selbstverständlich besaß er Safes und Dokumente, die er persönlich durchsehen wollte.»

Auf dem Plenum dankten Sie Schiwkow für die von ihm geleistete Arbeit, aber auf dem nächsten Plenum am 17. wurde dieser Dank zurückgezogen.

Das sei absolut richtig, bestätigt er, und sei eine jener konventionellen Lügen gewesen, die unter solchen Umständen üblich waren. «Am 10. November erklärten wir, daß wir die Perestrojka einleiten würden. Ein oder zwei Tage später waren wir verpflichtet, die ganze Misere des Landes aufzudecken. Es hatte Verfolgungen gegeben, Verletzungen der Menschenrechte, wie jeder ganz genau wußte. Nun lag es an uns, der neuen Führung, zu erklären, wie dies geschehen konnte, und einen Ausweg zu suchen. Wir mußten die Wahrheit sagen. Wir bildeten einen Ausschuß, der ein neues Plenum vorbereiten sollte. Wir hielten Politbürositzungen ab, die zwölf, ja sogar fünfzehn Stunden dauerten, und schrieben Grundsatzpapiere, um in zwei oder drei Wochen die Versäumnisse von Jahren zu korrigieren. Vor zehn Tagen hatten wir dem Exführer unseren Dank ausgesprochen, sollten wir es dabei belassen? Das ging nicht. Vor dem Hintergrund dieser Analyse war es geradezu lächerlich, wir wären als Leute ohne Grundsätze dagestanden.»

Aber mußte die bittere Wahrheit denn die Perestrojka nicht zum Scheitern bringen?

«Damals dachten wir nicht so. Wir glaubten, dies sei die richtige Vorgehensweise. Niemand sprach davon, das System zu ändern. Wir gehörten einfach der neuen Generation an, mit anderen wie Jakowlew und Schewardnadse, die ihren Glauben an eine Verbesserung des Sozialismus durch die Perestrojka zum Ausdruck brachten. Natürlich sahen die Ergebnisse ganz anders aus, und man mußte das gesamte System ändern. Ich sah meine Rolle eng verknüpft mit dem Moment des Wandels. Ich mußte an den Ereignissen vom 10. November teilnehmen und für eine gewisse Zeit die Regierungsverantwortung übernehmen, aber ich warnte meine Kollegen, daß diese Zeit begrenzt sein würde.» Die Situation entwickelte sich viel zu schnell zu einem Machtkampf, und das erklärt die Ereignisse vom 14. Dezember und seine unglückselige Bemerkung über die Panzer. «Natürlich hätte ich Panzer holen können. Ich war Oberbefehlshaber der Armee. Sie hätten den Platz binnen zehn Minuten geräumt. Aber ich erteilte nicht einmal den Befehl, die Polizei zu bewaffnen. Als ich meine Rede beendet hatte, ging ich auf den Eingang der Nationalversammlung zu, und jemand, der links von mir stand, sprach diesen Satz aus. Ich wandte mich der Gruppe zu und wiederholte ihn. Auf dem Film ist alles aufgezeichnet. Die Leute lösen es aus dem Zusammenhang heraus. Entscheidend ist, daß ich die Panzer nicht auffahren ließ und das auch niemals getan hätte. Niemand wurde verletzt, niemand genötigt.»

Inwieweit waren Sie auf Gewalttaten vorbereitet?

«Die Frage ging mir ständig im Kopf herum. Ich erkannte, daß Versöhnung in einem Land, das sich jahrzehntelang im Zustand eines heimlichen Bürgerkriegs befunden hatte, beinahe unmöglich war. Eine meiner ersten Ansprachen an die Nation war auf Versöhnung ausgerichtet. Wir hatten keinen anderen Ausweg. Ich regte das spanische oder das griechische Modell für einen Übergang zur Demokratie an. Der totalitäre Staat ist ein Ungeheuer. Ich schlug vor, eine Kommission einzurichten, deren Mitglieder gemeinsam zu den Öfen gehen und die Personalakten des KGB und aller Kollaborateure, Spitzel und Denunzianten verbrennen sollten.»

Bedeutet ein Runder Tisch nicht an sich schon den Abschied von der «führenden Rolle» der Partei?

«Ja. Der Beschluß wurde im Politbüro schon bald nach dem 10. November gefaßt. Wir hegten nicht den geringsten Zweifel daran, daß ein pluralistisches System entstehen müßte. Wir sprachen vielleicht über eine Verbesserung des Sozialismus, aber wir glaubten, daß dies mit einem Mehrparteiensystem Hand in Hand gehen würde. Ich möchte den Kampf einzelner Persönlichkeiten aus der Opposition nicht unterbewerten, aber es handelte sich um eine unorganisierte Protestbewegung.» Die Entscheidung, eine Live-Übertragung der Gespräche zu gestatten, sei kollektiv gefällt worden, obwohl sie der Opposition zugute kommen mußte.

Und die Partei ging leer aus beim Runden Tisch?

«Wenn ich heute zu Treffen mit Hardlinern gehe, sagen sie: ‹Du bist schuld, du hast die Macht einfach so aus der Hand gegeben.› Ich weiß nicht, welche besonderen Vorteile die Partei in ihrem eigenen Interesse hätte erlangen können. Mit einer Ausnahme: Sie legte das Fundament für eine neue, demokratische Gesellschaft.»

Es fällt schwer zu glauben, daß die Partei ihre Sachen packte und nach Hause ging wie brave Schuljungen.

«Es gab Widerstand, zum Beispiel hofften einige, die Parteiorganisationen in den Betrieben halten zu können. Ein Plenum erörterte die ‹Deformationen› der Vergangenheit. Ich kann mich an keine schwierigere Zeit in meinem ganzen Leben erinnern. Buchstäblich Tausende von Menschen kamen, um mich für ihre Sache zu gewinnen. Es gab einen regelrechten innerparteilichen Kampf, um die Dinge beim alten zu lassen.»

In *Gipfelgespräche*, einem seiner zahlreichen Bücher, hat Gorbatschow ein Treffen vom 5. Dezember 1989 beschrieben, bei dem Mladenow berichtete, daß er die Lage in Bulgarien unter Kontrolle habe, die Bevölkerung die Perestrojka begrüße und Gorbatschows Ansehen steige. Gorbatschow wiederum würdigte Mladenows Mut und fügte in typisch kommunistischem Jargon hinzu: «Es gibt in der Partei und in der Gesellschaft Kräfte, die bereit sind, sich für die bevorstehende Aufgabe einzusetzen.» Solche vollkommen illusionären Sprüche wirken gespenstisch. Mladenow bestätigt Gorbatschows Darstellung der Unterhaltung. «Was Gorbatschows Verhalten mir gegenüber betrifft, so hätte ich es mir nicht besser wünschen können. Er erzählte mir alles, was ihn gerade beschäftigte. Ich stand in engem und regelmäßigem Kontakt zu ihm, in Moskau und anderswo.»

Es ist rätselhaft, daß Gorbatschow eine Auflösung des gesamten Ostblocks zuließ, ohne einen ernsthaften Versuch zu unternehmen, ihn zusammenzuhalten.

«In der Tat eine grundlegende Frage. Ich habe meine Ansichten dazu, allerdings nicht *die* Antwort. Als Gorbatschow 1985 hierherkam, hatte er noch keinen fertigen Plan. Glasnost, Demokratie, Perestrojka, eine Rückkehr zu echten leninistischen Themen – all das war für ihn eine Möglichkeit, um Erfahrung zu sammeln. Aber welches Staatsoberhaupt kann sagen, wie die Dinge sich entwickeln werden? Ich bürge dafür, daß Gorbatschow nicht dumm war, sondern ein gebildeter Mann und kein Verräter. Es war vielleicht ein historischer Wendepunkt. Die Welt konnte nicht so bleiben, wie sie war. Außerdem hatte das Experiment von 1917 einfach nicht funktioniert. Lenin sagt, daß das System, das eine höhere Produktivität gewährleistet, sich durchsetzen wird, und das war, wie sich herausstellte, der Kapitalismus.»

30 Das Bürgerforum

Die Tschechoslowakei war in der Zwischenkriegszeit eine unabhängige Republik und eines der bedeutendsten Schwerindustriezentren der Welt. Der Kommunismus, der 1948 durch einen Staatsstreich eingeführt wurde, zerstörte systematisch die Ressourcen und den Wohlstand. Der Lebensstandard des aus ehemals Habsburger Gebieten hervorgegangenen Landes war 1938 höher als der Österreichs. Vierzig Jahre später war er um ein Drittel niedriger als der österreichische. Der durchschnittliche Stückpreis von Industrieprodukten entsprach 1948 dem deutschen Preis, in den achtziger Jahren war er auf ein Viertel dessen gesunken. Obwohl im Lande Telefone hergestellt wurden, warteten 400 000 Tschechoslowaken auf einen eigenen Anschluß. Die Hälfte der kultivierbaren Flächen in Böhmen und Mähren war von Bodenerosion betroffen, und die Schwefelemission hatte ein Drittel der Wälder absterben lassen. Wie in Kasachstan kamen bei Menschen und Tieren genetisch bedingte Mißbildungen vor.

Die aufeinanderfolgenden Ersten Sekretäre Klement Gottwald und Antonín Novotný waren auffallend brutale und kriecherische Kollaborateure des Stalinismus. Gottwalds Schwiegersohn Alexej Čepička, der Verteidigungsminister, erwies sich als besonders grausam und korrupt. Er hinterließ ein auf mehrere Millionen Dollar geschätztes Vermögen. In seinem Safe fand man nach Auskunft des Überläufers Jan Šejna «Hunderte von Briefen aus Todeszellen, in denen die Häftlinge ihre Unschuld beteuerten und um die Umwandlung des Todesurteils baten. Auf jedem stand nur das Wort ‹vollstrecken›, mit den Initialen Čepičkas unterzeichnet.» Die Kette der Repressionen wurde unterbrochen, als Alexander

Dubček 1968 das in Gang setzte, was überall in der Welt als Prager Frühling bekannt wurde. Mit sanften und melancholischen Zügen und ohne jede Wichtigtuerei war Dubček ein Erster Sekretär, der überhaupt nicht dem üblichen Bild entsprach. Seine Absicht war, die Bevölkerung eher an den Entscheidungen zu beteiligen, als sie unter Druck zu setzen. Was damals wie blinde Naivität gegenüber dem System wirkte, war im Rückblick ein Vorzeichen der allgemeinen Krise, die ausbrach, als auch Gorbatschow auf Gewalt verzichtete.

In einem für Eindrücke empfänglichen Alter war Dubček in der Sowjetunion gewesen. Aus den Erfahrungen, die er dort machte, gewann er nur die Erkenntnis, daß die Zahl und Art ihrer Opfer keine absolute moralische Bewertung zuließen. Der Fehler müsse beim Individuum und nicht bei der Partei liegen: Das war die klassische Illusion der Mitläufer. Dubček unterlag ihr ebenso wie General Jaruzelski, der aus dem gleichen Holz geschnitzt war.

Dubčeks Vater war ein Mann, der «auf der Suche nach einem Traum» war. Er wanderte zunächst nach Amerika aus, scheiterte dort jedoch und zog dann mit seiner Frau und seinen kleinen Kindern nach Pischpek, irgendwo in Mittelasien, um als begeisterter Freiwilliger den Kommunismus aufzubauen. «Ich erinnere mich an schreckliche Szenen im Bahnhof von Frunse», schreibt Dubček in seinen Memoiren, in denen er sich an die im Zuge der Kollektivierung deportierten Bauern erinnert. «Einige Bauern waren unterwegs gestorben, und die, die noch lebten, darunter auch Kinder, sahen aus wie lebende Leichen. Sie waren so hungrig, daß sie Schweine- und Hühnerfutter aßen, in dem es vor dicken weißen Würmern nur so wimmelte. Ich werde nie den Anblick eines toten Mannes vergessen, dessen Bauch gewaltig aufgebläht war. Ich fragte meine Mutter, woran der Mann gestorben sei, und sie sagte: ‹Am Hunger.› ... Keiner verstand, was der Grund für all dieses Leid war.» Das gleiche Unverständnis packte ihn beim Anblick kirgisischer Widerstandskämpfer, die von sowjetischen Funktionären gehängt worden waren.

Nach seinem Amtsantritt versuchte Dubček, die Nomenklatura dem Leistungsprinzip zu unterwerfen und ein gewisses Maß an öffentlicher Diskussion einzuführen, wobei er mutig, aber ungeschickt zwischen Partei und Staat unterschied. Hardliner erkannten die Gefahr. Schon im Mai 1968 erklärten Breschnew und seine gehorsamen Vasallen Ulbricht, Schiwkow, Gomułka und Kádár, die Tschechoslowakei sei durch eine Konterrevolution bedroht. In den folgenden drei Monaten steigerte sich die Spannung durch Denunziation und Intrigen immer mehr. Bei einem der vielen hektischen Geheimtreffen dieser Zeit hatte General Jaruzelski ironischerweise «den Eindruck einer traurigen Zerbrechlichkeit», als er Dubčeks Argumente anhörte, Argumente, die er Jahre später selbst wiederholen sollte.

Breschnew und sein Politbüro zitierten Dubček am 29. Juli nach Čierna nad Tisou, einem slowakischen Endbahnhof an der sowjetischen Grenze, und dann nochmals am 3. August nach Bratislava, um ihn einzuschüchtern. Dubček gestand später ein, daß er zu keinem Zeitpunkt geglaubt habe, daß seinem Land eine Invasion drohe. Aber während Breschnew ihn noch schäumend vor Wut schikanierte, baten seine tschechoslowakischen Handlanger Vasil Bilák, Alois Indra, Drahomír Kolder, Oldřich Švestka und Antonín Kapek schon die Sowjets um «aktive Unterstützung und Hilfe mit allen zur Verfügung stehenden Mitteln». Inwieweit bei ihrem Verrat geheime Absprachen mit der Sowjetunion bestanden, ist noch nicht geklärt. 200000 Soldaten aus der Sowjetunion, Polen, Ungarn, Bulgarien und der DDR marschierten am 20. und 21. August in der Tschechoslowakei ein, bis Mitte September waren es eine halbe Million. Die DDR stellte die wenigsten Soldaten, aber womöglich waren einige dabei, die unter dem Roten Stern ihre frühere Invasion unter dem Hakenkreuz wiederholten. Die amerikanische Kommunistin Angela Davis bezeichnete Dubček und seine Verbündeten bei einem Besuch in Prag als «gewöhnliche Verbrecher».

In Handschellen wurde Dubček mit seinen Kollegen nach Moskau entführt. Einer von ihnen war Zdeněk Mlynář, ein Freund und früherer Zimmergenosse Gorbatschows aus Moskauer Studientagen. Mlynář schreibt in seinen Memoiren, daß man ihm bis zu diesem Tag genauso wie anderen seiner Generation beigebracht habe, die Welt nur schwarz-weiß zu sehen: «der Feind auf der einen Seite und sein Antagonist auf der anderen». Jetzt mußte er miterleben, wie Breschnew Dubček mit vor Bedauern zitternder Stimme vorwarf: «Ich habe dir geglaubt und habe dich gegenüber den anderen verteidigt ... und du hast uns alle so furchtbar enttäuscht.» Dubček wurde fallengelassen und sollte den Rest seines Lebens als Mechaniker in der Forstwirtschaft arbeiten. «Ich könnte niemals antisowjetisch sein», sagte er 1990 pathetisch, «ich fühle aus ganzem Herzen für diese Nation.»

Gustáv Husák, sein Nachfolger als Erster Sekretär, hatte den gleichen psychologischen Defekt. Mürrisch und fanatisch, hatte er nach 1948 seine Heimat Slowakei stalinisiert, um dann in den fünfziger Jahren selbst einige Jahre im Gefängnis zu verbringen. 1968 beschrieb er, wie die Funktionäre ihn abwechselnd erniedrigten und schlugen und dabei raffinierte Foltermethoden anwendeten. «Die Partei hatte dich hierher gebracht, die Partei hatte deinen Fall schon entschieden. Du mußt gestehen! Gestehen! ... Jedes Nervensystem kann nur bis zu einer gewissen Grenze dem Druck widerstehen. Wenn diese Grenze überschritten ist, versagt das Nervensystem.» Weit davon entfernt, aufgrund dieser Erfahrung das System zu durchschauen, war er seltsamerweise entschlossen, es weiter auszubauen. 1968 erklärte er als Stellvertretender Ministerpräsident, er werde mit Dubček «stehen und fallen». Ebenso wie Kádár einige Jahre früher in Ungarn verriet er seine Kollegen und wurde daraufhin 1969 von Breschnew zum Ersten Sekretär befördert. Die Reformer und Befürworter Dubčeks wurden dann von Miloš Jakeš, Husáks Mann fürs Grobe, aus der Partei und der Nomenklatura entfernt.

1948 hatten sich die tschechischen Intellektuellen bei der kommunistischen Machtübernahme im großen und ganzen als begeisterte Anhänger der Partei erwiesen. So schwärmte der Schriftsteller Pavel Kohout davon, wie die Volksmiliz beim Putsch untergehakt marschierte. Später entschuldigte er sich: «Vier oder fünf Jahre lang war ich ziemlich dumm.» Die weitverbreitete Anerkennung des Kommunismus verwandelte sich in niedergeschlagene Apathie. Mit seiner Selbstverbrennung auf einem öffentlichen Platz in Prag dokumentierte der Student Jan Palach auf schreckliche Weise die verzweifelte Lage des Landes.

Ein Gefühl historischer Kontinuität vermittelten einzelne Persönlichkeiten wie der Schriftsteller Bohumil Hrabal, der Philosoph Jan Patočka und der großartige Primas František Tomášek, der noch im letzten Jahrhundert geboren wurde. Nach 1948 wurde er in einem Arbeitslager gefangengehalten und durfte sein Bischofsamt nicht mehr wiederaufnehmen. Aber er versuchte, sich gegen die von der Partei eingesetzten Priester und Bischöfe zu wehren. Er vertrat weit mehr als nur rein religiöse und konfessionelle Werte. Die wenigen jungen Dissidenten, die den Mut hatten, ihre Meinung zu äußern, standen in der humanistischen Tradition: Ludvík Vaculík, Milan Šimečka, der Romancier Josef Škvorecký und Václav Havel, diejenigen, die die Charta 77 anregten und unterzeichneten. Ein anderer Dissident, Vladimir Karbušický, beschrieb die Situation so: «Es findet eine kulturelle Regression statt.» Die geistigen und moralischen Konsequenzen des Kommunismus warfen die menschliche Rasse auf einen vorgeschichtlichen Stand zurück: mit «Ritualen, magischen Verkleidungen in Form von Uniformen, Fetischismus, Tabus, dem Einfluß von Medizinmännern, Zauberformeln und Verwünschungen in Form von Parolen und erstarrten Klischees und totemistischer Verehrung von Symbolen».

Im April 1987 besuchte Gorbatschow Prag und Bratislava. In einer auf die Glasnost zugeschnittenen Rede erklärte er, der Anspruch der Partei auf Allwissenheit sei überheblich. Doch es war sein Sprecher Gennadij Gerassimow, der die erstaunlichste Antwort in der Zeit des untergehenden Imperiums parat hatte. Auf die Bitte westlicher Journalisten, den Unterschied zwischen dem Prager Frühling und der Perestrojka zu erläutern, erwiderte Gerassimow: «Neunzehn Jahre.» Das kam einem Todesurteil gleich, nicht nur für Husák, sondern für alle Satellitenparteien, die durch die sowjetische Unterstützung an der Macht geblieben waren. Wenn Dubček als früher Perestrojkist gerechtfertigt wurde, hatte Husák keine Legitimation. Und so trat er im Dezember zurück, blieb aber Staatspräsident.

Die Machtübergabe an Miloš Jakeš wurde zwar von der Partei bestätigt und verlief reibungslos, bewirkte jedoch kaum etwas. Jakeš war durch die lange Verbindung zu Husák kompromittiert und setzte sich nicht wirklich für die Perestrojka ein. Die neuen Machthaber, etwa der Ministerpräsident Ladislav Adamec oder Rudolf Hegenbart, Leiter der ZK-Abteilung für staatliche Verwaltung und somit für die Geheimpolizei zuständiger Parteifunktionär, teilten seine Ansicht: Die Veränderungen mußten so weit gehen, daß sie Gorbatschow zufriedenstellten, aber nicht so weit, daß die Partei die Kontrolle verlieren könnte. Der Grundbesitz und das Eigentum der Partei wurden 1990 auf rund 550 Millionen Dollar geschätzt. Es stellte sich heraus, daß hohe Summen in harter Währung an Moskau gezahlt worden waren, um die Kommunisten in den demokratischen Staaten zu unterstützen.

Die sowjetischen Truppen mit 75 000 Soldaten verfügten über vier Frontdivisionen, die im Kriegsfall in Deutschland einmarschieren sollten, die eigenen Sicherheitskräfte des Landes über 80 000 Mann. Das Informantennetzwerk mit Tausenden von ständig wechselnden Mitarbeitern zwang die Menschen, aus Angst vor Denunziation kein Risiko einzugehen und sich ruhig zu verhalten. Die Partei besaß ihren eigenen bewaffneten Schutz in Form der Volksmiliz mit rund 25 000 Mann. Ihr Stabschef Miroslav Novák war nur Jakeš verantwortlich.

Jahrestage boten Gelegenheiten für Demonstrationen, die die politische Stimmung im Laufe des Jahres 1989 anheizten: am 15. Januar im Gedenken an Jan Palach, am 20. August gegen den Einmarsch von 1968 und am 17. November in Erinnerung an einen weiteren Studenten, Jan Opletal, der fünfzig Jahre zuvor von den Nazis ermordet worden war und als Pendant Palachs gilt. 800 Menschen wurden in jenem Januar verhaftet, darunter auch Václav Havel, der erneut zu einer Freiheitsstrafe, diesmal von neun Monaten, verurteilt wurde. Andere, wie Ján Čarnogurský, wurden im August verhaftet und waren Ende des Jahres Minister. Der Partei stand bis zum Schluß das Mittel der Repression zur Verfügung. Der 17. November war ein Freitag. Dieser Tag, an dem die Ereignisse in Bewegung gerieten, die die Partei und den Kommunismus selbst in weniger als vier Wochen zu Fall bringen sollten, wirkt heute immer noch rätselhaft. Zu einem Zeitpunkt, als der Fall der Berliner Mauer eigentlich überall eine Erschütterung auslösen mußte, organisierte die Partei eine Demonstration. Antifaschismus ging direkt in Antikommunismus über. Am späten Nachmittag zog ein Strom von etwa 50 000 Menschen in der Dämmerung am Fluß entlang vom Vyšehrad zum Nationaltheater, vorbei an Havels Fenster. Die Národní třída führt vom Ufer der Moldau zum unteren Ende des Wenzelsplatzes. V-Leute führten die Demonstranten dort in einen Hinterhalt, wo sie von der Polizei zusammengeschlagen wurden. «Wir sind unbewaffnet!» riefen die Leute. Zahlreiche Menschen wurden verletzt, einige sogar schwer. Es ging das Gerücht um, ein Student namens Martin Šmíd sei getötet worden. Provokateure, ein Krankenwagen, der den toten Šmíd abtransportierte, der dann allerdings angeblich aufsprang und wegrannte, die Verwicklung des KGB, eine Erklärung des bekannten Dissidenten Petr Uhl gegenüber *Radio Free Europe* – die dramatischen Ereignisse überschlugen sich. Man konnte Desinformation nicht mehr von der Wahrheit unterscheiden.

Am Samstag und Sonntag hielten bis zu 200 000 Demonstranten mehr oder weniger durchgehend das Zentrum der Stadt besetzt. Am Sonntag kam das Politbüro zusammen und rief zur Wiederherstellung der Ordnung «mit allen möglichen Mitteln» auf. Zur gleichen Zeit versammelten sich die Dissidenten von der Charta 77 im Theater der Laterna Magica. Havel selbst traf etwas verspätet ein und wurde der Ex-officio-Anführer dieser improvisierten und etwas dilettantischen Gruppe, die sich an Ort und Stelle zur offiziellen Opposition unter dem Namen Bürgerforum zusammenschloß. Verhandlungen mit der Partei waren das Ziel. Um die Unterstützung durch das Volk hervorzuheben, rief das Bürgerforum zum Generalstreik auf.

Am Dienstag, dem 22. November, versetzte die Partei die Volksmiliz tatsächlich in Alarmbereitschaft. Eine Konfrontation mit den Massen und dem Bürgerforum hätte nur zur Eskalation führen können. Jakeš und das Politbüro, Hegenbart und Miroslav Štěpán, der Prager Stadtparteichef, hatten Befehlsgewalt über die

Volksmiliz. Kaum hatten die Milizeinheiten die Stadt erreicht, als ihnen auch schon befohlen wurde, in ihre Kasernen zurückzukehren. Wie das plötzliche Auftauchen und Verschwinden von Martin Šmíd wurde auch dieser Vorfall vertuscht.

Die Parteiführung geriet sofort in Konfusion und Panik. Bilák, Indra und Kapek, die 1968 die sowjetischen Truppen angefordert hatten, waren immer noch Mitglieder des Politbüros. Aus Furcht vor Vergeltungsmaßnahmen sollen sie sich dafür ausgesprochen haben, auf die Armee zurückzugreifen. Doch Jakeš und das gesamte Politbüro traten am 24. November zurück, und der farblose Karel Urbánek wurde letzter Erster Sekretär. Er war Eisenbahnarbeiter gewesen und vertritt heute ein tschechisches Unternehmen in Moskau. «Wir sind uns darüber im klaren, daß wir nicht das Vertrauen der Menschen besitzen. Wir haben es einfach verloren», jammerte er später gegenüber Havel.

Ladislav Adamec, der ehrgeizige, um nicht zu sagen selbstsüchtige Ministerpräsident, sah seine Chance, aus dem Zusammenbruch des Politbüros Vorteile zu ziehen. Er trat auf eigene Initiative mit Havel und dem Bürgerforum in Kontakt und trennte damit den Staat von der Partei, wenn auch vielleicht nicht absichtlich. Auf Havels Einladung hin wandte Adamec sich an die Demonstranten, die sich am 25. auf dem Letná-Hügel oberhalb der Stadt versammelt hatten. Dort beging er den fatalen Fehler aller Perestrojkisten: Er versprach Reformen – aber nur im Rahmen eines kommunistischen Systems. Und er mißbilligte alle Pläne für einen Generalstreik. Hätte er sich statt dessen als Demokrat bezeichnet, so wäre er unter Umständen ein tschechoslowakischer Jelzin geworden. Von diesem Augenblick an konnte niemand mehr die Partei retten.

Am folgenden Tag empfing Adamec, der immer noch sein eigenes Süppchen kochte, eine Delegation des Bürgerforums. Damit begann praktisch ein ad hoc eingesetzter Runder Tisch. Havel trug seine Forderungen vor: Husák sollte zurücktreten, und Adamec sollte unter der Bedingung, daß er seine Regierung reformierte, Ministerpräsident bleiben. Offensichtlich sah das Bürgerforum sich nicht in der Lage, die Macht zu übernehmen. Adamec unterbrach die informellen Verhandlungen und flog am 3. Dezember nach Moskau zu dem berühmten Treffen, bei dem Gorbatschow die Anwesenden über das kurz zuvor abgehaltene Gipfeltreffen von Malta informierte, bei dem er, ohne es zu wissen, das Ende des Ostblocks eingeläutet hatte. Nach einem Gespräch unter vier Augen mit Gorbatschow flog Adamec wieder nach Hause und überraschte alle, als er zugunsten des Stellvertretenden Ministerpräsidenten Marián Čalfa zurücktrat. «Ich übernahm den Posten, weil Gorbatschow mich darum bat», pflegte Adamec zu sagen. «Nicht, weil er Gorbatschow ist, sondern weil er eine Politik betreibt, die die Welt braucht. Ich nahm das Risiko auf mich.» Sogar Havel nahm an, Gorbatschow würde Adamec den Rücken stärken, aber das war offensichtlich nicht der Fall. Der Umbruch lief nun mit der Präzision eines Uhrwerks ab. Čalfa trat aus der Partei aus. Er behielt zwar eine Mehrheit von kommunistischen Ministern in der Regierung, nahm aber auch bekannte Antikommunisten wie Čarnogurský und den Wirtschaftswissenschaftler Václav Klaus auf. In jedem Fall sollten im folgenden Juni freie Wahlen stattfinden. Husák trat als Präsident zurück und – wiederum eine Parallele zu Kádár – starb kurz darauf. Die Mitglieder des alten kommunistischen Parlaments blieben sich selbst in ihrer Routine treu, indem sie einstimmig für Havel als Husáks Nachfolger stimmten.

In der zweiten Novemberwoche 1989 klopfte der für Ideologie zuständige ZK-Sekretär Jan Fojtík an die Türen des Kreml: Er erklärte jedem, der es hören wollte, daß die Situation – wie 1968 – am besten durch eine sowjetische Militärintervention gerettet werden könne. Fojtík, ein bekannter Hardliner, hatte sich schon längere Zeit in dieser Richtung geäußert, etwa gegenüber seinem ungarischen Amtskollegen János Berecz. So flog er auch am 17. nach Hause und verbrachte den Rest des Wochenendes damit, Kollegen zu finden, die er von der Notwendigkeit eines gewaltsamen Vorgehens überzeugen konnte. Als ich ihn wie verabredet in seiner Wohnung besuchen wollte, stellte sich heraus, daß er untergetaucht war. Seine Nachbarn berichteten, er verhalte sich, als ob er sich verstecken wolle. Er trage Hüte zur Tarnung und habe sich einen Bart wachsen lassen. Genauso aalglatt weichen auch andere aus, beispielsweise der Hardliner Jozef Lenárt, Vasil Bilák, der jetzt als alter Pensionär in Bratislava lebt, Adamec, der seine Wunden leckt, und Lubomír Štrougal, der angeblich nach Gorbatschows Ansicht besser als Jakeš geeignet gewesen wäre, als Erster Sekretär die Perestrojka einzuführen. Aufgescheucht wurden sie zweifellos durch Bemühungen, frühere Parteiführer für ihre Verbrechen zur Verantwortung zu ziehen, und die sogenannten Lustrationsgesetze, die die Einstellung von Polizisten und Agenten des Staatssicherheitsdienstes StB in den öffentlichen Dienst verbieten. Anklagen wegen Zusammenarbeit mit der StB haben schon eine Reihe von Karrieren zerstört.

Zdeněk Urbánek gehört zu den bekanntesten Schriftstellern des Landes, er hat James Joyce und Walt Whitman ins Tschechische übersetzt. 1917 als Untertan des Habsburgerreiches geboren, verbrachte er sein gesamtes Leben in derselben Stadt, jedoch unter sieben verschiedenen Regimen. In seiner Wohnung steht ein fast historischer Gegenstand: die Schreibmaschine, mit der er die Briefumschläge für den Text der Charta 77 adressierte, um sie dann an die Unterzeichner zu versenden. Statt dessen wurden er, Havel, Vaculík, der Schauspieler Landovský und andere am Morgen des 6. Januar 1977 von der StB inhaftiert.

Ein anderer Dissident ist Martin Palouš, Philosoph an der Universität. «Das wichtigste war, ein Beispiel zu geben. Wir verglichen unsere Situation mit der in Polen, wo die Solidarność so stark war – im Gegensatz zu unserer Oppositionsbewegung hier.» Er erinnert sich daran, aus erster Hand erfahren zu haben, daß Wałęsa noch im Sommer 1989 glaubte, der Ostblock könne nur schrittweise abgebaut werden, und den Tschechen riet, sich zurückzuhalten.

«Ein kleiner Schritt zerstörte das gesamte System. Im allerletzten Moment kommt man an einen Scheideweg, fällt eine Entscheidung, und alle sind überrascht.» Am 17. hatte er mittags mit einem amerikanischen Journalisten eine Verabredung auf der Karlsbrücke. Die beiden schlossen sich der Demonstration an.

Eine Konfrontation hatte niemand erwartet, denn Vasil Mohorita, der für den Komsomol zuständige ZK-Sekretär, hatte das Ereignis zusammen mit unabhängigen Studenten vorbereitet. Dennoch «lag etwas in der Luft». Wie jeder andere hörte auch er von dem angeblichen Tod von Martin Šmíd und erfuhr, daß dieses Gerücht von einer gewissen Frau Dražská in Umlauf gesetzt worden war. Palouš nimmt für sich das Verdienst in Anspruch, den Anstoß zum Bürgerforum gegeben zu haben. Vierundzwanzig Stunden vergingen, bis Havel von seinem Haus auf dem Land zurückkehrte. Am Samstagabend stellte er fest, daß sich schon zahlreiche Aktivisten und Vertreter verschiedener Gruppen sammelten. Am Sonntag, so wurde ausgemacht, sollten sie sich in Havels Wohnung treffen. Wie eine immer länger werdende Karawane zogen sie von Platz zu Platz – ungläubige Journalisten schlossen sich ihnen an – und landeten schließlich im Theater der Laterna Magica. «Niemand konnte ahnen, daß die Partei so unsicher war. Die Diskrepanz zwischen den unentschlossenen Maßnahmen der Partei, wie dem Abfassen von Erklärungen, und ihren Erwartungen war erstaunlich. Die Anführer des Bürgerforums waren immer wieder schockiert, daß sich ihre Vorschläge wie in einem Traum in Wirklichkeit verwandelten. Dadurch entstand bei allen der falsche Eindruck, sie seien großartige Politiker. Das Land war am Scheideweg angekommen. Die Kommunikations- und Machtstrukturen der Partei lösten sich auf. Ich war auf der Pressekonferenz, auf der Čalfa, zu diesem Zeitpunkt noch Mitglied der Adamec-Regierung, versprach, die ‹führende Rolle› der Partei aufzuheben. Die Mitglieder des Parlaments stimmten gegen ihre eigenen Interessen, als sie dieses Gesetz später verabschiedeten. Das war auch der Fall, als Havel zum Präsidenten gewählt wurde – die Abgeordneten sprachen sich in ihren Reden gegen ihn aus, doch dann stimmten sie alle für ihn.»

Die Gespräche am Runden Tisch belegten, daß das Bürgerforum ernst genommen werden mußte. Adamec, so erklärt Palouš, schien in der Gunst der Menschen höher zu stehen als die unbeliebten Parteibonzen Jakeš, Kapek oder Štěpán. «Als Adamec am 25. auf dem Letná-Hügel ans Mikrofon trat, um zu mindestens einer halben Million Menschen zu sprechen, hörte man Rufe wie ‹Lang lebe Adamec›. Er hatte eine Chance. Als er seinen Mund aufmachte, ertönten die stereotypen Phrasen eines kommunistischen Funktionärs, der der Lage einfach nicht gewachsen war. Er war durch die Ideologie blind geworden. Sie hatten den Terror und die Begeisterung zu einem gesellschaftlichen Betäubungsmittel gemacht, und nachdem sie so lange daran gearbeitet hatten, glaubten sie immer noch, sie würden die menschliche Seele kennen.»

Die Nachwirkungen der Demonstration vom 17. November zeigten sich so schnell und waren so weitreichend, daß man sofort eine Kommission bildete, die die Stichhaltigkeit der Verschwörungstheorien untersuchen sollte. Diese Kommission berichtete fünf Monate später, die StB habe beabsichtigt, die Parteiführung in Absprache mit dem KGB auszuwechseln. Die Kommission selbst wurde geheimer Absprachen verdächtigt und eine zweite Kommission mit größeren Machtbefugnissen der Vorladung von Zeugen und der Akteneinsicht ernannt. Ihr Vorsitzender Jiří Ruml war nach 1948 Kommunist gewesen, hatte dies jedoch schon lange bereut. Der große und ausgezehrte Mann, dessen Gesicht von Falten zerfurcht ist, hat sich jetzt zurückgezogen. Sein Sohn hatte 1993 als Innenminister die Aufgabe, die Polizei zu reformieren.

Da Jiří Ruml zu denen gehörte, die man kurz zuvor verhaftet hatte, war er geeignet, in der Kommission zu arbeiten: Als er am 16. August inhaftiert worden war, hatten ihm seine Vernehmungsbeamten von der StB erklärt, Ende Oktober würden sie und er gemeinsam demonstrieren. Die Geheimpolizisten waren durchaus nicht alle einer Meinung. Die klügeren unter ihnen hatten bemerkt, daß Gorbatschow Jakowlew, Schachnasarow und andere Abgesandte geschickt hatte, um mit möglichen Perestrojkisten und sogar zukünftigen Mitgliedern des Bürgerforums zu verhandeln. Ruml hat den Eindruck, daß solche ehrgeizigen Geheimpolizisten daran arbeiteten, Jakeš und andere Hardliner abzusetzen, um das Land weiter unter Kontrolle zu halten und gleichzeitig Gorbatschows Zustimmung zu erlangen. Zum Beweis berichtet er, wie er im Auftrag der Kommission einen tschechischen Spion namens

Minařík befragte. Dieser Mann beschrieb, daß ihm im Laufe des Sommers sowjetische Agenten Vorwürfe machten, weil er keine positiven Maßnahmen ergreife. Also entwarf jener Minařík einen Artikel für die *Iswestija* zugunsten der Perestrojka, und Hegenbart zeichnete ihn ab. Hegenbart deshalb als sowjetischen Agenten zu bezeichnen, hält Ruml für übertrieben. «Ich denke, sie verhafteten Havel im Januar und dann Dubček, Rudolf Zeman und mich erneut im November, um eine Reaktion zu provozieren und um die Opposition aus der Reserve zu locken.» Havel und die anderen wurden bald wieder auf freien Fuß gesetzt, Ruml hingegen erst am 26. November entlassen. Zusammen mit Čarnogurský gehörte er zu den letzten politischen Häftlingen des Landes.

Am 17. hatte die StB den Befehl, die Demonstration zu überwachen, aber nicht einzuschreiten. Der KGB hatte sich oben in seiner Prager Villa in Dejvice einquartiert, gemeinsam mit General Lorenc, der als Stellvertretender Innenminister StB-Chef war. «Sie machten anscheinend dasselbe wie unsere StB, sie überwachten die Situation.»

Lorenc spielte eine entscheidende Rolle. «Wir hofften, daß in der am 10. Dezember ernannten Regierung der Posten des Innenministers nicht besetzt werden würde. Die früheren Kommunisten Čalfa und Valtr Komárek teilten sich die Zuständigkeiten des Ministeriums mit Čarnogurský, was zur Folge hatte, daß tatsächlich keiner verantwortlich war und Lorenc handeln konnte, wie er wollte. Er hatte genug Zeit, den Rückzug der StB zu planen und Akten zu vernichten. Im Februar 1990 flog Havel mit Innenminister Richard Sacher nach Moskau, und sie unterzeichneten ein Abkommen mit dem KGB. Das Abkommen war von General Vykypěl, dem stellvertretenden StB-Chef, vorbereitet worden, der später inhaftiert wurde.» Offiziell wurden große Teile des StB-Archivs vernichtet, doch es gibt keinen Beweis, daß es nicht beiseite geschafft wurde. Lorenc, so bemerkt Ruml, sei ein Mensch mit analytischem Verstand.

Die zweite Untersuchungskommission vernahm 279 Zeugen und überprüfte über 4 000 Erklärungen und 20 000 Seiten mit Aufzeichnungen der Militärstaatsanwaltschaft. Sie kam dabei einstimmig zu dem Schluß, daß die Ereignisse vom 17. November keinen geplanten Versuch erkennen ließen, das Regime mit sowjetischer oder anderer Hilfe zu stürzen. Sie deckte allerdings auf, daß vier der fünfzehn Mitglieder der ersten Kommission geheime StB-Kollaborateure gewesen waren und daß man an genau dem Tag, an dem die «führende Rolle» der Partei annulliert wurde, Anweisungen gegeben hatte, die Opposition zu sabotieren. Eine geheime Instruktion lautete folgendermaßen: «Einflußreiche Agenten einsetzen, um die oppositionellen Parteien verstärkt zu infiltrieren. Ziel ist die Desinformation der Opponenten. Die radikalsten Mitglieder der Opposition kompromittieren und innerhalb der Opposition Uneinigkeit verschärfen. Gleichzeitig Möglichkeiten für StB-Funktionäre schaffen, Positionen im Staatsdienst und in ausgewählten Unternehmen zu übernehmen. Die verschwörerischen Aktivitäten innerhalb der StB steigern.»

Wo entstand das Gerücht über den getöteten Studenten?

«Das bleibt ein Rätsel. Wir haben keinen Beweis dafür, daß die Sache von der StB organisiert wurde. Es gab einen Geheimpolizisten, der sich so verhielt; er wurde von einem Krankenwagen ins Krankenhaus gebracht und lief von dort weg. Sein Name war Zifčák, mit dem Decknamen Růžička, den er tatsächlich an seinem Türschild stehen hat. Und Frau Dražská, die die Nachricht unter den Pressekorrespondenten verbreitete, stand früher manchmal mit der StB in Kontakt, aber sie war offensichtlich geistesgestört, und es gibt keinen Beweis, daß sie vor dem Vorfall irgendwie instruiert worden war. Die Überprüfung der Geheimpolizei ergab nichts Konkretes.»

Gegen Ende November traf eine Delegation vom sowjetischen Zentralkomitee ein, geleitet vom Sohn Bohumír Šmerals, eines Mitbegründers der slowakischen Partei nach dem Ersten Weltkrieg. Die Delegation deutete an, daß die sowjetische Armee intervenieren würde, falls es zur Gewaltanwendung käme. «Sie hätten uns also zum drittenmal befreit», meint Ruml sarkastisch. Die regionalen Parteifunktionäre fürchteten Vergeltungsmaßnahmen. Hardliner wie Bilák wußten, daß man, sobald man die Invasion der Sowjets als Fehler bezeichnen würde, sie als die dafür Verantwortlichen an den Pranger stellen würde. Der damalige Verteidigungsminister General Václavík gehörte zu den Teilnehmern des ZK-Treffens am 24. November, die auf den Einsatz der Armee drängten. Panzereinheiten waren einsatzbereit. «Es wurde sogar der widersinnige Vorschlag gemacht, daß Überschallflugzeuge über dem Letná-Hügel in niedriger Höhe fliegen und die dort stattfindenden großen Demonstrationen durcheinanderbringen sollten.»

Der Geschäftsmann Vasil Mohorita hat seine Büros am Stadtrand von Prag in einem schönen alten Herrenhaus aus dem Besitz der Familie Schwarzenberg, deren Wappen noch am Gebäude prangt. Er ist groß und trägt stolz einen schwarzen Bart; und er spricht, als läge die Vergangenheit schon lange zurück. Durch den Komsomol aufgestiegen, wurde er Kandidat und dann 1987 Vollmitglied des Zentralkomitees. Am 26. November 1989 wählte man ihn zum Ersten Sekretär des Zentralkomitees, und in dieser Eigenschaft mußte er im Laufe des Jahres 1990 die alte Partei auflösen. Er sollte den geschätzten Wert des Parteieigentums auf 768 Millionen Dollar erhöhen. «Ich feuerte über 12 000 Leute. Wir mußten das frühere Leninmuseum räumen, wir mußten Gottwalds Porträts und Büsten entfernen und ein Grab für seine Asche finden, die wir vom Nationaldenkmal entfernten. Wenn ich durchs Land reiste, wurde ich oft gefragt: ‹Warum mußte die Partei so enden?› Die Menschen konnten es nicht glauben. Ihr Leben lang hatten sie in Fabriken und Kollektiven geschuftet, und plötzlich wurden sie beschimpft, weil sie in der Partei gewesen waren. Die einzige Antwort, die ich ihnen geben konnte, war, daß das System nicht reformiert werden konnte. Husák hatte nach 1968 die beste Möglichkeit für Reformen, und ich verstehe immer noch nicht, warum er sie nicht ergriffen hat.»

Gemeinsam mit Jakeš hatte er an den Feierlichkeiten zum vierzigsten Jahrestag der DDR teilgenommen. Als er von der Haupttribüne aus den Fackelzug vorbeimarschieren sah, spürte er, daß dies der Abschied war. Seine Freunde von der FDJ sagten ihm,

Honecker sei am Ende. Als er zwei Wochen später wieder nach Berlin kam, diesmal mit Čalfa, stellte er fest, daß Krenz schon Veränderungen vorbereitete. Die tschechoslowakischen ZK-Mitglieder, so sagt er, seien realistischer geworden, doch niemand sah voraus, daß sie die Kontrolle verlieren könnten. Sie glaubten, sie verbesserten das System.

Im gesamten Ostblock gab es riesige Demonstrationen gegen die Partei. Wenn Sie sie schon nicht verhindern konnten, warum haben Sie dann nicht versucht, sie unwirksam zu machen?

«Es war unmöglich, sie zu verhindern. Am 17. November waren wir die Mitveranstalter. Ich war selbst anwesend. Doch die Partei hatte keine einheitliche Haltung, deshalb endete auch alles so in der Národní třída. Die Menschen hören es nicht gerne, wenn ich das sage, doch der 17. November zeigte auch ein Generationenproblem innerhalb der Partei auf. Die Volksmiliz aufzubieten war zwecklos, denn die Miliz hätte den Befehl, Gewalt einzusetzen, nicht befolgt.» Um diesen Punkt zu veranschaulichen, berichtet er, was eine Revision der Partei im Jahre 1990 enthüllte: Helme und Schlagstöcke, mit denen die Prager Polizei die Miliz von Ústí ausgerüstet hatte, wurden vermißt und waren, wie sich herausstellte, in den Fluß geworfen worden; die Parteiorganisation von Ústí mußte für die Kosten aufkommen.

Das entscheidende ZK-Treffen am 24. November, so Mohorita, verlief chaotisch. Einige führende Funktionäre begriffen nicht, was vor sich ging, andere wollten die Situation ausnutzen, indem sie zurücktraten. «Jakeš hielt eine verhängnisvolle Rede, und dann folgte die übliche Debatte über die Schuldfrage. Ich wurde auch fast gefeuert. Ich schlug Veränderungen innerhalb der Führung vor, und einige andere stimmten zu. Wir setzten dann die Entscheidung durch, daß das gesamte Politbüro geschlossen zurücktreten würde. Mein Eindruck ist, daß Jakeš sich nicht einmal selbst verteidigte. Es war ein absoluter Niedergang und Zerfall. Niemand strengte seinen Kopf an, niemand konnte sich vorstellen, was am nächsten oder übernächsten Tag zu tun sein würde. Wir wählten neu, und wie immer, wenn die Lage in der Partei schwierig wurde, gewann der mit der geringsten Befähigung. Wie Havel von Urbánek sagt: ‹Er ist ein schrecklich netter Mensch.› Die personellen Veränderungen des 24. wurden auf dem folgenden Treffen zwei Tage später abgeschlossen. Obwohl ich einstimmig zum ZK-Sekretär und Politbüromitglied gewählt wurde, wußte ich, daß die gesamte Struktur der persönlichen Beziehungen und Verbindungen zu den staatlichen Organen aufgebrochen worden war, ein Prozeß, der nicht mehr gestoppt werden konnte.»

Die ersten Kontakte zum Bürgerforum ergaben sich über den Rockmusiker Michael Kocáb und den Journalisten Michael Horáček, die sich an ihn und ebenso an Adamec gewandt hatten. Mohorita sagt von sich selbst, er habe für die Partei verhandelt, während «Adamec seine eigenen Interessen hatte. Ich denke, seine Einschätzung der Lage war falsch. Er träumte davon, Präsident und Generalsekretär zu werden, also Leiter des Demokratisierungsprozesses. Er zeigte, daß er genauso wie Jakeš und die anderen aus der alten Garde war. Ich glaube, Gorbatschow unterstützte ihn. Ich nehme an, Adamec trat zurück, weil er dachte, er könne eher zum Präsidenten gewählt werden, wenn er nicht mehr Ministerpräsident war. Wie sich herausstellte, war das unmöglich; die Situation entwickelte sich zu schnell. Wenn man etwas nicht sofort tat, war es eine Stunde später schon zu spät.»

Einer der herausragendsten Kommunisten der jüngeren Generation ist Miroslav Štěpán, der frühere Vorsitzende der Parteiorganisation der Stadt Prag. In dieser Funktion war er für die Prager Volksmiliz zuständig. Ihr gehörten 12 000 Mann an, ausgerüstet mit automatischen Waffen. Er weigerte sich, der Miliz einen Einsatzbefehl zu geben. Er war auch Vorsitzender des Verteidigungsrates, eines Forums, in dem seiner Meinung nach besser als in der Miliz Gewaltanwendung hätte vorgeschlagen werden können. Seit 1988 saß er auch als bei weitem jüngstes Mitglied im Politbüro. Jakeš sah in ihm den Erben, der die Politik der Partei, wie sie nach 1968 entwickelt worden war, fortsetzen würde, und ließ ihm seinen Willen. Als ich ihn interviewte, hatte er wegen Machtmißbrauchs im Jahre 1989 eine Freiheitsstrafe verbüßt und, wie er sich ausdrückt, «alle

Emotionen hinter sich gelassen». Die Worte sprudeln aus ihm heraus; er schweift gern ab und läßt in die Erzählung beiläufige Berichte über Begegnungen einfließen. Zum Beispiel war Krjutschkows erster Stellvertreter, Generaloberst Gruschkow vom KGB, am 17. mit General Lorenc zusammen. Zum Beispiel wurde Dubček während der Demonstrationen einige Stunden im Kulturpalast festgehalten. Zum Beispiel hatte er selbst an diesem Tag den Befehl gegeben, Unbefugte dürften den Sitz der Staatssicherheit in Prag nicht betreten, doch zwei Personen hatten sich nicht daran gehalten: ein Dr. Grusík aus Hegenbarts Stab und General Taschlenko vom sowjetischen Innenministerium, der im Stab der Botschaft arbeitete. Zum Beispiel war der Innenminister in Urlaub gegangen, hatte aber für den 17. eine Notverordnung erteilt und darin General Lorenc die Verantwortung übertragen. Die Berichte der Kommission von Jiři Ruml hält Štěpán, was nicht verwunderlich ist, für unvollständig, für nur vorübergehend interessant, ja sogar für ein Stück Volkssage. Der Bericht entlastet ihn allerdings von dem Vorwurf, die Volksmiliz hinzugezogen zu haben.

Einer seiner besonderen Verbindungsmänner war Gennadij Janajew, Gorbatschows Vizepräsident und einer der Anführer des August-Putsches. Janajew erklärte ihm im Oktober 1989, daß, wenn es nach Gorbatschow ginge, vom Kreml nichts außer der Fahnenstange übrigbleiben würde. Im Gefängnis erinnerte er sich daran und schickte Janajew während des Putsches ein Telegramm. «Vor kurzem traf ich einige Sowjets, die mir erklärten, Gorbatschow und die früheren sozialistischen Staaten hätten gerettet werden können, wenn die Tschechen die Opposition unterdrückt hätten. Ich war zumindest bereit, alle positiven Errungenschaften der Vergangenheit zu verteidigen, aber das genügte nicht. Unsere Geschichte zeigt, daß andere Staaten die Tschechen nie ihre eigenen Entscheidungen treffen ließen. 1989 war es das gleiche. Wenn Moskau Reformen durchgeführt hätte, hätte es hier keine Probleme gegeben. Doch das tat die Sowjetunion nicht, und so brachen alle sozialistischen Staaten mit ihr zusammen. Es wäre absurd und trivial, zu sagen, daß alle sozialistischen Staaten zu diesem Zeitpunkt inkompetente Erste Sekretäre gehabt hätten.»

Auch wenn es schon reichlich spät war, hätten 1989 noch praktische Maßnahmen ergriffen werden können. «Alle, die mit mir im Politbüro saßen, waren nach dem Konflikt mit Dubček ernannt worden.» Das war eine schwere ideologische Belastung. «Und ich kann Ihnen versichern, daß die Stärke oder Schwäche der Dissidenten keine Rolle spielte. Hundert Kilometer von Prag entfernt hatte noch niemand von Havel oder der Charta 77 gehört. Das Bürgerforum hätte seine Mission in dem Augenblick erfüllt gehabt, in dem es gegründet wurde, wenn nicht die Parteiführung darauf vorbereitet gewesen wäre, Kontakte zu knüpfen.»

Am 17. November war er in seinem Büro. Er hatte die Demonstration genehmigt. Ebenso wie die überwältigende Mehrheit, die Dissidenten eingeschlossen, hatte er, wie er sagte, keine Vorstellung davon, was sich daraus entwickeln würde. Am folgenden Tag, einem Samstag, war er ins sechzig Kilometer entfernte Louny gefahren, wo seine Mutter lebte. Er wollte sich dort erholen. Gegen Mittag tauchte der Sicherheitschef von Louny auf, um eine telefonische Nachricht zu übermitteln. Štěpán solle umgehend zurückkehren, da sich die Situation zuspitze. Zurück in Prag, hörte er als erstes von der Geschichte mit Šmíd. «Ich fuhr zur Villa von Jakeš. Er saß da und fragte: ‹Was ist los?› Ich war überrascht, daß sogar er so schlecht informiert war. Ich schlug vor, er solle ein Treffen des Politbüros oder sogar des Zentralkomitees einberufen. Er stimmte zu. Am Sonntag traf sich das Politbüro um sechs Uhr abends. Wir baten General Lorenc dazu, der bestätigte, daß an dem Zusammenstoß in der Národní třída keine Spezialeinheiten teilgenommen hätten. In verschiedenen Artikeln gab er später zu, daß dort eventuell einige Truppen in besonderer Kleidung oder sogar Spezialeinheiten Dienst getan hatten.» Niemand von ihnen wußte vom Gründungstreffen des Bürgerforums im Theater der Laterna Magica, weil einfach weder die Geheimpolizei noch irgend jemand anderes darüber Bericht erstattet hatte.

An diesem Montag hätte man die Partei vielleicht noch retten können. «Die Lage hätte ernst werden können, wenn gewisse Leute erklärt hätten, daß ein Putsch stattfand und die Bevölkerung zu Hause bleiben oder an ihren Arbeitsplätzen ihre Pflicht tun solle. Aber zu diesem Zeitpunkt hatten wir nichts zu verlieren, denn der Kreml war gegen uns, er hatte uns praktisch geopfert. Sogar am Dienstag gab es noch Möglichkeiten. Wir hätten einen sofortigen Parteitag einberufen, radikale Änderungen in der Partei durchführen und einen Runden Tisch einführen können. Wir hätten entschlossene Maßnahmen ergreifen können, nicht indem wir irgend jemanden umbrachten, aber indem wir doch exemplarisch durchgriffen. Die Armee riefen. Macht demonstrierten.»

Hat das jemand vorgeschlagen?

«Solche Maßnahmen werden normalerweise nicht diskutiert. Gemäß der Verfassung hatte der Verteidigungsrat das Recht, das Kriegsrecht zu verhängen. Im Hinblick auf den globalen Zusammenhang bin ich überzeugt, daß unsere Herangehensweise richtig war. Und wir erkannten, daß die Partei intern sehr beunruhigt war. Ihre Führer waren sogar für eine Machtdemonstration zu schwach.»

Und was war mit der Armee?

«Ich kenne nur die Erklärung von Verteidigungsminister Václavík während der Plenarsitzung des Zentralkomitees am Abend des 24., daß die Armee bereitstünde, um die sozialistischen Errungenschaften gemäß den Statuten und Gesetzen zu verteidigen. Doch die politische Situation hatte sich so verändert, daß das fast nichts mehr bedeutete.»

Marián Čalfa ist durch und durch Technokrat, hat eine lakonische Art und wird sehr schnell ungeduldig. Der in Böhmen aufgewachsene Slowake begann 1972 mit 26 Jahren, für die Regierung Gesetzesvorlagen zu schreiben. Im Umgang mit der politischen Elite meisterte er, wie er sagt, die Spielregeln des Lebens an der Spitze und bekam einen Einblick in die Regierungsarbeit. «Aber ich wachte morgens nicht mit der Überzeugung auf, die Kommunistische Partei müsse die herrschende Partei sein.»

Ich fragte ihn, ob die Partei etwas zu tun versäumt habe. «Die Frage muß anders formuliert werden. ›Haben die tschechoslowakischen Machthaber überhaupt irgend etwas getan?›» Seiner Ansicht nach fand keine Revolution statt, bloß eine überfällige Trennung von Partei- und Staatsmacht. Als Mitglied der Regierung hatte er miterlebt, wie Innenminister Obzina nach dem 17. November ausführlich erklärte, daß er nur Maßnahmen wie etwa das Schließen von Theatern angeordnet habe. Tatsächlich mußten Obzina und General Václavík sich später vor Gericht wegen Machtmißbrauchs verantworten. Čalfa behauptete, er selbst habe auf Kontakten mit Studenten und Dissidenten bestanden.

Am 25. traf Havel Adamec zum erstenmal im Zentrum von Prag, im Obecní Dům, dem Repräsentationshaus. Čalfa begleitete Adamec. Danach fuhren sie zusammen zum Letná-Hügel, und er hatte Gelegenheit, Adamecs Rede und die Buhrufe mitzuerleben. «Das war ein Ausdruck des Abscheus. Hätte Adamec um die Unterstützung bei der Absetzung der Partei gebeten, hätte er die ganze Krise steuern können. Als er die Leute bat, nicht zu streiken, war seine politische Karriere zu Ende. Heute wissen wir, daß die Oppositionsführer nicht eine grundsätzliche Veränderung des Systems erwarteten, sondern nur eine Teilhabe an der Macht, eine Art Pluralismus.» Als Adamec am 3. Dezember seine Regierung bildete, hatte er also schon jede Chance, die er hätte haben können, vertan. «Außerdem waren die Kriterien, nach denen er die Regierung zusammenstellte, völlig unverständlich. Ich war Stellvertretender Ministerpräsident, aber ich hätte einige meiner Kollegen niemals akzeptiert. Adamec schuf einen neuen Absolutismus.»

Was geschah, als Adamec Gorbatschow traf?

«Das hat er nie verraten, aber er reichte seinen Rücktritt direkt nach seiner Rückkehr ein. Das überraschte Havel, der mit ihm in der Annahme verhandelte, Adamec werde Regierungschef bleiben. Ich kann nur vermuten, daß Gorbatschow ihn nicht unterstützen wollte. Adamec, ein Parteiapparatschik aus Nordmähren, wurde erst in der letzten Minute zum Reformer. In Gorbatschows Augen blieb Adamec ein unverbesserlicher Kommunist, er lag nicht auf der gleichen Wellenlänge.»

Čalfa übernahm, wie in der Verfassung festgelegt, die Regierung und mußte also auch mit Havel verhandeln. «Beim Runden Tisch im Kulturpalast, gegenüber dem Hotel Forum, waren die verschiedenen politischen Richtungen vertreten. Meine erste Aufgabe war es, mit ihnen die Zusammensetzung einer neuen Regierung zu vereinbaren, die für die Opposition und die Öffentlichkeit annehmbar wäre. Der Generalstreik lag in der Luft, die Situation verlangte nach einer Entscheidung. Es war möglich, sie gewaltsam durchzusetzen. Das muß man klar und deutlich sagen. Der ganze Polizei- und Sicherheitsapparat und die Armee standen uns zur Verfügung. Entscheidend war, daß niemand auftauchte, der den Mut, Instinkt oder Charakter hatte – wie man es auch immer nennen will –, Gewalt anzuwenden und die anderen davon zu überzeugen, daß dies angemessen sei. Als wir dann die Regierung der nationalen Verständigung hatten, in der auch Mitglieder der Opposition saßen, wurde der Prozeß des Runden Tisches überflüssig.»

Mein Eindruck ist, daß Jakeš und möglicherweise Štěpán Gewalt hätten anwenden können.

«Die Partei hatte ihren Einfluß auf die staatlichen Machtmittel verloren. Die Macht war vom Politbüro auf die Regierung übergegangen, wo niemand bereit war, diese Mittel anzuwenden. Die Regierung verfolgte die Linie, freiwillig einen Teil der Macht abzugeben.»

Hat irgend jemand den Einsatz der Sicherheitskräfte oder der Armee vorgeschlagen?

«Natürlich. Obzina und besonders General Václavík waren überzeugt, daß diese Mittel angewandt werden könnten, aber keiner von beiden konnte das allein entscheiden. Und außer ihnen konnte niemand eine solche Entscheidung treffen. Die Partei war keineswegs so geeint, wie ein außenstehender Beobachter glauben mochte. Es gab verschiedene Abstufungen. Auf regionaler Ebene lebte die Partei ihr eigenes Leben. Dort ging der Zerfall am schnellsten vonstatten, weil der Kontakt zu den Menschen direkt und deren Widerstand gegen die Partei offensichtlich war. Am stärksten blieb die Partei auf dem Land. Im Zentrum war das Auftauchen einer zweiten Machtinstanz in Form einer Regierung der Hauptschlag.» Gegen Ende des Jahres stattete Čalfa seinen obligatorischen Besuch bei Gorbatschow und im Kreml ab. «Er musterte mich über den Tisch hinweg. Er war freimütig und herzlich; er wollte eine genaue Analyse der Situation, seine Antworten waren schlüssig, zutreffend und historisch fundiert. Er war fasziniert von dem Apparat zur Aufrechterhaltung von Ruhe und Ordnung. Offensichtlich dachte er nicht in geopolitischen Maßstäben. Sein wichtigster Grundsatz war, daß jeder Staat das Fundament für eine parlamentarische und pluralistische Demokratie legen sollte. Das einzige, was er nicht erwartete, war, daß sich der ganze Block, sobald man von pluralistischen Strukturen sprach, als antisowjetisch erweisen würde. Wir überschätzen uns nicht, wir sind uns bewußt, daß der Wandel bei uns vom sowjetischen Wandel abhing.»

Žďár nad Sázavou ist eine traurige Kleinstadt, die man nach einigen Stunden erreicht, wenn man von Prag über die einzige Autobahn des Landes nach Osten fährt. Ihre alten Gebäude, darunter eine von Santini, dem originellsten Architekten des 18. Jahrhunderts, entworfene Kirche, sind zerfallen. Sie verblassen neben den dichtgeschlossenen Wohnblöcken aus lebensfeindlichem Beton. In einem Dorf jenseits von Žďár wohnt Rudolf Hegenbart in einem Landhaus am Waldrand. An dem Tag, an dem ich zu ihm fuhr, war die Landschaft in Schnee und Eis gehüllt.

«Die Leute dämonisieren Hegenbart», hatte Miloš Jakeš mir gesagt. Genau das glaubt auch Hegenbart selbst. Er leidet an Diabetes und ist schon lange bei schlechter Gesundheit. Mißtrauisch und gekränkt sitzt er in seinem Sessel, er bebt vor offenbar gerechtem Zorn. Er hatte Politik und Wirtschaft studiert und in den frühen siebziger Jahren in Moskau an einem Lehrgang an der Akademie für Sozialwissenschaften teilgenommen. Er stieg in der Partei auf, wurde Stellvertretender Ministerpräsident und gelangte erst 1988 zu Bedeutung, als Jakeš ihn auswählte, um den Staatsapparat, die Sicherheitsdienste eingeschlossen, umzugestalten.

Für dieses Interview hat er ein längeres Memorandum vorbereitet, das er unter allen Umständen laut und in voller Länge vortragen will: über seine Reisen im Ostblock in den Jahren 1988 und 1989, um sich in Sicherheitsfragen sachkundig zu machen; seine einsamen Stellungnahmen bei diesem oder jenem Plenum, seine Memoranden für die Reform. Am 16. Januar 1989 hatten er, der Innenminister und der Generalstaatsanwalt sich in einem Restaurant getroffen. Von dort aus konnten sie den Verlauf der Demonstration beobachten. «Das Ministerium hatte berichtet, es würden Punks und einige Studenten dort sein, die Unterschicht. Was wir sahen, war unerfreulich. Hunde und Wasserwerfer wurden eingesetzt. Das waren keine verdorbenen Jugendlichen, sondern Menschen, die gegen das Regime protestierten und unseren Rücktritt forderten. Der Minister und der Generalstaatsanwalt verurteilten das brutale Vorgehen der Polizei. Wir erhoben unsere Gläser und stießen mit mährischem Weißwein auf bessere Zeiten an.» Aber als dieses Ereignis auf der Tagesordnung des Politbüros zur Diskussion stand, gratulierte man statt dessen der Polizei und schränkte per Gesetz die Versammlungs- und Redefreiheit noch stärker ein.

Damals kontrollierte er eine Organisation, die Furcht verbreitete und Gehorsam forderte, heute sieht er sich selbst in gewisser Weise als Opfer; eine eigennützige Verzerrung der Erinnerung, die für diese Parteigetreuen typisch ist. Schließlich hatte er sich nur mit Säuberungen befaßt, ohne die die Parteipolitik nicht umgesetzt werden konnte. «In Absprache mit Jakeš begann ich, die Säulen zu demontieren, die die Clique um Husák, Štrougal und Obzina stützten. Alle stellvertretenden Minister aus der Ära dieser Leute gingen. Einige Leiter der Polizeiabteilung auch. Ich hatte meine eigenen Pläne, um sie loszuwerden. Wir wollten diese Mafia, diese Verbindung zwischen dem ZK und dem Innen- und Verteidigungsministerium zerstören. Sie machten, was sie wollten. Doch dann kamen Jakeš und Hegenbart, um die Bande zu zerstören; also wollten sie sich rächen.» Die Ereignisse ab dem 17. November waren «ein parteiinterner Putsch, der gegen Jakeš und mich gerichtet war und von den Prager Mitgliedern des ZK organisiert wurde.» Also unter anderem von Kapek, Štrougal, Mohorita und vielleicht auch Štěpán. Während der Demonstrationen war Hegenbart zu Hause und verfolgte die Nachrichten im Radio und Fernsehen.

Warum hat das Politbüro an jenem Sonntag kein Treffen des gesamten Zentralkomitees einberufen?

«Das ist mir ein Rätsel. Kapek, Štrougal und andere aus Prag waren der Meinung, das ZK solle erst für den 24. einberufen werden. Ich war krank. Als Jakeš die Ärzte fragte, ob ich teilnehmen könnte, sagten sie nein. Doch die Ärzte begleiteten mich. Zu diesem Zeitpunkt war schon alles verloren.»

Hielten die Sicherheitsorgane die Partei über die wirkliche öffentliche Meinung auf dem laufenden?

«Offensichtlich erhielt die Führung Informationen. Die Gruppe der Hardliner um Fojtík glaubte ihnen nicht, ebensowenig Indra oder Husák. Jakeš erhielt direkte Informationen, aber er versäumte, sie weiterzuleiten, was dazu beitrug, daß die Situation sich zuspitzte. Indra hätte gerne die Armee eingesetzt. Diesbezügliche Diskussionen wurden innerhalb der Armee geführt, wo die Befehlskette von Husák zu General Václavík führte. Ich bereitete dort gerade einen Führungswechsel vor, bis Januar wäre Václavík ersetzt worden.

Jeder in Žďár», sagt er verbittert, «weiß, daß Hegenbart die Volksmiliz angefordert hat.» Er selbst stellt die Ereignisse folgendermaßen dar: «Jakeš rief mich am Dienstag, dem 21. November um zwei Uhr nachmittags an und sagte, ich solle um vier Uhr mit Novák, dem Stabschef der Volksmiliz, vorbeikommen, um die politische und organisatorische Unterstützung für den möglichen Einsatz der Volksmiliz vorzubereiten. Bei der Zusammenkunft wurden wir darüber informiert, daß in Prag ein Chaos drohe. Jakeš fürchtete, daß es zu einem Blutvergießen kommen könnte. Um Ordnung zu halten, sollten die Einheiten des Innenministeriums durch die Volksmiliz verstärkt werden. Er war sehr nervös und schaute uns nicht in die Augen. Er sollte im Fernsehen sprechen. Novák wurde beauftragt, einen Plan vorzubereiten. Um sechs Uhr wurden wir zum Politbüro gebeten. Der Besuch dauerte zwanzig Minuten, in dieser Zeit verließ Jakeš zweimal den Raum. Ich spürte, daß etwas nicht stimmte. Danach ging ich zum Arzt, denn ich fühlte mich nicht wohl. Ich rief Jakeš an und ließ mich für die Politbürositzung entschuldigen. Ich sagte nicht, daß ich krank war, sondern daß ich Besuch hätte. Er akzeptierte das. Ich ging in meine Prager Wohnung. Dreimal läutete das Telefon, doch jedesmal, wenn ich den Hörer abnahm, war niemand dran. Inzwischen tagte das Politbüro, und dort wurde gefragt, warum ich nicht da sei. Sie beschlossen, die Volksmiliz zu alarmieren.

Vor Mitternacht erhielt ich einen Anruf von Kincl aus dem Innenministerium. Er fragte mich, was er tun solle, da Prag die Volksmiliz nicht wolle. Ich erklärte ihm, ich sei nicht bei der Sitzung des Politbüros gewesen und habe mit der Volksmiliz nichts zu tun. Sie habe ihren eigenen Stabschef, und ich wolle nicht in die Sache hineingezogen werden. Die Volksmiliz könne ohnehin nur auf Befehl des Innenministers der ČSSR, also auf seinen eigenen Befehl hin, angefordert werden. Wenn er das im Politbüro nicht habe deutlich machen können, so müsse er nur Jakeš anrufen. Um Mitternacht rief Novák an, um zu fragen, was er tun solle, da Prag die Miliz nicht haben wolle. Ich fragte, warum er gerade mich anrufe. Er solle Jakeš oder Štěpán anrufen. Ich erfuhr, daß Štěpán nicht im Politbüro gewesen war.

Am Morgen fand wieder eine Sitzung des Politbüros statt, und Novák wurde sofort gefeuert, weil er seine Kompetenzen überschritten hatte. Abends hatten sie ihm eine Aufgabe gegeben, und am nächsten Morgen feuerten sie ihn. Das war ein schmutziges Geschäft.»

Draußen in Dejvice, dem feinsten Stadtteil von Prag, liegt die Villa im Bauhausstil, in der Miloš Jakeš lebt. Das Innere ist weiträumig, aber farblos, eine Sinfonie in Sirupbraun und Grau. Jakeš selbst hat ein weißes, fast pergamentartiges Gesicht, und es dauert immer einen Augenblick, bis darin eine Reaktion sichtbar wird. Seine

Augen sind so klar, daß sie schon fast leer wirken, und ihm scheinen die Lachmuskeln zu fehlen. Themen wie die Restauration des Kapitalismus oder die Strategie des Imperialismus kommen selbstverständlich zur Sprache. Er ist verärgert über den Zusammenbruch der Partei und seiner eigenen Position und Ideologie. Seine Antworten sind etwas konfus und manchmal widersprüchlich, vor allem, wenn es um Gorbatschow geht. Da er früher seine Ferien in Stawropol verbrachte, kennt er Gorbatschow seit 1977. «Er war anders als die anderen sowjetischen Führer. Er arbeitete nicht in den führenden Institutionen und hatte deshalb nicht deren Erfahrung. Er war jemand, der diskutieren konnte und eine demokratische Einstellung hatte; er sprach offen über die Probleme der sowjetischen Landwirtschaft. Er kam mit seiner Frau zum Mittagessen, was für sowjetische Verhältnisse ungewöhnlich war. Wir sprachen über unsere Familien und knüpften eine freundschaftliche Beziehung. Im Laufe der Jahre traf ich ihn oft, vor allem, nachdem ich Erster Sekretär geworden war. Er entwickelte sich. Er hatte etwas von einem Träumer, aber andererseits hatte er die richtige Idee: Die Partei mußte vom Staat getrennt werden und ihren Einfluß mit anderen Mitteln ausüben. Das Rätesystem war die richtige Grundlage für die Macht des Volkes. Wir begrüßten den Kurs, den er 1986 auf dem Parteitag und auf den beiden Plenarsitzungen im Januar und Juni 1987 eingeschlagen hatte.»

Aber diese Aussage führt ihn übergangslos zu Beschuldigungen: «Sein großer Fehler war, daß er unsere Vergangenheit madig machte. So muß man scheitern. Vielleicht war es ein Versuch, Unterstützung für die Perestrojka zu gewinnen. Aber alle Unzufriedenen sahen plötzlich ihre Chance: Sie wollten sich rächen. Das Merkmal, das ihnen allen gemein war, war die Rachsucht, eine ernstzunehmende Unzulänglichkeit, für die sie aus der Politik hätten ausgeschlossen werden sollen. Tausende von Kommunisten, die hier nach 1968 die Partei verlassen mußten, wollten Genugtuung als Preis für ihre Erniedrigung. Gorbatschow kam aus der Provinz, und trotz seiner Anstrengungen beherrschte er nie die Spielregeln der internationalen Politik. Gutgläubig wollte er die Last des Wettrüstens loswerden, um den Lebensstandard zu heben. Doch so funktionierte es nicht. Er tat nichts anderes, als einseitig zu kapitulieren. Und er hatte einen weiteren Charakterzug, der im Licht der Geschichte Verrat genannt werden wird, er liebte den Ruhm. Das war eine Droge. Wer auch immer ihn mit dieser Droge versorgte, war sein Mann. Nicht die sowjetische Öffentlichkeit, sondern die antisozialistischen Mächte gaben ihm, wonach er verlangte.»

Drängte Gorbatschow darauf, daß Sie Husák ablösen sollten?

«Im Gegenteil. Viele Parteiführer hatten beschlossen, daß er gehen solle. Er bemühte sich, Štrougal als Nachfolger zu installieren, und Štrougal benahm sich so, als sei er schon Erster Sekretär. Dann kam Gorbatschow 1987 hierher und rühmte Husáks positive Rolle, so daß alles erstarrte. Ende August erklärte ihm ein Politbüromitglied offen, daß er zurücktreten müsse. Husák war darauf vorbereitet, darüber zu diskutieren. Er besuchte die Sowjetunion, wo Gorbatschow ihm erklärte, dies sei seine eigene Sache. Er weigerte sich, ja oder nein zu sagen.»

Jakeš hatte selbst an dem sowjetischen Parteitag im Jahre 1986 teilgenommen, gemeinsam mit Husák und der tschechoslowakischen Delegation. Sie hatten alle in einer Villa gewohnt. Bei einem Spaziergang dort sagte Štrougal zu Jakeš, Husák sei gesundheitlich nicht auf der Höhe und widersetze sich außerdem der Reform. «Er schlug vor, ich solle den Posten übernehmen. Ich antwortete, er sei darauf besser vorbereitet als ich. Damit sei die Sache erledigt. Er entgegnete, daß wir mit Husák während der letzten zwanzig Jahre einen slowakischen Führer gehabt hätten, daß Bilák nicht in Frage komme, weil er auch Slowake sei, und daß es Zeit für einen Tschechen sei. Die anderen Mitglieder der Führung erklärten mir, sie hielten es für richtig, mich vorzuschlagen. Bilák sprach im November 1987 im Politbüro die Frage an, und im Laufe der folgenden zwei Sitzungen rang Husák sich dazu durch, mich als seinen Nachfolger zu akzeptieren. Die Sowjetunion übte keinen Druck aus. Vielleicht hat Husák Gorbatschow angerufen, der ihm gesagt haben mag, daß er die Wahl unterstütze. Das ist möglich.»

Ein Wechsel der Politik, sagt Jakeš, sei immer destabilisierend. Und das sei auch bei der Perestrojka der Fall gewesen. Sie eröffnete allen Unzufriedenen neue Möglichkeiten. «Wir verfügten über Informationen, daß die Opposition die Situation ausnutzen wolle und vom Ausland bezahlt werde. Ohne die internationale Unterstützung durch *Radio Free Europe* und *Voice of America* hatten sie keine Chance.»

Die Tatsache, daß die Demonstration vom 17. November toleriert wurde, bestätigt seiner Meinung nach, daß eine Liberalisierung begonnen hatte. An diesem Freitag wurde er ungefähr um sechs Uhr abends vom Stellvertretenden Innenminister telefonisch benachrichtigt, daß die Demonstration zu Ende sei. Also fuhr er übers Wochenende in sein rund fünfzig Kilometer entferntes Landhaus, wo er nach Einbruch der Dunkelheit eintraf. Um halb zehn rief ihn der Stellvertretende Minister erneut an: Es habe etwas Geschrei gegeben, aber die Ordnung habe aufrechterhalten werden können, Krankenwagen habe man nicht benötigt. «Zwei Tage später hörte ich diese ganzen wirren Geschichten über den toten Studenten. Die Eltern sagten: ‹Sie schlagen unsere Kinder.› Eine Hysterie brach aus. Doch eigentlich war nichts passiert. Ich prüfte das und berief das Politbüro für den Abend ein. Alle Anwesenden waren vom Land gekommen, der Stellvertretende Minister bestätigte erneut, daß nichts vorgefallen und niemand zu Tode gekommen sei. Dann berichtete uns Štěpán von der Gründung der politischen Bewegung, des Bürgerforums. Also besprachen wir das genauer. Wir erteilten Befehle, die den Sicherheitskräften einen Angriff untersagten, weil wir wußten, daß die Opposition eine Eskalation wollte.»

Das Politbüro am Sonntagabend fand also in einer ruhigen Atmosphäre, nicht in einer Krisenstimmung statt?

«In Hinblick auf Berichte über einige brutale Übergriffe beschlossen wir, daß der Generalstaatsanwalt eine Untersuchung einleiten sollte. Pitra, der tschechische Premier, trat im Fernsehen auf, um die Öffentlichkeit darüber zu informieren. Der entscheidende Moment kam am Dienstag, als die Mitarbeiter des Fernsehens zur

Opposition überliefen und live über landesweite Demonstrationen berichteten. Es fanden keine statt. Aber von da an forderten die Menschen, daß die Regierung abgesetzt werden solle, und das Geschehen geriet allmählich außer Kontrolle. Die Miliz sollte am Mittwochmorgen, dem 22., kommen. Das war mit Štěpán abgesprochen worden. Viele Genossen sagten mir, die Prager Polizisten seien schon tagelang im pausenlosen Einsatz, sie seien erschöpft und brauchten Verstärkung. Wir stimmten dem Einsatz der Miliz zu, aber die Parteiorganisation der Stadt Prag entschied sich dann dagegen. Štěpán änderte seine Meinung und sagte nun, die Stadt verfüge über genügend Kräfte. Um ungefähr ein Uhr nachts kam Novák hierher, um mich darüber zu informieren, daß die Prager Partei die Anwesenheit der Miliz nicht länger billige. Ich fragte: ‹Was kann ich tun? Sind sie schon unterwegs?› Er antwortete: ‹Einige ja.› Also sagte ich: ‹Wenn sie noch nicht hier sind, dann stopp sie. Die, die schon angekommen sind, sollen zur Aufrechterhaltung der öffentlichen Ordnung eingesetzt werden.› Als sich die Nachricht verbreitete, daß die Miliz unterwegs sei, brach ein Aufruhr aus. Novák kam am 24. wieder zu mir und berichtete, daß die Menschen begonnen hätten, die Miliz anzugreifen. Ich sagte ihm, er solle sie abziehen.»

Waren sie bewaffnet?

«Sie hatten keine Munition.»

Sie traten am 24. zurück. Kam Novák vor ihrem Rücktritt?

«Wir setzten ihn an die Luft, weil er die Aktion nicht gut vorbereitet hatte. Wenn die Miliz sofort gekommen wäre, hätte sich alles zum Guten gewendet.»

Eine Machtdemonstration zu diesem Zeitpunkt wäre wirksam gewesen?

«Sie hätte unzweifelhaft zur Bewahrung der Ordnung beigetragen. Die Ereignisse hätten sich nicht lawinenartig entwickelt. Wir konnten nicht Jaruzelskis Strategie oder die chinesische Lösung wiederholen. Also blieb nur noch die politische Option. Doch wir waren nicht darauf gefaßt, daß alles um uns herum zerfallen würde. Es ist eine verdammte Lüge zu behaupten, es habe hier eine Bewegung des Volkes gegen die Partei und den Sozialismus gegeben. Der Sozialismus in der Tschechoslowakei wäre ohne die globalen Veränderungen, die Unterstützung der antikommunistischen Kräfte durch die Vereinigten Staaten und den De-facto-Verrat Gorbatschows nie zusammengebrochen.»

Weshalb sind Sie also zurückgetreten?

«Zunächst wegen der Dissidenten, der Opposition. In ihren Augen standen zahlreiche Mitglieder der Führungsspitze den Reformen im Wege, und sie forderten, daß Husák, ich, Indra, Fojtík, Hoffman und andere zurücktreten sollten. Štrougal verzichtete aus eigenem Antrieb. Ich versuchte, ihn davon abzubringen, konnte ihn aber nicht überzeugen. Die Frage war: Berufen wir das Zentralkomitee ein oder nicht? Ich war dagegen, wollte statt dessen die Partei und den Apparat mobilmachen, Oppositionelle auswählen, mit denen wir auf einer Grundlage gemeinsamer sozialistischer Werte sprechen konnten, und schnell einige vorbereitete Dokumente veröffentlichen, etwa den Entwurf einer neuen Verfassung, in der die führende Rolle der Partei wegfallen sollte, oder Gesetzesentwürfe für das Versammlungsrecht und die Pressefreiheit.»

Warum lehnte das Politbüro die Vorschläge ab und trat statt dessen geschlossen zurück?

«Viele Mitglieder aus dem Zentralkomitee, dem Politbüro und der Regierung mußten gehen.»

Was heißt «mußten gehen»?

«Sie waren zu alt. Wir waren gerade dabei, jüngere Mitglieder zu rekrutieren. All das war zeitlich auf den nächsten Parteitag im Mai abgestimmt. Diejenigen, die zum Gehen gezwungen wurden, sahen in den Ereignissen vom 17. November die Möglichkeit, sich zu rächen, indem sie die Parteiführung übernahmen. Kapek, Štrougal, der Kulturminister Klusák und viele andere Parteisekretäre hofften, über ihr politisches Überleben mit der Opposition verhandeln zu können. Nur kam etwas anderes dabei heraus. Sie destabilisierten die Parteiführung. Als das Bürgerforum und Havel erfuhren, daß Jakeš gestürzt war, floß überall der Champagner.»

Sie waren also tatsächlich darauf vorbereitet, sich für eine Modernisierung einzusetzen, wurden aber statt dessen am 24. durch die alte Garde der Partei ausmanövriert?

«Ja. Ich glaube, unsere Erneuerung des Sozialismus hätte dem Willen des Volkes entsprochen.»

Sie waren Erster Sekretär; Sie hätten nur die Hardliner absetzen müssen.

«Das Politbüro war ein kollektives Organ. Ich war einer von ihnen, nicht wie Husák, der immer Distanz hielt. Ich stellte die Frage: ‹Sollen wir zurücktreten?› Ich warnte sie, daß das ein gefährlicher Schritt sei. Mein Fehler war, mich dem Druck zu beugen. Einer nach dem anderen sagte, mit Ausnahme von Husák, daß wir zurücktreten sollten. Nach der Pause am Abend stellte ich mich hin und verkündete unsere gemeinsame Entscheidung. Die internationale Situation war ausschlaggebend. Das bedeutete das Ende der Parteiherrschaft. Die neue Führung war unerfahren, panisch ängstlich und schloß uns aus der Partei aus, als ob sie uns so die ganze Schuld zuschieben könnte. Sie kritisierten den Kommunismus vernichtender als jeder Erzfeind.»

Adamec wollte Ihren Posten?

«Sicherlich. Aber er zeigte das nicht so offen wie Štrougal. Kapek schlug Štrougal vor. Kapek starb später. Er erhängte sich; ich denke, ihm wurde bewußt, was er getan hatte.»

Sie kamen also zum Politbürotreffen am 24. mit dem Plan, weiterzumachen, doch Sie verließen es mit der Erkenntnis, daß alles zu Ende war?

«Unglücklicherweise hatten meine engsten Mitarbeiter mir nicht gesagt, daß diese Verschwörung im Gange war. Wenn ich das gewußt hätte, hätte ich ganz anders gesprochen. Das hätte unser Verhältnis zum Kapitalismus oder zu den Ereignissen in Polen, Ungarn und der DDR nicht verändert, aber die Partei hätte nicht zum Objekt zerstörerischer Rache oder zum Opfer des Lustrationsgesetzes und der Anklagen wegen Gesetzwidrigkeit werden müssen. Ich sagte ihnen sofort, daß sie mich hätten unterstützen sollen. Vorher hatten sie mir noch zugestimmt. Plötzlich sollte alles falsch sein. Ich konnte es ihnen nicht recht machen.»

Ist Gorbatschow nach dem 24. mit Ihnen in Kontakt getreten?

«Nein. Ich schrieb ihm einen Brief, daß wir nicht mehr am Ruder seien, und bat ihn, die Arbeit der Führung zu unterstützen. Aber er antwortete nicht. Ich hatte ihn zum letztenmal am 7. Oktober in Berlin gesehen. Er benahm sich sehr schlecht. Alle Ersten Sekretäre der europäischen Parteien waren anwesend, doch er weigerte sich, sie zu treffen. Er behandelte Honecker, als wäre er Luft. Er hatte das Interesse verloren. Er bekräftigte, daß er sich für eine Politik entschieden habe, die den Einfluß in dieser Region aufgab. Ich werfe ihm vor, daß er nicht einmal versucht hat, etwas zu beeinflussen. Er sagte, er wolle einen gründlichen Meinungsaustausch. Alle Ersten Sekretäre trafen sich. Das Treffen dauerte neunzig Minuten, es gab keine Vorbereitungen oder eine Tagesordnung. Die Hälfte der Zeit verging mit seiner Rede. Dann sagte er, er müsse gehen. Ohne seine Solidarität war ein Überleben unmöglich.»

31 «Wir hatten uns durchgesetzt»

Archie Gibson von der Londoner *Times*, ein Auslandskorrespondent der alten Schule und guter Kenner Rumäniens in der Zeit zwischen den Kriegen, schrieb, während das Land unter dem Joch der Nazis litt, in einem Rückblick: «In der Zeit von 1924 bis 1940 erlebte Rumänien einen enormen Entwicklungsschub: Seine Eisenbahnen, Fluß- und Seeschiffe, Fluggesellschaften hatten in Südosteuropa nicht ihresgleichen ... Es gab breite Boulevards, saubere Seen, elegante Boutiquen und moderne Kinos ... Es gab ein gutes Telefonnetz, eine wachsende Hauptstadt mit Alleen, und die rumänische Industrie produzierte sogar schwere Lokomotiven.»

An einen friedlichen Aufbau dieser Art erinnerte man sich in den achtziger Jahren nicht einmal mehr. Die Jahre unter dem sowjetischen Joch hatten das Land zu einem in Europa beispiellosen Elendsviertel degradiert, wenn man einmal von Albanien absieht. Stalin annektierte im Zuge seiner imperialen Machtspiele Gebiete an der Moldau und in Bessarabien und überließ Rumänien dafür Siebenbürgen, wo ungefähr zwei Millionen Menschen ungarischer Abstammung sich natürlich eher mit Ungarn identifizierten. Dadurch sicherte er den Fortbestand einer historischen Feindschaft, die für alle Seiten zerstörerisch war.

Als Chefankläger während der großen Säuberungen war Andrej Wyschinskij vollkommen skrupellos. 1945 sollte er Rumänien ins sowjetische Imperium eingliedern, und so gründete er die Nationaldemokratische Front als Deckmantel für das künftige Regime der Kollaboration. Seine Drohung, Siebenbürgen an Ungarn zurückzugeben, war ein wirksames Druckmittel. Die einheimischen Kommunisten sollten jedoch dem Land später weit größeren

Schaden zufügen. Nicolae Ceaușescu, Erster Sekretär von 1965 bis 1989, übernahm den Jargon und die brutalen Methoden des Marxismus-Leninismus, um seine Tyrannei zu rechtfertigen. «Gigant der Karpaten» war nur einer der vielen hochtrabenden Beinamen, die er sich selbst gab. Seine gesammelten Werke in 27 Bänden, ein von Ghostwritern zusammengeschriebener Unsinn, trugen den Titel «Rumänien auf dem Weg des Aufbaus der vielseitig entwickelten sozialistischen Gesellschaft». Dieser Sozialismus war in Theorie und Praxis reine Selbstbereicherung. Sein Rumänien war eine moderne Travestie des mittelalterlichen Despotismus.

Ceaușescu wurde 1918 als Kind einer großen armen Bauernfamilie geboren. Politik bedeutete für ihn die Erfüllung eines hinterwäldlerischen Traums von Selbstbereicherung durch Gerissenheit und, wo nötig, Betrug und Gewalt. Am Ende seiner Karriere besaß er nicht weniger als 84 Paläste, Jagdhäuser, Villen und Zufluchtsorte. Fünfzig bis sechzig enge Verwandte saßen auf einflußreichen und lukrativen Posten im Parteistaat. Seine Frau Elena stammte aus ähnlichen Verhältnissen und teilte seine Ambitionen. Da sie mit elf Jahren die Schule verlassen hatte, wollte sie offenbar ihre Unwissenheit und ihre Minderwertigkeitskomplexe durch eine fingierte akademische Karriere kompensieren. Wissenschaftler wurden angeworben und verfaßten Aufsätze, die unter ihrem Namen veröffentlicht wurden. Der Titel, mit dem die Rumänen sie ansprechen mußten, lautete auf ihre Anordnung hin «Doktor Ingenieur Akademiemitglied, Wissenschaftlerin von Weltruf». Diese Xanthippe, mißtrauisch, hab- und gewinnsüchtig, hatte einen unglaublichen Einfluß. Ihr Sohn Nicu, berüchtigt für seine Orgien, war Parteiführer in Sibiu (Hermannstadt); ihre Tochter Zoia wurde Leiterin eines kleinen mathematischen Instituts, und unter dem gestohlenen Eigentum, das man in ihrem Haus entdeckte, waren auch 97 000 Dollar Bargeld.

Von kleiner Statur, mit linkischen, fahrigen Bewegungen und einem meist angespannt-überlegenen, höhnischen Grinsen, war Ceaușescu keine sympathische Erscheinung. Sein Sicherheitschef Ion Pacepa zeichnete nach seiner Flucht im Jahre 1978 ein Insiderporträt des Mannes, der seine Feinde ermorden ließ, wenn er sie nicht schmieren oder bestechen konnte, und von jedem – abgesehen von sich selbst – die schlechteste Meinung hatte, unflätig und korrupt war und geheime Fonds auf Schweizer Bankkonten transferierte. Er war «der Alleineigentümer Rumäniens», schrieb Pacepa, dessen Wille «durch das bloße Gekritzel seines Federhalters Gesetz wurde».

Über Ceauşescus Gesetzlosigkeit wurden gezielt Gerüchte verbreitet, um die Furcht zu wecken, auf die sein Regime sich stützte. Nach KGB-Muster organisiert, hielt die Securitate die ganze Gesellschaft in ihrem Würgegriff. Pacepas Angaben zufolge zählte sie 25 000 Mann, aber aller Wahrscheinlichkeit nach waren es weit mehr, vielleicht 100 000. Jeder Arbeitsplatz, jedes Kollektiv, Institut, Krankenhaus oder jeder Ort, wo man mit Ausländern in Kontakt kommen konnte, hatte seine Spitzel, deren Zahl ebenfalls unbekannt ist, aber in die Hunderttausende ging. Sogenannte Patriotische Garden und eine Eliteleibwache standen ebenfalls zu Ceauşescus Verfügung. Auch die hochgerüstete Armee war ein wichtiges politisches Machtinstrument. Einige ihrer Eliteeinheiten waren zur Securitate abkommandiert. Schlüsselpositionen im Militär besetzte Ceauşescu entweder mit Verwandten oder Offizieren, die ihm auf Gedeih und Verderb ausgeliefert waren. So befehligte General Nicolae Militaru den Bukarester Militärbezirk bis 1978, als er plötzlich wegen politischer Unzuverlässigkeit aus der Armee entlassen und als angeblicher sowjetischer Agent enttarnt wurde. Victor Stanculescu, ein besonderer Günstling bei Hofe, wurde in den Rang eines Generals erhoben.

In den Anfangsjahren von Ceauşescus Herrschaft war Ion Iliescu sein Mitstreiter gewesen. Der Ingenieur, Jahrgang 1930, durchlief die üblichen Karrierestufen im Komsomol und wurde ZK-Sekretär für Ideologie und Propaganda sowie designierter Nachfolger Ceauşescus. 1971 besuchten Ceauşescu und seine Frau China und Nordkorea, wo Kim Il-Sung und sein Sohn sie sehr beeindruckten. So kamen sie auf die Idee, selbst eine kommunistische Dynastie zu gründen, indem sie ihren Sohn Nicu zum Nachfolger aufbauten. Iliescu, der natürlich dagegen protestierte, wurde auf immer unbedeutendere Posten abgeschoben, um schließlich als Herausgeber von technischen Büchern und Zeitschriften zu enden. Ceauşescu ließ sich einzig und allein von seinem Eigeninteresse leiten. Seine intuitive Geschicklichkeit, sich überall durchzumogeln, kam ihm international gut zustatten. Die Weigerung, auf Anweisung aus Moskau 1967 die diplomatischen Beziehungen zu Israel abzubrechen, und danach die offene Unterstützung Dubčeks und des Prager Frühlings kosteten ihn nichts, erweckten aber den Eindruck, er gehe auf Distanz zur Sowjetunion. Die sowjetischen Besatzungstruppen waren bereits abgezogen, wenn auch nur bis nach Moldawien. Der Bruch zwischen der Sowjetunion und China eröffnete eine weitere Möglichkeit, die Antagonisten gegeneinander auszuspielen. Führende amerikanische und britische Politiker überhäuften Ceauşescu mit Gefälligkeiten und Belohnungen – in der eitlen Fehleinschätzung, daß er ein abtrünniger Einzelgänger sei, mit dessen Hilfe man den Zerfall des Ostblocks erreichen könne.

In den achtziger Jahren steigerte sich Ceauşèscus Selbstvertrauen zu Größenwahn und seine Polizeistaatsmentalität zu Paranoia. Schreibmaschinen mußten registriert und jährlich daraufhin überprüft werden, ob nicht vielleicht jemand an den Tasten herummanipuliert hatte, ein sicherer Hinweis auf einen Dissidenten, der im Untergrund publizierte. Wenn jemand als übergroß geltende Mengen Nahrungsmittel einkaufte, konnte ihm das eine Gefängnisstrafe von fünf Jahren einbringen. Nahrungsmittel waren nur stark eingeschränkt erhältlich und zuletzt rationiert. 1989 konnten Rumänen, nach Angaben des Volkswirtschaftlers Per Ronnas, weniger als halb soviel Fleisch, Milchprodukte und Reis kaufen wie 1980, die Prozentzahlen für Milch und Zucker lagen nur etwas darüber. In dem Bemühen, das Geld für die Rückzahlung von zehn Milliarden Dollar Auslandsschulden aus dem Land herauszupressen, wurden Brennstofflieferungen und Strom für längere Zeit ausgesetzt, so daß nicht nur der Hunger, sondern auch die Kälte lebensbedrohlich wurden. Vermutlich aufgrund des Strebens nach einer möglichst hohen Bevölkerungszahl wurden alle Verhütungsmittel verboten, und kinderlose Frauen wurden regelmäßig untersucht, um die Ursache dafür zu finden. Die Säuglingssterblichkeit stieg so stark an, daß verboten wurde, den Tod eines Babys unter zwölf Monaten zu registrieren.

Um sich einen Pharaonenpalast mit einem angebauten Regierungszentrum und einer Nomenklatura-Wohnsiedlung zu errichten, riß Ceauşescu ein altes Stadtviertel von Bukarest nieder, vertrieb dabei 40 000 Bewohner und zerstörte 15 000 Gebäude, darunter zwei historische Klöster und 26 Kirchen. Dieses Haus der Republik, wie es verlogen genannt wurde, ist ein Denkmal der Dummheit und Verschwendung. Auf der Baustelle des unvollendeten Komplexes rosten die Kräne vor sich hin. Der Patriarch protestierte nicht dagegen. Wie Bischof Gyula Nagy und Bischof László Papp von der Ungarischen Reformierten Kirche oder der Rabbi Moshe Rosen war auch der höhere Klerus der orthodoxen Kirche ein Teil des Sicherheitsapparats. Ceauşescu ging wie Honecker dazu über, seine Bürger gegen Summen von bis zu 10 000 Dollar pro Kopf zu verkaufen. Pacepa gegenüber sagte er einmal mit hämischer Freude: «Öl, Juden und Deutsche sind unsere wichtigsten Exportartikel.» Deutsche Wortführer und Rabbi Rosen kollaborierten gerne mit diesem Menschenhändler.

Das Programm der *Sistematizare,* der «Systematisierung», war eine noch destruktivere Form der Sozialpolitik, ja sogar noch wahnsinniger als einst das Ausheben des Donau-Kanals durch Sklavenarbeiter. Rumänien setzte sich aus 13 000 Dörfern zusammen. Obwohl der Boden schon längst kollektiviert worden war, sollten Bauern und Dorfbewohner entwurzelt und in Agrostädten wiederangesiedelt werden, die allerdings bislang nur auf dem Reißbrett existierten. Gemeinschaftsleben sollte die Familie ersetzen. Ihrer Unabhängigkeit vollständig beraubt, sollten die Rumänen auf reine Produktiveinheiten reduziert werden. Wie David Turnock, ein britischer Experte, schrieb, wäre *«Sistematizare* der Höhepunkt jahrzehntelanger Kämpfe gegen den Individualismus gewesen». Vielleicht hätte ein so unmenschliches Projekt nie realisiert werden können, aber sehr viele Dörfer wurden zerstört und das Leben Tausender ruiniert. Turnock nennt als Beispiel die Kommune Snagov. «Die Bewohner wurden von der beabsichtigten Veränderung im Mai 1988 in Kenntnis gesetzt und im folgenden August dann gezwungen, binnen drei Tagen auszuziehen. Sämtliche Häuser und Weingärten wurden zerstört, das Dorfgebiet wurde in Weizenfelder umgewandelt. Für die zerstörten Häuser gab es keine Entschädigungen, und die umgesiedelten Menschen wurden zu Mietern in Ghermanesti, wo sie keinen angemessenen Platz für die Haustiere (Schweine und Geflügel) fanden, die sie mitgebracht hatten.»

Da Ceauşescu sich als ein von der Sowjetunion unabhängiger Kommunist und Nationalist ausgab, besuchten ihn westliche Gesinnungsgenossen jeder Couleur. Sie verschwiegen in ihren Büchern und Artikeln, daß das Land ein jämmerlicher Polizeistaat war. 1977 traten Bergarbeiter im Jiu-Tal in den Streik, und 1987 protestierten die Arbeiter in Braşov, dem früheren Kronstadt, mit Krawallen gegen den sinkenden Lebensstandard. Die Teilnehmer dieser Aktionen wurden zunächst angegriffen und niedergeschlagen und anschließend in die Verbannung deportiert. Der Verleger und Geschäftsmann Robert Maxwell, ein Prototyp des Mitläufers, interviewte Ceauşescu für eine anonyme Biographie, die sein Verlag 1983 herausgeben sollte. Hinter der ehrbaren und staatsmännischen Fassade wandte sich ein international bekannter Gauner an den anderen, und beide fanden vermutlich Gefallen an der Scharade. «Verehrter Herr Präsident», schmeichelte Maxwell, «Sie haben seit fast 18 Jahren das höchste Partei- und Staatsamt in Rumänien inne, wozu wir Ihnen herzlich gratulieren. Was hat Sie – Ihrer Ansicht nach – so beliebt gemacht bei den Rumänen?»

Ein Dissident zu sein, wie Doina Cornea von der Universität Cluj oder der Dichter Mircea Dinescu, erforderte außergewöhnlichen Mut. Da verläßliche westliche Berichte völlig fehlten, setzte sich das Bild durch, das die Securitate von ihnen entwarf: exzentrisch und vielleicht ein bißchen dumm und selbst schuld daran, daß sie unter Hausarrest standen oder im Gefängnis saßen. Die Gedichte Ana Blandianas, unvergeßliche Klagelieder über den Niedergang sowohl der materiellen als auch der moralischen Werte, drücken Resignation und Hilflosigkeit aus.

Ganze Jahrzehnte warten auf
Das Drehen des Schlüssels im Schloß;
Mehr und mehr verrostet,
Liegt er und wartet jahrzehntelang
Ohne Worte,
Ohne Schicksal.

Auch Gorbatschow vertrat die in der Sowjetunion längst allgemein üblich gewordene Einstellung, daß Ceauşescu zwar abscheulich sei und hin und wieder durch Drohungen zur Ordnung gerufen werden müsse, daß er aber im Gegenzug als nützliches Beispiel dafür diene, daß die weltweite kommunistische Bewegung nicht monolithisch sei, wie die kapitalistischen Kritiker ständig behaupteten. Im Mai 1987 besuchte Gorbatschow in Begleitung Raissas Bukarest und propagierte die Perestrojka. In einer Rundfunkrede sagte er Dinge, für die jeder Rumäne von der Securitate eingesperrt worden wäre. «Wir wissen, daß euer Land zahlreichen Problemen gegenübersteht, daß es Schwierigkeiten gibt, die das Alltagsleben beeinträchtigen.» Bei ihren letzten Treffen – im Juli 1989 in Bukarest anläßlich des Warschauer-Pakt-Gipfels, in Berlin zum vierzigsten Jahrestag der DDR, im Kreml nach dem Gipfel von Malta – verbargen Gorbatschow und Ceauşescu vor Beobachtern keineswegs, daß sie eine zunehmende Abneigung, ja sogar Verachtung füreinander empfanden und beide der Meinung waren, die Politik des anderen werde in den Ruin führen. Als wolle er allen entgegengesetzten Ansichten trotzen, inszenierte Ceauşescu am 20. November 1989 die, wie sich zeigen sollte, letzte Parteikonferenz nach bewährtem Muster. 67 stehende Ovationen und über 100 «spontane» Beifallsstürme unterbrachen Ceauşescus fünfstündige Rede. An diesem Zirkus nahmen dieselben Genossen und Generäle teil, die ihn fünf Wochen später am Weihnachtstag exekutieren sollten.

Die einzigen Menschen in Rumänien, die von der Perestrojka profitieren konnten, waren alte Routiniers, deren langjährige treue Ausübung der Parteipflichten den Versuch legitimierte, nunmehr auf hohe Posten zurückzukehren und zu tun, was Gorbatschow von ihnen verlangte. Einer von ihnen war Silviu Brucan, ein eifriger Mitstreiter bei der stalinistischen Machtübernahme und Säuberung nach 1945, der mit dem Posten des rumänischen Botschafters in Washington belohnt wurde. Später wurde er geschäftsführender Herausgeber der *Scînteia*, der Parteizeitung, die in einem Wolkenkratzer untergebracht war, den Stalin persönlich der Stadt Bukarest geschenkt hatte. Brucan überstand jede Wende und jeden Wechsel, schmeichelte sich stets irgendwie mit Selbstrechtfertigungen ein. Er ist der rumänische Ilja Ehrenburg. Alles, was er sagt, muß man überprüfen. In seinen Memoiren beschreibt er ein Treffen mit Gorbatschow im Kreml Ende 1988. Gorbatschow stimmte einem Szenario zum Sturz Ceauşescus unter der Bedingung zu, daß der Putsch gut geplant sein müsse und die Partei die wichtigste politische Kraft bleibe. «Die Partei muß obenauf bleiben», zitiert er Gorbatschow wiederholt, «sonst wird es ein Chaos geben.»

Und so schickten Brucan und fünf Gleichgesinnte Anfang März 1989 einen offenen, an Ceauşescu gerichteten Brief an *Radio Free Europe* in München und protestierten gegen die Zerstörung von Dörfern und andere Menschenrechtsverletzungen. Obwohl dieser sogenannte «Brief der Sechs» genau in den von Gorbatschow gesteckten Grenzen blieb, reagierte die Securitate sofort. Brucan wurde unter Hausarrest gestellt. Aller Wahrscheinlichkeit nach war der Brief nicht mehr als ein Signal verärgerter Männer, die nicht auf ihre Macht verzichten wollten, aber in der hektischen Atmosphäre der rumänischen Politik wurde daraus manchmal die Evidenz einer geheimen Verschwörung konstruiert.

Die beiden Wissenschaftlerinnen Katherine Verdery und Gail Kligman stellten in ihrem Aufsatz über den Sturz Ceauşescus in dem von Ivo Banač herausgegebenen Buch *Eastern Europe in Revolution* fest, daß es schlicht unmöglich sei, zu sagen, was in jenem Dezember «wirklich geschah». In der politischen Kultur des Balkans gilt das Recht des Stärkeren. Auch wer eine weiße Weste und ein reines Gewissen behalten will, muß feststellen, daß man sich gegen Kompromittierungen und Verschwörungen nicht wehren kann. Das versteckte Hin und Her von Anschuldigungen und Gerüchten kann man nie zu seinem Ursprung zurückverfolgen.

Timişoara hat 350 000 Einwohner, darunter eine starke ungarische Minderheit. Einer ihrer bekanntesten Wortführer war Pastor László Tőkés, der Sohn eines bischöflichen Beauftragten und Theologieprofessors, der bereits selbst Schwierigkeiten mit der Obrigkeit hatte. Mehrmals hatte Pastor Tőkés in jenem Jahr von der Kanzel herab gegen das Programm der *Sistematizare* und für die Verteidigung der Menschenrechte von Rumänen wie Ungarn gepredigt. Sein Bischof, László Papp, leitete, zweifellos auf Anweisung der Partei, juristische Schritte ein, um ihn zu vertreiben und zu entlassen. Am 15. und 16. Dezember versammelten sich immer größere Menschenmassen um Tőkés' Haus. Was als Geste der Solidarität begonnen hatte, schlug in Antikommunismus um. Das Parteihauptquartier wurde geplündert. Aus Transparenten und anderem Propagandamaterial sowie aus den Bänden mit Ceauşescu-Reden wurden Freudenfeuer errichtet. Pastor Tőkés lobte später die Rumänen, Deutschen und Ungarn dafür, daß sie trotz des vom Regime geschürten Hasses zwischen den Völkern gemeinsam gehandelt hatten. «Die Revolution öffnete den Weg zur Versöhnung.»

Der 17. Dezember war ein Sonntag. Frühmorgens trat in Bukarest das Politbüro (hier wurde es Politisches Exekutivkomitee oder kurz Polexco genannt) zusammen, um die Lage zu erörtern. Die Abschrift des Protokolls wurde später veröffentlicht: Ein wütender Ceauşescu rügte, von Elena unterstützt, die Kommandeure der Armee, weil sie Übungspatronen statt scharfer Munition ausgegeben hatten. «Ich hätte nicht gedacht, daß ihr mit Platzpatronen schießen würdet; das ist ja vollkommen sinnlos. Wer das Parteigebäude betreten hatte, hätte es nicht lebend verlassen dürfen ... Ihr hättet die Rancalierer umbringen und nicht nur verprügeln müssen.» Und Elena sagte: «Ihr erschießt sie und werft sie in den Keller. Nicht einer von ihnen soll je wieder das Tageslicht erblikken!»

In den Augen der Ceauşescus ging es hier nicht um einen Protest oder einen Schritt zu einer allgemeinen Befreiung von Tyrannei, sondern um ein Komplott. «Alles, was in Deutschland, in der Tschechoslowakei und in Bulgarien zur Zeit und in Polen und

Ungarn in der Vergangenheit geschieht und geschah, ist von der Sowjetunion mit amerikanischer und westlicher Unterstützung organisiert worden ... Was sich in den letzten drei Ländern, der Deutschen Demokratischen Republik, der Tschechoslowakei und Bulgarien, ereignete, waren Staatsstreiche, die mit Hilfe des Abschaums der Gesellschaft und mit ausländischer Unterstützung organisiert wurden. Das ist die einzige Möglichkeit, diese Ereignisse zu verstehen.»

Der Verteidigungsminister Generaloberst Vasile Milea, der Kommandeur der Securitate Generaloberst Iulian Vlad und der Innenminister General Tudor Postelnicu lauschten bei dieser Sitzung ergeben den Worten Ceauşescus. «Wißt ihr, was ich mit euch machen werde?» tobte Ceauşescu, «Euch zum Exekutionskommando schicken.» Die Generäle entschuldigten sich für ihre unangebrachte Nachsichtigkeit und versprachen, scharfe Munition zu verwenden, um in Timişoara aufzuräumen. Ceauşescu schloß: «Na schön, wollen wir's noch einmal versuchen, Genossen?»

An jenem Abend sollte Ceauşescu nach Teheran fliegen, wo ihn die herrschenden Mullahs umwarben und ihm Komplimente machten, was ihnen später sehr peinlich war. Elena, Emil Bobu und Manea Manescu sollten das Land in seiner Abwesenheit führen. Am Abend der planmäßig verlaufenden Abreise beglückwünschten die Ceauşescus sich vermutlich für die Cleverneß, mit der sie die Generäle unter Druck gesetzt hatten. Sie konnten es sich als Verdienst anrechnen, falls der Status quo wiederhergestellt würde, und falls etwas schiefging, konnten sie den Generälen die Schuld in die Schuhe schieben.

Mehrere Panzerkolonnen begannen während des Nachmittags auf Timişoara vorzurücken. Das Geschützfeuer begann in der Dämmerung. In den folgenden vierundzwanzig Stunden wurden verläßlichen Schätzungen zufolge zwischen 100 und 200 Menschen umgebracht. Von Brucan stammten vermutlich die Angaben über fünfzig- und später sechzigtausend Tote – Zahlen, die von westlichen Medien aufgegriffen wurden und die Verwirrung und Bestürzung noch verstärkten. Um die Militäroperationen gemäß Ceauşescus Befehlen zu leiten und zu überwachen, fuhren unter anderem General Stanculescu, General Ştefan Guşe, der Ministerpräsident Constantin Dascalescu und Emil Bobu, der ZK-Sekretär für Parteiorganisation, nach Timişoara.

Durch das Zentrum von Bukarest führt die Hauptverkehrsstraße Calea Victoriei. Sie mündet in den Palastplatz. Hier stehen Prachtbauten wie der ehemalige Königliche Palast, der als Staatliches Kunsthistorisches Museum genutzt wird, die majestätische Philharmonie Athenaeum, die Staatsbibliothek, die Kongreßhalle, einige Ministerien und zwei der besten Hotels: das Athénée Palace und das Intercontinental. In der nordöstlichen Ecke ragt das Gebäude des Zentralkomitees drohend auf, das de facto Regierungssitz war. Hier verbarrikadierte Ceauşescu sich nach seiner Rückkehr aus Teheran am Abend des 19. Dezember. Das Gebäude, etwas nach hinten versetzt, hat eine eigene Auffahrt, ein oder zwei Zierbäume; zum Haupteingang führen flache Stufen empor. Der Balkon in Höhe des ersten Stocks ist von der Sorte, die für Siegesfeiern von Diktatoren bestimmt ist. Der riesige, durch Pilaster gegliederte Klotz vermittelt einen Eindruck von der rohen Gewalt des Regimes. Hinter ihm liegen der Universitätsplatz und der Boulevard Magheru, der parallel zur Calea Victoriei verläuft.

Als am 20. Dezember erneut Demonstrationen in Timişoara ausbrachen, versammelten sich zu ihrer Unterstützung Menschenmengen im Zentrum von Bukarest. Um 18 Uhr hielt Ceauşescu ein Treffen mit den Chefs der Securitate und der Armee ab. Danach verkündete er über Rundfunk im verstaubten Parteijargon, daß ungarische und «imperialistische Kreise und ausländische Spionageorganisationen» diese Unruhen geschürt hätten. Ganz im alten Stil beschloß er, eine Zeremonie zu inszenieren, die die Zustimmung der Massen demonstrieren sollte: Er ließ Tausende als loyal geltende Arbeiter mit Bussen heranschaffen, die ihm wie üblich zujubeln sollten, während er zu ihnen sprach. Am Morgen des 21. füllte eine dichtgedrängte Menge von 80 000 Menschen den Platz vor dem ZK-Gebäude. Ceauşescu erschien auf dem Balkon. Bevor er seine Rede begann, erschreckte ihn ein unidentifizierbares Geräusch in seiner Nähe. Im ganzen Land sahen die Fernsehzuschauer einen Moment lang nur noch einen leeren Bildschirm. In der Zeit, bis das

Bild wieder da war, hatte die Menge die Initiative ergriffen und skandierte die einzelnen Silben von Timişoara und «Nieder mit den Mördern!» Sichtlich verlegen angesichts der wütenden Buhrufe unterbrach Ceauşescu seine Rede, und man konnte hören, wie Elena, die hinter ihm stand, ihn aufforderte, die Zuschüsse zum Lebensunterhalt zu erhöhen. Er stotterte noch ein paar Sätze und verstummte. Schließlich dämmerte ihm die Erkenntnis, daß er der Gegenstand allgemeiner Verachtung war, mit all ihren Konsequenzen, und er stand da mit offenem Mund, sprachlos, und brach angesichts der Realität innerlich zusammen. Die Fernsehbilder dieses Augenblicks fangen die inneren Bewegungen dieses Mannes ein, die sich in seinem Gesichtsausdruck spiegelten. Und sie bieten einen dramatischen Einblick nicht nur in Ceauşescus Charakter, sondern auch in das ganze Wesen der Tyrannei.

Nun rüsteten sich beide Seiten zum Kampf. Am selben Nachmittag und Abend errichteten Revolutionäre Barrikaden um das Hotel Intercontinental. Indem sie Stellungen rund um den Palastplatz bezogen und den Zugang zu ihm blockierten, riegelten Armee und Securitate das ZK-Gebäude ab, in welchem sich Ceauşescu noch befand. Gegen 19 Uhr eröffneten sie das Feuer auf die Barrikaden. Dabei kamen etwa hundert Menschen ums Leben. Die Ceauşescus ermahnten die Armee, die Kontrolle über die Straßen zurückzugewinnen, und verbrachten die Nacht im ZK-Gebäude, in Hörweite, wenn nicht in Sichtweite des Geschützfeuers. Unter den engen Beratern in ihrer Begleitung waren auch Bobu, Manescu und General Postelnicu. General Stanculescu war von Timişoara, wo er die Repressionsmaßnahmen koordiniert hatte, nach Bukarest zurückbeordert worden und erkannte offenbar als erster, daß hier Entscheidungen über Leben und Tod bevorstanden. Seine Schritte sind schwer zu rekonstruieren. Eine Version lautet, daß er die Nacht ebenfalls im ZK-Gebäude verbrachte. Er selbst leugnet dies, gibt aber zu, nach Hause zurückgekehrt zu sein und einen Arzt gerufen zu haben, der ihm einen Gipsverband an einem Bein anlegte. Durch diesen Trick konnte er sich am folgenden Morgen den Ceauşescus als mehr oder weniger dienstuntauglich präsentieren.

Nachdem der Platz in der Nacht durch die Armee geräumt worden war, strömten am Morgen des 22. Hunderttausende dort zusammen. Ein blutiger Ausgang schien sicher, als am Vormittag die Nachricht eintraf, daß General Milea, der Verteidigungsminister, gestorben sei; nach ersten Gerüchten von eigener Hand, späteren Berichten zufolge allerdings auf Befehl Ceauşescus. Die Armee lief beinahe unmittelbar danach zu den Revolutionären über. Die Menge drängte nach vorne, zum Eingang des ZK-Gebäudes. Um der drohenden Lynchjustiz zu entgehen, eskortierte Stanculescu die Ceauşescus auf das Dach, wohin er einen Hubschrauber beordert hatte. Nur von ihren treuen Gefolgsleuten Bobu und Manescu begleitet, flogen die Ceauşescus davon. Mit dem Gipsverband und dem ganzen Drumherum hatte Stanculescu seinen Seitenwechsel auf den Bruchteil einer Sekunde genau geplant.

Einige Stunden lang bestand plötzlich ein Machtvakuum, das das politische und intellektuelle Establishment anzog. Wer Anspruch auf Macht und Ämter zu haben meinte, eilte zu den drei Zentren des Geschehens, dem ZK-Gebäude, dem Verteidigungsministerium und dem Fernsehzentrum, und fuhr zwischen ihnen hin und her, wie es die von Minute zu Minute wechselnde Situation zu erfordern schien. Mit dem Wagen dauerte die Fahrt vom ZK-Gebäude zum Fernsehzentrum eine gute halbe Stunde. In diesem ständigen Hin und Her wurden Karrieren an Ort und Stelle durch die Verkehrslage, Zufälle und Bekanntschaften entschieden. Wer das Glück beim Schopf packen wollte, mußte zur rechten Zeit am rechten Ort sein. Am 22. Dezember um fünf Uhr traf sich die Front der Nationalen Rettung im ersten Stock des ZK-Gebäudes. Ihre Hauptpersonen waren Iliescu als Vorsitzender, Dumitru Mazilu als Stellvertretender Vorsitzender, Petre Roman, Brucan, General Militaru und General Guşe, nunmehr Generalstabschef.

Man hat viel in dieses verschwörerisch aus dem Nichts auftauchende Phantomgremium hineininterpretiert. Seine Absichtserklärungen klangen wie ein später Nachhall der nationaldemokratischen Front von 1945, die alle demokratischen Hoffnungen zunichte gemacht hatte. Ungeachtet aller Verschwörungstheorien scheint sicher, daß diese Handvoll Männer, die damals an der Macht waren oder sie später übernehmen sollten, erst an jenem Nachmittag ihr Ad-hoc-Komitee bildeten, um einen Apparat für eine Übernahme oder Aufteilung der Regierungsposten zu schaffen.

Als weitere Folge des Machtvakuums brach eine Schießerei auf dem Palastplatz mitten in Bukarest aus; die Prachtbauten wurden beschädigt, die Staatsbibliothek brannte ab, und ihre gesamten Bestände einschließlich der Inkunabeln gingen verloren. Das Fernsehzentrum lag ebenfalls unter schwerem Beschuß. In den nächsten 48 Stunden kamen ungefähr 800 Menschen ums Leben. Sechs Monate später erklärte Iliescu, daß 1033 Tote gezählt worden seien, obwohl die Angaben aus einigen Provinzstädten immer noch fehlten. Wer die Schießerei anzettelte und ob irgendwelche Pläne oder Befehle dahintersteckten, bleibt ein Rätsel. Wahrscheinlich leisteten die Securitate oder Spezialeinheiten letzten verzweifelten Widerstand. Und versprengte Militäreinheiten und schießwütige Revolutionäre hielten sich womöglich gegenseitig irrtümlicherweise für Verschwörer.

Die Ceauşescus stiegen wie Ausbrecher auf der Flucht vom Hubschrauber in einen entführten Wagen um, wurden aber ungefähr zur selben Zeit, als die Front der Nationalen Rettung ihr erstes Treffen abhielt, endlich gefaßt. Man eskortierte sie zu einer Kaserne bei Tîrgovişte, nur 70 Kilometer von Bukarest entfernt. Überraschenderweise hatten sie keine Fluchtroute in eine andere Hauptstadt, wie etwa Teheran, vorbereitet, wo sie willkommen gewesen wären. Nicu und Zoia Ceauşescu wurden am selben Nachmittag verhaftet, ebenso Innenminister Tudor Postelnicu, Bobu, Manescu und einige andere. Brucan ist sicher, daß die Schießerei von Heckenschützen der Securitate provoziert wurde, und rühmt sich, den, wie er ihn nennt, «aalglatten» General Vlad ins Kreuzverhör genommen zu haben, bis er ebenfalls verhaftet wurde.

Die Nachricht von Ceauşescus Verhaftung wurde erst am Abend des 23. im Rundfunk verbreitet. Noch immer wurde in ganz Bukarest wahllos herumgeschossen. Am nächsten Tag beschlossen Iliescu und seine Anhänger in der Front der Nationalen Rettung, daß die Ceauşescus vor ein Militärgericht gestellt, verurteilt und sofort hingerichtet werden sollten. Auf wundersame Weise von seinem Gips befreit, leitete General Stanculescu die Vorbereitungen dafür in Tîrgovişte. Ein Filmmitschnitt der improvisierten Verhandlung zeigt Ceauşescu und seine Frau, wie sie alle gegen sie erhobenen Anklagen zurückweisen, als sei das ganze ein grober Affront gegen ihre erwiesene Unschuld. Man kann ihnen eine tapfere Haltung nicht absprechen, obwohl sie ihnen nichts mehr nützte. In ihrer Haltung wurden sie vielleicht auch durch die Anwesenheit Stanculescus bestärkt. Der General verdankte ihnen alles, und sie hofften womöglich, daß ihr Günstling sich eine List ausdenken würde, damit alles doch noch ein gutes Ende nahm. Wie in einem klassischen Drama um einen Verrat zeigt der Film, daß Stanculescu großen Abstand hielt und vermied, einem der Ceauşescus in die Augen zu blicken. Nach der Verurteilung wurden sie – Hand in Hand gehend – in den Kasernenhof hinuntergeführt, wo das Exekutionskommando sie erschoß.

Ceauşescu war 1989 als einziger kommunistischer Führer gewillt, den Einsatz von Gewalt gegen sein eigenes Volk anzuordnen. Sein Schicksal legt nahe, daß die anderen zu Recht der Versuchung widerstanden hatten, einen ähnlichen Weg einzuschlagen. Im Zuge der politischen Entwicklung wurde in allen anderen Ländern der Staat von der Partei getrennt und letztere durch den Entzug ihrer Machtbasis lahmgelegt. Aufgrund der gewaltsamen Ereignisse und der Notwendigkeit, die Ordnung wiederherzustellen, ging die Befehlsgewalt über den rumänischen Militär- und Sicherheitsapparat einfach von Ceauşescu auf Iliescu über. Somit setzte sich der Mann, der schon lange designierter Nachfolger war, letzten Endes durch, und er hatte wenig Mühe, die Wahl zu arrangieren, die notwendig war, um sich selbst neuentwickelte demokratische Referenzen auszustellen.

Ion Caramitru hat das gute Aussehen und die ungezwungene Art, die man von einem berühmten Schauspieler wie ihm erwartet. Gleichzeitig ist er der Leiter des Nationaltheaters. Das Haus in der Rosettistraße mit seinem Büro im Parterre war ein Geschenk der Partei an Zoia und Nicu Ceaușescu. Es ist zu Fuß vom Palastplatz aus zu erreichen. In einem Garten mit Laubbäumen errichtet, bietet es nach rumänischen Maßstäben den reinsten Luxus.

Unter dem alten Regime saßen einige Mitglieder seiner Familie im Gefängnis, Caramitru jedoch schützte seine Bekanntheit; er wurde von der Securitate lediglich zu Verhören einbestellt.

Mittags am 21. Dezember kam er per Flugzeug aus Cluj (Klausenburg) und hörte Ceaușescus letzte Rede, die über Lautsprecher auf dem Flughafen übertragen wurde. Die Stadt war bereits voller Busse, die die Spezialeinheiten und Securitate-Leute ins Zentrum brachten. Die Krise spitzte sich offensichtlich zu. Da er jenseits der Piața Romana nördlich des Palastplatzes wohnte, fuhr er nach Hause, zog einen Trainingsanzug an, «ging aus dem Haus und kam fünf Tage lang nicht wieder heim». Das Gelände war abgesperrt und überdies durch eine Kette von Panzerfahrzeugen in zwei Teile geteilt, um die Zufahrt zum ZK-Gebäude und zur Universität auf der anderen Seite zu verhindern. Jugendliche, die ihn erkannten, baten ihn, sich ihnen und der Revolution anzuschließen, worauf er seinerseits begann, ältere Menschen anzuwerben. Viele von ihnen versuchten nämlich gerade die jüngeren zu überreden, aus der Gefahrenzone zu gehen. Es waren seiner Meinung nach Securitate-Agenten in Zivil. Er glaubt, daß der Befehl, das Feuer zu eröffnen, von Ilie Ceaușescu kam, einem Bruder des Präsidenten, der General der Securitate war.

«Sie begannen erst nachts zu schießen. Sie kamen in Lastwagen und großen Autos an und überfuhren einige Menschen. Um ein Uhr morgens riegelten sie die anderen Straßen zum Palastplatz ab. Ich glaubte damals, daß sie alle umbringen wollten, aber nach ein paar Stunden verschwanden sie. Ich streifte die ganze Nacht über ziellos umher. Zwischen sechs und sieben am nächsten Morgen, dem 22., trafen die ersten Leute ein. Die U-Bahn blieb die ganze Zeit in Betrieb. Sie hatten Transparente vorbereitet und fingen an, auf den Straßen zu demonstrieren.

Ich hatte meiner Frau und meiner Mutter versprochen, jede

halbe Stunde anzurufen, von einer Telefonzelle aus, in deren Nähe ich Stellung bezogen hatte. Ich hatte eine Menge Münzen mit. Ich rief meine Frau zwischen zehn und halb elf an, und sie sagte: ‹Etwas Seltsames geht da vor sich, im Fernsehen sagt der Sprecher, daß General Milea Selbstmord begangen habe und ein Verräter sei.› Sie hielt den Hörer an den Fernseher, so daß ich mithören konnte. Mir war sofort klar, daß die Armee sich uns anschließen würde. Das war die Lösung. Ich ging zu einem fetten Soldaten, der fast aus seiner Uniform platzte, einem Major oder Oberst – hinter ihm standen vier oder fünf Panzerkampfwagen und blokkierten die Straße –, und sagte: ‹Sie haben den Armeechef umgebracht.› ‹Das ist nicht wahr›, entgegnete er. Er stieg in den Panzerwagen – vielleicht telefonierte er oder erfuhr es auf anderem Wege –, jedenfalls stieg er dann aus, nahm seine Maschinenpistole herunter und sagte: ‹Es stimmt. Wir haben keine weiteren Befehle, ich stehe zu Ihrer Verfügung, was sollen wir tun?›»

Caramitru übernahm das Kommando über diese Panzerwagen und fuhr mit ein paar anderen im Schlepptau sofort den Boulevard zum Fernsehzentrum hinunter. Unterwegs erspähte er den Hubschrauber, der über der Stadt davonflog, sowie ein kleines Flugzeug, das Flugblätter mit einer Warnung vor fremden und westlichen Agenten abwarf. Im Fernsehzentrum übernahm er das Studio vier. «Ich sollte als erster von dort aus sprechen – wie abenteuerlich!» Ins Studio kam ein äußerst nervöser Mircea Dinescu. «Er war der einzige Schriftsteller unter uns, und ich sagte ihm, daß er einige Worte an das Volk richten sollte. Er tat es. Es war eine sehr einfache Erklärung, in der wir um eine Waffenruhe baten und die Armee aufforderten, sich der Revolution anzuschließen.» Diese erste Erklärung ging ungefähr um ein Uhr mittags über den Äther. Als er hörte, daß schweres Artilleriefeuer vor dem Königlichen Palast ausgebrochen war, verließ Caramitru das Studio.

«Danach versammelten sich Iliescu, General Militaru, Petre Roman, Brucan und die anderen im Studio vier, um das Kommuniqué zu verlesen, das sie im ZK-Gebäude, in dem sie sich bislang aufgehalten hatten, aufgesetzt hatten. Iliescu hatte man praktisch zu Hause abgeholt, er war nicht auf der Straße. Es lag an unserer, nennen wir es Naivität, daß wir nicht erklärten, wir würden eine Regierung bilden und die Macht übernehmen. Niemand kam auf diesen Gedanken. Ich bin Schauspieler. Ich konnte mir nicht vorstellen, selbst Präsident oder so etwas zu werden.» Er ist überzeugt, daß Iliescu mit Unterstützung der Armee, der Securitate und der Parteiapparatschiks aus der zweiten Reihe an die Macht kam, weil er ihnen eine Möglichkeit zu überleben bot. «Mazilu hatte ein Zehn-Punkte-Programm. Sie hatten darauf gewartet, daß irgend etwas passieren würde, wenn sie auch nicht Ceauşescus dumme Idee vorausahnen konnten, ein paar Tage nach Timişoara eine Massenversammlung vor dem ZK-Gebäude zu veranstalten.»

Als er wieder auf dem Palastplatz ankam, sah Caramitru etwa zehn Panzer, von denen aus mit Maschinengewehren auf den Königlichen Palast gefeuert wurde. Die Wahrscheinlichkeit, so irgendwelche Terroristen zu treffen, die sich innerhalb seiner dicken Mauern aufhalten sollten, war denkbar gering. Inzwischen brannte die Staatsbibliothek, weil hinter ihr das Quartier von Ceauşescus Leibwache lag und der Schußwechsel die umliegenden Gebäude in Brand gesetzt hatte. «Solch ein militärischer Fehler brachte mich zur Verzweiflung. Ich ging zum Balkon des ZK-Gebäudes hinauf, wo alles noch so war, wie Ceauşescu es verlassen hatte. Das Mikrofon war noch eingeschaltet, ein Fernsehübertragungswagen stand unten. Ich nahm das Mikrofon und bemühte mich zwanzig Minuten lang, die Armee zur Einstellung des Feuers zu bewegen. Danach stellten wir einen Trupp aus Soldaten und Freiwilligen zusammen. Spät abends, gegen neun oder zehn, gelang es uns, sie zu stoppen.»

Und wer schoß auf die Armee?

«Das ist die Frage. Das Beweismaterial ist vernichtet worden. Von Hunderten von Terroristen wurde berichtet, aber auf einmal gab es keinen einzigen mehr.»

Caramitru kehrte zum Fernsehzentrum zurück und verbrachte die Nacht dort. «Es kamen immer noch ständig Leute und erklärten, daß sie sich der Revolution anschließen wollten. Die meisten von ihnen hatten zuvor bei der Securitate oder der Kirche gearbeitet. Wir versuchten auszuwählen. Wir bekamen alle möglichen Lügen zu hören, etwa von Leuten, die behaupteten, daß sie seit Jahren Dissidenten gewesen seien, obwohl sie nach Ceauşescus Pfeife getanzt hatten. Aber wir konnten nicht alle identifizieren, und letzten Endes konnten wir sie nicht zurückhalten. Als Nicu Ceauşescu hereingebracht wurde, erklärte ich ihm, daß er schuldig sei, weil er die Machenschaften seines Vaters nicht verhindert habe. Jemand hatte ihm ein Messer in den Bauch gestoßen, aber er war eher erschrocken als verletzt.»

Der Tag war noch nicht vorüber. Im Laufe des Abends hörte er, daß er als eines der elf Ratsmitglieder in die Front der Nationalen Rettung berufen worden war. «Ich wollte, daß die historischen politischen Parteien wieder zu einem neuen parlamentarischen System zurückkehrten. Ich trat immer wieder dafür ein, daß die Front der Nationalen Rettung nur eine Regierung in der Übergangsperiode bis zu den allgemeinen Wahlen im Mai sein sollte. Ende Januar ließen sie darüber abstimmen, ob die Front in eine politische Partei umgewandelt werden sollte. Ich war als Vorsitzender dieser neuen Partei vorgesehen. Für mich war das der Augenblick der Wahrheit. Ich war der einzige, der niemals Mitglied der Kommunistischen Partei gewesen war. Jetzt begriff ich, und ich lehnte ab. Am 22. Dezember hatten sie mich gebraucht. Ich war als Aushängeschild benutzt worden.»

Octavian Andronic, ein stämmiger, herzlicher Mann, war Cartoonist und später Nachrichtenredakteur bei *Informaţia*, einer Parteizeitung. Ihre Büroräume liegen in einer vom Palastplatz abgehenden Seitenstraße. Am 21. hatte er das Gebäude wegen einer Sitzung im Fernsehzentrum verlassen. «Ich war fasziniert und schockiert von dem, was ich hörte. Niemand begriff, was während Ceauşescus Ansprache geschah oder warum die Übertragung unterbrochen wurde. In Wirklichkeit war ein kleiner Schwärmer, ein Feuerwerkskörper, explodiert. Die Menschen fragten sich, wo der Lautsprecher war, und rannten hin und her. Der Kameramann stand auf einer Plattform in Höhe des Balkons, und als die Menge gegen diese Plattform stieß, verlor er den Halt. Die Kamera drehte sich dadurch zum Himmel, und das war minutenlang das einzige, was wir zu sehen bekamen. Dieser ganze Unfall war die Folge eines kleinen Feuerwerks, das natürlich jemand absichtlich abbrannte, um Verwirrung zu stiften. Ceauşescu wußte nicht, wie er reagieren sollte. Die Übertragung lief nach ein paar Minuten wieder. Alle Spruchbänder verschwanden im Handumdrehen. Ich glaube, daß Ceauşescu bis zu seinem Lebensende nicht verstand, was vor sich ging.»

In jener Nacht blieb Andronic bis gegen zwei Uhr morgens auf dem Universitätsplatz, und anschließend schrieb er einen Bericht über die Tagesereignisse. Gegen 8.30 Uhr am 22. war er wieder draußen auf dem Boulevard Magheru und beobachtete die riesigen Menschenmengen, die jetzt eintrafen. Jugendliche hatten sich in die rumänische Flagge gehüllt, aus der das kommunistische Emblem in der Mitte herausgeschnitten war. «Alles brach auseinander, als sie vom Tod General Mileas hörten. Die Miliz und die Armeeinheiten lösten sich auf, und alle machten sich auf zum Gebäude des Zentralkomitees. Ich sah, wie verängstigt die Soldaten waren. Ceauşescu versuchte noch einmal, zum Volk zu sprechen, er schrie Warnungen ins Mikrofon, aber die Menge brüllte ihm laut ihre Anklagen entgegen, und er zog sich eilig auf das Dach zurück, zu seinem Hubschrauber. Ich habe den Eindruck, daß zu diesem Zeitpunkt weder die Führer noch die Öffentlichkeit vorhersehen konnten, daß sich jetzt die Möglichkeit eröffnete, das System zu verändern. Ich selbst wagte nicht zu hoffen, daß wir mehr tun könnten als den führenden Kopf zu ersetzen.

Ungefähr um halb eins hatte ich die Idee, rasch die erste freie Zeitung herauszugeben. Wir änderten den Namen in *Libertatea*. Ich hatte meinen Bericht über den Vortag nicht für eine Veröffentlichung geschrieben, aber jetzt publizierte ich ihn unter dem Titel *Jurnal Imediat!* Es war eine ganz spontane Handlung. Wir hatten keine Zeit zu überlegen, daß die meisten von uns, wenn Ceauşescu zurückkehren sollte, erschossen werden würden. Ein paar Mitarbeiter bekamen allerdings Angst und stahlen sich davon. Die Druckerpresse steht im Hause, und die Drucker waren phantastisch, sie taten ihr Bestes, ohne Pause. Wir brachten die Zeitung in nur dreißig Minuten heraus. Dann fuhr ich zum Fernsehzentrum, um sie öffentlich anzukündigen.» Iliescu war dort. Laut Andronic war er bereits als Führer anerkannt, und so führte er sich auch auf.

Ich habe eine Kopie dieser Ausgabe der *Libertatea*. Ihre Schlagzeilen bedecken den größten Teil der Titelseite: Bürger, rumänische Brüder! Wir haben gesiegt! Der Diktator ist gestürzt.

Nicolae Dide ist Abgeordneter im Parlament und Anführer einer Splitterpartei. Am Morgen des 21. war er in Braşov bei Dreharbeiten zu einem Film, der im Jahre 1944 spielen sollte. Dort erhielten sie den Befehl, die historischen Waffen an jenem Tag nicht mit zu den Außenaufnahmen zu nehmen. Als er die Bilder im Fernsehen sah, beschloß er, nach Bukarest zu fahren, wo er gerade rechtzeitig eintraf, um sich am Barrikadenbau zu beteiligen. Die Stühle und Tische aus dem Restaurant Dunarea vor dem Intercontinental waren bereits zu diesem Zweck benutzt worden. Mit anderen brach er in die Ministerien rund um den Platz ein und nahm vier oder fünf Fahrzeuge mit, die in die Barrikaden eingebaut werden sollten. Dann rückten von allen Seiten Panzer heran. Nach den Wasserwerfern und dem Tränengas kamen schließlich die Kugeln. Er erinnert sich auch an Reihen von Soldaten, die zu Fuß vorrückten. Die erste Reihe bestand aus Männern mit Schutzschilden und Schlagstöcken; einige von ihnen waren nicht bewaffnet, sie packten die Revolutionäre und schafften sie weg, ins Jilava-Gefängnis, wie sich herausstellte. In der zweiten Reihe standen die Soldaten, die schossen, einige von ihnen in Zivil.

Um drei Uhr morgens waren alle nach Hause gegangen. Dide und seine Gruppe versammelten sich gegen sieben Uhr wieder vor dem Landwirtschaftsministerium. Er erinnert sich ebenfalls an den Moment um halb elf, als ein Offizier ihn zu seinem Panzerkampfwagen rief und erklärte, daß er sich zurückziehen wolle. Dide sollte für einen ungefährdeten Abzug dieser Truppen sorgen, indem er einen zehn Meter breiten Korridor zwischen ihnen und der Menge freimachte. «Es war gegen Viertel nach elf, als die

Menschen erkannten, daß ihnen kein Hindernis mehr im Wege stand. Wir fanden im ZK-Gebäude Waffen und Munition, mit denen die Wachen einer Belagerung hätten standhalten können, aber sie versuchten nicht, unseren Ansturm abzuwehren. Im Gegenteil, sie stellten sich uns zur Verfügung. Truppen des Verteidigungsministeriums hielten sich im Inneren des Hauses auf. Raum für Raum übernahmen wir die Kontrolle über das Gebäude.

Ein Soldat sagte: ‹Kommt mit, und ich zeige euch, wo der Ministerpräsident ist.› Fünf von uns folgten ihm in den sechsten Stock, in einen Raum, in dem vier oder fünf Berater mit Dascalescu um einen Tisch standen. Es war sein Büro, und er telefonierte gerade und gab Anweisungen, die politischen Häftlinge zu entlassen. Einer von uns fragte: ‹Warum so spät, Herr Dascalescu?› Dascalescu zitterte. Er antwortete: ‹Ich war mein Leben lang niemals einer Meinung mit Ceauşescu.› Er wurde verhaftet, mit anderen, die sich damals im Gebäude aufhielten: Ion Dinca, der Stellvertretende Ministerpräsident, General Postelnicu und zwei von Ceauşescus Beratern, Silviu Curticeanu und Ion Nicolceoiu. Unsere Gruppe griff sich nur Dascalescu. Wir steckten ihn in ein Zimmer bis gegen vier Uhr, als wir ihn zwangen, auf dem Balkon den Rücktritt seiner Regierung bekanntzugeben. Überrascht bemerkte ich, wie sehr er sich fürchtete, auf jenen Balkon hinauszugehen. Auf halbem Weg zwischen Tür und Balkon schweiften seine Augen unruhig hin und her, bevor er gezwungen wurde, das Mikrofon zu nehmen.»

«Alle Gefangenen wurden in den zweiten Stock gebracht und in der Bibliothek festgehalten. Ihre Hände waren mit Draht gefesselt, außer bei Dinca, der ein schwaches Herz hatte und auf einem Bett in einem anderen Raum liegen durfte. Das Hauptquartier der Revolution befand sich im zweiten Stock in Curticeanus Büro. General Guşe und General Vlad waren dort, erteilten Befehle und nahmen sie entgegen. Eine Gruppe von acht Leuten überwachte die Generäle, darunter Milionescu, Christina Chontea, Dan Robulescu und ich selbst. Am Nachmittag traf Iliescu ein, und in diesem Moment verloren wir die Revolution. Wir übergaben sie ihm nicht, weil wir es wollten, sondern weil wir nicht fähig waren, sie zu führen. Etwa zwei Stunden lang waren wir eine Alternativregierung gewesen, die erste Regierung der Revolution. Iliescu und seine Leute betraten das Gebäude und begannen sich zu verteilen. Iliescu und Voican-Voiculescu gingen in den zweiten Stock hoch. Zu der Zeit befanden wir uns im ersten Stock, und General Voinea tauchte bei uns auf. Er sagte: ‹Ich möchte mit der revolutionären politischen Bewegung sprechen.› Wir blieben alle wie angewurzelt stehen. Keiner von uns hatte die geringste Vorstellung, was er damit meinen könnte. In diesem Augenblick trat Petre Roman, der hinter uns gestanden hatte, vor und sagte: ‹Wir sind hier.› Er nahm General Voinea mit sich, um Iliescu und seine Freunde zu treffen und den Rat der Front der Nationalen Rettung zu bilden, und danach gingen sie ins Fernsehzentrum. General Voinea gehörte zu ihnen. Und so schafften sie's.»

Ilie Verdeţ, der Ehemann von Ceauşescus dritter Schwester Reghina, war ein berüchtigter Postenjäger. Zu alten Zeiten war er Mitglied des Zentralkomitees und des Politbüros sowie Ministerpräsident gewesen. Als Folge der üblichen persönlichen Querelen sah er sich 1984 gezwungen, von allen Ämtern zurückzutreten, und blieb nur noch Mitglied der für die Finanzkontrolle zuständigen Parteikommission. Kettenrauchend und den Takt zu seinen Worten mit dem großen Zeigefinger trommelnd, ist er der Inbegriff eines Kommunisten alten Stils, der sich trotz allem nicht geändert hat. Es gab eine Volksbewegung, aber sie richtete sich gegen den Totalitarismus, der, wie er behauptet, nichts mit dem Kommunismus zu tun hat. Und natürlich gab es Komplotte. Ungarische und andere ausländische Provokateure waren die eigentlichen Urheber. Sechzig Leichen wurden nie aus Timişoara zurückgefordert, versichert er, während in Debrecen ein Denkmal stehe, das jene verherrliche, die bei der Verteidigung von Pastor Tőkés starben. Ohne Einmischung von außen wäre der Wandel unblutig vonstatten gegangen.

Das Volk sei zugegebenermaßen unzufrieden gewesen, aber es sei auch «kolossal dumm» von Ceauşescu gewesen, sich auf jenem

Balkon zu zeigen. Er hätte politische Lösungen anstelle von Propaganda anbieten müssen. «Er selbst organisierte den 21. Dezember, aber am 22. hatte sich das Volk schon organisiert, und es war unmöglich, es aufzuhalten. Am 22. gab es nach zwölf Uhr eine Phase ohne Führung. Gegen zwei Uhr warben einige einzelne Leute im Fernsehen für sich, und die wurden dann Führer der Front der Nationalen Rettung.»

Der Balkon des Zentralkomitees war ein anderer geeigneter Ort, um sich selbst zum Mitglied der Führungsspitze zu ernennen. Verdeţ hatte Gelegenheit dazu. Zwischen zwölf und fünf Uhr, sagt er, «saß ich einfach herum. Glücklicherweise kannte ich viele Demonstranten, Patriotische Garden, Arbeiter und so weiter. Ich sprach stundenlang mit der Menge auf dem Platz und forderte sie auf, vernünftig und ruhig zu bleiben und Blutvergießen zu vermeiden, was jetzt, da Ceauşescu weg sei, ja auch unnötig sei. Ich begegnete Iliescu und seinen Leuten, als sie ankamen. Dann sprach er zu der Menge, und anschließend zogen sie sich in einen Raum zurück und organisierten diese Front, was später im Radio und Fernsehen bekanntgegeben wurde. Die Massenbewegung schuf die Front, nicht die Front die Massenbewegung.» Sie forderten ihn nicht auf, sich der Front anzuschließen, und er behauptet, daß er nicht darum gebeten habe.

«In der Woche, die ich im ZK-Gebäude verbrachte, wirkte das alles in meinen Augen keineswegs wie eine historische Offenbarung, sondern nur wie eine Versammlung von Leuten, die eigentlich nichts Konkretes unternehmen. Da General Guşe und General Vlad dort waren und im ständigen Kontakt mit ihren Truppen blieben, konnten sie sich eine Machtbasis sichern und Schritte unternehmen, um eine Ausweitung des Konflikts zu vermeiden.»

Aber während sie ihre Kräfte koordinierten, ging die Schießerei doch weiter?

«Durch unkontrollierte Truppen. Aber wer war das? Die übereinstimmende Meinung im ZK-Gebäude war, daß die Schießerei beendet werden müsse, bevor irgendwelche politischen Schritte unternommen werden konnten. Ich hatte keine Angst um mich. Aber jeder, der sich in der Politik einen Namen gemacht hatte, befürchtete einen Bürgerkrieg, falls die Ordnung nicht wiederhergestellt würde.»

Außer Caramitru waren alle Mitglieder der Front alte Kommunisten wie er selbst, und eine gewisse Enttäuschung darüber, daß sie ihn hinausgedrängt hatten, ist ihm anzumerken. «Ich will Ceauşescu nicht verteidigen oder rechtfertigen, seine Taten sprechen für sich», sagt Verdeţ, «aber ohne die Unterstützung der Armee hätte nichts geschehen können. Ich kann immer noch nicht sagen, ob Milea ermordet wurde oder sich selbst umbrachte. Die Angaben widersprechen sich. Die Front der Nationalen Rettung beschloß, daß er sich selbst umgebracht habe. Das war die erste Version. Deshalb wurde er mit solchem Pomp und Zeremoniell bestattet. Für die andere Version, daß er ermordet wurde, bräuchte man einen Mörder, und der Vorwurf müßte bewiesen werden.»

Zu Ceauşescus Ende sagt er: «Das war kein Prozeß, sondern ein Theater.» Verdeţ hatte vorgeschlagen, die Front der Nationalen Rettung aufzulösen, eine Sondersitzung des Parlaments einzuberufen, um Ceauşescu seiner Funktionen als Staatsoberhaupt und Erster Sekretär der Partei zu entheben, und ihn danach zu verhaften und vor Gericht zu stellen. Mit diesem Vorschlag brachte er sich um jede Aufstiegsmöglichkeit mit Hilfe der Front der Nationalen Rettung. Versuchte er auf Umwegen, seinen Schwager zu retten? Er gibt sich bedächtig, abwägend. «Die Eile, mit der er ins Jenseits befördert wurde, läßt meiner Ansicht nach darauf schließen, daß gewisse Leute, nicht nur Rumänen, sondern auch Ausländer, ein Interesse daran hatten, ihn verschwinden zu lassen. Ceauşescus größter Fehler war, sich gegen Moskau zu stellen. Wenn er eine andere Haltung Moskau gegenüber eingenommen hätte, wäre er vermutlich noch am Leben und etwa in der gleichen Situation wie Schiwkow.»

Im Zuge seines Aufstiegs an die Macht holte Iliescu Petre Roman in die Front der Nationalen Rettung und ernannte ihn dann zum Ministerpräsidenten. Die Wahl bedurfte keiner Erklärung. Der unbefangene und sympathische Petre Roman war damals Dozent am Polytechnischen Institut und 42 Jahre alt. Er kannte Iliescu beruflich. Er kannte jeden. Angeblich war Zoia Ceauşescu sehr von ihm eingenommen. Sein Vater Valter Roman war General in der Internationalen Brigade im Spanischen Bürgerkrieg gewesen und wurde eine kommunistische Berühmtheit sowie Mitglied im rumänischen Zentralkomitee. In seinen Memoiren sagt Brucan, daß er über den Vater den Sohn schon seit der Studentenzeit kannte. Roman behauptet, daß er sich der Front rein zufällig angeschlossen habe, aber Martyn Rady hält dies in seiner meisterhaften Darstellung *Romania in Turmoil* für unwahrscheinlich. «Roman war ein enger Freund Ion Iliescus, und seine Einbeziehung in die Gründungssitzung der Front zeigt, welchen Einfluß Iliescu sich bereits hatte verschaffen können.» So wird in Rumänien Politik gemacht.

Als ich Roman traf, hatte Iliescu ihn bereits aus seinem Amt gedrängt und fallenlassen. Roman führt jetzt eine eigene politische Partei, deren Zentrale in einer Villa aus der Zeit der Jahrhundertwende untergebracht ist – umgeben von einem Park und hohen Mauern in einem exklusiven Viertel der Stadt. Bis vor kurzem befand sich hier das Archiv der Securitate. Seine elegant geschnittene Kleidung und seine handgenähten Schuhe passen hervorragend zu dem perfekten Englisch und Französisch, das er als Student in Frankreich gelernt hatte. Er verkörpert eine Nomenklatura, die einen eleganten Übergang in den Jet-set geschafft hat.

Anfang Dezember übte er sein Amt noch in der Überzeugung aus, daß der Kommunismus, auch wenn er verbraucht sei, durch einen Volksaufstand nicht gestürzt werden könne. Die Partei verfügte über die absolute Macht. Als die Ereignisse aus Timişoara bekannt wurden, regte er an, daß er und seine Kollegen eine Protestnote unterzeichnen sollten, aber sie weigerten sich. Obwohl die Weihnachtsferien begonnen hatten, begab er sich am Morgen des 22. zum Polytechnischen Institut und machte sich von dort aus mit einigen Studenten auf den Weg zum ZK-Gebäude.

In dem Gedränge der Menschenmenge wurde er bis auf hundert Meter an den Eingang herangeschoben. Von unten sah er, wie die Ceauşescus auf dem Balkon erschienen, sich sofort wieder zurückzogen und mit dem Hubschrauber wegflogen. Eine Viertelstunde später drängte er sich vorwärts in die Nähe des Übertragungswagens. In diesem Bus saßen einige junge Männer, die schon Anti-Ceauşescu-Losungen verbreiteten. Einer von ihnen war ein ehemaliger Student Romans und bat ihn, eine Rede zu halten. Also half man ihm und schob ihn nach vorn, so daß er mit dem allerersten Ansturm ins Gebäude gelangte. Er ging direkt zum Balkon hinauf. Die Mikrofone dort mußten noch an die Lautsprecher auf dem Bus angeschlossen werden. Danach «sagte ich die paar Sätze, die berühmt geworden sind», er erklärte, daß die Diktatur tot sei und das Volk die Macht übernommen habe. Die Umstehenden führten ihn danach in einen speziell für Fernsehübertragungen ausgestatteten Raum, und dort schrieb er eine Erklärung. Aber die Anlage funktionierte nicht. General Voinea, der ranghöchste Offizier der Militäreinheit, die auf dem Platz stand, kam herein. Voinea trieb einen Kameramann auf und forderte dann einen Wagen an, in den er sich mit Roman und sechs anderen hineinquetschte, um das Band persönlich im Fernsehzentrum zu übergeben. Im Studio mußte Roman die Erklärung dann live verlesen. Iliescu kam damals herein und hörte sich Romans Erklärung an.

General Voinea fuhr ihn weiter zum Verteidigungsministerium. Angeblich soll Ceauşescu, als er in seinen Hubschrauber stieg, Stanculescu als Nachfolger Mileas zum Verteidigungsminister ernannt haben. Dies wurde nie geklärt. «Tatsache ist, daß wir das Ministerium einfach als Repräsentanten der Revolution betraten und dort Stanculescu im Gespräch mit Ilie Ceauşescu vorfanden. Ich befahl Stanculescu, ihn auf der Stelle zu verhaften. Obwohl er mich nicht kannte, gehorchte Stanculescu. Ilie Ceauşescu händigte sofort seine Waffen aus. Ich fragte Stanculescu später, warum er mir gehorcht habe, und er antwortete: ‹Weil ich Sie auf dem Balkon gesehen hatte.›»

Als Roman zum ZK-Gebäude zurückkehrte, gehörte er schon zum engeren Kreis. «Die ehemaligen Spitzenfunktionäre des kommunistischen Systems waren dort versammelt, und ich erinnere mich, daß alle der Meinung waren, Iliescu solle die Verantwortung übernehmen. *Radio Free Europe* spielte dabei eine wichtige Rolle, weil es ihn seit Jahren als aufgeschlossenen Politiker und als Reformer innerhalb des Systems dargestellt hatte. Um mich herum saß die alte Garde, Brucan, General Militaru und so weiter, ich war der einzige, der nicht zu den Vertretern des alten Regimes gehörte. General Militaru beantragte, daß die Front der Nationalen Rettung eine Institution des Staates und der Partei sein solle. Als ich widersprach, entgegnete Brucan: ‹Was haben Sie denn hier zu suchen?› Wahrscheinlich war ich wegen meiner Erklärung im Fernsehen aufgenommen worden und weil Iliescu mich über meinen Vater kannte. Außerdem hatte er zwei wissenschaftliche Bücher von mir herausgegeben.»

Hier hörte er den Namen «Front der Nationalen Rettung» zum erstenmal. Falls sie schon zuvor bestanden haben sollte, dann nur als eine Art stillschweigende Übereinkunft zwischen den Beteiligten. Die Nacht zum 23. Dezember verbrachte er mit der Ausarbeitung eines Manifests für die Front. Das Geschützfeuer hielt unvermindert an. Als er am nächsten Morgen wieder im Fernsehzentrum war, um das neue Manifest anzukündigen und zu verlesen, geriet er selbst unter Beschuß. «Wir befanden uns im elften Stock, und sie schossen genau auf diesen Stock, also mußten sie wissen, daß wir dort waren. Es gab nie eine richtige Untersuchung darüber, wer das war.»

Hätten Sie nicht eine anordnen können, als Sie Ministerpräsident waren?

«Der Staatsanwalt war unabhängig, ich tat alles, was in meiner Macht stand, aber die Ergebnisse waren absolut unbefriedigend. Während der Schießereien schnappten wir ungefähr 80 Securitate-Mitarbeiter aus den verschiedensten Gegenden des Landes. Nach Ceauşescus Hinrichtung wurden noch einmal etwa 800 festgenommen. Die ermittelnden Staatsanwälte ließen alle frei. Es ist ein echtes Problem. Dies ist der schwächste Punkt in der ganzen Abfolge der Ereignisse und läßt den Verdacht aufkommen, daß mehr dahintersteckt.»

Damals nahmen alle an, daß es sich bei den Schützen nur um

Ceaușescus Verteidiger handeln könne. Die erste Anweisung lautete, den gefangenen Ceaușescu zu isolieren, weil man Angst hatte, sie könnten versuchen, ihn zu befreien und wiedereinzusetzen. «Stanculescu hatte im Verteidigungsministerium Kontakt zum Kommandanten der Einheit. Sie benutzten einen Geheimcode, damit die Securitate sie nicht abhören konnte. Der Kommandant der Einheit steckte Ceaușescu und seine Frau in einen Panzerkampfwagen und wechselte dann ständig seine Position. Irgendwelche Angreifer hätten die Ceaușescus nur umbringen können.»

Am 24. wurde die Schießerei heftiger, das Militär war nicht auf einen Einsatz von vielleicht 80000 Soldaten in gepanzerten Einheiten vorbereitet – wenn man eine Zahl von 100 Soldaten veranschlagt, um mit einem Heckenschützen fertigzuwerden. So wurde die gemeinsame und einstimmige Entscheidung gefällt, Ceaușescu vor ein Militärgericht zu stellen. Stanculescu und Gelu Voican-Voiculescu flogen danach mit einem Hubschrauber als Vertreter der Front zu dem Tribunal.

Nach Ion Pacepa war General Militaru «einer von Ceaușescus Lieblingsgenerälen». Ausgebildet an der sowjetischen Militärakademie, stand Militaru treu zur Sowjetunion. Mit sichtlichem Vergnügen schildert Pacepa, wie der General in eine sogenannte Honigfalle tappte: Er wurde von einer Agentin verführt, die an Informationen herankommen wollte. In diesem Fall hieß die Dame Olga. Als der heimlich von Olga und dem General gedrehte Film gezeigt wurde, verließ Ceaușescu den Raum, um sich zu übergeben, und zerriß das soeben unterzeichnete Dekret, in dem er Militaru zum Verteidigungsminister ernannt hatte. Ein abtrünniger Sicherheitschef mag seine Gründe haben, so eine Geschichte zu verbreiten, sie kann aber auch wahr sein.

Als er 1978 in Ungnade fiel, war Militaru 52 Jahre alt; danach war er sechs Jahre lang Stellvertretender Minister für Industriebauten. 1989 lebte er schon im Ruhestand. Heute wohnt er in einem Haus zwischen der Piața Romana und der verkehrsreichen Calea Dorobanților. Er ist ein kräftiger, ruhiger Typ mit tiefblauen

Augen, und er nahm mich ins Kreuzverhör, fragte, wen ich getroffen und was sie gesagt hatten, und schrieb sorgfältig mit. Die Generäle Guşe und Voinea sind gestorben; die Generäle Vlad und Postelnicu sitzen im Gefängnis; und General Stanculescu führte nie den Befehl über Truppen irgendeiner Größenordnung, sondern war Leiter der Budgetabteilung der Armee. Wie kommt es, daß Stanculescu jetzt irgendwo im internationalen Bankwesen tätig ist? Und Militaru stürzt sich in jenes Labyrinth der Intrigen, aus dem offensichtlich Ceauşescus Rumänien bestand. Das erste Komplott, an dem er beteiligt war, wurde im Jahre 1966 geschmiedet, als er in Cluj General Milea unterstellt war. Ceauşescu sollte die Stadt besuchen, und der Plan sah vor, ihn einfach zu verhaften. «Milea war gegen Ceauşescu. Darüber müssen Sie sich im klaren sein», sagt er. Doch er behauptet, daß er es Milea ausgeredet habe. Man hätte die Verhaftung falsch verstanden. «Ceauşescu hatte zwei Gesichter. Den Sowjets spielte er eine antiwestliche Einstellung vor, dem Westen eine antisowjetische. Das rumänische Volk glaubte, daß er auf dem richtigen Weg sei.»

Als Kommandant des Distrikts Bukarest hatte Militaru das Gefühl, Ceauşescu sehr gut kennengelernt zu haben. Weil er die Kampfstärke der Armee verringerte und die Securitate auf deren Kosten verstärkte, machte Ceauşescu sich die militärische Führung zum Feind, insbesondere General Ion Ioniţa, den damaligen Generalstabschef. Zusammen mit den Spezialeinheiten erreichte die Securitate eine Stärke von 150000 Mann, sagt Militaru. Ein Militärputsch unter Ioniţas Führung wurde 1982 parallel zu einer politischen Verschwörung unter Iliescu in Gang gesetzt. «Ich war das Bindeglied zwischen diesen beiden Gruppen», sagt Militaru. «Wir planten, Ceauşescu 1984 durch einen Staatsstreich abzusetzen, während er die Bundesrepublik Deutschland besuchte. Jemand verriet uns. Wer es war und wie das geschah, bleibt reine Vermutung, aber wir wurden von da an auf Schritt und Tritt überwacht.» Nichtsdestotrotz wurden weiter Pläne geschmiedet, der letzte hätte einen Waffenschmuggel aus Ankara Anfang 1990 vorgesehen.

Während er mit General Ioniţa in einer Schlange für Brot anstand, hörte er zum erstenmal, daß Gorbatschow Generalsekretär geworden war, was beide als positiv für Rumänien werteten. 1989 war Ceauşescu in Rumänien genauso verhaßt wie im Ausland. Der Brief der Sechs, der an *Radio Free Europe* gesandt wurde, war, wie er sagt, eine Warnung der Verschwörergruppe um Iliescu. Ceauşescu hätte die Gelegenheit nutzen und auf der Parteikonferenz im November seinen Rücktritt erklären können, dann wäre er noch am Leben.

Wenn es wirklich irgend etwas gegeben hatte, das den Namen Verschwörung verdiente, so war es jedenfalls kaum von Bedeutung. «Die Revolution begann völlig spontan. In jenen ersten Tagen in Timişoara hatten wir keine Ahnung, was vor sich ging.» Am 16. kam ein Securitate-Agent, mit dem er Kontakt hielt, zu ihm und sagte, daß er, falls er sein Haus verlasse, sein Leben aufs Spiel setze. Er rief danach einen Neffen an, der als Armeeoffizier in Tîrgu Jiu stationiert war, aber dessen Frau sagte, daß er wegen der Ereignisse in Timişoara zu seiner Einheit beordert worden sei. Guşe, Coman und Stanculescu erteilten hektische Befehle, um einen Volksaufstand zu unterdrücken. Militaru weist darauf hin, daß die Ungarn, wenn sie antirumänische Gewalttaten hätten provozieren wollen, nicht Timişoara ausgewählt hätten, sondern Städte und Bezirke mit einem weit höheren Anteil an Ungarn.

«Am 22. Dezember hörte ich Radio. Milea war kein Mann, der Selbstmord begehen würde, und ich glaubte von Anfang an nicht an diese Berichte. Als ich die Armeeführung übernahm, überprüfte ich die Akte. Ich fand keine einzige Anweisung von ihm, das Feuer gegen die Zivilbevölkerung zu eröffnen. Im Gegenteil, er hatte sich Ceauşescu mit der Begründung widersetzt, daß die Armee zu solchen Maßnahmen nicht berechtigt sei. Die Nachricht im Radio war gefälscht, um Milea die ganze Schuld zuzuschieben und die Armee aufzuhetzen, damit sie an den Radikalen Rache nahm und Rumänien dabei in einem Blutbad versinken ließ.»

Er legte seine Uniform an und eilte zum Fernsehzentrum. Dort veröffentlichte er einen emotionsgeladenen Aufruf, appellierte an einige Generäle persönlich und befahl ihnen, das Feuer einzustellen und ihre Truppen in die Kasernen zurückzuziehen. Nach Mileas Tod wurde General Guşe ranghöchster Offizier. «Er zögerte eigentlich nicht lange, aber er erwies sich als sehr schwach. Nach dem, was er in Timişoara getan hatte, fühlte er sich schuldig und war verängstigt. Es gab eine echte Führungskrise in der Armee. Seit der Nacht zum 23. Dezember befand sich Guşe nicht im Verteidigungsministerium an der Spitze der Armee, sondern mit Iliescu im ZK-Gebäude. Er übernahm nicht die Kontrolle. Und halten Sie sich bitte vor Augen, daß Stanculescu ebenfalls in Timişoara gewesen war, er war sehr eng mit den Ceauşescus befreundet und stand in der Gunst der Securitate. Einige maßgebliche Leute behaupteten, daß Stanculescu als Ceauşescus Beobachter nach Timişoara geschickt worden war.»

Militaru sagt, daß Stanculescu in der Nacht vom 21. zum 22. aus Timişoara zurückkehrte und sich nach der Ankunft in ein Militärhospital begab, wo sein Unterschenkel eingegipst wurde. In den frühen Morgenstunden ging er nach Hause. Ein Securitate-Fahrzeug kam, um ihn ins ZK-Gebäude zu fahren, und Ceauşescu teilte ihm dann mit, daß er den Befehl über die Armee übernehmen solle. Militaru erklärt kurz angebunden: «Ein Soldat hat den Befehlen zu gehorchen. Wenn nicht, muß er bereit sein, die Konsequenzen zu tragen. Er läßt sich nicht einfach den Fuß bandagieren.»

In einer vergleichbaren Prozedur ernannte Iliescu Militaru am Nachmittag des 24. Dezember zum Verteidigungsminister. In jener Nacht fand ein Treffen im Ministerium statt, bei dem Stanculescu vorschlug, die nötigen Vorbereitungen für den Prozeß gegen die Ceauşescus zu treffen. «Sie hatten bereits vor, sie zu verurteilen und hinzurichten. Niemand fragte mich, ob ich mit der Hinrichtung einverstanden sei oder nicht. Ich erklärte öffentlich, daß ein Prozeß absolut notwendig sei, aber ich hätte sie zu lebenslanger Haft verurteilt und dann der Öffentlichkeit im Film gezeigt, wie sie für ihr tägliches Brot anstehen.»

«Nachdem der Prozeß und die Hinrichtung im Fernsehen gezeigt worden waren, wurde nur noch halb soviel geschossen. Am Silvesterabend war alles vorbei. Fragen Sie mich nicht, wer die Terroristen waren. Ob sie Araber oder Russen oder sonstwer waren, weiß der Himmel. Und es spielt auch keine Rolle, weil die Securitate der Drahtzieher war. Ich kann Ihnen ein Beispiel nennen. In der Nacht des 23. hielten sich die Führer der Front im Verteidigungsministerium auf. Es hätte genügt, fünf von ihnen zu töten, um die Revolution abrupt zum Stillstand zu bringen. Zwei Panzerkampfwagen fuhren am Eingang vor. Die Besatzungen antworteten nicht, als sie dazu aufgefordert wurden. Also eröffneten die Wachen das Feuer. Ein paar Leute entkamen aus den Panzerkampfwagen und rannten auf der Suche nach einem Unterschlupf über die Straße. Die Securitate unternahm zahlreiche Versuche dieser Art.»

Stanculescu hat vielleicht doch noch triumphiert, als er nach Militarus Rücktritt am 16. Februar 1990 Verteidigungsminister wurde. Aber auch dieser Posten sollte sich nur als ein Zwischenspiel vor seiner neuen Karriere als Finanzfachmann erweisen.

Gelu Voican-Voiculescu katapultierte sich aus dem Nichts in eine Führungsposition. Der Geologe beherrscht mehrere Sprachen, und die umfangreiche Bibliothek in seinem Haus ist wirklich esoterisch: Voican-Voiculescu sammelte Bücher über die Freimaurer, Rosenkreuzer, Aleister Crowleys Schwarze Magie und die Tierkreiszeichen. Im Laufe unseres Gesprächs kam er plötzlich auf den Zusammenhang zwischen dem Nazismus, dem Cliveden-Kreis und dem Okkulten zu sprechen. Früher war er anscheinend dreimal zu Gefängnisstrafen verurteilt worden, alles in allem saß er zwei Jahre ab. Einmal wurde er offenbar in Ungarn verurteilt und verbüßte die Strafe auch dort. «Ich gehörte zum passiven Widerstand», sagt er, fügt aber hinzu, daß seine Vergangenheit «ein ziemliches Auf und Ab» gewesen sei. Soweit ich verstand, verfolgte der Staatsanwalt damals gerade die Strategie, antikommunistische politische Aktivitäten in Anklagen wegen Betrugs umzuwandeln.

Dieser große Mann mit dem gepflegten grauen Bart rollt die Augen, während er in seinem schnellen Redefluß andeutet, daß er noch viele Geheimnisse kenne, aber nicht berechtigt sei, sie aufzudecken. Er ist innig verliebt in seine Intrigen und fängt immer wieder laut an zu lachen, während er von den lange geplanten Gemeinheiten erzählt. Das Gerücht, daß er selbst ein sowjetischer Agent gewesen sei, amüsiert ihn. Als er an der Macht war, feuerte er jeden mit sowjetischen Verbindungen, zum Beispiel General Militaru, den er als «den besten militärischen Strategen im Lande» beschreibt, der aber «durch seine sowjetische Geistesart hoffnungslos verdorben» gewesen sei. Heute ist er Botschafter bei der PLO in Tunis.

Tatsächlich konnte in Rumänien von einer verborgenen Bewegung nicht die Rede sein. Die Menschen hatten höchstens gehofft, daß Ceauşescu bald sterben und Iliescu ihn ablösen werde. «Viele Leute prahlen jetzt mit einer Verschwörung, aber das ist leeres Geschwätz. Unter dem Druck der Sicherheitspolizei war ein gemeinsames Vorgehen nicht möglich. Bei der letzten Parteikonferenz im November hätte Ceauşescu satzungsgemäß abgesetzt werden müssen. Aus Angst, daß man das versuchen könnte, hatte Ceauşescu die Securitate angewiesen, auch den letzten Widersacher fertigzumachen.» Der Flug nach Teheran war ein dummer Fehler. Und mit der Demonstration am 21. Dezember inszenierte Ceauşescu törichterweise letzten Endes seinen eigenen Sturz.

Einige Fragen bleiben ungeklärt. Derjenige, der das Feuerwerk abbrannte, das Ceauşescu zu Beginn seiner Ansprache aus der Fassung brachte, hat sich nie zu erkennen gegeben. Ein Kurzschluß in der Verstärkeranlage machte danach einen Lärm, als ob Panzer auf den Platz zufahren würden. Und bis heute gibt es für das Auftauchen der Terroristen keine vernünftige Erklärung.

Am 21. saß Voican-Voiculescu in seinem Büro in der Nähe des Palastplatzes und arbeitete an einem Projekt, das bis zum Ende des Jahres abgeschlossen sein mußte. Nachdem er die Nachrichten im Radio gehört und aus dem Fenster geschaut hatte, ging er aus Neugier auf die Straße und spürte, wie er von dem hektischen Treiben mitgerissen wurde. «Es gab keine Anstifter, nur junge Leute, die wie die Verrückten schrien.» Am Abend kehrte er zum Intercontinental zurück und war auch dort, als die Panzer das Feuer eröffneten und anrückten, um die Barrikade zu zermalmen.

Nachdem er acht Verwundete gezählt hatte, die auf Bahren ins Krankenhaus gebracht wurden, floh er.

«Am nächsten Morgen kehrte ich noch einmal zurück, und um etwa ein Uhr betrat ich das Fernsehzentrum, einfach so. Um fünf Uhr war ich einer von Iliescus Mannschaft, und fünf Tage später war ich Stellvertretender Ministerpräsident. Es ist beinahe unvorstellbar!»

Im Fernsehzentrum stieß er fast mit Mazilu zusammen. Dann sah er einen Cousin, der bestätigte, daß Voican-Voiculescu einige Zeit im Gefängnis verbracht hatte, und den beiden erlaubte, ins Studio weiterzugehen. Mit seinem Zehn-Punkte-Programm griff Mazilu nach der Macht. Nach einem Gerangel um das Mikrofon hatte Voican-Voiculescu die Gelegenheit, eineinhalb Minuten zu sprechen, und erklärte, daß man das Securitate-Archiv beschlagnahmen und Verteidigungskomitees bilden müsse. «Als das Studio sich dann leerte, ging alles durcheinander, und ich hörte jemand sagen: ‹Wer ist dieser Iliescu?› Dort stand er. Ich schob ein paar Männer beiseite, die ihn dorthin eskortiert hatten, und ging zu ihm, um ihn zu schützen. Zusammen mit einem weiteren jungen Mann, der welliges Haar hatte und auf allen Fotografien zu sehen ist, nahm ich Iliescu am Arm und führte ihn zu den Kameras. Er hatte keine Ahnung, wer ich war. Es war etwa Viertel vor drei, und er erklärte mir, daß wir die Uhr im Auge behalten müßten, weil um fünf Uhr jeder, der zum Neubeginn unseres veränderten politischen Lebens beitragen könne, zum Zentralkomitee kommen und an einer Front der Nationalen Rettung mitwirken solle.

Danach gingen wir durch andere Räume und trafen Leute, die schon zuvor aus dem Zentralkomitee eingetroffen waren, darunter Petre Roman, Brucan, Militaru und andere, die ich nicht erkannte. Welche Rolle der junge Mann mit dem welligen Haar und ich eigentlich spielten, war unklar, aber jeder nahm an, daß wir Gefährten von Iliescu seien. Inzwischen war es nach drei Uhr, und Iliescu sagte, daß wir zum Verteidigungsministerium fahren müßten. Also begleiteten wir ihn in seinem Wagen. Es stellte sich heraus, daß der Fahrer einer der beiden Männer war, die ich vorher beiseite gestoßen hatte; er hatte keine Ahnung, daß ich Iliescu nie zuvor getroffen hatte. Er begann sich zu entschuldigen. Niemand wußte, was kommen würde.» Roman, Brucan und andere fuhren ebenfalls zuerst zum Ministerium und anschließend zum ZK-Gebäude, das sie durch einen Seiteneingang betraten.

«Verdeţ, General Vlad und andere altgediente Kommunisten saßen dort und wollten eine eigene Regierung bilden. Unser Vorteil war, daß wir im Fernsehen gewesen waren. Iliescu zeigte ihnen, daß er Herr der Lage war, und sprach vom Balkon aus. Die Menge raste, aber es war ein Schock für ihn, die Rufe ‹Kein Kommunist!› zu hören, weil er davon ausging, daß ein sozialistisches Regime Ceauşescus Tyrannei ablösen würde. Es war schmerzlich für ihn, seine Ideale entschwinden zu sehen, aber er war gezwungen zu handeln, und er ist ein anpassungsfähiger Mann. Verdeţ wollte überhaupt nichts ändern und erklärte, daß wir eine Regierung und eine Große Nationalversammlung und ein Zentralkomitee hätten, und daß all das erhalten bleiben sollte – mit ihm an Ceauşescus Stelle. Mit uns im Rücken war Iliescu bereit zu handeln, und deshalb hatte Verdeţ wenig Erfolg. Es war der reine Wahnsinn. Kurzentschlossen sagte Iliescu, daß wir erst einmal Platz zum Arbeiten bräuchten, und so zogen wir uns in einen anderen Raum, eine Art Büro, zurück. Der junge Mann mit welligem Haar stand an der Tür Wache. Jeder wollte sich hereindrängen. Die Diskussion begann. Es waren alles ehemalige Kommunisten. Petre Roman war der einzige, der den Antrag stellte, daß alle Institutionen des ehemaligen Regimes ausrangiert werden müßten.

Iliescu kündigte an, daß er ein Kommuniqué herausgeben wolle, und machte sich auf die Suche nach einem ruhigen Ort, um es aufzusetzen. In diesem Augenblick, etwa um sieben Uhr abends, brach im Gang eine Schießerei aus, die Fenster gingen zu Bruch. Im ganzen Gebäude hatten sich Securitate-Leute unter uns gemischt, ohne daß wir es ahnten. Es stimmt, daß von außen niemand auf die Fassade des Zentralkomitees schoß. Die Leute fragen immer, warum nicht auf uns geschossen wurde, als wir auf dem Balkon standen. Auf der gegenüberliegenden Seite lag der Königliche Palast unter schwerem Beschuß. Was war eigentlich los? Aus Angst feuerten Soldaten ganze Magazine in einer einzigen

«Wir hatten uns durchgesetzt» 539

Salve leer. Auf den Gängen war es dunkel, es gab keinen Strom, niemand wußte, wer auf wen schoß. Ich sagte zu Iliescu: ‹Dies ist eine Mausefalle, wir müssen raus hier.› Mit einem Sprung hier, einer kurzen Deckung dort erreichten wir den Boulevard. Ich wollte jemand anrufen, der uns mit seinem Wagen abholen könnte, aber der junge Mann mit dem welligen Haar sagte, daß er Taxifahrer sei, also kletterten Iliescu und ich auf die Rückbank seines Wagens, um zum Verteidigungsministerium zurückzufahren. Roman, Brucan und die anderen folgten in einem anderen Wagen.

Im Verteidigungsministerium erkannte ich General Stanculescu und diskutierte mit ihm die Frage, ob Ceauşescu zum Tode verurteilt werden sollte. Verstehen Sie, jeder dort glaubte, daß ich ganz eng mit Iliescu befreundet wäre. ‹Die Situation bleibt gefährlich›, sagte ich, ‹solange Ceauşescus Aufenthaltsort unbekannt ist.› Stanculescu sagte: ‹Sie befinden sich bei Tîrgovişte in einer Kaserne. Ich habe sie in sicherem Gewahrsam.› Also erwiderte ich: ‹Lassen Sie sie sofort erschießen.› Er wählte eine Nummer und sprach verschlüsselt mit dem Oberst des dortigen Regiments. Dann wandte er sich wieder an mich: ‹Ich habe Anweisungen erteilt. Sobald Sie das Losungswort aussprechen, wird er getötet.› Er gab mir eine dreistellige Nummer, und ich nahm Verbindung mit diesem Oberst auf, um mich mit ihm abzusprechen: ‹Sobald ich Ihnen sage: Ergreifen Sie die Maßnahme, müssen Sie Ceauşescu erschießen lassen.›

Wir hatten kein großes Vertrauen in die Leute im Ministerium und ließen einen Revolutionär zurück, der sie im Auge behielt. Allerdings hatten wir ihnen auch einen ziemlichen Schrecken eingejagt, und sie hielten uns für besser organisiert, als wir waren. Unser Erfolg beruhte auf diesem Durcheinander. Also verließen wir das Ministerium, um zum Fernsehzentrum zurückzukehren. Iliescu ließ die Exkommunisten zurück und war jetzt von uns und von jungen Leuten umgeben, mit Ausnahme von Brucan und Mazilu, der immer noch sein Zehn-Punkte-Programm propagierte. Wir gaben ein radikales Kommuniqué heraus, daß die alten Institutionen nicht mehr bestünden, daß die Partei und das Zentralkomitee abgesetzt seien und die Macht sich ausschließlich in den Händen der Front der Nationalen Rettung befinde. Erst in dem Augenblick, als wir dieses Kommuniqué unterzeichneten, bekamen wir mit, wer all die anderen Mitunterzeichner eigentlich waren. Die ganze Mannschaft trat danach im Fernsehen auf. Wir waren uns gar nicht richtig im klaren darüber, daß unser Sieg auf die erfolgreiche Nutzung des Fernsehens zurückzuführen war. Verdeț tat nichts Vergleichbares.

Wir hetzten zwischen dem Fernsehzentrum und dem Verteidigungsministerium hin und her, allerdings nicht mehr zum ZK-Gebäude. Der junge Mann und ich blieben immer noch bei Iliescu. Ich sagte: ‹Es gibt keine andere Möglichkeit, wir müssen Ceaușescu umbringen.› Iliescu erwiderte: ‹Wir können kein neues Regime der Gleichheit und Demokratie mit einer Hinrichtung beginnen, die keine gesetzliche Grundlage hat, das wäre ein Verbrechen.› Ich wollte die alleinige Verantwortung übernehmen, zum Hörer greifen und den Befehl: ‹Ergreifen Sie die Maßnahme!› erteilen. Statt dessen stellte ich Iliescu auf die Probe. ‹Ja›, sagte ich, ‹Sie wollen Ihre Herrschaft nicht mit Blutvergießen beginnen.› ‹Was meinen Sie damit, meine Herrschaft?› fragte er. ‹Die anderen haben Angst, ihn sofort zu töten›, entgegnete ich, ‹aber es ist das einzig Richtige. Unbekannte schießen aus allen Richtungen auf uns, und die Armee erwidert das Feuer. Diese Leute waren geflohen, jetzt aber ist ihr Gegenangriff im Gange, um uns auszulöschen›, und ich erklärte Iliescu, daß ihn das Schicksal Allendes erwartete. Er bestand darauf, daß wir eine Art Nürnberger Prozeß führen müßten und alles andere ein Verbrechen wäre. Ich hatte keine solchen Skrupel. Ceaușescu hatte Bukarest in der Hoffnung verlassen, einen Rundfunksender zu erreichen. Unter Arrest in der Kaserne wiederholte er ständig, daß die Armee hinter ihm stünde und er beabsichtige, an die Nation zu appellieren. Am 24., als wir beinahe verloren hatten und die Gefahr bestand, daß das Fernsehzentrum eingenommen werden würde, konnte ich Iliescu schließlich davon überzeugen, daß es hieß: wir oder sie.

An jenem Morgen schlug jemand vor, ein außerordentliches Militärgericht mit einem abgekürzten Verfahren und sofortiger

Urteilsverkündung einzurichten. Unter der Bedingung, daß ein ordnungsgemäßer Urteilsspruch erfolgte, stimmten alle Ceauşescus Hinrichtung zu. Dann wurde ein entsprechendes kurzes Dekret verfaßt. Ich freute mich, daß sie sich meiner Meinung angeschlossen hatten. Jemand schlug dann vor, einen Emissär in unserem Namen zu entsenden, und alle drehten sich zu mir. Ich sagte: ‹Ich werde zusammen mit General Stanculescu gehen.› Wir bereiteten am folgenden Tag die technischen Einzelheiten vor und wählten den Ankläger und die Rechtsanwälte aus. Wir flogen mit einem Konvoi aus drei Hubschraubern mit gelben Markierungen los, um den Flugabwehrschützen zu signalisieren, daß sie nicht feuern sollten. In Tîrgovişte brachten wir diese Scheinverhandlung hinter uns. Was immer die Leute im Westen sagen mögen, formal war sie in Ordnung. Ich wollte alles in einer Viertelstunde durchziehen, aber die Verhandlung dauerte schließlich 55 Minuten.

Ceauşescu sprach weiterhin klar und zusammenhängend und beherrschte die Szene. Anders Elena, sie war jämmerlich, dumm, sie brachte nicht einmal einen richtigen Satz heraus. Während der Verhandlung liebkoste er sie ständig, aber ihre Reaktionen waren äußerst grob. Er hatte wenigstens Mumm, ich konnte ihn sogar bewundern; er war ein Tyrann, ein Mussolini, den man nicht einfach als bloßen Verrückten abschreiben konnte. Weil Stanculescu dabei war, glaubte er bis zum Ende, daß das Verfahren auf eine vorgespielte Schauverurteilung hinauslaufe. Erst als man ihre Hände fesselte, wurde ihnen richtig bewußt, daß sie sterben würden. Der diensthabende Offizier des Exekutionskommandos war im Verhandlungsraum und wartete auf die Anweisung, seine Männer aufzustellen und die Erschießung durchzuführen. Die Ceauşescus wurden die Treppe hinuntergeführt, und sobald sie in den Hof traten, konnten die Männer sich nicht mehr beherrschen und eröffneten das Feuer, und die Ceauşescus wurden von Kugeln durchlöchert. Der Film, den man später immer sah, ist ein Fiasko, weil der Kameramann überrascht wurde und nur die letzten paar Schüsse filmen konnte; inzwischen waren die Ceauşescus schon zu Boden gefallen. Das führte zu Spekulationen, daß der Film gefälscht worden sei, aber das ist lächerlich. Die Soldaten hatten einfach drauflos geschossen, weil sie es nicht mehr abwarten konnten. Am folgenden Tag, als ich auf die Straße trat, hatte das Geschützfeuer abgenommen, und mir wurde schließlich klar, daß wir an der Macht waren. Wäre Ceauşescu unter Hausarrest gestellt oder ins Gefängnis gesteckt worden wie Schiwkow oder Honecker, hätte die Revolution durchaus auch anders ausgehen können. Wir hatten uns durchgesetzt.»

32 Ein Mangel an politischem Willen

Ein Thrillerautor könnte sich bei General Leonid Schebarschin Anregungen für viele signifikante Details holen. Mit seiner Pfeife, dem Labradorhund, der Tweedjacke und seinem absolut fehlerfreien Englisch, ganz zu schweigen von seinem Farsi, das er als Chef der Residentur in Teheran gelernt hat, wirkt er eher wie ein britischer Regimentsoffizier und nicht wie der Meisterspion, der er war. Nachdem er sein Leben lang für den KGB gearbeitet hatte, wurde er im Februar 1989 zum Leiter von dessen Erster Hauptverwaltung ernannt, eine Position, in der er bis zum September 1991 aushielt. Er war dafür zuständig, daß Gorbatschow Informationen aus den Sowjetrepubliken und dem Ausland bekam. Nach dem August-Putsch mußte er einem aufgebrachten Gorbatschow über seinen eigenen Vorgesetzten Krjutschkow Bericht erstatten, der inzwischen als einer der Putschisten im Gefängnis saß. Schebarschin übernahm für 24 Stunden Krjutschkows Posten. Als er dann durch Wadim Bakatin ersetzt wurde, kündigte er.

Der Apparat zur Beschaffung von Informationen war wirklich gewaltig. «Wir sahen unser Land mit den Augen eines Fremden. Wir hatten unsere Quellen und Informanten im Ausland, von wo aus sie über Vorhaben und Personen berichteten. Zu den zusätzlichen Quellen gehörte der Sowjetische Militärgeheimdienst, bekannt als GRU, und die Akademie der Wissenschaften und die Institute, deren Angehörige Spezialberichte verfaßten. Sämtliche Journalisten der sowjetischen Presse wurden von der Partei kontrolliert. Durch die Internationale Abteilung des Zentralkomitees erhielten wir Rückmeldungen von all unseren kommunistischen Freunden im Ausland, die dann an Gorbatschow gingen. Mit großer Aufmerksamkeit und weit mehr Erfahrung als Gorbatschow beobachteten unsere kommunistischen Freunde die Entwicklungen sehr gewissenhaft. Gegen Ende meiner Karriere versuchte ich, zu den Leuten, die Bescheid wußten, Kontakt zu halten, und ich las Berichte aus der ganzen Welt von sehr kompetenten Leuten. Ich muß sagen, daß keiner von ihnen in der Lage war, vorauszusehen, wie sich die Dinge entwickeln würden, doch insgesamt war das Bild nicht sehr positiv. Es lag eine Vorahnung in der Luft, daß sich die Situation so entwickeln würde, wie es dann auch geschah, falls kein Gegenmittel gefunden würde – ich wußte allerdings nicht, was für ein Gegenmittel.»

So einflußreich der KGB auch sein mochte, er war, behauptet Schebarschin, doch immer nur der verlängerte Arm der Partei. So wie die Rolle des KGB überschätzt wird, so wurde der militärisch-industrielle Komplex unterbewertet. «Wenn ein KGB-Mann Mitglied des Politbüros wurde, erhöhte sich sein Rang dort entsprechend seiner Position im KGB. Das ist etwas, das man nicht in Worte fassen kann.» Obwohl er selbst nicht in den repressiven Verwaltungen des KGB arbeitete, sagt er unverblümt, daß «das Element der Furcht nie verschwand. In meinem Land kann jedes Jahr das Jahr 1937 sein. Demokratie ist nicht irreversibel. Autorität wird nicht respektiert, sondern gefürchtet, und der Zweck der Autorität liegt darin, die Gesellschaft unter Kontrolle zu halten.»

1985 stagnierte das Land, und Reformen waren notwendig. Ökonomische, soziale und politische Reformen. Das Bildungswesen verlangte nach einer völligen Umstrukturierung. Das Land konnte nicht mit dem Westen konkurrieren. Seit 1917 hatte sich die Einstellung entwickelt, der menschliche Wille könne der Natur und der Geschichte jede angemessene Form geben. «Ich fürchte, ich bin ein schlechter Marx-Schüler», sagt Schebarschin sehr gewinnend. Absoluter Glaube an die Überlegenheit des menschlichen Willens ist etwas, das in seinen Augen sowjetische und amerikanische Ansichten verbindet.

In einer Pawlowschen Reaktion kann er – nach 30 Jahren im Spionagedienst – nicht dem Drang widerstehen, auf den westlichen Feind loszugehen. «Es gibt viele Dinge, die ich an Amerika und Europa nicht mag. Es bestätigt meinen Verdacht, wenn ich Amerikaner sagen höre, daß die Sowjetunion ohne ihre Anstrengungen immer noch eine Supermacht wäre. Ich weiß mit Sicherheit, daß sie alles taten, was in ihrer Macht stand, um die Sowjetunion ökonomisch und politisch zu zerstören. Sie waren sich sehr wohl der Tatsache bewußt, daß Destabilisierung zu mehr Blutvergießen führen würde. Sie sind keine Kannibalen, sondern rational denkende Geschäftsleute, die taten, was in ihrem nationalen Interesse lag.» Da Krieg im Zeitalter der Atomwaffen niemals eine realistische Option war, wählte der Westen als Arena für den Konkurrenzkampf geschickt den Handel, einen Bereich, in dem seine Überlegenheit feststand.

Welcher Faktor war ausschlaggebender für den Zusammenbruch, die Unzulänglichkeiten des Systems oder die antisowjetische Politik des Westens?

Schebarschin schiebt alle differenzierteren Meinungen zur Seite und ist mit der Schuldzuweisung ebensoschnell bei der Hand wie mit der Analyse. «1985 war die Partei allmächtig. In ihren Händen konzentrierte sich die gesamte Macht, es gab keine Rivalen, keine Konkurrenz. Die Dissidenten, nur vom Westen unterstützt, waren überhaupt kein Thema. In der Sowjetunion gab es keine leichten Aufgaben, man konnte die Kultur eines so riesigen Landes nicht über Nacht verändern.» Er spricht Sacharow und Solschenizyn seine Anerkennung aus. «Es hätte eine Zeitlang möglich sein müssen, den Totalitarismus unter sorgfältiger Abwägung der Wege und Mittel über Bord zu werfen. Ich glaube nicht, daß Gorbatschow dachte, seine Reformen würden den Kommunismus zerstören. Ich akzeptiere es, daß er versuchte, ihn wiederzubeleben.»

Zu der Zeit, als Schebarschin die Erste Hauptverwaltung übernahm, «konnte jeder sehen, daß die Dinge nicht in die richtige Richtung liefen. Ich verwaltete sozusagen den Zerfall des Imperiums.» Sein ruhiger Tonfall wird plötzlich eisig, sarkastisch und ärgerlich. Gorbatschow befaßte sich nicht näher mit den lebenswichtigen Informationen, die er vom KGB erhielt, und er zog keine Schlußfolgerungen daraus. So ist selbst die beste Information nur von begrenztem Nutzen. «Ich denke nicht, daß er sich einen Überblick verschaffte oder daß er sich viele Gedanken darüber machte. Er war ein Parteimensch, ein Funktionär. Seine Ausbildung hatte Lücken. Er pflegte damit zu prahlen, daß er zwei akademische Grade besaß, in Jura und in Landwirtschaft. Er hätte vielleicht einen sehr effizienten Landwirtschaftsminister abgegeben. Und es mag sein, daß er nicht die Wahrheit sagte, was man von einem Politiker wie ihm auch nicht erwartet hätte. Er war ein Meister der Ausflüchte. Es zeigte sich, daß er und Jakowlew und eine ganze Reihe von ihnen nicht das waren, was sie zu sein vorgaben.»

Der Nationalismus war die Gefahr des Jahres 1989, und Schebarschin warnte Gorbatschow davor. Seit 1945 hätten die Emigrantenorganisationen und die CIA dessen zerstörende Kraft geschürt. «Die Bildung von Volksfronten in allen Republiken war definitiv kein Zufall. Der KGB versuchte herauszufinden, ob es irgendwelche Drahtzieher gab.» Er begann, die Technik des KGB zu beschreiben, Scheinorganisationen zum Zweck der Kontrolle aufzubauen. So hätten auch die Volksfronten funktionieren sollen. Doch dann wechselte er unvermittelt das Thema. «Ich dachte, das Blutvergießen würde in Georgien beginnen, doch vorher kamen Karabach, Aserbaidschan und Tadschikistan. Einige Mitglieder der Volksfronten erhielten die Pöstchen und Jobs, die sie haben wollten, aber man kann so unmöglich ganze Gruppen gebildeter Menschen zufriedenstellen. Unsere Gesellschaft war nie glücklich, es gab Mängel in der Sowjetunion, und der Nationalismus war ein natürliches Sprachrohr der Unzufriedenen.»

Wurden Sie von Ihren kommunistischen Freunden im Block gewarnt, daß eine Reform auch zu Ihrem Sturz führen würde?

«Definitiv. Überall in Osteuropa.»

Was erwiderten Sie?

«Wir reagierten mit scheinheiligen offiziellen Stellungnahmen, die wir auf Gorbatschows Situation und die Parteiverlautbarungen ausrichteten. Schiwkow, Honecker, Husák, Ceauşescu, sie alle waren entschlossen, Mittel und Wege zu finden, damit Gorbatschow den Tatsachen ins Auge sah: Sie fühlten, daß sich etwas Schreckliches anbahnte. Dieses Bild der Perestrojka mit ihren allgemeinen menschlichen Werten beeinflußte die öffentliche Meinung. Jeder vernünftige Mensch, der eine Regierung über Werte reden hört, die für die ganze Menschheit gelten sollen, muß den Schluß ziehen, daß diese Regierung entweder die ganze Menschheit hinters Licht führen will oder aus absoluten Idioten besteht.»

Schebarschin war ein Mann der Praxis, reiste durch den Ostblock, um mit seinen Kontaktleuten zu reden und die Entwicklungen im gesamten Imperium zu beobachten, und erstattete dann Gorbatschow darüber Bericht. So leitete er im April 1989 die Reise einer Delegation der Ersten Hauptverwaltung des KGB nach Ostdeutschland. Dort waren Erich Mielke und andere Kollegen seine Gesprächspartner. Im Januar 1990 fuhr er in die baltischen Republiken. «Ich wurde von Krjutschkow dorthin geschickt, der die Eindrücke eines unbefangenen Beobachters hören wollte. Was ich sah, erschreckte mich. Nach meiner Rückkehr sagte ich Gorbatschow voraus, daß diese Liberalen wild entschlossen seien, sich von der Sowjetunion zu trennen, und daß die russische Bevölkerung dort harten Zeiten entgegensehe. Der KGB hätte immer noch politische Maßnahmen einleiten können, doch mein Vorschlag, dies zu tun, wurde nicht beachtet. Ich bin überzeugt, daß jene, die im Januar 1991 zu militärischen Mitteln griffen, Gorbatschows Zustimmung hatten. Es gibt da eine unter der Hand verbreitete Geschichte, die ich aber nicht ganz glauben kann, daß Gorbatschow zu jener Zeit Marschall Jasow anrief, um zu fragen, was da vor sich gehe. Der arme alte Marschall ließ den Hörer fallen. Das war Gorbatschows Stil.»

Warum gaben die Sowjets Osteuropa auf, ohne im Gegenzug etwas zu bekommen?

«Das ist ganz einfach. Sie müssen die Außenpolitik im Kontext der innenpolitischen Situation Gorbatschows sehen. Die Grundfesten des Landes waren erschüttert, die Wirtschaft sackte ab, die Partei hatte an Autorität verloren. Wie sollte man da bestimmt auftreten und Entschlossenheit demonstrieren? Um sich selbst zu retten, gaben Gorbatschow und seine Mitarbeiter ihre Unabhängigkeit in internationalen Angelegenheiten auf. Ob es um die Abrüstung ging oder um Osteuropa, sie versuchten nicht, irgendeine Position zu halten, und verschleuderten das Imperium, um die westlichen Partner zu beschwichtigen. Es war sehr einfach, populär zu sein. Doch eine Politik des Kompromisses muß aus einer Position der Stärke heraus entstehen, nicht aus einer der Schwäche. Es gab keine wirkliche Entscheidung über dieses Vorgehen, nur eine Eskalation der Unentschlossenheit. Noch im Jahre 1989 diskutierten sie ernsthaft die Grenzen und die Realitäten der Nachkriegszeit, und sie argumentierten, daß Deutschland im Falle der Wiedervereinigung aus der NATO austreten müßte. Das zeigt, wie das ganze zusammenbrach. Sie gaben vor, die Ereignisse zu kontrollieren, während sie ihnen in Wahrheit nur hinterherliefen.»

Niemand in der Parteispitze, behauptet er, trat für Gewalt ein. Aus praktischen Gründen. Gewalt hatte sich in Ungarn und der Tschechoslowakei als erfolgreich erwiesen, doch ihre Anwendung mußte zyklisch erfolgen, jedesmal ein kurzer Einsatz, um etwas zu unterbinden, was ansonsten als Normalität durchgegangen wäre. Die Invasion in Afghanistan und die Verhängung des Kriegsrechts in Polen führte zu anhaltender Gewaltausübung. Das hatte für uns international schädliche Folgen. Ein anderer Generalsekretär hätte vielleicht die sowjetischen Truppen in der DDR eingesetzt, aber Gorbatschow konnte das nicht, weil es gegen all seine Prinzipien verstoßen hätte.

Es ist glaubhaft, daß Schebarschin und seine Hauptverwaltung Gorbatschow mit den erforderlichen Informationen versorgten, damit er seine Entscheidungen im nationalen Interesse fällte. In der Tradition des KGB wäre Gewaltanwendung akzeptabel gewesen, so lange sie «politisch» – das heißt verdeckt – erfolgt wäre, und nicht so eklatant, daß sie überlegene Gegengewalt herausforderte. «Der entscheidende Faktor», schließt er, «war der Mangel an politischem Willen im Zentrum.»

33 Die führende Rolle

Nachdem die Satellitenstaaten dahingeschmolzen waren wie Schnee in der Sonne, sah sich die sowjetische Führung vor eine grundlegende und sogar existentielle Frage gestellt: Wozu gab es eine absolut zentralisierte Macht, wenn sie nicht den Parteistaat verteidigte? Nachdem sich der äußere Ring der Satellitenstaaten nun der zentralen Kontrolle unwiderruflich entzogen hatte, drängelten sich auch die Staaten des inneren Rings ungeordnet zum Ausgang.

Für die Generalsekretäre war es ein Dogma, daß ihr Wille absoluten Vorrang hatte. Gorbatschow war bereit, den «Mittelweg» zu gehen. Das ermutigte seine Opponenten, noch weiter zu gehen. In der nächsten Stufe dieser politischen Eskalation entwikkelte er, wenn ihm ein Komitee oder Plenum Steine in den Weg legen wollte oder er dort Widerstand spürte, instinktiv eine parallele oder alternative Institution und ernannte Jasager, die seine Politik legitimierten und seinem Willen nichts entgegensetzten. Der politische Prozeß wurde beeinträchtigt, als diese kontradiktorischen Institutionen untereinander Machtkämpfe ausfochten. Gorbatschow ließ sich immer neue «kindliche Listen» einfallen, in dem Glauben, daß eine wohlwollende Zentralmacht und eine intakte Sowjetunion miteinander vereinbar seien. Bis zum Ende glaubte er, die Ideologie des Kommunismus sei unabhängig von dem Zwangsapparat, ohne den diese Ideologie nur eine unter vielen Gesellschaftstheorien gewesen wäre. Die Einführung rechtsstaatlicher Strukturen führte zum Bankrott des Kommunismus; Gesetzlosigkeit führte zum Bankrott Gorbatschows und seiner Politik. Das war ein Dilemma, das weder einen «Mittelweg» noch irgendwelche «kindlichen Listen» zuließ. Totalitäre und reformerische Konzepte, die sich gegenseitig ausschlossen, verschmolzen zu einem einzigen Chaos.

1990 manifestierten sich die Reformen fast ausschließlich in wirtschaftlichem Niedergang und Autoritätsverlust. Anfangs ging Gorbatschow die Dinge energisch an. Zuerst kam im Februar die Aufhebung von Artikel sechs der Verfassung, der die «führende Rolle» der Partei garantierte. Innerhalb der sowjetischen Elite waren viele der Überzeugung, daß Gorbatschow, der solche Maßnahmen in den Satellitenstaaten ermutigt habe, sie zu Hause kaum ablehnen könne. Anatolij Sobtschak zum Beispiel, der Bürgermeister der Stadt, die bald wieder ihren ursprünglichen Namen St. Petersburg tragen sollte, wertete dies als «das radikalste Ereignis in der Geschichte unseres Landes seit dem Oktober 1917». Gorbatschow umging das Politbüro und das ZK, indem er mit dem «Präsidialrat» eine Alternative zum Politbüro schuf und 353 der 412 ZK-Mitglieder absetzte, darunter auch Ligatschow, dessen Karriere nun, zu Gorbatschows großer Erleichterung, beendet war. Ganze Abteilungen des Zentralkomitees wurden abgeschafft und die Hälfte der ständigen Mitarbeiter gefeuert. Der Ministerrat wurde zum Kabinett umbenannt. Gorbatschow war bis dahin Vorsitzender des Obersten Sowjets, also auch Herr der Tagesordnung, und so gelang es ihm, sich ohne Gegenstimmen in das neue Amt des Präsidenten der Sowjetunion wählen zu lassen. Das Amt des Vizepräsidenten schob er Gennadij Janajew zu.

Zusammengenommen schienen diese Veränderungen ein ganz anderes Land zu schaffen, modern und zivilisiert, mit einem Präsidenten und einem Parlament, mit Wettbewerb und Repräsentation. Die Wirklichkeit sah anders aus. Gorbatschow, der auch die Position des Generalsekretärs beibehielt, nutzte das Präsidentenamt, um noch mehr legislative und exekutive Macht anzuhäufen. Die Maschinerie des Parteistaates war weiterhin ganz in seiner Hand. Die Partei behielt ihre Organisationen in der Armee und im KGB, die sogar noch mächtiger wurden. Dank der Macht der Gewohnheit und dem Fehlen einer demokratischen Alternative konnte die Partei auch ohne Artikel sechs sehr gut überleben und sogar aufblühen. Die verordnete Demokratie war leichter zu rechtfertigen als ein Parteimonopol. «Wenn wir wollen, daß die Dinge so bleiben, wie sie sind, dann muß sich alles ändern», sagt eine Figur in Tomasi di Lampedusas Roman *Der Leopard*, die an dieser Stelle für Gorbatschow hätte sprechen können.

Wie Honecker oder Ceauşescu präsidierte auch Gorbatschow über einen letzten Parteikongreß, und zwar im Juli. Die Mehrheit der 5000 Delegierten war über die Erschütterung des alten Systems erbost. Wenn nicht sie selbst den Status und die Privilegien der Nomenklatura verloren hatten, dann zumindest Kollegen mit ähnlicher Funktion. In ihren Augen waren Gewaltenteilung und Marktwirtschaft Zugeständnisse an den kapitalistischen Feind. Auf diesem Parteikongreß erklärten die Hardliner deutlich ihre Entschlossenheit, die Perestrojka und all ihre Auswirkungen rückgängig zu machen. Als wolle er ihre schlimmsten Befürchtungen bestätigen, verließ Gorbatschow den Kongreß, um Kohl zu begrüßen und mit ihm in den Kaukasus zu fliegen, wo sie ihre Abkommen über die DDR unter vier Augen zum Abschluß brachten.

Diejenigen, die sich gegen Gorbatschow stellten, weil er zu schnell reformierte, standen jenen gegenüber, die ihn zu einem noch schnelleren Vorgehen drängten. Als Anführer dieser Gruppe mobilisierte Jelzin das sogenannte Demokratische Rußland, eine schwache und lose Koalition von Oppositionellen, Sacharow-Anhängern, unzufriedenen Intellektuellen, jungen Leuten – die Koalition der Machtlosen. Sie betrieben eine Politik der Gesten, der Volksreden und Demonstrationen. Also mußte Gorbatschow das Zentrum sowohl gegen die Betonköpfe als auch gegen Jelzin und seine Anhänger verteidigen. Es war vor allem ein Machtkampf, in dem die Frage der Reform eher zufällig das Angriffsinstrument darstellte. Ein Wirrwarr von technischen Details und scheinbarer Paragraphenreiterei, von Streitpunkten und langweiliger Politisiererei verschleierten das Drama des sich anbahnenden Machtkampfes.

In den alten Tagen wäre eine Rivalität zwischen zwei ehrgeizigen Führern im Kreml durch ein Komplott beendet worden, das in einen Schauprozeß und eine Erschießung gemündet hätte. Die

Öffentlichkeit hätte erst im nachhinein von der ganzen Angelegenheit erfahren. Theoretisch hätte Gorbatschow immer noch in der Lage sein müssen, sich gegen weit größere Herausforderungen durchzusetzen. Aber durch die Perestrojka waren ihm die Hände gebunden, da er verpflichtet war, eine Fernsehübertragung der Vorgänge auf dem Parteikongreß zu gestatten. Millionen von Menschen sahen zum erstenmal, wie die Parteiführer durch Zwischenrufe störten oder gestört wurden. Indem Gorbatschow die Partei geschwächt und umgangen hatte, hatte er offensichtlich seine natürliche Machtbasis untergraben. Aber der Anlaß, der den Machtkampf schließlich zum Vorschein brachte und alles andere dominieren ließ, kam aus heiterem Himmel.

Die Unterscheidung zwischen «sowjetisch» und «russisch» war aus herrschaftstechnischen Gründen verwischt worden. Die einzelnen Völker der Union sollten das Gefühl haben, befreit worden zu sein und sich an der gemeinsamen sowjetischen Sache zu beteiligen, anstatt sich der russischen Eroberung beugen zu müssen. Um die Illusion zu nähren, daß der russische Nationalismus sich vor langer Zeit in sowjetischen Idealismus gewandelt hätte, hatte Rußland – oder besser die russische Föderation, die aus vielen Völkern und ethnischen Gruppen bestand – als einzige Republik keine Kommunistische Partei. Nun mußte die Umwandlung des alten Jasager-Sowjets in das Zweiergespann von Volksdeputiertenkongreß und Oberstem Sowjet auf der Regierungsebene der Republiken nachvollzogen werden. Die Wahl für die angeblich sekundäre Regierungsebene der Republiken fand im März statt. Weder Gorbatschow noch irgend jemand sonst erwartete, daß Rußland durch eine solche Wahl wieder aus dem gespenstischen sowjetischen Gefängnis befreit würde, in dem es so lange eingesperrt gewesen war.

Jelzin hatte sich für die Beibehaltung des Artikels sechs ausgesprochen, ein Schritt, der nicht zu der Demokratisierung paßte, für die er seiner Behauptung nach eintrat. Gorbatschow brauchte sich nur gegen die baltischen Republiken zu stellen, um Jelzin dazu zu bringen, seine Solidarität mit ihnen zu bekunden. Um Jelzins Feldzug von vornherein die Spitze zu nehmen, befürwortete

Gorbatschow im letzten Moment eine russische Kommunistische Partei. Deren Führer Iwan Poloskow kandidierte gegen Jelzin für die russische Präsidentschaft. Sein Sieg hätte Gorbatschow wohl retten können – zumindest vorläufig. Doch innerhalb weniger Wochen gelang es Jelzin unter hohem politischen Einsatz, eine erste Wahl zum Abgeordneten des russischen Kongresses souverän zu gewinnen und dann in einer zweiten, hartumkämpften Wahl unter den neuen Abgeordneten das Amt des Präsidenten zu erringen. Nach seinem Amtsantritt hatte er selbst das Recht, Ämter zu verteilen, und ernannte Iwan Silajew zum russischen Premierminister und Ruslan Chasbulatow zum Parlamentsvorsitzenden.

Es gab nun zwei Präsidenten in einem Land und sogar in einer Hauptstadt, zwei Parlamente, zwei Regierungen. Am 12. Juni nutzte Jelzin seinen russischen Kongreß, um eine Souveränitätserklärung zu verabschieden. Das russische Gesetz sollte nun Vorrang vor dem sowjetischen haben. Ein weiterer Schritt war die Zurückstellung von zwei Dritteln der Zahlungen, die Rußland für den zentralen sowjetischen Haushalt leisten sollte. Als Gorbatschow den Schatalin-Plan, der einen sofortigen Wechsel zur freien Marktwirtschaft vorsah, für die Sowjetunion ablehnte, übernahm Jelzin ihn für Rußland, obwohl er von der freien Marktwirtschaft kaum eine Ahnung hatte. Der «Krieg der Gesetze», dieser ganze unheilvolle Kampf, wirkte wie der Auftakt zu einer Wiederholung des Jahres 1917 und des Bürgerkrieges.

Die baltischen Staaten hatten einen Präzedenzfall geschaffen: Sie leugneten, daß sie eine legitime sowjetische Identität hätten. In Rußland lebte die Hälfte der sowjetischen Bevölkerung, und es besaß einen noch weitaus größeren Anteil der natürlichen Ressourcen. Indem Jelzin die russische Identität auf Kosten der Sowjetunion aufbaute, trennte er Staat und Partei mit einer Macht, die einem Landsbergis oder einem Savisaar in ihren kleinen Republiken nicht zur Verfügung stand. Auf dem Kongreß im Juli vollzog er den nächsten Schritt, den diese Logik diktierte, und trat aus der Partei aus. «Die Atmosphäre war extrem gespannt», wie er sich später in seinen Memoiren erinnerte, «und zwei Drittel der 5000 Menschen in dem Saal standen mir ablehnend gegenüber, doch ich ging nicht auf die Buhrufe ein, da inzwischen alles sehr ernst war. Ich hielt meine Rede, nachdem ich vorher alles genau erwogen hatte. Aber als ich von dem Podium herunterkam, spürte ich, wie mir die Augen der Menschen im Saal folgten: Würde ich zu meinem Sitz zurückgehen, oder würde ich den Saal verlassen? Ich verließ den Saal, und ich denke, daß damit alles entschieden war.» Und das in mehrfacher Hinsicht. Anders ausgedrückt: Die Einsätze waren so hoch geworden, daß sowohl Jelzin als auch Gorbatschow bereit waren, die Sowjetunion, Rußland, die Partei, den Nationalismus und den Kommunismus, die Demokratie, die freie Marktwirtschaft, den Kalten Krieg und alles andere neu zu ordnen, um ihre ehrgeizigen Ziele zu erreichen.

Dieter Knötzsch, ein deutscher Lehrer, der in Moskau lebte, notierte am 13. Oktober 1990 in seinem Tagebuch, Versorgungsengpässe bei Lebensmitteln und bedrohliche Gerüchte führten zu Ungeduld, Angst und Aggression. «In dem Lebensmittelgeschäft am Vernadskogo stehen an die hundert Menschen, Tische und Regale sind leer. Sie warten, es soll etwas geben. Da öffnet sich eine Luke, und verpackte Würstchen werden in eine Truhe geschüttet. Bei diesem Anblick halten Geduld und Disziplin der Menschen nicht durch, sie stürzen sich auf die Würstchen, raffen und greifen, was sie tragen können. ... Die Stärksten gewinnen in diesem Kampf der Leiber und Ellenbogen, der rücksichtslos geführt wird, aber noch nicht brutal. Die Menschen, die Arme voller Würstchen, reihen sich dann auch in eine neue Schlange vor der Kasse ein, um zu bezahlen. Das Gefühl, daß das nicht so bleiben muß, drängt sich auf.»

Ähnlich wie der Kampf um die Würstchen spielte sich auch der politische Kampf ab. Es gab keine Institution oder anerkannte Struktur, die einen akzeptablen Kompromiß hätte vermitteln können. Mindestens zweimal führten Gorbatschow und Jelzin in der zweiten Hälfte des Jahres unter vier Augen lange Gespräche im Kreml, in denen jeder die Absichten des anderen zu erkunden suchte, ihn in die Irre führen wollte, auf Zeit spielte, die Chancen erwog, Anhänger zu mobilisieren und Gegner zu neutralisieren.

Beide setzten die gleichen offensiven und defensiven Strategien ein, um die Macht in die gewünschte Richtung zu verlagern.

Die Brillanz, mit der Jelzin erkannt hatte, daß eine Wiederbelebung der russischen Identität ihm die Chance zu einem offenen und populären Flügelkampf bot, wurde durch das Mißtrauen gegenüber seinen Motiven und seinem Charakter getrübt. Konnte ein Mann mit einer solchen Karriere in der Kommandoadministration überzeugen, wenn er die Partei durch seinen Austritt spaltete und sich zum Demokraten erklärte? Hatte er nicht einfach einen politischen Freiraum besetzt? Während Jelzin und die gegnerischen Hardliner Anhänger um sich scharten, gründete Gorbatschow seine Demokratische Plattform, ein Versuch, in letzter Minute jene zu stärken, die einen reformierten Kommunismus für eine praktikable Möglichkeit hielten. Während des Eröffnungskongresses im Mai verkündete einer der Gründer, Wjatscheslaw Schostakowskij, eine uralte Parole: «Wir müssen eine Partei neuen Typs schaffen.»

Schostakowskij war Rektor der Moskauer Parteihochschule, an der die ideologische Linie ausgearbeitet und gelehrt wurde. Er ist auch heute noch Gorbatschows Redenschreiber. «Stalin sagte immer, daß die Mitarbeiter entscheidend sind», und das sei auch Gorbatschows Meinung. «Perestrojka sollte keineswegs den militärisch-industriellen Komplex verkleinern oder die Militarisierung unserer Wirtschaft beeinträchtigen. Seine Thesen zur Demokratisierung waren nur eine leichte Variation orthodoxer kommunistischer Auffassungen. Neu daran war nur die Zulassung von Wahlmöglichkeiten bei der Auswahl von Parteisekretären und Direktoren von Industrieunternehmen. Nachdem er zu dem Schluß gekommen war, daß die alten Methoden nicht effektiv waren, mußte er andere Druckmittel zur Einflußnahme nutzen. An diesem Punkt gerieten die Hardliner in Panik. Es war klar, daß sie Gorbatschows Entscheidungen, die er auf der Parteikonferenz und den Parteikongressen verkündete, nicht ausführen würden.»

Er gibt eine aufschlußreiche Schilderung einer Versammlung der Moskauer Stadtpartei, auf der die Delegierten für die Parteikonferenz gewählt werden sollten. Gorbatschow war anwesend.

Die Leute im Saal waren der Meinung, daß die Namen der vorgeschlagenen Delegierten bekannt seien und keine Diskussion erforderten. Gorbatschow war dagegen. «Sajkow als Vorsitzender der Moskauer Stadtpartei sagte: ‹Gehen wir sie in alphabetischer Reihenfolge durch.› Genosse Abalkin, der als ikonoklastischer Ökonom bekannt war, stand auf und wurde ins Kreuzverhör genommen. Der nächste, Jurij Afanasjew, ein noch größerer Ikonoklast, wurde sogar noch strenger hinsichtlich seiner Einstellung zu Gorbatschow befragt. Der dritte war jemand mit dem Anfangsbuchstaben B, und dann meinte Sajkow: ‹Das ist genug, lassen Sie uns abstimmen.› Die gesamte Liste wurde ohne Gegenstimmen angenommen.»

Obwohl die Partei und der Volksdeputiertenkongreß sich scheinbar gegenseitig blockierten, war dies nur der Ausdruck eines weit umfassenderen Fraktionskampfes. «Auch nachdem Artikel sechs abgeschafft worden war, regierte immer noch das ZK. Kurz vor Beginn des ersten Kongresses der russischen Volksdelegierten gab es eine Konferenz des sowjetischen Zentralkomitees, zu der alle russischen Delegierten, die auch Parteimitglieder waren, eingeladen wurden. Der erste Diskussionspunkt war, wie man verhindern könnte, daß Jelzin zum russischen Präsidenten gewählt würde.» Schostakowskij gehört zu jenen, die denken, daß auch die Abschaffung von Artikel sechs ein Teil des Fraktionskampfes war. Außerdem «war es ungefähr vier Monate zu spät, was die politische Stimmung in der Gesellschaft betraf. Gorbatschow und das Zentralkomitee versuchten, mit den Entwicklungen Schritt zu halten, zu der etwa die Wahl Jelzins und die Formierung einer neuen Union gehörten.»

Zu der Zerstörung der Partei trug auch eine Art Doppeldenk bei, um mit George Orwell zu sprechen. Schostakowskij schildert dies sehr anschaulich. Er hielt drei Wochen vor Jelzins Wahl zum Abgeordneten des sowjetischen Kongresses eine Rede in einer Plenarsitzung der Moskauer Stadtpartei. «Im nichtöffentlichen Teil dieser Sitzung sagten die Anwesenden, daß wir alle Kommunisten dazu aufrufen sollten, gegen Jelzin zu stimmen, und daß dies ein Prüfstein für die Stärke der Kommunisten sei.

Der Vorschlag kam jedoch von Leuten, die tief im Innersten schon ganz genau wußten, daß es unmöglich war, eine solche Entscheidung durchzusetzen, und daß nur Jelzin davon profitieren würde, da diejenigen, die man unter Druck setzte, gegen ihn zu stimmen, für ihn stimmen würden. Alle versprachen ihre volle Unterstützung für etwas, von dem sie eigentlich wußten, daß es niemals geschehen würde. In meiner Rede sagte ich, daß der Partei 100 Sitze zustünden, für die sie 100 Kandidaten präsentiere, eine offensichtliche Vorabsprache, die man ihr negativ auslegen werde. Der Vorsitzende brüllte, daß es ja schon weit gekommen sei, wenn der Rektor der Moskauer Parteihochschule nicht verstünde, warum dies so sein müsse.»

Für Schostakowskij ist all dies eine Geschichte der verschenkten Gelegenheiten: Wenn man doch nur denjenigen, die für das Blutvergießen in den Republiken verantwortlich waren, den Prozeß gemacht hätte; wenn man doch Artikel sechs schon 1989 aufgehoben hätte; wenn man doch die Armee und den KGB entpolitisiert hätte; wenn Gorbatschow doch als Generalsekretär zurückgetreten wäre, nachdem er Präsident geworden war; wenn es doch eine zivilisierte Spaltung der Partei in Hardliner und Demokratische Plattform gegeben hätte; wenn doch diese Demokratische Plattform nur in der Lage gewesen wäre, eine Brücke zu Jelzin zu schlagen.

Innenminister Wadim Bakatin war ein weiteres wichtiges Mitglied der Demokratischen Plattform. Nach dem August-Putsch wurde ihm die Aufgabe übertragen, den KGB zur Verantwortung zu ziehen, und in seinen Memoiren beschreibt er, daß sich dies als unmöglich erwies. Er hat ein irgendwie amerikanisch wirkendes, selbstsicheres und athletisches Auftreten. «Ich behaupte nicht, ein Prophet oder ein Genie zu sein. Das einzige, worauf ich stolz bin, ist, daß ich früher als Gorbatschow erkannte, daß wir Artikel sechs abschaffen und die föderative Union durch eine lockerere Bindung ersetzen sollten. Wenn wir ein für allemal das Privateigentum anerkannt hätten, wäre etwas ganz anderes dabei herausgekommen. Es kostete mich jedoch zwei bis drei Jahre, dies zu erkennen. Wie jeder andere sagte ich, daß alles über die Partei und von der Partei allein abgewickelt werden müsse. Gorbatschow hat die Beziehung zwischen Privateigentum, Freiheit und dem Wohlstand des Staates nie verstanden.

Wenn Sie Gorbatschows Entwicklung analysieren, sehen Sie, daß er nicht die leiseste Ahnung hatte, wohin die Perestrojka führen würde. Seiner Meinung nach konnte eine gestärkte Partei richtig mit der Wirtschaft umgehen. Er verkündete fast täglich sein Credo, daß der Sozialismus die richtige Option sei. Sie führte ins Chaos. Erst als er von den Ereignissen überrollt wurde, beschloß er, ein Mehrparteiensystem zu schaffen.» Zentralistische Planung bedeutete die unablässige Verkündung von Erlassen und Befehlen, deren Umsetzung in die Praxis von der subjektiven Reaktion der Parteifunktionäre abhing. «Die Rolle des Generalsekretärs war an Artikel sechs gebunden. Gorbatschow wollte das durch das Amt des Präsidenten kompensieren, mit einem Präsidialrat, der seine Arbeit ohne Büros oder Mitarbeiter begann. Die Vorgehensweise war unberechenbar. Das Politbüro hatte Regeln, der Präsidialrat nicht. Der Präsidialrat sollte als Überleitungsmechanismus fungieren, mit dessen Hilfe eine Präsidentschaft den rechtlichen und politischen Prozeß des kommunistischen Systems übernehmen konnte.

Ohne das Beharren auf Einheit hätte es überhaupt keine Partei gegeben, doch ich erlebte persönlich, wie trügerisch die Einheit war. Während unserer Vorbereitung für den Kongreß schlug ich 1990 vor, die Einheitspartei zugunsten einer Union der Republiksparteien abzuschaffen. Dies bedeutete, beispielsweise die Unabhängigkeit der georgischen Partei oder der litauischen Partei unter Brasauskas anzuerkennen. Schließlich spalteten sich alle Parteien ab – ein direktes Resultat der Politik des Zentrums. Der Versuch, die Einheit zu bewahren, verursachte die Aufspaltung. Es war unmöglich, die Union gewaltsam zusammenzuhalten. Je mehr Gewalt wir eingesetzt hätten, desto schneller wäre sie auseinandergebrochen. Es stimmt, der gesamte Ostblock beruhte auf Gewalt. Wenn Gewalt eingesetzt worden wäre, hätte sich das alles etwas länger hinziehen können, aber das Ende wäre um so zerstörerischer gewesen.»

Im Laufe des Jahres 1991 widmete Gorbatschow den größten Teil seiner Zeit und seiner Energie der Aufgabe, das sowjetische Zentrum gegen Rußland und die anderen Republiken zusammenzuhalten. Am 17. März fand ein Referendum zu der Frage statt: «Halten Sie die Erhaltung der Union der sozialistischen Sowjetrepubliken als erneuerte Föderation gleichberechtigter, souveräner Republiken für notwendig, in der die Rechte und Freiheiten der Menschen jeder Nationalität voll umfänglich garantiert sind?» Die Worte waren emotionsgeladen. Jelzin verfolgte einen eigenen Plan und fügte der Abstimmung einen zweiten Punkt hinzu, in dem er fragte, ob die Wähler in Rußland direkte Wahlen für einen russischen Präsidenten wollten. Das Resultat erlaubte beiden, für sich zu beanspruchen, den erweiterten «Krieg der Gesetze» gewonnen zu haben. Sechs Republiken, einschließlich der baltischen, boykottierten den gesamten Prozeß. Doch in jenem April trafen sich Jelzin und die Führer der acht anderen Republiken in einer Datscha in Nowo-Ogarjowo außerhalb Moskaus. Als Gegenleistung für eine Unabhängigkeit, deren exakter Rahmen noch zu verhandeln war, wollten sie einem Vertrag zustimmen, der die Sowjetunion in einer neuen Form anerkannte. «Wir hätten die Sowjetunion erhalten können», sagt Bakatin, «wenn Gorbatschow zwei oder drei Jahre früher die Ideologie des Zentralismus zurückgewiesen hätte, so wie er auch die Anwendung von Gewalt in externen Angelegenheiten ablehnte. Hätte er vom Beginn der Nowo-Ogarjowo-Gespräche an zugestimmt, die Struktur der Union aufrechtzuerhalten, den Republiken jedoch maximale Macht und Rechte einzuräumen, dann wäre er heute noch Präsident.»

Mit 23 Jahren war Jurij Prokofjew der jüngste regionale Komsomolführer der Sowjetunion. Seine weitere Karriere war bestimmt durch den Aufstieg in der Moskauer Stadtpartei, womit er in die Fußstapfen von Jelzin und dann Sajkow trat. Er war Mitglied des Zentralkomitees und des Politbüros in den letzten beiden Jahren, in denen es existierte. Er und Iwan Poloskow strebten mit dem Aufbau der russischen Kommunistischen Partei im Jahre 1990 offensichtlich nach der Macht. Er glaubt, daß nicht die kommunistische Ideologie zusammenbrach, sondern die Praxis. Ohne eigenes Verschulden sei die Partei zu inkompetent und zu starr gewesen, um die Regierung fortzuführen. Kein Staatssystem hätte Gorbatschows Arbeitsmethode überlebt, «die wir Vor-und-Zurück nannten».

Den Vorschlag von Bakatin und anderen, den Artikel sechs zu streichen, hatte Gorbatschow 1989 ostentativ zurückgewiesen. Einige Monate später änderte er seine Meinung und befürwortete ihn. Er lehnte die Anwendung von Gewalt ab, beorderte jedoch Truppen in die Republiken, zum Beispiel nach Vilnius. «Er gab ständig Befehle, von denen er sich gleich darauf wieder distanzierte. Seine Politik blieb daher unergründlich, es sei denn, man kannte die internen Mechanismen. Man steht vor der Wahl, ihn entweder für dumm zu halten, unfähig, aus früheren Fehlern die richtigen Schlüsse zu ziehen, oder aber für klug genug, mysteriöse Ziele zu verfolgen.»

«Gorbatschow beauftragte eine Kommission damit, Jelzins Vergangenheit zu durchleuchten. Diese Kommission trat nie zusammen, doch weil es aussah wie eine Polizeistaatsmaßnahme, wählten vier Millionen Moskowiter daraufhin Jelzin. Eine Welle der öffentlichen Begeisterung trug ihn ins Amt. Während der Sitzung des Obersten Sowjets steht Gorbatschow auf und prangert Jelzin an und fährt dann nach Amerika, woraufhin Jelzin sofort zum Vorsitzenden des Obersten Sowjets gewählt wird. Gerade als entschieden wird, im März 1991 Präsidentschaftswahlen in Rußland abzuhalten, läßt Gorbatschow Truppen durch die Straßen marschieren, was Jelzins Position wieder stärkt.» Da es keine rechtliche oder konstitutionelle Realität gibt, an der Worte und Taten gemessen werden können, sind der Phantasie keine Grenzen gesetzt. Für Prokofjew wie auch für viele andere Parteitreue scheint es, daß «Gorbatschow versuchte, seine eigene Position zu verbessern, indem er gewaltsame Reaktionen provozierte».

«Gorbatschow distanzierte sich von der Partei, er machte keinen Gebrauch von den Ratschlägen des Zentralkomitees oder des Politbüros, er ersetzte den engen Kreis der Parteiberater durch den

Präsidialrat, der weder öffentliche Unterstützung genoß noch eine verfassungsrechtliche Basis hatte. Das Zentralkomitee war plötzlich teilweise der Partei, teilweise dem Präsidenten unterstellt. Dies führte zu einem einzigen Chaos. Es gab danach keine klaren Zuständigkeiten mehr.

1990 waren nur zwei Sitzungen des Politbüros von Bedeutung. Im September diskutierten wir die politische und ökonomische Situation. Am 16. November trafen wir uns, nachdem der Oberste Sowjet Gorbatschow aufgefordert hatte, Rechenschaft über die Vorgänge abzulegen und die Verantwortung zu übernehmen. Er hielt eine ausgesprochen unstrukturierte und unbefriedigende Rede, und es kam die Frage nach einem Mißtrauensvotum auf. Am gleichen Tag berief er das Politbüro ein, wandte sich an uns und sagte: ‹Was sollen wir tun?› Wir verfaßten eine Reihe zehnminütiger Reden, in denen Details eines Acht-Punkte-Plans ausgeführt wurden, den er akzeptierte und am folgenden Tag im Obersten Sowjet verlas, und zwar fast wörtlich so, wie wir ihn ihm überreicht hatten. Alle anderen Sitzungen des Politbüros im Jahre 1990 waren reine Formsache.»

Nina Andrejewas offener Brief zur Verteidigung des Stalinismus, der im März 1988 in einer Zeitung der Reformgegner veröffentlicht wurde, war der erste Vorbote für den Machtkampf, der Gorbatschow bevorstand. Ein erschütterter Iwan Laptew, Herausgeber der Zeitung *Iswestija*, die mit Sicherheit mit hineingezogen werden würde, sprach damals für jedermann, als er seine Mitarbeiter warnte: «Die Zeit der Entscheidung ist gekommen. Ich persönlich bin für Gorbatschow, doch ich werde mich bald zur Ruhe setzen. Die jüngsten unter Ihnen müssen ihre Entscheidung fällen und sich der Risiken und der hohen Einsätze bewußt sein.» Diese Äußerung zeugte von Weitblick, der Rat schien allerdings ein wenig verfrüht. Wie sollte man die Entscheidung fällen? Die Wahl hing davon ab, ob man in Furcht vor der Zukunft lebte oder in der Hoffnung auf die Verbesserungen, die sie bringen mochte; ob man etwas zu gewinnen oder zu verlieren hatte oder ob man zu den gesichtslosen Millionen gehörte, für die Politik ein homerischer Wettstreit war, der über ihren Köpfen ausgetragen wurde. Wie eine Krankheit mit erdrückenden Symptomen, aber unsicherer Diagnose zog sich die Zeit der Entscheidung unerträglich lange hin. Alles, was man tun konnte, war, jegliche Aktivität in weiser Zurückhaltung aufzuschieben für den Fall, daß von oben eine Anordnung käme, einen außer Gefecht zu setzen oder zu opfern. Man sah Fernsehen und las Zeitung, um herauszufinden, was zwischen den Zeilen stand, entwickelte einen sechsten Sinn für gefährliche Fallen und Provokationen. Wer stand hinter was? Man mußte wahrsagen können. Von Februar 1990 an fanden regelmäßig riesige Demonstrationen auf dem Manege-Platz im Zentrum Moskaus statt. «Parteibürokraten: Erinnert euch an Rumänien», hieß es auf einem Plakat. Dann wurde Gorbatschow während der Maikundgebung öffentlich ausgebuht. Das ZK kam überein, Artikel sechs abzuschaffen, gab jedoch im Widerspruch dazu einen Erlaß heraus, in dem sich die Partei das Recht vorbehielt, Gewalt anzuwenden. In den ukrainischen und sibirischen Bergwerken kam es zu Streiks. Die Minenarbeiter sahen sich gezwungen, sich ihre Seife gewaltsam zu verschaffen. In einer offensichtlichen Machtdemonstration füllten in jenem September Fallschirmjäger aus Rjasan die Straßen Moskaus, und KGB-Truppen wurden in Alarmbereitschaft versetzt. Marschall Jasow spielte diese Vorgänge herunter und bezeichnete sie als reguläre Manöver. Im Vorwort eines Buches über die Sowjetarmee, das in jenem Jahr erschien, schrieb er, daß Gewalt und Gewaltandrohung als Optionen ausgeschlossen werden müßten und daß die Menschen das uneingeschränkte Recht hätten, den Kurs zu wählen, dem ihre Gesellschaft folgen solle. Wenige Monate später gab er den Befehl, Gewalt einzusetzen.

«Unter uns gibt es Vertreter von Ideen und Ansichten, die dem Sozialismus fremd oder sogar absolut feindlich gegenüberstehen», sagte Wiktor Tschebrikow, der von 1982 bis 1988 Vorsitzender des KGB war. Der Botschafter in Warschau, W. W. Browikow, richtete folgende Worte an das Zentralkomitee: «Unser Land, die Mutter von uns allen, ist in einen mitleiderregenden Zustand abgesunken. Von einer Macht, die man weltweit bewunderte, wurde unser Land zu einem Staat mit einer zweifelhaften Vergangenheit, einer freudlosen Gegenwart und einer ungewissen Zukunft.» Wenn man nicht angemessene Maßnahmen ergreife, drohte Oberst Alksnis, ein Delegierter von der Hardlinerfraktion, «werden sich die Menschen bewaffnen und auf die Straßen gehen». Der Zusammenbruch des Staates war, wie der Schriftsteller Alexander Prochanow meint, eine Folge vorsätzlicher Handlungen von Führern, die ihre Autorität aus Strukturen bezogen, die sie selbst geschaffen hatten. «Wir machten uns vermutlich selbst etwas vor, als wir glaubten, im 20. Jahrhundert zu leben», schrieb der Philosoph Alexander Zipko mit einem Selbstmitleid, das der allgemeinen Stimmung entsprach. «Vielleicht führte die Geschichte nur ein Experiment mit uns durch, fror unsere Gehirne, Gedanken und Gefühle ein, zwang uns, schlafwandelnd durch die Welt zu gehen, eine Menge Dummheiten zu begehen, zu morden, unendlich viel Grausames zu tun.» Im nationalen Fernsehprogramm mit den höchsten Einschaltquoten sprach Jakowlew von der Zerstörung des Bauerntums, das den Staat in die Krise getrieben hatte: «In der Geschichte hat es niemals einen solch geballten Haß gegen den Menschen gegeben.»

Eines Tages bot Gorbatschow seinen Rücktritt an: «Es stellt sich heraus, daß wir in die falsche Richtung gehen. Also haben wir Fehler gemacht. Wenn Sie so denken, Genossen, dann werden Sie ein neues Politbüro und einen neuen Generalsekretär wählen müssen.» An einem anderen Tag brüllte er mit rotem Gesicht: «Schluß mit der ewigen Verteidigungshaltung. Wir müssen in die Offensive gehen!» Im November und Dezember 1990 trennte er sich von seinen engen Beratern: Jawlinskij, Schatalin, Akademiemitglied Petrakow, Finanzminister Boris Fjodorow und schließlich sogar von Jakowlew. Er ersetzte Innenminister Bakatin durch Boris Pugo und Premierminister Ryschkow durch Walentin Pawlow. Ryschkow verlegte sich aufs Jammern. «Es gibt nun weder einen Plan noch einen Markt», war seine letzte boshafte Bemerkung. Gorbatschow machte Leonid Krawtschenko zum Verantwortlichen für Funk und Fernsehen und damit zu seinem Propagandachef. Er schaffte den Präsidialrat ab, den er zu Beginn des

Jahres ins Leben gerufen hatte. Schewardnadse, der im Dezember als Außenminister zurücktrat, sagte im sowjetischen Kongreß: «Die Reformer sind in Deckung gegangen. Eine Diktatur ist im Kommen. Niemand weiß, wie diese Diktatur aussehen wird ... Als Mensch, als Bürger, als Kommunist kann ich mich nicht mit dem abfinden, was in meinem Land geschieht, ebensowenig wie mit den Prüfungen, die unser Volk erwarten.» Am 11. Dezember bezichtigte Krjutschkow den Westen des Versuchs, den sowjetischen Staat zu zerstören. In den Nachrichten des Abendprogramms gab er eine Stellungnahme ab, in der es hieß, Verschwörer hätten eine Liste mit den Namen der Leute, die sie unschädlich machen wollten. Es tobe ein totaler Kampf um Eigentum und Macht, der die Existenz der Sowjetunion bedrohe. «Wir von den Sicherheitskräften haben unsere Entscheidung getroffen.» Am 22. Dezember wurde er deutlich: «Der Einsatz von Gewalt könnte notwendig werden, um Gesetz und Ordnung wiederherzustellen.»

Wie Blätter im Herbststurm wurden auf dem Gipfel dieses Machtkampfes ausnahmslos alle Protagonisten unkontrolliert durcheinandergewirbelt. Es war endemisch. Das System bot keine Alternative. Panikmache war nach Jelzin eine Parteitaktik. «Ich glaube nicht, daß ein Bürgerkrieg möglich ist. Egal, wie sehr der Präsident und seine Genossen die Spannungen anheizen, ich habe uneingeschränktes Vertrauen in den gesunden Menschenverstand des Volkes.» «Das Wichtigste», sagte Gorbatschow im sowjetischen Kongreß am 18. Dezember, «ist, daß wir uns nicht gegenseitig die Köpfe einschlagen.»

34 Mafiaorganisationen aller Länder, vereinigt euch!

Bis zur Gorbatschow-Ära hatten die Zeitungen manchmal von Hinrichtungen oder Verhaftungen von «Wirtschaftsverbrechern» berichtet. Mit diesem dehnbaren Begriff wurden meist Aktivitäten bezeichnet, die in einer freien Marktwirtschaft normal gewesen wären, er konnte aber auch als Code für einen politischen Fehler oder sogar für Antisemitismus dienen. Jeder kommerzielle, soziale oder politische Austausch zwischen Menschen enthielt dieses Element der Gefälligkeit, war von Verhandlungen abhängig und daher eine Form der Korruption. In den zahllosen kleinen Machtkämpfen, die das tägliche Leben in der Sowjetunion bestimmten, wurden die Stärkeren nur zurückgehalten von einem angeborenen Sinn für das, was als angemessener Gewinn betrachtet werden konnte, und von der Gefahr, daß hemmungsloser Wucher zu Vergeltungsmaßnahmen führen konnte. Der Schwache, der diejenigen, die ihn übervorteilt hatten, bei der Partei denunzierte, riskierte eine Konfrontation, die seine Unterlegenheit festschreiben würde. Je höher sie auf der Karriereleiter stiegen, desto stärker bereicherten sich die Funktionäre des Parteistaats, die gesamte Nomenklatura, verschafften sich Waren, Dienstleistungen und Einkünfte auf Wegen, die in einer rechtsstaatlichen Gesellschaft undenkbar gewesen wären. Funktionäre bis in die niedrigsten Ränge hinunter waren zum Beispiel von der Zollkontrolle ausgenommen, was einer offenen Einladung zum Schmuggel gleichkam. Wenn doch einmal jemand so unverschämt unterschlug, daß es zum Skandal kam, gelang es seinen Parteigenossen normalerweise, dies als internes Disziplinproblem zu vertuschen; denn sie selbst waren bei ähnlichen Anschuldigungen genauso angreifbar. Nur sehr wenige Mitglieder der Nomenklatura wurden jemals ihrer Ämter und Privilegien enthoben. Im September 1988 wurde Jurij Tschurbanow, Breschnews Schwiegersohn, Generaloberst, Kandidat des Zentralkomitees und Delegierter im Obersten Sowjet, der Korruption angeklagt. Die Anklageschrift umfaßte 1500 Seiten. Er wurde ordnungsgemäß zu einer Gefängnisstrafe verurteilt. In den von der Partei kontrollierten Medien konnte es keinen Platz für Enthüllungsjournalismus geben. Nach dem Tschurbanow-Fall war es den Reportern in der Blütezeit der Perestrojka allmählich möglich, in den Zeitungen Korruptionsfälle zu schildern, die so eklatant waren, daß die Partei sie nicht unter den Teppich kehren konnte. Ein Reporter, der gegen all das, wovor man bislang die Augen verschlossen hatte, Sturm lief, war Witalij Witaljew. Er enthüllte eine ganze Reihe von Betrügereien, angefangen beim Abzweigen von Waren aus der offiziellen Wirtschaft über Produktfälschungen und Preismanipulationen bis hin zur Prostitution. In seinem Buch über seine Erfahrungen erzählt er, er habe einen Brief vom Sekretär des Parteikomitees von Dnjepropetrowsk bekommen, der ihm schrieb, daß nach einem seiner Artikel 138 Menschen zu Haftstrafen verurteilt, 75 Milizionäre bestraft und sämtliche leitenden Funktionäre der regionalen Miliz, der Stadtmiliz und der Staatsanwaltschaft entlassen worden seien. Diese Opfer waren mit Recht der Meinung, daß sie unfairerweise für Praktiken bestraft wurden, die seit langem überall normal waren.

Ein anderer Enthüllungsjournalist, Arkadij Waksberg von der *Literaturnaja Gaseta*, prägte den Begriff «Sowjet-Mafia», der inzwischen überall verwendet wird. Eines seiner vielen verrückten Beispiele einer Korruption, die bis in die Führung der Union und der Republiken reichte, betraf auch den ehemaligen Minister des Eisenbahnwesens, Iwan Grigorewitsch Pawlowskij. Bei einem Versuch, einen Teil der Getreideernte in Kasachastan sicherzustellen, hatte der Minister 34 Waggons ausfindig gemacht und eingesetzt. Er wurde stündlich über den Weg des Zuges informiert. «Vor einer Stunde», klagte der unglückliche Minister gegenüber Waksberg, «wurde ich darüber informiert, daß es da keine Waggons gibt. Überhaupt keine. Es gab niemals welche ... Das Ganze ist eine Fata Morgana, Produkt einer lebhaften Phantasie, eine Täuschung, auf die ich wie ein Idiot hereinfiel.» Gauner mit mehr Einfluß und Geld als der Minister hatten die Waggons umgeleitet, um die Ernte im Kaukasus einzubringen, und korrupte Beamte entlang der Bahnlinie versuchten, sich mit Lügen herauszuwinden. Waksberg folgerte: «Die Gewinner waren unendlich viel mächtiger als die Leute, deren Aufgabe es war, den Bahnbetrieb zu kontrollieren.»

«Sowjet-Mafia» als Begriff ist etwas irreführend, da er suggeriert, es ginge dabei um Kriminelle im Unterschied zum ehrlichen Teil der Bevölkerung. Die gesamte Gesellschaft, jeder Mensch war im gewissen Maße gezwungen, zu betrügen und zu bestechen und Schleichwege zu benutzen, wenn es um ersehnte Waren und Dienstleistungen ging, die in einer Demokratie durch normalen Handel und Verkauf zu erstehen waren. Der Sowjetologe Alain Besançon brachte es auf den Punkt, als er schrieb, daß ohne Korruption keine einzige Fabrik ihre Rohstoffe produzieren oder Ersatzteile herstellen, keine Stadt mehr versorgt, die Produktion daniederliegen, der Hunger regieren würde, und daß nichts bleiben würde außer dem Begriff «Sozialismus», im Grunde also gar nichts. Die Korruption hatte ihre moralische Dimension verloren und war funktional geworden; das war das Zerstörerische und Beängstigende daran.

Die meisten Menschen belasten ihr Gewissen nur bis zu einem gewissen Punkt, und die Russen sind da natürlich keine Ausnahme. Die große Mehrheit fand sich seufzend mit der stumpfsinnigen Korruption ab, schreckte jedoch vor Gewalt zurück. Die Mitglieder der Nomenklatura hatten es selbstverständlich nicht nötig, auf Gewalt zurückzugreifen; sie mußten nur ihren Rang in der Partei geltend machen, um zu bekommen, was immer sie sich wünschten. Für einige Karrieristen jedoch war es einfacher und effizienter, ihren Ehrgeiz mit Gewalt zu befriedigen. Sie verkörperten die «Sowjet-Mafia». Es ist nicht möglich, eine klare Trennlinie zwischen Nomenklatura und Mafia zu ziehen; es war alles ein wirres Durcheinander von Methoden und Druckmitteln. Die Mafia, die auf das marxistische Deckmäntelchen verzichtete und ihre eigenen Belange offen durchsetzte, war vielleicht weniger scheinheilig. Auf jeden Fall teilten alle Beteiligten die grundsätzliche Einstellung, daß sie alles bekommen sollten, was sie wollten, unwichtig, was dabei mit den anderen geschah. *Komsomolskaja Prawda* berichtete im Juli 1988, daß in den drei Jahren zuvor 40 000 Polizeifunktionäre wegen illegaler Handlungen wie der Konstruktion von Fällen oder Absprachen zur Korruption entlassen worden waren.

Die Insider hielten in aller Regel ihre vielfältigen Praktiken geheim, und General Oleg Kalugin sorgte für eine Sensation, als er anfing, offen darüber zu sprechen. Von ein paar Überläufern abgesehen, war er der erste KGB-Offizier, der aus der Reihe tanzte und über die widerwärtige Realität klagte. Er wurde schnell zu einem gefragten Interviewpartner der westlichen Reporter und stellte eine Reihe von Behauptungen auf, so zum Beispiel, daß er beruflich mit Kim Philby zusammengearbeitet habe. Ob unbeabsichtigt oder auf Publicity gezielt, seine Bemerkungen über die Ermordung von Georgij Markow führten zu seiner vorübergehenden Festnahme zur Vernehmung in London.

Nach 25 Jahren im Auslandsdienst des KGB erhielt er 1980 den ersten Posten in seiner Heimat beim Leningrader KGB als Erster Stellvertreter Generaloberst Nosyrews. «Zu meinen Aufgaben gehörten die Überwachung der Leningrader Polizei, ökonomische Angelegenheiten, die Bekämpfung der Dissidenten und der Grenzschutz. Aus westlichen Darstellungen hatte ich von der Kriminalität erfahren, doch ich hatte nie daran geglaubt. Das Ausmaß dieser Kriminalität aus erster Hand kennenzulernen und die Beweise dafür vor sich liegen zu haben, das war etwas ganz anderes. Ich entdeckte die Korruption, als ich mit der Bearbeitung interner Angelegenheiten betraut wurde – wie sie die Privilegien der Nomenklatura schützten. Korruption bedeutete die Annahme von Bestechungsgeldern durch Parteifunktionäre. Wir hatten 40 Leute verhaftet, weil sie Bestechungsgelder angenommen hatten, Schlitzohren, die gegen die Partei und den Apparat aussagten. Der Erste Stellvertretende Vorsitzende des Stadtkomitees von Leningrad wurde belastet, und es gab Beweismaterial gegen Parteisekretäre, die mit ökonomischen oder Parteiangelegenheiten befaßt waren. Der Generalstaatsanwalt von Leningrad sagte zu mir: ‹Sie haben doch schon 40 Leute verhaftet, reicht das nicht?› Ich erwiderte, daß solche Typen das ganze System untergraben würden. Ich wurde vor das Leningrader Parteikomitee zitiert. ‹Wozu einen solchen Wirbel machen?› fragten sie. ‹Freunde sind Freunde.› ‹Nun gut›, erwiderte ich, ‹das hat aber nichts mit Freundschaft zu tun.› Nosyrew sagte, daß er sich nicht einmischen werde. Alle waren der Meinung, daß dieser Korruptionsfall uns nichts anginge.»

Er betont, daß er versuchte, innerhalb des Systems zu arbeiten. Damals hatte er Vertrauen zu Gorbatschow und schrieb ihm einen Brief über die Korruption, eine Kopie ging an den Generalstaatsanwalt. Als nichts geschah, schrieb er einen zweiten Brief. Tschebrikow, Krjutschkows Vorgänger im KGB, zitierte ihn nach Moskau, um ihn zu fragen, was er damit erreichen wolle. Dann kam eine Kommission, um die Vorwürfe zu untersuchen, «nicht die gegen jene, die in die Bestechung verwickelt waren, sondern die gegen *mich*. Welche Kräfte mich dazu bewogen hätten, zu handeln, wer hinter mir stünde und so weiter. Jeder, der einen Finger gegen das System erhob, wurde verdächtigt, es zu untergraben, während ich es perfektionieren wollte.»

Aus Leningrad abberufen, wurde er zunächst der Reserve des KGB zugeteilt und dann in das Ministerium für Elektronikindustrie befördert, wo er einem Minister unterstand, der der Sechsten Verwaltung des KGB direkt verantwortlich war. 1989, als er 55 Jahre alt wurde, schickte man ihn sofort in den Ruhestand. «Es dauert einige Monate, bis man wirklich gehen kann. Am ersten Tag meines Ruhestandes im Februar 1990 fühlte ich mich wie ein freier Mann. Ich suchte Jurij Afanasjew in seinem Büro auf, legte ihm die Unterlagen vor und erklärte, daß ich bereit sei, für die demokratische Sache zu kämpfen. Er sagte: ‹Ich wußte, daß Leute wie Sie zu uns kommen würden.› Ich schrieb für Korotitsch, den Herausgeber von *Ogonjok*, doch er wagte niemals, das zu veröffentlichen. Jemand hatte mich ihm gegenüber denunziert.

Igor Kubais' Bruder war ein prominenter Vertreter der Demokratischen Plattform, und eines Tages rief ich ihn an. Es war nach

Mitternacht. Im Juni 1990 sollte eine Konferenz der demokratischen Kräfte stattfinden, und ich wollte dort eine Rede halten. Die Konferenz wurde im Oktjabr-Kino in Moskau abgehalten. Meine Rede wurde erst fünf Minuten, bevor ich das Wort ergriff, angekündigt. Als ich als KGB-General, der die Machenschaften dieser Organisation aufdecken wollte, vorgestellt wurde, standen 2000 Menschen auf und applaudierten. Ich wurde sofort von Hunderten von Korrespondenten umringt. Vergeltungsmaßnahmen ließen nicht auf sich warten. Ich hatte meine Rede am 16. Juni gehalten, und am 30. Juni kam Gorbatschows Anordnung, mir Rang und Pension zu nehmen. Die Staatsanwaltschaft leitete im Juli Schritte wegen Verrats von Staatsgeheimnissen gegen mich ein. Jakowlew sagte mir, Gorbatschow habe meinen Brief gelesen, sei aber zu der Entscheidung gekommen, daß er zu voreilig sei. Nachdem ich nun an die Öffentlichkeit gegangen war, hätte er sich auf meine Seite stellen sollen.»

Es gibt keinen Grund, an Kalugins Empörung über die offene Korruption zu zweifeln. Man kann seinen Wandel auch so beschreiben, daß er blitzschnell begriff, wie er die Perestrojka zu interpretieren hatte. Sich für Jelzin zu entscheiden, bedeutete auch, nichts mit den Säuberungsaktionen des KGB zu tun zu haben, die vielleicht folgen würden. Auf seiner russischen Visitenkarte ist nach seinem Namen das Wort «Experte» zu lesen. Auf seiner amerikanischen Visitenkarte wird er als Vorsitzender einer Firma bezeichnet, die sich Intercon nennt und ein Büro im Zentrum Washingtons hat.

Das Standardwerk über die sowjetische Ökonomie wurde von Professor Alec Nove verfaßt und erschien in mehreren Auflagen. Jeder sowjetische Funktionär hätte der präzisen Beschreibung des vorgestellten Modells zugestimmt, doch da das Buch jegliche Erwähnung der Korruption und ihrer übermächtigen Bedeutung vermeidet, hatte es nur einen scheinbaren Bezug zur Realität. Für jeden Wissenschaftler wie Alain Besançon, der die moralische und physische Verkommenheit der Sowjetunion beschrieb, gab es Hunderte vom Schlage Noves, die sich, getrieben von dem obskuren, psychologisch oder ideologisch motivierten Verlangen, den Kommunismus zu retten, auf die Theorie konzentrierten, die ungeachtet ihrer praktischen Auswirkungen verkündet wurde. Eine Handvoll ausgebildeter Ökonomen wuchs heran und arbeitete ohne Illusionen innerhalb des Systems, unter ihnen der Ungar János Kornai und der Pole Jan Winiecki. Winiecki sprach von einer Korruption, die von der Zentrale gutgeheißen wurde, womit er nicht nur die Privilegien der Nomenklatura meinte, sondern auch ihre Macht, sich in die staatliche Produktion und die Verteilungssysteme einzumischen. Eingriffe in das staatliche Vermögensbeschaffungsprogramm bedeuteten eigentlich Selbstbereicherung. In einer Umkehrung des Marxismus erhielten die Menschen nicht das, was sie brauchten, sondern das, was sie sich nehmen konnten. Die Ausübung eines Amtes der Nomenklatura als Mitglied des Politbüros, des Zentralkomitees, als Erster Sekretär, als Direktor einer militärisch-industriellen oder einer anderen Fabrik beinhaltete Eigentumsrechte, die jedoch nicht angegeben und nicht offiziell zugesprochen wurden. Winiecki machte bereits 1988 den überraschenden Vorschlag, diese Eigentumsrechte anzuerkennen und auszuzahlen. Die Nomenklatura für den Verlust des mutmaßlichen, tatsächlich jedoch sehr realen Eigentumsrechtes zu entschädigen, hätte für einen billigeren und effizienteren Übergang zur freien Marktwirtschaft gesorgt als die chaotische Flucht, die statt dessen einsetzte: eine panische Flucht in die Kriminalität seitens der Nomenklatura, des KGB und der Partei, eines jeden, der die Zeichen der Zeit erkannte.

Ilja Semzow ist ein sowjetischer Akademiker, der nach Israel emigrierte. Auch er hat als Zeitzeuge in Spezialstudien die sowjetische Korruption untersucht. 1991 schrieb er, daß Geschäftemacher und Schwarzmarktschieber so viel Macht ausübten, daß sie auf die Partei verzichten könnten. Sie müßten nur die alte kommunistische Fiktion zerstören und ein neues Arrangement treffen, um ihre schon bestehende Macht zu legitimieren. Dies würde den totalen Zusammenbruch des Kommunismus bedeuten. Jeder war in irgendeiner Weise mit dem Volkseigentum verbunden. Jeder, der die entsprechende Geisteshaltung und den Erfindungsreichtum besaß, sich greifbares Eigentum unter den Nagel zu reißen, konnte zum selbsternannten Mafioso avancieren. Davor zurückzuschrekken, sich angeekelt abzuwenden, war nur zum eigenen Schaden und schließlich dumm, eine Geste, die vielleicht das Gewissen beruhigte, aber letztlich keinen praktischen Unterschied machte. Oder, wie Semzow es ausdrückte: «Jeden Tag leisteten Tausende von Sowjetbürgern ihren Beitrag zur Mafia, indem sie andere bestahlen oder zu Schiebern, Spielern oder Prostituierten wurden. Die fähigsten und dynamischsten unter ihnen, die die Situation unter ihre Kontrolle gebracht hatten, schlossen sich der Welt des Verbrechens an. Mit Glück werden sie dort Karriere machen. Diejenigen, die intelligent, energisch und hartgesotten genug sind, werden schließlich die wichtigsten Sektoren der Regierungsadministration kontrollieren: zunächst die Wirtschaft, und dann die Politik.»

Nach 1917 hatte der Parteistaat alles geplündert, im öffentlichen wie im privaten Bereich. Sobald die Gesetze geändert wurden und private Angestellte, genossenschaftliche Unternehmen und Joint-ventures erlaubten, setzte die Gegenbewegung ein, und die einzelnen konnten sich das zurückholen, was der Staat genommen hatte. Im Jahre 1989 gab es eine Börse, Handelsbanken und private Unternehmen, deren genauer gesetzlicher Status so unklar war wie ihre Transaktionen. Diese Einrichtungen, die wie Pilze aus dem Boden schossen, entstanden aus unzähligen nicht genehmigten Übereinkünften zwischen Unternehmern und Parteistaatsfunktionären, die so die öffentlichen Gelder zwischen sich aufteilten. Karamsins «Stehlen» deckt diese Entwicklung nicht ganz ab. So unberechenbar und häßlich und ungerecht dieser Prozeß auch war, in dessen Verlauf eine kleine Clique sich auf Kosten der Allgemeinheit bereicherte, er war im weitesten Sinne eine historische Rache.

Der größte Teil der Bevölkerung hatte verstanden, daß die Führung, die nicht bereit war, ihre Ideologie im früheren Sowjetreich unter Einsatz von Gewalt zu verteidigen, auch zögern würde, zur Massenunterdrückung im eigenen Land zurückzukehren. Höchstens die Reaktivierung der Gulags hätte nach 1989 noch helfen können. Während der letzten achtzehn Monate ihres Bestehens wurde die Sowjetunion zum Paradies der Wagemutigen und Skrupellosen; alles, was sie geschaffen hatte, die Ressourcen, ihre angehäuften Reichtümer, alles fiel Raubzügen zum Opfer und wurde auseinandergerissen. Eine gigantische Umverteilung der Beute fand statt. Es war der Ausverkauf einer Nation.

Die Streitkräfte verfügten über die wohl größten und am leichtesten zugänglichen Depots voll mit Volkseigentum, für das sich sofort Käufer fanden. Die ersten, die ihre Waffen verkauften, waren wahrscheinlich die in der DDR stationierten Soldaten. Granaten, Gewehre, Kalaschnikows, Benzin, Funkgeräte und Panzer fanden ihren Weg auf den Markt. Die Mafiabanden bewaffneten zunächst sich selbst und verkauften dann ihre Waffen in die ganze Welt, nicht zuletzt in das frühere Jugoslawien. Schließlich rief irgendein Direktor die ukrainisch-sibirische Warenbörse an, um den neuesten Düsenjäger zum Kauf anzubieten. General Wladimir Rodionow, der im Fernen Osten an der chinesischen Grenze ein Kommando hatte, war einer der ranghohen Offiziere, die festgenommen wurden, in seinem Fall für das Betreiben eines Pendelverkehrs für Passagiere in militärischen Transportflugzeugen. Nach Angaben der Staatsanwaltschaft wurden in seinem Besitz zwei Millionen Rubel gefunden.

Wjatscheslaw Kebitsch, der Premierminister Weißrußlands, verlas in seinem Kabinett eine Stellungnahme, die einen Einblick in die alltägliche Praxis gibt: «Generaloberst Anatolij Kostenko, ein Erster Stellvertretender Minister Weißrußlands, wird des illegalen Handels mit militärischem Eigentum verdächtigt. Als Kommandant des weißrussischen Militärdistrikts ordnete er an, daß Benzin aus den Beständen der Armee kostenlos an Armeeangehörige verteilt werden sollte. Die Militärstaatsanwaltschaft hat auch Untersuchungen wegen krimineller Machenschaften gegen einige Armeekommandeure und ihre Stellvertreter eingeleitet. So werden General Rumjanzew, Kommandant der Fünften Gepanzerten Flugabwehrdivision, und Generaloberst Iwanizkij, Kommandant der Siebten Panzerdivision, angeklagt, sich Datschen für den eigenen Gebrauch mit Hilfe untergebener Soldaten erbaut und das

Militärtransportwesen unrechtmäßig für persönliche Zwecke genutzt zu haben ... Alle hundert Offiziere im Generalsrang der Streitkräfte von Weißrußland werden verschiedener ungesetzlicher Aktivitäten verdächtigt, hauptsächlich der Zusammenarbeit mit kommerziellen Organisationen zum Schaden des Staates. Es wurde festgestellt, daß viele hochrangige zivile Funktionäre mit dem Gesetz in Konflikt geraten sind. Der Stellvertretende Vorsitzende des Staatskomitees für Ölprodukte, Sarjonok, war zum Beispiel unmittelbar an einem Tauschhandel mit einem litauischen Geschäftsmann beteiligt und tauschte 250 Tonnen Dieselöl gegen eine halbe Tonne Honig und eine Tonne Würste.» Gemäß den vorliegenden Dossiers, so wurde in der Stellungnahme erklärt, hatten 2000 Staatsfunktionäre jeder Rangstufe Schmiergelder angenommen.

Fabrikdirektoren hatten sich seit langem daran gewöhnt, ihre Betriebe als Privateigentum zu betrachten, unter der günstigen Voraussetzung, daß sie dem Staat die kapitalistischen Verantwortlichkeiten für Profit und Verlust, für die sozialen Belange der Arbeiter, die Pensionen und so weiter aufbürden konnten. Fabriken wurden zu konzernähnlichen Gesellschaften, die ihre eigenen Zulieferer, Laboratorien und Lagerhäuser hatten, die zahlreiche Tochtergesellschaften gründeten, so daß einzelne Bestandteile von der Zentralplanung nicht erfaßt wurden, die Sanatorien, Hotels und Datschen bauten und sich in alle Arten von Nebenunternehmen auffächerten. Die Eigentumslage war für einen großen Teil des angesammelten Besitzes unklar. Eine Moskauer Zeitung zitierte den Direktor einer Flugzeugfabrik: «Ich persönlich habe viel in diese Fabrik investiert, natürlich gehört sie mir.» Niemand widersprach ihm.

Durch alle möglichen Tricks und Schliche gingen die Vermögenswerte in den Besitz derer über, die sich selbst schon als eigentliche Besitzer betrachteten. Es waren «spontane» oder «Direktorenprivatisierungen». Manchmal gründete der Direktor eine eigene Firma und verkaufte ihr die Fabrik, die er zuvor verwaltet hatte, zu einem Spottpreis. Manchmal bewilligte er die Herausgabe von Aktien oder die Veräußerung von Vermögenswerten an

Bewerber, unter denen auch er sich befand. Oder er fand einen Weg, finanzielle und materielle Ressourcen für sich selbst abzuzweigen, die der Staat nach einem inzwischen aufgegebenen Plan eigentlich für seine Fabrik vorgesehen hatte. Michail Gurtowoj, Vorsitzender einer Rechnungskontrollkommission, die in der Jelzin-Ära eingerichtet wurde, sagte: «Nach unseren Informationen ist ein Drittel der Staatsschulden, die sich unter Gorbatschow ansammelten, einfach gestohlen worden. So finanzierte man den Bau einer Fabrik in harter Währung, doch es gibt weder eine Fabrik noch eine Spur der Millionen von Dollar, die dafür bestimmt waren.» Diejenigen, die den Startschuß verpaßt hatten, konnten später noch in das Rennen einsteigen, wie der frühere Ministerpräsident Nikolaj Ryschkow, einst Leiter eines der größten sowjetischen Kombinate für Militärtechnik. Er trat plötzlich als Direktor einer Privatbank auf, und er soll gesagt haben, daß er sich nicht länger wegen seiner Armut demütigen lassen wolle.

Die Bürokraten, die mit ihrer Unterschrift jeden Handel, Verkauf oder Einkauf genehmigen konnten, waren der Schlüssel zu dieser Umverteilung des Reichtums. Auf dem Gründungskongreß des Demokratischen Rußland im Oktober 1990 wurde zum erstenmal öffentlich festgestellt, daß sich Mitglieder der Nomenklatura unter dem Deckmantel der Privatisierung Staats- und Parteigelder aneigneten. Unsichtbar, undokumentiert und versteckt hinter dem Bankgeheimnis, ist dieser Prozeß weitgehend geschützt gegen jede Untersuchung. Man kann nur flüchtige und dramatische Blicke auf einen fast unglaublichen Betrug erhaschen.

Unter den ersten, die schnell ihre Taschen füllten, waren die Direktoren der Ölindustrie. Öl, das für den Schwarzmarkt abgezogen wurde, tauchte in großen Mengen auf dem europäischen Kassamarkt auf. Kein Geringerer als Krjutschkow sprach Ende 1990 über ungeklärte Verluste am Ölmarkt. 127 Millionen Tonnen waren im Jahre 1989 bei niedrigen Preisen verkauft worden, doch 1990, als die Preise anzogen, wurden nur 101 Millionen exportiert. 1991 sollte die Zahl auf 61 Millionen Tonnen absinken. Die Diskrepanz zwischen diesen Zahlen belegt die Größenordnung des Schwindels. Im Jahre 1993 berichtete die *Sunday*

Times, daß aus der Nomenklatura und dem KGB «Ölbarone» hervorgegangen seien. Sie verdienten offiziell nur fünfzig Dollar im Monat, doch irgendwie schafften sie es, Häuser in Genf zu besitzen.

Andere Industrien im Bereich der Rohstofferschließung folgten dem Beispiel. Es wird geschätzt, daß ein oder sogar zwei Drittel der gesamten sowjetischen Fördermenge seltener Minerale illegal exportiert wurde, um private Gewinne zu machen. Estland besitzt keine Kupfervorkommen, doch plötzlich wurde es zu einem weltweit führenden Exporteur. Die zentrale Planung hatte das in Wirklichkeit existierende Wechselspiel zwischen Angebot und Nachfrage ignoriert, und die daraus entstehende Lücke zwischen fiktiven Kosten und Weltmarktpreisen lockte eine Schar von Spekulanten an, von denen einige mit westlichen Abenteurern gemeinsame Sache machten. Zudem hatte die Besessenheit, den Kapitalismus bis zum bitteren Ende zu bekämpfen, die Behörden dazu verleitet, eine Vielzahl verschiedener Rubel zu schaffen, je nachdem, ob sie für den nationalen Gebrauch oder für den Außenhandel bestimmt waren, ob transferierbar oder nicht, ob Papier oder mit Golddeckung, und diese wurden zu unterschiedlichen Kursen in harte Währung umgetauscht. Durch Manipulationen mit diesen verschiedenen Rubelformen wurden enorme Spekulationsgewinne erzielt.

Im Jahre 1993 waren nach Angaben der russischen Medien vier von fünf Joint-ventures in den Händen des KGB. Ehemalige KGB-Funktionäre standen an der Spitze der bedeutendsten neuen Finanzinstitute und privaten Firmen. Riesige Geldsummen waren vom KGB ins Ausland geschickt worden, um die kommunistischen Parteien anderer Länder zu unterstützen. Seit den fünfziger Jahren hatte die französische Partei 24 Millionen Dollar erhalten, die italienische Partei zwischen 1971 und 1987 47 Millionen. 1987 wurden Zuschüsse in Höhe von zwei Millionen Dollar sowohl an die französische als auch an die amerikanische Partei gezahlt. Am 5. Juni 1990 bestätigte das Zentralkomitee einen Handel mit Libyen, bei dem Fernmeldeeinrichtungen, Wartung und Ersatzteile sowie Waffen und Munition im Wert von 1,58 Milliarden Dollar mit Öl bezahlt wurden.

Ivars Kezbers, der letzte Sekretär für Ideologie der lettischen Partei, gab mir bei unserem Gespräch eine anschauliche Schilderung der Transaktionen, die ganz ohne Banküberweisungen vonstatten gingen. «Der sowjetische Botschafter irgendeines Landes erhielt einen Aktenkoffer mit einer Million Dollar. Dann lud er den Ersten Sekretär der jeweiligen kommunistischen Partei oder den Führer einer linksgerichteten Organisation, die geheime Ziele verfolgte, zum Abendessen ein. Er händigte das Geld aus, und es gab keine Unterlagen über den Vorgang. Der Botschafter sagte einfach, daß das Geld für die abgesprochenen Aktivitäten bestimmt sei, und es war allgemein bekannt, daß einige, die diese Aktenkoffer übernahmen, arm waren. Wenn sie sich dafür entschieden, ihre Kinder in ein Sommerlager der Pioniere zu schicken oder das Geld für etwas Ähnliches zu verwenden, war das ihre Angelegenheit.» Welche Geschäfte der KGB und seine Angehörigen nun genau machten, ist unbekannt, doch seine Gelder wurden, vollkommen unerklärlich, offenbar in Düsseldorf, Zürich und bei dänischen Banken sicher angelegt und zweifellos auch an anderen Orten. Ehemalige ranghohe KGB-Funktionäre sind heute stolze Villenbesitzer an der Riviera. Die Machtstruktur blieb in dieser neuen Seilschaft weitgehend erhalten. Wladimir Mukusow, der Moderator der populären Nachrichtensendung *Wsgljad*, sagte bei seinem Rücktritt im Jahre 1991: «Man kann nicht Chefredakteur werden, wenn man nicht Berufsoffizier des KGB gewesen ist.»

Der Parteistaat selbst sorgte für seine eigene endgültige Plünderung. 1990 hatte Krjutschkow vor dem sowjetischen Kongreß erklärt, daß zwölf Milliarden Rubel in die Schweiz geschmuggelt worden seien. Das war eine Untertreibung. Der sowjetische Fernsehstar Wladimir Posner, der sich ansonsten eigentlich nie zu weit hervorwagte, schrieb, er habe aus im allgemeinen zuverlässigen Quellen erfahren, daß die Partei heimlich 200 Milliarden Rubel bei einem Wechselkurs von achtzehn Rubel für einen Dollar ins Ausland transferiert habe. Es wurde behauptet, die Partei habe ungefähr 7000 Auslandskonten. Im Jahre 1990 tauchten mindestens drei dubiose Herren aus dem Westen auf, die anboten, 140 Milliarden Rubel gegen Dollar zu kaufen. Das war etwa die Gesamtsumme des in der Sowjetunion gerade in Umlauf befindlichen Geldes. Es schien unsinnig, sich von harter Währung zu trennen, um dafür Papiergeld zu erstehen, das durch die Inflation an Wert verlor. Das Angebot wurde von Claire Sterling in ihrem Buch *Crime without Frontiers* untersucht. Neben einigen eher marginalen Fakten zitiert sie einen Beamten der Abteilung für Schwerkriminalität der Generalstaatsanwaltschaft, der sagt, es seien 100 000 Scheinkonten für Rubel verwendet worden, um Rubel über das Bankensystem zu exportieren. Sie bringt den Versuch, den Markt für Rubel-Bargeld aufzukaufen, in Verbindung mit der ansonsten unverständlichen Entscheidung des damaligen Ministerpräsidenten Walentin Pawlow, ohne vorherige Warnung alle Fünfzig- und Hunderttrubelscheine aus dem Umlauf zu nehmen.

Im April und Mai 1991 erreichten nach verschiedenen Berichten sowjetische Goldlieferungen in einer Größenordnung zwischen 1 000 und 2 000 Tonnen den Westen. Bei weiteren Lieferungen kurz vor dem August-Putsch gab es Anzeichen, daß sie hastig verpackt worden waren. Der Ökonom Grigorij Jawlinskij hatte im September die undankbare Aufgabe, zu verkünden, daß die sowjetischen Goldreserven auf 240 Tonnen geschrumpft seien. Ermittler hatten das sowjetische Fluchtkapital auf Bankkonten in fast 80 Ländern weltweit aufgespürt, von wo aus es in Hotels, Immobilien und Geschäfte investiert wurde. Polizeihauptmann A. W. Jastrebow von der Moskauer Abteilung für Wirtschaftsverbrechen beschuldigte Funktionäre der Komplizenschaft beim Transfer der Goldreserven in die Schweiz. Es ist unwahrscheinlich, daß auch nur ein Teil des Goldes zurückgeholt werden kann, und auch die Wahrheit wird nicht ans Tageslicht kommen. Am 3. Oktober 1991 kommentierte *Iswestija* bitter, daß die Regierung während der letzten drei Jahre mit Zustimmung Gorbatschows für unbekannte Zwecke Gold im Wert von 25 bis 30 Milliarden Dollar gewaschen habe. In jedem normalen Land, heißt es in dem Artikel weiter, müßten sich der Präsident und sein Ministerpräsident «für solch eine phantastische Unterschlagung» rechtfertigen.

Genau die Leute, die einem zunehmend gereizten und angeschlagenen Gorbatschow bei seinem Plädoyer für die Perestrojka ebenso zuhörten wie einem immer überschäumenderen Jelzin, der ihn ausmanövrierte, indem er für seine eigene Version der Perestrojka warb, dachten insgeheim, daß sie, komme, was wolle, vor allem eine Absicherung für ihre Zukunft benötigten. Egal, welche Positionen Hardliner und Reformer in der Öffentlichkeit auch vertraten, welche Vorwürfe sie sich gegenseitig an den Kopf warfen und welche apokalyptischen Visionen sie verkündeten, sie alle beeilten sich gleichermaßen, ihre Vorbereitungen zu treffen, so wie gewissenhafte Männer ihre Policen anderen Versicherungen übertragen würden.

Einige Tage nach dem Putsch wurde der Schatzmeister der Partei, Nikolaj Krutschina, tot auf dem Bürgersteig vor seinem Hochhausapartment aufgefunden. Er starb im Alter von 62 Jahren, nachdem er, ein Schützling Andropows, seine Funktion seit 1983 ausgeübt hatte. Er kannte alle Einzelheiten des Portefeuilles der Partei und ihrer Vermögenswerte, die auf einen Wert zwischen 5 und 7,7 Milliarden Rubel geschätzt wurden, mit einem Einkommen von 2,7 Milliarden Rubeln aus allen Quellen, mit ihren 114 Verlagshäusern und 81 Druckereien, ihren Hotels und Fabriken, Sanatorien und Wagenparks. Er führte Buch darüber, wer in den Genuß welcher Paläste und Villen kam, und er kannte die Nummern verschiedener Geheimkonten und war zeichnungsberechtigt. Sechs Wochen später, im Oktober, lag auch sein Vorgänger Georgij Pawlow tot auf dem Bürgersteig vor seinem Hochhaus. Einige Tage später stürzte Dmitrij Lissowolik, ein Funktionär der Internationalen Abteilung des Zentralkomitees, der für die Weiterleitung von Geldern an die Parteien anderer Länder verantwortlich war, aus einem Fenster im zwölften Stock in den Tod. Vielleicht waren sie diesen gigantischen Betrügereien auf die Spur gekommen, oder vielleicht hatte man sie denunziert, die Taten selbst begangen zu haben. Vielleicht waren sie gesprungen, vielleicht hatte man sie hinuntergestoßen.

Der epische Kampf der beiden Titanen an der Spitze war von größter Bedeutung, denn sein Ausgang würde entscheiden, unter wessen Kontrolle in Zukunft die Verteilung des Reichtums ablief. In einem anderen Sinne jedoch, in Anbetracht der absoluten

Gesetzlosigkeit, war er nichts anderes als ein Scheingefecht, ein Turnierkampf in einem Historienspiel. Die Nomenklatura, die Elite, die Mafia, Entrepreneurs aller Art, die bisher aktiv, aber unsichtbar geblieben waren, hatten die Gelegenheit ergriffen, sich die Rechte auf das Eigentum, von dem sie allein profitiert hatten, übertragen zu lassen; sonst konnten sie diese Pfründe nicht ihren Nachkommen vererben. Der Kommunismus hatte sie zu dem gemacht, was sie jetzt waren, eine herrschende Klasse erbarmungsloser Raubkrieger, denen der Glaube eingebleut worden war, daß Betrügerei und Zerstörungswut die normalen Instrumente der Klasseninteressen seien. Nachdem sie sich jetzt außerhalb der Reichweite eines politischen Systems bewegten, das sich in der Selbstauflösung befand, pickten sie das Fleisch von den Knochen der Sowjetunion, so wie es ihre Vorfahren mit dem des zaristischen Rußland getan hatten.

35 Initiativen

Alexander Bessmertnych, ein Berufsdiplomat, war Schewardnadses Nachfolger als Außenminister, blieb allerdings nur sechs Monate auf diesem Posten. Er war eigentlich ein Anhänger Gorbatschows, schätzte jedoch den August-Putsch falsch ein und stellte sich mit dem Außenministerium hinter die Putschisten. Das war das Ende seiner Karriere. Er hat eine muntere, wohlwollende Art und spricht ein gutes Englisch. Heute leitet er einen Think-tank in Moskau.

Die Außenpolitik war in Form von Reden und «Initiativen» gemacht worden. Gorbatschows außenpolitische Reden wurden vom Ministerium entworfen, das auch den Slogan vom gemeinsamen Haus Europa entwickelte. Die Redenentwürfe wurden Tschernjajew vorgelegt, der «es hervorragend verstand, sie in den Gorbatschowschen Stil umzusetzen». Eine «Initiative» erforderte die Wahl einer Arena für einen Machtkampf, den man einem anderen Staat aufzwang, um zu sehen, welchen Gewinn man daraus schlagen konnte, falls dieser Staat sich unter Druck für Appeasement statt für Widerstand entschied. «Zuerst Gewalt anwenden, dann eine Strategie entwickeln. Das war eine eigenartige außenpolitische Konzeption, aber sie war häufig sehr effektiv, wenn auch nur durch das Überraschungsmoment.» Jahrzehntelang hatte der Klassenkampf für das Grundkonzept der Außenpolitik gesorgt. Ein gerechter Krieg war ein Krieg, der zum Vorteil der vermeintlichen Interessen des sowjetischen Proletariats geführt werden konnte. Indem man anerkannte, daß überhaupt kein Krieg geführt werden dürfe, verabschiedete man sich von der Praxis militärischer Aggressionen gegen alle Nationen außerhalb des sowjetischen Imperiums. Bessmertnych war bei allen Gipfeltreffen der Gorbatschow-Ära dabei. «Während des Genfer Treffens im Jahre 1985 erklärten wir zum erstenmal, daß es keinen Atomkrieg geben dürfe, da es dabei keinen Gewinner geben werde. Heute klingt das wie eine Platitüde, doch damals war es eine wichtige Veränderung! Bis dahin hatten beide Seiten strategische Überlegungen darüber angestellt, wie sie als Sieger aus einem Atomkrieg hervorgehen könnten. Während des Gipfels von Malta waren die beiden Führer schließlich übereingekommen, daß fundamentale Veränderungen bevorstanden und daß sie unter diesen schwierigen Umständen versuchen sollten, partnerschaftlich zusammenzuarbeiten.» Tatsächlich hatten der START-I-Vertrag und das Abkommen über konventionelle Waffen mehr oder weniger in eine Sackgasse geführt. Nach Bessmertnych verdächtigte das Militär das Außenministerium des Verrats an den sowjetischen Interessen. Er schildert sehr lebendig die Überzeugungsarbeit bei den Militärexperten, die das mangelnde technische Detailwissen Jasows und der anderen ranghohen Offiziere ausnutzen sollten, um sie zu größeren Zugeständnissen zu bewegen.

Verlor Gorbatschow durch die Art, in der er den Fortgang der deutschen Wiedervereinigung zuließ, an Boden?

«Das ist die traurige Geschichte. Nach der Wiedervereinigung Deutschlands hatte er in den Augen der sowjetischen Öffentlichkeit die Schmerzgrenze überschritten. Das gleiche gilt für Schewardnadse. Was sie machten, machten sie ausgezeichnet. Ich war damals für die Ratifizierung des Vertrags mit Deutschland verantwortlich. Die Meinung des Parlaments und der Öffentlichkeit dazu war sehr negativ. Wir mußten beweisen, daß es keine andere Möglichkeit gab. Ich hielt eine Rede in einer nichtöffentlichen Sitzung des Parlaments, weil ich das Gefühl hatte, eine öffentliche Sitzung darüber könnte zu einer Katastrophe werden. Gorbatschow hatte ein Ostdeutschland außerhalb der NATO gewollt. Der Westen machte unmißverständlich klar, daß er sich hier nicht durchsetzen könne. Sie akzeptierten die Vorschläge, die es uns leichter gemacht hätten, einfach nicht. Die Armee und die ältere Generation, die unter dem Krieg gelitten hatte, waren verärgert.»

Ihrer Schilderung nach hatte Gorbatschow keine große Wahl.

«Es war definitiv *force majeure*, aber in dieser Situation macht ein Führer schneller einen Fehler. Theoretisch hätte Gorbatschow seine Karten anders ausspielen können. Wären da nicht seine eigene Weltsicht, der Gipfel von Malta und natürlich die Situation zu Hause gewesen, dann hätte er vielleicht dem Druck des Militärs und anderer Kräfte nachgegeben und eine Krise in ganz Europa ausgelöst. Doch es war ihm ernst damit, keine Gewalt anzuwenden – einige Leute glaubten ihm das nicht, aber es war so. Er war ein Pazifist im besten Sinne des Wortes. Wann immer der Einsatz von Gewalt, ob in der Sowjetunion oder im Ausland, in Erwägung gezogen wurde, stimmte er instinktiv dagegen, selbst wenn die Umstände sie erforderten. Dies unterschied ihn von allen vorherigen Generalsekretären.»

Am 14. Januar 1991, dem Tag, an dem Bessmertnych zum Außenminister ernannt wurde, fuhr er zufällig durch London. Er kaufte sechs oder sieben Zeitungen mit Fotos der Angriffe in Vilnius und Riga in der Spalte der nach Redaktionsschluß eingetroffenen Meldungen. «Als ich am nächsten Morgen Gorbatschow aufsuchte, zeigte ich ihm diese Zeitungen. Er wollte sie behalten. Ich sagte: ‹Ich akzeptiere Ihr Angebot, mich zum Außenminister zu ernennen, doch wenn solche Dinge geschehen, kann die Sowjetunion keine Außenpolitik machen.› Als wir über die Vorgänge in Vilnius sprachen, sagte er: ‹Ich wußte überhaupt nichts davon, und mir bleibt die Luft weg, wenn ich höre, daß niemand dafür verantwortlich sein soll. Irgend jemand *ist* verantwortlich.›» Dieser «Jemand» konnte nur in der Armee oder im KGB sitzen. Für Bessmertnych ist das «eine seltsame Geschichte, deren Wahrheit noch ans Licht kommen muß. Es sieht so aus, als ob jeder beschlossen hätte, es zu vergessen, da es von anderen Ereignissen eingeholt wurde. Ich bin sicher, daß viele das Verdienst für sich in Anspruch genommen hätten, wenn die Operation erfolgreich verlaufen wäre.»

In der Nacht vom 16. auf den 17. Januar, während der ersten vierundzwanzig Stunden von Bessmertnychs Amtszeit, rief Außenminister Baker an, um mitzuteilen, daß der Angriff auf die irakischen Truppen in Kuwait in einer Stunde beginnen werde. «Das war eine schlaflose Nacht; Gorbatschow und Jasow riefen mich in den Kreml. Lukjanow schlug vor, daß ich vor dem Parlament sprechen sollte. Ich sagte, es sei der erste Tag des Krieges, doch er bestand darauf, und Gorbatschow stimmte zu. Also hielt ich eine Rede. Die Obersten dort attackierten mich und fragten, wann ich endlich damit aufhören würde, die Interessen der Vereinigten Staaten zu verteidigen, und damit anfinge, die Interessen der Sowjetunion zu verteidigen.»

Seiner Meinung nach verlief der Zerfall der Sowjetunion in einer klaren Linie von den ethnischen Kämpfen in Nagornyj-Karabach über Tbilissi bis Vilnius. Weder Gorbatschow noch sonst jemand hatte geahnt, daß ein so winziger Unruheherd wie Nagornyj-Karabach ihr Schicksal bestimmen konnte. Sobald in den anderen Republiken die Furcht aufkam, man würde mit ihnen ebenso rücksichtslos verfahren, wie es in Tbilissi und Vilnius geschehen war, brachen die Beziehungen zum Zentrum unwiderruflich zusammen. Nationalismus breitete sich aus wie ein Steppenbrand. Ein Föderationsrat wurde eingeführt, um eine neue Union zu errichten, und Bessmertnych nahm an einigen seiner Sitzungen teil. «Ich hatte die Vorstellung, die Außenpolitik müsse beim Zentrum der Föderation liegen, sonst könne es keine Föderation geben. Die Republiken wollten sie Moskau entziehen. Dies war ein entscheidender Punkt der Auseinandersetzung. Vor allem die Ukraine, Kasachstan und Usbekistan versuchten, größeren Einfluß auf die außenpolitischen Entscheidungen zu nehmen, als ich für ratsam hielt.»

Zu Beginn des Jahres 1991 konnte niemand sich einen unabhängigen, souveränen ukrainischen Staat vorstellen.

«Nein. Absolut nicht. Selbst in den Diskussionen des Föderationsrates nicht. Es war leicht zu erkennen, daß die Ukraine die Gelegenheit nutzte, mehr Befugnisse für sich selbst als Republik zu gewinnen, doch nicht einmal die nationalistischsten Ukrainer dachten so weit voraus.»

Das Referendum vom 17. März war Gorbatschows Strategie eines Appells an die Öffentlichkeit für mehr Unterstützung, um die Ergebnisse der Gespräche in Nowo-Ogarjowo zu beeinflussen. «Eine Zeitlang konnte er aus dem Referendum Kapital schlagen, doch dieses Potential schwand schnell. Der ukrainische Gegenzug, aus ihrem Referendum eine Unabhängigkeitserklärung zu entwickeln, war ein tödlicher Schlag. Die baltischen Staaten hätten zunächst einen Sonderstatus innerhalb einer zukünftigen Föderation statt vollkommener Unabhängigkeit akzeptiert. Unsere Führer glaubten, ein Rückzug aus den baltischen Staaten würde eine Kettenreaktion in Gang setzen.

Gorbatschow konnte sich nicht über *faits accomplis* hinwegsetzen, die er selbst geschaffen hatte. Einer seiner Fehler war, daß er nicht sofort die Bedeutung Rußlands erkannte. Ich erinnere mich daran, daß er den Präsidentschaftswahlen der russischen Föderation nicht viel Aufmerksamkeit schenkte. Er machte sich keine Gedanken darüber, wie er sie steuern sollte, wie er bessere Präsidentschaftskandidaten präsentieren konnte und so fort. Er war immer noch mit der Vorstellung von einer mächtigen Union beschäftigt. Ich würde sie moskaufixiert nennen. Natürlich respektierte man die Republiken, doch man schenkte ihnen nicht allzu große Beachtung.

Gorbatschow unterschätzte die Bedeutung Rußlands, das sich zu einer zweiten Machtbasis entwickelte. Seine Abneigung gegen Jelzin machte ihn häufig blind. Falls Jelzin ein unabhängiges Rußland erreichen wollte, mußte er sicherstellen, daß auch die anderen Republiken ihren eigenen Weg gehen konnten. Ich glaube nicht, daß sich Jelzin und die führenden demokratischen Gruppen der Konsequenzen voll bewußt waren, sie richteten sich auf Jahre der Opposition in einer zukünftigen Föderation von acht oder neun Republiken ein. Im politischen Sinne waren sie überhaupt nicht auf eine Übernahme der Macht vorbereitet. Es war eine äußerst hitzige Truppe, die zuerst das System und erst lange danach die Union ändern wollte. Jelzin war als Rebell aus den Rängen der

Macht verstoßen worden und war auf sich selbst gestellt; er wußte nicht genau, was er tun sollte, ich denke, er war ziemlich verzweifelt. Dann traf er Sacharow und übernahm dessen Ideen. Ein Mann mit Führungsinstinkt und guten Aussichten, eine Führungsposition zu erreichen, hatte sich mit der demokratischen Bewegung zusammengetan. Jelzin war aufrichtig, da bin ich sicher, und er bedauert, daß sich die Dinge in der Sowjetunion so entwickelten. Wenn Gorbatschow und wir alle besser mit den Republiken umgegangen wären, ihnen mehr Freiheit gewährt hätten, um sich nach eigenen Vorstellungen zu entwickeln, dann hätte das Ergebnis vielleicht anders ausgesehen.

Die Reform war nicht gut durchdacht. Gorbatschow sagt, er habe ein grundlegendes Konzept gehabt, aber das stimmt nicht. Seine ursprünglichen Vorstellungen waren sehr bescheiden. Er begann, die Partei Stück für Stück zu reformieren, indem er das Image der Parteiführer aufpolierte und sich mit Parteiangelegenheiten beschäftigte. Selbst dies war genug, um Ereignisse heraufzubeschwören, die außer Kontrolle gerieten. Ohne den Putsch hätte Gorbatschow in ökonomischer Hinsicht drastische Maßnahmen einleiten müssen. Er wollte zuerst eine politische Reform, dann eine wirtschaftliche Reform, dann eine Reform der Union und dazu enorme Anstrengungen im Bereich Rüstungskontrolle, was gleichzeitig grundlegende psychologische und ideologische Veränderungen erforderte. Das war zuviel für die Gesellschaft, sie konnte damit nicht fertig werden, also brach sie zusammen. Da das System der Realität nicht nachgeben und sich biegen konnte, mußte es zerbrechen. Der Putsch fand statt, die Macht lag auf der Straße, Jelzin mußte sie nur aufheben.»

36 «Wer lügt, weiß ich nicht»

Alexander Jakowlews Gesicht könnte aus Holz geschnitzt sein, so streng wirkt es. Die dunklen, tiefliegenden Augen sind ausdruckslos. Während der ersten Minuten unseres Treffens seufzte er, daß der KGB ein «Staat im Staate» gewesen sei; eine abgedroschene, aber zutreffende Phrase. War er sich darüber im klaren, daß er dem Parteistaat sein Grab schaufelte? «Perestrojka war der einzig mögliche Weg vom Bolschewismus in die Zukunft.» Und dabei beläßt er es. «Bitte nie um Verzeihung, rechtfertige dich niemals», ist ein Motto, das auf ihn gemünzt sein könnte.

Und doch erzählt er alles gern in umständlichen Details; wer telefonierte wann, machte welchen Vorschlag, und welche Konsequenzen ergaben sich daraus. Er nahm an den Ereignissen teil, wiederholt er, doch die Wahrheit kennt er auch nicht. Manchmal enden seine Geschichten: «Ich weiß nicht, wer gelogen hat.» Wenn er mit jenem steifen Humpeln, das von einer Kriegsverletzung herrührt, durch den Kreml hinkte und an den Sitzungen des Politbüros teilnahm, muß er eine furchterregende Erscheinung gewesen sein. Er ist so fest von sich selbst überzeugt und dabei so verschlossen, daß er eher wie die Wiedergeburt eines alten kommunistischen Klischees wirkt, kaum wie ein Reformer, der sich vorsichtig vorantastete. So viele Entwürfe und Überarbeitungen von Artikeln, Programmen und Reden; so viele Anspielungen und unausgesprochene Absichten, so viele Manöver in den Komitees; diese enorme Energievergeudung in einem geschlossenen politischen Kreis, während in der gefährlichen Außenwelt die Autorität schwand und Dekrete und Anweisungen, die so sorgfältig erwogen worden waren, in den frühen Morgenstunden bereits nichts mehr wert waren, nur noch Papier für die Ablage.

Er hatte jedes knifflige Detail aus jedem ZK-Plenum, jeder Parteikonferenz oder jeder Politbürositzung parat. Delikate Untersuchungsausschüsse wurden ihm anvertraut, nicht nur über den Hitler-Stalin-Pakt, sondern auch über den Mord an Kirow im Jahre 1934. Es ist so gut wie sicher, daß Stalin diesen Rivalen ermorden ließ, aber es gibt einige Unstimmigkeiten in der Beweisführung, und der argwöhnische Jakowlew zeichnete den Abschlußbericht des Ausschusses nicht ab.

Er fängt ganz vorn an: Gorbatschow habe auf seinem allerersten ZK-Plenum im April 1985 den Begriff Reform erwähnt. Das Januar-Plenum von 1987 war dann «der Frage der Parteikader» gewidmet, Ausdruck für die üblichen Säuberungen, die dazu dienten, die Macht in die Hände der treuen Gefolgschaft des neuen Generalsekretärs zu geben. «In Sawidowo, einer Datscha in den Randbezirken von Moskau mit einem Jagdgebiet für das Militär, traf sich eine Arbeitsgruppe. Nach der gängigen Praxis wurden alle Parteiberichte für die Vollversammlungen in Sawidowo von drei oder vier Männern, die für die ersten Entwürfe verantwortlich waren, vorbereitet, danach diskutierte das Politbüro darüber, und auf dem Plenum wurden sie dann verlesen. Als wir die erste Fassung aufgesetzt hatten, wurde klar, daß sie sich nur auf die Vergangenheit bezog und daß wir einen neuen Entwurf über das Thema der Demokratisierung brauchten. Daher ging es in der zweiten Version um die Demokratisierung der Partei, um Wahlen, Menschenrechte und Redefreiheit, darüber hinaus wurden frühere Resolutionen über den Parteigeist in Frage gestellt. Das war das erste Mal, daß die Nomenklatura die Gefahr für sich erkannte. Von diesem Moment an begann der Apparat, einschließlich der Unterdrückungsorgane, sich der Perestrojka zu widersetzen.»

Was veranlaßte Gorbatschow, die Perestrojka einzuleiten?

«Er glaubte an sie. Aber schon vor jenem Plenum, und nicht erst danach, bemerkte er den Widerstand gegen sie und beschloß, ein wenig zu bremsen. Glücklicherweise stand damals ein Mann an der Spitze der Entwicklung, der Kompromisse schließen konnte. Zu der Mentalität, die Lenin der Partei aufgezwungen hatte, gehörte ein ständiger kompromißloser Kampf gegen innere und äußere Feinde der Partei. Gorbatschow führte als erster sowjetischer Führer das Element des Kompromisses ein. Das war positiv; aber andererseits blieb er im Lauf der Ereignisse nicht mehr Herr der Kompromisse, sondern wurde deren Opfer. Das war das Drama, das alle Akteure auf der Bühne weidlich ausnutzten.»

Überraschungen gab es nie auf Politbürositzungen. «Alles am Tisch lief reibungslos. Es galt ein Grundsatz. Wenn jemand beabsichtigte, etwas gegen einen anderen zu sagen, bei einem Plenum oder sonstwo, oder in einem Artikel, dann rief er in der Regel vorher an und erklärte seine Meinungsverschiedenheit ganz persönlich. Als Freund riet er dir, bestimmte Schritte nicht in Erwägung zu ziehen. Bei Anträgen und Beschlüssen des Politbüros gab es keine heimlichen Absprachen.» Waren seine Auseinandersetzungen mit Ligatschow etwa nicht regelmäßig Bestandteil von Politbürositzungen? «Zu manchen Fragen ja, zu anderen nicht. Meine persönlichen Beziehungen zu Ligatschow waren normal. Aber auch er beteiligte sich an heimlichen Absprachen.»

Jelzin war eine Ausnahme, er brach die Grundsätze und alles, was sie stützte. «Jelzin gibt an, daß er 1987 zum Oktober-Plenum ging und alle ihn unerwartet heftig attackierten. Dazu gibt es viel zu sagen. Meiner Ansicht nach wählte Jelzin nicht den rechten Zeitpunkt und Ort, um seine Einstellung zu äußern. Die Sache hat eine Vorgeschichte.»

«Im August 1987 war Gorbatschow im Urlaub. Ligatschow leitete eine Politbürositzung. Jelzin war damals Kandidat des Politbüros sowie Erster Sekretär des Moskauer Stadtkomitees, und einer der Tagesordnungspunkte war sein Antrag, Regelungen für öffentliche Zusammenkünfte in Ismajlowo nach dem Prinzip des Hyde Park einzuführen. Alle griffen ihn an und meinten, daß öffentliche Zusammenkünfte auf gar keinen Fall gestattet werden dürften. Jelzin rechtfertigte sich mit dem Einwand, daß er lediglich die Anweisungen einer früheren Politbürositzung ausführe. Niemand konnte sich daran erinnern. Entweder er oder die anderen

Politbüromitglieder logen. Alle Mitglieder nahmen an, daß Jelzin aus einer persönlichen Laune heraus handelte. Wie kommt es, daß Jelzin mich in seinen Büchern und Reden nie kritisiert, sondern immer unterstützt? Ganz einfach. Ich sagte damals, daß dies nicht der Ort sei, um über Jelzin als Person zu diskutieren, sondern seine Anträge verdienten eine Debatte und sollten entweder angenommen oder zurückgewiesen werden. Jelzin behielt dies im Gedächtnis. Er ist sehr empfindlich. Frustriert schrieb er nach der Sitzung Gorbatschow. Den Brief zeigte Gorbatschow niemandem, ich wußte nichts von ihm. Gorbatschow teilte mir mit, er habe Jelzin angerufen, und dieser habe sich bereit erklärt, seine Vorschläge bis nach den Feierlichkeiten am 7. November zurückzustellen. Gorbatschow beteuert, daß Jelzin zustimmte.»

«Um den 29. Oktober herum beantragte Gorbatschow, daß das ZK-Plenum seine Ansprache zu den Feierlichkeiten, in der Stalin erstmals als Verbrecher bezeichnet werden sollte, bestätigte. Plötzlich hielt Jelzin auf jenem Plenum eine Rede, die nicht geplant war und nicht auf der Tagesordnung stand, und sagte, daß die Perestrojka nur langsam vorankäme und Ligatschow sie bremse. Danach brach ein Riesenlärm los. Ich sprach auf dem Plenum. In erster Linie bedauerte ich, daß Jelzin Gorbatschows Revolutionsfeierlichkeiten verdorben hatte. Als zweites ermahnte ich Jelzin, daß er seine Rede vielleicht für demokratisch halte, in Wahrheit sei sie aber konservativ. Warum? Diese Rede würde als Kampfansage an die Hardliner wirken. Drittens sagte ich, daß Jelzin gegen den Grundsatz der heimlichen Absprachen verstoßen habe. Er war vorher doch mit Gorbatschow übereingekommen, diese Frage erst nach den Feierlichkeiten aufzuwerfen. Im Dezember 1992, als Jelzin schon Präsident war, fragte ich ihn, warum er diese Übereinkunft gebrochen habe. Er sagte, daß es keine solche Übereinkunft gegeben habe. Wer die Wahrheit sagt und wer lügt, weiß ich nicht.

Damals wollte Gorbatschow Jelzin nicht feuern, aber der Druck des Politbüros war zu groß, als daß er ihm hätte standhalten können. Warum? Jeder dachte, die Perestrojka schreite zu schnell und nicht zu langsam voran. Durch eine Verleumdungskampagne und illegale Aktionen versuchten sie, ihn kaltzustellen.

Gorbatschow schlug vor, ihn auf einen Botschafterposten abzuschieben. Ich muß betonen, daß Jelzin bei drei Gelegenheiten bat, rehabilitiert zu werden. In einer Rede auf dem Oktober-Plenum sagte er, daß er einen Fehler begangen habe, seine Genossen ihn mißverstanden hätten und daß er, wenn er etwas Verletzendes über Gorbatschow gesagt haben sollte, um Verzeihung bitte. Aber das war ein Plenum der Dummköpfe. Es bestand die Möglichkeit, die Angelegenheit an Ort und Stelle zu regeln. Womöglich dachten alle, daß das Ganze zuvor mit Gorbatschow abgesprochen war. Ich weiß es nicht. Auf der XIX. Parteikonferenz bat er wieder, politisch rehabilitiert zu werden. Und es gab noch eine dritte Gelegenheit. Als seine Bitten vom Parteiapparat nicht akzeptiert wurden und er erkannte, daß sie ihm nicht verzeihen würden, begann er seine Kampagne für Demokratie.

Es gab Versuche, ihn aus der Partei auszuschließen, gegen die Gorbatschow ihn in Schutz nahm und statt dessen einen weiteren Ausschuß bildete, der seine Aktivitäten überprüfen sollte. Der Vorsitzende war Medwedew. Medwedew hat nie über seine Nachforschungen berichtet. Auf einer Politbürositzung fragten Ligatschow und Ryschkow nach den Ergebnissen des Ausschusses, und Medwedew erwiderte, daß bislang nichts Nachteiliges über Jelzins Verhalten gegenüber der Partei oder der Verfassung gefunden worden sei. Ligatschow sagte: ‹Sie suchen nicht gründlich genug.› Medwedew sagte Jelzin persönlich, daß er nichts gefunden habe, weil es auch nichts zu finden gebe. Allmählich war die Situation erreicht, in der Jelzin Ausschüsse gegen jeden anderen gründen konnte. Das war ja der ganze Trick! Die demokratischen Kräfte hatten schon eine Zeitlang einen Anführer gesucht, und in der Rolle tat Jelzin sich jetzt hervor. Es war eine gute Wahl. Jelzin hat ein entschlossenes Auftreten.»

War Gorbatschow offen für Ratschläge?

«Mal ja, mal nein. Er hörte zu, wenn er glaubte, daß mein Ratschlag ihm persönlich nutzen würde.»

Hatte er eine Vorstellung von seinen Zielen?
«Lange Zeit hatte er von der Schaffung einer demokratischen und rechtsstaatlichen Gesellschaft gesprochen. Kann man das einen Plan nennen oder nicht? Alles hing von der politischen Situation ab.»

Fürchtete er Massenerhebungen während der Jahre der Perestrojka?
«Dieser Gedanke wurde ihm jeden Tag vom KGB eingeimpft. Er erkannte nicht, daß solche Informationen von seiten des KGB und der Armee darauf zielten, seine Ablösung durch das Notstandskomitee (die Putschisten vom August) herbeizuführen. Ihre Abwehrhaltung gegen die Perestrojka war ein fester politischer Grundsatz, aber andererseits kämpften sie auch um ihr eigenes Überleben.»

Seiner Ansicht nach arrangierten die Hardliner einen Putsch in drei Phasen: die Veröffentlichung des Briefes von Nina Andrejewa, die Demontage des Schatalin-Plans und zuletzt der August-Putsch. Er war außer Landes, in der Mongolei, als der Brief von Nina Andrejewa veröffentlicht wurde. «So ein Brief konnte unmöglich ohne Unterstützung aus dem Politbüro in Druck gehen. Als ich zurückkehrte, erklärte ich Gorbatschow, daß dies eine Plattform der Perestrojka-Gegner sei. Er war derselben Meinung. Ich bereitete einen politischen Artikel als Antwort vor, und zwei Tage später erörterten wir das Thema im Politbüro. Es galt die Regel, daß jeder fünfzehn Minuten Redezeit hatte. Alle Politbüromitglieder sprachen sich gegen den Brief der Andrejewa aus. Sie redeten nur eine Minute gegen den Brief, dann aber vierzehn Minuten gegen die demokratischen Kräfte. Einzig Ryschkow distanzierte sich entschieden von dem Brief. Alle anderen lavierten herum. Ligatschow redete drei oder vier Minuten lang, ohne wirklich etwas zu sagen. Er behauptete, den Brief erst am Tag nach seiner Veröffentlichung gesehen zu haben, aber das stimmte nicht. Er hatte damals sofort sämtliche Zeitungs- und Fernsehredakteure versammelt, um ihnen zu erklären, daß dies ein Beispiel dafür sei, wie man für die richtigen kommunistischen Prinzipien kämpfen müsse. Nach der Politbürositzung veröffentlichten wir meine Erwiderung. Ligatschow trat nicht zurück – er hätte das nie aus freien Stücken getan. Sogar auf dem XXVIII. Parteikongreß versuchte er, als Stellvertretender Generalsekretär an der Macht zu bleiben. Ich war dabei, als Ligatschow sich selbst als Nachfolger Jelzins vorschlug.

Nach dem Herbst 1990, nach all den militärischen Vorbereitungen und Versuchen, die Demokratie zu zerstören, brachten Konservative und Revanchisten Schatalins 500-Tage-Programm zum Scheitern. Das war der Putsch im Bereich der Wirtschaft. Der wirkliche Putsch fand eher im September 1990 als im August 1991 statt. Die Hardliner setzten sich durch und verdrängten die Reformer aus der Führung des Landes. Der Präsidialrat war Gorbatschows letzte demokratische Karte, er sollte eigentlich dazu dienen, das Politbüro abzublocken. Das Politbüro schlug also zurück, indem es den Präsidialrat entließ. Gorbatschow gab angesichts der Entschlossenheit des Politbüros nach, und der Präsidialrat begann an Einfluß zu verlieren. Das Politbüro schaffte es, sich selbst wieder einzusetzen, und das bedeutete das Ende der Politik Gorbatschows. Nach diesem Sieg glaubten die Hardliner, daß es auf dem Weg an die Macht nur noch rein technische Probleme zu lösen gebe.

1991 versuchten sie auf dem April-Plenum, Gorbatschow seines Amtes als Generalsekretär zu entheben. Aber es gab starken Widerstand dagegen von 72 ZK-Mitgliedern. Daher fürchteten die Hardliner eine Fraktionsbildung innerhalb der Partei. Diese 72 hätten sehr viele Parteimitglieder hinter sich bringen können. Nach diesem April-Plenum wurde Gorbatschow bewußt, daß an seiner Politik etwas falsch war, daß er auf Sand baute. Am 18. April schrieb ich ihm einen Brief, den ich später veröffentlichte, um die reale Gefahr eines Putsches aufzudecken. Ich schrieb, daß Gorbatschow und die Hardliner nicht zusammenkommen könnten, nicht einmal physisch, und daß es nur noch eine geringe Akzeptanz auf Seiten der Reformer gebe. Gorbatschow begann umzuschwenken, aber es war zu spät.»

Der 28. März 1991 war eine Art Generalprobe für den Staatsstreich, als die Armee in Moskau alarmiert wurde. Von Gerüchten aufgestachelt, demonstrierte vielleicht eine Viertelmillion Menschen auf dem Puschkinplatz und danach vor dem Weißen Haus, dem Sitz des Obersten Sowjets, dem Symbol der Demokratie. Unter den Demonstranten befand sich Jakowlews Sohn Anatolij, Herausgeber einer Fachzeitschrift für Philosophie und Bewunderer von Bertrand Russell. Er stand in der vordersten Reihe einer Menschenkette um das Weiße Haus und sagt, daß ein paar Reihen hinter ihm Leute mit Gewehren standen. Seiner Ansicht nach drohte ein Blutbad, und es fällt ihm schwer zu erklären, warum die demokratische Bewegung in der Situation damals nicht zerschlagen wurde.

Alexander Jakowlew beschrieb ein wildes Hin und Her von Telefongesprächen zwischen ihm, Gorbatschow und Gawriil Popow, dem Bürgermeister von Moskau. Gorbatschow hatte offenbar Informationen vom KGB erhalten, daß die Demonstranten Waffen, Sturmleitern und Seile für einen Angriff auf die Kremlmauern dabei hätten. Eine Provokation von einer der beiden Seiten war äußerst wahrscheinlich, und es konnte Tote geben. In diesem Fall, erklärte Gorbatschow Jakowlew, wären die Veranstalter der Demonstration dafür verantwortlich. «Ich erwiderte: ‹Schön und gut, aber können Sie sich vorstellen, wie Moskau jeden, der erschossen wird, bestatten wird?› Von meiner Frage schockiert, schwieg er zwei oder drei Minuten lang; er erkannte die volle Bedeutung meiner Bemerkungen: Am Tag darauf hätten wir eine Massenrebellion.» Nach weiteren aufgeregten Telefonaten zwischen Gorbatschow, Popow, Krjutschkow und Jasow war sichergestellt, daß die Demonstration friedlich verlaufen würde. «Zwei Tage später veranstalteten die Armee und der KGB eine Versammlung von Hardlinern, Kommunisten und Veteranen auf genau demselben Platz, weil sie wußten, was sich hinter den Kulissen abgespielt hatte. Es gab ein Transparent mit einer vergrößerten Aufnahme von mir im Zentrum eines Fadenkreuzes und den Worten: ‹Diesmal werden wir nicht danebenschießen.› Bakatin fand heraus, daß diese Transparente und Losungen in Werkstätten des KGB hergestellt worden waren.»

Im August des Jahres war er selbst schon aus der Partei ausgeschlossen worden und schwebte in Lebensgefahr. «Ich dachte, daß sie mich verhaften würden, glaubte aber nicht, daß sie vorhatten, mich sofort umzubringen. Insgesamt standen achtzehn Menschen auf der Todesliste, darunter Schewardnadse und ich.»

Jeder der Generalsekretäre vor Gorbatschow hätte Gewalt eingesetzt.

«Sicher. Er wollte das vermeiden, manchmal vielleicht vergebens. In Karabach, Sumgait und anderswo mußte Gewalt angewandt werden, um den Frieden zu erhalten. Für die Einsätze in Vilnius und Riga im Jahre 1991 ist der Beweis noch nicht erbracht, daß Gorbatschow die Entscheidung fällte. Es kann auch eine Provokation gewesen sein.»

Ist alles ein Ergebnis dieser Weigerung, Gewalt einzusetzen?

«Ich würde es anders interpretieren. Sie müssen den Faktor des Kompromisses in so eine Betrachtung mit einbeziehen. Die Menschen in seiner Umgebung, und auch die Hardliner, nutzten seine Neigung zum Kompromiß zu ihrem Vorteil aus. Seine vorsichtig und zurückhaltend geäußerten Bedenken, Gewalt anzuwenden, vermittelten den Eindruck, daß er die Hardliner gewähren lassen würde, falls sie ihrerseits Gewalt einsetzen sollten.»

37 «In die Falle geraten»

An einem verschneiten Tag im Oktober besuchte ich Leonid Krawtschenko in den Büros einer juristischen Fachzeitschrift, für die er jetzt arbeitet. Draußen herrschten zehn Grad minus, aber das Gebäude wurde nicht beheizt. Wie tief sind die Mächtigen gefallen – dieser große und verzweifelte Mann war früher für Gorbatschows Bild in den Medien zuständig. In den Augen der Reformer war er einer der gutgläubigen Günstlinge, die Gorbatschow ins Amt gehoben hatte und später für seine eigenen Ziele einsetzte. Krawtschenko ist der Ansicht, er habe nichts anderes tun können, als seine Pflicht zu erfüllen; und es sei immer unfair, wegen Gewissenhaftigkeit degradiert zu werden und in Ungnade zu fallen.

Unter Andropow war er Chefredakteur der Gewerkschaftszeitung *Trud* mit einer Auflage von 19 Millionen. Die Leser schickten pro Jahr über 600 000 Briefe, in denen sie sich meist über die Lebensbedingungen beklagten. Krawtschenko war klar, daß das Niveau, auf dem die Gesellschaft lebte, erbärmlich zurückgeschraubt worden war. Siebenmal wurde er von der Partei oder der Gewerkschaft gemaßregelt. Im August 1985 ernannte ihn Jakowlew, der neue Leiter der ZK-Abteilung für Ideologie, zum Ersten Stellvertretenden Direktor des staatlichen Rundfunks und Fernsehens *Gosteleradio*, mit besonderer Zuständigkeit für das Fernsehzentrum Ostankino am Rande Moskaus. Damals war das Fernsehen äußerst konservativ, «in fast arabischer Manier unterstützte es das System. In den wichtigsten Nachrichtenprogrammen wurden fast nur politische Erklärungen der Führung zitiert. Als Journalismus konnte man das kaum bezeichnen.» Dann wurde er

Generaldirektor der Partei-Nachrichtenagentur TASS und schließlich in den letzten Monaten der Gorbatschow-Ära Direktor von *Gosteleradio*. Kraft Amtes war er damit Mitglied des Zentralkomitees.

Nicht einmal ein Prozent der Sendungen wurde live übertragen. Die Zensur zwang zu Aufzeichnungen. Krawtschenko nimmt für sich in Anspruch, daß nach sechs Monaten seiner Amtszeit ein Drittel der Sendungen live übertragen wurde. Er nutzte seine Erfahrung mit den Leserbriefen an *Trud,* um politische Kommentare und Analysen einzuführen. *Perestrojka im Brennpunkt* hieß eine fünfzehnminütige Sendung, die er zusammen mit Jakowlew entwickelt hatte. Sie bekam die meisten Zuschauerreaktionen, weil sie besonders brennende soziale Probleme ins Visier nahm. Eine andere war *Wsgljad*, ein Aushängeschild unter den Nachrichtensendungen. Später wurde ihm vorgeworfen, er wolle sie absetzen. Er hatte auch sogenannte Telebrücken eingeführt, die in Amerika und Rußland mit geladenen Zuschauern gleichzeitig live ausgestrahlt wurden. «Zuerst befürchteten die Amerikaner, wir hätten nur professionelle Propagandisten ins Studio gesetzt. Sie bestanden darauf, die Gäste unter den Passanten auf der Straße oder in Cafés auszuwählen. Sie fotografierten sie, um sicherzugehen, daß die Zuschauer im Studio auch die waren, die sie ausgesucht hatten. Bei diesen Sendungen ging es hart zur Sache. Als einmal jemand einen Gast fragte, warum die Berliner Mauer nicht abgerissen werden könne, wurde ich gemaßregelt. Auch westliche Politiker traten live auf, zum Beispiel Franz Josef Strauß oder auch Frau Thatcher, die drei russische Journalisten in einer Diskussionsrunde fertigmachte. Wir machten auch Live-Sendungen mit Ministern und Funktionären, bei denen die Zuschauer anrufen konnten. Die Menschen konnten zum erstenmal die Gesichter derjenigen sehen, die das Land regieren.» Das Fernsehen spielte nach Krawtschenkos Meinung «die führende Rolle beim Durchbrechen der neuen Grenzen von Glasnost. Es hatte eine unglaubliche Wirkung auf die öffentliche Meinung. Die Massenmedien weckten bei zuvor passiven Menschen ein Interesse für Politik.»

Wer beschloß, die Sitzungen des Volksdeputiertenkongresses im Fernsehen live zu übertragen?

«1985 hätte sich niemand vorstellen können, so etwas zu senden. Doch damals hatten sie schon Parteitage und -konferenzen übertragen, und es wäre ungewöhnlich gewesen, den Kongreß nicht zu zeigen. Gleich in der ersten Stunde seiner ersten Zusammenkunft stimmte der Kongreß dafür, die Sitzungen im Fernsehen zu übertragen. Gorbatschow unterstützte diese Entscheidung.» Durch das 1990 in Kraft getretene Gesetz über die Presse und andere Masseninformationsmittel konnte sich die Redefreiheit in einem solchen Maß durchsetzen, daß die Versuche Gorbatschows und des Zentralkomitees, gegen die staatlich kontrollierten Organe vorzugehen, sich als wirkungslos erwiesen.

«Zunächst verstand Gorbatschow nicht, welche Macht vom Fernsehen ausging, und er wollte nicht, daß seine Reden oder Auftritte im Fernsehen gezeigt würden. Ich ließ ihn heimlich filmen, zeigte ihm die Videokassette und konnte ihn dazu bringen, daß er sie freigab. Diese Auftritte bestätigten, daß er zu einer Art von Politikern gehörte, wie es sie im Lande noch nicht gegeben hatte.»

Wäre es nicht klüger gewesen, die Reformen durchzuführen, bevor man durch bloße Worte die Erwartungen zu hoch gesteckt hatte?

«Das ist eine gute Frage. Schon 1988 spürte ich, daß die Glasnost zu einem gefährlichen Spielzeug werden würde, wenn die ökonomischen Reformen nicht den Vorrang hätten. Bis dahin schien die Wirtschaft sich gut zu entwickeln, doch das ging auf Kosten der Rücklagen des Landes. Ryschkow räumt heute ein, daß es ein Fehler war, damals die Preisreform nicht zu akzeptieren. Sie fürchteten, das Volk würde die Freigabe der Preise nicht hinnehmen, doch dies wäre leichter gewesen, solange Gorbatschow noch in gewissem Maße glaubwürdig war. Als Ryschkow den Brotpreis um einige Kopeken erhöhte, konnten Jelzin und die Reformer das ausnutzen: Sie sagten, sie würden sich auf die Eisenbahnschienen legen. Jetzt sind die Preise auf das Hundertfache gestiegen, aber niemand droht damit, sich auf die Eisenbahnschienen zu legen.»

TASS, die Nachrichtenagentur der Partei, bekam Berichte von Korrespondenten aus über 120 Ländern und von einem ausgedehnten Netzwerk innerhalb der sowjetischen Medien. Viele dieser Berichte waren nachrichtendienstliche Informationen und konnten nicht veröffentlicht werden. «Ich gab Gorbatschow sehr viele vertrauliche Informationen, zum Beispiel über Ligatschow oder Jelzin oder die Vorhaben der Opposition. Niemand sonst bekam dieses Material zu Gesicht, und er war sehr dankbar. Als TASS-Generaldirektor verfaßte ich für Gorbatschow einen ausführlichen Bericht über Jugoslawien. Ich zog Parallelen zu unserer Situation und erklärte, uns werde es genauso gehen wie ihnen, wenn wir nicht rechtzeitig Maßnahmen ergriffen. Offenkundig hat er die Gefahr nationaler Konflikte unterschätzt.»

Einmal in der Woche wurden die Generaldirektoren von TASS und Nowosti, der Nachrichtenagentur des KGB, zur Unterweisung ins ZK-Sekretariat beordert. «Gorbatschow ging dazu über, mich demonstrativ während dieser Treffen anzurufen und mir zu erklären: ‹Warum verschwenden Sie Ihre Zeit mit ZK-Treffen? Sie sollten besser eine Fernsehstation leiten.› Als diszipliniertes Parteimitglied ging ich nicht mehr zu den Treffen, da ich vom Generalsekretär einen entsprechenden Befehl bekommen hatte.

Während seines letzten Amtsjahres telefonierten wir mehrmals täglich miteinander. Ich empfand es als eine unbedingte Pflicht, ihn über alles zu informieren, was ich wußte. Er hatte nur wenig Zeit und nahm deshalb leider nicht von allem Notiz. Mehrmals machte ich deutlich, daß das Schicksal eines Politikers letztlich von seinem innenpolitischen und nicht vom außenpolitischen Erfolg abhänge. Ich wiederholte diese Beobachtung, kurz bevor ihm der Nobelpreis verliehen werden sollte. Er war so klug, den Preis nicht persönlich entgegenzunehmen. Das wäre – angesichts der Notlage des Landes – schändlich gewesen. Ich denke, damals dämmerte ihm zum erstenmal, daß er zuviel Zeit beim internationalen Anbiedern und Händeschütteln vergeudet hatte. Es war natürlich verlockend, ins Ausland zu gehen, wo die Menschen darauf warteten, ihn mit offenen Armen zu empfangen.

Ich kannte Gorbatschow persönlich sehr gut, und ich denke, er war psychisch eine Geisel seiner internationalen Popularität. Er konnte sich nie wirklich mit den wirtschaftlichen Problemen, die er zu Hause lösen mußte, beschäftigen. Jedesmal, wenn die Wirtschaftsreform ins Stocken geriet, stürzte er sich in eine neue Runde der internationalen Friedenspolitik, um sein Ego wieder aufzubauen. Ryschkow ermutigte ihn, alles andere zurückzustellen, und leistete der Entwicklung damit Vorschub.

Die persönliche Konfrontation mit Jelzin war für ihn eine schmerzhafte und qualvolle Erfahrung. Er fürchtete immer mehr, daß Jelzin sich rächen wolle. Im Kampf um die Vormacht verletzten beide Männer politische Grundsätze, indem sie zum Schaden des Staates ihre persönlichen Ziele verfolgten. Gorbatschow wurde von drei Seiten unterstützt: erstens von der Partei, die er dringend benötigte, zweitens vom Parlament, das dank Lukjanows Virtuosität als Vorsitzender eine konservative Kraft blieb, und drittens von Rundfunk und Fernsehen, auf die er sich verlassen zu können glaubte. Es gab natürlich in Leningrad und Moskau auch einflußreiche Fernsehprogramme, die die Opposition unterstützten, und Gorbatschow sagte mir immer wieder: ‹Warum können Sie Ihren Laden nicht in Ordnung bringen und daraus einen Sender machen, der die Regierung unterstützt?›

Die Partei stellte sich immer öfter quer, und manchmal sprang er ziemlich brutal mit ihr um. Dreimal drohte er mit Rücktritt. Die ZK-Sitzungen beunruhigten ihn so sehr, daß er davor immer heftige Kopfschmerzen hatte. Er war nicht in der Lage, den starken Selbsterhaltungstrieb der Partei in den Griff zu bekommen. Anstatt ihn zu seinem eigenen Vorteil zu nutzen, gab er die Macht immer mehr aus den Händen.

Immer wenn Jelzin im Fernsehen auftreten wollte, bat er mich schriftlich um Sendezeit. Das führte immer zu heftigen Debatten. Gorbatschow mußte informiert werden. Seine erste Reaktion war immer, daß man Jelzin unter gar keinen Umständen überhaupt Sendezeit geben solle. Jelzin bat beispielsweise um eine Stunde, und Gorbatschow sagte: ‹Gebt ihm zehn Minuten, nicht mehr.› Jedesmal wenn Jelzin im Fernsehen auftrat, war das ein schwarzer Tag für Gorbatschow. Das wirkte kindisch, wie kleine Jungen, die darum kämpfen, wer der Stärkere ist. Doch es war sicher durch die instinktive Furcht begründet, daß Jelzin bei den Leuten, die Gorbatschows Überleben bedrohten, an Autorität gewinnen könnte.

Jelzin begann, die Einrichtung eines zweiten Fernsehprogramms für Rußland zu fordern, mit anderen Worten: ein Programm, das mehr oder weniger ihm persönlich zur Verfügung stand. Gorbatschow stellte sich quer. Leute wie Poltoranin und Chasbulatow fielen über mich her und sagten, Gorbatschow habe vor Zeugen versprochen, daß Rußland seinen eigenen Sender bekommen werde. Ich tat mein Möglichstes, um die Vorbereitung in die Länge zu ziehen, aber trotz aller Verzögerungstaktik ging der Kanal schließlich am 13. Mai 1991, fünf Tage vor den russischen Präsidentschaftswahlen, auf Sendung. Es stellte sich heraus, daß das russische Fernsehen der Opposition gute Dienste leistete, es unterstützte Jelzin und machte ihn zu einem Heiligen. Damals stauchte Gorbatschow mich zusammen: ‹Wie können Sie es wagen, meinen Gegnern zu helfen?› Ich antwortete ihm, daß ich mich nicht zu einer bloßen Schachfigur dieser politischen Spielchen machen lasse. Er solle das auf der politischen Ebene mit seinen politischen Gegnern klären.»

Welche Vorstellung von Demokratie hatte Gorbatschow?

«In der ersten Phase hatte er eine sehr subjektive und persönliche Auffassung davon – es war so etwas wie die Freude des Künstlers über sein Werk: Er sah sich als Initiator der Reform und Demokratisierung und genoß den Beifall. In der zweiten und äußerst wichtigen Phase erkannte er allmählich den Bumerangeffekt: Er hatte Glasnost und Demokratie losgelassen, und jetzt kamen sie zurück und trafen ihn selbst. Der Redefreiheit hatte er es zu verdanken, daß er nun tagtäglich kritisiert wurde. Als Kind der Stalin-Ära reagierte er instinktiv: Er wollte die Kräfte, die er freigelassen hatte, wieder unter seine Kontrolle bekommen und ging scharf gegen sie vor. Aber er traf keine strengen Zensurmaßnahmen, sondern suchte sich Menschen wie mich, von denen er glaubte, daß er ihnen vertrauen konnte, und ließ sie die Medien kontrollieren.»

Haben Sie zensiert?

«Bei gewissen Vorfällen, vor allem im Konflikt mit dem Baltikum. Gorbatschow bestand auf der allgemeinen politischen Linie. Ich war verpflichtet, dafür zu sorgen, daß bestimmte Dinge nicht an die Öffentlichkeit drangen, ich war dafür verantwortlich und mußte die Rolle des Sündenbocks übernehmen. Es wäre nicht professionell gewesen, zu erklären, daß ich lediglich Gorbatschows Befehlen folgte. Gorbatschow hatte schon bemerkt, daß ich von ihm enttäuscht war und das, worum er mich bat, nicht gerne tat. Doch er vertraute mir und schätzte mich. Er nahm mich als Mitglied seiner Delegation überallhin mit, nach London zum G7-Treffen, nach Japan und Korea. Damals wollte ich zurücktreten. Ich wurde von allen Seiten unter Druck gesetzt. Raissa sagte oft zu mir: ‹Wir können Sie nicht zurücktreten lassen, wir sprechen zu Hause jeden Tag über Sie.› Das schmeichelte mir natürlich, und ich war nicht stark genug, um aus dieser politischen Falle herauszukommen. Ich schaffte es nicht, das sinkende Schiff rechtzeitig zu verlassen.»

Krawtschenko meint, daß Gorbatschow bis Ende 1990 die Verantwortung für die politische Entwicklung trug. Trotz allem unterstützten ihn die Partei, die Armee und der KGB. Seine machiavellistischen Schachzüge kamen ihm gut zustatten, zumindest bis zu dem Zeitpunkt, als er sich der Direktwahl stellen mußte, die er bisher geschickt vermieden hatte. Doch er geriet in die Falle der Kräfte, die er geschaffen hatte. Er war grundsätzlich «unfähig, entschieden zu handeln. Nichts als viele Worte. Der Präsidialrat lieferte ihm die Entschuldigung dafür, daß er einigen alten Freunden Machtbefugnisse oder Beraterfunktionen einräumte. Alles endete in einem einzigen Kompetenzwirrwarr: Es gab den Präsidialrat, darüber den Föderationsrat und darüber, zumindest theoretisch, die Exekutive der Regierung; und sie alle berieten die ganze Zeit, aber keiner konnte eine Entscheidung treffen. Ende des Jahres löste er den Präsidialrat auf, um jene Anhänger zufriedenzustellen, die den Rat nicht mochten. Seine eigenen Freunde waren ihm gefährlicher geworden als die Opposition.»

Gorbatschows Entschlußlosigkeit kam am stärksten zum Tragen, als er sich entscheiden mußte zwischen einer neuen Form einer Konföderation der Republiken und der Rettung der Sowjetunion, wie aussichtslos die Maßnahmen dafür auch gewesen wären. Seine Freunde nahmen ihm die Entscheidung ab. «Ihr Verhalten war falsch. Sie hätten sich an die parlamentarischen Spielregeln halten sollen; das wäre möglich gewesen, denn Lukjanow wäre durchaus fähig gewesen, sie anzuführen. Sie taten etwas, was sie unter gar keinen Umständen hätten tun sollen: Panzer in den Straßen auffahren lassen. Man sagt jetzt, sie hätten Gorbatschow betrogen, doch ich glaube, sie versuchten, ihm zu helfen. Ein Jahr vor dem Putsch berichtete Krjutschkow von einem Treffen der Mehrheit der Republikspräsidenten, bei dem sie sich darauf geeinigt hatten, wie sie die Sowjetunion aufteilen würden, wenn sie Gorbatschow losgeworden wären. Es überraschte Gorbatschow nicht, daß sie versuchten, ihn loszuwerden.»

Krawtschenko selbst befand sich in einer entsetzlichen Zwangslage. Er war zu einer Ost-West-Konferenz zum Thema Journalismus nach Edinburgh eingeladen worden, die zur Zeit des Putsches stattfand, und wäre so fast glücklich davongekommen. Doch Gorbatschow rief ihn an und verbot ihm die Fahrt nach Edinburgh, weil er wollte, daß die Unterzeichnung des Unionsvertrages am 20. August in einer fünfstündigen Sendung live übertragen wurde. «Ich rief seinen Stabschef Walerij Boldin an und sagte, daß so etwas schrecklich langweilig werden würde und daß ich etwas Spannenderes vorbereiten würde. Wir einigten uns darauf, daß Gorbatschow am Abend des 19. von Foros auf der Krim zurückkehren und sich dann die Pläne für die Sendung ansehen werde. Ich gehe davon aus, daß Boldin von den Putschplänen wußte, aber er sagte nichts darüber.

Für mich begann alles in der Nacht vom 18. auf den 19. Ich war damals außerhalb der Stadt in meiner Datscha. Um ein Uhr dreißig holten mich KGB-Leute ab und brachten mich direkt zum Zentralkomitee. Um fünf Uhr händigte mir Oleg Schenin, der als Generalsekretär fungierte, ausgewählte Dokumente aus, die bei der Machtübernahme im Fernsehen und Radio verlesen werden sollten. Zahlreiche Menschen machten mir später dafür Vorwürfe, daß ich diese Vorschriften gesendet hatte, doch ich durfte daran nicht einmal ein Komma ändern. Um sechs Uhr waren alle Fernseh- und Radiostationen von Panzern eingekreist, und der KGB kontrollierte die Lage. Ich konnte nicht nach Ostankino hineinkommen, bis KGB-Offiziere und Fallschirmjäger mich begleiteten.»

Im typisch sowjetischen Stil wurde zweimal an diesem Tag *Schwanensee* gespielt. «Die Menschen verstanden, daß die Schwäne die Putschisten symbolisieren sollten, die gekommen waren, um das Land zu retten.» Tatsächlich sei das Ballett, wie Krawtschenko sagt, für die Arbeiter der Nachtschicht ein zweites Mal gesendet worden. Und damit sei der Sender für einige Stunden blockiert gewesen, die zur Unterstützung des Putsches hätten genutzt werden können. «Sie dürfen die Zahl derer, die zum Fernsehzentrum strömten, um ihre Unterstützung für die Ereignisse über das Fernsehen zu bekunden, nicht unterschätzen. Der interessanteste Beitrag dieses Tages war Janajews berühmte Pressekonferenz, bei der die Kamera sich sofort auf seine zitternden Hände konzentrierte. Unabsichtlich schwächten sie ihre eigene Position. Es war offensichtlich, daß diese Männer selbst nicht an ihren Erfolg glaubten.»

Am folgenden Tag sendete das Fernsehen die Reaktionen aus dem Ausland. Wie zu erwarten, waren die sowjetischen Vasallen wie Saddam Hussein, Yassir Arafat und Fidel Castro begeistert. Von den demokratischen Führern zeigte nur Präsident Mitterrand Verständnis. «Alles lief unter den starren Blicken von Krjutschkows Leuten ab. Sie kritisierten mich ständig wegen unzureichender Kontrolle. Ich versuchte Leute wie Bessmertnych oder Lukjanow zu einem Interview zu überreden, aber keiner war dazu bereit. Ich glaube, in den nächsten paar Tagen nahm das Fernsehen eine sehr zwiespältige Position ein.

Ich hatte einen letzten persönlichen Kontakt zu Gorbatschow. Am Abend des 21. rief er mich an wegen einer Erklärung an das Volk, die ich persönlich verlesen sollte. Ein Nachrichtensprecher machte das dann für mich. Eine Woche später erhielt ich zwei Präsidialdekrete, eines von Gorbatschow und eines von Jelzin. Ich wurde meiner Pflichten enthoben. Jelzin hatte mich nicht eingesetzt, und als Präsident von Rußland hatte er nicht das Recht, ein solches Dekret zu erlassen. Gorbatschow machte wie ein kleiner Hund alles, was Jelzin von ihm wollte, und unterzeichnete alles, was man ihm unter die Nase hielt. Bei unserem letzten Telefongespräch hatte Gorbatschow gesagt, er werde nach seiner Rückkehr meine Probleme lösen, doch das hat er nie getan. Deshalb sitze ich jetzt auch in diesem kleinen Büro.»

38 Das Notstandskomitee und der Putsch

Das Gut Nowo-Ogarjowo gehörte vor der Revolution einem russischen Industriellen. Es liegt an einer Flußbiegung der Moskwa. Chruschtschow war einer der kommunistischen Führer, die in seinem im gotischen Stil gebauten Herrenhaus gewohnt hatten. Solche Relikte vermitteln eine verzweifelte Trauer über die Wendung, die die Geschichte genommen hat. Eine Gruppe von Experten versammelte sich dort Anfang 1991, um einen neuen Vertrag vorzubereiten, der die zukünftige Verfassung der Sowjetunion festlegen sollte. Zur Debatte stand die Gestaltung der grundsätzlichen Beziehung des sowjetischen Zentrums zu den Republiken. Die Frage konnte auch anders gestellt werden: Konnte die Partei, die die Satellitenstaaten kampflos aufgegeben hatte und in ihren letzten Zügen lag, den Willen und die Fähigkeiten mobilisieren, um die früheren Eroberungen zu halten? Oder: Hatte Rußland immer noch das Recht, nichtrussische Republiken in Abhängigkeit zu halten? Oder aber: Konnte Gorbatschow Jelzin, der sich jetzt an die Spitze Rußlands vorgearbeitet hatte, mit sowjetischen Maßnahmen beschränken?

Zu der Zeit, als die Experten in Nowo-Ogarjowo ihre Anweisungen erhielten, erkannte Gorbatschow, daß das Zentrum seine überkommene Macht kaum in dieser Form erhalten konnte. Das war schon ein Rückzugsgefecht. Aserbaidschan und Armenien wandten sich während der Kämpfe um Nagornyj-Karabach an Moskau, weil sie sich von dort einen Schiedsspruch erhofften, der den jeweiligen Rivalen ausstechen würde. Die baltischen Staaten hatten, wie zu erwarten, ihre Unabhängigkeit erklärt und waren sich dessen bewußt, daß sie nur durch Gewalt erneut unterjocht werden konnten. Sie betrachteten sich nicht länger als Teile der Sowjetunion. Georgien war mit sich selbst beschäftigt, da sich zwischen Schewardnadse, der von seinem Amt zurückgetreten war, und dem früheren Dissidenten Swiad Gamsachurdia, der Ende 1990 zum Präsidenten gewählt worden war, ein Machtkampf entwickelte. In Moldawien gewannen Separatisten die Oberhand. Nur die Ukraine, Weißrußland, Kasachstan und andere muslimische Republiken blieben Gorbatschow erhalten. Für ihn war die Vormachtstellung des sowjetischen Zentrums nicht nur ein Erbe, sondern auch ein Glaubensgrundsatz. Fünf Jahre der Kritik, der Säuberungen und der Experimente hatten die Partei geschwächt: Sie war nicht mehr das Instrument der Diktatur, auf das sich bisher jeder Generalsekretär gestützt hatte, um die Vormachtstellung des Zentrums zu garantieren. Diesen Widerspruch hatte er ganz allein geschaffen. Er hatte seine Macht und Autorität mit offensichtlichem Leichtsinn zunichte gemacht, und jetzt standen ihm faktisch keine Mittel mehr zur Verfügung, um seinen Weg durchzusetzen, da sich in einer Krisensituation nur Gewalt als wirksam erweisen konnte.

Er beklagte lautstark, daß die Republiken sich der Kontrolle entzogen, aber er konnte sie nicht militärisch daran hindern, sondern sich nur darauf berufen, daß die Dezentralisierung zu Zerstörung und Anarchie führen werde.

Gorbatschow behauptet gerne, er habe diese Zwangslage vorhergesehen und habe sich in Richtung Zukunft bewegt, während er die Partei in der Vergangenheit zurückließ. Hinterher ist man immer klüger. Die nachträgliche Rechtfertigung läßt ihn in einem erfreulich liberalen und sogar großmütigen Licht erscheinen. Nachdem er als Generalsekretär nicht mehr uneingeschränkt seinen Willen durchsetzen konnte, erwartete er unzweifelhaft, auf die andere Position zurückgreifen zu können, die er für sich vorbereitet hatte: die des Präsidenten der Union. Die Vereinigten Staaten dienten ihm dabei offensichtlich als Modell: Er sah sich als Präsidenten, der auch Oberbefehlshaber der Streitkräfte und Herr über die Atomwaffen war, der die Außenpolitik und den Haushalt kontrollierte und nicht zuletzt großen Einfluß auf den elementaren

Bereich der Steuererhebung und der Gesetzgebung nahm. Analog zu den amerikanischen Staaten sollten den sowjetischen Republiken bestimmte, aber eingeschränkte Rechte und Befugnisse übertragen werden. In Nowo-Ogarjowo wurde darüber diskutiert, wo diese Grenzen gezogen werden sollten.

Gorbatschow ging bei seinen utopischen Bestrebungen geschickt vor und hatte sich schon ein neues Gremium ausgedacht, den Föderationsrat. Er selbst war der Vorsitzende, die fünfzehn Führer der Republiken waren kraft Amtes Mitglieder. Hatte die Institution beratende Funktion, oder war sie eine verfassungsmäßige Neuerung? Sogar das Verhältnis zum Obersten Sowjet war ungeklärt. Gorbatschow glaubte wohl, durch diesen Föderationsrat endgültig ein Forum zu haben, in dem er das Sagen hatte. Es scheint für ihn auch belanglos gewesen zu sein, ob die Republiken einen Föderations- oder einen Konföderationsvertrag unterzeichneten. Er schlug eine spitzfindige Lösung vor, wonach die Republiken unabhängig und konföderiert sein könnten. Infolge der deutschen Wiedervereinigung und des Verlustes der Satellitenstaaten war die Unbestimmtheit eher durch Verzweiflung als durch Erfindungsgabe begründet. Er betrachtete es auch nicht als Katastrophe, daß die Präsidenten von sechs Republiken seinem neuen Rat nur die kalte Schulter zeigten. Ein Dokument, ja jedes Dokument würde ausreichen, wenn nur genug Republikspräsidenten die Beibehaltung des sowjetischen Zentrums, in welcher Form auch immer, mit ihrer Unterschrift bestätigten. Die fehlenden Republiken konnten dann in der für den Zusammenschluß festgelegten Frist wie streunende Schafe zusammengetrieben werden.

Am 23. April verständigten sich neun Republikspräsidenten in Nowo-Ogarjowo auf die Prinzipien eines Unionsvertrags. Sechs Monate nach Abschluß des Vertrags sollten Wahlen für alle Posten auf Unionsebene stattfinden. Am 23. Mai fand das erste Treffen statt, bei dem praktische Einzelheiten gründlich erörtert wurden. In den folgenden zwei Monaten zankten sich das Zentrum und die Republiken um die Aufteilung der Beute. In einer weiteren Welle des Zerfalls erklärten auch autonome Republiken wie Tatarstan, Baschkirien und Jakutien ihre Unabhängigkeit.

Jelzin, der schon zur bestimmenden politischen Figur geworden war, zeigte sich mit dem Fortbestand des sowjetischen Zentrums einverstanden, sofern es die Außenpolitik, die Verteidigung und den Haushalt kontrollieren würde. Auch die anderen anwesenden Republikspräsidenten konnte er davon überzeugen. Trotz der offensichtlichen Übereinstimmung mit Gorbatschows Wünschen zögerte Jelzin das Ganze hinaus und zeigte täglich seinen Widerwillen. Als Präsident Rußlands ergriff er ziemlich obstruktive Maßnahmen, die das Zentrum überflüssig machten. So begrenzte er die Geldsumme, die Rußland dem Zentrum überwies, er verbot Parteiorganisationen innerhalb der Armee und die Stationierung von KGB-Einheiten in Rußland, und er erkannte die Unabhängigkeit Litauens an.

Auch wenn die Gespräche von Nowo-Ogarjowo erbittert und unsachlich geführt wurden, setzten sie dennoch eine Teilhabe an der Macht voraus. Deshalb entsprachen sie den Runden Tischen in den kleineren Satellitenstaaten. Eine andere friedliche Lösung des «Krieges der Gesetze» war nicht denkbar. Gorbatschow vertrat die Partei und war folglich in der gleichen Position wie die Ersten Sekretäre der Satellitenstaaten: Er mußte gegenüber der Opposition Zugeständnisse machen, denen er sich nicht mehr entziehen konnte. Er hoffte ebenso wie sie, daß die Partei – und dadurch er selbst – an der Macht bleiben könne, was durch eine Mischung aus Zugeständnissen und dem neuen, aber noch alibihaften Vokabular einer Demokratisierung getarnt wurde. Die Gespräche von Nowo-Ogarjowo unterschieden sich grundlegend von anderen Runden Tischen. Den Ersten Sekretären der Satellitenstaaten war bewußt die sowjetische militärische Unterstützung genommen worden, so daß sie keine Alternative zu Verhandlungen über eine Kapitulation sahen, die in einer allgemeinen Wahl besiegelt werden sollte. Gorbatschow konnte für sich selbst sprechen, wenn er Gewaltanwendung ablehnte und Wahlen zustimmte, aber er konnte nicht garantieren, daß die sowjetische Armee stillhalten würde. Das war ein unbekannter Faktor. Die Soldaten würden Befehle vielleicht nicht befolgen; sie könnten den Machtkampf entscheiden, sie trugen die Bürde, sehr sorgfältig zwischen Gewinnern und Verlierern unterscheiden zu müssen. Versammlungen, Gespräche und andere verfassungsmäßige Verfahren boten der Armee keinen Anlaß, sich in die Politik einzumischen. Daher auch Gorbatschows Bereitschaft zu so großen Zugeständnissen, nur um ein paar Unterschriften zu bekommen.

Viele Fachleute aus der Armee und dem KGB betrachteten Gorbatschows Reformen als bedingungslose Kapitulation. Der Verlust der Satellitenstaaten, vor allem der Stützpunkte in Ostdeutschland, und die verschiedenen Abrüstungsverträge erschienen ihnen wie Selbstverstümmelungen. Die Übertragung der Macht vom Zentrum an die Republiken bedrohte die Existenz der Roten Armee. Die Wehrpflichtigen entzogen sich schon der jährlich stattfindenden Musterung und wurden für hastig zusammengestellte Einheiten in ihren nationalen Republiken angeworben. Wenn die nationalen Republiken ihre Armeen haben sollten, wer würde dann in der Roten Armee dienen? Ohne ein zentralisiertes sowjetisches Budget konnten die Militärausgaben nur abnehmen, vielleicht sogar gestoppt werden. Der militärisch-industrielle Komplex selbst konnte zersplittern. Unter den Deputierten des Obersten Sowjets waren zahlreiche höhere Offiziere: Sie hielten dort verärgerte Reden und veröffentlichten in der Presse drohende Erklärungen. Ein Aufruf vom 23. Juli hatte den Titel «Unser Haus ist schon bis auf die Grundmauern abgebrannt». Wie auch immer das Ergebnis der Gespräche von Nowo-Ogarjowo aussehen würde, Gorbatschow und Jelzin waren in den sechs Monaten vor dem Putsch intensiv damit beschäftigt, Kasernen und andere militärische Einrichtungen zu besuchen. Sie schmeichelten den Offizieren und Soldaten mit Versprechungen, wenn sie sich nur als loyal erweisen würden. Die beiden Rivalen besuchten dieselbe Elitedivision innerhalb eines Zeitraums von vierundzwanzig Stunden.

Gerüchte über einen Putsch machten nach Schewardnadses spektakulärem Rücktritt überall die Runde. In der Presse wurde dieses Thema offen diskutiert. Die Menschen kannten ihr eigenes System und sahen deshalb voraus, daß die Machtfrage letztlich nur in einer Konfrontation entschieden werden konnte. Anspannung und Furcht legten sich drohend über die ganze Gesellschaft. Am 17. Juni bat Ministerpräsident Pawlow im Obersten Sowjet um eine Erweiterung seiner Machtbefugnisse. Verteidigungsminister Marschall Jasow, Innenminister Boris Pugo und Krjutschkow unterstützten ihn. Wenn dem Wunsch stattgegeben worden wäre, hätte Pawlow sich der Vorrechte Gorbatschows als Präsident bemächtigt. Gorbatschow riet den Deputierten, nicht «hysterisch» zu sein.

Niemand weiß genau, wann die Verschwörer zum erstenmal zusammenkamen, um entweder ihren Unwillen auszudrücken oder den Putsch zu planen. Nach Auskunft von Boldin, dem Leiter seines Stabes und späteren Verschwörer, vermutete Gorbatschow an einem Samstag im Sommer 1990 das Schlimmste, als er entdeckte, daß Bakatin, Jakowlew und der Stabschef Generaloberst Moissejew offensichtlich gemeinsam im Wald spazierengingen. «Sie haben auch einige Generäle mitgenommen; anscheinend planen sie etwas.» In Boldins Augen war Gorbatschow selbst hysterisch, eine Folge seiner chronischen Unentschlossenheit.

Auch auf höchster Ebene entkam niemand der Überwachung durch den KGB. Selbstverständlich wurden Telefongespräche abgehört, Post abgefangen und Autos verfolgt. Bei den Gesprächen in Nowo-Ogarjowo verhielt sich Jelzin, als würden seine Privatgespräche abgehört, und das war zweifellos der Fall. Gegen Ende des Jahres 1990 verbreitete Krjutschkow Panik: Die Sowjetunion sei in einer Notlage, der Westen unterwandere sie mit allen möglichen Tricks, und Gorbatschow verhalte sich «unangemessen». Entweder aus Vorsicht oder um den Hardlinern einen Gefallen zu tun, beauftragte Gorbatschow seine engsten Berater, Vorbereitungen für einen Notstand zu treffen.

Krjutschkow hatte die Aufgabe, Gorbatschow über alle Intrigen zu informieren. Sein Gesicht zeigt hinter der Brille keinen Ausdruck, der sein Inneres offenbaren könnte. Er ist intelligent, viel herumgekommen und angeblich sehr belesen, und er hatte genug Erfahrung, um zur treibenden Kraft des Putsches zu werden. Krjutschkow wurde 1924 geboren. Als Dritter Sekretär in der sowjetischen Botschaft in Budapest hatte er an der Niederschlagung des ungarischen Aufstands teilgenommen. Der damalige Botschafter, Andropow, hatte Krjutschkow bei seinem Weg an die Spitze mitgenommen. 1988 wurde er Vorsitzender des KGB und ein Jahr später Vollmitglied des Politbüros.

Ein von ihm erteilter Geheimbefehl aus demselben Jahr belegt, daß eine der wichtigsten Aufgaben des KGB darin bestand, politischen Widerstand gegen die Partei zu verhindern. Dazu brachte der KGB seine eigenen Leute als Deputierte in den neugewählten Parlamenten unter. Bei den Wahlen im Frühjahr 1990 zu den Sowjets auf Republiks- und Bezirksebene wurden angeblich 2756 KGB-Offiziere gewählt.

Boris Pugo, selbst ein General des KGB, hielt an der Sowjetunion fest und konnte in seiner Heimat Litauen, die nun in den Händen der Volksfront war, nicht mehr Karriere machen. Marschall Jasow, durch und durch ein altgedienter General, dem es darum ging, die eigene Macht zu vergrößern, ging davon aus, daß Loyalität gegenüber der Partei mit Patriotismus gleichzusetzen sei. Zusammen hatten die drei Männer den Befehl über alle Streitkräfte. Wenn sie gemeinsam vorgingen, konnte bewaffneter Widerstand nicht mehr als eine Rebellion sein. Um aus dem Putsch als klarer Sieger hervorzugehen, brachten sie noch General Walentin Warennikow, den Befehlshaber der Bodentruppen, Oleg Baklanow, den führenden Repräsentanten des militärisch-industriellen Komplexes, Oleg Schenin als Vertreter des Politbüros und der Partei und Ministerpräsident Pawlow auf ihre Seite. Andere, wie Vizepräsident Janajew, dienten als Aushängeschild. Bis Ende Juli hatten sich die Fachleute und die verschiedenen Präsidenten in Nowo-Ogarjowo auf einen Vertragstext geeinigt, indem sie seine Sprache ganz einfach bis zur Bedeutungslosigkeit abgeschwächt und verallgemeinert hatten. Die verwaltungstechnischen Einzelheiten waren womöglich noch weniger definiert, als es jene im April gewesen waren. Leonid Krawtschuk, der ukrainische Präsident, schloß sich jetzt denen an, die den Vertrag nicht unterzeichnen wollten. Zahlreiche Präsidenten autonomer Republiken enthielten sich ebenfalls, weil sie keine Unabhängigkeitsgarantien erhalten hatten. Nur acht der fünfzehn Präsidenten verpflichteten sich zur formellen Ratifizierung des Vertrages. Lukjanow erhob den Einwand, daß das Parlament nicht hinzugezogen worden sei, ein verblüffender Winkelzug in einem Parteistaat. Doch das Endergebnis sah so aus, wie es bei diesen Kraftproben üblich war: Indem sie mehrdeutige und phantasievolle Formulierungen wählten, die irgendwann einmal genauer besprochen werden sollten, konnten die wichtigen Persönlichkeiten im nachhinein behaupten, ihre Ziele erreicht zu haben.

Dieser Putsch hat vier merkwürdige Aspekte: Erstens fuhren Gorbatschow und seine Familie am 4. August für vierzehn Tage in Urlaub. Anstatt in Moskau denjenigen, die dem Vertrag wohlwollend gegenüberstanden, zu schmeicheln und Jelzin, Krawtschuk und andere Unentschlossene unter Druck zu setzen, zog Gorbatschow sich ins Präsidentenhaus am Meer bei Foros auf der Krim zurück. Ein so unachtsames Verhalten paßt überhaupt nicht zu ihm und läßt vermuten, daß er das Feld ausdrücklich anderen überließ.

Zweitens waren die Verschwörer Gorbatschow-Anhänger. Er selbst hatte Tschebrikow, einen ruhigen und loyalen Mann, der ihn sicher nicht verraten hätte, durch Krjutschkow ersetzt. Er hatte Ryschkow entlassen, um den Weg für Pawlow freizumachen. Er hatte Pugo ernannt. Hatte der Instinkt zur Selbsterhaltung versagt? Jelzin zog in Blick auf Gorbatschow schonungslos den naheliegenden Schluß: «Man kann ihn von seiner Schuld an der Verschwörung nicht freisprechen. Wer hat die Funktionäre ausgewählt? Er selbst.»

Die führenden Verschwörer versammelten sich, sobald Gorbatschow abgeflogen war. Alle erklärten später, das Komplott habe die geplante Ratifizierung des neuen Unionsvertrags verhindern sollen. Als sie 1993 vor Gericht gestellt wurden, behaupteten sie überdies, sie hätten in dem Glauben gehandelt, Gorbatschows Wünschen zu entsprechen. Das ist das dritte Rätsel, das wahrscheinlich zu verworren ist, um jemals geklärt zu werden. Gorbatschow drückte sich oft versteckt und rätselhaft aus, oft nickte er nur oder machte Andeutungen. Bei der Darlegung seiner Pläne für den Ausnahmezustand hatte er möglicherweise die Stirn gerunzelt oder mit seinen Armen gestikuliert und dabei mehr angedeutet, als er eigentlich beabsichtigte. Vielleicht sprach er hochtrabend von Pflichten, die zu erfüllen seien, vielleicht deutete er – wie etwa Mladenow und Krenz gegenüber – an, daß er ihre Pläne kenne und daß er sie bei Erfolg unterstützen und bei Mißerfolg von ihnen abrücken werde. Da nichts schriftlich festgehalten wurde, ist jede Deutung möglich. Man muß seine und ihre Worte immer gegeneinander abwägen.

Vor Gericht erklärte Marschall Jasow dem Staatsanwalt, am 17., einem Sonntag, habe Krjutschkow alle zu einem Treffen zusammengerufen: «An einem Ort in Moskau, am Ende des Lenin-Prospektes. Beim Polizeiposten nach links, dort ist eine Straße.» Doch die wichtigen Unterredungen fanden in Pawlows Büro statt. Sie hatten ein Notstandskomitee von eigenen Gnaden gebildet. Lukjanow kam hinzu; auch er war im Urlaub gewesen. Für ihn war es damals sehr schwer, sich zu entscheiden: Das Notstandskomitee brauchte ihn als Feigenblatt, um sich auf eine gewisse Legalität berufen zu können, doch war klar, daß es mit dem Obersten Sowjet, dessen Vorsitzender er war, langfristig nichts würde anfangen können. Lukjanow lehnte es ab, sich vorbehaltlos anzuschließen, und wand sich mit der Ausrede heraus, er werde eine Erklärung gegen den künftigen Vertrag abgeben. Und das tat er, in blumiger Juristensprache.

Am Abend des 18. tauchten ausgewählte Verschwörer unangekündigt in Foros auf und stellten ein Ultimatum. Gorbatschow müsse sie entweder unterstützen oder zurücktreten, zumindest vorläufig. Nach seiner eigenen Darstellung, die auch von zuverlässigen, dort anwesenden Beratern wie Tschernjajew bestätigt wird, reagierte Gorbatschow besonnen. Die Verschwörer besaßen kein Ansehen. Sie hatten sich auf ein verzweifeltes Abenteuer eingelassen, das wahrscheinlich zu Blutvergießen führen würde. Gorbatschow durfte nicht mehr telefonieren, Nachrichten empfing er nur über ein altes Radio, das in einer Dachkammer gefunden und von freundlichen Bewachern repariert worden war; er stand zweiundsiebzig Stunden lang unter Hausarrest. Die Spuren dieser Erfahrung konnte man seinem Gesicht und auch dem Raissas ansehen, als sie schließlich nach Moskau zurückkehrten.

Das Land erfuhr in den frühen Morgenstunden des 19. von der Existenz des Notstandskomitees. Bei Tagesanbruch hielten Panzer die wichtigsten Plätze Moskaus besetzt. Ein Ausnahmezustand wurde erklärt «mit dem Ziel, die tiefe und allseitige Krise, die politische, zwischennationale und zivile Konfrontation sowie das Chaos und die Anarchie, die das Leben und die Sicherheit der Bürger der Sowjetunion, die Souveränität, territoriale Unversehrtheit, Freiheit und Unabhängigkeit unseres Vaterlandes bedrohen, zu überwinden.» Da Gorbatschow angeblich krank war, sprach Janajew an seiner Stelle.

Jelzin hielt sich damals in seiner Datscha bei Archangelskoje auf, eine knappe Autostunde vom Weißen Haus, dem Sitz des Präsidiums des Obersten Sowjets entfernt. Seine Tochter weckte ihn mit der Nachricht, die sie gerade aus dem Fernsehen erfahren hatte. Er begriff anscheinend sofort, daß er jetzt kämpfen oder untergehen müsse. Seine Frau und seine Tochter weinten, wie er sagt, nie. Silajew und Chasbulatow waren bei ihm zu Gast. Auf seiner Rückreise nach Leningrad, das bald wieder seinen früheren Namen St. Petersburg tragen sollte, kam der Bürgermeister Anatolij Sobtschak kurz vorbei. Beim Abschied sagte er: «Möge euch Gott helfen!» Jelzin legte eine kugelsichere Weste an, und er und seine Freunde begaben sich auf getrennten Wegen, vorbei an den Militärfahrzeugen, zum Weißen Haus. Dort blieb er, und seine bedrängte und isolierte Lage wirkte aufsehenerregender als die Gorbatschows.

Jelzin schildert in seinem Buch *Auf des Messers Schneide,* daß in dem Wald um seine Datscha herum ein Kommando lauerte, das ihn festnehmen sollte. Nach seinen Worten trank der Kommandeur ein Glas Wodka und «erwartete von einer Minute zur anderen den Befehl, mich festzunehmen oder zu liquidieren». Wenn in einem Machtkampf das letzte Stadium erreicht ist und man offen Gewalt anwendet, wird eine solche Verhaftung oder Vernichtung unumgänglich. Jelzin, alles in allem der Gewinner der Gespräche von Nowo-Ogarjowo, war für das Notstandskomitee wesentlich gefährlicher als Gorbatschow, der letztlich der Verlierer war. Warum das Notstandskomitee seinen Griff nach der Macht nicht mit der Verhaftung Jelzins noch während der Nacht begonnen hatte, bleibt das vierte und letzte Rätsel. Gerade Krjutschkow wußte, daß bei ungesetzlichen Unternehmungen dieser Art Skrupel nicht am Platze waren. General Jaruzelski, der letzte Kommunist, der einen solchen Coup angeführt hatte, hatte ihn schnell, im stalinistischen Stil durchgezogen. Über diese Verschwörer sagte er als Fachmann: «Wie kann man sich nur den außergewöhnlichen Dilettantismus dieser Maßnahmen erklären? Ich kann darin keine Logik erkennen.»

Aus dem Weißen Haus gab es noch eine funktionierende Telefonleitung zur Außenwelt. Wieder ein Zeichen für die mangelnde Gründlichkeit der Putschisten. Jelzin konnte weltweit Unterstützung mobilisieren. Die Demonstranten strömten zum Gebäude und errichteten wacklige Barrikaden. Wahrscheinlich waren es nicht mehr als 20 000, obwohl einige Schätzungen bis zu 100 000 und mehr veranschlagen. Drei Demonstranten wurden bei einem Zwischenfall getötet. Allgemein ist man der Meinung, der sich sogar Jelzin anschließt, daß das Weiße Haus relativ leicht hätte erstürmt werden können. Jelzins Berater Sergej Stankewitsch warnte die wartenden Soldaten, daß man sie im Falle des Angriffs «verfluchen» würde – ein ziemlich deutliches Eingeständnis der Tatsache, daß verläßliche Verteidigungsmittel fehlten.

Auch in Leningrad und den Hauptstädten der drei baltischen Republiken marschierten Truppen ein. In Riga ernannte sich General Kusmin zum Gouverneur des Baltikums. Eisenbahnknotenpunkte, Grenzposten, Fernsehstationen und der Sitz des Ministerrats in Riga wurden besetzt. In Riga wurden zwei Demonstranten erschossen und weitere verletzt. Mehrere Präsidenten, vor allem die der moslemischen Republiken, erklärten ihre Unterstützung für das Notstandskomitee; ebenso siebzig Prozent der regionalen Parteiführer.

Eine Parallele zu diesem Putsch, wenn auch unter umgekehrten moralischen Vorzeichen, könnte man in der Verschwörung vom 20. Juli 1944 sehen. Nachdem Stauffenberg im Hauptquartier seine Bombe gezündet hatte, glaubte er sein Ziel, Hitler zu töten, erreicht zu haben. Eine Reihe von Generälen, einige davon weit weg in Paris oder Brüssel, wurden davon in Kenntnis gesetzt und mußten sich entscheiden, ob sie sich der Verschwörung anschließen oder sie verraten sollten. Jene, die sich für Stauffenberg entschieden, zahlten dafür mit ihrem Leben. Die sowjetischen Generäle und Befehlshaber der Einheiten standen vor einer ähnlichen Entscheidung. Krjutschkow und Jasow gaben ihnen Befehle. Sie zu befolgen, konnte vielleicht zum Todesurteil führen, Ungehorsam aber ebenso. Die Vorsichtigen gingen auf Nummer Sicher.

Jelzin gibt ein aufschlußreiches Beispiel. Unter den Einheiten, die er besucht hatte, als er vor dem Putsch um Unterstützung warb, war eine Fallschirmdivision unter dem Befehl von General Pawel Gratschow. Er machte einen vielversprechenden Eindruck. In einem der ersten Telefongespräche, die Jelzin von seiner Datscha in Archangelskoje aus am Morgen des 19. führte, sprach er mit Gratschow und bat ihn um Unterstützung. «Gratschow war verwirrt; es entstand eine lange Pause. Man hörte, wie er am anderen Ende der Leitung schwer atmete. Schließlich sagte er, daß er als Offizier unmöglich einen Befehl verweigern könne. Und ich erwiderte ihm: Nun, ich will Sie nicht in Konflikte stürzen ...» Während Gratschow schwer in den Hörer atmete, so schloß Jelzin, «entschied er nicht nur sein eigenes, sondern auch mein Schicksal. Das Schicksal von Millionen Menschen. Das gibt es.» Mit ihrer gleichmütigen Resignation gegenüber einem letztlich tödlichen Spiel wird diese Darstellung den Machtkämpfen durchaus gerecht. Zur Belohnung wurde Gratschow danach Verteidigungsminister.

Im Laufe des Putsches wurde Pawlow mit einem Herzanfall ins Krankenhaus eingeliefert. Janajew war mehr oder weniger die ganze Zeit betrunken. General Warennikow flog nach Kiew, offensichtlich, um Krawtschuk zu überreden. Pugo, Jasow und Krjutschkow saßen im Kreml und wandten sich telefonisch an höhere Offiziere, die wahrscheinlich genauso seufzten wie Gratschow, aber dann Ausflüchte machten. Sie konnten sich nur eine gewisse Zeit totstellen. Als sich bei der chaotischen Telefonaktion abzeichnete, daß die überwiegende Mehrheit zurückhaltend reagierte und sich nur wenige sofort zur Verfügung stellten, war der Putsch zu Ende. Krjutschkow, Jasow und zwei weitere Verschwörer stiegen aus und flogen am Nachmittag des 21. nach Foros, wo sie auf Jelzins Befehl hin verhaftet wurden. Nur Jasow äußerte sich reumütig: Was da vorgegangen sei, bringe «Schande über die Streitkräfte». Seiner Frau sagte er, daß er ein alter Dummkopf sei. Krjutschkow dagegen bedauerte in einer Eröffnungsrede während seines Prozesses, daß er Gorbatschow nicht angeklagt und die Sowjetunion nicht vor ausländischem Einfluß und Jelzins «Totalitarismus» gerettet habe. Lukjanow steuerte weiter seinen eigenen exzentrischen Kurs, flog am 21. in einem anderen Flugzeug nach Foros und wurde einige Tage später verhaftet.

Da es weiterhin weder schriftliche noch sonstige schlüssige Belege gibt, muß jeder diese Ereignisse interpretieren, so gut es geht. Es gibt nur wenige harte Fakten. Boris Pugo tötete wahrscheinlich seine Frau und erschoß sich dann selbst, obwohl es Gerüchte gibt, daß beide ermordet wurden. Auch Marschall Achromejew erschoß sich, obwohl er nur am Rande mit dem Putsch zu tun hatte. Im Februar 1994 begnadigte das Parlament die Verschwörer. Nur General Warennikow bestand darauf, sich vor Gericht zu verantworten, um Gorbatschow mit dem Putsch in Verbindung zu bringen. Vor dem Obersten Gericht sprach er im Juli des Jahres Gorbatschow direkt als «den Angeklagten» an. Bei seiner Zeugenaussage dementierte ein empörter Gorbatschow nachdrücklich, die Putschisten ermutigt zu haben.

Paranoia und Verschwörungstheorien sind das abnorme Resultat dieser Machtkämpfe. Nur mit gesundem Menschenverstand kann man aus diesem Sumpf von Rätseln herausfinden. In Riga hatte ich Jānis Vagris interviewt. Er ist ein sehr nüchterner Mann und ist an die Partei und ihre Funktionsweise gewöhnt, da er sein Leben lang für sie geschuftet hat. Vagris konnte den Putsch von einer privilegierten Position aus beobachten, obwohl er nicht eingeweiht war. Die Leute, die an der Spitze des alten sowjetischen Parteiapparates gestanden haben, sprechen fast alle in einem ähnlichen Stil.

Lettland war am 4. Mai 1990 dem Beispiel Litauens gefolgt und hatte seine Unabhängigkeit erklärt, jedoch mit dem Vorbehalt, daß es eine Übergangsperiode geben solle, in der man in allen

Fragen, die nicht die Souveränität berührten, mit dem Zentrum zusammenarbeiten werde. Drei Tage später spaltete sich daraufhin die lettische Partei, und Vagris mußte seinen Posten als Erster Sekretär an Alfrēdis Rubiks abgeben, der später die Putschisten begeistert unterstützte und dafür im Gefängnis landete. Aber Vagris blieb gewähltes Mitglied des Obersten Sowjets in Moskau und der lettische Vertreter in dessen Präsidium. Ein Veteran wie er kann sich nicht daran gewöhnen, vom alten Obersten Sowjet als dem Kongreß der Volksdeputierten zu sprechen. Er drückt sich so aus: «Die Sowjetunion war jetzt ein ausländischer Staat. Es war für Gorbunows als Vorsitzenden des lettischen Obersten Sowjets nicht mehr akzeptabel, in der Funktion eines sowjetischen Delegierten nach Moskau zu gehen. Er und der lettische Oberste Sowjet beschlossen, ich solle im Präsidium bleiben, um Informationen weiterzuleiten. Da ich hier nichts mehr zu tun hatte, flog ich jeweils am Montagmorgen nach Moskau und kam am Freitagabend wieder zurück. An einem dieser Freitage kam ich wie gewohnt zurück, aber der Putsch begann am folgenden Montag, dem 19. August. Ich blieb in Riga und hörte die Nachrichten im Radio.»

Dann traf ein Telegramm von Lukjanow ein, daß das Präsidium des Obersten Sowjets am 21. zusammentreten werde. «Eigentlich war damals keine Sitzungsperiode. Gorbatschow war in den Ferien. Gorbunows sagte, es sei meine Pflicht teilzunehmen. Also flog ich am Dienstag hin. In Moskau war die Stimmung sehr angespannt. Ich wohnte in unserer Botschaft, nicht in einem Hotel. Normalerweise fuhr ich zum Präsidium zwei Stationen mit der Metro, stieg am Hotel Moskwa aus, ging über den Roten Platz und war am Kreml. Aber jetzt rief mich der Sekretär des Obersten Sowjets an, ich solle nicht diesen Weg nehmen, sondern mir ein Auto kommen lassen – dazu hatten wir das Recht – und von der anderen Seite in den Kreml fahren. Das Auto kam. Der Kreml war voller Panzer und Soldaten mit kugelsicheren Westen. Mein erster Gedanke war, daß ich zwar hereingekommen war, aber keiner mir sagen konnte, ob ich je wieder herauskommen würde. Das Gedränge auf dem Roten

Platz nahm mir jede Hoffnung, den Kreml auf diesem Wege zu verlassen.

Der Oberste Sowjet sollte um drei Uhr beginnen. Uns wurde eine Reihe von Dokumenten ausgehändigt, darunter die Tagesordnung, als ob das Präsidium schon beschlossen hätte, das Notstandskomitee zu unterstützen, und wir nur noch beipflichten müßten. Lukjanow war nicht da. Man informierte uns, er sei nach Foros geflogen, um sich mit Gorbatschow zu beraten. Vor seinem Abflug hatte er die Anweisung erteilt, daß keine Entscheidungen getroffen werden dürften und das Treffen bis zu seiner Rückkehr am folgenden Tag verschoben werden solle. Das Treffen wurde von Laptjew geleitet. Wir diskutierten darüber, daß es schon drei Todesopfer in Moskau und zwei in Riga gegeben hatte. Der ganze Ernst der Lage wurde uns bewußt. Obwohl Lukjanow gefordert hatte, jegliche Entscheidung zu verschieben, beschloß das Präsidium, das Notstandskomitee nicht zu unterstützen und ein sofortiges Treffen des Obersten Sowjets einzuberufen.

Die Sitzung begann tatsächlich, sobald Gorbatschow zurückgekehrt war. Er konnte mich nicht überzeugen, als er erklärte, wie isoliert er gewesen sei und die Ereignisse mit einer Videokamera aufgezeichnet habe und wie ein altes Radio auf dem Speicher gefunden worden sei. Es war kaum vorstellbar, daß an einem solchen Ort so etwas vergessen oder übersehen worden war. Das war eine Farce, wie die Mitglieder des Notstandskomitees sagen, und Gorbatschow wußte ganz genau, was vor sich ging. Später deutete er an, sie seien auf die Krim gekommen, um eine Geschichte auszuhecken. Er habe gesagt, er könne dabei nicht mitspielen, und sie einfach fortgejagt. Wie kann man glauben, daß sie mit einem solchen Vorschlag zu ihm kamen, und daß alles, was er tat, war, sie fortzujagen? Als Präsident konnte er sich nicht so verhalten. Lukjanow erklärte in einem Interview ihre ganze Planung, und meiner Meinung nach ist das die wahre Version. Sie gingen dorthin, um den Putsch vorzuschlagen, weil sie nicht bereit waren, den neuen Unionsvertrag zu unterzeichnen. Gorbatschows Antwort war typisch: Wenn der Plan gut laufe, werde er sie unterstützen, wenn nicht, würden sie für alles die Verantwortung tragen. Den Männern, die nach Foros flogen, wird vorgeworfen, sie hätten die Macht übernehmen wollen, aber natürlich hatten sie in ihren Schlüsselpositionen schon alle Macht, die sie sich wünschen konnten.«

39 «Eine nette kleine Unterhaltung»

Mein Gespräch mit Walentin Pawlow fand am frühen Morgen statt, weil er später wieder einmal vor Gericht aussagen mußte. Er war erst vor kurzer Zeit aus dem Gefängnis entlassen worden. Auf dem Parkplatz vor seinem Wohnblock sammelten sich Anwälte mit großen schwarzen Wagen. Es ist ein Gebäude für die Elite der Nomenklatura. Pawlow, der «abscheuliche Pawlow», wie Jelzin ihn nannte, wirkte kein bißchen nervös. Wie er so rundlich und lächelnd vor mir stand, sah er jünger aus, als er war. In meiner Anwesenheit sprach er mit einem Anrufer am Telefon über ein Geschäft, bei dem es um ein Grundstück im Zentrum von Moskau ging, und verhandelte in aller Ruhe über den Quadratmeterpreis in Dollar.

Pawlow war Finanzminister, bevor er Ministerpräsident wurde, und er betrachtet sich selbst als Virtuose auf diesem Gebiet. Unnötig zu sagen, daß die Meinungen über seine Fähigkeiten weit auseinandergehen und daß es außerdem eine Fülle von Widersprüchen gibt. Er beharrt darauf, daß die Sowjetunion nicht aufgrund eines Mangels an Ressourcen zusammengebrochen sei. Die verfügbaren Ressourcen hätten für das weit im voraus anvisierte Produktivitätsniveau und den geplanten wirtschaftlichen Umbau ausgereicht.

«Der einzige Grund, warum überhaupt Engpässe auftraten, war die plötzliche Forderung nach einer Produktionssteigerung, um den Lebensstandard zu erhöhen und technologische Innovationen in Gang zu setzen. Nehmen Sie zum Beispiel den Bereich Öl und Gas. Die nötige Ausrüstung für Exploration und Förderung war vorhanden. Bis zum August 1990 wurden fünfeinhalb

Milliarden Rubel dafür bereitgestellt, nach dem damaligen Wechselkurs entsprach das acht Milliarden Dollar. Außerdem waren die Planungen für eine Erdölpipeline vom Norden in den europäischen Teil Rußlands bereits weit fortgeschritten.»

Wenn die Ressourcen ausreichten, warum brach die Wirtschaft dann 1989 zusammen? Das führte doch zu Krisenplänen wie dem von Schatalin und zu einem riesigen Haushaltsdefizit.

«Die Erklärung dafür ist, daß die sowjetische Wirtschaft zweigeteilt war. Die eine Hälfte lieferte die Waren für die Befriedigung der unmittelbaren Bedürfnisse der Menschen, also Nahrungsmittel, Kleider, Gebrauchsgüter für den Privathaushalt und so weiter. Die andere Hälfte der Produktion hing nicht direkt mit Konsumentenbedürfnissen zusammen, dabei ging es um Werkzeugmaschinen, Technologie und Liegenschaften. Weil es kein Privateigentum gab, war der Ressourcentransfer vom Konsumsektor zum Investitionssektor blockiert. Die unmittelbaren Interessen von einzelnen oder Gruppen blieben auf den Konsumbereich beschränkt. Ob man wollte oder nicht, unter diesen Rahmenbedingungen war es nur bis zu einem gewissen Grad möglich, produktive Investitionen anzuregen.»

Im Amt agierte Pawlow wie ein traditioneller Kommunist, nur zögernd lockerte er Planungsvorgaben und Preiskontrollen. Immer noch verbirgt er persönliche Auseinandersetzungen und Ambitionen hinter abstraktem Parteijargon. Niemand habe bestritten, sagt Pawlow heute, daß man letztlich zu einer gemischten Wirtschaftsordnung kommen müsse, doch in der Frage, wie dieses Ziel zu erreichen sei, seien die Meinungen weit auseinandergegangen. «Ich war und bin immer noch von Natur aus ein entschiedener Gegner jeder Form von gewaltsamer Revolution. Ich bevorzuge den evolutionären Weg. Man muß erst Innovationen vorbereiten, bevor man Bestehendes zerschlagen kann. Aus diesem Grund hatte ich starke Vorbehalte gegen Schatalins 500-Tage-Plan und alle ähnlichen Konzepte.»

Im Januar 1991, zu der Zeit, als Sie Ministerpräsident wurden, gerieten die Wirtschaft und praktisch der gesamte politische Prozeß offenbar außer Kontrolle.

«Ja, das kommt der Wahrheit ziemlich nahe. Ich würde es so sagen: Separatistische Kräfte, die von bestimmten Elementen der zentralen Führung einschließlich Gorbatschows unterstützt wurden, hatten zuviel Macht erlangt. Gorbatschow hatte jene Kräfte über einen langen Zeitraum zu sehr gehätschelt und nicht bemerkt, daß ihm die Kontrolle entglitt. Reichlich erstaunt stellte er dann fest, daß nicht mehr er jene separatistischen Kräfte lenkte, sondern sie ihn. Ein Anlaß, der ihm die Lage schlagartig zu Bewußtsein brachte, war die Welle von Streiks in den Industriebetrieben, die mit den Bergarbeiterstreiks Mitte 1990 begann. Das hatte eine verheerende Wirkung auf die Wirtschaft. Zwei Wochen nachdem ich Ministerpräsident geworden war, streikten im Land nahezu alle Bergleute. Mehr als zwei Monate lang wurde in fast zwei Dritteln der Bergwerke nicht gearbeitet. Sie können sich vorstellen, was für Folgen es gehabt hätte, wenn wir in dieser Situation wichtige Schritte in Richtung Marktwirtschaft und Preisfreigaben unternommen hätten.»

Warum führten Sie dann ausgerechnet zu dieser Zeit Ihre Währungsreform durch?

«Ich war seit langem davon überzeugt, daß eine Währungsreform entscheidend war. Sie wurde seit ungefähr 1985 vorbereitet. Als ihr wichtigster Architekt hätte ich als Finanzminister die Möglichkeit gehabt, sie durchzuführen, doch aus praktischen Gründen konnte ich die Vorbereitungen nicht abschließen, bevor ich Ministerpräsident wurde. Im Hinblick auf die Preiserhöhungen war eine Währungsreform unbedingt erforderlich, um eine plötzlich entstehende Hyperinflation zu stoppen. In meinen Augen war das Entscheidende, die überflüssige Kaufkraft im Lande abzuschöpfen.» Pawlow erläutert, daß es ihm durch den Zwangsumtausch alter Banknoten in neue und durch das Einfrieren von Einlagen und Sparguthaben gelungen sei, 25 Milliarden Rubel aus dem

Verkehr zu ziehen. «Dazu können Sie noch 12 Milliarden Rubel rechnen, die die Menschen illegal besaßen, so daß sie nicht einmal versuchten, das Geld umzutauschen. Zusammen ergab das ein Drittel des gesamten Geldumlaufs, und nachdem ich diese Summe aus dem Verkehr gezogen hatte, war ich am 2. April so weit, daß ich für knapp ein Drittel der Konsumgüter die Preise freigeben konnte. Die Kombination beider Maßnahmen – Verknappung des Geldumlaufs und anschließende Preisfreigabe, zumindest bis zu einem gewissen Grad – hielt die Inflationsrate die nächsten sechs Monate bei einem Prozent.»

Leute, die an entsprechenden Stellen saßen, nutzten ihre Positionen, um private Vermögen in Sicherheit zu bringen. Ein Beispiel war das Verschwinden der Goldreserve. Kapital und Bargeld in enormer Höhe wurden beiseite geschafft.

«Als Jawlinskij von der Sache mit dem Gold hörte, posaunte er das sofort überall aus. Ich vermute, es war ein Versuch, auf billige Weise populär zu werden. Tatsächlich wußte außer mir fast niemand genau, wie hoch die Goldreserve war. Ich hatte nicht einmal Gorbatschow je darüber informiert, ich traute ihm nicht. Es floß Kapital ab, das war offensichtlich. Aber dabei darf man nicht vergessen, daß diejenigen, die Geld beiseite schafften, wußten, daß ich wußte, was sie taten, und daß es nicht lange dauern würde, bis die Schlupflöcher gestopft wären. Ich wußte ganz genau, wen ich zu einer netten kleinen Unterhaltung in mein Büro bestellen mußte, um ihn dazu zu bringen, daß er das Geld zurückgab. Wir sprechen von beträchtlichen Summen – das ist kein Geheimnis, und auch die Kanäle, über die das Geld verschoben wurde, sind bekannt. Kapital verschwand, auch die wichtigsten Exportgüter des Landes, vor allem Gold, Öl, Nutzholz und so weiter. Man muß sich nur die Leute vorknöpfen, die für diese Exportzweige verantwortlich waren.»

Warum baten Sie den Obersten Sowjet am 17. Juni um Sondervollmachten?

«Es hatte sich eine seltsame Machtkonstellation entwickelt. Zwischen der Exekutive und der Legislative bestand ein Interessenkonflikt. Der Präsident hatte sich zum Chef der Exekutive gemacht, statt als Staatsoberhaupt aufzutreten. Damit gab es keine eigenständige Exekutive mehr im Land. Was eigentlich das Exekutivorgan der Regierung sein sollte, verwandelte sich in ein Gremium talentierter Redner, aber es fehlten die politischen Praktiker. In diesem Zusammenhang kann man Gorbatschow als einen äußerst begabten Schauspieler bezeichnen, insofern, als ein Schauspieler sehr überzeugend den Anschein erwecken kann, er verstehe etwas von Dingen, von denen er in Wahrheit keine Ahnung hat. Also hatten wir weder eine Legislative noch eine Exekutive. Und in Anbetracht des Durcheinanders und der Auseinandersetzungen brauchten wir eine starke Regierung dringender denn je.

Selbst wenn der Oberste Sowjet tagtäglich rund um die Uhr beraten hätte, um die gesetzlichen Grundlagen für die geplante neue Wirtschaftsordnung auszuarbeiten, hätte er doch nicht weniger als fünf Jahre gebraucht. Diese gesetzlichen Grundlagen gab es nie. Der Gedanke, ökonomische Reformen von oben zu verordnen, war von vornherein zum Scheitern verurteilt. Hätten wir abgewartet, bis die erforderlichen Gesetze schrittweise eingeführt worden wären, und es ermöglicht, daß die Wirtschaft sich entsprechend diesen Gesetzen langsam veränderte, dann hätten die Menschen sich im selben Tempo bewegt wie die Gesetzgebung. Deshalb war und bin ich dafür, daß in einer Phase des Übergangs die Exekutive bestimmte legislative Befugnisse erhält. Praktische Entscheidungen, die von der Exekutive getroffen werden, müssen als Gesetzesgrundlagen dienen. Wenn sie erst einmal verabschiedet sind, können die Gesetze dann als dauerhafte Normen wirksam werden.»

Hing Ihre Forderung nach Sondervollmachten mit der Schaffung des Notstandskomitees zusammen?

«Es ging um fünf Punkte: das Recht, bestimmte Gesetzesinitiativen zu ergreifen; das Recht, gestützt auf den KGB und die Polizei eine landesweit agierende Sondereinheit zur Bekämpfung des organisierten Verbrechens zu schaffen; ebenso eine landesweite Steuerinspektion; die Schaffung eines einheitlichen Bankensystems; und das Recht der Minister, unmittelbar Entscheidungen zur Kontrolle der Wirtschaft zu treffen, etwa in den Fällen, in denen Reformen bestimmte Auswirkungen haben, die nicht im Einklang mit den bestehenden Gesetzen stehen. Andere sollen darüber urteilen, ob das mit den Ereignissen im August zusammenhing oder nicht.»

Die angesichts der Anwälte und der schwarzen Wagen naheliegenden Fragen im Zusammenhang mit dem Putsch wies er ab. Ich fragte ihn, wann er sich dem Notstandskomitee angeschlossen habe, und erhielt die wenig plausible Antwort: «Erst Mitte August, am 18.» Vor dem Staatsanwalt hatte er bereits ausgesagt, daß im Kreml an jenem Tag «die meisten Anwesenden nicht begriffen, was los war. Über Notstandsmaßnahmen hatte man zuvor diskutiert.» Nun ist er lediglich bereit hinzuzufügen: «Bereits 1990 wurde mit Gorbatschow die Einrichtung eines Regierungskomitees für den Notstandsfall erörtert. Gorbatschow war sich seit langem darüber im klaren, daß ein Machtvakuum bestand und gegebenenfalls erforderliche praktische Maßnahmen nicht ergriffen werden konnten.»

40 Der Vorsitzende

Der Putsch und die Verhaftung haben Anatolij Lukjanow altern lassen. Das wenige noch verbliebene Haar ist weiß geworden. Im Gefängnis schrieb er zwei Bände Gedichte und veröffentlichte sie. Es sind natürlich keine besonders guten Gedichte, aber intellektuell überragt er die anderen Verschwörer. Er ist stämmig, selbstsicher und spricht emphatisch. Sein politischer Aufstieg war begleitet von aufreibenden Machtkämpfen, die einen rauhen, harten Charakter geformt haben. Aus seinen braunen Augen blitzt Humor, aber es ist ganz klar, daß er sich mißbraucht fühlt. Manchmal fällt er aus der Rolle des *elder statesman*, und dann spürt man deutlich Zorn und Enttäuschung. Mit Vorliebe erzählt er, daß er lange vor Gorbatschow schon mit Molotow, Chruschtschow, Breschnew, Kossygin, Andropow und Tschernenko zusammengearbeitet habe: Er bringt gerne berühmte Namen ins Spiel. Im Gespräch zitiert er brillante Aussprüche, gesammelt bei seinen persönlichen Treffen mit Männern wie General de Gaulle und Harry Hopkins, dem zwielichtigen Berater von Präsident Roosevelt, dem man bisweilen noch Schlimmeres unterstellt hat, als ein verkappter Kommunist zu sein. Lukjanow sagt, im Gefängnis habe er 400 000 Briefe erhalten, darunter auch freundliche Schreiben von Margaret Thatcher und John Major.

Für das Amt des Vorsitzenden des Kongresses der Volksdeputierten brachte er die intime Kenntnis aller legalen und illegalen juristischen Kniffe und Obstruktionsstrategien mit. Geradezu legendär wurde seine Taktik, das Mikrofon abzuschalten, wenn ein Deputierter etwas Mißliebiges sagte, und jenen Deputierten, die man bei Laune halten mußte, mit Privilegien wie etwa einem Auto zum Sonderpreis zu winken. «Ich betrachte mich nicht als professionellen Politiker, sondern als Anwalt.» Diese beiläufige Bemerkung ist aufschlußreich für seine Einstellung zum Recht wie zur Politik. «Die Funktion des Vorsitzenden im russischen Kongreß hat nur wenig mit der entsprechenden Position im englischen Parlament gemeinsam. Zu meiner Aufgabe gehörten ständige Manöver mit Deputierten. Ich mußte versuchen, Koalitionen zu schmieden, für bestimmte Auffassungen werben, Witze mit ihnen machen. Der Vorsitzende ist der wichtigste Motor für die Zusammenarbeit und das Bindeglied zwischen verschiedenen Gruppierungen. Ich hatte häufiger Anlaß, mich mit Sacharow zu treffen als mit den Kommunisten. Ich erinnere mich an ein Gespräch mit einer Gruppe Sowjetologen in Oxford. Sie konnten einfach nicht begreifen, warum ich als Vorsitzender das Parlament unbedingt auf diese Weise manipulieren mußte.»

Gorbatschow hatte in der Studentenzeit einen Freund namens Andrej Lukjanow, und der sowjetische Historiker Roy Medwedew verwechselte diesen Andrej mit Anatolij. Seither konnte man immer wieder lesen, Anatolij stehe seit langem in enger Verbindung zu Gorbatschow. «Ich war zwei Klassen über ihm in der Oberschule, aber wir wohnten im selben Wohnheim. Ich kannte den jungen Gorbatschow und seine spätere Frau einigermaßen gut. Das war 1950. Als er nach Moskau an die Universität kam, hatte man ihn bereits mit dem ‹Roten Arbeits-Banner› ausgezeichnet für seine Arbeit als Erntehelfer bei seinem Vater. Im Komsomol war er sehr aktiv, und er war der marxistischen Ideologie in der damals aktuellen stalinistischen Variante ganz und gar ergeben. Stalins Tod traf Gorbatschow schwer, es war ein persönlicher Schlag für ihn. Im Studium war er ziemlich gut, wenngleich nicht herausragend; er war das für die damalige Zeit typische Beispiel eines politisch aktiven Komsomol-Studenten. Er gehörte zu diesen jungen Enthusiasten, die das Bestehende zerschlagen wollten, ohne sich Gedanken zu machen, was danach kommen sollte.»

Gorbatschow kehrte dann nach Stawropol zurück, während Lukjanow an der Moskauer Universität eine Doktorarbeit schrieb und Leiter der dortigen Komsomol-Sektion wurde. 1977 verkündete Breschnew eine neue Verfassung, und damit waren personelle Veränderungen verbunden. Lukjanow wurde zum Leiter des Sekretariats des Präsidiums des Obersten Sowjets ernannt und war verantwortlich für den angeblich umgestalteten parlamentarischen Apparat. Im selben Jahr wurde Gorbatschow als Deputierter in den Obersten Sowjet gewählt. Von da an standen die beiden Männer «in mehr oder weniger regelmäßigem Kontakt». Lukjanow betont, der Oberste Sowjet sei keine bloße Formalität gewesen, weil seine zahlreichen ständigen Ausschüsse das ganze Jahr über tagten und Gesetze auf den Weg brachten.

«In meiner Gegenwart sagte Gorbatschow vor 1985 kein Wort über größere Veränderungen im Land. Im Gegenteil, er schien sich mit seinen Vorhaben und Zielen ganz und gar an der spezifischen Form des sowjetischen Sozialismus auszurichten. Er war Breschnew, Andropow und sogar Tschernenko ein äußerst loyaler Kollege. Wenn man seine Reden und seine offiziellen Berichte vor dem XXVI. und XXVII. und XXVIII. Parteitag und vor der XIX. Parteikonferenz betrachtet, dann fällt auf, daß er immer betont, Perestrojka sei ein Weg, den Sozialismus zu modernisieren und zu vertiefen, nicht aber, ihn zu zerstören. Nur so kann man Perestrojka verstehen. In keinem Stadium gab es auch nur den geringsten Zweifel daran, daß wir uns auf dem Weg zur Vervollkommnung des Sozialismus befanden. 1985, als Gorbatschow Generalsekretär wurde, arbeitete ich mit ihm an dem Bericht für die Plenarsitzung des Zentralkomitees im April, mit dem der ganze Prozeß der Perestrojka in Gang gesetzt wurde. Wir schlugen vor, die Einführung neuer Technologien zu beschleunigen. Unser Motto hieß: ‹Mehr Demokratie, mehr Sozialismus.›»

Lukjanow und Jelzin machten im Gleichschritt Karriere. «1985 wohnten wir im selben Haus und waren sehr gut miteinander bekannt. Wir waren beide Sekretäre im Zentralkomitee mit dem einzigen Unterschied, daß ich für Rechtsfragen zuständig war und er für das Bauwesen. 1986 wurde Jelzin Parteichef von Moskau und gleichzeitig Kandidat des Politbüros. Ich wurde wenig später Kandidat, 1988, als ich zu Gorbatschows erstem Stellvertreter gewählt wurde. Jelzin, Ligatschow und Leute wie ich, wir alle unterstützten die Perestrojka. Alle Genossen einschließlich Gorbatschow handelten in der Überzeugung, daß sie für einen besseren, erneuerten Sozialismus arbeiteten. Hätte Gorbatschow angekündigt, daß er eine neue Gesellschaftsordnung anstrebe, hätte er ganz allein dagestanden. Als einziger wäre vielleicht noch Jakowlew auf seiner Seite gewesen. Er ist ein besonderer Fall. Schon 1985 hatte ich heftige Auseinandersetzungen mit ihm, weil er bestimmte Ideen kultivierte, die er aus Kanada mitgebracht hatte, zum Beispiel das Mehrparteiensystem, die Möglichkeit, Land zu kaufen und zu verkaufen, und das Privateigentum. Damals hatte Gorbatschow überhaupt kein Ohr für seine Vorstellungen.

Wir alle haben in unseren Köpfen das festgefügte Bild von Gorbatschow, dem Jungen vom Lande, aus Stawropol, der allmählich den Gedanken einer Modernisierung des Sozialismus aufgibt und sich höheren akademischen Autoritäten beugt, allen voran Jakowlew, dann auch Schatalin, Aganbegjan, Abalkin, Petrakow, die alle zu unterschiedlichen Zeiten sein Denken beeinflußten. Er hatte selbst keine genaue Vorstellung von dem, was er wollte und was er tat, und schwankte zwischen dem einen und dem anderen Standpunkt hin und her. Je mehr er schwankte, desto isolierter stand er da. Zuerst verließ ihn die alte Garde der Partei, Männer wie Gromyko, Dolgich und Solomenzew. Dann waren die Weggefährten von 1985 an der Reihe, Ligatschow und Ryschkow. Männer wie Jakowlew und Schewardnadse gründeten, nachdem ihre Versuche gescheitert waren, Gorbatschow auf ihre Seite zu ziehen, ihre eigene Bewegung für eine demokratische Reform und drifteten in diese Richtung ab. Zum Schluß verlor er all jene, die bis zur letzten Minute geglaubt hatten, daß er recht habe, und die ergeben mit ihm zusammengearbeitet hatten, nämlich Krjutschkow, Jasow, Baklanow, Schenin und mich.»

Obgleich es nach außen hin wie reine Taktik aussah, waren dies echte Kämpfe, die unentschieden blieben und das zerstörerische Potential in sich bargen, das im August 1991 durchbrach. Lukjanow hat nichts vergessen; am liebsten würde er wieder in den Kampf ziehen. In der Absicht, Ligatschows Machtbasis zu vernichten, löste Gorbatschow das Sekretariat des Zentralkomitees auf, ohne dabei zu bedenken, daß dies den Verlust der Kontrolle über die Partei bedeutete. Das war Verrat.

Dann war Ryschkow an der Reihe. Wieder wurde, um einen einzigen Menschen auszuschalten, eine ganze Institution zerstört, die dessen Machtbasis gewesen war. «Nehmen wir als Beispiel die eine Nacht vom 16. auf den 17. November, als Gorbatschow beschloß, sich von Ryschkow zu trennen. Spätabends am 16. rief er mich an und teilte mir seinen Entschluß mit. Frühmorgens am nächsten Tag informierte er Ryschkow. Er ging so vor, daß er den Ministerrat in ein Präsidialkabinett verwandelte, wodurch Ryschkow seinen Posten verlor. Im Kabinett war für Ryschkow kein Platz. Ich sagte Gorbatschow, er könne zwar heute Ryschkow in die Wüste schicken, aber sechs Monate später würden wir die Folgen erleben in Form von Chaos und Auflösung im Kongreß. ‹Und seien Sie sich darüber im klaren›, sagte ich ihm, ‹daß Sie drei Monate nach dem Zusammenbruch des Kongresses nicht mehr Präsident sein werden.› Ich habe mich nur um drei Tage verschätzt. Am 5. September löste sich der Volkskongreß der UdSSR auf, und am 8. Dezember verlor Gorbatschow de facto das Präsidentenamt. Ich wußte, auf welcher Grundlage die Opposition arbeitete. Ich hatte an den Nowo-Ogarjowo-Gesprächen teilgenommen. Jelzin, Krawtschuk und Nasarbajew waren bereit, vieles, was sie Gorbatschow nicht direkt sagen wollten, mir zu sagen.

Gorbatschow lebte die ganze Zeit in der Illusion, daß es ihm irgendwie gelingen würde, seine Haut zu retten und an der Macht zu bleiben, wenn er die Männer ausschaltete, die als konservativ gebrandmarkt waren. Breschnew oder Andropow hatten begriffen, daß sie ohne die Partei nichts waren. Bedauerlicherweise hatte Gott dem einstigen Komsomol-Aktivisten Gorbatschow keine solche Einsicht verliehen. Es war kein ausgeklügelter Plan, und ich will ihm auch keine finsteren Motive und keinen schlechten Charakter unterstellen oder seine vielen positiven Seiten schmälern. Er ließ sich blenden von der Vorstellung, daß das Land und das Volk ihn als Individuum brauchten. Ihm kam nicht in den Sinn, daß er schließlich selbst überflüssig sein würde, wenn er erst einmal die Partei und den Sozialismus und die alten Genossen abgeschafft hatte.

Die Radikalen vom linken Flügel brauchten ihn nur für den Zeitraum des Machtwechsels. Sobald er endgültig von seinem roten Pferd auf ein weißes Pferd gewechselt hatte, räumten sie ihn genauso unbarmherzig aus dem Weg, wie er es zuvor mit Ligatschow und Ryschkow praktiziert hatte. Jelzin erklärte sich erst 1990 zum Befürworter des Kapitalismus. Die Ereignisse vom August waren das vorhersehbare Ergebnis jener Entwicklungen.

Im Oktober 1987, als Jelzin aus dem Politbüro ausgeschlossen wurde, sagte ich zu Gorbatschow, daß er dabei sei, ein Ungeheuer zu schaffen. Aber er hörte bei unangenehmen Feststellungen nie richtig zu.»

Jelzins Chance kam, als die XIX. Parteikonferenz die Schaffung des Volksdeputiertenkongresses beschloß. Begriff Gorbatschow denn nicht, daß damit eine alternative Machtbasis entstand, auf die Jelzin sich stützen konnte, und das mit größerer Legitimität?

«Wir dürfen nicht vergessen, daß Jelzin noch ein Niemand war, als er seinen Posten verlor. Er ist ein Technokrat mit dogmatischen Ansichten und nicht sehr gebildet. Gorbatschow hatte ihn beleidigt, das reichte. Aber allein konnte er nichts machen. Seine politische Karriere begann erst richtig, als die Kräfte, die gegen Gorbatschow, gegen die Sowjetunion und gegen den Kommunismus waren, beschlossen, daß er jemand sei, den sie für ihre Zwecke einspannen könnten. Alles, was seither geschehen ist, ist mehr oder weniger ein Ergebnis der Manipulation Jelzins durch diese antikommunistischen, prokapitalistischen Kräfte. Ich habe diese Entwicklung von Anfang an beobachtet. Vor meinen Augen hat sich die Interregionale Abgeordnetengruppe im Volkskongreß als antisozialistische Bewegung zusammengefunden. Anfangs hätten sie, so sagte mir Sacharow persönlich, Zweifel an Jelzins intellektuellen Fähigkeiten gehabt. Dann gelangten Afanasjew, Sacharow, die Saslawskaja und andere zu der Überzeugung, daß sie ihn auf ihre Seite ziehen und für ihre Zwecke ausbeuten könnten.

Die sowjetische Presse und Literatur machten einen einzigen Mann dafür verantwortlich, daß der ehemalige Oberste Sowjet in den Kongreß der Volksdeputierten umgewandelt wurde, nämlich mich. Und das ist richtig. Ich habe Gorbatschow die Idee vorgetragen, und er fand sie gut. Weil es in einem Wahlsystem darauf ankommt, als erster durchs Ziel zu gehen, werden solche Bevölkerungsgruppen wie Bauern, Arbeiter und Frauen nicht mehr im Obersten Sowjet vertreten sein und automatisch durch junge Intellektuelle und Akademiker vom Typ eines Sergej Stankewitsch ersetzt werden, der natürlich in einer Wahl, wo man die Mehrheit erringen muß, gegenüber der Dorfbriefträgerin immer die Nase vorn haben wird. Der repräsentative Charakter dieses zentralen Machtorgans mußte aber erhalten bleiben. Darum sollte der Kongreß aus einer Kombination von Abgeordneten bestehen, manche sollten innerhalb eines bestimmten Gebiets gewählt werden, andere auf Listen von Vereinigungen, Kolchosen, autonomen Regionen, Frauenverbänden und so weiter. Wenn die Leute mir vorwerfen, ich hätte das Monster ins Leben gerufen, als das der Kongreß der Volksdeputierten sich schließlich entpuppte, dann antworte ich mit dem Hinweis, daß Männer wie Popow, Sacharow und Afanasjew alle von akademischen Einrichtungen entsandt und nicht von einer Mehrheit gewählt wurden. Wenn es den Kongreß nicht gegeben hätte, wären sie nie in Machtpositionen gelangt.»

Wir können das auch umdrehen: Es wurde Jelzin leicht gemacht, die demokratische Karte zu spielen.

«Er war die Hefe, dank der die ihn unterstützenden Radikalen politisch nach oben kamen. Ich war nicht so blauäugig, zu glauben, daß der Kongreß eine folgsame Kreatur sein würde. Ich hoffte, wir könnten die russische Tradition der Bauerngemeinden weiterführen, die üblicherweise mehr als 2000 Mitglieder hatten. Mir wurde dann klar, daß ein solches Gremium zu groß wäre, um Gesetzentwürfe zu erarbeiten und die Details der Regierungs- und Verwaltungsarbeit zu erledigen. Aber in einer Phase des Übergangs ist es ein wichtiges Forum, auf dem die öffentliche Meinung sich ausdrücken oder sich überhaupt erst bilden kann. Ein derartiges Repräsentativorgan ist ein wichtiges Ventil, über das Druck entweichen kann.»

Wann erkannte Gorbatschow, daß Jelzin eine Gefahr für ihn war?

«Anfang 1990. Im März jenes Jahres ließ er sich zum Präsidenten ernennen in der Hoffnung, er könnte so die wachsende Bedrohung abwehren, die von Jelzin ausging. Noch im Mai wandte er sich im Volksdeputiertenkongreß deutlich gegen Jelzin, und da war er sich immer noch nicht der Tatsache bewußt, daß Jelzin dabei war, ein Führer zu werden, ein Führer Rußlands. Jelzin wurde mit nur vier Stimmen Mehrheit zum Vorsitzenden des Obersten Sowjets Rußlands gewählt, und damals sagte ich ganz offen zu Gorbatschow: ‹Jetzt beginnt die Zerstörung der Sowjetunion.› Tatsächlich hatte die Zerschlagung der Sowjetunion schon zwei Jahre zuvor mit Nagornyj-Karabach begonnen. Es gibt viele unterschiedliche Typen von Politikern. Manche betreiben Politik als Schachspiel und planen zehn oder fünfzehn Züge voraus. Andere denken höchstens drei Züge voraus und überlassen das weitere der Intuition. Gorbatschow ist immer nur drei Züge voraus. Er hat mir oft vorgeworfen, daß ich zu kompliziert spielen und die Dinge zu weit zurück und zu weit vorwärts berechnen würde.»

Ab Ende 1989 trennten sich Lukjanows und Gorbatschows Wege allmählich. Neumodische Institutionen führten zu einem sehr altmodischen, aber typischen Machtkampf. «Als Gorbatschow den Gedanken erwog, mit Hilfe des Politbüros ein Präsidentenamt zu schaffen, sprachen Ryschkow und ich uns im Politbüro dagegen aus. Meiner Ansicht nach war das Amt eines Präsidenten für das sowjetische System gänzlich unpassend und unnötig. Es würde eine Parallelregierung schaffen. Als Gorbatschow dann Präsident wurde und ich Vorsitzender des Kongresses war, begannen die Konflikte, und die Distanz wuchs, nicht zwischen uns als Personen, sondern als Vertretern der parlamentarischen und der präsidialen Struktur. Die Kluft wurde immer größer. Gorbatschow versuchte ständig, dem Parlament die kalte Schulter zu zeigen und es zu ignorieren. Der Konflikt erreichte seinen Höhepunkt im Frühjahr 1991, als Gorbatschow die Präsidenten der Republiken zu den Nowo-Ogarjowo-Gesprächen zusammenrief und alle legislativen Institutionen einfach überging.

Gorbatschow versuchte die ganze Zeit über, mich in den Nowo-Ogarjowo-Prozeß einzubinden, und ich habe mir die Gespräche mit angehört, aber mir wurde nicht gestattet, in meiner Eigenschaft als Vorsitzender die Meinung des Kongresses einzubringen. Wenn ich mich Gorbatschows Position angenähert hätte, hätte mich der Kongreß zermalmt. Ich konnte die Meinung des Parlaments nur dadurch zum Ausdruck bringen, daß ich versuchte, mich gegen die verschiedenen Vorschläge mehrerer Präsidenten, darunter auch Gorbatschow, zu wehren. Der von Jelzin, Krawtschuk und Nasarbajew vorgeschlagene Unionsvertrag, dem Gorbatschow zuzustimmen bereit war, sah eher einen Staatenbund als einen Bundesstaat vor. Das stand in direktem Widerspruch zur Verfassung und zu dem Referendum, bei dem zwei Drittel für die Erhaltung der Union gestimmt hatten. Vom Willen des Kongresses brauche ich gar nicht erst zu reden.

Offen eingestanden habe ich den Bruch mit Gorbatschow in meiner Rede vor dem Plenum am 26. Juli 1991. Darin ging es mir vor allem um drei Punkte. Wir konnten die Frage der Modernisierung des Sozialismus nicht ignorieren, wir konnten die sowjetische Form der Staatsverwaltung nicht aufgeben, und wir hatten nicht das Recht, das Land in einen Staatenbund zu verwandeln. Meine Rede war so beißend und scharf, daß die *Prawda* davor zurückschreckte, sie ganz abzudrucken, und so erschien sie dann einen Tag später in der *Sowjetskaja Industrija*. Das ZK-Plenum nahm die Rede mit begeistertem Beifall auf. Der einzige im Raum, der nicht klatschte, war der Generalsekretär. Verschiedene Historiker haben seither nachzuweisen versucht, daß das Plenum hoffte, mich als Parteiführer einzusetzen, aber das war nicht der Fall. Ich strebte ganz und gar nicht nach einem solchen Posten, sondern bemühte mich im Gegenteil, Gorbatschows Interessen zu wahren und ihn rechtzeitig auf Fehler aufmerksam zu machen. Aber damals waren die Widersprüche schon unüberwindlich. Viele Leute sagten mir, daß ich mit jener Rede mein Todesurteil unterschrieben habe.«

Welche Pläne hatte das Notstandskomitee zu der Zeit, als Sie diese Rede hielten?

«Es existierte nicht.»

Nicht einmal im geheimen?

«Ich gehörte dem Komitee nicht an. Es existierte formell nicht, und ich weiß darüber nur das, was ich im Zusammenhang mit den Ermittlungen gegen die Mitglieder erfahren habe. Der Gedanke, den Ausnahmezustand zu erklären, tauchte ungefähr zehn Tage nach meiner Rede auf. Am 3. August sprach Gorbatschow im Kabinett selbst davon, daß es notwendig sei, den Ausnahmezustand zu verhängen. Ich war zu dem Zeitpunkt nicht in Moskau, sondern machte Ferien in der Nähe von Nowgorod. Soweit ich weiß, trafen sich einige Mitglieder des Notstandskomitees um den 6. August herum und entschieden, daß es unbedingt nötig sei, den Ausnahmezustand zu verhängen, um die Ratifizierung der Nowo-Ogarjowo-Vereinbarung zu verhindern und damit das Land zu retten. Sie waren ehrlich davon überzeugt, daß sie zum Wohle der Sowjetunion handelten. Zu der Zeit wurde der Ausnahmezustand lediglich erwogen. Es waren alles Leute aus Gorbatschows engstem Kreis, die ihm sehr nahestanden. Am 18. August fuhren einige von ihnen zu ihm auf die Krim, um seine Zustimmung zur Erklärung des Ausnahmezustands einzuholen. Angesichts seines Konflikts mit Jelzin rechneten sie fest damit, daß er mit dem Vorschlag einverstanden sein würde.

Ich wußte nichts über diese Reise auf die Krim. Ich wurde erst nach der Rückkehr der Delegation nach Moskau gerufen. Als ich am 18. August dort ankam, am Vorabend des Putsches, erklärte ich den Mitgliedern des gerade gegründeten Notstandskomitees, daß ihr Plan von vornherein zum Scheitern verurteilt sei. Ihr nach wie vor bestehendes Vertrauen zu Gorbatschow, ihre Unentschlossenheit und ihre Festlegung, Blutvergießen um jeden Preis zu vermeiden – angesichts all dieser Faktoren war das Schicksal des Aufstands besiegelt. Ich versuchte ihnen klarzumachen, daß die Schritte, die sie unternehmen wollten, äußerst schlecht durchdacht waren und unvermeidlich zur Vernichtung der Kommunistischen Partei führen würden, was wir ja dann auch erlebten. Die Partei mußte in den Plan mit eingebunden werden.»

Dies ist, insgesamt gesehen, ein Paradebeispiel für das, was die Sowjets meinten, wenn sie von «Provokation» sprachen. Die Befürworter des geplanten Vertrages hatten die Gegner verführt oder vielmehr regelrecht herausgefordert, zu den schlimmsten Mitteln zu greifen. Mit informellen Gesprächen war nichts mehr auszurichten. Ihre Möglichkeiten waren in diesem Stadium ausgeschöpft, und die Reden, Artikel und Intrigen mußten nun den Panzern weichen. Der Einsatz von Panzern, ohne daß die Führung bereit war, für einen Sieg notfalls auch unbegrenzt viele Opfer in Kauf zu nehmen, war mehr als nutzlos; es war eine theatralische Geste, die sich bald als kontraproduktiv erwies. In einer Situation, in der Gewaltanwendung entscheidend hätte sein können, wirkte bloßes Säbelrasseln lächerlich und schlug fast sofort zum Nachteil des Notstandskomitees aus. Weil die Mitglieder des Notstandskomitees nur halbherzig zu Werke gingen, um Lukjanows vernichtenden Ausdruck zu benutzen, machten sie den entscheidenden Fehler und spielten damit ihren Gegnern in die Hände.

«Separatistische Kräfte nutzten die Verschwörung später, um die Sowjetunion zu zerstören und um sich selbst vom Zentrum zu lösen mit der Begründung, das Zentrum habe versucht, alle Macht an sich zu reißen. Mit dem Putsch rechtfertigte man die Zerschlagung der Streitkräfte und des Sicherheitsapparates, indem man sagte, sie seien in die Verschwörung verwickelt gewesen. Die Menschen registrierten das alles gleichgültig. In der Umgebung von Moskau wurde nicht in einem einzigen Betrieb gestreikt. Nach großzügiger Schätzung strömten von elf Millionen Menschen gerade einmal 20000 zum Weißen Haus. Eine einzige Einrichtung trat in Moskau in den Ausstand, nämlich die Börse. Die Broker und Händler stellten aus ihren Reihen eine hundert Mann starke Truppe zur Verteidigung des Weißen Hauses zusammen. Aufstrebende Geschäftsleute schickten den Verteidigern des Weißen Hauses Nahrungsmittel und Wodka, während im Innern der Börse eine 100 Meter lange russische Fahne mit ihren drei Streifen zusammengenäht wurde, die man dann durch die Straßen trug. Nur wenigen fiel auf, daß es eine Handelsflagge aus vorrevolutionärer Zeit geworden war, ganz und gar nicht die russische Fahne. Die heute gültige russische Fahne ist schwarz, gelb und weiß.»

Wie reagierte das Notstandskomitee auf Ihre warnenden Worte über die wahrscheinlichen Konsequenzen seines Handelns?

«Sie sagten: ‹Tut uns leid, aber damit kommst du jetzt zu spät. Wir haben bereits mit Gorbatschow gesprochen und alle Brücken hinter uns abgebrochen.› Aus diesem Grund stellte ich mich schützend vor den Kongreß und versuchte, seine Unabhängigkeit gegenüber dem Notstandskomitee und auch gegenüber Jelzin zu verteidigen.

Die Ereignisse vom August waren so etwas wie der mit einer Platzpatrone abgegebene Startschuß für den langen, gewaltsamen Prozeß der Umwälzung der gesellschaftlichen Strukturen und Institutionen. Die Form des Kapitalismus, die man hier einführen will, wird in Rußland keine Wurzeln schlagen können. Wir haben es mit einer euro-asiatischen Macht zu tun, die eigene soziale Gepflogenheiten hat, eine eigene Haltung zum Eigentum und eigene Vorgehensweisen. Wir haben einen weitaus höheren Grad von Kollektivismus und vorgegebenen Entscheidungen als China oder Indien. Welche Entschädigung gab es für den Verlust der Menschenrechte? Es ist kein Geheimnis, daß jeder einzelne Sowjetbürger sich als Mitglied einer großen und mächtigen nationalen und staatlichen Einheit fühlte. Das ist nun vorbei. Jede Partei, die dieses Gefühl aufgreift, wird enormen Zulauf haben. Wie Sie sehen, wandert Rußland auf einem schmalen Grat zwischen dem Faschismus auf der einen Seite und dem Bürgerkrieg auf der anderen.»

41 «Was machen Sie denn hier?»

In den Annalen der Massenmedien gibt es kaum ein Ereignis, das der Pressekonferenz vergleichbar wäre, die am 19. August im Kreml stattfand. Vor den erstaunten Augen von Journalisten aus aller Welt wurde deutlich, daß das Notstandskomitee aus Männern bestand, denen die Entschlossenheit fehlte, ihre Drohungen wahrzumachen. Fernsehkameras richteten sich auf Janajews Hände, die vor unbeherrschbarer Furcht zitterten, während er sprach. Die Verachtung für die selbsternannten Retter auf dem Podium wurde deutlich sichtbar. Einer von ihnen war ein praktisch unbekannter Mann, der Vorsitzende der Landwirtschaftsunion, ein gewisser Wassilij Starodubzew. Unter den Zuhörern saß Alexander Bowin, ein großer, leutseliger Mann und ein führender politischer Kommentator. Er wandte sich mit einer Frage speziell an Starodubzew: «Wir verstehen, warum die anderen hier sind, aber was machen Sie denn hier?»

Um mich mit Starodubzew zu treffen, mußte ich vor dem Morgengrauen in Moskau aufbrechen und vier Stunden in Richtung Tula aufs Land hinaus fahren, nach Nowomoskowsk. Seit dreißig Jahren ist Starodubzew unangefochten Leiter der W.-I.-Lenin-Kolchose. Das weit und breit größte Gebäude ist der zentrale Block, in dem er sein Büro hat. Auf dem Tisch wartete bereits eine Flasche Kognak: reines Feuerwasser, das man nicht trinkt, sondern die Kehle hinunterschüttet.

In Starodubzews Augen war Gorbatschow ein «aalglatter, karrieresüchtiger Funktionär». Seit 1989 habe er mehrere zwei- bis dreistündige Unterredungen mit Gorbatschow gehabt und ihn zu der Einsicht zu bringen versucht, daß «man anstelle dieser halb spontanen Reformen ein richtiges Programm erarbeiten sollte und vor allem ein regelrechtes marktwirtschaftliches Konzept mit den entsprechenden gesetzlichen Grundlagen. Ich habe kein Blatt vor den Mund genommen, und Gorbatschow hat genauso geantwortet. Heute bin ich davon überzeugt, daß Gorbatschow das Land betrogen hat. Der Erzschurke war Jakowlew, der schon lange zuvor dem Westen alles verraten hatte. Es hatte keinen Zweck, Gorbatschow auf irgend etwas festzunageln. Er versuchte immer, sich zwischen den Problemen irgendwie durchzuschlängeln.»

Janajew, so Starodubzew weiter, habe ihn am Morgen des 19. angerufen. Er sei daraufhin zum Kreml geeilt und habe sich mit den anderen getroffen. «Das Notstandskomitee bestand aus lauter Regierungsmitgliedern, bis hinauf zum Vizepräsidenten. Ich habe ein reines Gewissen. Ich handelte ausschließlich im Interesse der Arbeiter in der Landwirtschaft. Das Notstandskomitee hätte Gewalt anwenden können, wenn es gewollt hätte, aber es hatte sich eine andere Aufgabe gestellt. Es verhängte den Ausnahmezustand, ohne Gewalt einzusetzen. Es war einfach nicht vorhersehbar, daß Prostituierte, Homosexuelle, Drogenabhängige und andere solche Elemente das Weiße Haus verteidigen würden. Jelzin ist ebenfalls ein Verräter ersten Ranges. Meiner Ansicht nach wußte Gorbatschow ganz genau, was los war. Er ist ein weicher, wankelmütiger Charakter und wäre jederzeit umgefallen; er war einfach nicht bereit, die Verantwortung für den Ausnahmezustand zu übernehmen. Wenn wir Erfolg gehabt hätten, wäre er sofort auf unserer Seite gewesen.»

Ich blickte über den Tisch hinweg in das dunkle Schurkengesicht mit den blutunterlaufenen, unruhig umherschweifenden Augen, hörte dem trügerischen Geschwafel zu, und plötzlich kam es mir so vor, als sei ich geradewegs in eine Szene aus Gogols genialem Roman *Die toten Seelen* hineingeraten. Es war wie eine Halluzination. Er hätte einer der von Gogol unnachahmlich dargestellten niederträchtigen Gutsbesitzer aus dem vorigen Jahrhundert sein können, der mit Grobheit und Unwissenheit Privilegien verteidigt, ohne daß ihm bewußt wird, wie sehr er sich selbst dabei bloßstellt. Starodubzew unterschied sich in nichts von einem Sklavenhalter. Ich fragte ihn, wie sich die Ära Gorbatschow für seine Bauern ausgewirkt habe. «Sie machten weiter wie zuvor, säten und ernteten.» 1 500 arbeiten unter ihm, und «nur einer hat bisher den Wunsch geäußert, selbständig zu werden». Hatte Gogol nicht auch schon das letzte Wort über Jelzin und Gorbatschow gesprochen? «Lange Zeit konnte ich es einfach nicht glauben. Iwan Iwanowitsch hat sich mit Iwan Nikiforitsch entzweit! So angesehene Männer! Gibt es denn noch irgend etwas von Bestand in dieser Welt?»

Er brachte mich zu zwei Gutsverwaltern. In einem besonderen Speisezimmer wurden uns kalte Vorspeisen serviert, *sakuski,* gefüllter Fisch, Huhn, italienischer Wein. Das Gelage sollte das eigentliche Tagesprogramm sein, etwa nach dem Motto: Wenn der Bauch voll ist, ist das Gehirn leer. Anschließend wurde ich auf dem Gelände herumgeführt. Wir kamen zu einer Kirche – früher wahrscheinlich das Gotteshaus des benachbarten Dorfes –, die im Krieg zerstört worden war, weil die Deutschen oben auf dem Turm ein Maschinengewehr postiert hatten, und später wieder aufgebaut wurde. Dort fand gerade eine Taufzeremonie für zwanzig bis dreißig Kinder statt. Einige wenige waren Säuglinge, die getragen wurden, die meisten waren feierliche kleine Schuljungen und -mädchen. Die Eltern schauten verlegen. Der Priester, ein bartloser junger Mann, trug einen blaßblauen Arbeitskittel aus Nylon, wie man ihn in einem Eisenwarenladen oder in einem Lebensmittelgeschäft trägt. Sein abgewetzter Hosenboden und seine polierten Schuhe paßten nicht zueinander. Jemand flüsterte mir ins Ohr, bis vor kurzem sei er noch Eisenbahnarbeiter gewesen. Offensichtlich war er mit den Regeln des Gottesdienstes nicht vertraut, er erklärte den Leuten ständig, daß sie sich jetzt hierhin und dann wieder dorthin wenden sollten. Er stammelte Entschuldigungen. Als die kleine Versammlung wegging, sah es so aus, als röteten sich die Gesichter.

Die Unschuld und das offenkundige Vertrauen waren zutiefst anrührend. Ich dachte, daß dies hier das perfekte Bild des neuen Rußland sei, in dem für Leute wie Starodubzew kein Platz sein würde. Doch auf dem Heimweg mußten wir eine Brücke über den

Fluß Oka passieren. Im Dämmerlicht und der Leere der frühen Morgenstunden hatte ich nicht bemerkt, was für ein reißendes Gewässer dies war. Hier bot sich ein entgegengesetztes, aber genauso treffendes Bild: Die Fahrbahn verengte sich an dieser Stelle auf zwei schmale Spuren auf einem hohen Viadukt. Der Beton war an vielen Stellen ausgewaschen, Teile des Geländers fehlten, und was übrig war, knackte und bröckelte. Die ganze Konstruktion wirkte wenig vertrauenerweckend. Die Fahrbahn war ebenfalls ausgewaschen, man sah das darunterliegende Drahtgeflecht, das geborsten war, so daß an etlichen Stellen scharfe Spitzen emporragten. Mehrere Autos waren mit durchstochenen Reifen liegengeblieben und mußten an Ort und Stelle repariert werden, und es konnte immer nur ein Auto oder LKW auf einmal um die Hindernisse auf der Fahrbahn herumkurven. Ein Fahrer nach dem anderen versuchte die Durchfahrt zu erzwingen und fuhr bis über die Fahrbahnbegrenzung, wenn er glaubte, auf einer Seite vorbeizukommen. Es war die Hölle für manche, resigniertes Abwarten für andere, Stunden des Leids für alle. «Was bedeutet diese Schauder erregende Bewegung?» heißt es in einer berühmten, prophetischen Stelle in den *Toten Seelen,* «Rußland, wohin jagst du, gib Antwort. Es erwidert nichts.»

Nachwirkungen

Eine Machtübergabe innerhalb dieses Systems war bisher immer von einigen wenigen, konspirierenden Männern organisiert worden. In der jüngeren Vergangenheit hatten Breschnew und seine Genossen den ungeliebten Chruschtschow aus dem Weg geschafft. Aber Jelzins Machtübernahme erfolgte ganz offen. Er stand auf einem Panzer vor dem Weißen Haus und bot dem Notstandskomitee vor aller Augen die Stirn. Das erforderte bemerkenswerte Tapferkeit. Er erhob den Anspruch, Demokrat zu sein, appellierte an alle Russen und bekannte sich schließlich wenigstens formell zu repräsentativen Verfahren und Institutionen wie Wahlen und einem Parlament. Da er begonnen hatte, von Rechten und persönlicher Freiheit zu sprechen, mußte er diese neue Linie dann auch bis zum Ende verfolgen. Es war aber dennoch eine Überraschung, daß der Sieg über Gorbatschow notwendigerweise zum Zusammenbruch der beiden Elemente führte, deren Ineinandergreifen die Gesellschaft zu dem gemacht hatte, was sie war: der Partei und der Sowjetunion.

Die Partei hatte die Macht fest im Griff, weil der KGB und die Armee, die beiden Wächter des Geheimpolizeistaats, hinter ihr standen. Während des August-Putsches gelang es Jelzin, die Mehrheit im KGB und in der Armee in Rußland auf seine Seite zu ziehen. Damit war er der Gewinner im großen, entscheidenden Machtkampf. Doch die Organisationen, deren Aufgabe es war, den Willen der Partei durchzusetzen, gerieten dadurch in einen unauflösbaren Loyalitätskonflikt. Indem die Partei die Macht nicht entschlossen in ihrem eigenen Interesse nutzte, hatte sie ihr Entscheidungsmonopol verwirkt. Der marxistischen Lehre lief das vollkommen zuwider, und es widersprach auch dem Wesen der Partei.

Umgekehrt verlor Gorbatschow seinen Rückhalt im Militär und im KGB. Potentielle Verbündete unter den Generälen und Funktionären, die an der Sowjetideologie festhielten und bereit waren, sie gewaltsam durchzusetzen, hatten sich offen von ihm abgewandt, als sie Krjutschkow und Jasow folgten. Darüber hinaus waren sie nun diskreditiert, denn über den Rädelsführern schwebte der Vorwurf des Verrats. Bis zum Ende des Monats waren alle, die konnten, zu Jelzin übergelaufen, und die anderen, die durch Unterstützung des Notstandskomitees oder durch eine enge Verbindung zu Gorbatschow kompromittiert waren, hatten ihre öffentlichen Positionen verloren. Die Zeiten hatten sich geändert: Früher hätte man mit ihnen wie mit vielen Armee- und KGB-Generälen kurzen Prozeß gemacht, und sie hätten in den Zellen der Lubjanka eine Kugel in den Hinterkopf bekommen, jetzt bekamen sie eine Pension.

Nach seiner Rückkehr von der Krim sagte Gorbatschow, er finde sich in einem anderen Land wieder – so grundlegend und jäh hatte sich die politische Landschaft verändert, nachdem es der Partei nicht gelungen war, ihren Willen durchzusetzen. Gorbatschow hätte geradewegs zum Weißen Haus fahren und einen Bund mit Jelzin schließen können; er hätte auch versuchen können, neue Generäle an die Spitze des KGB und der Armee zu bringen, um beide Organisationen von Jelzin abzuziehen. Statt dessen zog er sich in den Kreml zurück und versicherte bei jeder sich bietenden Gelegenheit, daß er mehr denn je ein überzeugter Kommunist sei und erwarte, daß eine erneuerte Partei in der Zukunft Großes leisten werde. Aber seine Versprechen waren wie seine Drohungen nur noch leere Worte, denn er hatte keine Mittel mehr, sie in die Realität umzusetzen.

Durch personelle Veränderungen und Umstrukturierungen von Komitees, Institutionen und sogar dem Parteistaat festigte und sicherte Jelzin seine neuerworbene Machtposition und führte den einseitigen Konkurrenzkampf zu Ende. Im Kongreß mußte Gorbatschow nach Jelzins Pfeife tanzen, bald dieses Papier laut verlesen, bald jenes unterzeichnen. Das herrische Lächeln auf Jelzins Gesicht stand im scharfen Kontrast zu der gedrückten Miene seines geschlagenen Rivalen. Die Zusammenstöße im Kongreß wurden live im Fernsehen übertragen. Gorbatschows flehentlicher Tonfall machte jedem deutlich, daß er seine Autorität unwiderruflich verloren hatte.

In einem letzten Rettungsversuch trat Gorbatschow als Generalsekretär zurück, nationalisierte das Parteivermögen und suspendierte das Zentralkomitee. Damit verlor er die kleine Machtbasis, die ihm geblieben war, und er reizte Jelzin, noch einen Schritt weiter zu gehen. Jelzin machte die bislang sowjetischen Ministerien zu russischen Ministerien, löste den sowjetischen Kongreß auf, damit der russische Kongreß freie Hand hatte, und schaffte die zentrale Verwaltung ab; er verbot die Partei und behandelte Kommunisten als Verbrecher. In seinen Memoiren frohlockt er, daß Gorbatschow sich über die Entscheidung, die Partei zu verbieten, schwarz ärgerte. Bald war von der Zentralgewalt nichts mehr übrig als ein verzweifelter Gorbatschow, der sich im Kreml vergrub, und die nicht zum Abschluß gebrachten Vereinbarungen der Nowo-Ogarjowo-Gespräche.

Als Jelzin von jenem «Gefühl der Furcht» sprach, das in jedem Sowjetbürger lebt, wußte er um das Gewicht seiner Worte. Er hatte zu seiner Zeit selbst zu dieser Furcht beigetragen. «Er wird Galgen in den Straßen errichten lassen», sagte Ryschkow über Jelzin, allerdings im Zusammenhang damit, daß er Partei für Gorbatschow ergriff. Für Gorbatschow war Jelzin nun ein «Neobolschewik», manchmal auch «Zar Boris». Selbst einer seiner neuen Verbündeten, Sobtschak, konnte sagen, er habe ihn lange nur für «einen gewöhnlichen Parteikarrieristen» gehalten. Jelzin ist ein ganz und gar typisches Produkt der Partei und der Sowjetunion. Er war das sowjetische *beau idéal* eines Ersten Sekretärs, ein Funktionär des Kommandosystems, der Macht anhäuft und sie um ihrer selbst willen genießt.

Es war sein besonderes Schicksal, daß er all die spezifischen Formen von Willkür und Improvisation des Systems gegen es selbst einsetzte und damit Methoden am Leben erhielt, die er vorgeblich abschaffen wollte. Noch während er das Ende der Sowjetunion herbeiführte, bedauerte er den unvermeidlichen Machtverlust. Es gab keine Alternative. Er hatte die absolute Macht erlangt, indem er für Rußland eine Politik der Unabhängigkeit und Demokratisierung betrieb, und darum konnte er nun schlecht den Präsidenten der anderen Unionsrepubliken verwehren, daß sie ebenso handelten. Wieder einmal gab es eine Diskrepanz zwischen den Ambitionen eines Herrschers und seinen Taten. *Wranjo* stand in voller Blüte.

Der Este Rein Müllerson war einer der wenigen Experten für internationales Recht in der Sowjetunion und Leiter der Abteilung für Internationales Recht in der Akademie der Wissenschaften. Er hatte der Jakowlew-Kommission angehört, die die Hintergründe des Hitler-Stalin-Paktes erforschte, und wurde im März 1991 zum Stellvertretenden Außenminister Estlands ernannt, das immer noch von der Sowjetunion boykottiert wurde. Damals entwickelte er sich zu einem Kritiker der Vertragsentwürfe, die auf der Grundlage der Nowo-Ogarjowo-Gespräche zustandegekommen waren, denn seiner Ansicht nach waren die Souveränität der Republiken und die Existenz der Sowjetunion als souveräner Staat nicht miteinander vereinbar. Der Putsch entschied die Sache. Ohne den Putsch, so meint Müllerson, wäre die Unabhängigkeit wohl nur nach gewaltsamen Auseinandersetzungen durchgesetzt worden, wie es sie bereits in Tbilissi, Vilnius und anderswo gegeben hatte.

Müllersons erste Aufgabe nach dem Putsch war es, einen Brief zu entwerfen, in dem die estnische Regierung die Aufnahme ihres Landes in die Vereinten Nationen beantragte. Am 24. August um 11 Uhr begleitete er Präsident Rüütel und Indrek Toome, den Vorsitzenden des Ausschusses für Auswärtige Beziehungen im estnischen Parlament, zu einer Unterredung mit Jelzin in dessen Büro. «Jelzin sagte zu, daß Rußland die Unabhängigkeit Estlands anerkennen werde, aber es war niemand da, der eine entsprechende Erklärung formulieren konnte. Jelzin schlug zunächst vor, daß er ein Protokoll über eine Vereinbarung zwischen dem stellvertretenden russischen Außenminister und mir über die gegenseitige Anerkennung unterzeichnen würde. Ich erwiderte: ‹Natürlich können wir das machen, aber Ihr Erlaß ist für Estland und für die Weltgemeinschaft der Staaten wirklich wichtig.› Zu dem Zeitpunkt war Jelzin der mächtigste Mann in der Sowjetunion, und möglicherweise schmeichelte ihm das. Wie auch immer, er stimmte jedenfalls zu. Da niemand da war, der die Erklärung formulieren konnte, ging ich einfach in das Zimmer nebenan und setzte sie selbst auf. Rüütel und Jelzin gingen zum Begräbnis der drei jungen Männer, die beim Putsch ums Leben gekommen waren. Als sie wiederkamen, war mein Entwurf bereits getippt und fertig, und Jelzin unterschrieb. Unter normalen Umständen wäre so etwas undenkbar gewesen.»

Kurz hintereinander erklärten dann auch die anderen Republiken ihre Unabhängigkeit, und das in einer solchen Eile, daß sie die estnische Erklärung übernahmen, wie sie war. Turkmenistan ließ versehentlich sogar die Bezeichnung «baltische Republik» stehen. In Anlehnung an Gorbatschows Taktik wurden zusätzlich Referenden durchgeführt, und natürlich brachten sie überall eine Zustimmung von über 90 Prozent. Als letzte Republik führte die Ukraine am 1. Dezember ihr Referendum durch. Das war der *coup de grâce*. Die Ukraine ist in bezug auf Ressourcen und Bevölkerungszahl die zweitgrößte Republik hinter Rußland. Eine Woche später trafen sich Jelzin, Leonid Krawtschuk und Stanislaus Schuschkewitsch, die Präsidenten Rußlands, der Ukraine und Weißrußlands, in einer Waldhütte in der Nähe von Minsk und unterzeichneten eine Erklärung, die besagte, daß an die Stelle der Sowjetunion nunmehr eine Gemeinschaft Unabhängiger Staaten getreten sei. Andere einstige Unionsrepubliken könnten sich der GUS anschließen, wenn sie wollten. Damit wurde geschickt ein Schlußstrich unter die Nowo-Ogarjowo-Gespräche gezogen. Der «Krieg der Gesetze» war nun überholt, er hatte seinen Zweck erfüllt und konnte sich auflösen.

Die kommunistischen Parteien in den osteuropäischen Satellitenstaaten hatten einen Teil ihrer Macht inzwischen an die Opposition abgegeben. In der Sowjetunion wurde die Macht hingegen auf der Ebene der Nationalitäten aufgeteilt. Dieser Prozeß konnte nur unvollkommen und unvollständig vonstatten gehen; die alten

Parteiführer blieben im Amt und bekannten sich ohne rot zu werden auf einmal zu Demokratie und Gewaltenteilung. Wenige Wochen nachdem Leonid Krawtschuk die alte Hülle des Parteiapparatschiks abgestreift und als nationalistischer Präsident neu erstanden war, hielt ihm ein Journalist vor: «Sie alle waren Gorbatschows Söhne, und Sie haben ihn getötet!» Darauf erwiderte Krawtschuk, Gorbatschow sei nicht in der Lage gewesen, Auflösung und Chaos zu verhindern, «und da liegt seine Schuld». Trotzdem, warf er sanft ein, «würde ich gerne eines Tages lesen, daß Krawtschuk einer derjenigen war, die viel dafür getan haben, das Reich zu zerbrechen, und daß die Ukraine dabei eine sehr bedeutende Rolle gespielt hat».

Gorbatschow trat am 25. Dezember 1991 zurück, nachdem es kein staatliches Gebilde mehr gab, dessen Präsident er hätte sein können. Am selben Tag vollzog die Sowjetunion ihre letzte offizielle Handlung und nahm die diplomatischen Beziehungen zu Israel wieder auf. In Jerusalem wurde auf einem Gebäude, das als das Russische Lager bekannt ist, die Flagge mit Hammer und Sichel zum letztenmal aufgezogen und dann wieder eingeholt, bevor sie die internationale Anerkennung verlor. Es war eine sehr symbolträchtige Wiedergutmachung auf dem Totenbett für lange Jahre der Schikanen, in denen man offenkundig direkt an Vorurteile und Pogrome der Zarenzeit angeknüpft hatte.

Die Vereinigten Staaten und ihre europäischen Verbündeten hatten eine klare Politik, wenn es darum ging, der Sowjetunion bewaffneten Widerstand entgegenzusetzen, doch die beständigen Bemühungen, Wege zu Verhandlungen und Zusammenarbeit zu finden, stellten ihre Entschlossenheit in Frage. Viele, wenn nicht gar die meisten Menschen im Westen waren zu der Überzeugung gebracht worden, daß der sowjetische Kollektivismus zwar seine Fehler haben mochte, aber dennoch in jeder Hinsicht ihrem eigenen Individualismus überlegen war. Die Zerschlagung des Kommunismus in einem großen Krieg konnte im Nuklearzeitalter niemand ernsthaft in Erwägung ziehen. Einer Revolution im Parteistaat gab man nicht die geringste Chance. Die Menschenverachtung und der Terror der Sowjetunion galten als eine feste

Größe in der internationalen Politik, gegen die man nichts unternehmen konnte. Die Sowjetunion hatte vielleicht keine produktivere Wirtschaftsordnung errichtet, als es der Kapitalismus war, aber sie hatte sich mit Härte und Entschlossenheit durchgesetzt. Die sowjetischen Führer bis hin zu Gorbatschow freuten sich an der sonderbaren Mischung aus Unmut und Unterwerfung, die ihnen von allen Seiten entgegenschlug. Das war die Bestätigung des Supermachtstatus. Insofern hätte die Sowjetunion ihren harten Kurs ungehindert weiterverfolgen können.

Die Verwundbarkeit lag im System begründet. Die Achillesferse waren jene Fraktionsbildungen, vor denen schon Lenin gewarnt hatte. Mit einer Abfolge von Dekreten und Maßnahmen schuf Gorbatschow einzigartige Bedingungen für Flügelkämpfe, die diesmal nicht gleich zu Beginn hinter verschlossenen Türen erstickt werden konnten. Eine immer größer werdende Zahl von Menschen konnte beobachten, was vor sich ging, und dann auch daran teilnehmen. Nachdem die Auseinandersetzung erst einmal öffentlich war, wurde sie zu einem Machtkampf, der die Partei vollkommen lähmte. Nur noch mit Gewalt hätte man Grenzen setzen und den Lauf der Dinge aufhalten können. Als dann beim August-Putsch tatsächlich Gewalt angewendet wurde, war die politische Entwicklung bereits so weit vorangeschritten, daß sie die totalitären Mechanismen neutralisierte und die Sowjetunion und mit ihr die übrige Welt fast zufällig aus dem Kalten Krieg entließ.

Der Westen war fasziniert, geradezu verzaubert, und spendete Gorbatschow und seiner Politik Beifall, weil man der Sowjetunion nun endlich trauen und sie als einen Staat wie jeden anderen ansehen und behandeln konnte. Mit dem Beifall trug der Westen unwissentlich das Seine dazu bei, den Mann und das System, das er verkörperte, zu Fall zu bringen. Es war eine Ironie des abstrusen Phänomens des westlichen Mitläufertums, daß ausgerechnet diejenigen, in deren Augen Gorbatschow den Kommunismus perfektionierte, mithalfen, sein Grab zu schaufeln. Genau wie er sich weigerte, die Machtposition der Einheitspartei in Osteuropa zu verteidigen, griff er auch in den Flügelkämpfen, deren Entstehen er ermöglicht hatte, nicht durch. Das hatte zur Folge, daß er und alles, wofür er stand, mit fortgerissen wurden. Aus Unentschlossenheit, vielleicht auch aus moralischer Überzeugung entzog er der Partei die Entscheidungsgewalt. Letztlich aber konnte die Partei niemals rechtsstaatlich sein. Wer eine hohe Meinung von der menschlichen Natur hat, wird in Gorbatschow eine historische Persönlichkeit von bleibendem Rang sehen. Wer eine weniger hohe Meinung hat, wird ihn als Einfaltspinsel abtun.

Jelzins grandioser Triumph währte nicht lange. Das neue, unabhängige Rußland sollte ein Rechtsstaat sein. Freilich war die Berufung auf die erstrebenswerten Ziele Demokratie und Privatisierung sehr viel einfacher als ihre Verwirklichung in der Praxis. Durch die Auflösung der Partei verlor der Staat jenes Räderwerk, ohne das Regierung und Verwaltung nicht funktionieren konnten. Die Parteiführer hatten ihren Willen über die parallelen, aber mit der Partei verbundenen Kanäle von Exekutive, Legislative und Judikative durchgesetzt. Nun war Jelzin selbst die Exekutive. Sein Vizepräsident Alexander Ruzkoj, ein hochdekorierter Held des Afghanistanfeldzugs, hatte ihn während des Putsches im Weißen Haus unterstützt. Der aus dem kommunistischen Gremium hervorgegangene russische Kongreß war ein Rumpfparlament aus der sowjetischen Vergangenheit. Parlamentspräsident Ruslan Chasbulatow, Tschetschene und damit Moslem, hatte sich zu dem Zeitpunkt gleichfalls auf Gedeih und Verderb mit Jelzin verbunden. Vertreter der Judikative wie der Generalstaatsanwalt und die Richter, ja die gesamte Polizei konnten nichts mehr durchsetzen, weil sie keine Anweisungen mehr von der Partei erhielten. Die Angehörigen der Nomenklatura brauchten sich nur wieder in ihren alten Positionen einzurichten und nach Kräften ihren Vorteil daraus zu ziehen, abgesehen von dem sehr unwahrscheinlichen Fall, daß sie ihren Platz für einen Höheren frei machen mußten, dem man keinen Widerstand leisten konnte. Auf diesem Trümmerfeld fand ein rücksichtsloses Gerangel um die Macht statt. Immer noch kam es mehr auf die Persönlichkeit an als auf Prinzipien.

In der historischen Tradition Rußlands haben Ideen wie Repräsentation, Verantwortlichkeit, Vertrag, allgemein anerkannte

Rechte oder Gleichheit vor dem Gesetz kaum Spuren hinterlassen. Und der sowjetische Parteistaat hat sie selbstverständlich als antikommunistisch unterdrückt. Die Wertvorstellungen und die Verhaltensweisen, die zu solchen Ideen gehören, waren für die Bevölkerung insgesamt fremd und nicht vertraut. Es gab keinerlei institutionalisierte Strukturen, um den einzelnen als Bürger, als Eigentümer, als Konsumenten, als Käufer oder Verkäufer zu schützen. Bürgersinn, freiwillige Einhaltung der Gesetze, schlichtes Gemeinschaftsgefühl und gute Manieren waren für den einzelnen im Kommunismus hinderlich. Vorwärts kam man mit Zynismus und Gewalt, und beides war dementsprechend an der Tagesordnung. Jetzt gab es nicht einmal mehr die Partei mit ihrer sozialen Disziplinierung, so primitiv und barbarisch sie auch gewesen war; es gab überhaupt keine Anhaltspunkte mehr, um Freiheit und Schrankenlosigkeit zu trennen.

Dies waren gewissermaßen Laborbedingungen für die Entstehung von Machtkämpfen, um herauszufinden, wo die tatsächliche Macht lag. Von der Spitze bis ganz nach unten schossen in Rußland Unternehmungen aus dem Boden, die nicht von Gesetzlosigkeit und Anarchie zu unterscheiden waren. Jeder, der nur den nötigen Ehrgeiz hatte, versuchte, in seinem Lebenskreis zu Reichtum und Macht zu kommen. Fast über Nacht füllten sich die Straßen mit Glücksrittern und Händlern einerseits, mit Armen und Notleidenden andererseits, Menschen, die aus unterschiedlichen Gründen wehrlos den Umständen ausgeliefert waren, die eine beständige Einladung an die Starken und Skrupellosen darstellten, sich an ihnen schadlos zu halten. Diese Form des kapitalistischen Treibens war die jüngste Ausprägung von Karamsins «Stehlen». Die kommunistische Korruption ging unverzüglich in die kapitalistische Korruption über. Auf einmal blühten Märkte, auf denen man alles bekommen konnte, nicht nur Popmusik und Pornographie, sondern auch Ikonen, Museumsgegenstände, Waffen, Fabriken, Anteilscheine, die Gutscheine, die im Zuge der Privatisierung verteilt wurden – es ging zu wie im Goldrausch.

Man nimmt an, daß heute 5 000 Verbrecherbanden in Rußland operieren. Nichts hält sie zurück, es sei denn die überlegene Gewalt einer anderen Bande. Schutzgelderpressung und bewaffnete Raubüberfälle sind an der Tagesordnung. Gangster werfen Handgranaten und liefern sich auf offener Straße Feuergefechte. Hunderttausende in Westeuropa gestohlene Autos sind in Rußland im Umlauf. Russen und ihre Komplizen schmuggeln Drogen, Geld und Rohstoffe und halten damit die Polizei weltweit in Atem. Kriminelle passieren mehr oder weniger nach Belieben die Grenzen nach Finnland, Polen, in die Türkei und sogar nach China. Russische Prostituierte sind die Attraktion am Arabischen Golf, überall. Schieber mit Koffern voller Bargeld reisen im Westen herum, machen Spekulationsgeschäfte und kaufen Immobilien. Zypern ist der wichtigste Auslands-Stützpunkt, durch den rund 2000 russische Firmen und ein Dutzend Banken riesige Kapitalsummen schleusen. In verschiedenen westlichen Ländern wurden Kuriere mit Plutonium 239 und anderem waffenfähigen Material festgenommen. Polizisten haben sich als Erpresser entpuppt: Es ist eine alltägliche Erfahrung, daß man wegen irgendeiner aufgebauschten Kleinigkeit angehalten wird, wofür der Polizist dann 50 Dollar bar auf die Hand verlangt. Und wenn ein Kollege dazukommt, will der auch noch einmal 50 Dollar. Wachmannschaften von Geschäften und Fabriken bestehen in der Regel aus ehemaligen KGB-Mitgliedern, denen alle Mittel recht sind, um ihre Arbeitgeber zu schützen und Konkurrenten auszuschalten. Investoren oder Anleger bei Unternehmen und Banken werden Opfer einfacher Betrügereien oder komplizierter, computergestützter Manöver, vor denen man sich nicht schützen kann.

Jelzin zufolge fehlten in der russischen Handelsbilanz 1992 zwei Milliarden Dollar, 40 Prozent der Geschäftsleute und zwei Drittel aller Handelsorganisationen hatten bei Bestechung und illegalen Transaktionen ihre Hand im Spiel. Um nicht allgemeine Panik auszulösen, setzte er die Zahlen sehr niedrig an, aber zugleich räumte er wahrheitsgemäß ein, daß die Korruption innerhalb der Regierung buchstäblich die staatlichen Strukturen zersetzt. Westlichen Quellen zufolge sind etwas mehr als die Hälfte der 86 Milliarden Dollar, die Rußland vom Westen in der einen oder anderen Form erhalten hat, illegal auf Privatkonten westlicher Banken zurückgeflossen. Anders gesagt: Das Geld, das Gorbatschow den westlichen Staaten als Gegenleistung für die deutsche Wiedervereinigung abgeschwatzt hatte, wurde unterschlagen. Da die Mechanismen fehlen, dieses Geld produktiv in der auf Gedeih und Verderb allen Wechselfällen ausgelieferten Wirtschaft zu investieren, verstärken die Subventionen aus dem Westen lediglich die Korruption.

Vielleicht war es ausgleichende Gerechtigkeit, daß Jelzin sich in der gleichen Zwangslage wiederfand wie Gorbatschow. Nach außen hin besaß er als Präsident so viel Macht, daß er wie ein absoluter Herrscher wirkte, doch in der Praxis waren seine Mittel zur Durchsetzung seiner Entscheidungen da zu Ende, wo sein Schreibtisch aufhörte und sein Telefon nicht mehr hinreichte. In den achtzehn Monaten nach dem Putsch verstrickten er und der russische Kongreß sich in eine zähe Auseinandersetzung, weil jeder versuchte, dem anderen dessen Machtbefugnisse zu entreißen. Jelzin taktierte genauso wie vor ihm Gorbatschow, er ließ Berater fallen, die bei seinen Gegnern unter Beschuß geraten waren, er schmeichelte und besänftigte und versuchte so, seine nominelle Position in eine echte Machtposition zu verwandeln. Doch vergebens: Chasbulatow erkannte seine Chance, die entscheidende Herausforderung zu wagen. Auf seiner Seite standen Ruzkoj, ein nützlicher Verbündeter für den Sturz Jelzins, und der Generalstaatsanwalt Walentin Stepankow, der seine Kenntnisse aus der offiziellen Untersuchung gegen die Mitglieder des Notstandskomitees zu einem Buch mit dem Titel *Das Kreml-Komplott* verarbeitet hat. «Die zivilisierte Welt hat noch nie erlebt, daß die Justiz so zum Gespött gemacht wurde», kommentierte *Iswestija*. Jelzin konnte nicht einmal Krjutschkow und Jasow in Schranken halten. Walerij Sorkin, Vorsitzender des Verfassungsgerichts, nutzte seine Position zum Angriff auf Jelzin und drohte ihm schließlich sogar mit einem Amtsenthebungsverfahren.

Diese Machtkämpfe führten einzelne im Namen der Institutionen, die sie augenscheinlich verkörperten. Der kritische Höhepunkt war am 21. September 1993 erreicht. Jelzin löste den Kongreß auf und rief Wahlen aus – nach einem neuem Wahlrecht, das dafür sorgen sollte, daß die bisherigen Kongreßmitglieder nicht wieder ins Parlament zurückkehren würden. Es war eine «kindliche List», um Chasbulatow und Ruzkoj auszuschalten. Genau wie Jelzin 1991 verbarrikadierten sie sich nun im Weißen Haus und appellierten an die Bevölkerung, ihnen zu Hilfe zu kommen.

In seinen Memoiren stellt Jelzin die Frage, ob darin nicht eine boshafte Ironie des Schicksals gelegen habe. Hätte er die Anwendung von Gewalt grundsätzlich abgelehnt, wäre er zu ohnmächtigem Zusehen und Tatenlosigkeit verurteilt gewesen, genau wie Gorbatschow zuvor. So ließ er Panzer auffahren, die auf dasselbe Weiße Haus feuerten, von dem aus er Widerstand geleistet hatte. Das Gebäude war bald zerschossen und in Brand gesetzt. Mit den Händen über dem Kopf, wie Kriegsgefangene, kamen Chasbulatow und Ruzkoj durch den Rauch heraus und wurden in aller Eile ins Gefängnis gebracht. «Formal betrachtet», schreibt Jelzin bedeutungsschwer über sich und seine Handlungsweise, «verletzte der Präsident die Verfassung, indem er sich undemokratischer Verfahrensweisen bediente und das Parlament auflöste – alles nur zu dem Ziel, die Demokratie und die Herrschaft des Rechts im Land durchzusetzen. Das Parlament verteidigte die Verfassung – mit der Absicht, den verfassungsmäßig gewählten Präsidenten zu stürzen und die totale Sowjetherrschaft herzustellen. Wie waren wir nur in ein solches Dilemma geraten?»

Obwohl der KGB reformiert worden war und inzwischen einen anderen Namen trug, stand er immer noch außerhalb des Gesetzes. Diesmal hatte Jelzin größte Schwierigkeiten, den KGB und die Armee dazu zu bringen, gegen seine Rivalen vorzugehen. Selbst der getreue General Gratschow, mittlerweile Verteidigungsminister, sträubte sich. Es hätte auch wenig Zweck gehabt. Der neugewählte Kongreß verabschiedete ein Amnestiegesetz für die Verschwörer. Alexej Kasannik, der Generalstaatsanwalt, der kurz zuvor den geschwätzigen Stepankow abgelöst hatte, ließ verlauten, Chasbulatow und Ruzkoj seien für höchst schändliche Mordtaten verantwortlich. Doch im nächsten Satz wand er sich aus der Verantwortung heraus: «Ich muß mich an den Buchstaben und den Geist des Gesetzes halten.» Er erklärte, daß es nicht in seiner

Macht liege, das vom Kongreß verabschiedete Amnestiegesetz außer Kraft zu setzen, und trat von seinem Amt zurück. Nachdem Chasbulatow und Ruzkoj wie vor ihnen die Mitglieder des Notstandskomitees dem Gefängnis entronnen waren, gelobten sie, ihren Kampf gegen Jelzin fortzuführen. Man kann über alles verhandeln, auch über einen Putsch.

Durch die Anwendung von Gewalt gab Jelzin zu erkennen, daß auch ihm nichts anderes übrigblieb, als der Logik des Absolutismus zu gehorchen, während er zugleich mit der üblichen Selbstrechtfertigung mittels *wranjo* seine Spuren verwischte. Aus dieser für die russischen Despoten typischen Geisteshaltung heraus schickte er unter diesem oder jenem Vorwand Truppen nach Nagornyj-Karabach, Moldawien, Georgien und Tadschikistan und nutzte den Umstand, daß in der Ukraine gebürtige Russen und im Baltikum russische Siedler leben, um Druck auf angeblich unabhängige Regierungen auszuüben. Da ihm das Schicksal Gorbatschows und der Sowjetunion noch lebendig vor Augen stand, sah er voraus, daß auch die Russische Föderation sich durch eine weitere Serie von Unabhängigkeitserklärungen auflösen könnte. Eine Selbstbestimmung konnte nichtrussischen Völkern nur in diesem Rahmen gewährt werden, und er bezog gegenüber den Tschetschenen eindeutig Stellung. Als kaukasische Moslems blicken die Tschetschenen auf eine glanzvolle Geschichte des Widerstandes gegen die russische Vormacht, sei sie nun zaristisch oder stalinistisch, zurück. Der Status als sowjetische autonome Republik war ihnen aufgezwungen worden, und nach 1991 sahen viele Tschetschenen die Chance, diese fiktive Autonomie in einen souveränen Nationalstaat umzuwandeln. Dafür gab es weder ein Gesetz noch ein ordnungsgemäßes Verfahren. Jelzin reagierte darauf mit einer Invasion, machte die tschetschenische Hauptstadt Grosny dem Erdboden gleich, ließ Tausende töten und die Bevölkerung vertreiben. Ein solches Vorgehen hätten frühere Herrscher im Kreml, vielleicht mit Ausnahme Gorbatschows, sicherlich gutgeheißen. Das heute so beliebte Gerede über Demokratie und das «zivilisierte» Rußland ist offensichtlich völlig inhaltsleer. Andere Völker, die geneigt waren, dem tschetschenischen Beispiel zu folgen, sind gewarnt: Die Beziehung zu Rußland ist immer noch durch Machtkämpfe bestimmt. Frühere Sowjetrepubliken wie die baltischen Staaten oder die Ukraine, die nun bedrohlich als «das nahe Ausland» bezeichnet werden, und auch die befreiten Satellitenstaaten leiden unter den gleichen gesellschaftlichen und politischen Schwächen wie Rußland selbst, und sie sind anfällig für Versuche, in eine wiederhergestellte Einflußsphäre, wenn nicht gar ein Imperium, zurückgedrängt zu werden.

Allen marxistischen Behauptungen zum Trotz war der Kommunismus nicht etwas grundsätzlich anderes als der historische russische Despotismus, sondern vielmehr eine besonders bösartige und zerstörerische Spielart desselben. Ein extremer Nationalist oder ein Militärdiktator könnte in der Zukunft den alten Despotismus wiederbeleben. Sollte es jedoch eine rechtsstaatliche Gesellschaftsordnung geben, bedürfte es eines neuen Speranskij, der eine Verfassung mit einer institutionalisierten Machtkontrolle und vor allem einer Gewaltenteilung ausarbeitet. Noch schwieriger wird die nächste Aufgabe eines solchen Reformers sein, nämlich Mittel zu ersinnen, wie die verfassungsmäßige Ordnung auf friedlichem Wege durchgesetzt werden kann. Wie die Dinge heute stehen, ist solches nicht zu erwarten. Die Zukunft der russischen Nation und Zivilisation hängt davon ab, ob die Herrschaft des Rechts verankert werden kann. Solange das nicht erreicht ist, lebt das kommunistische Erbe weiter, auch wenn die Kommunistische Partei nicht mehr existiert.

Personenregister

Aare, Juhan 230–231
Abalkin, Leonid 35, 151, 557, 632
Abel, Genevieve 220
Achromejew, Sergej 228, 231, 619
Aczél, György 333–334, 337, 339
Adamec, Ladislav 475, 477–480, 486, 490
Adenauer, Konrad 112, 355
Afanasjew, Jurij 34, 47, 131, 146, 557, 570, 634–635
Aganbegjan, Abel 35, 151, 157, 632
Aktscharin, Marat 58–59
Alexander, Tania 220
Alijew, Gajdar 210
Alksnis, Wiktor 564
Amalrik, Andrej 40
Amin, Hafisullah 38
Andrei, Stefan 29
Andrejew, Leonid 48
Andrejewa, Nina 138, 562, 593
Andronic, Octavian 521–523
Andropow, Jurij 26, 53–54, 331, 409, 580, 612, 629, 631, 633
Antall, József 335
Arafat, Yassir 39, 361
Arjakas, Küllo 235
Aron, Raymond 116

Ash, Timothy Garton 419
Åslund, Anders 158
Astrauskas, Vytautas 273
Atanassow, Georgi 445, 459, 461–462
Axen, Hermann 358

Bahr, Egon 419, 421–422
Bakatin, Wadim 543, 558, 560–561, 564, 595, 612
Baker, James 167, 174, 183, 258, 455, 585
Baklanow, Oleg 613, 632
Balew, Milko 443
Beneš, Eduard 103
Beran, Joseph 108
Berecz, János 333, 341–342
Berija, Lawrentij 91
Beriosow, Wladimir 273
Berklavs, Edvards 246–248, 264
Besançon, Alain 40, 568, 571
Bessmertnych, Alexander 582, 584–585
Besymenskij, Lew 143, 145
Bethell, Nicholas 28
Bihari, Mihály 332
Bilák, Vasil 472, 477, 479
Billington, James 125
Blandiana, Ana 508

Bobu, Emil 29, 512–516
Bogomolow, Oleg 35, 152
Boldin, Walerij 121, 144, 604, 612
Bolet, Pilar 22
Bonner, Jelena 19
Borisevičius, Vincentas 108
Bowin, Alexander 641
Brandt, Willy 112, 162, 355, 419, 431
Brasauskas, Algirdas 201, 224–227, 270, 273, 276, 280–281, 284, 286
Breschnew, Leonid 38, 77, 86–87, 96, 101, 116, 130, 161–162, 197, 357, 441, 459, 472–473, 629, 631, 633, 645
Bresis, Vilnis 260, 262
Browikow, W. W. 287, 563
Brucan, Silviu 509–510, 512, 515–516, 519, 528, 530, 537–539
Bucharin, Nikolaj 93
Budberg, Moura 220
Bukowskij, Wladimir 44–45, 56, 60, 63–64, 80, 85–86, 127
Bush, George 162, 181–182, 229, 288, 362, 396, 401, 425, 428

Čalfa, Marián 478, 480, 482, 489–490, 492
Caramitru, Ion 517–520, 527
Čarnogurský, Ján 478, 482
Carter, Jimmy 38, 113
Ceaușescu, Elena 504, 511–512, 514, 541
Ceaușescu, Ilie 518, 529
Ceaușescu, Nicolae 361, 463, 504–517, 520–522, 525–529, 531–534, 536, 539–542, 547, 552
Ceaușescu, Nicu 29, 504–505, 516, 518
Ceaușescu, Zoia 504, 516, 518, 528
Čekuolis, Algimantis 227
Čepaitis, Vergilius 271, 279
Čepička, Alexej 470
Chasbulatow, Ruslan 554, 616, 652, 655–656
Cheysson, Claude 296
Childs, David 357
Chomeini, Ruhollah 210
Christow, Emil 446
Chruschtschow, Nikita 18, 75, 81, 86, 91, 93, 101, 116, 127, 246, 629, 645
Clemens, Hans 28
Conquest, Robert 18
Cornea, Doina 508
Crampton, Richard J. 104, 444
Custine, Marquis de 71–72, 192

Dahlem, Franz 110
Dascalescu, Constantin 513, 524
Daschitschew, Wjatscheslaw 168–170
Dennis, Mike 357
Dertinger, Georg 110
Dickel, Friedrich 363, 390
Dide, Nicolae 523
Dinca, Ion 524
Dinescu, Mircea 508, 519
Djilas, Milovan 78
Dobrynin, Anatolij 171
Dolgich, Wladimir 632
Dönhoff, Marion Gräfin 354

Personenregister 661

Dschurow, Dobri 445, 447, 449, 456, 459, 461–462, 464
Dubček, Alexander 471–472, 474, 506

Easterman, Max 207
Eberlein, Werner 385, 387
Eisenhower, Dwight David 116
Eisert, Hans 110
Éluard, Paul 114
Eppelmann, Rainer 421
Erdmann, Franz 377

Falin, Walentin 146, 170, 259, 302, 416, 419, 428, 431–433, 435–436, 439
Fechner, Max 110
Feshbach, Murray 95
Fischer, Oskar 336
Fjodorow, Boris 564
Fojtík, Jan 344, 478, 494
Friedberg, Maurice 84
Friendly, Alfred 95
Führer, Christian 368–369, 372

Gajauskas, Balys 271
Gajdar, Jegor 151
Galbraith, John Kenneth 118
Gamsachurdia, Swiad 608
Gauck, Joachim 381–382
Gaulle, Charles de 629
Gaus, Günter 418–419
Geitandijew, Stefan 450
Genscher, Hans-Dietrich 420, 423–424, 439
Gerassimow, Gennadij 391, 474
Geremek, Bronisław 309–311, 313, 321
Gheorghiu-Dej, Gheorghe 104

Gide, André 113
Gierek, Edward 294, 301–302
Ginsburg, Alexander 77
Ginsburg, Jewgenija 23
Godmanis, Ivars 257–258
Golizyn, Georgij 94
Gomułka, Stanislas 301
Gomułka, Władysław 107, 294, 472
Goranow, Goran 451
Gorbatschow, Michail 14–18, 26–27, 41, 53, 64–65, 67, 71, 96, 99, 101, 190, 118–121, 123, 125–131, 133–142, 144, 148–150, 153–156, 158, 162–164, 175–176, 180–181, 184, 186, 190, 196–197, 199, 201, 203, 210, 216, 226–227, 231, 234, 241, 244–245, 248, 252, 254–257, 259–264, 268, 272, 281–282, 284, 286–288, 290–291, 297, 300, 302, 317–320, 322, 324–325, 328, 331, 337, 340–341, 343, 345, 358, 361–362, 364–365, 374, 387, 391, 393, 396, 399–402, 404–405, 408, 411–413, 415, 417, 419, 421, 423–425, 428–429, 433–436, 438, 446, 451, 460, 462–463, 468–469, 474, 478, 481, 490, 492, 496–497, 502, 509–510, 543, 546–548, 550–553, 555–556, 558, 560–562, 564–565, 570–571, 579, 582–583, 585–587, 589–597, 599, 601–604, 606–612, 614–615, 619, 621, 625–628, 630–634, 636–637, 641–642, 645–647, 650–651, 655

Gorbatschowa, Raissa 119, 123, 166, 260, 398, 509, 603, 615
Gorbunows, Anatolijs 225, 228, 241, 247–250, 252, 255, 257, 260, 262, 270, 290–291, 620
Gottwald, Klement 101, 470
Gratschow, Pawel 618, 656
Greene, Graham 114, 242
Grigorenko, Pjotr 62, 85, 117, 195
Gromyko, Andrej 15, 38–39, 79, 119, 125, 423, 431–432, 632
Grósz, Károly 334–335, 337–341, 343–344, 346–348, 366
Grotewohl, Otto 103
Gurtowoj, Michail 576
Guşe, Ştefan 513, 515, 524, 526, 532–534

Hager, Kurt 358
Hamilton, Lee 182
Hammarskjöld, Dag 93
Hankiss, Elemér 332
Haraszti, Miklós 333, 347
Harich, Wolfgang 110
Harnisch, Hanno 370, 373
Havel, Václav 297, 474–480, 482, 490
Hay, Julius 112
Hegenbart, Rudolf 475, 492–494
Herger, Wolfgang 388–390, 402
Herrmann, Joachim 358, 363
Herrnstadt, Rudolf 110
Hingley, Ronald 48
Hitler, Adolf 113, 123
Hoffmann, Heinz 421
Honecker, Erich 29, 117, 170, 296, 350, 355–356, 358, 360–362, 364–366, 373–374, 380, 386, 389–390, 392–394, 399, 403, 405, 409–414, 432, 434–436, 463, 547, 552
Honecker, Margot 356, 364, 436
Hopkins, Harry 629
Horáková, Milada 104
Horn, Gyula 336, 338, 343, 350
Horstmann, Freddy 105
Horstmann, Lali 105
Horváth, István 338, 346–348, 350
Hough, Jerry 153
Hrabal, Bohumil 474
Husák, Gustáv 473–474, 477–478, 494, 497, 547

Iliescu, Ion 505, 515–517, 519–520, 523–529, 532–534, 536–540
Indra, Alois 472, 477, 494
Ioniţa, Ion 532
Īvāns, Dainis 225, 247, 253, 255–256, 258–259

Jakeš, Miloš 344, 361, 473, 475, 477, 485, 494–495, 497–498
Jakir, Pjotr 221
Jakowlew, Alexander 120–121, 126, 138–139, 141, 143–149, 151, 178, 201, 226, 231, 249, 253, 256, 259, 261, 265, 284–285, 291, 322, 340, 411, 419, 436, 466, 564, 571, 588–589, 595, 597–598, 612, 632, 642
Janajew, Gennadij 487, 551, 605, 613, 616, 618, 641–642
Janew, Alexander 44

Jaruzelski, Wojciech Witold 117, 156, 295-297, 302-304, 307, 309, 312-315, 318, 320, 322-323, 326-328, 331, 344, 361, 472
Jasow, Dmitrij 145, 170, 190, 216, 286, 436, 563, 583, 585, 595, 612-613, 615, 618, 632, 646, 655
Jawlinskij, Grigorij 158, 564, 579, 626
Jelzin, Boris 18, 54, 71, 74, 86, 120-121, 132-135, 137, 139-142, 144, 152, 176, 201, 256, 258, 281, 319, 457, 552-557, 560-561, 565, 571, 580, 586, 590-592, 599, 601-602, 606, 610, 614, 616-618, 623, 631, 634, 636-638, 642, 645-648, 652, 654, 656
Johannes Paul II. 30, 311
John, Otto 28
Jowtschew, Mintscho 461
Juozaitis, Arvydas 278, 280-282
Jurkāns, Jānis 252-253

Kaczyński, Jarosław 307, 309
Kádár, János 180, 294, 330-331, 333-334, 337, 339-340, 342-343, 472
Kaganowitsch, Lasar 91, 93
Kalniete, Sandra 249-250, 252-253
Kalugin, Oleg 569, 571
Kania, Stanisław 294
Kapek, Antonín 472, 477
Karakachanow, Aleksandar 453
Karamsin, Nikolaj 70, 86, 573, 653

Karbušický, Vladimir 474
Karimow, Islam 216, 227
Karmal, Babrak 38
Kárpáti, Ferenc 338
Kasannik, Alexej 656
Kauls, Alberts 263
Kaušpédas, Algirdas 275-278
Kebitsch, Wjatscheslaw 574
Kelam, Tunne 236-239
Keßler, Heinz 358, 375, 403-404, 421
Kezbers, Ivars 251-252, 259-260, 578
Kim Il-Sung 505
Kincl, František 495
Kirow, Sergej Mironowitsch 92, 589
Kirsten, Krystyna 80
Kiszczak, Czesław 304-305, 307, 315, 321, 325, 328
Klaus, Václav 478
Kleiber, Günther 360
Klugmann, Jeffrey 85
Knötzsch, Dieter 19, 133, 555
Koestler, Arthur 116
Kohl, Helmut 112, 180, 288, 318, 367, 377, 396, 408, 416, 419, 421, 425, 430, 438-439, 552
Kohout, Pavel 473
Korjagin, Anatolij 46
Kornai, János 572
Korotitsch, Witalij 259, 570
Kosolapow, Richard 129-130
Kossygin, Alexej 629
Kostenko, Anatolij 574
Kostow, Trajtscho 107, 441, 458
Kotschemassow, Wjatscheslaw 409-411, 415, 417

Personenregister

Krassó, György 330–331, 347
Krawtschenko, Leonid 564, 597–598, 603–605
Krawtschuk, Leonid 201, 270, 613, 633, 637, 649–650
Krenz, Egon 117, 350, 362–363, 365–366, 380, 385, 389–393, 396, 398, 401, 403, 406, 413, 421
Krist, Gustav 206
Krjutschkow, Wladimir 27, 29, 257, 286, 302, 331, 347, 543, 547, 565, 576, 578, 595, 604, 612, 614–615, 618–619, 632, 646, 655
Krolikowski, Werner 29
Krutschina, Nikolaj 580
Kulcsár, Kálmán 336–338
Kunajew, Dinmuchamed 87, 210–211
Kuroń, Jacek 297, 301, 305, 316, 321
Kusmin, Fjodor 228, 245–246, 259, 262, 265, 617
Kwaśniewski, Alexander 304, 314, 321
Kwizinskij, Julij 432

Lacis, Otto 148, 151
Landsbergis, Vytautas 225, 228–229, 241, 255, 271, 274, 276, 279–281, 285, 287–288, 290–291
Lange, Bernd-Lutz 371, 375
Laptew, Iwan 562
Latynina, Alla 54, 56
Lauristin, Marju 232–234
Laval, Pierre 323

Lenin, Wladimir Iljitsch 15, 24, 31, 65, 103, 441, 469, 590
Leonhard, Wolfgang 106
Leonhardt, Rudolf Walter 354
Levin, Bernard 40
Lichatschow, Dmitrij 19
Ligatschow, Jegor 18, 33, 66, 89–90, 92, 120–121, 125, 127, 133, 137–139, 141–142, 145, 148, 150, 167, 173–174, 227, 266, 284–285, 318, 409, 428–429, 551, 590–594, 631–632
Lilow, Aleksandar 443, 449, 462
Lissowolik, Dmitrij 580
Lorenc, Alojz 482, 488
Lorenz, Siegfried 389, 392
Löwenthal, Fritz 105, 360
Luca, Vasile 103
Lucinschi, Petru 201–203
Lukanow, Andrej 443, 445, 448–449, 453, 455, 458–461, 463
Lukjanow, Anatolij 121, 137, 141, 147, 249, 291, 585, 613, 615, 619–621, 629–632, 636

MacGahern, J. A. 70
Maizière, Lothar de 421, 427
Major, John 629
Malyschew, Wjatscheslaw 93
Mandelstam, Ossip 31
Manescu, Manea 29, 512, 514–516
Maniu, Iuliu 103
Manolew, Petar 444
Markow, Georgij 79, 298, 443, 569
Martschenko, Anatolij 57–58, 61, 129

Personenregister 665

Masaryk, Jan 92
Masljukow, Jurij 151
Masur, Kurt 370-371, 373-375
Matern, Hermann 359
Maxwell, Robert 508
Mazilu, Dumitru 515, 520, 537, 539
Mazowiecki, Tadeusz 304, 309-311, 317, 327
Medaliuskas, Alvydas 276
Medwedew, Roy 630
Medwedew, Wadim 145, 148, 265, 322, 592
Meier, Kurt 371, 374-375
Mengistu Haile Mariam 99
Merker, Paul 110
Merkys, Antanas 221
Michnik, Adam 294, 297, 305, 315-316, 321, 327
Mickiewicz, Adam 32
Mielke, Erich 29, 350-351, 358, 360, 364-365, 375, 393, 399, 547
Mihailović, Draža 103
Mihailow, Ewgenij 447
Mikołajczyk, Stanisław 103
Milea, Vasile 512, 515, 519, 522, 527, 529, 532-533
Militaru, Nicolae 505, 515, 519, 530-537
Miltschakow, Alexander 20
Mindszenty, József 108
Miodowicz, Alfred 308, 322
Misiunias, Romuald 221
Mitjunow, Jurij 52-54
Mitkin, Nikolaj 273, 279, 284
Mittag, Günter 357, 359, 361-363, 389, 391, 397, 435

Mitterrand, François 180, 191, 288, 401, 417, 452, 605
Mladenow, Petar 443, 445-447, 449, 454, 459-464, 468-469
Mlynář, Zdeněk 472
Modrow, Hans 29, 363, 366, 382, 393, 396, 402-406, 408, 415, 419, 421
Mohorita, Vasil 480, 484-486
Moissejew, Michail 612
Molotow, Wjatscheslaw 91, 629
Mschawanadse, Wassilij 88, 165-166
Muggeridge, Malcolm 38
Mukusow, Wladimir 578
Müller, Fritz 359
Müller, Gerd 361
Müllerson, Rein 648
Mussatow, Walerij 331
Mussolini, Benito 113

Nagy, Imre 103, 330-331, 335, 341, 347-348
Nahaylo, Bohdan 206
Nasarbajew, Nursultan 633, 637
Németh, Miklós 335, 337-338, 340-341, 350
Nemirowskaja, Olga 20
Neumann, Alfred 391
Nijasow, Saparmurad 210
Nosyrew, Daniil 569-570
Novák, Miroslav 475, 494-495, 499
Nove, Alec 571
Novotný, Antonín 470
Nugis, Ulo 240
Nyers, Rezső 332, 335, 340-341, 346
Nyírö, András 332

Oberdorfer, Don 181
Obzina, Jaromir 490-491
Onyszkiewicz, Janusz 304-305, 307, 321
Opletal, Jan 475
Orwell, George 38, 43, 116, 557
Orzechowski, Marian 318, 320
Ozolas, Romualdas 271, 276, 279

Pacepa, Ion 504-505, 507, 531
Palach, Jan 474-475
Paleckis, Justas 283, 285, 287
Palms, Viktor 226, 233
Palouš, Martin 479-480
Papp, László 507, 511
Parek, Lagle 222
Patočka, Jan 474
Päts, Konstantin 221
Pauker, Ana 103
Pawlow, Georgij 580
Pawlow, Walentin 151, 564, 579, 611, 613-615, 618, 623-625
Pawlowskij, Iwan 567
Pein, Emil 213-214
Perle, Richard 184, 186
Perowa, Natalja 50
Pétain, Philippe 113, 115
Peters, Jānis 247, 250
Petkevičius, Vytautas 271
Petkow, Nikola 103
Petrakow, Nikolaj 121, 156-157, 564, 632
Philby, Kim 114, 569
Pieck, Wilhelm 103
Pijassewa, Larissa 156
Pipes, Richard 41
Pissarjew, Sergej 63
Pitra, František 498
Pljuschtsch, Leonid 63

Poloskow, Iwan 554, 560
Pommert, Jochen 370-371, 373
Ponomarjow, Boris 39
Popow, Dimitar 449
Popow, Gawriil 595, 635
Porat, Dina 220
Portugalow, Nikolaj 419, 432
Posner, Wladimir 578
Postelnicu, Tudor 29, 512, 514, 516, 524, 532
Potemkin, Grigorij 70, 106
Potopow, I. A. 13
Powell, Charles 187, 189-190
Pozsgay, Imre 333-341, 343, 345-346, 366
Prochanow, Alexander 564
Prokofjew, Jurij 560-561
Prunskiene, Kazimiera 228, 271, 281, 287-288, 291
Przybylski, Peter 359
Pugo, Boris 223-224, 245, 247, 249, 251, 257-258, 260, 262, 264, 267, 564, 612-614, 618-619
Pulatow, Abdulrachman 212, 215, 217

Rackwitz, Ingolf 370-371
Rady, Martyn 104
Rajk, Laszlo 107
Rákosi, Mátyás 103
Rakowski, Mieczysław 303, 315, 317, 325
Raschidow, Scharif 87, 94, 210
Rasulow, Dschabar 210
Ratuschinskaja, Irina 29, 222
Reagan, Ronald 118, 162, 179-180, 187
Remnick, David 20, 84

Reykowski, Janusz 312, 314
Rodionow, Wladimir 574
Roman, Petre 515, 519, 525, 527–529, 537–539
Roman, Valter 103, 528
Rubiks, Alfrēdis 29, 245, 251, 259, 262–263, 265, 267–268, 620
Ruml, Jiří 481–483
Rüütel, Arnold 235, 238–241, 244, 270, 290–291, 548
Ruzkoj, Alexander 652, 655–656
Ryschkow, Nikolaj 13, 120–121, 151, 256, 286, 291, 564, 576, 592–593, 599, 614, 632–633, 636, 647

Sacharow, Andrej 19, 62, 127, 135–137, 139–140, 142, 545, 552, 587, 630, 634–635
Sacher, Richard 482
Sagladin, Wadim 121
Sajkow, Lew 557, 560
Sakalauskas, Vytautas 272–274
Samuelson, Paul 118
Saslawskaja, Tatjana 94, 634
Savisaar, Edgar 225, 233–235, 238, 240, 254
Schabowski, Günter 357, 362–363, 365–366, 376, 378, 387, 389–394, 399
Schachnasarow, Georgij 35, 120, 435–436
Schalamow, Warlam 62, 222
Schalck-Golodkowski, Alexander 359, 396, 399, 406
Schatalin, Stanislaw 152, 157, 554, 564, 593–594, 624, 632
Schebarschin, Leonid 543–548

Schelew, Schelju 444, 446–447, 449–451, 454–455, 457
Schenin, Oleg 605, 613, 632
Schewardnadse, Eduard 19, 120–121, 145–146, 149, 165–176, 178, 184, 253, 302, 317, 362, 401, 411, 417, 423–424, 427, 430, 432, 436–438, 466, 565, 582–583, 596, 608, 632
Schewtschenko, Arkadij 78, 93, 161, 431
Schirdewan, Karl 110
Schiwkow, Ljudmila 443
Schiwkow, Todor 29, 294, 361, 441–446, 451, 453, 456, 459–466, 472, 547
Schmalfuß, Klaus 370, 373
Schmeljow 35
Schmidt, Helmut 179, 296
Schönherr, Albrecht 109
Schostakowskij, Wjatscheslaw 556–557
Schtschelokow, Nikolaj 87
Schukow, Georgij 92–93
Schürer, Gerhard 384–385
Schuschkewitsch, Stanislaus 649
Seidel, Manfred 360
Sein, Hagi 233
Šejna, Jan 109, 470
Seljunin, Wassilij 153, 155–156
Semzow, Ilja 572–573
Šepetys, Lionginas 280
Shultz, George Pratt 170, 174
Silajew, Iwan 554, 616
Šimečka, Milan 474
Simeonow, Petko 444, 448–449, 451–453
Simis, Konstantin 45, 88, 165
Sindermann, Horst 391

668 Personenregister

Sinowjew, Alexander 44-45, 82, 125
Siwicki, Florian 306, 321, 325, 328
Škapars, Jānis 247
Škvorecký, Josef 474
Sladkevičius, Vincentas 108
Slánský, Rudolf 104, 107
Slawskij, Jefim 89
Slipyi, Josif 108
Smetona, Antanas 221, 269, 283
Smith, Gordon B. 78
Smith, Hedrick 46
Smolar, Aleksander 297
Snips, Artūrs 253
Sobtschak, Anatolij 282-283, 551, 616, 647
Solih, Muhammad 212, 217
Solobodnikow, Wassilij 177-178
Solomenzew, Michail 632
Solouchin, Wladimir 195
Solschenizyn, Alexander 40, 44, 60, 63, 92, 222, 545
Sommer, Theo 354-355, 358
Songaila, Ringaudas 224, 271-273, 279, 284
Sorkin, Walerij 655
Sotajew, Gennadij 96-99
Speranskij, Michail 71, 92, 658
Springer, Axel 354
Stalin, Jossif 17, 25, 31, 66, 77, 91, 96, 114, 127, 220, 441, 503, 556, 589, 591
Stanculescu, Victor 505, 513-515, 517, 529, 531-535, 539, 541
Stanischew, Dimitar 461
Stankevičius, Česlovas 277

Stankewitsch, Sergej 35, 617, 635
Starkow, Wladimir 125
Starodubzew, Wassilij 641-642
Starowojtowa, Galina 35
Steel, Ronald 182
Stelmachowski, Andrzej 307, 309
Štěpán, Miroslav 486-488
Stepankow, Walentin 655-656
Stepanovičius, Julijonas 108
Stepinac, Aloysius 108
Sterling, Claire 579
Stojanow, Dimitar 444
Stoph, Willi 29, 358, 366, 399, 403, 406, 413
Strauß, Franz Josef 354, 598
Streletz, Fritz 390, 404
Štrougal, Lubomír 479, 497
Sulejmanow, Olschas 212
Surkau, Jürgen 377-378, 380
Suslow, Michail 169
Swidlicki, Andrzej 297
Swoboda, Victor 206
Szűrös, Mátyás 335, 339-340

Taagepera, Rein 221
Tamás, Gáspár Miklós 347
Tanjuk, Leonid 21
Tarassenko, Sergej 170-171, 175-176
Teltschik, Horst 190, 397, 416, 425, 429-430, 432
Thatcher, Margaret 179-180, 187-191, 288, 317, 401, 417, 598, 629
Thom, Françoise 122
Timoschew, Walentin 53
Tisch, Harry 29, 360, 387, 393, 399

Personenregister

Tiso, Josef 108
Todd, Emmanuel 40
Tőkés, László 511, 525
Tökes, Rudolf 104
Tolpesnikow, Vilen 255, 282
Tomášek, František 474
Tomasi di Lampedusa, Guiseppe 552
Tomkus, Vitas 282
Toome, Indrek 648
Trentschew, Konstantin 444
Trifonow, Ivajlo 450, 454
Trotzkij, Lew 90
Tschebrikow, Wiktor 120, 128, 145, 226, 563, 570, 614
Tschernenko, Konstantin 14, 188, 267, 629, 631
Tschernjajew, Anatolij 120, 145, 174, 425, 436, 438, 582, 615
Tscherwenkow, Walko 441, 446
Tschurbanow, Jurij 567
Turnock, David 507

Uhl, Petr 476
Ulbricht, Walter 103, 106, 110, 356, 363, 472
Ulmanis, Kārlis 221
Urban, Jerzy 314
Urbánek, Karel 477, 486
Urbánek, Zdeněk 479
Urbšys, Jouzas 221
Usmanow, Anwar 214–217
Ussubalijew, Turdakur 211

Václavík, Milán 484, 489, 491
Vaculík, Ludvík 474, 479

Vagris, Jānis 224, 251–252, 259–260, 262–264, 267–268, 619–620
Vaino, Karl 224, 230–232, 234, 239, 242
Väljas, Vaino 224, 234–235, 241–243
Verdeţ, Ilie 525–527, 538, 540
Vlad, Iulian 29, 512, 516, 524, 526, 532, 538
Vogel, Wolfgang 349
Voican-Voiculescu, Gelu 525, 531, 535–537
Voinea, Gheorghe 525, 529, 532
Vulfsons, Mavriks 248–249, 264, 278

Wahidow, Erkin 212
Waksberg, Arkadij 78, 567–568
Wałęsa, Lech 180, 297, 303–305, 307–309, 316–317, 322, 328, 479
Warennikow, Walentin 613, 618–619
Warnke, Paul 112
Wat, Alexander 115
Webb, Sydney und Beatrice 196–197
Weber, Hermann 104
Wendland, Peter 406
Wiles, Peter 40
Winiečki, Jan 572
Wischnewskaja, Galina 22, 79
Witaljew, Witalij 567
Wolenskij, Michail 78

Wolf, Markus 29, 352, 363, 365, 382, 393
Wollweber, Ernst 110
Woroschilow, Kliment 91
Wötzel, Roland 370–371, 373
Wyschinskij, Andrej 503

Wyszyński, Stefan 109

Zaisser, Wilhelm 110
Zālīte, Māra 223
Ziedonis, Imants 218
Zimmermann, Peter 371, 375
Zipko, Alexander 564